영국 협동조합의 한 세기

G.D.H. 콜 George Douglas Howard Cole(1889~1959)

영국의 정치사상가, 경제학자, 역사학자, 작가. 부유한 가정에서 태어나 엘리트 교육을 받은 콜은 유토피아 사회주의자로 유명한 윌리엄 모리스의 저작을 읽고 사회주의자가 되었다. 1908년, 옥스퍼드 대학 페이비언협회에 가입한 콜은 평생을 사회주의자로 살았다.

사회주의 사상가 콜의 생애는 크게 세 시기로 구분된다.

첫 번째 시기는 옥스퍼드 대학 시절부터 제1차 세계대전 이후 1920년까지이다. 이 시기에 콜은 길드사회주의론을 정립하고 조직 활동에 적극 관여했다. 처녀작『노동의 세계』를 비롯하여 길드사회주의를 논한『산업 자치론』,『산업에서의 혼돈과 질서』,『길드사회주의 재론』등의 저서를 펴냈다. 길드사회주의는 콜 스스로 평한 바와 같이 '비공산주의적' '탈국가중심적' 이론이었다. 그러나 현실에서 페이비언협회는 국가사회주의적 시각을 견지했고, 1917년 러시아혁명 이후 소수지만 공산주의 세력이 대두하면서 길드사회주의 운동은 분열하고 실패로 끝난다.

두 번째 시기는 1921년부터 1938년까지다. 콜은 길드사회주의 운동 실패 뒤로 실천 운동으로부터는 한발 물러났다. 그러나 1925년 옥스퍼드 대학 경제학과 교수가 된 이래 대단히 영향력 있는 진보학자가 되었다. 부인 마가렛 콜 여사와 함께 탐정소설을 쓰기 시작한 때도 이 시기로,『윌리엄 코빗의 생애』,『로버트 오언』을 비롯하여 수많은 전기물을 썼다. 또한 노동 운동 연구를 집대성한『영국 노동 운동의 역사』를 펴냈다. 이 무렵 콜은 소련의 5개년 계획과 케인스주의의 영향을 받으면서 국가의 개입 정책을 수긍하는 등 국가관에 변화를 보였다. 노동자교육협회 활동을 적극적으로 했고, 파시즘 발흥에 따른 반파시즘 인민전선 운동에 가담하기도 했다.

세 번째 시기는 1939년부터 1958년까지다. 콜은 만년이라고 할 이 시기에 연구와 저술에 전념하면서『영국 협동조합의 한 세기』,『사회주의 사상사』등 수많은 대작을 남겼다.

영국 협동조합사에서 손꼽히는 저작을 쓴 콜은 전체 사회 시스템의 변혁을 시야에 넣고 협동조합을 바라보는 입장에 서 있었고, 그런 만큼 협동조합을 분석하고 조망하는 시각이 대단히 폭넓었다.

영국 협동조합의 한 세기

G. D. H. 콜 지음 | 정광민 옮김

그물코

차 례

G. D. H. 콜의 역작 『영국 협동조합의 한 세기』 국내 출간을 진심으로 기쁘게 생각하며, 더욱이 추천사를 쓰게 되어 실로 영광이라 생각한다. 이 책의 출간은 단순한 정보와 지식을 담은 또 한 권의 책이 나온 것을 뜻하지 않는다. 이는 중대한 시대적 역할을 맡고 있는 우리나라 협동조합 운동에 있어서 그 정신을 새롭게 벼리고 새로운 방향을 찾아나가는 데 중요한 의미를 지닌 사건이다.

콜은 대단히 많은 면모를 가진 지식인이요, 운동가였다. 옥스퍼드대학의 교수로 경제학과 사회사, 사회이론을 가르치면서 40권이 넘는 저서를 써낸 걸출한 학자였고, 1920년대 전 세계 사회주의 운동에 큰 영향을 준 길드 사회주의의 대표적 이론가이자 활동가로 활약했다. 일생에 걸쳐 페이비언협회와 애증의 관계를 맺으면서 영국 노동당 정치에 관여했지만, 그 자신은 생디칼리즘의 강한 영향으로 페이비언협회의 국가 사회주의나 1950년대 이후의 우파 개량주의를 싫어했던 급진주의자이기도 했으며, 마르크스 저작에 정통했지만 결코 마르크스주의에 끌리는 법이 없었다. 영국 사회사 연구와 특히 5권에 걸친『사회주의 사상사』로 역사가로서 빛나는 업적을 남겼으며, 추리소설 작가로 이름을 날리기도 했다[1].

   하지만 이렇게 많은 면모를 지닌 콜을 규정하는 가장 핵심적인 정체성은 말할 것도 없이 열성적인 사회주의 사상가 및 활동가라는 이름일 것이다. 그는 마르크스주의자가 아니었으며, 일반적인 유럽 대륙의 사회민주주의자라고 보기도 힘들다. 그의 사회주의 사상은 윌리엄 모리스와 로버트 오언을 지적 · 도덕적 영감의 원천으로 삼는 영국의 독특한 노동 운동 및 사회주의 운동의 전통에 서 있었다. 마르크스주의가 사회주의 운동을 석권한 뒤로 노동 및 노동 운동이란 자본과의 적대적 투쟁을 통해 이를 폐지하는 존재로 이해되었으며, 사회주의란 자본을 완전히 철폐하여 생산을 사회화하는 새로운 사회 질서를 뜻하는 것으로 이해되어 왔다. 하지만 모리스와 오언이 이해했던 사회주의와 노동 운동은 이러한 자본 혹은 자본

---

1   콜의 일생과 활동에 대한 짧지만 훌륭한 소개 글로는 장석준,「노동운동, 히드라가 되자」G. D. H. 콜 지음, 김철수 옮김, 장석준 감수,『영국 노동운동의 역사』(책세상, 2013)를 보라. 전기로는 부인인 마가렛 콜 여사의 저서인 Margaret Cole, *The Life of G. D. H. Cole* (London: Macmilan, 1971)을 보라. 그의 사상과 활동에 대한 연구로는 A. W. Right, *G. D. H. Cole and Socialist Democracy*(Oxford: Clarendon Press, 1979)를 보라.

주의의 대립물로 나타나는 것이 아니었다. 산업사회에서 노동자의 위치에 처한 이들이 스스로의 좋은 삶을 꾸려나가기 위해 물질적·경제적인 조건을 스스로 개선해 나갈 뿐만 아니라, 지적·도덕적·정치적·미학적인 각성과 발전을 꾀해 나가는 것을 노동 운동이라고 보며, 단순한 사회 제도의 변혁이 아닌 포괄적 운동의 결과물로서 주어지는 새로운 삶의 방식을 사회주의라고 보는 것이 이들의 관점이었다. 요컨대 노동은 자본의 대립물로서 존재가 주어지는 것이 아니다. 노동자들과 근로 대중들은 모든 것 이전에 살아야 할 또 살고자 하는 스스로의 삶을 지닌 존재이다. 따라서 이러한 삶을 보다 인간적으로 풍부하게 펼쳐내는 것 모두가 노동 운동이요 사회주의 운동의 실천이자 역사가 된다고 보는 것이 그의 관점이다.

이러한 관점은 그의 걸작 중의 하나인 『영국 노동 운동의 역사[2]』에서도 그대로 나타나고 있다. 노동 운동을 노동조합의 운동으로만 좁게 받아들이고, 그 내용을 그저 자본과의 투쟁으로만 생각하는 이들은 이 책을 보고 얼마간의 충격을 받을 것이다. 콜은 서문에서 자신이 보는 노동 운동이란 크게 노동조합, 협동조합, 정당 및 정치 운동이라는 3개 영역을 포함하여 노동자 집단이 스스로의 삶과 지위를 개선하기 위해 벌이는 모든 집단적인 노력을 포괄한다고 밝히고 있다. 이 책에서 비로소 우리는 단순히 노동

---

2 필자가 소장으로 있는 글로벌정치경제연구소에서 책세상출판사와 함께 출간하는 'GPE 총서'가 이 책을 번역하여 출간한 바 있다. 각주 1을 참조.

조합과 그 투쟁의 역사가 아니라, 산업혁명과 산업사회의 도래라는 인류사의 대변혁 속에서 백 년이 넘는 기간 동안 스스로의 삶을 지켜내면서 집단적인 존재로 떠오르는, 살아 움직이는 인간 집단으로서의 노동자 운동의 역사를 만나게 된다. 이 책에 나오는 집단으로서의 노동자는 어느 특정 이데올로기나 철학에서 도출된 앙상한 개념의 존재가 아니며, 마르크스주의에서처럼 스스로의 운명과 역사적 임무를 자각하고 인류의 구원에 나서는 신격화된 모습과는 전혀 거리가 멀다. 야수적인 초기 산업 자본주의라는 극악한 환경에서 스스로의 존엄을 지켜내고 하루하루의 삶을 만들어내고 확장하기 위해 크고 작은 다양한 영역에서 그야말로 잘 살아보려고 분투하는 옆집 이웃 아저씨 아주머니의 모습을 느낄 수 있다.

『영국 협동조합의 한 세기』는 이러한 맥락에서 음미할 필요가 있다. 이 책은 결코 사람 이름과 고유 명사와 지명 그리고 연도만이 나열되는 건조한 책이 아니다. 그렇다고 해서 하나의 목적론적인 이상과 개념을 정해놓고 그것을 향해 지난 백 년의 역사가 찬란하게 펼쳐졌다는 식으로 서술한 책도 아니다. 산업 자본주의의 가장 불리하고 불안정한 상황에서 삶을, 그것도 달성 가능한 최대한의 인간적인 삶을 지켜내고자 했던 영국 노동자들과 근로 대중들이 파란만장했던 19세기와 20세기 역사 속에서 자신들의 삶을 보호하고 향상시킬 수 있는 효과적인 무기로서 협동조합을 발견하고 발전시켜 온 몸부림을 있는 그대로 느낄 수 있는 책이다.

하지만 콜은 동시에 백 년의 역사를 관통하는 핵심으로서 '협동'이라는 정신이 어떻게 생겨나고 발전했으며 상황마다 또 시기마다 어떻게 다양한 모습으로 변용되어왔는가에 초점을 두고 있다. 콜은 여기에서 영국 노동 운동과 사회주의 운동의 아버지였던 로버트 오언과 그의 추종자 집단의 기여를 강조해 마지않는다. 그 자신 오언의 열렬한 추종자이자 오언의 전기를 쓰기도 했던 콜[3]은 이 책의 초입에서도 오언주의 운동의 발생에서 로치데일 선구자들에 이르는 기간 동안 '협동'이라는 원칙과 사상이 어떻게 배태되었고 형성되었는가를 서술하는 데 공을 들인다.

협동조합 운동의 역사적 기원은 영국 이외에도 다양한 나라에서 발원했고, '협동'이라는 정신은 세계 어느 문명 어느 문화의 전통에서도 쉽게 찾아볼 수 있지만, 최소한 영국 협동조합 운동에서 이 정신은 단순히 옛날부터 모든 전통적 공동체에서 내려오는 의미의 협동을 이어받은 것은 아니다. 협동의 정신은 시장 경제로 조직된 산업 자본주의라는 환경에서 경제적·정신적 삶의 소외를 겪는 이들의 의식적인 자각과 적극적인 노력으로 생겨난 지극히 근대적인 산물이었다. 성공적인 산업 자본가이기도 했던 로

---

3   콜의 오언 전기는 오언의 자서전, 포드모어(Frank Podmore)의 전기와 함께 오언의 일생을 연구하는 데 가장 중요한 저작으로 꼽힌다. 필자는 현재 아이쿱협동조합연구소의 지원을 받아 이 저작 『Life of Robert Owen(London: Ernest Benn Ltd., 1925)』을 번역하고 있으며, 2016년 상반기에 칼 폴라니 사회경제연구소에서 출간하는 폴라니 총서의 일환으로 출간할 예정이다.

버트 오언은 시장 자본주의가 요구하는 대로 사람과 자연을 순전히 상품으로 바꿔 버리고 오로지 인간의 이기심에만 호소하여 경제 활동을 조직하게 만든다면 산업 문명과 인간 사회의 공존이 불가능하며 어느 한 쪽이 다른 한 쪽을 파괴할 수밖에 없다고 생각했다. 그리하여 그 둘이 공존하면서 상생할 수 있도록 만드는 대안적인 산업 문명의 조직 원리로서 그가 찾아낸 것이 바로 협동이었던 것이다. 이는 결코 공상이나 책상머리에서 나온 것이 아니라, 실제 산업을 조직하는 과정에서 또 삶의 벼랑 끝으로 내몰렸던 노동자들이 스스로의 삶을 되찾기 위해 벌인 무수한 시행착오 속에서 벼려진 소중한 보물이었다. 이 책에서 보듯이, 근대 협동조합 운동은 생면부지의 사람들이 오로지 서로에 대한 또 공동에 대한 인간적 신뢰와 협동의 정신 하나만을 밑천으로 자신들의 삶을 도모할 수 있음을 백 년의 역사 속에서 확고히 입증했다.

로치데일의 선구자들로부터 오늘날까지의 협동조합 운동 역사는 끊임없이 변화하는 사회적·역사적 환경에서 '협동'이라는 정신으로 삶을 도모하기 위해 끊임없이 변화하고 적응하고 혁신해 온 역사임을 이 책은 보여주고 있다. 새로운 환경과 상황에서 새로운 문제와 도전에 직면하는 일은 협동조합 운동이 백 년 동안 늘 겪어왔던 것임을 보여주고 있다. 이러한 문제와 도전은 앞으로도 닥쳐올 것이며, 협동조합 운동은 끊임없이 변화하고 혁신하면서 그러한 도전에 응해 나갈 것임을 이 책은 시사하고 있다.

우리의 협동조합 운동은 지금 양적으로나 질적으로 중요한 전환점을 맞고 있으며, 어쩌면 지도에 나와 있지 않은 미지의 지형으로 들어서고 있는지도 모른다. 이러한 상황에서 어떤 이들은 협동조합 운동을 지나치게 낭만적으로 이상화된 모습으로 그려내며 그것과 다른 모습을 보이는 현실의 여러 양상들을 일방적으로 비판하고 부정하기도 한다. 또 어떤 이들은 반대로 협동조합의 한계와 테두리를 미리 정해놓고 그것을 넘어서는 시도와 변화에 대해 비판적인 시선 심지어 냉소를 보내기도 한다. 콜은 이 책을 통해 영국 협동조합 운동의 한 세기를 돌아볼 때 이러한 두 가지 태도 모두 재고해야 함을 시사한다. 협동조합 운동은 그 정신의 고갱이라고 할 원리, 즉 "생산자와 소비자의 인간적 신뢰에 바탕한 협동"이라는 것 말고는 어떤 것에도 고정되어 있을 이유가 없으며 또 그럴 수도 없다는 것을 말하고 있기 때문이다.

2015년 세계는 포스트 신자유주의의 후유증으로 고통과 불황을 겪고 있으며, 그 중에서도 대한민국은 소수의 손으로 막대한 경제적 권력이 집중되어 불평등의 고통까지 가중되는 독특한 조건을 가지고 있다. 이러한 현존의 경제 질서에 대해 소외의 고통을 느끼고 또 의심과 회의를 품기 시작한 많은 이들이 협동조합 운동의 터전으로 모여들고 있다. 여기에서 우리는 어떻게 앞으로 한 세기의 역사를 엮어나갈 것인가? 이 글 서두에서 이 책의 출간이 우리 협동조합 운동에 중요한 의미를 갖는 사건이라고 말했던 심정이 이제 조금이라도 전달되었기를 빈다. 지난 한 세기가 어떠한 진화와 발전의 역사였는지를 이러한 관점에서 서술한 이 책은 지금 우리 모두가 반드시 책장에 꽂아두고 시시때때로 읽어야 할 책이다. 그래서 우리는 변화무쌍한 시대의 흐름 속에서 '협동'이 어떻게 변치않고 계속 무성한 녹음과 꽃밭을 펼쳐나갈 수 있었는지를 묻고 또 물어야 할 것이다.

2015년 12월

홍기빈 글로벌정치경제연구소 소장

1944년, 로치데일공정선구자협동조합 창립 백주년을 기념하여 출간된 이 책은 여러모로 놀라운 책이었다. 저자 G. D. H. 콜은 노동당 좌파에 속하는 진보학자였는데, 보통의 좌파가 아니라 대단히 독특한 좌파였다. 그는 산업에 대한 국가 통제 혹은 관료 통제를 배격하고 노동자가 민주적으로 산업을 관리하고 이를 기반으로 '자본'이 아닌 '사회'가 진짜 주인이 되는 세상을 만들려고 한 학자였다. 그의 사회이론의 중심은 노동자 조직인데, 협동조합은 여러 기능을 갖는 조직의 일부였다. 그는 산업혁명을 전후한 영국 노동자들의 운동은 노동조합과 협동조합 그리고 정치가 맞물려 있는 복합체로 생각했고, 협동조합은 그 한 부분이었다.

그가 집필한 『영국 노동 운동의 역사』는 이와 같은 여러 운동을 망라한 획기적인 저작이었다. 세계 노동운동사 공부를 해 본 사람은 알겠지만, 노동사적 시각에서 서술된 이른바 정통파 책들은 협동조합을 주요하게 다루지 않는다. 협동조합의 아버지라 불리는 로버트 오언은 이상한 공상가에 지나지 않고 협동조합은 주변적인 관심사에 불과했다. 그런데 콜은 달랐다. 노동운동사에 협동조합 이야기가 나온다. 영국에서 협동조합은 노동자들의 운동이었음을 명확히 기술하고 있다.

그렇지만 아쉬움이 없지 않았다. 협동조합이 운동사의 무대 위로 올라왔지만 여전히 조연의 위치에 머무르지 않았나 하는 것이다. 이 책은 이런 아쉬움을 불식시킨다. 이 책을 통해 협동조합은 운동사의 조연이 아닌 주연의 위치에 올라섰다. 콜의 표현처럼, 협동조합은 백 년의 역사를 자랑할 정당한 이유가 있고 역사의 주인공으로서 손색이 없으며 그런 대접을 받아 마땅하다.

역사 무대의 주인공이 주인공으로서 제대로 묘사되었는가는 작가의 몫이다. 콜은 근대사의 무대에 주연으로 등장한 협동조합의 역사를 어떻게 기술했는가? 주인공을 걸맞게 다루었는가? 그는 협동조합에 대한 이해를 가지고 지지는 하되 엄밀하게 말해서 협동조합인으로 한정할 수 있는 인물은 아니다. 콜은 전체 사회 시스템의 변혁을 시야에 넣고 협동조합을 바라보는 입장에 서 있었고, 그런 만큼 협동조합을 분석하고 조망하는 시각이 대단히 폭넓다. 협동조합에 대한 비판도 서슴지 않는다.

『영국 협동조합의 한 세기』는 굉장한 볼륨을 가진 책이다. 양적인 것만 이 아니라 질적으로도 그렇다. 정말 흥미로운 책이다. 협동조합 운동사를 이만큼 잘 쓰기도 어려울 것이다. 필자는 이런 생각으로 번역 작업 중 여러 번 감탄했다. 이 책을 읽는 독자들도 필자의 생각과 다르지 않으리라 믿어 의심치 않는다.

이 책의 번역은 『A century of co-operation』(George Allen & Unwin ltd., 1944)를 원본으로 했고, 일어판 『協同組合運動の一世紀』(家の光協会, 1975) 를 참조했다.

이 책이 나오기까지 여러분의 도움을 받았다. 아이쿱협동조합연구소 김 형미 소장은 단체 명칭 등 용어를 정리하는 데 큰 도움을 주셨다. 또한 일 일이 이름을 밝히지는 못하지만 아이쿱협동조합의 여러 관계자들로부터 격려를 받았다. 그물코의 편집자 김수진 씨는 교정 교열뿐만 아니라 원문 을 대조하는 수고를 마다하지 않았다. 관심을 갖고 격려를 해 준 오랜 벗들 이 있었다. 모든 분들에게 감사 인사를 올린다.

2015년 12월

정광민

　영국협동조합연합회의 의뢰로 쓴 이 책은 로치데일 선구자들에게 바치는 협동조합 운동의 헌사이다. 이 책을 쓰는 데는 여러 가지 어려움이 있었다. 특히 전쟁 이전의 오랜 세월에 걸쳐 필요한 많은 자료를 모으지 못했다면 이 책을 쓸 엄두조차 내지 못했을 것이다. 필자는 로치데일을 방문해서 선구자조합이 가지고 있는 각종 기록을 찾아 보았는데, 거기에서 지금까지 역사가들이 인용하지 않았거나 또는 잘못 해석한 정보를 꽤 많이 발견할 수 있었다. 그렇지만 전국 각지의 정보를 수집하는 데는 주로 서신에 의지해야만 했다. 필자에게 필요한 기록이나 사실을 제공해 준 전국 각지의 협동조합 간부들에게 감사의 뜻을 전한다. 이들 조합의 역사에 대해서도 좀 더 상세히 쓰려고 했지만, 지면의 제약으로 그러지 못했다. 필자가 다 활용하지 못할 정도로 풍부한 자료를 제공해 준 이들이야말로 협동조합 운동이 연속적으로 성장한 역사를 생생히 기술하는데 가장 큰 도움이 되었음을 밝힌다.

특히 협동대학의 M. 고울딩 여사에게 감사드린다. 그녀는 정서와 자료 수집, 사실 관계 조회, 유익한 조언 등 집필의 모든 과정에서 도움을 주었고, 최종 정리 단계에서는 교정과 색인 작성의 수고를 해주었다. 또한 옥스퍼드대학 너필드 칼리지의 R. V. 브로들리 부인으로부터도 큰 도움을 받았다. 부인은 이 저작과 관련된 일의 처음부터 끝까지 아낌없는 도움을 주었다. 그들의 도움은 매우 유용했다. 또한 협동대학의 오랜 벗 A. 보너 씨는 로치데일공정선구자협동조합의 기록 작업을 도와 주었다. 협동조합연합회의 J. A. 하우 씨는 최근 협동조합 관련 통계 자료를 점검하고 유익한 의견을 제안했다. 협동조합연합회 법무국의 R. 서던 씨, 협동조합당 J. 베일리 씨, 국제협동조합연맹 G. F 폴리 여사, 유통노동자전국연합 J. 홀스워스 씨, 협동조합생산연합 J. J. 윌리 씨에게도 감사한다. CWS의 역사 연구가 퍼시 레드펀 씨는 그의 저서를 자유롭게 인용하라고 허락해 주었다. 협동조합 청년 운동의 J. L. 윌슨 씨에게도 감사한다. 전쟁 중에 출판 사정이 매우 어려운 여건에서 출판을 총괄하는 책임을 맡은 협동조합연합회 E. 탑햄 씨에게는 애초 약정했던 것보다 상당히 길어진 원고로 수고를 끼쳤다. 또 한 사람, 오랜 벗으로서 필자가 기꺼이 감사를 전해야 할 마가렛 르웰린 데이비스 여사가 이 책을 집필하던 중에 세상을 떠나고 말았다. 고인은 협동조합 여성길드에 대한 여러 소장 기록을 필자가 자유롭게 쓰도록 했다. 필자는 이러한 도움은 물론이고 고인이 여러 해 동안 협동조합 운동을 연구한 데서 영감을 받았기에 깊은 감사의 뜻을 기록으로 남겨두어야만 한다. 고인과 가까운 벗이자 협력자인 릴리안 해리스 여사는 다행히 나의 인사가 닿는 곳에 살아있다. 생존해 있는 이 위대한 파트너에게도 고마움을 전한다.

훗날 이 책을 개정할 기회가 있기를 바라지만, 필자의 잘못이나 특히 누락된 초기 지역 운동사에 대한 새로운 정보를 알려주면 작은 부분이라도 큰 도움이 되리라고 생각한다.

옥스퍼드에서 1944년 11월

G. D. H. 콜

제1장

기아의 1840년대

로치데일의 선구자들이 협동조합 매장을 시작한 시대는 역사가에게 '기아의 40년대'로 알려져 있다. 이는 감자 흉작으로 파멸적인 기근이 아일랜드를 휩쓴 데 따른 것이기도 하지만, 이에 못지않게 영국 노동 계급이 겪은 고난을 보더라도 그렇게 부르기 합당한 연대였다. 섬유 산업에서 새로운 발명이 이루어지고 공업과 운수업에서 증기력을 응용해 생산력이 대폭 향상되었는데, 만일 그것이 적절히 사용되었다면 모든 사람들에게 부와 번영을 안겨다 주었을 것이다. 하지만 이러한 생산력의 향상은 지금 시점에서 당시를 돌아보더라도 심한 분노를 불러일으킬 만큼 상상을 초월하는 고난을 가져왔다. 우리는 가난한 사람들을 학대하는 가혹한 시대를 본다. 당대의 정통파 경제학의 지지를 받으면서 혹은 '마땅히 도움을 받아야 할 가난한 자들'이 저세상의 행복을 기도하면 현세의 괴로움은 충분히 보상 받을 것이라고 설교하는 종교의 지지를 받아, 고용주들은 착취하면 할수록 공덕을 베푸는 셈이 되었다.

한편 이러한 착취로부터 벗어나려는 격렬한 투쟁의 사례들도 볼 수 있다. 대규모 파업, 인민헌장을 위한 정치적 십자군 운동, 오언주의자들의 협동조합 공동체나 차티스트의 정착지를 이 땅 위에 건설하는 운동, 종교적 열광에 사로잡힌 모험들 그리고 절망의 끝자락에서 술에 몸을 맡기는 일까지. 물론 모든 고용주가 착취 기계는 아니었다. 공장법 제정 요구 투쟁을 지지하는 용감한 인물도 몇 있었고, 1834년 개정 구빈법의 비 인도성에 저항하는 하층민의 손을 잡아 준 사람도 소수지만 있었다. 빈민층이라고 해서 모두 노동조합주의나 차티스트 혹은 사회주의를 따르지는 않았고, 비국교파 교회의 설교나 술에 빠진 것만도 아니었다. 시장에서 수요가 꽤 많은 소수의 숙련공들은 새로운 환경에서 이익을 얻고 있었다. 또한 금욕 정신으로 혹은 운명의 가혹한 타격을 참고 견디면서 허탈한 상태로 조용히 지내는 사람도 있었다.

그러나 노동 계급 대부분은 1830~1840년대 분쟁을 겪으면서 유례없는 저항의 기운으로 고무되었다. 이는 더 이상 나빠질 것이 없다는 심정에서 나오는 절망적인 반항 —이러한 반항은 새로 발견한 자연에 대한 지배력의 성과를 만인이 향유하도록 선용하여 서로가 우애를 바탕으로 행복하게 사는 이상적인 사회 질서를 추구하는 천년 왕국의 상상으로 모습을 바꾼 것도 있다— 이었다. 협동조합 운동의 역사도 앞으로 살펴보겠지만, 그 발단에는 이러한 천년 왕국의 열망이 있었다. 로치데일의 선구자들도 단지 거래를 위한 매장을 만드는 것이 아니라, 협동조합 유토피아를 만들려고 했다.

19세기 초, 분명 보다 많은 부를 창출했을 사람의 힘이 왜 새로운 산업 질서의 노예들과 농업 노동자들에게 복지가 아닌 제대로 먹지도 못하는 비참함을 안겨 주었을까? 이전보다 훨씬 많은 상품이 새로운 기계의 힘으로 생산되고, 이 상품을 소비자에게 운반하는 수단도 급속히 증가하고 있었다. 누군가는 이러한 생산 확대로부터 이익을 얻고, 또 누군가는 이 상품을 소비하고 있었을 것이다. 많은 사람들의 생활이 눈에 띄게 나빠졌지만, 역으로 누군가의 생활 수준은 물질적으로나 다른 의미로나 나아졌을 터였다.

　각지의 공업 지대에서 새로운 생산 수단의 주인공이 된 사람들은 크고 작은 차이는 있었지만 재산을 축적했다. 전문직 종사자와 중산 계급의 숫자는 급속히 늘어났고, 숙련공들의 생활도 상대적으로 나은 편이었다. 팽창하는 도시 지구나 탄광 지대에 넓은 땅을 가진 지주들은 토지를 세놓는 대신, 즉 '소비'를 '인내'함으로써 충분한 보수를 거둬들였다. 생업의 기반이 흔들리는 사람에게는 온전한 축복일 수 없었지만, 값싼 면제품이 전 세계 소비자에게 쏟아졌고 누군가는 이렇게 늘어난 상품을 소비했다. 하지만 상품을 생산한 노동자는 수혜자가 아니었다.

　다시 묻건대, 왜 그렇게 되지 않았을까? 생필품의 구매력으로 평가했을 때, 공장 노동자들의 높아진 생산성의 성과를 공유하기 위해 임금이 오르지 않은 이유는 무엇인가? 가장 명백한 대답은, 공장 노동자는 넘쳐 났고 고용주 간의 경쟁은 치열했다는 것이다. 노동자가 넘쳐 난 이유 중 하나는 전체 인구가 미증유의 비율로 늘어났기 때문이고, 다른 하나는 농업에 종사하던 이들이 도시 프롤레타리아 계급으로 합류해 수많은 '과잉' 노동자가 되었기 때문이기도 했다. 더욱이 새로 생기는 공장에서는 아동 노동을 많이 고용했기 때문에 노동자 수는 더 많아질 수밖에 없었다. 급속한 인구 증가 흐름에서 아동은 높은 비율을 차지했다. 풍부하게 공급되는 아동 노동에 대한 낮은 임금은, 숙련공은 별개라 하더라도, 일반 성인 노동자의 임금 인하에 강력한 영향을 끼쳤다.

임금을 끌어내린 또 다른 요인은 고용주 사이의 격렬한 경쟁이었다. 당시에는 한 공장 건물 안에서 한두 개의 작업실과 동력을 빌려 소규모 방적업이나 직물업을 시작할 수 있었다. 이런 방식으로 개업한 수많은 소기업은 주문을 받기 위해 살인적인 경쟁을 했다. 전체 직물 시장이 아무리 크더라도 공급을 위해서는 각축을 벌여야만 했다. 수요가 점점 늘어나면서 너도나도 앞다퉈 기업을 만들었기 때문이다. 하지만 이러한 영세 기업은 대기업보다 평균적으로 효율성이 크게 떨어졌고 인건비를 낮은 수준으로 억제하지 않으면 경쟁이 안 되었다. 넘쳐나는 '일손' 덕분에 영세 기업은 기아 임금으로 고용을 유지했고 낮은 가격으로 상인의 주문을 받기 위한 경쟁에 뛰어들었지만, 결국 도산이나 파산이 잇따랐고 자본가의 지위를 열망했으나 실패한 사람들은 노동 계급의 위치로 돌아갔다. 산업혁명을 추진했던 자본가 모두가 성공한 것은 결코 아니었다. 대다수는 사업에 실패했고, 살아남은 자도 경쟁이 뿜어내는 열기에 그을린 채 부자가 되려고 기를 쓰면서 인간성을 거의 잃고 말았다.

초기 자본주의는 지극히 개인주의적이었으며 맹목적이었다. 계획도 뚜렷하게 없었다. 누구도 이웃이 무엇을 하는지 몰랐다. 다시 말하면, 어느 누구도 질서 있는 방법으로 시장의 요구에 맞춰 자신의 계획을 조정할 자리에 있지 않았다. 시장의 상황을 파악하는 사람은 —아마도 상인들을 빼고는— 거의 없었다. 상인들에게는 고용주 사이의 경쟁을 지속시켜야 이익이 되었다. 그래야 물건을 싸게 살 수 있기 때문이다.

그 결과, 기계력 생산의 새로운 세계는 기이한 경제 변동의 세계가 되었다. 단지 몇 년 동안 부침을 거듭하는 경제 변동의 세계가 아니라, 공급 과잉이 되었다가 금세 공급 부족에 빠지는 것처럼 급격한 호·불황의 변화가 일어나는 세계였다. 새로 문을 연 공장의 생산물은 주로 곡물 수확량에 의존하는 해외로 수출했는데, 수확의 변동이 경제를 불안하게 만드는 중요한 요인이었다. 상인이나 해외 시장과 밀접한 관계를 가지며 기초가 튼튼한 대기업은 비교적 안정을 유지할 수 있었고, 이들 기업 노동자들은 다른 기업보다 더 나은 대우를 받았다. 소수이긴 하지만 공장법 제정을 요구하며 투쟁하는 고용주가 나오기도 했고, 노동자와의 임금 교섭을 받아들이기도 했다. 이들 기업이 자신의 기반이 약해질 위험이 적기 때문에 보다 작은 기업에게 임금 인상을 요구하고 노동 시간을 줄이도록 하는 법률로 이익을 얻으려 한다고 빈정대는 사람이 있을 것이다. 그러나 그들의 태도에는 부분적이기는 하지만 성실한 인간성이 작용하고 있다고 생각한다. 경쟁적인 투쟁의 중압으로 무너질 걱정이 없는 고용주는 만일 동업자도 같은 행동을 취한다면 그들이 고용한 노동자들의 참상에 눈을 뜨고 그들의 대우를 개선하려 했을 것이다.

당시의 경쟁 상태는 임금이나 노동 조건 개선에 강하게 역행하는 또 다른 효과를 가져왔다. 생산 기술이 급속하게 진보했기 때문에 공장 경영을 단순히 현상 유지만으로는 버틸 수 없었다. 경쟁 가격으로 생산하기 위해서는, 새로운 기계를 설치하고 저 비용으로 생산의 적정 규모를 유지하도록 생산량을 늘림으로써 경영 효율을 개선해야만 했다. 이 사실은, 고용주는 통상 현재의 이윤 외에는 여분의 투자 자본이 없기 때문에 가능한 높은 비율로 수입에 재투자하는 것이 필요함을 의미했다. 실제로 많은 고용주들은 시니어[1]가 그들을 '금욕'의 사람들이라고 부른 것처럼, 단 1페니라도 절약한 돈을 사업 규모 확대나 설비를 늘 최신으로 유지하기 위해 재투자하고 이윤이 늘어나더라도 자신의 생활 수준을 높이는 일은 삼갔다. 자본 축적을 위해 소비조차 자제하는 고용주가 임금 인상 요구를 호의적으로 받아들일 리 없었다. 왜냐하면 그렇게 인상된 금액만큼 생산력 확대를 위한 사업 자금을 잃어버리는 것이라고 생각했기 때문이다. 고용주들은 스스로 절제했지만, 그들의 절제를 사회적 지위가 훨씬 낮은 사람들에게도 강요했고 노동자에게 검약 정신이 없다는 이유로 자신들의 행위를 정당화하려고 했다. 즉 임금을 인상하더라도 노동자는 그 돈을 술과 도박, 즉 가난을

---

1 [옮긴이] 시니어(Nassau William Senior, 1790~1864) 법률가이자 경제학자. 1825~1830년 옥스퍼드대학 최초의 경제학 교수를 역임.

치유하는 마약에 쓸 뿐이어서 영국의 상업 발전에는 해롭다는 것이다.

이 시대는 사업 확대를 위해 외부에서 자금을 조달하는 일은 보통의 소자본가에게는 대단히 어려웠다는 점을 유의해야 한다. 주식회사[2]는 있었지만 대개의 수공업 회사는 1855년까지는 유한 책임의 특권을 가질 수 없었다. 따라서 이런 회사가 만일 도산하면 여기에 투자한 사람은 누구라도 자신의 전 재산을 털어 책임을 져야 했다. 통상 개별 의회 법령에 따라 출자자의 유한 책임을 포함한 권리를 가진 철도나 가스, 수도 사업은 사정이 달랐다. 그러나 보통의 수공업 공장주는 개별 법령안을 의회에 상정할 힘이 없었고, 설령 그들이 공식적으로 청원했다 하더라도 의회가 그것을 승인할 리 없었다. 당시 유한 책임은 그 성격상 경영 규모가 크고 '공익사업'의 범위에 있는 기업을 위한 특권으로 간주되었다. 소규모 수공업 공장주

---

2 [옮긴이] 이 책에서는 원문의 '조인트 스톡 회사(joint stock company)'를 협동조합과 대비하여 '주식회사'로 옮겼다. 조인트 스톡 회사는 16세기 영국에서 등장한 회사 형태로, 출자자가 출자 지분을 결합하여 단일의 회사 자본으로 운영하며, 출자 지분은 양도할 수 있는 주식으로 구성되어 주식회사의 기원이 된다. 조인트 스톡 컴퍼니가 등장하기 전까지 영국의 회사는 동업기업도 규제된 회사로 각 사원이 규약에 기초하여 자기 자본을 소유하고 기업을 경영했으나, 1553년 모든 자본을 하나로 통합하여 기업을 운용하는 러시아 회사가 등장, 2년 뒤 메어리 1세에게 특허를 얻었다. 초기 조인트 스톡 회사에서 주주는 무한 책임을 지니고 있었다. 그 뒤 1844년 조인트 스톡 회사법(Joint Stock Company Act)에 의해 법인격을 지니지 않은 대형 회사 설립이 금지되는 반면, 조인트 스톡 회사는 등기로 설립할 수 있게 되어 회사 설립이 특허주의에서 준칙주의로 바뀌었다. 이어 1855년 유한책임법(Limited Liability Act), 1862년의 회사법(Companies Law)이 제정되어 주주의 유한 책임을 인정하게 되었다. (참고 일본 위키피디아)

가 돈을 빌리려면 누군가 빌려 줄 의향이 있는 사람이 있을 때뿐이고, 공동 출자자를 찾으려면 누군가 위험을 감수할 사람이 있을 때뿐이었다. 이러한 사람이 없을 때는 그들은 낮은 임금과 견디기 힘든 노동 시간으로부터 착취한 축적으로 사업을 확대했다.

이러한 상황은 1850년 이후 급속하게 달라졌다. 1830년대와 1840년대에 걸쳐 철도 건설, 선박 개량, 새로운 교역지 개발 결과, 전체 시장은 거대하게 확장되었다. 주식회사 설립 제한은 철폐되고 1855년 이후부터 유한 책임은 희망하는 사람 모두에게 개방되었다. 수공업 공장주들은 상류층과 중산 계급으로부터 투자를 받아 풍부한 자본을 갖게 되었다. 따라서 이전과는 달리, 공장주들은 스스로 극도의 절제를 하거나 노동자에게 더 이상 냉혹하게 절제를 강요할 필요가 없어졌다. 이 무렵 캘리포니아와 호주에서 금광이 발견되고 물가 상승이 따르면서 새로운 통화원이 전 세계에 공급되었다. 그 결과 은행가는 신용 제공에 훨씬 개방적이었고, 사업가는 신용을 이용하기가 수월해졌다. 실업은 눈에 띄게 줄고 '1840년대'의 기이한 불안정성은 사라졌다. 노동자에게 물가 상승의 영향은 1846년 곡물법 폐지로 빵 값이 상대적으로 떨어져 상쇄될 수 있었다. 이 무렵 로치데일공정선구자협동조합은 창업기의 어려움을 극복하고 비교적 순조롭게 운영되었다. 이전보다 소비를 더 많이 하면서도 주급에서 어느 정도 저축을 할 여유가 생긴 노동자가 훨씬 많아졌다. 이용 실적 배당에 따른 협동조합 자본의 착실한 축적으로 협동조합 사업은 더욱 성장해 갔다. 전에는 이렇게 확실한 기초가 전혀 없었다. 즉 구매력은 너무 낮았고, 일부 여유 있는 몇 사람을 빼고는 저축할 수 있는 사람이 거의 없었으며, 게다가 고용은 자주 끊겼고, 저축을 얼마 했다 하더라도 곧이어 닥친 불황 때 다 써 버렸다.

엥겔스는 그의 저서 『영국 노동자 계급의 상태』에서 로치데일 선구자들이 매장을 연 당시의 랭커셔 공업 지역을 묘사하였다. 개스켈 부인[3]은 『메리 바튼』에서 그리고 다른 많은 작가들이 공장 노동자들의 생활을 그들의 작품에 사실적으로 담았다. 엥겔스는 어두운 면을 드러내는 데 열심인 사회주의 선동가이고, 개스켈 부인은 독자의 감정을 자극해 강한 인상을 남기려고 한 작가였다고 말할 지도 모른다. 이렇게 의심하는 사람들은 엥겔스나 개스켈 부인의 저작에서 눈을 돌려 에드윈 채드윅[4]과 그의 동료들이 같은 시기에 펴낸 냉철한 보고서 『노동 인구의 위생 상태』와 『대도시와 인구 밀집 지역의 상태』를 보면 좋을 것이다. 또는 왕립위원회에 제출된, 도시의 보건 상태에 대한 단조롭지만 전율할 만한 보고서를 보는 것도 좋을 것이다. 1840년대 초기에 나온 이 보고서들은 본질적인 면에서 엥겔스를 뒷받침하는 사실을 이야기하고 있다. 엥겔스는 직접 관찰하여 얻은 지식

---

3 [옮긴이] Elizabeth Cleghorn Gaskell(1810~1865). 빅토리아 시대를 대표하는 여성 작가. 『메리 바튼』은 영국 자본주의 초기 맨체스터 노동자의 비참한 실상을 그린 최초의 사회소설. 그녀의 두 번째 사회소설인 『남과 북』은 BBC에서 드라마로 제작되었다.

4 [옮긴이] Edwin Chadwick(1800~1890). 영국의 법률가, 사회개혁가. 구빈법위원회와 보건위원회에서 활약했다. 위의 보고서는 역사적 문헌으로서 1848년 공중위생법 탄생의 계기가 되었고 노동자의 생활 상태 개선에 크게 기여했다.

을 보강하는 차원에서 이런 공식 보고서를 많이 인용했다. 그는 맨체스터에 살면서 한 독일 기업의 대표로서 면제품 사업에 종사했기 때문에 당시의 상황을 살필 기회가 충분했다. 그리고 그의 서술의 신뢰성을 확증할 수 있는 증인도 많다.

 그러면 엥겔스는 무엇을 보았던가. 그는 맨체스터 노동자의 생활 상태를 다음과 같이 요약했다.

 "우리들은 맨체스터와 그 주변에서 일하는 35만 명 거의 대부분이 습기 차고 불결한 작은 집에서 비참하게 살고 있다는 것을 인정해야만 한다. 작은 집 바깥 길가 또한 비참하고 더럽다. 그들이 사는 집은 통풍을 전혀 고려하지 않고 오로지 건축 청부업자의 주머니에 들어가는 돈만 위해 설계된 것이다. 한마디로 말하면, 맨체스터 노동자들의 주거 환경에서 청결함과 편리함은 찾아볼 수 없으며, 이런 환경에서 쾌적한 가정생활을 누릴 수 없음을 우리들은 인정해야 한다. 이런 환경에서는 인간적인 모든 것들이 박탈 당하고, 도덕적으로나 육체적으로 짐승 수준으로 퇴화한 인종만이 집이라는 편안함을 느낄 것이다."

 노동자들이 사는 집에 대한 요약에 이어 엥겔스는 추위와 비를 막기에 너무 조잡한 의복에 대해 그리고 노동자들이 먹는 식품에 대한 이야기를 이어 나갔다. 그는 가게에서 불순물이 섞이거나 부패한 식품을 판매한 사례를 인용한 뒤, 다음과 같이 말했다.

"노동자들이 날마다 먹는 식품은 당연히 그의 임금에 따라 다르다. 비교적 임금이 높은 노동자들, 그 중에서도 다른 가족이 얼마간 벌이가 있는 사람들은 좋은 걸 먹는다. 즉 매일 고기를 먹으며 저녁 식탁에는 베이컨이나 치즈가 올라온다. 임금이 이보다 적은 집에서는 일주일에 두세 번 고기를 먹는 대신 빵과 감자의 비율이 증가한다. 임금이 점점 내려갈수록 동물성 식품은 줄어들고 감자에 잘게 자른 베이컨 몇 조각을 먹고, 이보다 더 임금이 낮아지면 식탁에는 빵과 치즈, 오트밀 죽과 감자뿐이다. 아일랜드 최하층 집에서는 감자가 유일한 식품이다. 여기에 아마도 약간의 설탕과 우유, 위스키를 넣은 옅은 홍차가 곁들여지는 음료일 것이다. 그러나 이 모든 것은 일자리가 있을 때 가능하다. 일이 없을 때는 전적으로 우연에 맡겨 누가 준 것을 먹거나, 구걸하거나, 훔쳐서 먹는다. 만일 아무것도 가진 게 없다면, 지금까지 보아온 것처럼 그는 굶주려야 한다. 물론 식품의 양도 그 질과 마찬가지로 임금의 크기에 따라 다르다. 임금이 낮은 노동자들은 딸린 식구가 많지 않고 정규 풀타임으로 일해도 늘 굶주릴 수밖에 없다. 이렇게 열악한 임금 노동자들이 압도적으로 많다."

"이렇게 해서 대도시 노동자 계급의 생활 상태에는 여러 층위가 있게 된다.

가장 나은 경우는, 일이 힘들어도 임금이 높은 편이어서 어떻게든 참고 견디는 것이다. 물론 참을 수 있다는 것은 노동자의 기준이다. 가장 나쁜 경우는, 집을 잃고 거리에서 굶주리다가 죽음에 이르는 것이다. 그런데 지금의 평균은 가장 나쁜 경우에 가깝다. 이러한 층위는 반드시 고정되어 있지 않다. 따라서 지금 살만하다고 해서 앞으로도 그러리라고 말할 수는 없다. 설령 이러한 층위가 고정되어 있다 하더라도, 또는 어느 직종이 다른 직종보다 유리한 조건에 있다 하더라도 노동자들의 상태는 커다란 변화에 종속적이기 때문에 비교적 편안한 층위에서부터 극단적인 빈곤층까지 모든 국면을 경험하게 된다. 그래서 거의 대부분의 영국 노동자들은 커다란 변화가 이끄는 운명적인 이야기의 주인공으로 등장하는 것이다."

실제로 산업의 커다란 변화는 노동자들을 비참하게 만드는 가장 큰 요인이었다. 이런 점에서 '기아의 1840년대'는 최악이었다. 1836년부터 시작된 불황은 이듬해 심각한 공황으로 이어졌고 1843년까지 6년 동안 이렇다 할 회복 조짐은 보이지 않았다. 그러다 1844년에 조금 회복이 되었고 1845년과 1846년에는 꽤 호황을 이루었다. 그러나 1847년 다시 공황이 일어나 1849년까지 불황이 계속되었다. 1850년이 되어서야 겨우 고용과 생활 상태의 개선을 동반하는 산업 번영의 새로운 시대가 시작된다. 1836년부터 1849년까지 14년 동안 2년은 심각한 공황의 해였고, 9년 이상은 불황이었다. 회복기는 1년이었고 산업과 고용이 좋았던 기간은 단 2년뿐이었다. 이 지독한 고난의 시기는 차티스트 운동이 시작했다가 소멸한 시기였다. 그리고 같은 시기에 근대의 협동조합 운동이 시작되었다. 로치데일 공정선구자협동조합이 문을 연 1844년은 여기서 말한 1년의 '회복기'였고, 선구자들에게 다행이었던 점은 이 해부터 단 2년 동안 호황이 이어진 것이었다. 만일 그렇지 않았다면 토드레인의 매장은 선구자들의 뛰어난 감각과 열정에도 불구하고 다른 많은 매장과 같은 운명의 길을 걸었을 지도 모른다. 산업의 상황은 토드레인 매장이 자리를 잡기에 충분한 기간 동안 좋았고, 1850년의 상승 국면 이전에 찾아온 불황은 선구자들의 매장을 쓰러트릴 정도로 오래가지는 않았다.

제3장에서 '기아의 1840년대' 상황을 로치데일 지역 사정과 선구자들을 둘러싼 환경과 밀접히 관련시켜 이야기할 것이다. 우선 여기서는 일반적인 배경만을 다룬다. 주목해야 할 점은, 이 시기 노동 계급의 상태가 최악이었다는 것이다. 1830년대 말까지 대부분 공장 지대에서 옛 구빈법[5]이 여전히 효력이 있었고, 신 구빈법 감독관들은 일할 능력이 있는 사람에게 구

---

5 [옮긴이] 옛 구빈법(Old Poor Law)은 엘리자베스 구빈법(1601년 개정)이라 불리기도 한다. 이는 17세기 구빈 행정의 기본이 되었는데, 구빈 감독관이 구빈세를 걷어 노동을 할 수 없는 빈민을 구제하거나 강제 노역장인 구빈원을 유지하고 교구 도제로 맡겨진 아이들의 양육비로 지출했다. 구빈법의 비용은 '실업 시의 최후의 도피처'로서 임금 보조의 성격을 띠고 있었으나 나폴레옹 전쟁 이후 물가 폭등과 함께 기능 부전에 빠지게 된다. 이에 따라 등장한 것이 1795년에 시작된 물가연동제의 원외구빈제도인 스피넘랜드 제도이다. 이 부분에 대해서는 제2장 참조.

빈원의 원외 구제를 금지하는 정책을 강행할 수 없었다. 구빈법은 잉글랜드 북부에서는 정규 일자리를 가진 사람들의 임금을 보조하기 위해 쓰인 일이 없었지만, 심각한 곤궁에 처했을 때 실업 구제의 한 형태로 기능하고 있었다. 북부에는 지방세가 면제되고 겨우 연명하는 수준의 생계를 보장하는 원외 구제를 위한 '스피넘랜드' 제도는 없었지만, 일자리를 찾을 수 없는 극빈자가 의지할 구빈국이 있었다. 경기가 좋지 않을 때, 거액의 자금이 이러한 방식으로 많은 지역에 쓰였다. 1840년대 들어 빈민구제위원회가 활동하는 신 구빈법이 여전히 무시되는 몇 지역이 있었지만, 감독관들은 새로운 시스템을 도입했고 일할 능력이 있는 사람에 대한 원외 구제는 더 이상 하지 않게 되었다. 곤궁에 빠진 사람이 원한다면 구빈원에 갈 수 있지만 가족과는 격리되었다. 그들에게 남겨진 자존심은 벗어날 길 없는 빈곤에서 그들을 구하겠다고 입안된 수단에 의해 내팽겨쳐지고 만다. 만일 그들이 구빈원에 들어가기를 거부하면, 돌봐 줄 사람이 없는 한 그들에게 남겨진 일은 굶어 죽는 것뿐이었다. 당시 사회는 구빈원을 둔다는 것만으로 그 이상의 모든 책임을 거부한 것이다. 구빈원을 거부하고 굶주림을 선택해서 어떤 결과가 생기더라도 그것은 그들의 자업자득이었다. 그들 중에는 실제로 굶어 죽는 사람도 있었다. 그러나 많은 사람들은 비참하게 굶주리면서도 언젠가 빈곤에서 벗어날 좋은 날이 오기만을 기다렸다.

고용주들의 무자비한 경쟁과 노동자들의 불안정한 소득이 일반적이던 때에 상인들만이 관대하기를 기대할 수는 없었다. 그들도 변동이 심한 시장에서 인정사정없는 경쟁을 했고 그 중에는 부를 쌓은 사람도 있지만 도산한 사람이 많았다. 그들이 만일 신용 판매를 거절했다면, 경기가 나쁠 때 불안정한 수입으로 외상에 의지할 수밖에 없는 고객을 잃게 될 것이다. 외상 판매를 하면 악성 채무가 많이 생길 수밖에 없고, 채무의 위험을 메우기 위해서는 가격을 올리거나 불순물을 섞어야만 했다. 탄광 지대나 마을에서 멀리 떨어진 공장 지대에서는 특정 기업이 운영하는 토미 숍이나 트럭 숍[6]이 성행했다. 이러한 매장 대부분은 단지 약탈을 위한 것, 즉 고용주나 고용주의 위세를 등에 업은 직공장이 가난한 사람들을 교묘하게 착취하는 수단이었다. 좀 큰 마을에서는 토미 숍보다 더 악랄한 식료품 행상인이 있었다. 이들은 빚을 진 사람에게 비싼 값을 매기거나 불순물이 섞인 상품을 팔아 외상의 위험 부담을 줄이는 외상 판매 상인이었다. 그러나 이들 모두가 나쁜 사람은 아니었다. 그들 중에는 순수한 동정심에서 악성 채무를 떠안은 사람도 있었다. 하지만 그들도 다른 고객을 상대로 악덕 상거래를 하기 때문에 때로는 관대할 수 있었고 그렇게 하지 않았다면 어떻게 그들이 살아남을 수 있었겠는가?

이런 거래에 대한 쓰라린 경험 때문에 초기 협동조합인들은 외상 판매에 대한 한 맺힌 증오를 품게 되었다. 그들은 이런 거래를 통해 노동자가 영

---

6 [옮긴이] 공장주가 공장 안에 만든 매점이나 특정 상인의 가게를 정해서 여기서만 쓸 수 있는 티켓으로 임금을 지불하곤 했는데 이러한 매점이나 가게를 토미 숍(Tommy Shop) 또는 트럭 숍(Truck Shop)이라 부른다. 김형미, 「협동조합의 발자취와 숨결」 참조.

구히 빚을 안고 특정 상인에게 구속되는 것을 지켜보았다. 한편에서는 검약의 결여를 다른 한편에서는 사기와 기만을 본 것이다. 그렇지만 협동조합 매장이 외상 판매를 거절했다면 일자리가 없어 빈궁에 빠진 사람들이 어떻게 살아갈 수 있었겠는가? 실제로 많은 협동조합은 경기가 나쁠 때 외상 판매를 하기도 했는데, 그 때문에 돌려받을 길 없는 부채를 떠안아 어려움을 겪었다. 왜냐하면 빚을 진 사람들이 일자리를 찾아 다른 지역으로 이사하거나 아예 미국이나 호주로 이민을 떠나 버리면 조합이 법적으로 어떻게 할 수 있는 수단이 없었기 때문이다. 초기에 성공한 협동조합 대부분은 인정에 끌리는 모든 유혹을 물리치고, 외상 판매를 단호히 거절하며, 매장의 재무 안정성을 해치는 비용을 감수하면서까지 조합원을 붙잡아두기보다는 조합원을 잃어버리는 쪽을 선택한 조합이었다.

이는 분명 어려운 선택이었다. 외상 판매를 거부한다는 것은 비교적 안정된 일자리가 있거나 실직 중이라도 저축에 여유가 있어 생활이 비교적 안정된 사람들에게만 협동조합의 호소를 전하는 것이기 때문이다. 협동조합은 부득이 노동 계급 중에서도 형편이 더 낫거나 절약을 착실히 하는 계층의 운동이었다. 생활 수준이 높아지고 사회적 서비스가 발달해 협동조합 운동을 호소하는 대상의 범위가 전보다 확실히 넓어졌다고는 하지만, 협동조합이 이러한 제약에서 완전히 벗어난 적은 아직 없었다. 경기가 나쁠 때는 외상에 기대고 경기가 좋을 때도 다 갚지 못한 빚으로 상인들에게 구속되어 있기 때문에 조합원이 될 수 없는 사람들이 많았다. 그들은 경기가 나쁠 때 상인이 외상을 해 주었다는 데 의무감을 느끼고 있었다. 협동조합에 대한 충성도 충성이지만, 다른 충성도 분명히 있어 사람들을 반대 방향으로 밀어내기도 하였다.

그러나 '기아의 1840년대'에 외상 판매를 한 협동조합은 붕괴의 위험을 안아야 했다. 기반이 튼튼하고 자본이 충분한 조합은 불황에 대비해 조합원들의 출자금 인출을 허용했다. 단 불황이 오래 지속되면 출자금 인출은 아무리 안정적인 조합도 위태롭게 할 수 있었다. 경영 상태가 좋은 조합은 출자금 인출에 응할 준비가 되었지만, 출자 저축의 범위를 넘어서 인출을 해 주는 일은 매우 위험했다. 조합은 엄격하게 하지 않을 수 없었다. 시대의 추세가 험악했던 것만큼 진보적이라고 불리는 조합조차 이러한 엄격함을 완화할 수는 없었다. 1840년대와 1850년대에 만들어진 조합 초창기 역사를 읽으면, 이러한 엄격함을 증거하는 일들에 새삼 놀라게 된다. 다만 협동조합인들이 엄격했다고는 하나, 당시 상황에 비하면 그 정도가 훨씬 덜했다는 것을 기억해야 한다. 협동조합은 험난한 현실에서 많은 불리함을 직면하면서 사업체로서 자신의 지위를 세워야만 했다. 또한 세기의 중엽이라는 시대에서 협동조합 이상가들은 사업의 경쟁 상대보다 큰 차로 앞서 나가야 한다고 유혹했지만 성공하지 못했다. 조합이 잘 되면 조합원은 점점 더 많이 가입하지만 이들은 협동조합의 이념을 이해해서라기보다는 '배당'에 관심을 갖는 층이었다. 그래서 상업적 판단보다 박애주의가 소중하다고 말하는 이상가들도 총회에서 어떤 이야기가 나올지 늘 신경을 곤

두세워야만 했다.

　요컨대 소비자협동조합 운동도 그 나름의 험악하고 냉혹한 투쟁 속에 성장했고, 이 투쟁의 후유증에서 결코 벗어날 수 없었다. 빅토리아 시대 중엽의 노동조합이 각 직종에서 자신들만의 독점을 추구하는 한정 계층의 숙련공 대표로 행동했던 것처럼, 협동조합도 현실에서는 이상주의를 수정해 가면서 오직 특정 노동자층 —언제 일자리를 잃더라도 당장 굶주림에 내몰릴 일 없는— 의 지지에 의존했다. 협동조합 조합원 수가 비교적 완만하게 늘어난 것이 이 사실을 설명해 준다. 이는 19세기 말에 가서야 미숙련 노동자층에게 손을 내민 노동조합 운동이 저지른 실책과 거의 같은 것이고, 협동조합 운동이 그 기반을 확립하자마자 상인들이 격렬하게 공격한 이유를 설명해 준다. 협동조합 매장은 상인들로부터 단지 이러저러한 비율의 고객을 빼앗은 게 아니라, 가장 우수한 고객 —정기적으로 지출하는— 을 빼앗아 갔다. 상인들에게 남겨진 고객은 가난하고 저축할 수 없는 불안정한 사람들뿐이었다.

　'기아의 1840년대'에는 이러한 다툼이 아직 겉으로 드러나지 않았다. 협동조합은 아직 너무 작은 규모여서 상인들에게 격한 적의를 불러일으키지 않았고 자본가에게 큰 위협이 되지도 않았다. 협동조합은 노동 계급의 절약 추진 기관으로 환영받기는 했을지언정 자본가 기업의 경쟁 상대로 공격 받는 일은 없었다. 뒤에 살펴보듯이, 협동조합이 법적으로 승인 받는 길은 대체로 순조로웠고, 노동조합 운동을 최대의 적으로 여기는 고용주나 휘그당과 토리당 정치가들로부터도 많은 격려를 받았다. 예를 들어 존 브라이트[7]는 노동조합이나 공장 입법에는 질색했지만, 협동조합에 대해서는 임금을 적절히 늘리는 수단이면서 노동자에게 절약의 습관을 권장하는 수단으로 언제나 호의를 가지고 있었다.

'기아의 1840년대', 랭커셔와 요크셔의 면직물·모직물 지대는 영국에서도 기아가 가장 심한 곳이었다. 아동 노동이 성인 임금을 억제하는 영향이 가장 심했고, 고용주 사이의 경쟁도 가장 파괴적이었다. 그러나 상황은 눈에 띄게 좋아졌다. 무엇보다 증기력과 공장 제도의 발상지에서 그러했다. 노동자들은 10년에 걸친 투쟁 끝에 1847년, 1일 10시간 노동을 법으로 정할 수 있었다. 완고한 고용주로부터 양보를 얻기까지 시간은 좀 더 걸렸지만, 1850년대 초까지 이 싸움은 승리를 거두었다. 이어서 단체교섭권 승인이 확대되었고, 태도를 바꾼 기업과의 표준 임금표 공개 협정으로 노동조합은 발전했다. 직물공의 사회적 지위도 그들의 임금과 마찬가지로 불황에서 벗어난 뒤로부터 빠르게 올라갔다. 그 결과 랭커셔와 요크셔는 다른 지역보다 앞서 노동자의 자치와 자존 능력의 확고한 기초 위에 이루어지는 협동조합 운동이 가능해졌다. 이러한 상황은 점차 다른 지역에 확대

---

7 [옮긴이] John Bright(1811~1889). 랭커셔 로치데일 출신. 퀘이커 교도. 코브던과 함께 반곡물법 운동에서 활약. 1843년 하원 선출. 자유당 내 급진파. 1846년 반곡물법 폐지에 성공. 1868년 제1차 글래드스턴 내각 무역성 장관. 1886년 아일랜드 문제에 대한 이견으로 자유당을 탈당함.

되었고 '로치데일 원칙'도 이와 함께 퍼져 마침내 전국적인 협동조합 운동이 벌어졌다. 1840년대에는 성공을 위한 확실한 기반이 부족했기 때문에 운동이 빠르게 퍼질 수 없었다. 앞서도 말했지만, 로치데일의 선구자들에게 다행이었던 점은 토드레인 매장을 열고 2년 동안 경기가 좋았다는 것이다. 그렇지 않았다면 아마 우리들은 1944년에 그들의 100주년을 축하할 수 없었을지도 모른다. 소비자협동조합은 그것을 위한 조건이 성숙되면 생겼을 터이다. 그러나 그것을 처음 만든 사람은 행운이 따르지 않았다면 로치데일 사람들이 아닌 다른 지역 사람이 되었을 것이다. 단, 그 지역 사람들이 로치데일이 개척한 건전한 사업 원칙을 갖고 조합을 만들었을 때 맞춰 찾아 온 행운이 맞아 떨어지고, 초기의 어려움을 극복하는 투지를 발휘했을 때에만 그렇다는 것이다. 이러한 자질은 다른 많은 조합에게도 있었다. 만일 로치데일이 실패했다면 ―그럴 가능성이 없지도 않았다― 우리들은 로치데일 창립 100주년을 축하하는 대신 1947년 리즈 100주년, 1950년 올덤 100주년 또는 1951년 핼리팩스의 100주년까지 기다려야 했을 것이다. 그러나 로치데일 사람들은 끈질긴 투지와 올바른 양식으로 움직였고 행운이 따르면서 성공을 거두었다. 투지와 양식, 이것이 문제인 것이다. 로치데일의 사나이들은 '기아의 1840년대'를 이겨냈고, 상황이 훨씬 나아진 1850년대는 그들의 노고에 걸맞은 보상을 안겨 주었다.

제2장

로치데일 선구자 이전의
협동조합

오늘의 협동조합 운동은 다른 요소도 포함하지만 무엇보다 생활필수품을 공동 구입하기 위한 소비자 운동이다. 그 존립 기반은 약 900만 명의 조합원을 가진 영국의 소매협동조합 네트워크이다. 이들은 여러 형태의 생산에까지 사업 영역을 넓혔는데, 여기서 대단히 중요한 것은, 대규모 도매 사업 외에 협동조합 물품 생산을 위해 시설을 잘 갖춘 공장을 많이 소유한 잉글랜드와 스코틀랜드의 도매사업연합회이다. 그러나 이 거대한 상부 구조를 받치고 있는 것은 소매 매장이다. 소비자가 이용하는 매장과 도매 사업의 공장과 창고에 비하면, 그 밖의 협동조합 운동은 대수롭지 않아 보인다. 즉 초기의 자치 작업장과 공동 작업장의 후예인 생산자조합이 1939년에 고용한 노동자는 2만 1,500명이었지만, 소매조합 매장은 24만 3,700명, 도매조합은 7만 7,100명을 고용했다. 또한 생산자조합의 총 거래액은 750만 파운드 이하지만, 도매조합은 5,500만 파운드를 넘었고 총 도매액은 1억 6,500만 파운드였다. 농업협동조합은 소규모인데, 총 판매액은 500만 파운드(공식 통계에 포함된 경매 시장의 판매액을 제외)에 못 미치고 전체 조합원 수는 약 14만 명 정도였다. 이처럼 영국의 협동조합 운동은 생활필수품의 소매 사업을 확고한 기반으로 하는 소비자 운동이다.

이것이 로치데일의 선구자들이 1844년 겨울, 토드레인 매장을 연 뒤로 영국에서 착실히 발전해 온 협동조합의 모습이다. 그러나 만일 1844년에 혹은 그 직후에 양식 있는 잉글랜드나 스코틀랜드 사람에게 '협동조합'이라는 말을 어떻게 이해하는지 물었다면, 그는 틀림없이 오늘의 소비자협동조합과는 크게 다른 근본이념과 목적을 지닌 운동으로 답했을 것이다. 찰스 하워스나 제임스 스미시스, 윌리엄 쿠퍼 또는 로치데일공정선구자협동조합을 만든 어느 누구에게 이 질문을 하더라도 그들은 협동조합의 목적이 매장 운영이라고는 답하지 않았을 게 분명하다. 하워스나 그의 동료 선구자들에게 매장 운영은 협동조합의 이상을 추구하는 수단 ―많은 수단 중의 하나― 에 지나지 않았다. 그 이상이란 바로 협동 공동체 즉 '협동 마을'을 만드는 것이었다. '협동 마을'의 구성원들은 그들이 소유한 땅에서 함께 살고 그들이 만든 공장이나 작업장에서 일하면서 경쟁적인 산업주의의 폐해에서 벗어나 상호 부조와 사회적 평등 그리고 진정한 인간애의 세계 ―'새로운 도덕 세계'― 를 일구어 간다.

로치데일의 선구자들이 설립 목적에서 선언한 이러한 이상은, 로버트 오언이 영국 사람들에게 한 세대에 걸쳐 설교해 왔던 것이고, 조금 다른 형태이기는 하지만 푸리에와 몇몇 사람들이 프랑스 사람들에게 역설해 온 것이었다. 오언은 대 공장주였지만 한동안 영국 노동 계급의 대변자이고 지도자였다. 그의 추종자들은 '협동조합인' 또는 '사회주의자'로 불렸고, 새로운 도덕 세계를 향한 오언의 구상은 '협동조합' 또는 '사회주의'로 알려졌다. 그러나 노동 계급의 복음으로서 오언주의의 전성기는 로치데일 선구자들의 매장이 문을 열기 10년 전에 지나갔다. 하지만 오언의 이상을 계속 품어 온 신실한 '사회주의자들'과 '협동조합인들'의 유대는 여전히 존재했다. 오언주의의 위대한 시대는 1820년대 중엽부터 1830년대 중엽까지였다. 1824년, 단결금지법 폐지와 함께 시작된 오언주의의 10년 동안 협동적 사회주의 이상으로 크게 고무된 노동조합 운동이 전국적으로 펼쳐지고, 이와 병행하여 온갖 종류의 협동조합이 놀랄 만큼 성장했다. '열광의 시대'라 불리던 이 시대는 전국노동조합대연합이 1834년에 갑작스럽게 해체되면서 끝을 맞게 되었다. '대연합'의 해체는 몇 년 동안 전국 곳곳에서 이루어진 협동조합의 수많은 실험들을 무너뜨렸다. 그러나 살아남은 것도 일부 있었다. 신실한 오언주의자들은 다양한 이름의 작은 협회로 모여들어 협동조합과 사회주의의 복음을 설교했다. 이들은 로치데일에서 '사회주의자들'로 알려져 있었고, 본부는 '사회 회관' 혹은 '사회주의 회관' — 이 이름은 1834년의 재앙 이후 운동을 재건할 때 오언의 지지자들이 만든 것이다 — 에 있었다.

이 장에서는 오언의 가르침에 바탕을 둔 초기 협동조합 운동에 대해 이야기하려고 한다. 그러나 먼저 오언 이전의 시대로 거슬러 올라가야 한다.

오언은 처음으로 협동조합 운동을 전국적으로 확산되도록 고무한 사람이 기는 하지만, 협동조합 운동의 창안자는 아니기 때문이다. 영국 협동조합 운동의 발단은 18세기 중엽까지 거슬러 올라간다. 그리고 협동조합을 처음 시작한 사람들은 우리들이 알고 있는 한, 울위치와 채텀의 조선소에서 정부가 고용한 노동자들이었다. 이들은 일찍이 1760년에 지역을 독점하고 있던 제분업자들이 담합해 가격을 올리는 데 대한 반대 운동으로, 협동조합의 기초 위에서 제분소를 만들었다. 이들 초기 조합은 제분업자만 아니라 제빵업자와도 이내 갈등을 겪었다. 그리고 1760년에 울위치 공장이 화재로 전소되었을 때, 이 지역의 제빵업자가 방화범으로 고소되는 일이 있었다. 제빵업자는 시장 앞에서 선서한 진술에서 이 혐의를 부정했다. 초기의 협동 공장과 채텀 제분소는 이 방화 사건 때문에 알려졌다. 다음과 같은 신문 기사에서 정보를 얻었기 때문이다. "최근 울위치 조선공의 제분소 전소 사건이 있고 나서, 여기(채텀)서는 조선공인 제빵공이 감시인을 두고 비슷한 사건이 일어나지 않도록 특히 악의적인 기도를 막기 위해 필요한 모든 조치를 했다.[1]"

우리가 알고 있는 한, 이 당시 선구자는 조선공이었고 협동조합 운동은 제분과 제빵에서 시작되었다. 울위치 사람들이 제분소 외에 제빵소도 가지고 있었는지는 확실치 않지만, 채텀 사람들은 제빵소를 가지고 있었다.

---

1 《화이트홀 이브닝 포스트》, 1760년 3월 22일~25일자. Redfern, *New History of the C.W.S.* p. 6.

프랑스와 전쟁을 벌이는 동안 빵 가격이 급격히 상승했을 때는 더 많은 협동제분소가 있었다. 헐 지역의 노동자들은 '반(反) 제분소'로 알려진 협동제분소를 만들었다. 이 제분소는 1795년에 계획되어 2년 뒤에 제분을 시작했다. 1796년에 문을 연 바람 다운스 제분소는 빈곤층의 편익을 위해 지주 계급의 자금으로 만든 것이기에 엄밀한 의미에서 협동 사업은 아니었다. 1801년에는 헐에서 두 번째 협동제분소인 헐 출자제분소가 생겼다. 운동은 헐에서 비벌리, 휘트비로 확대되었고 휘트비에서는 1812년에 '공동제분소'를 만들었다. 켄트의 쉬어니스에서는 1816년에 쉬어니스경제조합이 제빵소로 문을 열었고, 이것은 뒤에 종합적인 협동조합 매장으로 발전했다. 다음 해 데본포트에서도 '공동제분소'가 세워졌다. 기록은 남아 있지 않지만 이 외에도 다른 제분소가 있었음은 확실하다. 역사가들은 이러한 사소한 것까지 기록으로 남기지는 않았다.

제분이나 제빵과 전혀 별개의 협동조합 매장이 어디서 처음 시작했는가를 밝히기는 불가능하다. 필자가 아는 한, 기록으로 남은 최초의 사례는 에어셔 주 펜윅의 직공조합이다. 이 조합은 1769년에 생활필수품 구입을 위해 돈을 갹출해 사업을 시작했다. 그리고 1777년 스코틀랜드에서 두 번째로 만들어진 고반식료품공급조합은 잉글랜드 협동조합 매장 가운데 가장 오래된 것으로 알려진 1795년의 올덤 협동공급회사보다 먼저 만들어졌다. 그 다음은 다시 스코틀랜드로 돌아와서 1800년 브리지턴 조합, 1812년 레녹스타운협동조합 —로치데일보다 훨씬 앞서 이용 실적 배당 방식을 채택한 것으로 유명했다— 그리고 1821년에 라크홀식료품공급조합이 만들어졌다.

이러한 조합들이 영국 협동조합 운동에서 오언주의 이전 시기의 선구자들에 속한다. 또한 노동자의 자치 그룹인 생산자 협동 운동에서도 18세기에 선구자들이 있었는데, 1777년에 버밍엄 재단사들이 협동조합을 만들었다는 이야기가 전해진다.

그러나 이들의 운동은 이어지지 못했고 제분소를 제외하고는 고립적인 실험이었다. 누가 이들 대부분의 협동 운동을 고무했는지 아는 사람은 없다. 만일 이들이 널리 알려졌다면 물가는 뛰어오르고 물자는 부족해 노동자를 심각한 궁지에 몰아넣은 나폴레옹 전쟁 때 협동조합을 만들려는 시도가 더 많았을 터이다. 협동조합이 하나의 운동으로서 모습을 갖추기 시작한 때는 이 전쟁이 끝난 뒤였고, 이는 우리들이 '산업혁명'이라 부르는 거대한 경제적 대 변동에 대한 노동 계급의 반작용의 하나였다. 또한 1820년대에서 1840년대까지 영국을 끊임없는 계급 투쟁과 노동 불안의 상태로 빠뜨려 심각한 사회 불안의 한 부분을 이루는 것이기도 했다.

로버트 오언이 사회 시스템을 재편하기 위한 야심찬 구상을 밝히게 된 것도 나폴레옹 전쟁에 따른 곤경 때문이었다. 1799년에 오언은 맨체스터에서 맨몸으로 뛰어난 면방업자의 지위를 쌓은 뒤, 클라이드 강변의 뉴라나크에서 데이비드 데일이 운영하던 방적 공장을 구입했는데, 이 공장은 데일이 리처드 아크라이트와 공동으로 17년 전에 만든 것이었다. 뉴라나크에서 오언은 맨체스터 시대에 이미 구상을 세운 사회 이념을 실천에 옮기기 시작했다. 그는 노동자의 결점이 그들의 도덕적 결함에서 기인한다는 통념에 반대했다. 그는 사람들의 성격을 형성하는 것은 그들을 둘러싼 환경이라고 주장했다. 그리고 도덕가들이 가난한 사람들로부터 찾아내는 악폐는, 그들이 거기서 생활하고 일하는 것을 강요당하는, 인간을 타락시키는 상태 때문이라고 주장했다. 보다 나은 환경을 제공하면 이에 반응하여 그들은 보다 나은 노동자 그리고 보다 나은 인간이 된다는 것이다. 그리하여 오언은 그의 뉴라나크 사업장에서 여러 조건의 철저한 개혁을 시작했다. 그는 하나의 커다란 시설에서 토지와 공장, 주택 모두를 가진 사실상의 전제 군주였다. 이곳은 라나크의 옛 마을에서 1마일 떨어진 곳에 있었고, 동력은 증기기관이 발명될 때까지 클라이드 강의 수력에 의존하고 있었다. 이곳의 자연은 무척 아름다웠다. 오언은 이곳을 충분히 이용하려고 했다. 그는 1793년에 토마스 뮤르와 그의 급진파 동료에게 형을 선고한 악명 높은 판사 브랙스필드 경이 살았던 저택과 땅을 사들였다. 그는 이 땅을 노동자에게 개방해 집을 새로 짓고 낡은 집은 고쳐 쓰도록 했다. 또한 학교를 세우고, 불순물을 섞지 않은 물품을 싸게 파는 매장을 열고, 야채 공급을 위해 땅을 일구고, 노동 시간을 줄이고 임금은 늘렸다. 전쟁으로 무역이 중단되고 휴업을 하지 않으면 안 되었을 때도 그는 노동자를 해고하지 않고 임금을 계속 지불했다. 이런 사정에도 불구하고 혹은 이 때문이라고 해야 할 지도 모르지만 그는 계속해서 많은 이윤을 남겼다. 그리고 그는 노동자를 빈곤이나 노예 상태로 두지 않고서도 이윤을 얻고 공장을 경영하는 '인자한 오언 씨'로 세계적인 명성을 얻었다. 많은 나라에서 유명 인사들이 오언의 뉴라나크 공장을 찾았다. 이 중에는 제정 러시아의 황태자도 있었다.

그러나 오언은 인자한 고용주 이상의 존재가 되기를 열망했다. 하나의 예를 들자면, 오언은 자본은 제한된 배당에 만족해야 하고 그 밖의 모든 잉여 이윤은 노동자들의 편익을 위해 쓰여야 한다고 믿었다. 이런 생각을 실천하기 위해 그는 그에게 동의하지 않는 공동 경영자 두 사람을 손 떼게 하고 새로운 파트너를 찾아야 했다. 그는 저명한 사회 개혁가인 제레미 벤담과 퀘이커 교도 윌리엄 알렌을 비롯한 공동 경영자를 찾아냈고, 이들의 지원 아래 수많은 구상을 실천에 옮기기 시작했다. 1816년에 오언은 성격 형성 학교를 열었다. 이 학교는 아동 교육은 물론이고 성인 교육에서도 선구적인 시도였다. 오언은 투자 자본에 대한 배당을 제한하는 원칙을 엄격히 지키고, 학교와 그 밖의 사회 시설을 라나크 시민에게 널리 개방했다. 동시에 오언은 전쟁이 끝난 뒤 만연한 곤궁을 지켜보면서 보다 폭넓은 사회 문제에 몰입했다. 그는 뉴라나크에서 자신이 해 온 일이 당시의 절박한 사회 경제 문제를 해결하는 길이 될 수 있다고 생각했다. 1816년에 오언은 곤궁에 대한 구제책을 검토하기 위해 하원이 임명한 위원회에 참석해 의견을 펼쳤다. 오언의 의견은 의회에서 퇴짜를 맞았지만, 오언은 개인적으로 후원하는 수공 · 노동빈민구제협회에서 자신의 구상을 피력했다. 이 협회는 서섹스 공작과 켄트 공작이 후견인이었고 캔터베리 대주교가 의장을 맡고 있었다.

　오언 '구상'의 유래를 이해하기 위해서는 그의 구상이 모습을 갖추기 전인 30년 정도 동안 공장 제도가 어떤 상태에서 발전해 왔는지를 살펴야 한다. 산업혁명 초기에 새로운 직물 공장은 증기가 아닌 수력에 주로 의존했다. 따라서 공장 설립자들은 방직기를 가동하려면 수력을 이용할 수 있는 곳으로 가야만 했다. 동력을 공급할 수 있는 곳, 즉 천연의 폭포가 있거나 댐을 만들 수 있는 강기슭으로 옮기면서 산업은 도시 집중에서 분산되기 시작했다. 대규모 공장을 세운 공장주는 동력은 있지만 사람들이 살 집이나 생필품을 파는 매장도 없는 산골짜기로 노동자들을 모집해야만 했다. 초기의 공장에서는 아동 노동이 빈번했고 이들의 요구를 맞추기 위해 교구도제계약제가 발전했다. 이 제도로 도시, 특히 런던의 극빈 아동들은 자신들을 고용하고 집과 식사를 제공하는 공장주 밑에서 '집단'으로 도제가 되었다. 오언은 뉴라나크에서 공장을 사들였을 때 극빈도제 제도가 시행되는 것을 알고 이를 즉시 폐지했다. 그리고 그는 그가 고용한 성인 노동자의 아이들과 마을의 아이들로 대체했다. 오언은 피고용인들의 주거를 돌보고 매장을 열며 교육을 제공해야만 했다. 이런 필요를 채워 줄 공급원이 어디에도 없기 때문이었다. 다른 많은 고용주들도 오언만큼 자비심이 깊지는 않았지만 이와 비슷한 일을 했다.

　점차 증기력이 수력을 대체하고, 마을 안 또는 마을 근교에 공장을 세우고, 수력 대신 석탄을 쓰면서 이러한 가부장적 성격을 띤 시설의 필요성은 줄어들었다. 고용주들은 주거와 학교 그리고 노동 시간 외 노동자의 생활 상태를 돌보는 일은 다른 곳에 떠넘겼다. 그러나 많은 지역에서 예전의 상태가 계속되었고, 고용주와 그 대리인은 좋든 나쁘든 고용 조건에 더하여 주거와 학교 그리고 매장에 대한 책임을 계속 떠안고 있었다.

이러한 조건들은 로버트 오언만한 자비심이 없는 고용주의 손에서 악용될 소지가 컸는데, 특히 '트럭' 시스템과 '토미 숍'의 악용으로 이어졌다. 이 때문에 노동자들은 직공장과 매니저가 돈벌이를 위해 운영하는 매장에서 물품을 살 수밖에 없었다. 불순물이 섞인 물품을 비싸게 사야 했고 경기가 나빠지면 빚은 더 늘어나 고용주—토미 숍은 그의 입김으로 운영되었다—의 시설에 더욱 얽매이게 되었다. '트럭'에 대한 반란은 협동조합 운동을 일으키는 하나의 큰 힘이었다. 특히 1831년에 정해진 현물급여금지법에 따라 고용주들이 임금을 현물이나 특정 매장의 구매에만 쓸 수 있는 티켓으로 지불하는 것이 불법이 된 이후 그러했다. 이 일이 아니라도 서로 경쟁하는 상인들이 있는 도시로 산업이 집중하면서, 또한 노동자가 전보다 쉽게 일자리를 옮길 수 있게 되면서 규모가 큰 트럭은 빠르게 사라졌다. 그러나 탄광 지역이나 고립된 지구의 공장들에서 트럭은 없어지지 않았다. 특히 석탄 및 철강 기업이 소유한 사우스 웨일즈의 넓은 지역과 북부 산업 지대의 외딴 곳에서 트럭은 악명이 높았다.

뉴라나크에서 오언이 만든 매장은 협동조합 매장은 아니었고 사업의 한 부분이었다. 오언의 뉴라나크는 산업 민주주의가 아니라 자선적 전제의 한 사례였다. 오언의 성공이 보여준 것은 당시 다반사였던 저임금과 장시간 노동 그리고 다른 여러 가지 억압으로 노동자를 혹사하지 않아도 이윤을 남길 수 있다는 것이었다. 오언은 자신의 방법이 공장 제도의 수많은 폐해를 없애는 데 널리 적용할 수 있다고 굳게 믿었다. 1815년에 발행한 『공장 제도의 효과에 대한 관찰』에서 그는 비위생적인 공장에서 장시간 노동의 폐해를 고발했다. 그리고 1815년부터 1819년까지 공장 상태를 규제하는 법률을 의회에서 통과시키기 위한 운동에 분주했다. 로버트 힐 경 ―곡물법을 폐지한 정치가의 아버지― 의 지원으로 오언은 마침내 1819년 법안 통과에 성공했다. 그러나 이 법안은 모든 섬유 산업에 적용되기를 희망했지만 면방직 공장에만 적용되었다. 또한 법 실행을 감독하기 위한 검사관 임명을 요구했지만 무시되었고, 10세 이하 아동 고용을 전면 금지할 것을 요구했지만 이 법은 최저 연령을 9세로 정했다. 이조차도 출생 기록부가 없고 효과적인 감시도 없었기 때문에 강제력이 없었다. 오언은 18세 이하의 모든 노동자를 위해 1일 10시간 반 노동을 요구했지만, 법령은 16세 이하 노동자의 12시간 노동을 용인했고, 16세 이상에 대해서는 아무런 제한도 없었다. 오언은 아동과 청소년을 위해 야간 노동 폐지와 의무 교육을 요구했지만, 의회만이 아니라 법안의 후원자조차도 이를 그다지 지지하지 않았다. 법안 심의가 좀처럼 진전되지 않자 오언은 청원에 대한 희망을 포기하고 보다 광범위한 사회 개혁으로 방향을 돌렸다.

오언이 보다 폭넓은 견해를 밝히기 시작한 때는 1813년부터 1814년까지『성격 형성에 관한 에세이』의 출판으로 거슬러 올라간다. 이 논문은 나중에 『사회에 대한 새로운 견해2』라는 이름으로 재출간되었다. 이 논문에서 그는 "인간의 사회적 성격은 환경에 의해 만들어지는 것이지 자기가 형성하는 것이 아니다"라는 견해를 역설하고 산업 시스템을 철저하게 개혁해야 한다고 주장했다. 1817년, 의회 청원이 실패한 뒤 오언은 '시티 오브 런던 태번' 회관에서 열린 강연으로 대중 앞에 모습을 드러냈다. 이 강연에서 그는 '협동 마을'을 통해 가난한 사람을 고용한다는 기본적 '구상'을 발표했다. 이 구상은 많은 면에서 뉴라나크의 시설을 개작한 것이었는데, 이리하여 그는 사회 조직과 부를 생산하는 새로운 모델을 구축해야 한다는 견해를 굳히게 되었다.

오언이 펼치는 주장의 본질은 국가와 구빈국 담당자가 돈이나 물품을 지원해서 실업자를 빈둥거리게 할 것이 아니라, 그들 스스로 자신의 필요를 공급할 수 있는 협동 마을 설립을 위해 돈을 써야 한다는 것이었다. 이런 협동 마을은 어느 곳은 뉴라나크처럼 공업 중심, 어느 곳은 과학적 시비와 수확법을 채용하지만 가래로 땅을 경작하는 농업 중심, 또 어느 곳은 농업과 공업이 함께 있는 곳으로 할 생각이었다. 오언의 주장에 따르면 마을의 생산물을 처분하기 위한 시장은 필요하지 않다. 각 협동 마을에서 소비할 필요가 없는 것은 다른 협동 마을과 교환하면 되기 때문이다.

2 　오언의 이 논문과 다른 저작에 대해서는 필자가 편집한 『사회에 대한 새로운 견해와 기타 저작(*A New View of Society and other writings*)』, Everyman's Library를 참조

이 '구상'은 원래 실업자에게 일자리와 생활의 양식을 제공할 수단으로 제안한 것이지만, 오언 자신에게는 이를 뛰어넘는 큰 포부가 있었다. 그는 이 구상이 성공하면 세계의 이목을 집중시키고 머지않아 전 세계가 '협동 마을'로 뒤덮일 것이라고 생각했다. 마을의 문제는 각 마을이 자치적으로 해결하고, 마을과 마을이 연대를 이룬다. 이렇게 하다 보면 여러 나라들이 전체로서 필요하다고 생각하는 간결한 정부를 만들어 낸다. 이것이 바로 협동과 인간적 연대의 원칙에 기초한 '새로운 도덕 세계'인데, 오언은 이러한 세계가 경쟁과 착취의 '낡은 도덕 세계'를 대체하고 보편적인 박애와 충족의 새 천년으로 가는 길을 안내할 것이라 믿었다.

오언은 1817년 강연에서, 공장 제도와 자본가의 경쟁을 고발함과 함께 모든 종파의 해로운 영향력을 비판했다. 그는 모든 기성 종교는 근본적으로 잘못된 것이라고 주장했다. 왜냐하면 그들은 악은 인간의 죄 때문에 생기는 것이고 그렇기 때문에 인간의 자기 책임만을 설교함으로써 사회악의 근원이 사람들을 예속시키는 나쁜 환경에 있다는 인식을 하지 못하게 만들기 때문이다.

오언은 모든 사회관계가 이렇게 사악한 환경과 개인 개조에 대한 잘못된 집착으로 오염되었다고 주장했다. 그리고 '낡고 부도덕한 세계'의 옹호자인 모든 교회를 정면으로 공격했고, 당연히 유력자 사이에서 무수한 적을 만들어 냈다. 그러나 당분간은 반론의 여지가 없는 업적을 쌓은 위대한 고용주이자 박애주의자로서 오언의 이야기는 사람들에게 받아들여졌다.

구빈법 관련 단체 대표들이 그의 업적을 보기 위해 뉴라나크를 찾았고, 오언은 1821년에 『라나크 주에 대한 보고』—그의 사회관을 가장 훌륭하고 완벽하게 설명했다— 에서 자신의 견해를 자세히 밝혔다.

오언이 크게 주목을 받았던 이유는, 나폴레옹 전쟁이 끝나면서 영국의 구빈법이 기능 부전 상태에 빠졌기 때문이다. 대부분의 농업 지역에서 '스피넘랜드' 제도 —1795년에 이 제도를 만든 지역의 이름에서 유래한— 가 실시되었다. 이 제도에 따라 생계비 상승에 맞춰 임금을 올리는 대신, 치안판사가 빵 가격에 따라 교구 구제의 등급을 정하고, 아이들이나 다른 부양가족을 위한 수당을 포함하여 이들 등급에 준한 교구세에서 보조금을 지불했다. 이 제도는 대부분의 산업 지역에서는 적용되지 않았지만, 불황기에는 유사한 계산법에 기초하여 실업자와 불완전 취업자에게 교구 구제금을 지불하는 관행이 생겼다. 많은 농업 지역에 공장이 생기고 가내공업은 빠르게 사라지고 있었기 때문에 상황은 악화되었다. 지방에서도 잉여 노동자가 생겼고, 낮은 임금이 지배적이었는데도 아무도 그들을 고용하지 않았다. 이 불운한 사람들은 교구에 의해 간신히 생계를 유지하거나, 지방 농장주들을 위해 날품팔이로 보내졌고 또는 기아 상태를 겨우 벗어날 수 있는 수준의 임금을 받는 도로 보수 일에 동원되었다. 누구도 이런 관행을 옹호하지 않았지만, 일단 깊이 뿌리를 내리면 다른 방안이 없기 때문에 그대로 유지되었다. 전쟁이 끝나자 물가는 떨어졌고, 구빈세 부담은 전보다 훨씬 무겁게 느껴졌다. 그리고 지방세와 국세의 납세자들을 압박하지 않고 빈민을 부양하는 방법을 찾아냈다는 오언의 주장은 굉장히 솔깃한 이야기였다. 따라서 모든 종교에 대한 그의 공공연한 비난이 곧바로 유력한 지지자들을 쫓아버리지는 않았다. 하지만 오언이 '구상'을 설명하면 할수록 그가 단순히 값싼 빈민 구호 방법이 아니라, 사회 시스템의 완전한 변혁과 이윤 추구 자본 기업의 폐지를 제안하고 있다는 사실이 더욱 분명해졌다. 전후의 곤궁을 해결하기 위한 수단이라 여기면서 오언의 견해에 귀 기울이던 유력자들은 등을 돌렸다. 오언의 이야기에 귀 기울일수록 그의 구상은 막연한 천년 왕국을 꿈꾸는 이야기가 되었고, 당연히 실현 가능성이 전혀 없어 보였다. 오언은 타락한 유럽 문명에서는 자신의 구상을 실현할 수 없음을 확신하고, 신세계의 오염되지 않은 환경에서 자신의 이상을 구현하기 위해 미국으로 떠났다. 그는 미국 대통령과 국회의원 모두에게 그의 이념을 연설했고, 미국 각지를 강연한 후 라피트라 불리는 독일 종교 이민의 한 분파로부터 인디애나 주에 있는 뉴하모니의 종교 공동체를 사들여 영국에서 세우려고 했던 '협동 마을'을 만들기 시작했다.

오언이 1825년에 뉴하모니를 사들인 뒤 여러 해 동안 수많은 어려움에 부딪친 이야기를 여기서 펼치는 것은 적합하지 않다. 뉴하모니는 공동 소유와 집단 노동 성과물 공유에 기초한 협동 공동체로 출발했지만, 분열에 분열을 거듭하다 최종적으로는 개별 농민이 땅을 소유하고 경작하는 곳이 되었다. 지금은 단지 몇 개의 공공건물과 편의 시설만이 본래 성격의 유물로 남았다.

오언이 뉴하모니를 사들이기 전에 그의 제자들은 영국에서 활기를 띠었다. 1820년, 잡지《선(Sun)》의 편집자 조지 무디는 헨리 헤더링턴을 비롯하여 런던의 출판업자로 구성된 그룹과 연대하여 공동체를 위한 구상을 추진했다. 헤더링턴은 나중에 언론 자유를 위한 힘겨운 투쟁 속에서《빈민의 수호자》를 발행한 인물로 유명해졌다. 무디의 구상은 부분적으로 오언으로부터 비롯했지만, 오언의 종교에 대한 견해에서는 완전히 일치하지 않았다. 무디는 동료 출판업자와 언론인들에게 공동체 생활을 하면서 공동의 이익을 위한 사업을 할 수 있는 부지를 마련하기 위해 돈을 모아야 한다고 제안했다. 무디가 제안한 공동체는 이듬해 실제로 시작되었다. 무디와 그의 동료들은 1821년과 1822년에《이코노미스트》라는 최초의 협동조합 잡지를 만들었다. 그들이 만든 런던협동경제조합(London Co-operative and Economical Society)은 런던에서는 최초로 알려진 협동조합 사업체였고, 분명한 사회적 신조를 구체화한 최초의 것이기도 했다. 조합은 공동체 생활의 실험을 포기한 뒤 그다지 야심적이지 않은 부류의 후계자를 찾았다. 1823년에《정치경제학도와 보편적 박애주의자》가《이코노미스트》를 승계했다. 1824년에는 런던에서 두 번째 협동조합이 킹스 크로스에 가까운 버튼 스트리트에 생겼고 몇 년 동안 오언주의자의 선전을 위한 센터가 되었다.

이내 더 큰 계획이 진행되었다. 1823년, 골상학자 조지 콤의 형제 아브라함 콤은『낡은 시스템과 새로운 시스템』이라는 책에서『라나크 주에 대한 보고』에 담긴 오언의 견해를 받아들인다는 입장을 선언했다. 아브라함 콤의 지도 아래 랭커셔의 오비스톤에서 '협동 마을'이 시작되었는데, 이곳은 달젤에 있는 해밀턴 씨 소유지였다. 그도 다른 명사들과 함께 오언의 라나크 보고서를 읽고 개종한 사람이었다. 이들 명사들은 머더웰 근교에서 오언주의 공동체를 만들자고 제안한 '영국내외박애협회(British and Foreign Philanthropic Society)'를 통해 오언과 협력하고 있었다. 그러나 이들의 계획은 실패했고, 앞서 살펴본 것처럼 오언은 그의 관심을 영국이 아닌 다른 곳으로 옮겨버렸다. 이 아이디어를 부활시키는 일은 콤과 해밀턴에게 맡겨졌고, 1826년에 공동체를 수용하기 위해 지은 거대한 건물에서 오비스톤 공동체가 시작되었다.

수백 명이 오비스톤으로 모여들었다. 무디는 런던을 떠나 오비스톤에 그의 전 재산인 약 1,000파운드를 투자했다. 스코틀랜드의 노동조합과 협동조합 운동의 뛰어난 인물이 된 알렉산더 캠벨도 오비스톤으로 와서 소년들을 돌보면서 오비스톤 공동체의 가장 성공적인 산업 부분이었던 철공장 운영을 맡았다. 초기의 어려움을 극복한 오비스톤 공동체는 한동안 잘 되는 것처럼 보였다. 콤은 자금을 아낌없이 쏟아부었다. 공동생활을 위한 계획을 마련했고, 완전한 자치를 위임한 구성원들은 교육에서 흥미로운 실험을 시작했다. 또한 모든 직업의 사람들에게 시간 당 평등한 보수를 주는 시스템을 택했다. 모든 것이 순조로워 보였는데 1827년 8월, 콤이 갑자기 죽고 말았다. 그리고 얼마 되지 않아 채무를 인수한 그의 형제 윌리엄은 공동체의 모든 거주자들을 내쫓고 모든 시설을 경매로 넘겼다. 공동체에 자금을 쏟아 부은 사람들은 곤경에 빠졌다. 캠벨을 비롯하여 몇 사람은 공동체의 부채 문제로 투옥되었다. 윌리엄이 그렇게 행동한 이유는 채권자들의 압력 때문이었다고 한다. 아브라함 콤(그는 에든버러의 부유한 제혁업자였다)은 이 일로 전 재산을 날렸다.

이렇게 해서 두 번째의 협동 마을은 끝이 났다. 그러나 일을 추진했던 사람들은 단념하지 않았다. 무디는 원칙에 대한 신념을 간직했고, 알렉산더 캠벨은 여전히 열광적인 오언주의자였다. 머지않아 세 번째 시도를 하게 될 터였다. 그러나 랄라하인 창립 전 오언주의자의 협동 운동에 색다른 전환을 가져온 일들이 펼쳐졌다. 오비스톤 공동체를 만든 바로 이듬해에 브라이튼에서 윌리엄 킹 박사와 윌리엄 브라이언이 후원하는 브라이튼 협동자선기금협회(Brighton Co-operative Benevolent Fund Association)가 만들어졌고, 몇 개월 뒤에는 브라이튼협동사업협회(Brighton Co-operative Trading Association)가 만들어졌다. 상류 사회의 해수욕장과 조지 4세의 별장이 있는 브라이튼이 오언주의자의 교의를 이렇게 적극적으로 받아들였다는 게 기이해 보일런지 모른다. 사실 이 마을은 그 당시 많은 진보적 운동의 선두에 선 곳이었다. 킹 박사는 브라이튼의 협동조합 운동 창설을 지원하기에 앞서 이미 절약을 위한 조합을 추진했고, 유아 학교와 직공 학교를 만드는 데 지도적인 역할을 했다. 그는 이 지역에서 '빈민의 의사'로 알려졌고, 협동조합 운동 초기에 신실한 지지자임을 거듭 입증한 바이런 경의 부인과

도 여러 해 동안 친교를 맺어왔다. 브라이튼은 1832년, 선거권 부여와 함께 최초의 국회의원의 한 사람으로서 코빗의 친구이며 변호사인 조지 페이스풀을 의회로 보냈다. 그리고 브라이튼은 차티스트 운동의 활발한 중심지가 되었다.

브라이튼조합의 목적은 오비스톤과 같은 협동 마을을 만드는 것이었다. 조합은 자본 적립을 위해 조심스럽게 협동조합 매장 운영부터 시작했다. 조합원은 거의 노동 계급이었고 직업도 다양했다. 설립자들은 직물 제조를 뺀 모든 종류의 생산을 기회가 닿는 대로 시행할 것이라고 선언했다. 조합은 땅을 빌려 매장에서 판매할 야채를 기르기 위해 조합원 몇 사람을 고용했다. 브라이튼조합은 한동안 번창했다. 몇 개의 자매 조합이 브라이튼 마을에 생겨났고, 다른 곳에서도 영향을 받아 워싱, 핀던, 턴브릿지 웰스, 캔터베리 그리고 그레이브젠드에서도 조합을 만들었다. 그러나 1830년, 재무를 보던 브라이언이 갑자기 미국으로 떠나버리고, 킹 박사도 집안 사정으로 발을 빼면서 브라이튼조합은 문을 닫게 되었다. 조합원 몇 사람이 출자금을 돌려받아 배 한 척을 사서 어업을 했다는 소식 말고 나머지 사람들의 소식은 알지 못한다.

그러나 브라이튼조합은 직접적인 성취를 뛰어넘는 간접적인 영향을 크게 미쳤다. 1828년에 조합은 월간지《코퍼레이터(Co-operator)》를 발행하기 시작했다. 주로 킹 박사가 글을 썼는데, 오언이 늘 그의 주장에 간을 쳐 온 종교에 대한 공격이나 천년 왕국다운 선언은 빼고 오로지 협동조합의 원칙에 대한 체계적 해설에만 집중했다. 2년 동안 발행한 《코퍼레이터》는 이르는 곳마다 주목할 만한 효과를 가져왔다. 그 영향력은 런던의 오언주의자들이 1826년부터 1827년에 발행한 《코퍼러티브 매거진(Co-operative Magazine)》을 능가했고, 영국 각지에서 협동조합이 엄청나게 많이 생겨난 연대를 기록하게 되었다. 초기 몇 호에 기록된 조합은 단 4개 —브라이튼에 2개, 워싱에 하나 그리고 본부를 버튼 스트리트에서 레드 라이온 광장으로 옮긴 런던조합— 였다. 1829년 중반에 기록된 조합은 70개였는데, 이는 협동조합의 새로운 매체로 등장한 《버밍엄 코퍼러티브 헤럴드(Birmingham Co-operative Herald)》에서도 마찬가지였다. 그해 말에 기록된 조합은 130개였고, 해턴 가든의 그레빌 스트리트 19번지에서 런던협동조합 바자회가 열렸다는 기록을 남겼다. 그 뒤 이 잡지는 조합의 숫자를 헤아리는 것을 포기했다. 1830년 8월, 킹 박사는 현재까지 만들어진 협동조합이 300개를 넘었다고 기록하면서 마지막 호[3]를 냈다. 이 무렵 여러 종류의 새로운 협동조합 신문이 등장했다. 1829년 《브리티시 코퍼레이터(British Co-operator)》, 《어소시에이트(Associate)》, 1830년 런던에서 《코퍼레이터 미셀러니(Co-operator Miscellany)》, 《체스터 코퍼레이터(Chester Co-operator)》, 랭커셔 노동조합 운동의 지도자 존 도허티가 편집한 《유나이티드 트레이드 코퍼러티브 저널(United Trades Co-operative Journal)》(맨체스터) 그리고 1831년에

---

3 《코퍼레이터》는 T. W. 머서의 『윌리엄 킹 박사와 《코퍼레이터》』에 전부 번각, 수록되었다. 브라이튼의 운동에 대해서는 이 책을 참조.

《트레이드 애드보케이트(Trades Advocate)》로 이름을 바꾼 알렉산더 캠벨의《트레이드 애드보케이트 헤럴드(Herald to the Trades Advocate)》(글래스고)가 발행되었다. 또한 랄라하인에서 E. T. 크레이그가 편집한《랭커셔 코퍼레이터(Lancashire Co-operator)》—나중에《랭커셔·요크셔 코퍼레이터(Lancashire and Yorkshire Co-operator)》로 이름을 바꿈— 가 나왔다. 1832년에는 전국노동보호협회의 맨체스터 지지자들이 발행한《유니온 파일럿 앤 코퍼러티브 인텔리전서(Union Pilot and Co-operative Intelligencer)》, 존 도허티의《푸어맨 애드보케이터(Poor Man's Advocate)》, 윌리엄 킹의 신문《래이버 익스체인지(Labour Exchanges)》그리고 오언의《크라이시스(Crisis)》가 등장했다. 1833년에는 캠벨이《트래이드맨(Tradesman)》을 발행했고, 버밍엄은 지역 신문《래이버 익스체인지(Labour Exchanges)》를 냈으며, 오언주의자로 건축공조합 지도자인 제임스 모리슨은 기관지《파이오니어(Pioneer)》—이 분야에서 단연 최고— 를 간행했다. 이 매체들은 협동조합 관련 정보도 많이 실렸지만 보다 정치적인 의도를 가진 헨리 헤더링턴의《푸어맨 가디언(Poor Man's Guardian)》이나 윌리엄 코빗의 유명한《폴리티컬 레지스터(Political Register)》그리고 제임스 왓슨의《워킹맨 프렌드(Working Man's Friend)》와 함께 판을 거듭했다. 노동 계급과 급진파 모든 종류의 저널리즘이 엄청나게 분출한 시기였다.

물론 이 시기는 정치적으로 크게 고양된 때였다. 1829년 가톨릭 해방령과 함께 1832년에 개정 선거법이 의회를 통과하면서 최고조에 이른 일련의 정치적 사건이 시작되었다. 이 투쟁이 무대의 중심을 차지하고 있는 동안 노동조합과 협동조합 운동의 이례적인 성장도 일반 신문에서는 거의 주목을 받지 못했다. 그러다 1824년, 단결금지법이 폐지된 순간부터 그 성장 속도는 가속화되었다. 산업 지역마다 새로운 노동조합이 만들어졌고, 종래 법망을 피해 공제조합으로 위장해 온 노동조합은 공개적으로 모습을 드러냈다. 1829년, 존 도허티는 면방직공을 잉글랜드만이 아니라 스코틀랜드와 북아일랜드를 포괄하는 대 연합으로 조직하는 데 성공했다. 이로부터 그는 영국의 모든 직종을 전국노동보호총연합회로 조직하는 더욱 야심 찬 계획을 시도했다. 이것은 랭커셔에서 요크셔와 미들랜드로 확산되었고 더욱 규모가 커진 1833~1834년의 전국노동조합대연합회의 직접적인 선구 역할을 했다. 도허티가 만든 전국연합회는 순전한 노동조합 단체였다. 그러나 도허티는 열렬한 오언주의자였고 노동자가 조직되는 곳이라면 어디서나 협동조합의 자주적 공동 경영 사상을 전파했다. 많은 기계 없이도 경영할 수 있는 업종에서는, 파업 중인 노동자들이 팔짱을 끼고 있기보다는 고용주와 경쟁하여 협동조합 생산 계획에 착수하는 것이 보통의 일이 되었다. 로치데일에서 최초의 협동조합으로 알려진 1830년의 우애협동조합은 이런 유형의 조합으로, 1829년에 파업을 벌인 플란넬 직공들의 조합이었다. 이 조합은 몇 사람의 열광적인 오언주의자의 지원으로 만들어졌고 수직공의 생산품을 대중에게 공급했다.

1820년대에서 1830년대 초기에 만들어진 수많은 협동조합 대부분은 이런 종류였다. 이들은 파업 중에 만든 것이거나, 임금이 깎이고 일자리를 잃은 노동조합원 그룹이 직접 만든 것이었다. 이들 중 일부는 지역의 거래협동조합으로부터 자금 원조를 받았고, 또 다른 일부는 단일 직종의 조합원으로 구성된 공제조합의 도움으로 만들어졌다. 노동자들의 작은 그룹이 어떤 공식적인 후원 없이 스스로 자금을 모아 자기들의 힘으로 조합을 시작한 사례도 있었다. 이런 유형의 단체는 '유니온 소사이어티' 또는 '유니온 숍'(공동 작업장)이라는 이름을 썼다. 유니온 소사이어티라는 이름은 킹 박사의 《코퍼레이터》를 통해 알려졌는데, 브라이튼의 운동에서 생겨난 것은 아니었다. '유니온'이란 말은 사회적 이상으로 고무된 거의 모든 노동 계급의 운동을 표현하는 데 쓰였으며 당시에 크게 유행한 말이었다. 직공들의 직종협회 연합체를 '트레이드 유니온'(노동조합)이라 불렀고, 이들의 연합체를 '트레이즈 유니온(연합노동조합)'이라 불렀다. 이러한 유니온 중에는 전국노동계급연맹 같이 정치 개혁을 지향하는 곳도 있었고, 서부제일유니온협동조합 같이 협동조합 생산을 지향한 곳도 있었다. 유니온이란 말은 트레이드 유니온이나 《코퍼레이트》에서 쓴 의미에만 한정되지 않았다. 그것은 이상주의적인 색깔이 강한 의미로 아주 넓게 쓰이는 말이었다.

이러한 '유니온 소사이어티'나 '유니온 숍'과 나란히 오언주의협회 또는 협동조합선전협회가 있었다. 이들의 목적은 협동 마을을 만들거나 협동 마을을 만들려는 다른 협회와 연대하는 것이었다. 협동조합 매장은 대개 두 번째 유형의 협회에서 만들었다. 이들은 구성원의 상호 거래를 목적으로 하기 보다는 구성원을 고용하는 위치에 있었고, 조합의 생산물을 소비하거나 같은 목적을 가진 다른 조합의 생산물과 교환할 목적으로 만들어졌다. 이리하여 그들은 유니온 숍과 연대해 생산물의 판로를 쉽게 제공할 수 있었다. 또한 그들이 한 직종의 생산물을 다른 직종의 생산물과 맞바꾸기 위해 '교환 시장'이나 '공정 노동 교환소'로 전환하는 것도 간단한 일이었다. 개별 조합원은 자기가 생산한 물품을 판매나 교환하기 위해 협동조합 매장에 가져다 놓을 수 있었다. 유니온 숍과 연계한 그룹도 이렇게 할 수 있었다. 협동조합은 작업장이나 농지를 빌려 조합원이 일을 할 수 있게도 했다. 그러나 이러한 하나하나의 노력 속에 언제나 살아 숨 쉬고 있었던 이상은 오언주의적인 '협동 마을'을 만드는 것이었다. 여기에는 그들을 착취하는 자본가도 없으며, 그들의 도덕을 타락시키거나 맬서스 또는 리카르도적인 경제 관행의 혹독함을 겪게 하는 경쟁 시스템도 없다. '협동 마을' 구성원들은 서로 우애를 지키며 함께 살고, 공동 노동의 생산물을 공유한다.

1826년과 1828년 사이에 새로 만들어진 협동조합은 여남은 개가 조금 넘는다는 기록이 있다. 그러고서 갑자기 비약하는데, 1829년에 60개가 넘는 조합이 만들어졌고 1830년에는 50개 가까운 새 조합이 이름을 알렸다. 이밖에도 정확한 설립 연도를 알 수 없는 많은 조합이 있다. 1831년에도 여남은 개의 조합이, 1832년에 또 30개 조합이 만들어졌다고 알려져 있다. 이보다 더 많은 조합이 있었던 게 분명하지만, 이를 언급한 기록은 남아있지 않다. 이름을 아는 것만으로도 모두 250개가 넘는 조합이 1828년과

1835년 사이에 —주로 오언파 협동 운동이 번성한 10년 동안— 만들어졌다. 이들 조합은 국내 각지로 퍼져나갔다. 애버딘과 벨파스트, 더블린에서 브라이튼과 사우샘프튼 그리고 엑스터까지. 사실상 손이 미치지 않았던 곳은 웨일즈뿐이었다. 조합이 가장 많았던 곳은 런던, 랭커셔, 요크셔, 이스트 미들랜드 그리고 버밍엄 주변이었고, 런던에는 50개가 넘게 있었다고 알려져 있다. 그렇지만 조합은 노리치와 입스위치에도, 케임브리지와 옥스퍼드, 컴벌랜드, 콘월, 포터리, 북동 해안에도 있었다. 웨일즈를 빼고는 모든 산업 지역과 도시에 협동조합이 있었다.

　여기서 필자의 의견을 말하자면, 성장이 가장 활발했던 시기는 오언주의자의 노동조합 운동이 최고조에 이른, 선거법 개정 투쟁이 끝난 뒤가 아니라, 의회 개혁을 위한 투쟁을 막 시작한 1829년과 1830년의 일이었다. 노동 계급이 선거법 개정 투쟁에 열중하느라 협동조합 운동에 관심을 돌리지 못했다거나, 두 운동이 대중의 지지를 받기 위해 어느 정도 경쟁하는 관계였다는 이야기는 솔깃하게 들릴지도 모른다. 그러나 이러한 견해를 뒷받침할 증거는 어디에도 없다. 노동조합 활동은 선거법 개정 투쟁 국면과는 무관하게 1830년 경 활발히 펼쳐졌고, 1834년까지 세력을 늘리면서 계속 성장했다. 그리고 이 단계에서 노동조합과 협동조합 운동은 대단히 밀접하게 연결되어 있었고, 어느 하나에 영향을 준 정치 문제가 다른 하나에 영향을 안 줄 수는 없었다. 필자의 생각으로는, 1830년 이후 협동조합 설립이 줄어든 이유는 많은 노동조합과 그 지부가 유니온 숍 형태의 협동조합을 자신들에게 주어진 직분으로 생각했고, 지역의 노동조합이나 지부에 기초를 둔 직종연합위원회가 성행하면서 협동조합 매장 운영이 다소 주춤해졌기 때문이다.

노동조합과 협동조합 운동의 역사에서 중대한 이 시기에 둘은 따로 분리해서 생각할 수 없을 정도로 얽혀 있었다. 1829년, 북부에서 도허티가 전방적공총연맹을 조직하고 이를 발판으로 광범한 전국직종연합회를 준비하는 동안, 남부에서는 오언주의자들이 영국협동조합지식보급협회를 만들고 있었고 윌리엄 러벳과 헨리 헤더링턴이 중심 인물로 활동했다. 같은 해, 런던에서는 제일런던협동협회(First London Co-operative Association)가 만들어졌고 제임스 왓슨이 초대 매장 책임자가 되었다. 그 후 러벳이 이 일을 맡으면서 G. R. 스킨 ―킹 박사가 이끈 브라이튼조합의 동료― 을 대신하여 영국협동조합지식보급협회 사무국장이 되었고, 이 협회는 브라이튼조합을 대신하여 협동조합을 알리는 중요한 센터가 되었다.

이 무렵 영국협동조합지식보급협회 그리고 나중에는 산업계급협회 ― 이는 영국협동조합지식보급협회가 이름만 바꾼 것이나 다름없었다― 의 후원으로 오언주의자들이 소집한 협동조합대회가 정기적으로 열리기 시작했다. 이보다 앞선 1827년에 맨체스터에서 협동조합대회가 열렸고, 1829년에 리버풀에서도 열렸다는 설이 있다. 하지만 이게 사실이라면 아마도 지방 참석자에 한정된 모임이었으리라 생각한다. 홀리요크는 그의 책『협동조합의 역사』에서 첫 번째 협동조합대회가 1830년 맨체스터에서 열렸다고 분명히 주장한다. 그런데 홀리요크의 주장을 뒷받침할 흔적을 찾을 수 없다. 나는 홀리요크의 단순한 실수라고 생각한다. 첫 번째 협동조합대회는 1831년 5월, 맨체스터에서 열렸고 그 뒤 연 2회씩 대회가 이어졌다. 제2회는 버밍엄에서 1831년 10월에, 제3회는 런던에서 1832년 4월과 5월에, 제4회는 리버풀에서 1832년 10월에, 제5회는 허더즈필드에서 1833년 4월에, 제6회는 런던에서 1833년 10월에, 제7회는 반즐리에서 1834년 3월과 4월에 그리고 제8회는 핼리팩스에서 1835년 4월에 열렸다. 연속적인 대회는 여기서 끊어졌는데, 이 시기는 전국노동조합대연합이 해체되면서 전반적인 붕괴가 한창일 때였다. 그러나 오언의 지지자들은 그 뒤로도 몇 년 동안 정기 대회를 열었다.

오언은 1833년 10월, 런던에서 열린 제6회 협동조합대회에서 영국생산계급전국도덕대연합(Grand National Moral Union of the Productive Classes of the United Kingdom) 발족을 제안했다. 존 도허티가 이끄는 전국노동보호연합회는 1830년 6월에 맨체스터에서 설립 집회를 열고 이듬해인 1831년에 노팅엄과 더비에서 회의를 가졌다. 그러나 이 연합회의 전국 단체는 없어졌고, 노동조합 활동의 중심 기관은 단 하나도 존재하지 않게 되었다. 요크셔노동조합은, 노동조합에 가입한 사람은 고용하지 않겠다면서 운동을 파괴하는 데 앞장선 웨스트라이딩의 고용주와 이미 절망적인 투쟁에 접어들면서 공개회의도 열지 않는 비밀 단체가 되었다. 건축공조합은 건축 직인의 개별 협회가 모여 1832년에 만들었는데, 행동은 보다 공개적이었고

1833년 9월에 맨체스터에서 건축공대회를 열었다. 오언의 영향 아래 대회는 조합을 재조직해서 새로운 조합이 이끄는 전국건축공대길드를 만들기로 결의했다. 이 길드는 개인 건축업자를 대체하고 모든 산업을 협동조합 방침에 따라 직접 관리하기로 했다. 사실상 노동자 스스로 조직하고 운영하는 하나의 거대한 전국건축협동조합이 되는 것이었다.

오언은 건축공대회에서 성공을 거둔 뒤 런던 협동조합대회에 참석해 생산계급전국도덕대연합 창설을 제안했다. 이 연합은 교구와 행정구 그리고 주의 각 조합을 기초로 조직된 모든 업종의 대표자들로 구성되는데, 건축공들이 건축 산업의 직접 관리를 제안한 것과 마찬가지 방식으로 영국의 모든 산업을 관리하는 계획을 세웠던 셈이다. 대표들은 놀라울 정도로 야심적인 기관을 설립하고 다음 부활절 때 반즐리에서 차기 대회를 열기로 약속하고 해산했다.

이 지점에서 사태는 오언이나 협동조합 지도자들의 손에서 벗어난 듯하다. 오언이 제안한 생산계급전국도덕대연합은 1834년 2월, 런던에서 열린 대회에서 전국노동조합대연합(GNCTU) —순전한 노동조합 단체— 이 되어 공식적인 조직 구성을 갖췄다. 노동조합과 오언주의 협동조합인들은 따로 떨어졌다. 그리고 오언은 자신의 새로운 창조물인 전국노동조합대연합에 몰두해 상대적으로 협소해 보이는 협동조합 운동에 흥미를 잃어버린 것 같았다. 1834년 3월과 4월에 열린 반즐리 대회는 전국노동조합대연합과 아무런 관계가 없었고, 오언주의자의 신문에서 전혀 언급되지도 않았다.

1835년 4월의 핼리팩스 대회도 그랬다.

　오언은 전국노동조합대연합의 창설을 고무했지만 초기에는 회원이 아니었다. '톨퍼들 마을의 순교자들[4]'로 역사에 알려진 도체스터 노동자 6명이 체포되어 유죄 판결을 받아 노동조합 운동의 모든 조직이 절망적인 위기에 빠졌을 때에야 그는 회원이 되었다. 그러나 1833년 11월, 오언은 북부의 노동조합원들 사이에서 펼쳐진 새로운 운동의 선두에 섬으로써 또 다른 방대한 계획에 착수하고 있었다. 1833년의 공장법은 1일 10시간 노동을 거부함으로써 참담함과 실망을 안겨주었다. 오언은 토드모던의 위대한 방적공장 주인 존 필던의 지원을 받아 국민쇄신협회를 만들었다. 이 협회는 10시간 노동의 입법을 마냥 기다릴 것이 아니라, 8시간 이상 노동을 거부하자고 제안했다. 10시간 노동의 지도자들 —샤프츠베리 경, 리처드 오슬러 그리고 G. S. 벌 신부— 은 협회의 움직임에 정면으로 반대하면서 웨스트 라이딩에서 이 운동이 확산되지 않도록 하는 데 성공했다. 어쨌든 웨스트 라이딩은 노동조합의 단결권 투쟁에 집중하느라 다른 일에는 거의 관심이

4　[옮긴이] 톨퍼들은 도싯 주 도체스터 부근 마을. 이 마을의 농업 노동자 6명이 농업노동자조합(당시는 우애조합)을 조직하고 임금 인하에 저항하자 휘그당 정부와 지주들은 이를 분쇄하고자 조합 결단식에서 위법적인 비밀 선서를 했다는 꼬투리를 잡아 이들을 체포, 1834년 6월 영국의 유형 식민지인 호주로 7년 유형을 판결. 이 야만적 조치에 반발하여 런던에서 수 만 명이 항의 데모를 하고 석방을 요구하는 서명 운동에 80만 명이 참여. 이에 영국 정부는 1837년에 유형 노동자 전원의 영국 귀환을 결정(4명은 캐나다로 이민). 이것이 영국의 초기 노동조합사에서 유명한 톨퍼들의 순교자들(Tolpuddle Martyrs)로 불린다. 지금도 해마다 이들을 기리는 기념제가 열리고 있다.

없었다. 그러나 국민쇄신협회는 랭커셔에서 빠르게 대규모 지지자를 얻었고, 그 뒤의 투쟁에서 면업 지대의 지지를 얻은 것은 전국노동조합대연합이 아니라 국민쇄신협회였다.

한편 건축공조합은, 리버풀에서 시작해 1833년 6월에 맨체스터와 다른 중심지로 확산된 대규모 직장 폐쇄에 말려들었다. 건축업자들은 조합을 파괴하려 작정하고 조합에 가입한 사람들을 모두 해고했다. 격렬한 투쟁이 벌어졌지만, 어느새 사람들은 조합 활동을 하지 않기로 약속하고 일터로 복귀해 이 싸움은 1833년 말에 끝이 났다. 건축공대회가 전국건축공길드 '구상'을 제안한 것은 이 투쟁이 한창일 때였다. 랭커셔에서 이들의 투쟁이 짓밟히자, 조합은 본부를 버밍엄으로 옮기고 대규모 길드홀을 만들기 시작했다. 이 홀의 설계는 오언주의 건축가로 '핸섬 이륜 마차'를 만든 조셉 핸섬이 맡았고, 홀에는 건축 관련자를 위한 사무실과 회의실, 학교까지 들이는 계획이었다. 버밍엄과 리즈는 노동조합 활동의 양대 거점이 되었다. 요크셔와 랭커셔의 건축업자들 사이에서 대량 해고로 조합을 파괴하려고 시작한 운동은 버밍엄으로 확대되지 않았지만, 미들랜드 마을로 번져 나갔다. 이 운동의 하나로 1833년 11월, 노동조합원 모두를 축출하는 직물업 고용주들의 대대적인 '더비 해고'가 시작되었다. 더비의 노동조합원들은 버밍엄의 조직적 지원을 받아 협동조합 방식의 작업장을 만들거나 생산물을 각지의 여러 협동조합을 통해 판매함으로써 고용주들에게 보복했다. 당시 조직을 꾸리고 있었던 전국노동조합대연합은 더비로 달려갔고

'더비 해고'로부터 노동자들을 지키기 위해 모금 활동을 벌였다. 그러나 파업과 공장 폐쇄는 다른 지역으로 확대되었고, 전국노동조합대연합의 재원은 '해고'의 뒷감당을 하기에는 턱없이 부족했다. 1834년 3월, 도체스터 노동자들의 체포와 판결은 더 큰 타격이었다. 고용주들의 적대 행위에 더하여 곳곳에서 법적 형벌이 노동조합을 위협했다. 전국노동조합대연합과 대부분의 가입 단체는 서둘러 당시 노동조합의 공통 가입 의식이던 선서 — 이것이 도체스터 판결의 빌미를 제공했다— 를 폐지했다. 고용주들의 공격성은 점점 강해졌고, 정부는 공연한 적대심이 깊어져 많은 지역의 노동조합원들은 싸울 의지를 잃어갔다. 오언과 그 제자들은 도체스터 노동자들의 석방 요구의 선두에 섰고, 상황을 타개하려는 희망으로 전국노동조합대연합에 단체로 가입했다. 그러나 런던 재단사들 —이들은 파업 중 단체로 협동조합 생산에 참가한다는 선언문을 내걸었다— 의 파업 실패는 사태를 심각하게 악화시켰다. 요크셔의 고용주들은 지난해의 공격을 재개했고, 5월과 6월에는 리즈의 노동조합 세력을 최종적으로 파괴시키는 데 성공했다. 버밍엄 길드 홀 건설은 자금 부족으로 중단되었다. 건축직공협회는 잇따라 건축공조합을 탈퇴했고, 결국 건축공조합은 1834년 말 해체되었다. 더비의 협동조합 작업장은 폐쇄해야만 했고, 건축공들은 고용주들이 내미는 조건을 받아들이고 일터로 돌아갔다. 도공조합은 1834년 6월 도기제조협동조합을 만들었지만, 6개월 뒤 포기해야만 했다. 노동조합의 위대한 모험은 불명예스런 결말을 향해 다가가고 있었다.

앞서 가끔 등장한 전국공정노동교환소는 예외적인 운동의 한 측면이었다. 이는 오언의 또 다른 거창한 계획이었는데, 여러 과정을 거치면서 1834년의 전반적 파멸 가운데 붕괴했다. 이미 설명한 것처럼, 오언주의자들이 만든 협동조합 매장은 개별 조합원이나 노동조합의 후원으로 설립된 공동 작업장의 물품을 판매하거나 한 직종의 생산물을 화폐를 사용하지 않고 다른 직종의 생산물과 교환하기 위한 진열장으로서 기능했다. 1830년, 영국 협동조합지식보급협회가 런던에서 벌인 교환 시장도 이런 종류였다. 이 시장과 다른 경험을 바탕으로 보다 야심찬 노동 교환이라는 생각이 나온 것이다. 오언은 이미 1821년 『라나크 주에 대한 보고』에서 노동이야말로 화폐를 대신하는 공정한 교환 기준이라고 주장했다. 그 뒤 몇 년 동안 이러한 생각에 대해 많은 토론이 이루어졌고, 그 사이에 노동의 전 생산물을 수취할 권리를 선언한 사회주의 경제학파의 발흥을 지켜보았다[5]. 이미 1830년에 윌리엄 킹(브라이튼의 킹 박사와 다른 사람)은 이러한 원칙에 입각하여 '노동 시간'을 기준으로 노동자들이 화폐를 사용하지 않고 생산물을 교환할 수 있는 장소, 즉 노동교환소를 만든다는 생각을 오언과 편지로 주고받았다. 킹은 고딕 홀에 노동교환소를 열었고, 1832년에는 오언주의자들도 공식적으로 참여해 전국공정노동교환소 최초 지부를 그레이 인 로드에 열

---

[5]   토마스 호지스킨의 『노동옹호론』(Labour Defended, 1825)과 『대중의 정치경제학』(Popular Political Economy, 1827), 윌리엄 톰슨의 『부의 분배원리』(Principles of the Distribution of Wealth, 1824), J. F. Bray (Labour's Wrongs and Labour's Remedy, 1839)

었다. 곧 두 번째 지부가 블랙프리아스 로드 로툰다에서 시작되었다. 버밍엄, 리버풀, 글래스고 그리고 다른 도시에서도 협동조합인들이 이런 전례를 따라 노동교환소를 열었다. 최초 지부인 그레이 인 로드 교환소는 지주와의 분쟁 때문에 곧 와해되었으나, 당시 오언주의자의 총본부가 있던 샬럿 스트리트에서 재개되었다. 노동교환소의 경영권은 1833년 7월, 런던 직종연합위원회로 이관되었다.

오언주의자들이 만든 노동교환소는 자체 통화 —화폐가 아닌 노동 시간으로 가치를 표시한 노동 지폐— 를 발행했다. 판매를 위해 교환소에 들어오는 물품은 이를 만드는 데 쓴 '근로 시간' 수에 따라서 '노동 시간'으로 평가되었다. 처음에는 평가 방법에 혼란이 좀 있었으나 나중에 다음과 같이 안정되었다. 시간의 공인은 관계 직종으로 이루어진 위원회의 대표들이 평가하는데, 이 시간은 실제로 물품을 만드는 데 들어간 시간이 아니라 숙련된 노동자에게 필요한 시간(마르크스의 말을 빌자면 '사회적 필요 노동 시간')을 의미했다. 직업마다 다양한 숙련도가 있기 때문에 이 계산을 적용하기 위해 1시간 노동은, 시간 당 표준 임금 6펜스인 노동자에게 '사회적으로 필요한' 1시간 노동에 상당하는 것으로 간주했고, 표준 임금이 이보다 높은 노동자에게는 특별 참작이 이루어졌다. 사실상 이것은 다른 등급과 종류의 노동에 대한 시장 평가를 받아들인 것이었고, 어느 면으로 보나 노동 지폐를 보통의 상업적 방법으로 도달한 금액의 노동 시간으로 변형한 것에 지나지 않았다. 그러나 노동교환소의 기능을 기대할 수 있는 다른 근본 원리는 아무것도 없었다. 만일 의도적으로 노동교환소의 가치를 시장 가치와 다르게 설정하면 교환소에서 상대적으로 가격을 낮게 정한 물품은 순식간에 동이 날 것이고, 높은 가격을 매긴 물품은 교환소에 남게 될 것이다. 협동조합원이나 노동조합원들은 일반 상점보다 싸게 살 수 있는 것은 교환소에서 사겠지만 그렇지 않은 물품은 다른 데서 살 것이다.

한동안 노동교환소는 큰 성공을 거두었다. 많은 숙련공들은 노동 지폐를 받고 이를 교환소에서 썼다. 이 운동의 붕괴 과정에서 잘못된 가치 평가가 중요한 역할을 했다는 증거는 없다. 버밍엄 노동교환소는 해산할 때 이윤이 남아 있었으며, 이를 요양원에 기증했다. 교환소의 운명이 다른 환경에서는 어떻게 되었을지 모르지만, 노동교환소가 실패한 이유는 사실상 그들의 고객이자 물품 공급자로서 의존했던 노동조합과 협동조합의 전반적인 소멸로 그 기반을 잃었기 때문인 것으로 보인다.

1834년 여름, 오언은 지나친 희망을 불어넣었던 이 운동이 무너지고 있음을 알았다. 1834년 8월, 지금은 오언이 지도하는 전국노동조합대연합 집행위원회가 노동교환소 상황을 파악하기 위해 전국적인 대표자 회의를 소집했을 때, 나중에 만들어진 교환소는 대부분 사라진 상태였다. 집행위원회는 6월에 오언과의 영향 아래 전국노동조합은행을 만들고 모든 직종과 지역에서 생산을 위한 대규모 협동조합을 설립한다는 거창한 계획을 제출했다. 그러나 이 계획을 실행에 옮길 가능성은 없었다. 대신 오언은 '돌변하여' 전국노동조합대연합을 완전히 다른 성격의 단체 —'산업과 인간성, 지식을 위한 영국내외산업계급연합협회'— 로 전환하자고 남은 대표들을 설득했다. 사실상 이것은 오언주의 초기 조직 형태—영국협동조합지식보급협회에서 비롯되었고, 1833년 다난한 과정 속에서 출범한 전국노동조합대연합의 뿌리가 된— 로의 복귀였다. 1835년 5월, 런던 회의에서 이것은 전국가·계급협회(Association of All Classes of All Nations)라는 이름으로 재건되었다. 이 이름으로 오언주의 단체는 1838년까지 해마다 집회를 열었다. 1836년은 런던에서, 그 다음 2년은 맨체스터에서 집회를 열었는데, 1838년 맨체스터 대회에서는 새로운 단체인 전국공동체우애조합(National Community Friendly Society)을 만들었다. 이 단체는 뉴하모니와 오비스톤과 같은 노선에서 새로운 공동체를 만드는 실험을 위해 자금을 모은다는 특별한 사명을 가졌다. 그들은 1838년, 버밍엄에서 또 다른 회의를 열었다. 이후 두 조직은 이성신앙가세계공동체협회(Universal Community Society of Rational Religionists)로 합병하고 1843년에는 이름을 줄여 이성협회가 되었다. 1840년에는 또 하나의 공동체 추진 단체인 홈콜로니추진협회(Home Colonisation Society)가 갈라져 나왔다. 이 무렵 오언주의자들은 햄프셔의 이스트 타이덜리에 있는 퀸우드 단지를 사들였다. 공동체 노선에 입각한 '협동 마을'을 만들려는 그들의 마지막 모험에 몰입한 것이다.

1834년 이후 오언주의는 노동자 계급의 사상에 지배적인 영향력을 미치던 지위를 잃었다. 1832년부터 1834년까지 오언의 후원으로 발행되던 잡지《위기(Crisis)》는《새로운 도덕 세계(New Moral World)》로 대체되어 1845

년 오언주의 운동이 막을 내릴 때까지 지속되었다. 이름을 바꾼 데에는 중요한 의미가 있었다. 오언은 더 이상 노동조합이나 협동조합에 관심을 갖지 않았다. 노동조합과 협동조합은 새 천년의 희망을 즉각 실현하기 위한 도구로 이용할 수 있으리라 믿었을 때를 빼고 결코 오언에게 큰 관심거리가 아니었다. 하지만 그는 협동 마을을 만들고자 하는 단체에는 큰 관심을 가졌다. 오언주의자와 협동조합인 사이에는 여전히 연결 고리가 있었다. 왜냐하면 협동 마을을 열망한 오언주의 협회는 위대한 목적을 향한 디딤돌로서 매장을 운영하거나 생산자 협동 단체를 만들 수 있었기 때문이다. 그러나 더 높은 열망이 없는 단순한 협동 매장은 오언주의자의 관심 밖이었고, 과거에 만들어진 많은 매장이 자취를 감추었다. 해마다 새로 문을 여는 매장이 생기지만 태어나는 수만큼 사라졌고, 진전은 조금도 없었다.

그렇다고 오언주의가 사멸한 것은 결코 아니다. 그동안 대중 운동의 중심에 섰던 오언주의는 이제 하나의 종파 혹은 거의 종파적인 것이 되었다. '낡고 부도덕한 세계'의 박해와 억압에서 벗어나 공동체적인 삶의 이상을 간직한 자선과 보편적 박애의 '이성 종교'를 선전하는 종파가 된 것이다. 협동조합 운동은 그 믿음을 유지했지만, 더 이상 조합원 간의 거래나 자치 관리 작업장 설립을 의미하지 않았고, 경쟁과 착취로부터 벗어나 노동조합을 기초로 한 '길드'를 전국적으로 만들기 위한 대중 운동을 의미하지도 않았다. 협동의 복음을 온전히 받아들인 개종자만이 '새로운 도덕 세계'의 계승자가 된다는 것이 오언의 새로운 교의였다. 따라서 중점은 개인을 바꾸고, 이성신앙인세계공동체협회의 전국 지도자들이 계획한 '협동 마을'을 위해 할당금을 기부할 준비가 되어 있는 작은 지역 협회로 신심이 깊은 사람들을 모으는 과정에 있었다. 이러한 후기 오언주의 선전을 지휘한 중심 기관이 전국가·전계급협회였다. 전국공동체우애조합을 발족한 1837년 대회에서는 오언주의 이념을 전파하기 위한 선교 사업을 펼치기로 하고, 글래스고의 알렉산더 캠벨과 맨체스터의 제임스 리그비를 최초의 오언주의 혹은 사회주의 '선교사'로 임명했다. 이는 일찍이 1832년 런던 대회에서 승인한 계획의 부활인데, 전국을 스코틀랜드 2지구와 아일랜드 2지구를 포함해 9개의 전도 구로 구획했다. 당시 이와 관련한 '계획'은 아무것도 구체화되지 않았고 그 뒤 몇 년 동안 노동조합과 협동조합 발전의 혼란 속에 방치되었다. 1837년, 오언주의자는 원래의 계획으로 돌아갔고, 그 뒤 새로운 사회 선교사를 임명했는데 홀리요크도 그 중 하나였다. 그는 1841년 맨체스터 대회에서 셰필드 지구 담당 선교사가 되었다. 오언주의자가 자신들을 '사회주의자'로 부르기로 결정한 때는 이 대회에서였다.

'사회주의자'들은 능력이 닿는 곳이라면 어디에나 사회 회관 또는 과학 회관을 세웠다. 과학 회관은 1820년대에 리처드 칼라일이 시작한 급진 공화주의 운동의 유산을 계승한 것이었다. 오언주의자들은 여기에서 일요일마다 집회를 열었는데 곧바로 당국자와 갈등을 빚었다. 하나는 그들이 일요 집회에서 모금을 했다는 것이고, 다른 하나는 사회주의 선교사는 법적으로 주일 준수법을 위반하는 무면허 설교사라는 이유에서였다. 법의 처벌을 피하기 위해 사회주의자는 자신들의 회관을 비 국교과 집회소로 등록해야만 했다. 그리고 일부 사회주의 선교사들은 일요 집회에서 강연을 하기 위해 비 국교파 설교사 자격을 출원하고 자신들을 '성직자'로 부를 수 있는 권리를 얻었다. 1841년에 지도적인 선교사 로이드 존스와 로버트 부캐넌 두 사람이 저지른 이 굴종적인 행위가 균열을 일으켰다. 홀리요크 등 타협을 모르는 세속주의자[6]들은 신념을 굽히고 권위에 복종하기를 거부했다. 홀리요크는 1842년에 신성 모독으로 투옥되었다[7].

1844년에 홀리요크는 《무브먼트(Movement)》라는 주간지를 발행했다. 이는 1846년에 《리즈너(Reasoner)》로 이름을 바꾸고 1870년대까지 세속주의 운동을 전파하는 기관지가 되었다. 이 운동은 오언주의에서 발전한 것이지만, 오언의 협동 마을 운동과는 관계를 갖지 않았다. 홀리요크는 오언주의자의 마지막 정착지가 된 퀸우드에 매우 비판적이었다. 대신 그는 로치데일의 선구자들이 시작한 새로운 소비자협동 운동에 애착을 갖고 로치데일 시스템을 전국에 알리는 선전가가 되었다. 홀리요크는 로치데일공정선구자협동조합의 역사를 최초로 기록한 사람이었다[8].

---

6 [옮긴이] 세속주의는 정교 분리와 믿음의 자유, 정치적 의사 결정이 종교의 영향력에서 벗어나 객관적 증거나 사실에 기반하여 이루어져야 한다는 주장이다.

7 [옮긴이] 첼트넘에서 강연한 '구빈법과 이민을 대신하는 방법인 국내 거주지 건설에 대하여'에서 기독교를 모독한 죄로 6개월 형을 선고받아 복역. 2주 뒤 보석으로 석방.

8 [옮긴이] 홀리요크의 이 기록은 『로치데일공정선구자협동조합─역사와 사람들』(정광민 옮김, 그물코, 2013)로 국내 출간되었다.

한편 오비스톤에서 '협동 마을' 시도가 실패한 뒤, 공동체를 만들기 위한 다양한 실험이 이루어졌다. 첫 실험은 아일랜드에서 1831년과 1833년 사이에 펼쳐졌는데, 협동조합인으로 널리 알려진 E. T. 크레이그의 책으로 유명해졌다. 아일랜드의 랄라하인 협동 마을은 오언주의의 산물이었다. 오언은 아일랜드 지주 존 스콧 반달러를 자신의 견해로 개종시켰다. 반달러는 소작인 문제로 어려움에 빠져 있었는데, 그의 농장 관리인은 살해되었고 농장은 황폐해져 있었다. 반달러는 오언의 사상에 자극을 받고, 자신이 소유한 농장을 협동 마을로 전환하기로 마음먹었다. 그는 농장과 농장에 딸린 건물, 주택을 소작인에게 연간 지대를 받고 임대하기로 했다. 이 지대를 지불함으로써 공동체는 토지를 갖게 되고, 지대를 지불하고 남은 돈은 자유롭게 구성원 사이에서 분배하도록 했다. 반달러는 소작인을 불러 모아 이 시스템을 설명하고 자신이 공동체의 회장을 맡고 사무국장은 크레이그에게 맡기겠다고 제안했다. 소작인들은 반달러의 제안을 받아들였다. 1831년부터 1833년까지 2년 동안 랄라하인 공동체는 토지를 공동 경작하고 지대를 또박또박 지불했다. 모든 일이 순조롭게 진행되었고, 소작인들의 생활 수준도 눈에 띄게 좋아졌다. 그러나 이때 랄라하인 공동체는 강제 해산되었다. 반달러는 상습적인 도박꾼이었다. 그는 도박으로 전 재산을 날리고, 소유권 인수자는 랄라하인 공동체 사람들을 깡그리 몰아냈다. 랄라하인 공동체의 생명은 최종적인 성공을 전망하기에는 너무 짧았다. 그러나 랄라하인 공동체는 오비스톤 사례와 마찬가지로 실패 때문이 아니라,

강제로 내쫓겨 종말을 맞았다. 그 뒤 몇 년 동안 새로 설립된 공동체는 없었다. 그러다 1838년에 위스베치의 윌리엄 호지슨이 같은 고향 사람 제임스 힐의 영향을 받아 마에나 펜 콜로니(Manea Fen Colony)를 만들었다. 힐은 1837년 협동조합 신문 《스타인더이스트(Star in the East)》를 발행한 사람이다. 신비파 오언주의자인 그리브즈의 추종자들은 서리의 햄 커먼에 공동체 컨커디움을 만들고 1843년에 《새로운 시대와 컨커디움(New Age and Concordium)》을 발행했다. 알렉산더 캠벨은 한동안 이 공동체 일원이었다.

그러나 오언주의 협회가 주목한 위대한 실험은, 햄프셔의 이스트 타이덜리에 있는 퀸우드, 일명 하모니 홀이었다. 이곳은 오언의 친구로서 소유지에 저당권을 가지고 있던 은행가 아이작 골드스미스 경으로부터 매입한 것이었다. 여기서 1839년부터 1846년까지 오언주의 드라마의 마지막 장면이 상연되었다. 오언은 1838년 맨체스터 집회에서 이 새로운 공동체의 지도자로 지목되었지만, 이 계획이 지나치게 야심적이고 방법이 적절하지 않다는 이유로 거절했다. 지도자는 오언의 제자이자 금주 운동가인 리버풀 출신 존 핀치가 임명되었다. 정착자들은 이 사업에 기부한 각지의 오언주의자 협회에서 모집했다. 이곳의 주요한 사업은 농사였는데 농사 경험이 있는 사람은 거의 없었다. 이 단지에는 로즈힐이라는 회관이 딸려 있었는데 오언은 이 건물을 사서 개조해 외부 방문객을 받아들였다. 하모니 홀은 정착자가 아니더라도 오언주의를 지지하는 많은 이들에게 순례의 땅이 되었다. 그리고 1842년 이후 사회주의자의 연차 대회 개최지가 되었는데,

이 대회는 언제부턴가 주로 내부 문제에 많은 시간을 빼앗겼다.

　문제점은 더 있었다. 정착자들은 농사 경험이 없었기 때문에 농사일을 돕는 노동자를 고용해야만 했다. 그리고 많은 정착자들이 공동체 운영비를 줄이기 위해 퇴거를 권고 받았다. 하모니 홀을 지지하는 부유한 사람들이 내는 기부금이 있었지만, 상황은 더 어려워졌다. 1841년, 오언은 거의 무제한의 권한을 갖는 지도자가 되기로 동의하고, 공동체를 존속하기 위해 아낌없이 돈을 썼다. 그러나 1842년에 다시 위기가 닥쳤다. 오언은 사임하고 존 핀치가 지도자로 복귀했다. 오언이 시작한 새 건물을 완공하고, 공동체 계획의 일부였던 기숙 학교를 만들어 번영을 회복하려는 시도를 벌였다. 1843년에 핀치는 사임하고 다시 오언이 지도자가 되었다. 그러나 분쟁이 뒤따랐다. 각지의 사회주의 그룹은 퀸우드 공동체 유지를 위해 반복되는 자금 요구에 지쳐 있었다. 그들은 자신들의 지역을 위한 활동에 돈을 쓰기 원했다. 오언은 관리를 방만하게 했다는 이유로 고소되었고 ―정당성이 없지는 않다― 1844년에 다시 사임했다. 맨체스터의 제임스 벅스턴이 지도자로 뽑히고 공동체를 유지하려고 했지만, 대부분의 자금을 대 주던 사람들을 비롯해 많은 오언주의자들이 사퇴했다. 1845년, 런던에서 열린 특별 대회에서 모든 사업을 청산하기로 결정했다. 그리고 1846년 6월, 핀치가 관재인의 한 사람으로서 지도자 벅스턴을 사퇴시키고 그 이듬해 조지 에드먼슨 ―그는 이후 몇 년 동안 하모니 홀을 진보적 학교로 운영하는 데 성공했다― 에게 하모니 홀을 팔아 드라마는 막을 내렸다. 마지막 사회주의자 대회에 참석한 대표들이 1846년 6월 퀸우드에 도착했을 때, 관재인의 명령으로 출입이 금지되어 할 수 없이 처음에는 텐트에서 그리고 나중에는 오언의 개인 소유인 로즈힐에서 집회를 가질 수밖에 없었다.

　오언주의자의 운동, 즉 그 신봉자들이 '낡고 타락한 세계'의 고난에서 벗어나 새로운 사회로 들어가는 '협동 마을'을 만드는 운동은 이렇게 끝이 났다. 홀리요크와 다른 몇 사람들은 1846년 뒤에도 이성협회를 유지하려 했고, 하모니 홀에 들어간 자금 일부를 관재인으로부터 되찾는 데 성공하기도 했다. 이 마지막 정착지에서 자금을 되찾은 사람들 중에는 로치데일의 선구자들도 있었다. 제임스 스미시스, 조지 힐리, 존 가사이드, 윌리엄 말라류 그리고 존 콜리어였다. 이는 협동조합 운동 역사에서 과거와 미래의 연속성을 보여주는 하나의 증거로 흥미 있는 부분이다.

　1846년에도 오언주의 협동 마을의 이상을 품은 노동자들이 여전히 있었다. 그러나 퀸우드를 위한 자금 대부분은 오언주의 복음으로 개종한 한두 명의 부자들에게서 나왔다. 1840년, 오언과 함께 홈 콜로니 추진 협회를 추진한 프레드릭 베이트와 윌리엄 갈핀이 그런 이들이었다. 노동 계급의 주요 단체는 훨씬 전에 오언주의를 외면하고 다른 신들을 따랐다. 1836년 또는 1837년부터 노동 계급의 관심은 노동조합과 협동조합에서 정치 개혁과 1834년의 신 구빈법 반대 투쟁으로 옮겨갔다. 오언주의를 대체한 차티즘이 노동 계급의 지배적인 복음이 되었고, 광부와 공장 노동자들이 존경하는 지도자는 오언이 아니라, 피어거스 오코너가 되었다.

차티스트 운동에 대한 이야기를 하는 것은 이 책의 범위를 훨씬 벗어난다. 필자는 차티스트 이야기를 다른 책[9]에서 자세히 다루었다. 인민헌장 요구는 1838년 이후 고난 받는 노동 계급의 상징적인 구호가 되었다. 협동조합 운동은 거의 수면 아래로 가라앉고 말았다. 노동 계급의 상태를 개선하는 유일한 길은 성인 남자의 보통선거권으로 의회를 선출하는 것이고, 오언주의자들의 계획은 단지 유토피아적이어서 에너지 낭비라고 차티스트들은 주장했다. 런던에서 차티스트 대회를 열고, 총파업 또는 '신성한 달(Sacred Month)'의 위협으로 의회에 압력을 가하던 1839년에 인민헌장 운동은 정점에 이르렀다. 고립적인 뉴포트 봉기 —이는 아마도 불발로 끝난 보다 광범한 '물리력' 폭동 계획의 일부였을 것이다— 가 무산되면서 이 국면은 끝났다. 존 프로스트와 동료 봉기자들은 호주로 추방되었다. 영국 전역의 차티스트 지도자들은 체포되고 투옥되었지만, 대부분의 판결은 그리 심하지 않았다. 그 이듬해 차티즘은 새로운 캠페인을 위해 조직을 다시 짜고 있었다. 1842년, 제2회 전국 대회에서 두 번째로 거대한 전국 청원을 조직했다. 이번에는 '신성한 달'의 선언은 없었지만, 북부와 미들랜드에서 임금 인하와 견디기 힘든 노동 조건에 반대하는 대 파업을 벌였다. 차티스트는 파업 참가자들에게 인민헌장이 '나라의 법률'이 될 때까지 일터로 돌아가지 않겠다는 결의를 받았다. 운동은 확산되었지만 노동자들은 계속 굶주리면서

9 필자의 『차티스트 열전(*Chartist Portraits*)』, 특히 서문을 참조할 것. 신 구빈법 반대 투쟁과 북부 공업 지역의 공장 운동에 대한 내용이 있다.

저항할 수는 없었다. 얼마 뒤 파업 참가자들은 그들의 요구가 받아들여지지 않은 상태에서 안타깝게도 일터로 복귀하고 말았다. 차티즘은 더 이상 재기할 수 없는 —1848년 유럽 혁명의 해에도 불가능한— 타격을 받았다. 곡물법 폐지와 공장법 개정을 주장하는 사람들은 그리 야심적이지는 않았지만, 보다 실제적인 목표를 내걸고 차티스트 지지자들 속에서 그 대의에 대해 그다지 헌신적이지 않은, 즉 좀 더 소심한 사람들을 끌어들였다. 그리고 1846년 곡물법 폐지와 1847년 10시간법 통과는 전부가 아니면 아무 것도 받아들이지 않겠다던 사람들이 에너지를 낭비했을 뿐이지만, 적절함과 제한된 목적이 맞아 떨어졌음을 입증한 것처럼 보였다.

이것이 로치데일의 선구자들이 토드레인에 매장을 연 시점에서 변화된 노동 계급의 정서였다. 그들 중에는 오언주의자와 함께 곡물법 폐지론자나 공장법 개정론자가 있었다. 그리고 차티즘의 전성기가 지난 뒤에도 피어거스 오코너의 헌신적인 지지자로 남은 차티스트도 있었다. 선구자들 중 마일즈 애쉬워스와 사무엘 애쉬워스는 매장을 연 뒤 한때 조합을 떠나 차터빌에 있는 오코너의 콜로니 —공장 도시의 신 산업주의를 증오하며 토지에 굶주린 프롤레타리아의 메카인 퀸우드의 계승자— 에 정착하기도 했다.

차티스트들은 퀸우드가 최종적으로 붕괴하기 전에 이미 그들의 정치적 목표에 좌절하고 토지 콜로니로 관심을 돌리기 시작했다. 그러나 그들의 계획은 오언과는 확실히 달랐다. 사회주의자들은 토지의 공동 소유와 경작, 공동 사용과 교환을 위한 공업 생산물 공동 생산, 거기다 모두가 똑같이 나누는 공동 건물에서 생활하는 '협동 마을'을 만들려고 했다. 아일랜드 사람 오코너의 이상은 크게 달랐다. 그의 정착지는 농민의 소유권과 개인 또는 가족 경작을 기초로 했다. 여기에는 공동 생활과 공동 소유 그리고 '새로운 도덕 세계'의 설교도 없었다. 하지만 오코너의 정착지가 오언 이상으로 성공하지는 않았다. 그도 오언과 마찬가지로 도시 생활에 익숙한 정착자들이 손 노동에 의지하는 농업에서 수확을 거두리라고 무모하게 과대평가했기 때문이다. 오코너의 전국토지회사는 1848년 의회의 조사를 받은 뒤 해산되었다. 하모니 홀이 해산한 지 딱 2년 뒤였다. 그러나 1840년대 오코너의 마을과 차터빌은 오언이 받았던 것보다 훨씬 많은 노동 계급의 지지를 얻었다. 오언주의자의 실험을 위한 재원은 주로 소수의 부유한 열성가로부터 나왔지만, 오코너는 그의 토지 계획을 가난한 사람들의 기부로 만들어내려고 했다. 부자도 가난한 사람도 똑같이 돈을 잃었다. 그리고 오코너의 정착자들 중 단 몇 사람만이 그들의 작은 농장에 남았다. 정치적 목표에 좌절한 차티즘은 오언의 공산주의적 꿈 못지않은 개인주의 유토피아에서 피신처를 찾았다. 둘 모두 패배와 좌절로 의기소침해진 노동자들에게 독주(毒酒)를 남겼지만, 언젠가 보다 좋은 날에 이르리라는 약속을 간직한 중대 국면에 그들을 남겨 놓았다. 산업혁명의 고통은 지나가고 있었다. 새로운 산업주의로 생긴 부는 노동 계급에도 침투하기 시작했다. 철도와 개량된 선박 그리고 비옥한 신대륙 개발로 해외 시장이 확대되면서 산업과 고용 성장은 전처럼 불안정하지 않았다. 빅토리아 시대의 번영이 시작되었고, 노동조합과 협동조합 운동은 변화하는 시대에 적합한 형태를 만들어 가고 있었다. 기계공연합조합이라는 새로운 노동조합과 로치데일 선구자들이 이끄는 새로운 협동조합 운동 모두 기운이 무르익고 있었다.

제3장

로치데일

근대 협동조합 운동의 발상지인 로치데일은 1844년에 약 2만 5,000명이 사는 마을이었다. 인근 마을에는 4만 명이 살았는데, 로치데일은 이들 마을의 중심지로 기능하고 있었다. 바로 가까이에 탄광이 많았고 증기력으로 석탄 산업이 급속히 성장하고 있었지만, 과거 몇 세기 동안 그러했듯이 로치데일은 직물 산지였다. 로치데일의 2대 산업은 모직물, 특히 수직 플란넬과 면방직이었다. 그러나 로치데일에서는 모자와 카펫도 만들었고, 방적 기계를 만들기 위한 제철소와 기계 공장도 많았다. 면방직 산업은 비교적 새로 들어온 것으로 최초의 면방직 공장은 1790년 무렵에 만들어졌다. 14세기부터 이어져 온 로치데일의 플란넬 직물업은 정평이 나 있었고, 수직기로 짜는 플란넬 직물업은 마을 사람들의 주요 직업이었다. 동력 직조기를 처음 설치한 때는 면직은 1820년 경, 모직은 1831년이었다. 그러나 플란넬을 비롯한 양모 제품은 1840년대에도 수직기를 많이 썼고, 수직기 직공들은 증기력과의 경쟁에서 살아남기 위해 절망적인 투쟁을 벌였다. 이 시기의 임금이나 소득에 대한 신뢰할만한 통계는 전혀 없다. 단 맨체스터 면업 노동자의 임금은 로치데일보다 조금 높았고, 수직기 직공들의 주급은 19세기 초 평균 1파운드였던 것이 1840년대 초에는 7~8실링으로 떨어졌다. 양모 산업의 수직기 직공은 이보다는 좀 나았지만 이전에 비하면 낮은 수준이었다. 예를 들어, 리즈의 남자 직공은 1820년에 24실링~30실링을 받았는데, 1840년대에는 12실링~14실링으로 줄었다. 방적공은 조금 더 받았다. 맨체스터에서 중번수[1] 면방적공은 21실링~24실링을 벌었고 태번수 방적공은 16실링을 벌었다. 하지만 부스러기 실을 줍는 일은 성인이라도 8~9실링밖에 못 벌었다. 리즈의 양모 방적공 주급은 23실링이었다. 산업혁명이 만들어 낸 기계 방적은 새로운 숙련이 필요한 직업이었다. 이곳의 임금은 비교적 높았는데 이 수치는 남성에 한한 것이다. 같은 일을 해도 여성의 임금은 남성보다 훨씬 적었다. 양모 산업에서 동력직기를 사용하는 여성 직공은 1840년대 초기에 9실링을 받았고, 면 산업에서도 이와 비슷하거나 조금 많은 정도였다.

　중요한 것은, 이렇게 낮은 임금을 받는 사람들이 정규직이라는 점이다. 하지만 실제로는 정규 일은 거의 없었다. 면 산업과 양모 산업은 자주 격렬한 불황에 휩싸였고, 양모 산업은 특히 그러했다. 이러한 불황은 단지 몇 년마다 호경기와 불경기가 번갈아 일어나는 것만 아니라, 몇 개월이 멀다 하

1　[옮긴이] 번수는 실의 굵기를 표시하는 단위인데 "NE, 's, 수" 등으로 표시. 태번수는 20's 미만의 굵은 실, 중번수는 대략 30's~40's 범위의 실. 세번수는 50's 이상 가는 실.

고 일어났다. 로치데일의 플란넬 산업은 다른 섬유 산업보다 부진했고, 미국의 관세 발달 때문에 큰 타격을 입었다. 미국의 관세 발달은 1828년과 1841년에 심각한 수출 감소를 일으켰다. 플란넬 산업은 1830년대와 1840년대를 지나는 동안 만성적인 불경기였고, 양모 산업의 다른 분야도 격렬한 부침을 거듭했다. 면업은 이보다 불안정의 정도가 조금 작았을 뿐이다. 면제품과 양모 제품의 연간 수출액을 나타낸 [표 3-1]을 보면, 시장과 가격의 불안정성을 분명히 알 수 있다. 이러한 불안정성이 이 시기 노동자의 고용과 소득의 지속적인 불확실성의 원인이 되었다.

이러한 변동은 모든 노동자에게 중압적이었지만, 특히 몰락하고 있던 수직 직공들에게는 심각한 영향을 끼쳤다. 고용주들은 경기가 좋지 않으면 수직 직공들에게 일을 주지 않으려고 했다. 수직공들은 호황일 때에만 일자리를 찾을 수 있는 '노동 예비군'의 자리로 점점 내몰리고 있었다. 고용주 입장에서 보면, 동력 직기는 고정 자본이고 그 유지비를 벌기 위해 가능한 쉬지 않고 조업을 해야 하는 자본 설비였다. 이에 비해 수직기는 대개 노동자들이 소유한 것이었는데, 불황일 때는 그들을 해고하고 스스로 먹고 살도록 내버려 둘 수 있었다. 그러나 이런 정책도 한계가 있었다. 즉 많은 일손이 필요한 작업, 그 중에서도 양모 산업 작업은 수직기로만 할 수 있었다. 하지만 착실히 개량되어 가는 동력 기계는 점차 수작업의 자리를 대체했다. 수직 직공들은 사멸하는 계층이었다. 그들은 줄어든 일감을 서로 빼앗으면서 서서히 사라져갔다. 이러한 상황은 일정하지 않고 단발적이기는

[표 3-1] 면제품과 양모 제품 수출액(1833~1850년)

연도	수출액(단위 백만 파운드)		지수(18년 평균값=100)	
	면	양모	면	양모
1833	18.5	6.5	78	91
1834	20.5	6.0	86	84
1835	22.1	7.1	93	99
1836	24.6	8.0	104	112
1837	20.6	5.0	87	70
1838	24.1	6.2	102	87
1839	24.6	6.7	104	94
1840	24.7	5.8	104	81
1841	23.5	6.3	99	88
1842	21.7	5.8	91	81
1843	23.4	7.5	99	105
1844	25.8	9.2	109	128
1845	26.1	8.8	110	123
1846	25.6	7.2	108	101
1847	23.3	7.9	98	110
1848	22.7	6.5	96	91
1849	26.8	8.4	113	117
1850	28.3	10.0	119	140

했지만, 때로 상황이 회복되더라도 이전 수준보다 더 나쁜 상태로 직공들을 내몰았다.

1841년, 지역 출신 하원 의원 샤먼 크로포드는 하원에서 로치데일 노동자들의 상황에 대해 이렇게 말했다. "주 6펜스로 생활하는 사람이 136명,

200명은 10펜스, 508명이 1실링, 855명이 1실링 6펜스 그리고 1,500명이 주 1실링 10펜스 이하로 생활하고 있다." 이는 경기가 좋지 않을 때의 수치지만, 수직 직공들에게는 만성적인 상황이었다. 당시 새로운 산업 지역은 거의 대부분 굶주리고 있었는데, 로치데일 역시 그러했고 북부의 다른 마을보다 상태가 훨씬 심각했다.

로치데일과 주변 마을들은 수직 직공들로 넘쳐났다. 동력 기계가 등장하기 전까지는 이 지역의 거의 모든 농민이 직물업을 겸하거나 주업으로 하고 있었다. 수력으로 움직이는 최초의 공장은 계곡을 흐르는 하천 —로치 강과 스포덴 강 그리고 많은 지류— 옆에 지어졌다. 수력은 산업을 구 시가에서 시골 마을로 이전시켰고, 그러한 시골 마을들은 도시가 성장하면서 점차 도시로 흡수되었다. 당시 수직 직공들은 자기 소유 또는 작은 농장을 가진 가까운 친척에게 빌린 땅이 있었기 때문에 경기가 나빠지면 농사 일로 돌아갈 수 있었다. 그러나 증기력이 등장하면서 직물 공장은 표백과 염색의 경우를 제외하고 하천에 기초하던 독립성을 잃어버리고 석탄이 묻힌 땅에 의존하게 되었다. 직물업은 도시화되었고 도시 노동자들은 농지와 접촉할 수 없었다. 석탄이 나오는 마을들은 탄광촌으로 바뀌어 광부들이 사는 오두막집이 들어서고, 무질서한 갱구용 기어와 석탄에서 나오는 그을음 그리고 광산을 끼고 성장하는 제철 공장들이 어지럽게 늘어갔다. 이러한 광산과 새로 들어선 공장으로 이주자들이 몰렸는데, 이들 중에는 로치데일 사람들보다 생활수준이 훨씬 낮은 아일랜드 사람들이 꽤 많았다. 노동자만 아니라 새로운 고용주들도 들어왔다. 존 브라이트의 아버지인 제이콥 브라이트는 마을에서 두 번째로 면제품 공장을 만든 홈스 가의 고용인으로, 더비셔의 뉴밀스에서 1802년에 도착했다. 7년 뒤 제이콥 브라이트는 마을의 북쪽 크롬키쇼 코먼에서 6,000파운드를 차입해 소모사[2] 폐 공장을 인수해 자기 사업을 시작했다. 그는 '볼튼 앤 와트'제 증기 기관 한 대를 구입했지만 직조는 여전히 수직기로 했다. 토착 자본가들도 부유해졌다. 시인이자 대대로 로치데일 장원의 영주였던 바이런 경은 1823년에 장원의 권리를 디어든 가에게 매각했다. 디어든 가는 이 지역 탄광의 대 소유주가 되었고, 교구 교회에 상상 속 자기들 선조의 조각상을 세우거나 중세까지 거슬러 올라가는 상상의 가계도를 고안하기도 했다. 1600년에 요크셔에서 로치데일로 와서 옷감 교역을 해 온 로이드 가는 은행업에도 손을 뻗쳐 이 지역 제일의 은행가가 되었다. 펜턴 가의 존은 1832년 선거권이 부여되면서 최초의 하원 의원이 되었는데, 그 역시 공장을 소유하고 은행업도 겸했다. 필링 가는 면 공업을 처음 도입했고, 애시워스 가는 직물 제조와 함께 주식 중개도 적극적으로 관여했다.

1720년대에 로치데일을 방문한 다니엘 데포는 이 마을에 대해 "굉장히 큰 마을이고 하프 딕 · 커시라 불리는 일종의 올이 굵은 직물을 생산한다"고 하면서 "굉장히 외지고 교통이 불편한 산기슭에 있기 때문에 사람들도

2   [옮긴이] 굵기가 일정하고 매끈하며 보풀이 적으면서 광택이 나도록 양모로 만든 가는 털실.

별로 오가지 않는 한적한 마을이라고 생각할지 모르지만, 이러한 물품 시장은 대단히 크다"고 덧붙였다. 그 당시 로치데일의 교통 상황은 안 좋았고 특히 요크셔 사이의 교통이 나빴다. 요크셔와 연결이 긴밀해진 것은 1734년에 로치데일에서 핼리팩스에 이르는 유료 도로를 건설한 뒤였다. 핼리팩스까지는 16마일 이상 떨어져 있고 맨체스터는 12마일밖에 떨어져 있지 않았는데, 모 직물 중심지인 로치데일의 산업은 맨체스터보다 웨스트 라이딩과 연결이 많았다. 면 산업이 성장하면서 맨체스터와의 연결이 점차 중요해졌지만, 로치데일은 웨스트 라이딩과 긴밀한 연결을 유지하고 있었다. 사실 로치데일은 맨체스터와 웨스트 라이딩 사이의 교통 요충지였다. 이는 노동 계급에게도 적용된다. 면 산업과 양모 산업이 거의 같은 정도의 중요성을 가지고 있는—면 산업이 착실히 세력을 키우고 있었지만— 하나의 공간으로서 로치데일은 19세기 초 맨체스터와 웨스트 라이딩 노동 계급의 사상과 계획을 위한 정보 센터 역할을 했다. 로치데일의 면업 노동자들은 전국적인 노동조합 운동을 일으키려 했던 1831년 존 도허티의 시도를 지지했다. 더욱이 도허티가 만든 노동자 조직인 전국노동보호협회가 웨스트 라이딩의 양모와 소모 사업 노동자들 사이에서 성장하고 있던 요크셔노동조합과 가장 밀접하게 접촉했던 것도 로치데일을 통해서였다. 또한 로치데일은 차티스트 운동에서도 맨체스터와 웨스트 라이딩을 연결하는 중요 지점이었다. 피어거스 오코너의 본부는 리즈에 있었는데 그는 기회 있을 때마다 로치데일에서 연설을 했고, 로치데일의 차티스트 시위대

앞에서 한 연설 때문에 뉴포트 봉기 후 1840년에 고소를 당하기도 했다. 로치데일은 공장법과 1일 10시간 노동을 위한 투쟁에서도 중요한 지위를 차지했다. 선구자들 중 한 사람인 플란넬 직공 제임스 스탠드링은 로치데일 10시간 위원회 사무국장이었고, 로치데일공정선구자협동조합 발기인 중 한 사람인 찰스 하워스도 10시간 노동 투쟁을 위한 운동에서 활약했다.

로치데일은 19세기 초 노동 계급의 활동 중심지인 맨체스터와 리즈 다음을 잇는 곳이었다. 로치데일에서는 여러 차례 큰 파업이 일어났는데, 이들 대부분은 임금 삭감 반대 또는 불경기 때 삭감된 임금을 되찾기 위한 것이었다. 파업은 대개 폭동으로 이어졌고, 특히 수직 직공들 사이에서 그러했다. 그들은 파업이 시작되면 관례적으로 집집마다 다니면서 직공들의 직조기 북을 거두어서 파업이 끝날 때까지 직공조합에 보관했다. 이는 파업에 참여하지 않고 일하는 사람을 막기 위한 방법이었다. 기록으로 보면, 이러한 북 모으기가 시작된 때는 최초의 큰 파업을 벌인 1808년이었다. 비슷한 일이, 1824년에 합의한 임금표를 파기한 1827년에도 있었다. 1829년에도 큰 폭동이 있었는데 이 때문에 지도자의 한 사람인 토마스 커쇼는 무기형을 받았고, 경찰서장이 물러나기도 했다. 이 파업은 어느 정도 성공을 거두었지만 이듬해인 1830년, 고용주들이 강제로 임금을 깎은 데 항의해 다시 파업을 벌이게 되었다. 다음의 큰 파업은 불황이 심각하던 1842년에 벌어졌는데, 이는 차티스트에게 지도권을 쥐어 주는 기회가 되었다. 차티스트들은 "헌장이 나라의 법률이 될 때까지" 지속하는 정치 투쟁으로 전환하려고 했다. 이 운동은 로치데일에서 시작한 것이 아니라, 올덤에서 옮겨온 것이었다. 올덤에서 로치데일로 온 사람들은 마을을 돌면서 노동자들에게 증기 기관을 작동하지 못하도록 플러그를 뽑으라고 호소했다. 로치데일에서 일어난 대부분의 파업은 수직기 직공들에 집중되었지만, 증기 기관이 작동을 멈춘 1842년에 끝났다. 증기 기관이 멈추면 마을 대부분의 일들도 함께 멈추었기 때문이다.

그러나 1844년에 심각한 파업이 일어났을 때, 직공들은 고용주들을 협정 임금표로 복귀시키기 위한 싸움에서 다시 주도권을 잡았다. 회사에 따라서 임금 차이가 컸는데, 일부 고용주들은 높은 실업률을 이용해 적은 임금으로 일을 시키고 이익을 얻었다. 직공조합의 목적은 고용주들을 설득해 협정 임금표를 받아들이게 하고, 이보다 적게 지불하는 고용주를 보이콧하는 것이었다. 사정이 나은 회사는 직공위원회와 임금 인상에 합의하고, 지역의 다른 회사도 참여하는 협정 임금표를 받아들였다. 그러나 일부 거절하는 회사가 나오자, 사정이 나은 회사도 자신들만 이행할 수 없다고 선언했다. 이리하여 직공들은 고집불통 회사를 하나씩 멈추기 시작했다. 파업에 들어간 사람들을 위해 현장에 남은 사람들은 주 2펜스씩을 모아 지원했다. 경기가 좋았기 때문에 고용주들이 틀림없이 임금 인상을 받아들이리라고 생각했다. 그러나 파업은 실패로 돌아갔다. 모금에는 여러 어려움이 따랐고, 직공위원회는 자신들이 아는 방법으로는 감당하기 벅찬 파업 참가자들이 너무 많다는 데 생각이 미쳤다. 이는 1844년 초 상황으로,

몇 달 뒤 로치데일공정선구자협동조합 창설을 이끈 논쟁의 전주곡이었다.

이처럼 혼란스런 상황은 로치데일의 노동자들이 이를 극복할 그들의 사회 철학을 생각해 내고 개혁의 대안을 논쟁하게 만든 배경이었다. 1830년대와 1840년대 정치적으로 두 개의 주요한 세력이 발전해왔는데, 차티스트 운동이 탁월하던 호소력을 잃고 해체되면서 제3의 세력이 힘을 얻고 있었다. 이들 세 그룹은 오언주의자(사회주의자), 1832년 선거법 개정 이전 시대의 급진 개혁론자의 후계자인 차티스트 그리고 코브던과 브라이트가 이끄는 반 곡물법 동맹자, 즉 자유무역주의자였다. 이 그룹들은 배타적이지는 않았다. 많은 오언주의자들이 차티스트이자 급진 개혁론자이기도 했다. 그리고 많은 차티스트들은 곡물법 폐지를 바라고 있었다. 그러나 어떤 사안에 대해서는 서로 관점이 달랐고, 이에 대한 그들의 논쟁은 격렬했다.

오언주의와 급진 개혁론은 1825년과 1832년 사이에 정점에 달하였다. 랭커셔 노동조합 운동의 지도자 도허티는 열렬한 오언주의자였다. 전국노동보호협회 그리고 1일 8시간 노동을 관철하기 위한 직접 행동에 나섰던 국민쇄신협회는 오언주의자의 강한 영향 아래 있었다. 랭커셔의 사회주의자들은 오언주의자이면서 급진 개혁론자였다. 1832년, 로치데일의 급진주의자들은 새롭게 부여 받은 그들의 선거권을 가지고 삼파전을 벌였다. 공인된 급진주의자 존 펜턴은 공장 소유자면서 금융업자였다. 좌익 성향의 급진주의자들은 펜턴에 대항하는 후보로 제임스 테일러를 옹립했는데, 그는 감리교 유니테리언 설교사로 나중에 이 지방 차티스트 지도자가 된 사람이다. 또 한 사람의 후보는 토리당의 대표 존 엔트위슬로, 대대로 이 지방 큰 가문의 한 사람이었다. 엔트위슬은 246표를 얻었고, 펜턴은 277표를 얻어 당선되었다. 테일러의 결과도 나쁘지는 않았다. 그는 실질적으로 모든 노동자를 배제한 매우 한정된 선거권에서 109표를 얻었다. 테일러가 속한 당은 1832년 이후 테일러를 비롯해 그 누구도 두 번 다시 선거에 나가지 않았다. 토리당의 엔트위슬은 1835년에 펜턴을 간신히 이겼고, 1837년에는 펜턴이 토리당의 은행가 클레멘트 로이드와 대결해 아주 작은 차이로 의석을 되찾았다. 1841년에는 얼스터의 지주면서 선거법 개정론자인 윌리엄 샤먼 크로포드가 과거 의회에서의 뛰어난 업적을 배경으로 급진파 후보로 나섰다. 그는 인민헌장 기초를 만드는 단계에서 윌리엄 러벳이나 런던 노동자 조직 지도자들과 소통한 국회의원이었고, 1839년 의회에서 차티스트에게 지지를 보냈다. 그는 중산 계급과 노동 계급 급진파 모두의 지지를 받았다. 크로포드는 보수당의 펜턴을 이겼고, 1847년에는 경쟁자 없이 의석을 지켰다. 그가 1852년 은퇴하자, 노동 계급 급진파를 만족시키기에 충분한 또 한 사람이 그의 뒤를 이었다. 《비국교도(Nonconformist)》의 편집자 에드워드 마이얼이 바로 그 사람인데, 1857년에 토리당의 알렉산더 람지 경에게 의석을 잃고 말았다. 1859년에는 리처드 코브던이 경쟁자 없이 선출되었다. 이 무렵 차티스트 시대의 급진주의는 사멸하였고 노동 계급의 정치 운동은 사실상 휴면 상태였다. 이들의 운동은 1860년대가 되어서야 회복되었는데, 이 과정에서 로치데일은 중요한 역할을 하지 못했다.

　로치데일 대표자들이 의회에서 겪은 정치적 부침에 대해 필자의 이야기가 너무 앞서 나갔다. 1830년대와 1840년대로 다시 돌아오기로 하자. 1832년 선거법 개정에 이어 전국적인 노동조합 운동의 시대가 펼쳐졌는데, 로치데일은 오언과 필든의 국민쇄신협회를 통해 이 운동에 휩싸였다. 그리고 1834년에 국민쇄신협회와 전국노동조합대연합이 해체되었을 때, 오언파 사회주의자들이 로치데일로 모여들었지만 열광자들의 작은 집단에 지나지 않았다. 로치데일에는 오언파의 선전가 협회가 하나 있었고, 1830년에 설립된 플란넬 협동공장이 하나 있었다. 이런 노력 가운데 로치데일에서 최초의 협동 매장이 1833년 만들어져 1835년까지 존속했다. 이 매장에 대해서는 뒤에서 다루겠지만[3], 이들의 실패가 사람들의 의지를 꺾지는 못했다. 그들은 1838년, 요크셔 가에 '사회주의자의 방'이라 부르는 '사회 회관'을 만들어서 오언주의에 대한 강연만 아니라, 급진주의자와 차티스트 지도자들의 강연도 했다. 이 회관은 직공조합 본부인 위버스 암스 회관 바로 옆에 있었다.

　그러나 사회주의자들의 그룹은 1834년 뒤로 작아졌다. 노동 계급의 관심은 1837년부터 차티즘과 신 구빈법 투쟁으로 옮겨갔다. 1837년에 구빈법 감독관들은 로치데일에서도 신 구빈법을 도입했다. 그들은 이 제도를

3　132쪽 참조.

남부와 북부 산업 지대의 미들랜드 여러 주에서 이미 적용해왔다. 빈민 구제 관리에서 독립적이었던 여러 교구가 통합되어 로치데일 교구 연합을 형성했고, 최초의 빈민구제위원회가 꾸려졌다. 그러나 신 구빈법이 노동 능력이 있는 사람의 원외 구제를 금지했기 때문에 랭커셔와 요크셔에서는 신 구빈법에 대한 반감이 팽배했다. 이곳에는 남부 농촌 지역이나 미들랜드와는 달리, 불황이 닥쳤을 때 실업자나 불완전 취업자들에게 구빈법에 따른 보조금을 주는 관행이나 등급 이하의 임금에 대한 보조금 제도 ―일종의 실업 수당 또는 실업 구제에 해당한다― 가 없었다. 이런 상황에서 원외 구제를 철폐하는 신 구빈법은 격렬한 분노를 불러일으켰다. 올덤 출신 국회의원인 존 필던은 유명한 급진파 방적업자인데 그의 작업장이 있는 토드모던에 신 구빈법 반대 운동의 본부를 두었다. 그는 힘으로라도 신 구빈법 도입을 막겠다는 그의 노동자들의 결정을 지지하면서 신 구빈법 반대 운동의 선두에 섰다. 토드모던은 로치데일에서 9마일밖에 떨어지지 않았고, 로치데일의 구빈 연합은 토드모던의 여러 공장들을 관할하고 있었다. 두 지역의 저항이 너무 강력해서 한꺼번에 와해시킬 수 없었다. 마침내 런던의 구빈법 감독관들은 타협의 필요성을 인정했다. 그들은 두 지역에 각각 신 구빈법 교구 연합을 만들고 이를 관리하기 위한 빈민구제위원회의 선거를 고수하는 한편, 당장은 이들을 1837년의 등록법에 기초하여 출생과 결혼, 사망을 위한 전문 등록 기관으로 설립하고, 빈민 구제 권한을 지금의 교구 당국에서 교구 연합으로 이관하는 것을 연기할 수 있는 여지가 있었다. 이는 토드모던은 물론이고 로치데일에서도 당연히 시행되어야 했다. 1845년까지 로치데일에서 옛 구빈법이 효력을 유지하고 있었고, 빈민 구제는 원외 구제에 대한 아무런 금지 없이 교구가 계속 관리했다. 토드모던의 싸움은 매우 오랫동안 지속되었음에도 결국 실패하고 말았다. 로치데일의 노동자들은 지칠 줄 모르는 행정관 에드윈 채드윅과 함께 '서머싯 하우스의 세 벼슬아치'의 권력 행사에 대항하여 끝까지 버틸 수 있는 존 필든 같은 훌륭한 고용주를 갖지 못하였다[4].

그러나 로치데일에도 용감한 투사가 없지는 않았다. 그 주인공은 토마스 리브시였다. 그는 뒤에 자치구의 참사 회원이 되었는데 존 브라이트 이후 급진주의의 주요 인물이 되었다. 인민헌장의 적극적인 지지자이자 오언파 사회주의자 협회의 재정을 책임졌던 리브시는 1840년에 캐슬턴 구를 대표하여 로치데일 빈민구제위원회에 선출되고 신 구빈법 반대파의 지도자가 되었다. 그는 위원회의 의장으로 추대되었고, 위원 대다수의 지지를 받아 신 구빈법을 도입하려는 구빈법 감독관의 명령을 거부했다. 이 때문에 리브시는 리버풀 순회 재판에 회부되었는데, 소송에 따른 절차를 어긴 감독관 문제로 상황을 벗어날 수 있었다. 감독관의 한 사람인 조지 루이스 경은 리브시와 그의 동료를 불복종 혐의로 기소한다는 문서에 서명을 했는데, 법에 정해져 있는 것처럼 다른 감독관의 입회 아래 하지 않았다. 그

---

4 신 구빈법 감독관은 '세 벼슬아치', 즉 파샤 또는 무책임한 전제군주로 알려져 있다. 토드모던 투쟁에 대해서는 필자의 『차티스트 열전』(맥밀란, 1941) 제8장을 참조.)

는 신혼여행 중에 우편으로 받은 문서에 서명을 한 것이다. 이런 이유로 감독관의 소송은 실패했다. 그 뒤로 5년 동안 로치데일 빈민구제위원회는 구빈법 감독관의 권위에 맞서 이겼다. 리브시의 가까운 친구인 필든은 감독관의 잘못을 알려 준 사람에게 사례로 주기로 한 100파운드를 마련해 준 사람으로 이 이야기에 등장한다. 리브시는 로치데일 선구자들에게 처음부터 좋은 친구였다. 그는 선구자들이 협동조합을 만드는 과정에 많은 조언을 해 주었고, 1864년 요절할 때까지 선구자들과 밀접한 관계를 유지했다.

1830년대 말에서 1840년대 초, 북부 산업 지대에서 차티스트 운동은 구빈법 투쟁과 뗄 수 없는 관계였다. 순전히 정치적 강령을 내건 차티즘을 노동 계급의 대중 운동으로 전환시킨 것은 다름 아닌 신 구빈법에 대한 증오였다. 랭커셔의 신 구빈법 반대 운동 지도자였던 조셉 레이너 스테판스는 인민헌장의 6개 항이 경제적 어려움을 언급하지 않았지만, 차티즘은 '나이프와 포크의 문제' 즉 임금과 생활의 문제라고 말했다[5]. 노동 계급은 인민헌장을 원했다. 왜냐하면 그들 대부분은, 지주와 고용주들이 권력을 나눠 갖고 선거권은 중산 계급 아래로는 주어지지 않는 의회에서 경제적 구제가 가능하리라는 희망이 전혀 없다고 믿었기 때문이다. 1832년 선거법 개정으로 선거인은 44만 명에서 72만 5,000명으로 늘었을 뿐이다. 이는 1867년 제2차 선거법 개정으로 선거인이 120만 명에서 225만 명으로 거의 두

---

5   6개 항은 보통(성년 남자) 선거권, 비밀 투표, 국회 임기 1년, 평등한 선거구 제정, 의원에 대한 재산 자격 폐지, 의원에 대한 보수 지급이었다.

배나 는 것에 비하면 훨씬 작은 변화에 지나지 않았다. 우리는 앞서 1832년에 로치데일에서 투표한 사람이 얼마나 적은 지를 보았다. 1850년에 코브던이 자유보유토지[6]를 사들여 선거권을 얻기 위해 필요한 크기로 분배하기 위해 만든 자유보유토지협회를 시작할 때까지도 선거인은 크게 늘지 않았다. 존 브라이튼이 회장을 맡은 로치데일 자유보유토지협회는 자치구의 선거인을 500명 늘리는 데 성공했다고 한다. 그러나 이렇게 늘어난 선거인들은 중산 계급이었다. 이 운동은 노동자들과는 관계가 없었다. 1867년에도 도시의 노동 계급 가운데 상위층만이 선거권을 얻었다.

노동자들은 1832년의 선거법 개정에 머무르는 한, 의회에 아무런 희망을 품을 수 없다고 확신했다. 이런 의회가 1833년에는 공장법을 통과시켰고, 이는 노동자들에게 더 큰 분노를 일으켰다. 의회는 1일 10시간 노동을 거부했고, 이것이 공장 지대에서는 상징적인 문제가 되었다. 10시간법을 법제화하기까지 샤프츠베리 경의 지도력과 휘그당의 공장 소유자와 대립하는 토리당의 지지를 바탕으로 다시 14년이라는 시간이 필요했다. 1833년 이후 공장 개혁론자들은 낙담했고, 대부분의 공장 노동자들은 인민헌장이 더 나은 법적 보호의 전제 조건이라고 생각했다.

---

6 [옮긴이] 19세기 초 영국의 선거법은 연 40실링 이상의 수입이 나오는 자유보유토지 등을 소유한 사람에게만 선거권을 부여했다. 1832년 제1차 선거법 개정 뒤에도 재산 자격 제한은 없어지지 않았는데, 이에 코브던과 존 브라이트는 저자의 설명처럼 선거권을 얻기 위한 운동으로서 자유보유토지협회를 만들고 이 운동을 주도했다.

또한 대부분의 노동 계급은 값싼 빵을 원하고 곡물법 폐지를 지지했지만, 지주들이 단단하게 자리 잡고 있는 의회에서 농업 보호 문제를 양보하리라고는 생각조차 할 수 없는 일이었다. 차티스트 지도자들은 반 곡물법 동맹이 사람들을 오도한다고 몰아세웠다. 그들은 예를 들면 오코너처럼, 반 곡물법 운동의 지도자들은 오직 임금을 낮추기 위해 값싼 빵을 원할 뿐이라고 주장했다. 그러나 그 둘의 공통된 주장은, 곡물법 폐지는 바람직하지만 인민헌장이 아니고는 이룰 수 없다는 것이었다. 처음으로 차티스트 대회가 열리고 반 곡물법 동맹이 창립된 해이기도 한 1839년, 존 브라이트는 로치데일에서 곡물법 반대 시위 행동을 조직했다. 집회장을 가득 메운 차티스트들은 곡물법 폐지는 지지하지만, 이를 실현하기 위한 필수 단계는 인민헌장을 나라의 법률로 만드는 것이라는 수정안을 통과시켰다.

이처럼 차티즘은 로치데일에서 매우 강력한 세력이었다. 제임스 테일러는 로치데일의 차티스트 대표로서 1839년 차티스트전국대회와 1840년 전국회의에도 참가했다. 1838년 가을에는 그를 대표로 선출하는 것과 관련하여 대규모 횃불 집회와 행진이 있었다. 로치데일 차티스트들의 의기는 한껏 고조되었다. 전국대회에서 테일러는 폭력에 반대하고 온건 노선을 따랐다. 테일러는 지역 선거민의 의견을 들은 뒤, 로치데일 노동자들이 '신성한 달' 또는 '국민 대 휴일'—차티스트의 요구를 받아들이도록 의회에 압력을 가하기 위한 총파업— 에 참여할 준비가 되어 있지 않다고 보고했다. 1839년 초 몇 달 동안은 직물 사업이 호황을 맞았다. 그러나 '신성한 달'이 시작되는 여름이 되자, 양모업을 중심으로 상황은 악화되었고, 파업에 대한 전망은 어두웠다. 하지만 테일러는 '신성한 달'이 불운에 빠졌을 때 전국대회를 버리고 떠난 사람들에 포함되지는 않았다. 그는 끝까지 대회와 함께했다. 그는 마지막 순간까지 전국대회 해산에 반대표를 던진 사람이었다. 테일러는 1840년 맨체스터 회의 때도 다시 로치데일의 대표가 되었다. 이 회의에서는 1839년의 패배 뒤 차티스트 세력을 결집하기 위한 전국헌장협회(National Charter Association)를 결성했다. 1842년, 테일러는 랭커셔에서 대 파업에 관여했다는 이유로 체포되어 재판에 회부되기도 했으나 무죄 판결을 받았다. 테일러는 로치데일의 정치와 종교 생활에서 적극적인 역할을 했다. 그는 로치데일 선구자의 한 사람인 제임스 윌킨슨과 함께 조셉 쿡의 신봉자인 쿡 파 교인의 지도자였다. 쿡은 원래 웨슬리 감리교 목사였는데, 이단적 의견으로 1806년 감리교 회의에서 파문된 인물이었다. 쿡의 신봉자들은 그를 위해 새로운 예배당 —하이 스트리트의 프로비던스 예배당— 을 지었고, 쿡은 1811년 서거할 때까지 여기서 사제로 일했다. 쿡이 죽고난 뒤, 존 애쉬워스와 제임스 테일러 그리고 제임스 윌킨슨 세 청년이 예배를 인도했다. 그러나 분쟁이 일어나 새로운 목사가 임명되자, 세 청년은 분리를 주도했다. 분리파들은 1818년, 클로버 스트리트에 새 예배당을 지었는데, 이것이 로치데일 감리교 유니테어리언파의 센터가 되었다. 여기서 테일러와 윌킨슨은 목사 직을 계속했으며, 그들의 신도들은 차티스트 단체와 공정선구자협동조합 양쪽에 관여하면서 중요한 역할을 했다.

1840년 이후 존 브라이트가 이끄는 반 곡물법 운동은 차티스트의 주도 권에 크게 도전하기 시작했다. 1839년에 반 곡물법 동맹이 전국 단체로 만들어졌고, 1840년 1월에 브라이트는 로치데일 지부를 설립해 곡물법 폐지 청원 서명을 받기 시작해 9,700명의 서명을 받았다. 브라이트의 캠페인은 때를 같이 하여 일어났던 교회세 문제를 둘러싼 투쟁으로 마을이 격앙 상태에 있었던 게 큰 도움이 되었다. 이 문제는 마을 주민을 국교파와 비 국교파의 깃발 아래 대항하는 두 집단으로 나누어 놓았고, 그 갈등은 이전에 로치데일에서 급진주의에 대해 단호했던 것만큼 격렬했다.

로치데일의 성직록(聖職祿)은 19세기 초 영국에서 가장 높은 것의 하나가 되었고, 그 가치는 교회가 건물이 들어서고 있는 마을의 땅을 많이 갖고 있었기 때문에 급등했다. 1819년에 W. R. 헤이 신부는 로치데일의 성직록을 받았는데, 이는 급진주의와 노동 계급의 지도자들을 벌하는 정력적인 교구 판사로서 그의 직무에 대한 보상이었다. 그는 로치데일에 임명되기 직전, 1819년의 유명한 '피털루' 학살[7]에 책임이 있는 재판장이었다. 그에 대한 노동 계급의 깊은 원한은 그가 공직에 있는 동안 계속되었다. 헤이는 엄청난 수입을 받고 있으면서도 대부분의 일을 보좌 신부에게 맡기고는 로치데일에 거의 머무르지 않았다. 그가 로치데일에 있을 때는 치안 판사의

---

7 [옮긴이] 1819년 8월 16일 성 피터 광장에서 발생한 사건. 선거법 개정을 요구하는 민중 집회를 기병대가 진압하는 과정에서 많은 사상자가 생겼다. 이를 워털루 전투에 빗대어 '피털루 학살'이라 부른다.

판결을 주재했고, 급진파들은 그에게 어떤 관대함도 기대할 수 없었다. 1834년, 헤이는 오래되고 황폐한 세인트 차드 교구 교회와 교구에 소속된 작은 예배당 유지비를 위해 모든 주민에게 교회세를 거두기로 결정했다. 이듬해 주민들은 투표로 교회세 납부를 거부했지만, 헤이는 투표 결과에도 불구하고 세를 거두려고 고집했다. 그 이듬해 투표에서 교회세는 부결되었다가 두 번째 투표에서 겨우 과반수를 넘겨 통과되었고, 반대하는 사람들 대부분의 저항은 소극적이었다. 이렇게 시작된 투쟁은 여러 곡절을 겪으면서 7~8년 동안 이어졌다. 1839년에 헤이가 죽고 몰스워스 사제가 그 직을 이어받았는데, 그는 헤이와는 달리 로치데일에 살면서 적극적인 역할을 했다. 몰스워스는 다시 강제로 교회세를 거두려 했고 이를 거부하는 대중 집회가 뒤따랐다. 1840년에는 대중 집회를 열 만한 큰 강당이 없었기 때문에 교회에서 모였다. 교회 마당까지 사람들로 꽉 찼고 존 브라이트는 교회세 반대 연설을 했다. 2년 뒤 분쟁은 재연되었다. 교구 신부가 교회의 주장을 지지하여 《커먼 센스(Common Sense)》라는 신문을 발행하자, 비 국교도들은 《사제의 등불(Vicar's Lantern)》이라는 대항지로 맞섰고, 브라이트가 주요 기고자였다고 한다. 결국 교회세를 거두려는 시도는 대중의 단호한 저항에 맞닥뜨려 포기해야만 했다.

브라이트는 반 곡물법 투쟁과 비 국교도 주장에 대한 옹호로 로치데일에서 지도적 인물이 되었다. 그의 아버지 제이콥 브라이트는 로치데일에서 직물 공장 3곳을 운영하고 있었고, 프렌드협회(Society of Freinds)의 지도자를 맡는 등 로치데일의 자치와 교육 문제에 열심인 사람이었다. 1840년에 그는 자신의 공장에서 일하는 청년들과 노동자의 아이들을 위해 공장 학교를 열었고, 신문 열람실도 두었다. 당시 프렌드협회 회원 대부분은 정치에 관여하는 일은 퀘이커교의 신조에 반하는 것이라 생각했다. 그러나 젊은 브라이트는 이 규칙을 깨버렸다. 1837년, 그는 존 펜턴을 지지하는 유인물을 배포하고, 세대주 선거권, 비밀 투표, 곡물법 폐지, 교회세 철폐를 주장했다. 앞서 본 것처럼 그는 1839년부터 반 곡물법 운동에 몸을 바쳤다. 1841년, 브라이트는 교회세를 체납했다는 이유로 법정에 소환되었는데, 이것이 그가 자치구 후보인 샤먼 크로포드를 지지한 이유의 하나였다. 다음 해 차티스트의 파업이 일어났을 때, 그는 자기 공장 노동자들에게 폭력을 쓰지 말 것을 당부했다. 또한 파업에 참여하는 사람들에게 보내는 유인물을 만들었는데, 거기에서 그는 곡물법에 의해 짓눌려 있는 공장주가 노동자들에게 높은 임금을 줄 여력이 없기 때문에 파업은 도움이 되지 않는다고 주장했다. 인민헌장이 아니라, 곡물법 폐지야말로 그들의 관심을 집중해야 할 문제라고 그는 충고했다. 그는 국가의 지원에 호소하는 모든 시도에 대해 뿌리 깊이 반대했지만, 교구 신부와의 투쟁에서는 비 국교도의 전투적 지도자로서 광범한 지지를 받았다. 로치데일의 노동자들은 인민헌장에 대한 충성심을 완전히 저버리지는 않았다. 그들은 1848년 차티스트 전국 집회에 그들의 대표로 헨리 미첼을 보냈다. 그러나 1842년 뒤로부터 다른 많은 지역과 마찬가지로 로치데일에서도 차티스트 운동은 붕괴하고 있었다. 많은 노동자들은 중산 계급의 지배에 공연히 저항해 큰 상처를 입기보다는 곡물법 폐지나 1일 10시간 노동을 법으로 만드는 실제적인 개혁에 그들의 관심을 집중하는 게 더 나은 일이라고 생각했다.

국가의 정치·종교 문제만큼 지방 당국의 정책도 로치데일 시민을 끊임없이 분기시켰다. 1825년까지 로치데일에는 교구의 부속 시설과 오래된 영주 재판소 말고는 자치 시의 시설이 없었다. 영주 재판소는 바이런 경이 장원을 매각하면서 쇠락했다. 그로부터 2년 뒤인 1825년에 의회 법령이 제정되고, 마을의 전기와 경관 등 마을 개량을 위해 자치 위원회를 구성했다. 마을의 식수는 1809년 법령으로 설립된 수도 회사가 공급하고 있었고, 가스는 1823년에 만들어진 가스 회사가 공급하고 있었다. 자치위원들의 권한은 제한적이었지만, 1844년까지 마을의 자치 문제를 관리했다. 1844년, 로치데일의 위생 상태는 산업 도시에 대한 최초의 보고서인《대도시와 인구 조밀 지역에 대한 조사 위원회 보고》에 나타나 있다. 자치위원들은 이 보고서를 통해 로치데일에 배수를 위한 아무런 규정이 없다는 것을 알았다. 마을 여기저기에 웅덩이가 괴어 있고, 도랑에는 덮개가 없었다. 중심가에는 그나마 양호한 하수관이 있었지만, 이것을 다른 장소에 설치할 권한이 자치위원들에게는 없었다. 가정 배수를 정화하는 장치는 아예 없었고, 정화 작업에 대한 지방관의 감독도 부실했다. 중심가 청소는 일주일에 두 번 했지만, 골목이나 비포장 길은 아예 청소하지 않았다. 마을에는 1825년에 만든 경찰법이 있었지만 아무 효력이 없었다. 주식회사가 공급하는 공공 용수는 아주 일부의 빈곤층에게만 돌아갔고, 대부분의 사람들은 여전히 우물물을 길어다 썼다.

랭커셔 대부분의 마을이 이런 상황이었다. 여러 면에서 로치데일과 비슷한 조례를 시행하는 볼튼은 로치데일보다 조금 나았던 것 같다. 볼튼에서는 가정 배수를 적절하게 처리했지만, 골목 청소는 로치데일과 마찬가지로 하지 않았다. 지역의 회사가 물을 공급하는 애시턴-언더-라인의 상황은 꽤 양호했다. 물론 요금이 너무 비싸다는 빈곤층의 불만이 있기는 했지만. 프레스톤은 로치데일과 비슷한 수준이었고, 맨체스터는 조사위원회의 보고대로라면 매우 열악했다. 핼리팩스는 랭커셔 주에서 가장 상태가 나빴다.

《도시의 건강 보고》가 나온 1844년에 새 법령이 제정되고, 수입이 10파운드 이상인 세대주가 선출하는, 소수지만 권한이 큰 위원들의 단체가 만들어졌다. 이 단체는 즉시 오래 논의되고 있던 가스 회사를 사들였는데, 그 조건은 앞으로의 이윤을 마을 개량에 쓴다는 것이었다. 또 다른 논쟁이 뒤를 이었다. 심각한 콜레라가 창궐한 뒤 공중보건법이 통과된 1848년, 위원들은 지방 보건국 설치를 거부했다. 대신 1853년에 그들의 권한을 확대하는 새로운 법령을 통과시켰다. 많은 시민들은 1835년에 정한 지방자치단체법에 따라 자치 시를 추구할 좋은 기회라는 이유로 이를 반대했다. 이 법률은 비 민주성이 다소 완화된 선거권을 포함하고 있었다. 마침내 1856년에 자치 시 인가를 얻고 제이콥 브라이트가 로치데일의 초대 시장이 되었다. 이듬해 위원들의 권한은 새로운 자치 시 의회로 넘어갔고, 시 의회는 각 주를 관할하는 경찰의 구역과는 별도로 자치 경찰을 만들기 위한 대책을 강구했다. 그러나 자치 시의 관할 구역은 기존 마을이 포괄하는 구역에 비하면 훨씬 작았다. 왜냐하면 자치 시의 구역은 30년 전 자치 위원들이 지배권을 확립한 구역 그대로였기 때문이다. 1868년에 의회에서 제정한 자치 구역은 마을이 성장하면서 새로 흡수된 교외 지역과 주변 마을들을 포함하도록 확대되었다. 그러나 자치 시가 이 범위, 즉 주의 치안 판사로부터 독립적인 치안위원회를 갖는 마을로 확대된 때는 1872년이 되어서였다. 이 무렵 공원과 병원, 시청 그리고 공공도서관이 확충되었다. 1876년에 시작해 다른 많은 마을에서 '로치데일 시스템'에 입각한 쓰레기 처리 작업의 모델이 된 비료화 사업은 말할 것도 없다. 로치데일은 협동조합 분야에서만 선구자가 아니었다. 자치 시 의회는 1866년에 수도 회사를 사들였다.

앞서 산업혁명 시기 로치데일의 지리적 고립에 대해 이야기했는데, 마을이 성장하면서 개선된 교통수단을 마련하는 일이 시급해졌다. 역마차는 1775년경에 들어왔고, 우편마차는 1790년경에 들어와 주 2회 맨체스터와 리즈를 오갔다. 곧 경쟁적인 교통편이 생겼고 그 숫자와 종류는 철도가 등장할 때까지 계속 늘어났다. 1794년에는 로치데일 운하를 건설하기 위한 법률을 제정했고, 운하는 1798년에 완공되어 요크셔의 소어비 브리지까지 연결되었다. 반대 방향의 맨체스터 쪽으로 통하는 운하는 1804년에 개통되었다. 이 운하는 한쪽으로는 에어와 콜더 수로로 연결되고, 이로써 험버 강과 유럽 대륙으로의 접근이 쉬워졌다. 다른 한쪽으로는 맨체스터에서 머지 강이나 리버풀 항, 나아가 미국 무역의 접근이 쉬운 수로와 연결되었다. 로치데일의 산업 유통은 1838년까지 운하 시스템에 의존하고 있었는데, 이 해에 맨체스터와 웨스트라이딩을 연결하는 철도 —랭커셔 요크셔 선— 가 등장했다. 철도 노선을 어떻게 할 것인가를 두고 흔한 논쟁이 있었고, 지역의 재산가들은 마을의 남쪽을 돌아가는 원안에 강하게 반대했다. 어쨌든 노선은 깔렸고 철도는 움직이기 시작했다. 1840년부터는 정기 열차가 달렸다. 마침내 로치데일은 고립에서 벗어났다.

로치데일의 선구자들이 오늘날 유명한 토드레인 매장을 열기까지 사회 경제적 배경은 이러했다. 이러한 배경은 공장 제도와 증기력 출현으로 거의 알아보기 힘들 만큼 달라진 북부의 다른 많은 마을들과 크게 다르지 않을 것이다. 그러나 로치데일에는 변화무쌍하고 활기찬 뭔가가 있다. 종교적인 논쟁에서 로치데일만큼 다채로운 마을이 있었는지 의문이다. 새로운 교회가 계속 지어졌고, 비 국교파의 교인들 사이에서 끊임없는 개종과 분리 그리고 새 종파를 창설했다. 이 지역 최초의 교인들은 유니테리언들이었다. 그들의 집회는 1688년 로버트 배스의 파문으로 거슬러 올라간다. 그 다음으로 웨슬리 교인들이 등장해 1760년에 최초의 협회를 만들고, 10년 뒤 토드레인(지금 선구자들의 본부 매장이 있는 곳)에 그들의 첫 예배당을 지었다. 이어서 침례교인들이 1773년에 회관을 만들었고, 가장 오래된 일요학교를 1782년부터 시작했다. 1806년에는 우리들이 앞서 본 것처럼, 쿡 파

또는 감리교 유니테리언이 감리교회로부터 파문 당한 조셉 쿡의 뒤를 이어 등장했다. 프렌드 파는 그들의 집회소를 1808년에 마련했고, 특별 침례교도는 그들의 희망 예배당을 1810년에, 헌팅턴의 백작부인파는 성 스테판 교회를 1811년에 그리고 1814년에 예배를 시작한 신감리교회는 1822년에 자신들의 예배당을 지었다. 로마 가톨릭은 1829년에 대중의 기부금으로 성 존 교회를 지었다. 국교회는 새 예배소를 1820년(성 제임스 교회)과 1835년(성 클레멘트 교회)에 지었다. 후자는 성장하는 산업 도시에 새 교회를 마련하기 위해 의회에서 표결된 "100만 파운드의 하사금"으로 지었다. 여기까지는 18세기 후반에서 19세기 초에 지어진 수많은 예배당 가운데 아주 일부일 뿐이다. 특히 비 국교파들에게는 영적 시설이 언제나 부족했고, 새로운 시설 —겉모습은 너무 보기 흉했다— 을 짓기 위해 믿음 깊은 공장주들에게 지원을 받았다. 로치데일은 모든 종파의 발상지였다. 이들 중에는 모든 신학의 교의를 거부하는 '이성 종교'를 받드는 오언파 사회주의의 작은 종파도 있었다. 결코 창립 멤버가 모두 그러지는 않았지만, 공정선구자들 최초의 영감은 이들로부터 나왔다.

이토록 다양한 종파가 확산된 것은 노동자 외에도 개인의 종교적 의견을 재정적으로 뒷받침할만한 경제력 있는 사람들이 많이 이주해 온 데 힘입었다. 정통이 아닌 설교사 주변에 모여든 교인들은 자신들의 예배당을 지을 만큼 충분한 후원자를 찾지 못하면 세를 낸 작은 공간에 만족해야 했고, 그 대부분은 곧 사라졌다. 기껏해야 그들은 경쟁 종파가 내놓은 예배당을 세내는 정도였고, 창고를 구하는 기업이 세를 더 내겠다고 하면 당장 쫓겨나기 십상이었다. 토드레인 매장은 이러한 작은 종파가 위층을 빌려 쓰는 건물 아래층에서 시작했다. 필자는 종교적 견해와 예배 형태의 굉장히 많은 다양성은 불행한 이 시대의 산물이지 않았을까 생각한다. 즉 억압과 새로운 산업 규율의 단조로움으로부터 벗어나고자 하는 정신의 도피였다는 것이다. 그렇지만 종교 경험의 다양성은 가난한 사람들만 아니라 부자들 사이에도 존재했고, 가장 넓은 의미에서 감리교파 교의에 자극을 받은 것이었다. 웨슬리교는 자기 직업에서 성공을 거두는 것이 신에 대한 의무라는 가르침으로 사람들의 마음을 강하게 사로잡았다. 그리하여 돈을 얼마나 벌었는가가 성공을 가늠하는 기준이 되었다. 감리교 고용주는 세상에 봉사하는 한 형태로 돈벌이를 시작했다. 그리고 돈을 벌어서도 여전히 검소하게 생활하고, 벌어들인 돈을 다른 이들의 영혼을 구하는 데 많이 썼다. 돈을 버는 방법은 무자비할 때가 많았다. 감리교의 가르침은 내세를 강조함에도 불구하고 그 방법의 무자비함을 완화시키지 못했다. 그러나 이 교의는 종교적 선행에서는 관대했다. 그와 그의 노동자가 같은 예배당에 다닌다는 사실, 국교회가 웨슬리의 의지와 상관없이 그들을 내몰았던 것이 국교회의 주장에 대한 적의라는 점에서 하나가 되었다는 사실이, 공장주와 노동자 두 계급의 경제 대립에 내재한 적대심을 크게 완화시켰다. 이러한 일체성을 참지 못한 노동자들은 교회로부터도 그리고 주요한 비 국교 교단으로부터도 쫓겨났다. 그들은 자신들과 비슷하게 추방된 목사를 앞

세워 작은 예배당에서 피난처를 찾던가 아니면 철저한 반항을 해야 했다. 그러나 종교로부터 완전히 벗어나기란 견디기 어려운 일이었다. 그것은 철저한 고립과 더 이상 위안을 받을 수 없음을 의미했다. 사람들을 그들의 동료들과 교감하게 만드는 종교는 어떤 것이든지 없는 것보다는 나아 보였다. 차티즘 —자체의 교회를 가진— 이나 협동조합 운동 — 이성 종교와 사회회관을 가진— 을 하나의 종교로 만들 수 있었던 소수의 사람들만이 여러 신학의 유파로부터 완전히 벗어나는 것을 감당할 수 있었다. 가난한 사람들에게는 끔찍한 시대였다. 물질적 결핍의 끔찍함만 아니라 정신의 단조로움에서도 그러했다. 종교는 어떤 종류의 위안을 주었고 예배당은 사람들로 꽉 찼다. 이것이 노동 계급의 반항 정신을 약하게 만들고 노동자의 지도자들을 보다 온건한 정치 경제 사상으로 몰아간 커다란 요인이었다. 정치적으로는 비 국교파 신자들의 대들보였던 자유당 공장주와 연합하는 방향으로 이끌었고, 경제적으로는 혁명적 노동조합 운동과 차티즘에서 1850년대 '새로운 모델'의 노동조합 운동으로 그리고 로치데일 선구자들의 영감으로 발전한 새로운 형태의 협동조합 운동으로 이끌었다.

제4장

로치데일공정선구자
협동조합의 시작

1835년, 로버트 오언과 그 지지자들은 이전 10년 동안 각자의 길을 걸어온 노동조합과 협동조합 운동이 붕괴하고 있는 가운데 전국가 · 전계급협회를 만들었다. 이 단체는 이름을 몇 차례 바꾼 뒤 1843년에 이성협회가 되었고, 자신들의 '새로운 도덕 세계'를 옹호했다. 그들은 대중 운동의 지도자가 되기를 단념했고, 모든 교파의 신조에 정면으로 반대하면서 새로운 삶의 방식을 설교하는 하나의 종파가 되었다. 오언 자신도 노동조합 운동과 거래 측면의 협동조합 운동과는 모든 연을 끊고, 곧 도래할 천년 왕국에 자신의 모든 꿈을 쏟아 붓는 공상가가 되었다. 그러나 그의 지지자들 모두 오언과 같은 공상에 사로잡히지는 않았고, '낡고 부도덕한 세계'의 요구로부터 초연할 수도 없었다. 새로운 사회 시스템을 주창하면서 '사회주의자'로 불리게 된 이성협회 지도자 사이에는 날카로운 의견 대립이 있었다. 오언이 이끄는 이 일파 사람들은 오언을 지고의 '창시자' 또는 주교로 받들었고, 오언주의 '선교사'를 사제로 하는 새로운 '이성 종교'로서 오언주의를 따랐다. 이 일파는 사람들이 낡은 세계에서 벗어나 오언의 교의에 따라 서로가 친구로서 새 삶을 사는 협동 마을을 만들어야 한다고 열정적으로 주장했다. 이미 살펴 본 것처럼, 1839년에 사회주의자들은 퀸우드 공동체에서 새 삶의 원리를 실천하기 위한 시도에 몰두했다. 오언주의와 사회주의 운동의 모든 분파들은 퀸우드 공동체에 지지를 보냈지만, 곧 그 운영을 둘러싸고 의견 대립이 심해졌다. 퀸우드 공동체는 오언주의로 개종한 소수의 부유한 사람들이 대여 형태로 자신의 재산을 오언의 처분에 맡김으로써 가능했다. 이러한 목적을 위해 오언은 윌리엄 갈핀, 프레드릭 베이트와 함께 홈콜로니추진협회를 만들었고, 이 협회가 공동체의 주된 자금 공급원이 되었다.

퀸우드 공동체의 성격을 둘러싸고 두 가지 크게 다른 의견이 표면화되었다. 노동 계급이나 무일푼의 오언 지지자들은 이성협회를 통해 매주 얼마간의 헌금을 내왔는데, 퀸우드는 공동체에 참여하는 사람들의 재산이나 출신 계급과 무관하게 똑같이 나누어야 한다고 주장했다. 그들은 모두가 평등하게 생산 노동을 분담하고 그 성과물 분배에 참여하는 권리가 부여되는 일하는 사람의 공동체를 원했다. 그러나 일부 부유한 오언주의자들의 생각은 이와 전혀 달랐다. 그들은 자신들에게 익숙한 생활수준을 포기하지 않으면서 현세로부터 물러나 있을 수 있는 종교 공동체를 원했다. 바로 이 그룹이 오언의 지지를 얻고 퀸우드의 지배권을 장악했는데, 그들은 퀸우드 공동체를 노동 계급의 생활수준과는 동떨어진 사치품으로 장식했을 뿐만 아니라, 대부분의 육체 노동을 공동체의 구성원이 아닌 고용 노동자에게 맡겼다. 또한 그들은 노동 계급의 경제력으로는 감당할 수 없는 수업료를 내야 하는 부속 학교를 세우고, 공동체의 구성원이 될 의사가 없는 중산 계급 방문자가 머무는 기숙사를 지었다.

이렇게 해서 이성협회 내부에 분쟁이 일어났다. 조지 제이콥 홀리요크 등은 퀸우드 공동체가 참된 목적에서 벗어나 왜곡되었다고 비판했다. 그리고 1843년, 사회주의자 대회에서 노동 계급이 대부분을 차지하는 이성협회의 지역 지부가 의사 운영을 장악하고 오언과 그 일파가 가지고 있던 퀸우드의 지도 및 감독권을 폐위했다. 그리고 퀸우드 공동체의 지도자로 맨체스터의 존 벅스턴을 앉혔다. 벅스턴은 즉시 대 개혁을 시작했다. 지출을 줄이고, 고용 노동을 없앴으며, 정규적으로 일할 준비가 되어 있지 않은 구성원에게는 퇴거를 권고했다. 그러나 벅스턴은 이미 무거운 부채를 떠안은 공동체를 마주해야 했고, 거기다 부유한 오언주의자 대부분이 자금 지원을 끊음으로써 운영을 지속하기가 점점 어려워졌다. 결국 앞서 말했던 것처럼, 1846년에 해산 절차를 위해 지명된 양수인의 명령으로 남아 있던 사람들이 쫓겨나면서 퀸우드는 종말을 고했다.

퀸우드를 둘러싼 분쟁에는 또 하나의 측면이 있었다. 1834년, 오언은 많은 경험을 통해 다음과 같은 결론에 이르렀다. 대중들에게는 자기 통치력이 없기 때문에 새로운 원칙으로 교육을 받지 않는 한 언제까지 그 상태에 머무를 수밖에 없다는 것이다. 따라서 그는 퀸우드의 '가부장적' 통치를 주장하고, 이성협회의 일부 노동 계급의 지지를 받아 자치권을 인정하라는 공동체 구성원들의 요구를 거부했다. 벅스턴은 지도자가 되고서 대폭적인 자치를 도입했지만 오언 측 지도자와의 관계에서 더 큰 갈등을 빚었다.

여기에는 또 하나의 흐름이 있었다. 1834년까지 모든 종교를 비난한 것으로 유명한 오언은 '종교가'들을 때리는 데는 누구에게도 뒤지지 않았고, 이것이 반 종교론자 다수를 사회주의로 끌어들였다. 그러나 1835년 뒤로 오언은 점차 자신의 교의를 새로운 종교로 간주했고, 무신론보다는 이신론에 가까운 태도를 보였다. 이 또한 날카로운 의견의 차이를 낳았다. 로이드 존스, 《새로운 도덕 세계》 편집자 G. A. 플레밍, 로버트 부캐넌 등 사회주의 '선교사'는 오언을 따랐다. 그러나 찰스 사우스웰과 G. J. 홀리요크가 이끄는 일부는 전투적 무신론자였고 전반적인 노동 계급 오언주의자들은 이들을 따랐다. 따라서 퀸우드의 운영을 둘러싼 싸움은 이신론자 대 무신론자의 싸움으로 첨예하게 흘러갔다. 1840년, 이성협회는 선교사들에게 오언주의자의 과학 회관을 일요 집회를 열 자격이 있는 비 국교회 집회소로 승인 받고, 법적으로는 선교사들이 비 국교회의 성직자가 되겠다는 선서를 치안 판사 앞에서 하라고 권장했다. 선서를 하기 위해서는 선교사들이 기독교도인이고 내세의 삶을 믿는다는 고백 —과거 오언이 가르쳤던 것과는 완전히 모순되는— 을 해야 했다. 몇 선교사들은 이 선서를 했다. 하지만 사우스웰, 홀리요크, 에든버러의 토마스 패터슨 등은 선서를 거부했고, 일요 집회에서 연설을 했다는 이유로 신성 모독죄로 투옥되었다. 홀리요크와 그 일파는 오언주의 교의의 이러한 경향에 대항하는 거점으로 박해반 대동맹을 결성했다.

오언주의 말기의 이러한 상황 전개는 협동조합 운동의 역사와 무관하게 보일지 모른다. 하지만 실제로는 깊은 관계가 있었다. 1844년에 로치데일 선구자들이 새로운 일을 시작한 배경에는 이러한 상황이 있었기 때문이다. 로치데일공정선구자협동조합을 만든 28인[1] 중 적어도 반은 확실한 오언주의자였고, 이들은 이성협회를 괴롭혔던 논쟁에 여러 해 동안 적극적으로 관여했다. 게다가 여기에는 지도적인 인물 거의 모두가 포함되었다. 찰스 하워스는 지역 오언주의자의 지도자였다. 그가 1839년 12월에 오언에게 쓴 편지가 남아 있는데, 편지에서 하워스는 오언에게 지역 지부가 주관할 테니 로치데일을 반드시 방문해 줄 것을 요청하고, 그들 사회주의자는 이미 많은 노동 계급 외에 중산 계급을 자신들의 견해로 개종시키는 데 성공했다고 썼다. 하워스 말고도 윌리엄 쿠퍼, 제임스 달리, 제임스 스탠드링, 존 콜리어, 벤자민 러드맨, 존 벤트, 존 가사이드, 존 홀트, 조셉 스미스, 애쉬워스 부자 그리고 트위데일 성을 가진 사람들은 선구자조합을 만들 때까지 또는 거의 그 직전까지 오언파 사회주의자였다. 이성협회를 분열시킨 논쟁에서 이들은 결코 소극적이지 않았다. 1844년, 그들이 새로운 협동조합을 만드느라 열중하는 동안 달리, 하워스, 쿠퍼, 가사이드, 벤트, 사무

---

1   28인으로 가정하면.

126

엘, 트위데일 등은 홀리요크가 발행하는 신문《무브먼트(Movement)》에 퀸우드 공동체 문제에 대해 홀리요크의 입장을 지지한다고 밝혔다. 이성협회 제24지부 —로치데일 지부— 는, 퀸우드는 자치의 조건 아래 노동자 및 사회적으로 동등한 계층의 공동체로 운영되어야 하고 자립을 위해 땀 흘려 일할 준비가 되어 있지 않은 중산 계급 오언주의자의 가부장적 은거지가 되어서는 안 된다는 홀리요크와 그 일파의 요구를 지지했다. 로치데일 공정선구자협동조합의 설립은 부분적으로는 오언주의자의 전국적 경과에 대한 지역의 각성으로부터 비롯되었으며, 보다 실천적이고 민주적인 노선과 노동 계급의 자조의 기초 위에서 새롭게 시작하려는 열망에서 나왔음은 의심할 여지가 없다.

이는 하워스와 그의 동료 선구자들이 오언파 사회주의에 대한 믿음을 포기했음을 의미하지는 않는다. 전혀 그렇지 않았다. 오히려 그들은 이성협회의 지도자들이 믿음을 포기했고, 자신들은 사회주의 이상에 대한 믿음을 간직하고 있다고 생각했다. 선구자조합을 시작했을 때도 그들은 이성협회를 포기하지 않았다. 이성협회 제24지부는 1845년에도 계속 활동했고 하워스는 여전히 그 구성원이었다. 선구자조합의 목적은 최초 규약에 밝힌 대로, "공통의 이익으로 결합된 자립적인 공동체"를 만들고 "이와 같은 공동체를 만드는 다른 조합에 대한 지원"을 하기 위함이다. 로치데일의 선구자들은 퀸우드에서 벌어진 일에도 불구하고 '공동체'를 만들겠다는 이상을 끈질기게 고수했다. 그들이 원한 공동체는 자립적인 공동체였다.

이러한 그들의 생각은 오언의 그것과 비교해 훨씬 소박한 것이었다.

1838년, 오언주의자는 주요 마을의 이성협회 지부들이 그렇게 했던 것처럼, 자신들의 사회주의 회관을 만들었다. 자력으로 만드는 곳도 있었지만, 로치데일의 오언주의자는 그럴만한 힘이 없었기 때문에 다른 단체가 쓰는 작은 건물을 빌려 썼다. 그들이 하던 일은 영국 대다수 종교 교파가 했던 것과 그다지 다르지 않았다. 3장에서 우리들은 이미 새로운 비 국교 예배당과 집회소를 만들고 새로운 교파를 확립하기 위한 여러 활동이 이루어졌음을 보았다. 부유한 교파, 또는 부유한 후원자가 있는 교파는 새 예배당을 지었다. 그러나 가난한 교파는 부유한 교파 소유의 빈집을 물려받거나, 낡은 창고에 세를 얻을 수밖에 없었다. 오언주의자들이 이러한 운동의 제일 밑바닥 사람들이었음은 당연하다. 그러나 그들의 신조는 종교라고는 할 수 없겠지만, 그 지지자들 대부분은 종교의 대체물 심지어 종교의 해독제로 여겼다. 로치데일 사회 회관은 일종의 비 종교적 비밀 집회소였고 새 천년의 복음을 설교하는 예배당이었다. 당시 오언 —그는 종종 '공경하는 아버지'라 불리었다— 에 대한 신자들의 믿음은 퀸우드 사태와 '사회 선교사'들의 대립을 둘러싼 논쟁으로 크게 흔들리고 있었다.

사회 회관이 이런 논쟁을 거듭하는 동안, 노동 계급의 신조는 오언주의에서 차티즘으로 옮겨갔다. 피어거스 오코너는 1838년과 1839년에 여러 차례 로치데일을 방문했고, 그로부터 1842년 사이에 인민헌장의 요구가 중앙 무대를 점령했다. 선구자조합의 설립자 중 다수는 이 몇 년 동안 적극적으로 차티즘에 공감했다. 데이비드 브룩스, 존 커쇼, 제임스 메이던, 제임스 마녹 그리고 존 스코크로프트 모두 차티스트였다. 또한 윌리엄 쿠퍼, 애시워스 부자, 존 홀트, 벤자민 러드맨을 비롯한 오언주의자들도 차티즘에 동조했다. 차티스트와 사회주의자는 서로 겹치는 그룹이었다. 오언주의자 중 일부는 인민헌장이 노동자에게 아무런 도움도 되지 않으며 노동자는 오언이 지시한 교육과 새로운 생활 방식에 의해서만 해방될 수 있다고 주장했다. 차티스트 중 일부는 1일 10시간 노동이나 곡물법 폐지 운동을 보면 알 수 있듯이, 오언주의는 정치 권력을 요구하는 본질적인 투쟁에서 다른 데로 방향을 돌리려고 힘을 쏟는 데 지나지 않는다고 주장했다. 이러한 두 진영에 발을 걸치고 있는 사람도 있었고, 유행이 바뀌듯 이 그룹에서 저 그룹으로 옮겨 다니는 사람도 있었다. 물론 차티즘은 종교 운동도 반종교 운동도 아닌, 매우 폭넓은 운동이었고 국교회나 비 국교회 또는 그 어느 쪽도 아닌 지지자들 사이에서 급진주의자들을 끌어 모을 수 있었다.

1842년은 불황으로 실업과 임금 하락, 자포자기의 무모한 저항으로 큰 상처를 입은 시련의 해였다. 로치데일을 포함한 북부 일대는 총파업에 들어갔고, 차티스트의 지도 아래 인민헌장을 요구하는 쪽으로 비화하였다. 직공도 광부도 파업에 들어갔다. 그리고 모두가 극심한 굶주림을 이기지 못하고 일터로 돌아갔다. 폭동과 체포가 뒤를 이었다. 선구자의 한 사람 존 스코크로프트는 파업 중에 차티스트 연사로 활약했지만, 로치데일과 그 주변은 평온했다. 이는 존 브라이트와 마을의 강력한 중산 계급 급진파 단체의 영향 때문이었다.[2] 로치데일의 차티스트는 파업이 끝난 뒤 낙담 속에 상처를 달래고 있었다. 이는 8년 전 전국노동조합대연합이 붕괴한 뒤 오언주의자가 겪은 상황과 흡사했다.

그 다음의 반응도 기묘하게 닮은 데가 있었다. 오언주의자가 노동조합과 협동조합 운동에서 물러나 이상주의적 공동체에서 정착을 시도한 것처럼, 차티스트 집단도 피어거스 오코너의 뒤를 따라 정착 계획에 열심이었다. 1843년, 로치데일을 방문한 오코너는 애시워스 부자를 설득해 차티스트의 토지 계획에 대한 신념으로 회심시켰다. 뒤에 이 두 사람은 차트빌에 정착하기 위해 로치데일을 떠났다. 오언의 토지 공산주의는 퀸우드에서 실패한 것처럼 보였다. 이에 대해 오코너는 역으로 농민 소유권이라는 복음을 설파했다. 그러나 차티스트 모두가 이 새로운 지도에 따를 의사가 있지는 않았다. 일부는 관계를 끊고 반 곡물법 동맹의 중산 계급 급진파에 합류했다. 또 다른 사람들은 낙담과 불안 속에서 그들 못지않게 자신들의 지도자에 불만을 품은 사회주의들과 어떻게 해야 할지 논쟁하며 지냈다.

그들이 여전히 논의를 거듭하는 동안 산업계에서는 또 다른 분쟁이 일어났다. 1844년 초, 선구자조합의 설립으로 이어졌다고 인용되는, 직공들의 파업이 일어났다. 직공들은 공장주에게 표준 임금을 받아들이도록 요구했다. 정확하게는 심각한 불황의 몇 년 동안 임금이 깎였고, 이것을 원래

---

2   110쪽 참조.

시행되던 표준 임금으로 되돌릴 것을 요구한 것이다. 많은 공장주는 이에 동의했다. 단, '모든 공장주가 받아들인다면'이라는 조건이 붙었다. 표준 임금을 거절한 공장주들이 있었고, 직공조합은 지금까지 자주 썼던 전략, 즉 그들의 요구를 거부한 기업에 대해 하나씩 파업에 들어가고, 파업 참가자를 위해 공장에 남은 사람들이 매주 모금을 해서 지원한다는 방침을 결정한 것이다. 파업은 실패했다. 당시 매주 모금을 한다는 방침이 선구자들의 매장을 열기 위한 자금 마련을 위해 매주 불입이라는 아이디어에 영감을 주었다고 종종 이야기된다. 필자는 이 견해가 그다지 의미 있다고는 생각하지 않는다. 파업 참여자를 지원하기 위한 매주 모금에 새로운 것은 전혀 없었다. 오언주의와 차티즘 지지자들은 각자의 운동 —퀸우드와 이성협회 또는 전국헌장협회와 전국 차티스트 대회에 대표 파견 비용을 위한— 을 위한 매주 모금에 대단히 익숙했다. 로치데일의 선구자들이 자금 마련을 위해 매주 모금을 시작했다는 사실에 대해서는 따로 설명이 필요 없다. 소수의 부유한 오언주의자와는 달리, 운동을 위해 큰돈을 낼 수 없는 가난한 사람들에게 이 방법 말고 어떤 방법으로 호소할 수 있었겠는가?

다른 한편, 파업이 실패로 돌아간 뒤 이제 무엇을 해야 할지 의논하기 위해 제임스 스미시스의 집에 몇 사람이 모였다. 여기 모인 모두가 직공은 아니었다. 스미시스와 조셉 스미스는 양모 감별사였고, 하워스는 방적공장에서 날실 감는 일을 했다. 존 콜리어는 기계공, 제임스 트위데일은 나막신 직공, 존 가사이드는 캐비넷 제조공, 존 벤트는 재단사, 제임스 달리는 소목장이, 조지 힐리는 모자 제조공, 제임스 윌킨슨은 구두 제조공, 존 스코크로프트는 행상인, 한 사람의 존 커쇼는 광부, 또 한 사람의 존 커쇼는 창고지기 그리고 데이비드 브룩스는 목판인쇄공이었다. 선구자들 중에서 양모와 플란넬 직공은 원래 퍼스티언[3] 직공이었던 윌리엄 쿠퍼, 애쉬워스 성을 가진 세 사람, 찰스 바니쉬, 존 로드, 벤자민 러드맨, 제임스 스탠드링, 제임스 마녹, 제임스 메이든, 여기에 몇 명이 더 포함될 것이다. 마을에서 제일 숫자가 많은 직업이었기 때문에 직공이 가장 큰 그룹이었다. 그러나 선구자 중 탁월한 지도자는 여러 직업에 종사했다. 직공들의 절박한 궁핍이 어떤 행동을 해야 할 긴급함을 만든 것은 분명한 사실이지만, 선구자조합이 직공의 파업을 계기로 만들어졌다고 하는 것은 지나친 표현이다.

다른 많은 협동조합의 사례와 마찬가지로 로치데일공정선구자협동조합의 첫 단계도 밀가루 공동 구매였다. 이는 조금도 새로운 일이 아니었다. 이전에도 가난한 사람들이 반 페니의 돈을 모아서 열심히 해왔던 일었다. 이 초보적인 협동 행위를 정식 협동조합을 만들어서 발전시키고자 한 것도 전혀 새롭지 않았다. 이 또한 앞서 우리들이 본 것처럼 그때까지 종종 있던 일이었다. 로치데일에서도 불과 11년 전, 선구자들 중 몇 사람을 포함한 그룹이 1833년부터 1835년까지 로치데일 협동 매장을 열어서 했던 일이다. 찰스 하워스가 이 조합의 발기인이었다는 기록이 있지만 이는 의문스

---

3 [옮긴이] 한쪽에만 보풀을 세운 일종의 능직 무명.

럽다. 매장을 시작할 때 그는 19살밖에 안 되었다⁴. 그러나 그가 사업에 관계했음은 확실하다. 제임스 스탠드링을 비롯해 몇 사람도 관계가 있었다. 그들은 과거 조합에서 있었던 일을 잊지 않았다. 그리하여 그들은 무엇인가 새로운 시도를 한다는 확신을 품고 조합을 만든 것이다. 그렇다면 그 새로운 것, 그들이 새로운 것이라 믿었던 것은 과연 무엇일까?

그 새로움이 무엇인지 협동조합인들이 이구동성으로 답하는 것을 말하자면, '이용 실적 배당'—매장 이용액에 비례하여 사업 잉여금을 조합원에 배당하는 방법— 의 고안일 것이다. 여기에 대한 전설이 있는데, 찰스 하워스는 한밤중에 이를 생각해 내고 잠자던 아내를 깨워 자기가 기가 막힌 발견을 했다고 말하고 그대로 집을 뛰쳐나가 동료들에게 알렸다고 한다. 이 전설은 사실일 수도 있지만, 그 특별한 고안을 처음 생각해 낸 사람이 하워스가 아니라는 증거는 얼마든지 있다.

로치데일의 선구자들이 하워스의 지도력 아래 생각해 낸 것은 '이용 실적 배당'이라는 단순한 아이디어가 아니라, 여러 종류의 아이디어를 조합한 것이었다. 그 하나하나는 조금도 새로운 게 아니지만 전체로서 구성된 것은 본질적으로 새로운 것이었다. 그들의 아이디어는 다음과 같다. 첫째, 민주적 통제. 각 조합원은 하나의 투표권을 가져야 하고 일반 회사처럼 자

---

4   1833년 조합의 다른 지도자는 다음 인물이었던 것으로 생각된다. 비 국교파 성직자 윌리엄 해리슨, 1830년 플란넬제조조합 사무국장이던 토마스 레이디만, 1853년에 선구자조합의 사서가 된 존 에스프덴 그리고 J. T. W. 미첼의 조부 존 미첼.

본 투자액에 비례하여 여러 개의 투표권을 가져서는 안 된다. 둘째, 개방적 조합원 제도. 누구라도 —최소한 일정 조합원 수에 이를 때까지— 창립 조합원과 평등한 조건에서 가입할 수 있다. 셋째, 출자금에 대한 이자의 고정 또는 제한. 넷째, 잉여금 분배. 이는 이자와 공동 비용을 뺀 나머지를 이용액에 비례하여 분배하는것이다. 다섯째, 거래는 엄격히 현금으로 하고 외상거래는 하지 않을 것. 여섯째, 불순물을 섞지 않은 순정한 물품만을 판매할것. 일곱째, 상호 거래를 위해 적립할 뿐만 아니라 조합원에게 협동조합의원칙을 교육하기 위해 적립할 것. 여덟째, 정치적 · 종교적 중립성. 이외에도 '로치데일 원칙'의 기본 요소를 구성하는 다른 아이디어가 있지만, 필자의 생각으로는 이상의 여덟 가지 원칙이 찰스 하워스의 '이상'을 구성하는 것이었고, 또한 선구자조합 최초 규약의 실천적 기초를 제공하는 기본아이디어였다.

이 여덟 가지 원칙을 하나씩 간단히 살펴보자. 민주적 통제의 원칙 —1인 1표— 은 물론 인민헌장 운동의 근간에 해당하는데, 로치데일 선구자들이 이를 조합의 토대로 한 것은 협동조합 운동의 역사에서 가장 중요한 것이었다. 주식회사 방식을 채택한 많은 생산 사업체 —예를 들면 유한책임회사 노동계급[5]— 가 이 원칙을 채택하지 않은 것은 이들 사업의 협동조합적 발전에 치명적이었다. 초기 많은 소비자조합은, 투표권이 출자 지분에 기초

---

5   297쪽 참조.

해서는 안 되지만 조합원의 매장 이용액에 따라 차등을 두어야 한다는 요구를 거절해야 했다. 이 원칙은 결국 협동조합도매사업연합회가 채택했는데, 여기서 투표하는 사람은 개인이 아니라 규모가 서로 다른 조합이었다. 이같은 원칙을 소매조합이 채용했다면 별개의 문제가 되었을 것이고, 소비자협동조합 운동이 근거해야 할 본질적이고 간명한 민주적 기반을 잠식했을 것이다.

개방적 조합원 제도는 평등한 투표권과 밀접한 관련이 있다. 개방적 조합원 제도가 없는 곳에서는 신규 조합원에게 차별적인 권리만 인정하는 방식으로 매장을 사적 이익의 원천으로 변환할 수 있다. 이러한 일은 지금까지 몇몇 중산 계급의 자칭 협동조합에서 일어났으며, 이들 조합의 최초 출자금은 엄청나게 뛰어올랐다. 누구든지 1파운드를 내면 1파운드만큼의 출자 지분을 살 수 있고, 기존 조합원과 동등한 조건에서 조합원이 되면 1파운드의 지분이 1파운드 이상으로 오르는 일도 없다. 따라서 영리적인 이윤 추구는 효과적으로 막을 수 있다. 더욱이 지분을 인출하거나 양도할 때도 이러한 조건 아래 조정된다. 초기에는 '개방적 조합원 제도' 원칙에 제한을 두기도 했다. 왜냐하면 선구자조합도 그랬지만 초기 조합은 발행할 수 있는 출자 구좌의 최대치를 정해 놓았고, 이것이 결과적으로 조합원 수를 제약했기 때문이다. 이런 일은 조합이 일정 규모가 되면 더 이상 조합원을 늘리기보다는 새 조합을 만드는 게 바람직하다는 생각에서 이루어졌다. 협동조합인들이 이런 생각에서 서서히 벗어나 무제한의 조합원 제도를 선택한 것은 협동조합 발전에서 주목할 만한 이정표가 되었다. 이 제도를 택함으로써 소규모 조합의 흡수, 지부의 성장, 광역의 단일 조합 활동이 쉬워졌다. 규모를 제한하는 것이 이윤 추구를 장려하거나 민주적 평등의 원칙을 침해하는 것은 결코 아니었지만, 이런 경향으로 흐를 수 있음을 점차 알게 되었고 그래서 이를 포기한 것이다. 하지만 생산자협동조합 운동에서는 일의 성격상 소비자협동조합과 같은 방식으로 개방적 조합원 문제를 처리할 수 없었다는 게 약점이었다.

세 번째 원칙인, 조합에 투자한 자본에 고정 배당금을 지불한다는 제안은 조금도 새로운 것이 아니었다. 자본에 대한 고정 수익을 강조한 것은 오언의 원칙 중에서도 가장 먼저 정식화되었다. 그는 뉴라나크에서 자본에 대한 고정 수익을 넘어서는 모든 이윤은 피고용인의 복지를 위해 써야 한다고 주장했다. 오언은 처음부터 자본에 대한 고정 수익을 '협동 마을' 운동의 한 부분으로 여기고 있었다. 이는 오언주의 일반 원칙의 일부가 되었는데, 예를 들면 퀸우드 ―선구자들이 협동조합을 시작할 바로 그 무렵에는 불행한 과정을 거치고 있었다― 에서도 최소한 이론상으로 적용되었다. 반면, 이 원칙은 1820년대와 1830년대에 생긴 지역 협동조합에 예외 없이 적용되지는 않았다. 그들 중 일부는 출자금을 증여로 받아들였고, 이윤이 생기면 사업에 출자한 총액에 비례해 분배했다. 또 다른 조합들은 물품을 만들어 매장에 판매하는 조합원과 이를 구매한 조합원 사이에 배당금을 나누는 문제에 직면했다. 그래서 배당금이 남지 않도록 원가 판매를 목표로 한 조합도 많았다.

선구자들은 잉여금이 생기면 불입 완료된 출자금에 대한 고정 이자를 주기로 명확히 규정함으로써 조합원에게 그들의 저축을 조합에 예치하는 확고한 근거를 부여했다. 그러나 그들은 이러한 이자 지불 관행에 세심한 안전 기준이 없으면 자본주의의 악폐로 사람들을 오도할 지도 모른다고 우려했다. 그래서 선구자들은 조합원이 보유할 수 있는 출자액을 제한하는 데 공을 들였다. 초기에 그들은 운영 자금 마련을 위해 최소한의 자본이 필요하다고 생각했고, 나중에는 조합원 출자에 상한을 두는 게 바람직하다고 생각했다. 선구자조합을 시작했을 때에는 가능한 빨리 출자총액 1,000파운드를 만들기 위해 1구좌 1파운드 출자를 50구좌까지 할 수 있다고 규정했다. 그러다 나중에는 4구좌 이상 가진 조합원은 신규 조합원에게 초기 가격인 1파운드로 팔 것을 의무로 했다. 이렇게 해서 조합원이 가질 수 있는 출자 총액은 4파운드 —그 이상도 이하도 아닌— 로 정해진 것이다. 그러나 이 원칙은 실업이나 병중에 있는 조합원이 출자금을 인출해 달라는 요구에 맞춰 수정할 수밖에 없었다. 그래서 이러한 상황에 처한 조합원은 조합원 자격을 잃지는 않으면서 1구좌만 남기고 나머지를 전부 팔 수 있다는 규정이 마련되었다. 이 경우 출자 지분은 조합 임직원에게는 1파운드로, 일반 조합원에게는 얼마의 값으로든 팔 수 있었다. 하지만 실제로 신규 조합원은 언제든지 1구좌를 1파운드에 팔 수 있었고, 누구도 1파운드 이상을 내는 일은 없었다. 출자 지분의 가치는 이렇게 해서 최고 1파운드로 고정되었다. 물론 조합이 파산한다면 어느 정도 하락은 있을 수 있다.

선구자들이 출자 총액을 1,000파운드로 한정했던 초기에는 조합이 대규모로 성장할 필요가 없다고 생각했음이 분명하다. 앞으로 살펴보겠지만, 선구자들 초기 역사에서 신규 조합원 가입을 제한한 시기가 있었는데 선구자들은 자유로운 가입을 허용하면 조합 원칙을 이해하지 못한 사람이 들어와 조합의 성격이 변질되지 않을까 우려했다. 필자가 보기에는, 1830년대 관행에 따라 선구자들도 조합원 수가 늘어나면 기존 조합으로 받아들이기보다는 새로운 조합을 만드는 게 바람직하다고 생각했다. 협동조합 운동이 아직 확실한 법적 보호를 누리지 못하던 당시에는 충분히 근거가 있는 생각이었다. 직원이 조합 돈을 가지고 도망을 가거나 자금 관리를 맡은 사람의 순전한 부주의로 일어난 일에 조합은 속수무책이었기 때문이다. 실제로 로치데일에서는 선구자조합이 생긴 뒤 여러 조합들이 속속 생겨났고, 개방적 조합원 제도를 안전하다고 생각한 것은 1852년에 산업절약조합법이 제정되어 협동조합에 법적 지위를 확실하게 부여하고 난 뒤였다. 1구좌 1파운드 출자와 출자 상한 4구좌 그리고 출자 총액 1,000파운드는 선구자들이 초기에 250명의 조합원을 목표로 했음을 시사한다. 1848년 말, 조합원은 겨우 140명이었다. 그런데 1849년에 지역의 주요한 저축 은행(하워스[6] 소유)이 파산하면서 많은 사람들이 자신들의 돈을 안전한 곳으로 옮기

---

6   하워스(Haworth)는 하워스(Howarth)와는 다른 사람이다. 두 성 모두 로치데일에 흔히
    있는 성씨이다.

려고 안달했다. 선구자들의 명성은 그들의 저축을 맡기기에 충분했다. 그 해 말 조합원은 140명에서 390명으로, 출자금은 397파운드에서 1,194파 운드로 훌쩍 뛰었다. 이 일이 있고 나서 선구자들의 생각은 확실하게 바뀌었다[7]. 그들은 조합원을 자유롭게 받아들이고, 조합원 출자 상한 4파운드 를 넘는 것도 거리낌 없이 인정했다. 그러나 선구자들은 적절한 법적 보호 를 얻기 위해 전보다 더 열심이었고, 기독교 사회주의자들을 열렬히 지지 했다. 뒤에 살펴보겠지만, 1852년 산업절약조합법을 법령집에 올리게 한 주역이 기독교 사회주의자들이었다.

하워스의 영향으로 선구자들은 출자에 대한 고정 이자 원칙과 함께 이 자를 지불한 뒤 남는 돈을 '이용 실적 배당'으로 배분하는 원칙을 가져갔 다. 소비자협동조합이 견실하게 성장하는 데 크게 기여한 이 원칙을 선구 자조합이 제일 먼저 만들었다고 그동안 알려졌다. 그러나 1844년보다 훨 씬 전에 많은 조합이 이용 실적 배당을 했다는 사실이 밝혀지고 있다. 잘 알 려진 요크셔의 멜쌈제분조합은 1827년 설립 이래 배당을 계속해왔다. 또 스코틀랜드의 레녹스타운조합이 1812년부터 이미 "소비에 따라서", 즉 이 용액에 비례하여 이윤을 배당했다는 주장에도 이론의 여지가 없다. 오언 주의 사회선교사이면서 스코틀랜드 협동조합 운동의 아버지라 불리는 알 렉산더 캠벨이 1822년에 글래스고제빵협동조합 창립자들에게 '이용 실적

---

7 이 문제를 둘러싸고 1869년에 또 다른 분쟁이 일어났다. 185쪽 참조.

배당'을 상세히 설명했다는 것, 1831년 캠버스랑협동조합도 이 방안을 채택했다는 것, 나아가 1843~1844년에 로치데일 선구자들에게 이 방안에 대한 상담을 받기도 했다는 주장을 의심할 필요는 전혀 없다. 오언주의 시기, 꽤 많은 조합에서 '이용 실적 배당' 원칙을 시행한 것은 거의 확실하다.

그 증거로서 런던에서 가장 유명한 협동조합 가운데 하나인 서부제일유니온협동조합의 1832년 총회 기록을 인용하는 것은 충분히 가치가 있다. 1832년 4월 7일자《빈민의 보호자(Poor Man's Guardian)》는 저명한 노동조합주의자이자 오언주의자인 벤자민 워덴이 지도하는 서부제일유니온협동조합 총회에서 있었던 토론을 다음과 같이 보도했다.

"조합원에게 거래액에 비례하여 일정 비율을 주는 [조합] 규약 개정의 타당성에 대해 흥미로운 토론이 진행되었다. 조합원들은 전반적으로 이 제안이 많은 이점을 갖는다는 의견을 내놓았다. 매장에서 거래를 많이 한 사람들에게 직접적인 이익을 주기 때문이다."

"유니온의 모든 조합원은 분기마다 거래액에 따라 일정 비율을 받는다는 제안이 절대 다수의 찬성으로 통과되었다."

"조합원이 매장에서 일정액의 거래를 해야 한다는 규약이 삭제되었다."

이처럼 이용 실적 배당 규약은 선구자들이 일을 시작하기 12년 전에 분명히 채택되었다. 그것도 잘 알려지지 않은 지방의 작은 조합이 아니라, 마구공(馬具工) 노동조합의 전국적 지도자이고 오언주의 시기 협동조합대회가 낳은 걸출한 인물인 워덴이 지도하는 오언주의자 조합이 채택한 것이다. 필자는 워덴이야말로 '배당' 원칙을 처음 생각해 낸 사람이라고 주장하는 것은 아니다. 그보다는 오히려 앞에 인용한 기사의 논조에서 1832년 당시 이용 실적 배당이라는 생각이 결코 새로운 게 아니었음을 알 수 있다는 것이다. 필자가 이야기하려는 것은, 이 생각이 완전히 잊혀졌다가 1844년에 찰스 하워스가 독자적으로 다시 생각해냈다는 주장은 받아들이기 어렵다는 것이다. 물론 하워스가 이용 실적에 따른 배당이라는 방식을 전혀 알지 못했기 때문에 제임스 스미시스가 단언하고 그의 동료들도 믿고 있듯이, 하워스가 이를 고안했다는 말도 충분히 그럴 법하다. 그렇지만 필자는 오언주의 협동조합 운동과 연계된 협동조합인들이 불과 10여 년 전에 잘 알려진 '배당' 원칙을 모두 망각했다고 믿기는 어렵다고 생각한다.

배당을 망각한 게 아니라, 오언파 지도자들이 못마땅하게 생각했다는 게 더 개연성이 있다. 그들은 잉여금을 조합원에게 돌려주지 않고 협동 마을을 만드는 데 쓰기를 원했다. 지도적인 오언주의자들은 협동조합 매장의 성장에는 거의 관심이 없었다. 오언은 전혀 관심이 없었다. 1836년, 오언은 칼라일 마을에 있던 몇 군데 협동조합 매장을 보고 『새로운 도덕 세계』에 이렇게 썼다. "놀랍게도 나는 그들의 생각으로는 운영을 잘 하고 있는,

즉 공동 출자의 소매 거래에서 이윤을 내는 협동조합 매장이 예닐곱 군데 있다는 것을 알았다. 그러나 이것이 우리들이 바라는 사회 시스템이나 새로운 도덕 세계의 한 부분을 차지할 것이라는 대중들의 생각에 종지부를 찍어야 할 때가 되었다.[8]"

오언의 생각이 이러했기 때문에 그 지지자들이 '이용 실적 배당'을 환영하지 않았음은 분명하다. 소비자협동조합 운동의 관점에서 보면, 배당의 큰 이점은 케이크를 먹는 것과 케이크를 소유하는 것 둘 다 가능하게 했다는 점이다. 조합원에게 출자의 저축원을 제공하고, 출자금에 대한 이자 지불과 더불어 조합원의 저축을 협동조합 운동의 수중에 맡기도록 장려하고, 이렇게 함으로써 성장에 필요한 자본을 조합에 공급해 온 것이다. 오언주의자들은 이를 장점이 아닌 결점으로 생각했다. 왜냐하면 배당을 함으로써 협동조합인의 관심이 협동 마을을 만들기 위한 지원이 아닌, 자신들 매장의 자금력을 조성하는 데로만 쏠렸기 때문이다.

필자는 이 이유가 이전부터 잘 알려진 이용 실적 배당이 왜 1834년 뒤로 광범위하게 채택되지 못하고, 로치데일 선구자들이 이 방법으로 성공했을 때 새로운 생각으로 여겨졌던가를 설명해 준다고 생각한다. 1820년대 말과 1830년대 초 협동조합 운동은 오언에 의해 크게 고무되기는 했지만, 대부분 노동 계급의 지도력 아래 있었고 노동조합 운동과 관계가 밀접했다.

---

8   제3권 26페이지.

'배당'과 같은 방안도 오언의 승인 여부에 개의치 않고 실험에 옮기는 것은 전적으로 자유였다. 그러나 이러한 운동은 1834년에 와해되고 두 가지 요소만 남게 되었다. 하나는 레녹스타운조합과 멜쌈제분조합 같은 소수의 지역 조합으로, 이들은 그들이 하는 일을 외부에 알리지 않은 채 배당을 계속 지불했다. 다른 하나는 여러 국면의 이성협회를 통해 오언과 계속 연결된 단체들이었다. 이 단체들에서 사회선교사를 지원하거나 퀸우드 공동체 설립과 유지를 위해 모든 자금이 동원될 때, 후한 배당을 기대할 수는 없었다. 로치데일에서 이전의 운동이 붕괴할 무렵 갓 스무살 남짓인 찰스 하워스가, 선구자조합은 투자 자본에 대한 고정 이자와 이용 실적 배당을 결합한 기초에서 일을 시작해야 한다고 했던 것은 새로운 발견이 아니라 단절되었던 아이디어를 빛나게 부활시킨 것이라고 하는 게 사실에 부합할 것이다.

필자는 이상의 이야기가 이용 실적 배당을 누가 창안했는지를 놓고 수없이 논의된 문제에 대한 진실이라고 믿는다. 이는 하워스나 동료 선구자들의 공로를 훼손하는 것이 아니다. 배당이 지닌 원래의 효력은 배당 그 자체에 있는 것이 아니라, 다른 여러 원칙과 올바른 관계 속에 위치 지우는 데 있다. 하워스는 이용 실적 배당의 창안자는 아니었다. 그러나 훨씬 중요한 것은, 그가 새로운 형태의 협동조합 운동을 창안했다는 것이다.

출자 이자와 이용 실적 배당에 이어 선구자들의 계획에서 다섯 번째의 엄격한 현금 거래 원칙이 등장한다. 어려운 상황에 놓인 조합원이 자신의 출자 지분을 인출할 수는 있지만, 외상 거래는 아예 금지되었다. 1833년 로치데일협동조합이 외상 거래 확대 때문에 실패했고, 선구자들은 새로운 규약을 만들 때 바로 이 점을 염두에 두었다고 한다. 초기의 많은 조합들이 외상 거래를 했는데, 이는 지극히 자연 발생적이었다. 이들은 조합원이 직접 생산한 물품의 매매를 위한 '노동교환소' 역할을 목표로 했다. 조합원은 자신이 만든 물건을 매장에 내놓고 필요한 물품으로 교환해 갔다. 당연히 그들의 생산물이 팔리지 않더라도 자신의 생산물이 지닌 가치 범위 안에서 물품을 가져갈 수 있었다. 만일 그들의 생산물이 팔리지 않거나 투입 가치보다 낮은 값으로 팔아야 한다면 이들은 매장에 빚을 지게 된다. 또한 자기 생산물을 가져오지 않는 조합원에게 외상 거래를 거부하기가 쉽지 않았을 것이다. 그리하여 1834년, 많은 조합은 회수할 가망이 전혀 없는 악성 채무를 안고 문을 닫아야 하는 처지가 되었다. 이는 외상 거래의 위험성에 대한 경고였고, 선구자들은 여기서 교훈을 얻었다. 그들은 외상을 거부하면 조합원이 크게 줄 것이라고 생각했다. 임금은 낮고 경기가 급격히 변동하는 당시 상황에서 외상은 노동 계급에게는 반드시 필요했다. 그러나 선구자들은 결코 조합원을 끌어 모으는 데서 출발하지 않았다. 그들은 외상을 거부하는 것이, 경기가 좋을 때 절약을 함으로써 돈이 절실히 필요한 상황에 찾아 쓸 수 있는 예비금을 준비하도록 만들고 결국 이 원칙을 받아들인 사람들에게 이익이 되리라고 굳게 믿었다. 선구자들은 상점 주인에게 빚을 지고 그 때문에 실업이나 병 또는 예기치 않은 재난에 무방비인 사람들을 구제하는 일은 충분한 가치가 있다고 생각했다. 그들은 협동조합 매장과 함께 우애조합을 만들고 있었다. 그들의 주요한 목적 가운데 하나는 절약의 습관을 장려하는 것이었다. 앞서 말했듯이, 선구자들은 조합원 수를 한정하고 선별해서 받아들여야 한다고 생각했다. 그러한 조합에서 '외상 사절' 원칙은 의심할 여지없이 정당한 것이었다. 비록 가장 가난하고 고용이 불안정한 노동자를 조합 바깥에 남기고, 얼마든지 외상을 주는 대신 비싼 값을 매기거나 질 나쁜 상품을 팔아서 손실을 보상해 온 뱃저 숍을 계속 이용하도록 하는 것을 의미했지만.

여섯 번째 원칙은 순정하고 불순물을 섞지 않은 물품만을 판매한다는 것이다. 이 원칙은 백 년 전에는 지금과 비교할 수 없을 정도로 중요했다. 오늘날 소비자들은 불순물이 섞이거나 가짜 상품 또는 비위생적인 상품의 판매에 대해 법적으로 보호를 받는다. 법의 보호는 완전하지 않지만 나름대로 역할을 하고 있다. 그러나 1844년, 가난한 소비자들은 불순물을 섞거나 유해한 물품을 사더라도 어떠한 대책이 없었다. 그들은 상인이 파는 물품을 그대로 살 수밖에 없었고, 빚이 있으면 더욱 그러했다. 그래서 협동조합 매장이 순정하고 불순물을 섞지 않은 물품만 판매함으로써 신뢰를 얻은 것은 성공의 커다란 기초가 되었다. 하지만 이 원칙은 가난한 사람이 조합 매장을 이용하지 못하게 만들기도 했다. 가난한 이들은 순정한 물품을 살 여유가 없었기 때문이다. 협동조합인이 저소득층의 노동 계급에 다가가는 데 성공한 적은 한 번도 없었다. 만일 19세기 중반 이후 산업 노동자의 임금이 대폭 오르지 않았다면 그들의 성과는 실제보다 훨씬 작았을 것이다.

이 점은 필자에게 1832년 서부제일유니온협동조합 토론에서 나온 또 다른 문제점을 상기시켰다. 이 조합은 이용 실적 배당을 채택하면서 조합원에게 최소한의 매장 구매를 강제하는 이전 규약을 폐지했다. 제임스 달리와 몇 사람은 선구자조합 초기에 이와 같은 규약을 채택하려 했지만, 하워스의 설득으로 중단되었다. 하워스는 조합원에게 매장 구매를 강제하는 것은 그들이 하려는 새로운 운동의 본질인 자발성과 모순된다고 주장했다. 게다가 최소한의 구매를 강요하는 것은 불경기 때 외상 거래에 반대하는 원칙과도 양립하기 어려운 일이었다. 서부제일유니온협동조합이 1832년의 결정을 한 것과 마찬가지로, 조합에 대한 충성을 확보하기 위해 배당이라는 인센티브를 제공하는 게 상책이라고 여겼다. 물론 이렇게 함으로써 조합원이 다른 가게에서 더 싼 값에 물건을 사거나 외상 거래를 자유롭게 할 수 있다는 것을 인정해야 했다. 어쨌든 자발성은 악성 부채의 부담을 협동조합의 경쟁 상대에게 떠넘기는 수단이 되었다.

선구자들의 일곱 번째 원칙은 조합이 상호 거래의 수단만이 아니라, 조합원을 교육하는 수단으로 기여해야 한다는 것이었다. 그동안 이 원칙에 대해서는 많이 언급되었으므로, 여기서 필자는 다음을 강조하고 싶다. 즉 오언주의는 본질적으로 교육 운동이었고, 모든 오언주의자들은 교육을 새로운 사회 시스템의 원칙에서 대단히 중요한 문제로 여겼으며 성공을 위한 필수조건이라고 생각했다. 선구자들은 단지 조합원으로 가입시키는 것만이 아니라, 그 조합원을 훌륭한 협동조합인으로 만드는 데 지향을 두었다. 훌륭한 협동조합인이란 협동조합의 원칙을 분명하게 이해하는 데 머무르지 않고, 시민권의 여러 문제들과 대규모 생산의 발전 세계를 만들어내는 도덕적이고 물질적인 힘에 대한 새로운 관점을 포함했다. 이렇게 폭넓은 관점을 갖기 위해 선구자들은 좁은 의미의 협동조합 교육만이 아니라, 전문적인 교육을 했고 조합원 자녀들의 교육에도 적극적이었다. 뒤에 보겠지만, 협동조합 교육 사업의 범위는 다른 기관이 아동을 위한 학교와 성인의 기술 학교 운영에 나서면서 축소되었다. 그러나 선구자들은 운동을 순전히 거래의 문제로 여기면서 사업 잉여금 일부를 교육을 위해 쓰는 데 반대하는 신참들의 태도를 도저히 이해할 수 없었다.

선구자들의 여덟 번째 원칙은 종교적 · 정치적 중립이다. 이는 지금은 당연히 이해되지만 1844년에는 지금과는 달랐다. 종교적 중립의 원칙이 없었을 때는, 선구자들은 오언주의자가 공언한 이성 종교의 지지자이거나 홀리요크와 사우스웰이 설교하는 전투적 무신론의 지지자로 간주되었을 것이다. 그들이 만든 새로운 조합의 목적은 이러한 오언주의의 여러 형태들과 절연하고 그들의 종교적 견해와는 무관하게 모든 사람에게 가입의 문을 열어 두는 데 있었다. 선구자들이 초기에 기성 종파에서 조합원을 끌어들이려 했다는 이야기는 사실이 아닐 것이다. 선구자들 중 제임스 윌킨슨은 로치데일 토착 감리교 유니테어리즘의 일파인 쿡파 교인이었다. 존 가사이드도 지역에서 유명한 설교사였다. 존 커쇼와 존 스코크로프트는 스웨덴보리 신자였고 유니테리언과도 관계하였다. 그밖에 다른 사람들이 어떤 종교를 가졌는지 필자는 알 수 없다. 국교회와 웨슬리 계 감리교인, 그밖에 안정된 종교 단체 사람이 신규 조합원으로 들어온 것은 한참 뒤였다. 초기에 선구자들 사이에서는 이들 교파와의 관련에 대해 의심스러워하는 부분이 있었다. 윌리엄 쿠퍼는 1861년에 홀리요크에게 보낸 편지 때문에 이사들로부터 사실상 제명되었다[9].

홀리요크의 요청에 대한 답으로 쿠퍼는 감리교인과 국교도인을 대비하면서 감리교인이 현저히 열세라고 하는 등 조합원들의 다양한 종교적 신념에 대한 내용을 썼기 때문이다. 이 무렵은 저축 은행이 파산하면서 신규 조합원이 대거 들어오던 때였고, 그들이 조합에서 유력한 지위를 갖고 있었다. 싸움 초기에는 양상이 달랐다. 조합은 종교적 견해를 묻지 않고 모든 이에게 열려 있었지만, 실제로 가입하는 사람은 비 정통 교파 사람들뿐이었다. 이 점이 일요 집회를 위해 조합 공간을 개방하는 데 반대가 없던 이유였다. 그러나 이 관행은 엄격한 안식교인들이 가입하면서 격렬한 논란을 일으켰다. 조합은 안식교인들을 어찌 달래기는 했지만, 마침내 심각한 분쟁이 일어났고 이 싸움의 과정에서 총회는 6개월 동안 새 조합원 가입을 일체 받지 않는다고 결의해야만 했다.

---

9 [옮긴이] 1861년 4월 4일, 이사회는 "윌리엄 쿠퍼 씨에게 준비 기간 한 달을 주고 조합을 떠나도록 한다"고 결정했다. 그러나 쿠퍼 씨는 다음 이사회에서 재고용되었다. -『로치데일공정선구자협동조합-역사와 사람들』(2013, 그물코) 336쪽.

정치적 중립도 오늘날의 의미와는 전혀 달랐다. 이는 사회주의자들과 각종 분파의 차티스트 그리고 반 곡물법 동맹 지지자들 사이에서 조합이 중립을 지켜야 함을 뜻했다. 이러한 원칙이 보수당 지지자의 가입을 기대한 것은 아니었다. 당시 '보수적인 노동자'가 한 사람이라도 있었던가는 의문이다. 이 무렵 토리당은 대중적 기반 위에서 당을 조직하려 하지 않았다. 보수당 지지자와 다른 이들의 논쟁은 훨씬 뒤인 1867년 선거법 개정으로 대다수 노동자들에게 투표권이 주어졌을 때 나타났다. 이때 심각한 분쟁이 일어났고, 1869년과 1870년에는 보수적 지도력 아래 경쟁 협동조합인 로치데일절약조합을 만들기 위해 많은 사람이 탈퇴했다. 이보다 훨씬 전에 초기 개종자인 스포틀랜드 교구 W. N. 몰스워스 신부의 권유로 보수당의 많은 지지자들이 선구자조합에 가입했다[10]. 그는 1839년부터 1841년까지 로치데일에서 아버지의 보좌신부로 일했고, 그 뒤 3년 동안 맨체스터의 앤코츠에 있는 세인트 앤드류의 성직록을 받았다. 1844년에 그는 스포틀랜드 교구 사제로 로치데일에 복귀했고, 아버지로부터 성직록을 물려받았다. 그는 선구자들을 강력하게 지지했고, 1862년 그의 아버지가 사임한 뒤 조합의 중재위원을 맡았다. 그는 교회세를 둘러싼 논쟁에서는 아버지와 한편이었고 강직한 국교파였다. 그러나 청년기 그의 정치 성향은 급진파에

---

10 윌리엄 나소 몰스워스(1816~1890)는 로치데일 교구 신부인 J. E. N. 몰스워스의 큰아들이다. 아버지 몰스워스가 비 국교도와 벌인 논쟁에 대해서는 앞 장에서 이미 언급했다. 111쪽 참조.

가까웠다. 그는 『1830년 이후 영국의 역사』, 『1832년 개정 선거법의 역사』의 저자로 잘 알려져 있고, 교육론에 관해서도 글을 썼다.(그에 대한 기사가 『국민전기사전(Dictionary of National Biography)』에 실려 있다.) 그전까지 보수당 지지자들은 가입하려고도 하지 않았다. 정치적 중립은 실제로 당시 노동 계급의 지지를 호소하는 경쟁 분파 사이의 중립을 의미했다.

이러한 설명에는 약간의 단서가 필요하다. 1844년에 토리당원이라 자칭하는 노동 계급 지도자가 있었기 때문이다. 이미 살펴본 것처럼, 10시간 운동 지도자인 리처드 오슬러는 토리당원을 자처했다. 랭커셔에서 차티즘과 신 구빈법을 반대하고 공장 개혁 운동에 관계가 밀접했던, 추방된 감리교 목사 조셉 레이너 스테판도 그러했다. 그러나 이들이 토리당원을 자처했다 하더라도 그 지지자들은 '토리'라는 딱지가 자신들의 신념에 어울린다고 생각하지 않았다. 그들은 차티스트, 10시간 운동 지지자, 사회주의자, 급진 개혁가였지만 결코 토리당원은 아니었다. 이런 운동이 소멸하고 난 뒤 자유당과 보수당이 근대의 형태를 갖추기 시작하면서 비로소 '보수적 노동자'로서 개인을 발견하게 된 것이다.

상황이 변화하면서 정치적 · 종교적 중립의 의미도 달라졌다. 노동 계급 내부의 분파 투쟁 자체를 의미했던 중립은 집권을 다투는 양대 정당 사이의 중립 그리고 국교와 비 국교의 각종 종파 사이의 중립으로 의미가 더 넓어졌다. 노동 계급 운동은 더 이상 반 종교적인 입장을 갖지 않았다. 국교와 비 국교도들도 과거와는 달리 노동조합과 급진주의를 불온하게 여기지 않았다. 유니테리언, 유니버셜리스트, 퀘이커교도 그리고 토착의 특수 교파 사람들만 아니라, 국교도, 감리교인, 침례교인, 장로교인들도 노동조합과 협동조합에서 적극적인 역할을 맡기 시작했다. 세속주의와 협동조합 운동은 그들의 지도자 개인을 통해 밀접한 관계에 있었지만 사이가 멀어졌고, 홀리요크만 남아 그 둘을 대중과 연결하고 있었다. 19세기 초, 노동 계급에 대한 지배력을 거의 잃었던 종교는 이제 그 역할을 거의 회복했다. 중간 계급의 지지를 받는 비 국교도가 협동조합 운동의 대세를 차지했고, 이들은 국교를 사회 진보의 한 기관으로 만들려고 했다.

이제까지 살펴본 여덟 원칙 —민주적 운영, 개방적 조합원 제도, 자본에 대한 이자 고정, 이용 실적 배당, 현금 거래, 순정하고 불순물을 섞지 않은 생산물 공급, 교육을 위한 적립, 종교적·정치적 중립—은 로치데일에서 출범한 소비자협동조합이 새로운 운동으로 안정적인 자리를 잡는 토대가 되었다. 이외에도 다른 원칙들이 나중에 추가되거나 암묵적으로 인정되었지만, 이 여덟 원칙이야말로 설립자들이 창립의 기초로 여긴 생각이었다.

제5장

1874년까지
로치데일공정선구자협동조합

로치데일의 선구자들은 1844년에 채택한 최초 규약에서 조합의 목적을
아래와 같이 규정했다.

본 조합의 목적과 계획은 1좌 1파운드의 출자금으로 충분한 자본을 조달하
여, 조합원의 금전적 이익과 사회적 · 가정적 상태의 개선을 위한 준비를 구
체화하는 데 있다. 이를 위해 다음과 같은 계획과 준비를 실행에 옮긴다.

1. 식료품, 의류 등을 판매하는 매장을 만든다.
2. 서로 도우면서 가정과 사회의 개선을 바라는 조합원들이 살 수 있는 주택
을 짓거나 구입한다.
3. 실업 상태에 있는 조합원이나 임금 삭감으로 고통을 겪는 조합원의 고용
을 위해 조합의 결정에 따라 물품을 생산한다.
4. 조합원에 대한 더 나은 혜택과 보장으로서, 실업 상태에 있거나 자신의 노

동에 대해 부당하게 낮은 보수를 받는 조합원이 경작할 수 있는 땅이나 농장을 구입하거나 빌린다.

5. 우리 조합은 사정이 허락하는 한 생산, 유통, 교육, 자치를 위한 일을 할 것이다. 다시 말해, 공통의 이익에 기초한 자립적인 공동체를 만들거나 이러한 공동체를 만들려는 다른 조합을 지원한다.

6. 금주를 확산시키기 위한 금주 호텔을 조합 건물에 개설한다.

필자가 편의상 번호를 붙인 이들 목적은 언뜻 보면 기묘한 혼합처럼 보일지도 모른다. 사실 이 내용은 오언주의와 초기 협동조합 실험 분야에서 그러모은 것들이다. 이들 중 가장 시급하면서 첫째가는 목적이 생필품 판매를 위한 매장을 여는 것이었음은 더 이상 설명이 필요하지 않다. 근대의 협동조합 운동은 이로부터 성장했다.

두 번째 목적은 1821년 조지 무디와 런던협동조합의 계획으로 거슬러 올라간다[1]. 그러나 1868년, 선구자들이 조합원을 위한 주택을 짓기 시작했을 때에는 초기 목적에 담긴 공동체 생활이라는 생각은 사라졌다. 그들은 적절한 집세를 받고 반듯한 주거를 제공하기 위해서 집을 지었지, 애초에 의도한 공동체 생활을 통해 상호 개선을 도모하는 계획을 실행에 옮기려는 것은 아니었다.

---

1   59쪽 참조.

세 번째 목적인 생산 사업은 일자리를 잃은 조합원이나 임금 삭감을 둘러싸고 고용주와 다투는 조합원에게 일자리를 주기 위한 것인데, 이것도 1830년대 초기의 '공동 작업장'으로 거슬러 올라간다. 이는 선구자들이 생산자협동조합과 소비자협동조합을 거의 구분하지 않았음을 분명히 보여 준다. 그들은 생산자 겸 소비자협동조합을 만들려고 했다. 이것은 그들에게 자연스럽게 여겨졌다. 그들의 모든 노력은 생산자와 소비자가 구분되지 않는, 즉 오언주의 모델을 기반으로 한 협동 마을을 만들기 위함이었다. 선구자들이 실제로 생산을 시작했을 때 어떤 일이 있었던가에 대해서는 뒤에 살펴볼 것이다. 그것은 그들이 조합을 시작했을 때 전혀 생각지 못한 일들이었다.

네 번째 목적, 조합원을 고용해 매장 판매용 식품 생산을 할 수 있는 토지를 구입하거나 빌린다는 생각은 1828년 경 킹 박사가 이끄는 브라이튼 협동조합과 그 뒤 몇 년 동안 다른 조합들이 한 일이었다. 선구자들은 토지를 확보하는 게 공동체를 만들기 위한 첫 걸음이라 생각했다. 이 생각은 협동 마을보다는 덜 야심적이지만 당시 공장 노동자 대부분이 품고 있던, 토지 소유를 향한 갈망을 채워 주는 방법이기도 했다. 공장 제도 바로 직전에 이루어지던 가내 생산 상태에서 노동자들은 대체로 재택 노동을 했고, 형편이 좀 나은 사람들은 작지만 경작할 땅을 갖고 있었다는 점을 유의해야 한다. 이런 상황은 로치데일의 플란넬 직공과 랭커셔와 요크셔 직물 지대 대부분에서 일반적이었다. 공장 노동자들은 대부분 농촌에서 자란 사람들이거나 가내 생산을 하면서 경작도 하는 반농(半農)들이었다. 그 당시 실직한 공장 노동자들이 특별한 훈련을 받지 않고도 농사를 짓는 일은 지금 생각처럼 어렵지 않았다. 오언의 퀸우드와 오코너의 차티스트 토지 계획이 수많은 공장 노동자들의 마음을 사로잡았다는 것은, 공장 제도의 규율에 익숙하지 않은 그들이 땅으로 돌아가고자 하는 바람이 얼마나 간절했던가를 보여준다. 로치데일의 선구자들은 '농장'을 구입해서 조합원이 일하도록 하지 않았지만, 그들 인근의 다른 협동조합인들은 그렇게 했다. 도매사업연합회의 기원과 관련하여 유명한 올덤 근교의 점보농장은 바로 그러한 실험으로 1851년에 만들어졌고, 오언과 오코너의 보다 야심찬 토지 계획이 실패한 뒤에도 10년 동안 이어졌다.

다섯 번째 목적은, 선구자들이 규약을 기초하던 때 퀸우드에서 시도했던 '협동 마을'에 담긴 모든 교의를 따르겠다는 선언이다. 앞서 선언한 모든 목적들은 이를 이루기 위한 것이었다. 이는 그들의 유토피아였고, 매장 운영과 그 밖의 모든 계획들은 이를 위한 미완의 그리고 부분적인 준비로만 여겨졌다. 이 원대한 선언의 정점에서 금주 호텔을 만든다는 결정은 용두사미 격으로, 이를 두고 선구자들이 금주주의자 단체였다고 해석해서는 안 된다. 오히려 그들은 위버스 암즈나 '레이버 앤드 헬스'라는 이름의 맥줏집에서 준비 모임을 갖기도 했다. 그들 중에는 금주주의자가 있었지만, 금주주의자라 하더라도 모임을 가질 다른 장소가 없을 때는 맥줏집을 찾을 수밖에 없었다. 1840년대 대부분의 금주 운동가들은 맥주가 무해하다고 생각했다. 진은 거저나 다름없었던 그때 금주 운동가들의 최대 적은 증류주였고, 진 거리의 고발자들도 맥주 큰 컵 한 잔은 거리낌 없이 즐겼다. 금주 운동의 경향이 완전 금주로 흐르기는 했지만, 아직은 극단적이지 않은 견해를 가진 사람들이 많았다. 선구자들의 금주 호텔은 현실화되지 못했다. 그러나 협동조합 운동은 알콜 음료 취급을 거부함으로써 선구자들의 목적 가운데 이 마지막 항목을 그럴싸하게 이룬 것으로 여겨졌다.

목적을 기초한 다음 단계는 산업절약조합법 이전 시기에 누릴 수 있는 법적 지위를 인정받기 위해 이름과 규약을 만드는 일이었다. 조합 이름에 들어간 두 개의 특징적인 단어의 유래에 대해서는 의문의 여지가 없을 것이다. '공정'은 로버트 오언이 좋아한 말이었고, 그가 만들었던 '전국공정노동교환소'에도 들어갔다. 오언과 사회주의자들에게 공정이란 자본주의 착취를 배제하고, 가능한 오언이 정한 원칙에 근접해 공정하게 재화를 교환함을 뜻했다. '선구자'란 신세계를 찾아 나선다는 뜻도 있지만, 제임스 모리슨이 발행하던 신문 《파이오니어(Pioneer)》에서 시사를 받은 것 같다. 이 신문은 원래 건축공조합 기관지였는데 뒤에 전국노동조합대연합 기관지로서 협동조합 이념을 열렬히 전파했다. '선구자'라는 말은 지금까지 없었던 새로운 무언가를 시작하는 하워스와 동료들의 포부를 드러낸다. '공정선구자'라는 이름은 오언과 사회주의의 취향을 강하게 풍기지만, 하워스와 동료 사회주의자들이 가졌던 정신의 명료한 징표이기도 했다.

하워스와 달리가 기초한 규약에서 중요한 점은, 우애조합 등기관 존 티드 프래트2의 검열을 통과할 수 있는 규약을 마련해서 우애조합으로 인정받는 것이었다. 1844년에는 협동조합을 다루는 독립적인 법이 없었고, 선구자들에게 열려 있는 유일한 등기 형태는 1829년과 1834년의 우애조합법에 따른 것이었다. 정부 법무관의 인증과 치안 판사에 대한 복종을 요구하는 우애조합법은 협동조합에 대한 보호가 거의 없었다. 이 법에 따르면, 선구자들이 제안한 농장용 땅을 사거나, 비 조합원과 거래를 하거나, 정부 증권 외에 자금을 투자하는 것은 위법이었다. 이 법은 1846년에 '절약 투자3' 조항을 포함해 개정되었지만, 선구자들은 1844년의 유효한 법률에 따라야 했고 그래서 우애조합의 하나인 '맨체스터 이성협회 질병장례조합' 규약을 모델로 삼았다. 이 조합은 오언주의의 분파로, 기존 조합을 오언주의 목적으로 개조하는 쪽으로 활동을 넓히고 있었다. 1837년에 만들어진 이 단체를 모델로 선구자들은 최초 규약을 기초하고 정식 승인을 받았다. 그러나 1846년 우애조합법의 개정 이후 수정 규약을 기초하고, 뒤에 보는 것처럼 문제가 생기기 시작했다.

규약 인가를 받자 선구자들은 일을 시작할 준비에 나섰다. 그들의 원칙이나 지불 능력을 의심하는 지주들로부터 여러 번 거절을 당한 뒤, 그들은

---

2   그는 1846년까지 등기관 직함을 갖지 못했다. 1844년에 그는 '저축은행 및 우애조합 규약 인정 법무관'으로 불리었다.

3   [옮긴이] 절약 투자 조항은, 먹을거리, 의류, 기타 필수품 구입을 용이하게 하기 위해 조합원 저축의 간소한 투자를 인정한 것으로 협동조합에 매우 유효한 법적 지위를 부여한 것으로 평가받는다. 이 책 제7장을 참조.

오언주의자의 본부인 요크셔 가의 사회 회관 바로 옆, 토드레인의 낡은 창고 1층을 연 10파운드로 빌리는 데 성공했다. 이 건물 2층은 비 국교 예배당과 학교로 쓰이고 있었다. 선구자들은 지저분하고 불편한 건물을 정성스레 단장해 1844년 12월 21일, 마침내 변변찮은 물품을 갖춘 매장을 열었다[4]. 이 역사적 순간의 출자금은 28파운드였다. 이는 직공위원회로부터 몇 파운드를 빌려 근근이 맞춘 것이었다.

매장은 일주일에 이틀, 저녁에만 열었고, 위원회는 위버스 암즈에서 매주 열렸다. 1845년 초, 그들은 매일 저녁 매장을 열기로 했고, 식품과 잡화류 외에 면허가 필요한 홍차와 담배를 추가하기로 결정했다. 초기 매출액은 주 4파운드~7파운드로 아주 적었다. 첫 사업연도 총 매출액은 710파운드였고, 그해 말 조합원은 74명이었다. 그러나 출자금은 처음 28파운드에서 181파운드로 늘었고, 잉여금도 22파운드 남겼다. 1844년부터 1848년까지는 발전이 더뎠다. 1846년 새 조합원은 단 6명이었고, 1847년에는 30명, 1848년에도 같은 숫자였다. 한편 거래액은 1848년에 2,276 파운드, 출자금은 397파운드로 성장했다. 이 해 잉여금은 118파운드였다.

1849년 로치데일 저축은행이 파산하면서 전환점이 찾아왔다. 이 해 조

---

4   선구자조합의 공식 창립일은 1844년 8월 15일이다. 8월 15일, 사회 회관에서 열린 모임에서 "조합의 설립일을 1844년 8월 15일로 한다"고 정식 결의했다. 이 모임에 참석한 사람들은 마일즈 애쉬워스, 제임스 뱀포드, 제임스 달리, 제임스 홀트, 존 홀트, 찰스 하워스, 제임스 스미시스, 윌리엄 테일러, 제임스 트위데일이었다.

합원은 140명에서 390명으로, 거래액은 2,276파운드에서 6,612파운드로, 출자금은 397파운드에서 1,194 파운드로, 잉여금은 118파운드에서 561파운드로 늘었다. 선구자들은 완전히 기반을 잡았다. 저축은행 파산은 로치데일 사람들에게 재난이었지만, 선구자들에게는 뜻밖의 행운이었다.

1850년에는 조합원 600명, 거래액 1만 3,180파운드로 늘었고, 그 뒤 발전 속도는 완만했지만 이런 경향이 역전되지는 않았다. 1855년 조합원은 1,400명, 거래액은 거의 4만 5,000파운드였다. 1860년에는 조합원 3,450명, 거래액은 15만 2,000파운드를 넘었다. 한편 출자금은 3만 7,710 파운드로 착실히 늘어났고, 사업 잉여금은 1만 5,906파운드에 이르렀다.

[표 5-1] 로치데일공정선구자협동조합 조합원 1인당 거래액 (1파운드 미만은 절상, 1845~1880)

연도	조합원 1인당 거래액 (파운드)	소매가격 (1850년 =100)	실업 노동자율	전년 대비 조합원 비율(%)	전년 대비 판매량 비율(%)	비고
1845	9	117	-	164	-	
1846	14	120	-	8	61	
1847	17	140	-	37	68	
1848	16	117	-	27	18	
1849	17	104	-	179	191	저축은행 도산
1850	22	100	4	54	99	
1851	28	97	4	5	34	매장 종일 개점
1852	27	97	6	8	-7	
1853	32	106	2	6	39	최초의 도매 규정

1854	37	122	3	25	46	
1855	32	126	5	56	35	
1856	39	126	5	14	41	도매 사업부
1857	43	119	6	15	26	
1858	40	109	12	5	-6	불황
1859	40	107	4	39	39	
1860	44	111	2	27	46	
1861	45	114	5	44	16	
1862	40	111	8	-10	-20	면화 기근
1863	40	107	6	15	12	
1864	37	106	3	18	10	
1865	37	107	2	12	12	
1866	40	114	3	17	27	
1867	42	121	7	9	14	신 본부 매장 개점
1868	43	119	8	-1	2	
1869	41	113	7	-14	-19	조합의 분열
1870	40	113	4	-4	-5	
1871	41	113	2	8	10	
1872	41	120	1	7	9	
1873	41	122	1	9	7	
1874	39	117	2	9	4	
1875	38	113	2	10	2	
1876	34	110	4	6	0	
1877	32	113	5	9	2	
1878	29	110	7	5	-4	불황
1879	26	103	11	2	-10	
1880	27	107	6	2	5	

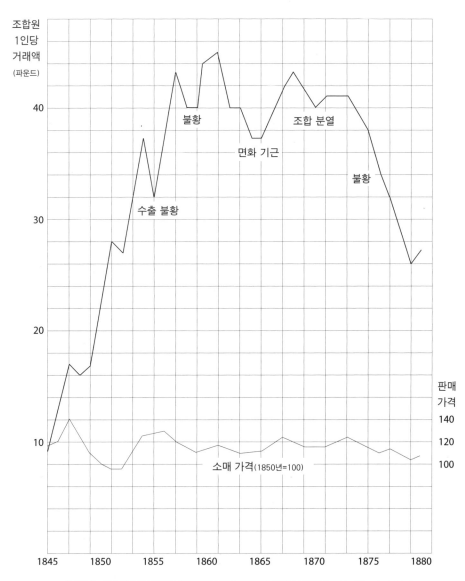

조합원
1인당
거래액
(파운드)

40

30

20

10

불황

면화 기근

조합 분열

불황

수출 불황

판매
가격

140

120

100

소매 가격(1850년=100)

1845   1850   1855   1860   1865   1870   1875   1880

〔그림 5-1〕 로치데일공정선구자협동조합 조합원 1인당 거래액 (아래 선은 소매 가격 추세)

실로 놀라운 이러한 성장률의 원인은 저축은행 파산이 촉진한 면이 있지만, 주된 원인은 다른 데 기인한다. 1860년, 영국 노동자 계급에게 '기아의 1840년대'는 옛날이야기가 되었고, 대부분의 숙련 직종에서 임금과 노동 조건은 눈에 띄게 나아졌다. G. H. 우드의 추정에 따르면, 영국의 평균 임금률은 1850년에서 1860년 사이에 14퍼센트 올랐다. 이에 비해 생활비는 11퍼센트로 급격히 상승했지만 실업은 크게 줄었고, 따라서 임금은 이전보다 훨씬 안정적이었다. 랭커셔의 실질 소득은 의심할 여지없이 이들 숫자가 가리키는 것보다 더 많이 올랐다. 면업 고용주들은 자진해서 노동조합을 승인하거나 단체 교섭을 받아들였다. 양호한 기업이 지불하는 임금률이 증가하지는 않았지만, 악질 고용주들이 임금을 삭감하는 경우는 훨씬 줄었고 노동자들은 1주일 상근 임금을 벌 기회가 더 많아졌다. 임금률은 1840년대 심각한 임금 삭감 이후 눈에 띄게 올랐다. 양모업에서 동력 직기를 돌리는 남성 직공은 1839~1840년에는 1주일 꼬박 일해서 약 13실링~14실링을 벌었다. 1849년에는 평균 10실링 9펜스로 떨어졌다가, 1860년에 약 18실링으로 올랐다. 임금이 상대적으로 높은 방적공은 1860년에 1주일 27실링~28실링을 벌었다. 수직기 직공조차 1849년에는 약 12실링까지 떨어졌지만, 1860년에는 15실링~16실링까지 벌게 되었다.

면업의 임금 추세도 비슷했다. 맨체스터의 세번수 방적공의 임금은 1848년에 평균 28실링 4펜스였고, 1860년에는 38실링이었다. 중번수 방적공의 임금은 같은 기간에 22실링 8펜스에서 27실링으로 올랐고, 태번수 방적공의 임금은 16실링 6펜스에서 18실링으로 올랐다. 동력 직기를 돌리는 직공들은 1849년에 약 16실링을 받았고, 10년 뒤에는 약 18실링을 받았다. 실 잇는 성인 직공은 8실링 6펜스에서 10실링으로, 아동 직공은 5실링 6펜스에서 6실링 6펜스로 올랐다. 이런 증가치는 그다지 높지 않지만, 전보다 정규적인 고용이 이루어진 점을 고려하면 크게 나아진 것이다. 여전히 빈약한 소득이지만 조금이나마 저축할 여유가 생기고 또 실제로 저축을 했던 노동자들이 늘어난 때는 1840년대가 아니라 1850년대 들어서였다.

로치데일 선구자들의 자본이 주로 평균보다 나은 노동자로부터 나왔음은 의심할 여지가 없다. 협동조합 운동은 비교적 여유가 있는 노동 계급에 호소하여 입지를 강화했다. 저축할 여유가 전혀 없는 대부분의 노동자들은 여전히 작은 상점 주인에게 빚을 져야만 했다. 그러나 비교적 형편이 나은 사람들이 점점 늘고 있었고, 이들이 협동조합의 새 조합원으로 가입함으로써 조합의 자본도 늘어났다.

〔표 5-2〕 로치데일공정선구자협동조합의 발전(1844~1880)

연도	조합원	출자금 (파운드)	판매액 (파운드)	이윤과 이자 (파운드)	조합원 성장률 (%)	출자금 성장률 (%)	판매액 성장률 (%)	이윤 성장률 (%)
1844	28	(28)	-	-	-	-	-	-
1845	74	181	710	22	164	(545)	-	-
1846	80	252	1,147	81	8	39	61	268
1847	110	286	1,925	72	37	13	68	-11
1848	140	397	2,276	118	27	39	18	64
1849	390	1,194	6,612	561	179	201	191	375
1850	600	2,300	13,180	890	54	92	99	59
1851	630	2,785	17,638	991	5	21	34	11
1852	680	3,471	16,352	1,207	8	25	-7	22
1853	720	5,848	22,760	1,675	6	68	39	39
1854	900	7,173	33,364	1,764	25	23	46	5
1855	1,400	11,033	44,903	3,106	56	54	35	76
1856	1,600	12,921	63,197	3,922	14	17	41	26
1857	1,850	15,142	79,788	5,470	15	17	26	39
1858	1,950	18,160	74,680	6,284	5	20	-6	15
1859	2,703	27,060	104,012	10,739	39	49	39	71
1860	3,450	37,710	152,063	15,906	27	39	46	48
1861	3,900	42,925	176,206	18,020	44	14	16	13
1862	3,501	38,465	141,074	17,564	-10	-10	-20	-2
1863	4,013	49,961	158,632	19,671	15	30	12	12
1864	4,747	62,015	174,937	22,717	18	24	10	15
1865	5,326	78,778	196,234	25,156	12	27	12	11
1866	6,246	99,989	249,122	31,931	17	27	27	27
1867	6,823	128,435	284,912	41,619	9	28	14	30
1868	6,731	123,233	290,900	37,459	-1	-4	2	-10

1869	5,809	93,423	236,438	28,542	-14	-24	-19	-24
1870	5,560	80,291	223,021	25,209	-4	-14	-5	-12
1871	6,021	107,500	246,522	29,026	8	34	10	15
1872	6,444	132,912	267,577	33,640	7	24	9	16
1873	7,021	160,886	287,212	38,749	9	21	7	15
1874	7,639	192,814	298,888	40,679	9	20	4	5
1875	8,415	225,682	305,657	48,212	10	17	2	18
1876	8,892	254,000	305,190	50,668	6	13	0	5
1877	9,722	280,275	311,754	51,648	9	10	2	2
1878	10,187	292,344	298,679	52,694	5	4	-4	2
1879	10,427	288,035	270,072	49,751	2	-1	-9	-5
1880	10,613	292,570	283,655	48,545	2	2	5	-2

[표 5-3] 1833~1874년 면 산업 평균 임금(펜스/주)

* 수치는 G. H. 우드의 『임금의 역사』에서 인용

연도	맨체스터	볼턴	올덤	로치데일	블랙번
1833	123	111½	127	110	-
1836-37	125	114	139	115	-
1840-41	113	117	137	110	105
1844-46	129	123	-	120	107
1850	114	120	132	-	107
1853-55	122	127½	-	-	114½
1860	124	146	163	-	147
1863	-	144	-	-	139½
1866	141½	160	177½	-	166
1870	154	-	187	-	-
1871	160	166	-	153	180
1874	177	181	201½	-	187

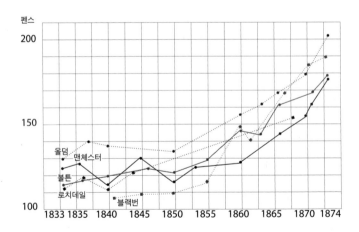

168

이러한 배경을 바탕으로 선구자조합은 토드레인 매장을 연 뒤 16년 동안 빠르게 성장했다. 1846년 ―아브라함 그린우드가 가입한 해― 에 조합은 소규모이지만 정육 판매를 시작했고, 토요일 오후마다 조합원의 정기 토론 모임도 열었다. 1847년에는 조합 창설자의 한 사람인 데이비드 브룩스가 자신이 일하던 회사에서 퇴짜를 맞은 한 필의 날염 천을 가지고 의류 사업부를 개설했다. 1848년부터는 신문 열람실을 운영해 조합원들이 신문과 잡지를 보게 되었다. 그리고 이듬해 "데이비드 브룩스가 감독하는 양복 재단 사업 시작"을 결의했다. 1849년에는 위층을 쓰던 비 국교도들이 워터 스트리트에 있는 예배당으로 이전해 선구자들은 건물 전체를 빌려 자체의 위원회를 둔 신문 열람실과 도서 사업부를 두었다. 아브라함 그린우드는 이러한 발전 과정의 중심인물이었다. 그는 차티스트 운동에 적극적이었고, 선구자조합에 가입하기 전인 1845년, 마을에 도서실과 신문 열람실을 만든 로치데일민중협회 일을 도왔다. 이 단체는 1850년까지 운영되었고, 문을 닫을 때 선구자들이 대부분의 책을 사들였다. 그 뒤 그린우드는 오직 선구자조합에 충실했다. 선구자조합은 저축은행 파산으로 그랬던 것처럼, 이 단체의 소멸로 이득을 보았다. 가장 안정적으로 운영되는 선구자조합은 마을에서 쇠퇴해 가는 다른 기관들의 일을 이어받았다.

1849년에 초대 사무국장을 맡았던 제임스 달리는 퀸우드 공동체의 실패로 실의에 빠진 오언주의자들의 메카였던 텍사스로 이민을 가기로 했다. 하지만 그는 항해 중 콜레라에 걸려 약속의 땅에 이르지 못하고 세상을 떴다. 선구자조합은 그의 후임으로 시급 3펜스를 받고 회계를 담당하던 윌리엄 쿠퍼를 내정했다. 그는 1863년에 만들어진 도매조합연합회 일을 맡아 떠날 때까지 사무국장으로 일하면서 급속한 확장기의 조합을 이끌었다. 1850년, 조합원과 거래액 그리고 출자금이 급속하게 늘면서 고무된 선구자조합은 새로운 세계를 정복하기 시작했다. 정육 사업부는 독립 건물로 이전했다. 그리고 가장 중요한 일은, 선구자들이 로치데일제분조합 설립에 지도적인 역할을 맡은 것이었다.

제분조합은 앞서 살펴본 것처럼 협동조합 운동 가장 초기에 나타난 형태이고, 1850년 로치데일제분조합을 시작하기 전부터 이미 오랜 역사를 가지고 있었다. 로치데일제분조합 계획은 선구자들과는 무관한 독립 위원회가 시작했는데 이들 수중에서 활력을 잃고 있었다. 1850년 8월, 선구자들은 100파운드를 투자하기로 결정하고 50파운드를 더 투자했다. 그러고도 발족을 하기에 부족한 금액 285파운드를 빌려 주기로 했다. 1850년 9월, 새로 구성된 위원회에서 찰스 하워스가 사무국장을 맡아 2~3개월 일을 했고, 그 뒤 아브라함 그린우드를 조합장으로 지도적인 선구자 일부를 포함한 위원회를 구성해 정식 설립을 했다. 로치데일제분조합은 경영이 부실해 몇 년 동안 어려운 시기를 겪었다. 하지만 선구자조합만 아니라 랭커셔의 다른 조합에도 물품을 공급하면서 점차 안정되었고, 1906년 도매조합연합회로 흡수될 때까지 번창했다. 1860년, 제분조합의 거래액은 13만 3,000파운드나 되었고 1만 파운드가 넘는 이윤을 올렸다. 임대한 낡은 공장을 수리해서 쓰던 제분조합은 1856년, 와이어 스트리트에 7,000파운드를 들여 공장을 지었다.

1851년, 선구자들은 한 단계 더 전진했다. 그동안 밤에만 열던 매장을 이제 날마다 하루 종일 열기로 결정했다. 1852년, 부츠와 나막신 제화 사업부를 새로 시작했고 재단사 존 벤트를 고용했다. 1853년에는 ―J. T. W. 미첼이 가입한 해― 몇 가지 중요한 발전이 있었다. 양복(재단) 사업부는 주 24실링 임금을 주고 필딩 화이트헤드에게 매니저를 맡겼다. 지금까지 신문열람실과 도서실은 이용을 희망하는 사람들이 각자 부담하는 회비로 운영했지만, 1853년부터 모든 조합원에게 무료로 개방하고 사업 잉여금의 2.5퍼센트를 유지비로 쓰기 시작했다. 이것이 협동조합 운동에서 특징이 된 교육 기금의 시작으로 역사적인 중요성을 갖는다. 선구자조합의 신문열람실 위원회는 오늘날 제대로 된 협동조합이라면 당연히 임명하는 교육위원회의 선구였다. 그리고 잉여금의 2.5퍼센트를 교육에 쓰기로 한 것은 엄청난 일의 시작이었다. 거래액이 증가함에 따라 교육 기금도 확실히 늘어나는 것을 보증하기 때문이다.

선구자들은 조합을 만들 때부터 교육에 열심이었다. 교육은 조합의 목적에 명시되어 있었고, 만일 그들이 교육에 우선순위를 두지 않았다면 그들을 올바른 오언파 사회주의자라고 말할 수 없었을 것이다. 하지만 선구자들이 나아가는 길에는 법적으로나 원리적으로 어려움이 가로놓여 있었다. 선구자조합 최초 규약은 1834년과 1842년의 우애조합법에 따라 등기된 것인데, 이 법에는 교육 활동에 대해서는 아무런 보장이 없었다. 그러나 조합이 "법률에 위배되지 않는 한 어떤 목적을 위해서도" 사업을 할 수 있다는 조항이 있었기 때문에 장애가 되지는 않았다. "구성원의 아이들이나 친지의 교육"을 제공하는 내용이 1846년에 개정된 우애조합법 '절약 투자' 조항에 포함되었고, 선구자들은 그들의 수정 규약에 이 조항을 포함시켰다. 그런데 1852년에 산업절약조합법이 의회에서 통과되었을 때, 교육은 인가된 목적에 포함되지 않았다.(아마도 실수로 빠트렸을 것이다.) 그리고 우애조합법이 1855년에 수정되었을 때 '절약 투자' 조항의 내용은 산업절약조합법에서 다루고 있다는 생각에 이 조항을 삭제하고 말았다. 그 뒤로 선구자들은 우애조합 등기관인 티드 프래트와 오랜 기간 무익한 논쟁을 거듭했는데, 그는 어떤 규약이든 조합의 교육 활동을 인정하지 않았다. 1862년, 산업절약조합법이 의회를 통과해 교육 활동을 법으로 인정하기까지 이어려움은 극복되지 않았다. 그러나 선구자들은 법이 만들어질 때까지 기다리고 있지는 않았다. 1850년부터 1855년까지 그들은 조합 건물에서 학교를 운영했고, 그들의 신문열람실과 도서실은 오늘날 우리들이 '성인 교육'이라 부르는 분야의 폭넓은 활동 센터가 되었다. 이러한 일은 당시 일반적이던 장시간 노동을 마주해야만 했다. 사람들은 밤에는 너무 지쳐 특별한 결의나 인내력이 없이는 정기적인 학습을 할 수 없었다. 제대로 된 공부를 위해 짬을 낼 수 있는 날은 일요일밖에 없었다. 따라서 선구자들의 교육활동 대부분은 일요일에 이루어졌다.

그러나 이것이 분쟁의 씨앗이 되었다. 1849년과 1850년에 새 조합원이 많이 들어왔는데, 이들 중에는 엄격한 안식교도들이 많았다. 이들은 일요일에 교육과 토론 모임을 여는 것에 강하게 반발했고, 1850년에 이 문제를 둘러싼 일대 논쟁이 펼쳐졌다. 선구자들은 그들의 입장을 단호하게 주장해 일요 집회를 계속 하기로 승인 받았지만, 한동안 분열의 위험이 있었다. 이 일화는 오언파 사회주의에 충성을 바치지 않는 새 조합원들이 조합 창립자들에게 도전한 처음 일이었는데, 이것이 결코 마지막은 아니었다.

제분조합이 첫 걸음을 딛은 1850년은 선구자들이 도매협동조합 분야에서 모험을 시작한 첫 해임을 주목해야 한다[5]. 1850년 9월에는 다음과 같은 결의를 했다. "모든 협동조합 매장에 회의가 열린다는 것을 문서로 알릴 것. 회의에 참석하는 대표자는 조합의 물품을 공동구입하는 최선의 수단을 검토할 것." 이는 도매 구매를 위해 연합 기관을 만들어야 한다는 최초의 공식 제안으로 보인다. 선구자들은 즉각 자신들의 도매 사업을 시작하기로 결정했다. 그들은 "도매를 위한 매장을 월요일 1시에 열고, 윌리엄 쿠퍼와 존 힐리가 도매 고객을 맡는다."고 결의했다. 또한 3년 뒤 조합 의사록에는 "조셉 클레그가 도매 사업부를 맡는다."고 결의한 기록이 있다. 이

---

5 초보적인 형태의 도매 거래는 훨씬 전부터 시작했다고 볼 수 있다. 의사록 원본은 1845년 10월 23일 통과된 결의를 다음과 같이 기록하고 있다. "구매인은 매장에서 물품의 도매가를 조정하는 권한을 갖는다." 이는 선구자조합을 시작한 직후인 1845년에 로치데일 마을과 그 주변에 생긴 몇몇 작은 협동조합을 위해 물품을 구매했을 수 있음을 시사한다.

결의는 당시 도매 사업이 식료품에서 의류로 확장되어 클레그가 의류 부문을 책임지게 되었음을 의미한다. 1850년부터 ─실은 1845년일지도 모른다─ 선구자들이 이웃의 다른 협동조합에 물품을 공급하기 시작했음은 분명해 보인다. 이 무렵 로치데일 마을과 그 주변에는 작은 협동조합이 여러 개 있었고 더욱이 협동조합 운동은 올덤 같은 이웃 마을에 뿌리를 내리고 있었다. 올덤에서 1850년에 발족한 두 개의 조합은 지금도 움직이고 있다. 로치데일과 올덤의 협동조합인들은 처음부터 밀접하게 관계를 맺었다. 올덤의 걸출한 지도자는 윌리엄 매크로프트였다. 1850년에 도매 사업부를 만든 동기 가운데 하나는, 새로 만들어진 올덤협동조합을 지원하는 것이었다.

초창기 도매 사업부의 기능은 대량 구매를 원하는 개별 조합원에게 공급하기 위한 것에 지나지 않는다는 설이 있지만, 이는 여러 증거로 일축할 수 있다. 오히려 그보다는 조합원이 아닌 사람과 거래할 때 법의 장애가 있기 때문에, 다른 조합을 대표해 선구자조합에 가입한 개별 조합원들이 도매로 물품을 구입했다는 게 더 설득력이 있다. 선구자조합이 1853년에 개정한 규약에 도매 사업을 위한 조항을 담은 데 주목해야 한다. 그리고 불과 2년 뒤인 1855년, 선구자조합은 도매 사업 특별위원회를 두고 랭커셔와 요크셔에 있는 여러 협동조합 매장과 조정한 결과, 대규모 도매업자로서 일을 하게 되었다. 이러한 과정에 대한 논의는 뒤로 미루는 게 적절할 것이다. 왜냐하면 1850년대 초기 기독교 사회주의자가 협동조합 운동에 준 새로운 자극과 뒷날 도매사업연합회 설립에 이르는 과정은 서로 밀접히 관련되어 있기 때문이다.

1854년에는 또 하나의 큰 사업을 전개하는데 바로 로치데일생산협동조합 설립이다. 생산협동조합을 추진한 사람은 선구자들 가운데 찰스 하워스, 윌리엄 쿠퍼, 제임스 스미시스, 존 로드 네 사람과 아브라함 그린우드였다. 아브라함 그린우드는 제분조합 초기의 어려움을 극복한 이래 조합에서 영향력이 높아졌다. 생산협동조합은 작게 시작했다. 브리지필드 공장 1층과 동력 직기 96대를 빌려 시작했는데, 동력은 건물주가 조합과 다른 세입자에게 공급했다. 이렇게 동력을 빌리거나 다른 기업과 공장 건물을 나누어 쓰는 일은 당시에는 일반적이었다. 이런 방식은 큰 자본이 없는 사람이라도 언젠가 자기 입지가 확립되면 자기 공장으로 이사한다는 희망을 안고 일을 시작할 수 있게 했다. 로치데일생산협동조합 추진자들도 처음에는 이런 희망으로 시작했을 것이다. 그들의 사업은 성장했고, 얼마 뒤 듀크 가에 제2공장을 빌려 방추기 5,000대를 마련하고 방적업을 시작했다. 1859년에는 방적과 방직 두 부문을 감당하는 자기 소유 공장을 미첼 헤이에 짓기에 충분하다고 확신했다. 그리고 3년 뒤, 면화 기근의 위기에도 불구하고 두 번째 공장을 짓기 시작했고 1866년부터 생산에 들어갔다.

대규모 생산을 하기로 결정했을 때 선구자들은 그 생산을 조합원 전체가 통제하는 사업 활동의 일부로 운영하지 않고, 전적으로 별개의 조합을 만들어 지원하려고 했다. 그들은 이 조합에 자본을 투자하고 지도자 몇 사람이 위원회에서 활동했다. 매니저는 토마스 콜리어가 잠시 맡았다가 선구자조합 창설자의 한 사람인 존 로드가 맡았다. 이는 4년 전 제분조합이 선구자조합의 산하가 아니라 독립 기업으로 시작한 것과 마찬가지다. 그 이유가 선구자조합의 지도자가 생산협동조합에 자기 조합원을 고용하는 데 이론이 있었기 때문은 아니었다. 왜냐하면 그들은 이미 모(母) 조합이 운영하는 사업부에서 재단사, 나막신 제화공, 부츠 제화공 그리고 다른 직인을 고용하고 있었기 때문이다. 그러나 대규모 제조업이나 제분업을 하기 위해서는 독립 조합을 만드는 게 그들에게는 매우 자연스러운 과정이었다.

그 이유는 무엇일까? 1852년까지는 우애조합법 아래에서 제조 기업을 경영하는 데 어려움이 있었기 때문이라고 생각할 수도 있다. 실제로 초기의 많은 협동조합이 회사법의 보호를 받기 위해 주식회사로 등록을 했다. 하지만 이러한 어려움은 1852년 산업절약조합법이 통과되면서 사라졌다. 로치데일생산협동조합은 이 법에 따라 등기를 마쳤다. 진정한 이유는 다른 데 있었다. 선구자들은 소비자의 협동과 마찬가지로 생산자의 협동 운동을 믿었다. 협동 마을을 만든다는 이상을 품은 그들에게는 생산자와 소비자가 따로 존재하지 않았다. 그래서 유통 사업은 물론이고 생산에서도 가능한 많은 조합원을 고용한다는 생각으로 일을 시작한 것이다. 그러나 1854년에 협동 마을을 향한 이상은 사라졌다. 먼저 오언주의자가 그 다음 차티스트가 협동 마을 만들기에 실패함으로써 그러한 생각은 몇 안 되는 이상주의자에게만 남게 되었다. 선구자들은 협동조합 운동이 현실과 떨어진 것이 아니라, 현실의 제약 조건에 따르면서 발전해야 한다고 생각했다. 그들이 이상주의를 버리지는 않았다 하더라도 현실주의자가 된 것은 분명하다.

협동조합인들의 생각이 공동체 만들기에서 거래와 제조 중심으로 옮겨가면서 생산자와 소비자 사이의 차이가 눈에 들어오게 되었다. 그들은 선구자조합을 소비자조합으로 여기기 시작했다. 그러자 이러한 조합이 생산에 종사하는 수많은 노동자의 고용주가 되는 일이 민주적으로 가능한 것인지 의문이 들었다. 노동자들은 스스로를 고용하거나 자신들의 일을 스스로 통제해서는 안 되는 것일까? 더욱이 선구자조합이 자신들의 지원으로 설립한 양모나 면 공장에서 일하는 사람들을 무리하게 매장 조합원이 되도록 해도 좋은 것일까? 이러한 강제는 그들이 성공의 기초로 자부해 온 자발성의 원칙과 모순되지 않을까? 그들이 생각한 올바른 해결책은, 오언주의 시기에 전개된 수많은 생산자협동조합 모델에 따라 독립 조합으로 제조 사업을 시작해야 한다는 것이다. 지금은 생산물의 안정적인 시장을 제공할 수 있는 소비자협동조합이 많기 때문에 훨씬 성공 가능성이 높다고 본 것이다.

따라서 로치데일생산협동조합은 독립 사업체로 탄생했다. 선구자조합도 출자자가 되었지만 대부분의 출자금은 개별 조합원들이 조금씩 낸 것들이었다. 물론 공장 노동자들은 출자자가 되어야 하고, 그들의 출자 지분에 따라 이자를 받았다. 여기에 더해 노동자들은 당연히 '노동 배당'을 받았다. 이는 임금에 대한 부가금으로서, 생산협동조합 특유의 성격으로 간주되었다. 배당은 1파운드당 4실링으로, 출자자가 1파운드당 2실링을 받는 것에 비해 노동자에게 관대했다. 그렇지만 이것은 확실히 출자자에게 10퍼센트라는 높은 수익을 지불하는 것이었다. 1857~1858년에 닥친 불황 속에서 계속 이렇게 지불할 수 없음이 분명해졌는데, 특히 다른 공장은 조업 시간을 줄였지만 생산협동조합 이사들은 상근 노동자들을 계속 고용했기 때문이다. 그 뒤 투자 자본에 대한 5퍼센트 배당을 우선 지불하기로 하고, 이를 넘어서는 이윤은 지불 임금과 투자 자본에 같은 비율로 분배하기로 했다. 이로써 입장이 뒤바뀌었다. 우선 청구권을 갖게 된 투자자들은 노동자보다 더 높은 비율을 받았다.

이러한 변화 이후에도 불만은 끊이지 않았다. 고수익에 대한 기대를 품고 새로 출자한 사람들이 줄을 이었는데, 1860년에 이들은 '노동 배당'을 폐지해야 한다고 주장했다. 결국 이 문제는 표결에 부쳐졌는데, 폐지에 표를 던진 출자자는 571명, 유지에 표를 던진 출자자는 277명뿐이었다. 그러나 안건을 통과시키기 위해 필요한 3분의 2가 넘지 않았기 때문에 '노동 배당'은 유지되었다. 이게 끝이 아니었다. 1860년대 초, 면화 기근이 랭커셔를 덮쳐 불황이 닥쳤을 때 이사들은 임금 유지를 주장했다. 출자자들은 분노했다. 직접 노동을 하지 않는 그들 대부분은 1862년에 '노동 배당' 논쟁을 재개하고, 이를 폐지하기 위해 필요한 표를 얻는 데 성공했다. 이리하여 로치데일생산협동조합은 이윤 추구 사업체로 변질되었다. 이 시기에 로치데일생산협동조합이 고용한 500명 가운데 출자자는 약 50명뿐이었다는 점은 중대한 사실이다.

생산자협동조합 운동의 커다란 실험은 이렇게 끝이 났다. 선구자조합 지도자들은 출자자들에게 배신을 당했다는 생각으로 실망이 컸다. 이 소식은 당시 영국 전역에서 펼쳐지던 협동조합 운동의 명분을 크게 약화시켰다. 하지만 돌이켜 보면, 그들이 실망할 이유는 전혀 없었다. 랭커셔, 특히 올덤 주변 지역에서 면직 공장은 노동 계급의 저축에서 나온 출자 자본으로 작게 시작하는 게 일반적이었다. 이들 사업체는 주로 산업절약조합(즉 협동조합)이 아니라, 주식회사로 등기했다. 그러나 이들 대부분은 공장 노동자들도 되도록 출자자가 되어야 한다고 생각했고, 한동안 '노동 배당'을 지불했다. 면업 사업체가 자본의 일부를 노동자들이 응모하는 전환 사채로 조달하는 일도 흔했다. 그러나 노동자들 대부분은 그들이 고용된 공장에는 투자하기를 꺼렸다. 그 이유는 그들이 지분을 가진 공장이 어려움에 처했을 때 임금과 배당 모두를 잃는 위험이 있기 때문이다. 노동 계급이 출자하고 통제하는 이들 공장은 점차 '노동 배당'도, 노동자가 출자자가 되어야 한다는 생각도 포기했고, 이윤을 추구하는 보통의 주식회사로 변질되었다. 로치데일생산협동조합은 최초의 실패 사례였다. 더욱이 이 조합은 더 높은 이상을 내걸고 모든 협동조합 운동 진영에서 지도력을 기대했던 선구자들의 지원으로 시작한 만큼 파장이 컸다. 하지만 이 실패는 놀랄

만한 일은 아니다. 생산협동조합이 어려움에 빠지면서 출자자와 노동자의 요구 사이에 직접적인 충돌이 일어나지 않았다면 오히려 그것이 놀랄 일 일 것이다.

　생산협동조합의 전말을 이야기하다 보니 선구자조합 전체 역사에서 훨씬 앞서 나가고 말았다. 이미 살펴본 것처럼, 1855년에 ―생산협동조합 창립 이듬해― 도매 사업부를 만들었다. 단, 도매 사업부는 그 이듬해까지 실행에 옮겨지지는 않았다. 1856년에 제분조합은 새로운 대형 제분소를 만들었고, 선구자조합은 올덤 로드에 최초의 지점을 열게 되었다. 이는 마을의 경계 위쪽에 사는 조합원들의 강한 압력으로 이루어진 일인데, 그 선두에 섰던 사람이 1854년에 선구자조합에 가입하고 회의에서 강한 영향력을 발휘하는 위치로 떠오른 토마스 치덤이었다. 선구자조합이 지점을 내면, 로치데일 주변에 있는 다른 조합과 경쟁 관계를 만들어 갈등이 일어날 수 있다는 우려가 있었다. 선구자조합은 1857년에 캐슬턴협동조합을 흡수해 새로운 지점을 만든다는 협정을 함으로써 그런 우려를 당장은 피할 수 있었다. 그러나 이 문제는 1859년에 다시 일어났다. 선구자들은 뱀포드 지역 가까이에 있는 홀리브릿지협동조합과 경쟁을 할 수밖에 없다는 사람들의 반대에도 불구하고 뱀포드 지점을 열기로 했다. 그 뒤 선구자조합의 지점은 거침없이 늘어났고, 몇몇 규모가 작은 조합을 인수했다. 1860년에는 올덤 로드 지점에 신문열람실과 도서실을 개설했다. 1862년에는 캐슬턴에 새 매장을 열었고, 대형 본부 매장을 건립하기 위해 로치데일 중심지의 땅을 구입했다. 본부 매장은 1867년에 성대한 기념식과 함께 문을 열었고, 존 브라이트가 축사를 했다. 1868년에는 소형 주택 건설을 시작함으로써 거의 사반세기 전 조합을 창립하면서 선구자들이 밝힌 목적의 하나를 이루었다.

그러나 선구자조합이 소형 주택 건설에 발을 들여놓기 전인 1861년, 독립 단체인 로치데일토지주택협동회사가 설립되었다. 이 회사의 목적은 직공들을 위한 집을 마련하는 것으로, 설립 취지서에 따르면 "이 주택은 입주자들과 회사 주식을 가진 출자자들의 공유 재산"이었다. 이 목적을 위해 1주 1파운드 주식으로 2만 5,000파운드를 모으기로 했다. 1862년에 제임스 스미시스가 이 회사의 사무국장이 되었고, 18호의 주택을 지었다. 1864년까지 주택은 25호로 늘어났다. 이 회사는 1889년까지는 존속했는데, 이 시점 뒤에 대한 언급은 찾을 수 없었다. 추정컨대, 선구자들이 직접 건축을 하기로 결정했을 때 그들에게 인수를 당했을 수도 있고 또는 선구자들과의 관계를 끊었을 수도 있다. 1861~1868년까지 이 회사는 선구자조합 연감에 정기적으로 언급되었고 제분조합, 생산조합과 함께 분명한 선구자조합 활동의 하나였다. 마찬가지 방식으로 선구자들은 우애조합 형태로 1860년 혹은 1861년에 로치데일공정절약질병 · 공제조합을 시작한 것 같다. 이러한 독립 사업 가운데 마지막 사업은 로치데일산업카드제조조합이었다. 1869년에 처치 스타일에 있는 공장에서 시작한 이 생산자협동조합은 '노동 배당' 원칙에 따른 경영을 표방했고, 1875년까지 지속되었다. 이들 독립 사업과는 대조적이지만 1868년에 선구자들은 담배를 제조하기로 결정하고 윌리엄 콕쇼트를 매니저로 하는 사업부를 두었다.

1860년대 선구자조합의 성장은 미국의 남북전쟁으로 일어난 면화 기근의 중압 속에서 이루어진 만큼 더욱 놀라운 것이다. 선구자조합은 여러 해 동안 어려움에 시달렸지만, 심각하게 타격을 입은 해는 1862년 단 1년뿐이었다. 이 해 조합원은 400명, 자본금은 4,500파운드, 거래액은 3만 5,000파운드로 줄었다. 그러나 1863년에 조합원과 자본금은 1861년 수준을 넘어섰고, 1864년에는 거래액도 이전의 실적을 회복했다. 면화 기근으로 어려움을 겪은 몇 년 동안 조합은 2만 2,000파운드를 돌려주었는데, 선구자조합이 이웃 마을보다 어려움을 이겨낼 수 있었던 것은 바로 조합의 안정적인 운영 때문이었다. 로치데일이 면업에 전적으로 의존하지 않은 것도 도움이 되었다. 실제로 양모업은 면직물의 공급 부족으로 이익을 보았다. 그러나 궁핍은 만연했고, 선구자들은 이를 구제하는 데 최선을 다했다.

1860년대 이루어진 새로운 사업들이 출자금의 급속한 성장 결과임은 분명하다. 조합 설립 10년 뒤인 1854년, 조합원은 900명, 출자금은 7,173파운드였다. 다시 10년 뒤인 1864년에 조합원은 4,747명, 출자금은 6만 2,000파운드로 늘었다. 출자금은 1인당 8파운드에서 13파운드로 올랐고, 제분소와 생산조합 조합원들이 대규모로 투자를 했다. 1864년에 제분소의 자본은 거의 4만 7,000파운드가 되었고, 생산조합의 자본은 8만 3,000파운드나 되었다.

이러한 자본 적립은 노동 계급의 경제 상황 개선 없이는 불가능했을 것이다. 사용 가능한 자본이 늘어남에 따라 선구자들은 거래 활동에 필요한 이상의 자금을 갖기에 이르렀고, 원한다면 쉽게 그들의 자금력을 높일 수 있는 상태가 되었다. 제분소와 생산조합은 조합원이 투자할 여력이 있는 잉여 자금의 배출구였다. 생산조합이 협동조합 원칙을 부정하고 자기만의 길을 가기로 선택했을 때, 선구자들이 조합 안에서 확장의 출구를 찾는 일은 자연스러웠다. 지점 매장을 만들고 거래 권역을 확장한 것은 이로부터 시작되었고, 토드레인에서 점차 늘려온 불편한 매장 군(群)을 마을에서 가장 중요한 상업 기관이면서 단연 돋보이는 본부 건물로 이전한다는 결정도 이로부터 비롯된 것이다. 선구자들이 이러한 발전을 위해 필요한 자본을 쉽게 확보할 있었던 것은 그들의 세 번째 10년 동안의 전진에서도 나타난다. 1874년에는 조합원 7,639명, 출자금은 약 19만 3,000파운드였고, 조합원 출자금은 10년 전 13파운드에서 25파운드로 올랐다. 거래액은 약 30만 파운드에 이르렀고 연간 잉여금은 4만 파운드를 넘었다.

선구자조합의 자본이 급격하게 늘어나자 이를 당혹스럽게 받아들이는 조합원들이 있었다. 사용 가능한 자본이 조합 자체의 사업을 위해 필요한 한도를 넘어섰을 때, 위원회는 이를 어떻게 처리해야 할지 몰랐다. 자본을 유휴 상태로 두는 것은 자본에 대한 이자가 이용 실적 배당으로 쓰이는 잉여금에서 지불되어야 함을 의미했다. 이는 배당 삭감으로 이어져 사람들이 싫어할 테고, 그 대안으로 협동조합 운동 외부에 투자하는 것도 받아들이기 어려웠다. 제분소나 생산조합, 토지주택회사 그리고 다른 보조 단체를 시작한 일은, 그렇지 않았으면 조합원이 선구자조합에 투자했을 '원치 않는 자본'에 출구를 제공한 것으로 여겨졌다. 1869년에 선구자조합은 비생산적인 자본을 줄이기 위해 비 구매 조합원과 질병조합에 그들의 예금을 인출하라고 통지했다. 이 해 자체의 주택 건설을 시작한다는 조합의 결정은 급속히 증가하는 자본 자산의 생산적인 용도를 찾으려는 바람으로 촉진된 것이다.

이 시기에 선구자조합은 성장의 진통을 겪고 있었다. 이 진통은 1867년부터 1869년까지 3년 동안 가장 심했다. 1872년 연감의 '회고'라는 제목을 단 기사는, 다음과 같은 정보를 우리들에게 알려준다. 이 시기에 "조합은 자초한 패닉 상태에 빠졌다." 즉, 당시 진행 중이던 불황 탓이 아니라는 것이다.

"먼저 조합 피고용인의 불신과 더 많은 이용 실적 배당에 대한 갈망이 있었다. 배당의 일부는 몇몇 조합 투자로 이루어진 큰 수익으로 만들어진 것이었다. 이러한 결함 때문에, 배당은 원가와 판매가격 사이에 더 많은 차액을 붙여 조성해야만 했다. 이는 매장 물품의 품질 저하로 이어졌다. 이로써 순정하고 불순물을 섞지 않은 최고의 물품만을 공급한다는 설립자들의 금언을 어기게 되었다. 마지막으로 자본 과잉은 사업 이윤을 빼앗아 배당을 축소시키기 때문에 조합원들은 저축을 하려는 의지를 잃어버렸다."

이 기사는 다음과 같이 이어진다.

"조합은 분열했다. 어느 한 쪽이 일련의 지침을 권고하면 다른 한 쪽은 정반
대 이야기를 했다. 그 결과는 인신공격과 투자자들의 불안감, 조합원 이탈로
이어져 자본과 사업 모두 크게 위축되었다. 이러한 분열은 면화 기근에 따른
공황보다 더 큰 재난이 되었다."

이는 1869년 일인데, 이때 해임된 매니저가 조합원들을 많이 데리고 나
가 경쟁 조합인 로치데일절약조합을 만들었고, 이 조합은 1933년에 선구
자조합으로 흡수될 때까지 존속했다. 이 일로 조합원은 1867년 6,823명에
서 1870년 5,560명으로, 자본금은 12만 8,000파운드에서 8만 파운드로 줄
었다. 그러나 회복은 빨리 이루어졌다. 1873년에 조합원은 7,000명, 자본
금은 16만 파운드를 넘었다.

선구자조합의 지위가 높아지면서 상점주들의 반대도 뒤따랐다. 1859년
리처드 코브던이 자치시의 후보로 나섰을 때, 일부 상점주들은 존 브라이
트를 비롯한 그의 지지자들이 '조합 매장'과 적극적으로 연계하고 있다고
단정 짓고 그에 대한 편견을 조장했다. 이러한 편견은 오히려 그들이 선구
자조합과 아무런 관계가 없음을 밝혀 주었다. 그러나 그들은 언제나 선구
자조합에 우호적이었으며, 특히 브라이트는 협동조합 운동이 노동 계급에
게 유익하다는 찬사를 자주 했다. 지도적인 협동조합인들은 이 선거에서

코브던을 강력히 지지했고, 차티즘이 소멸됨에 따라 자유당 내의 급진파에 찬동하는 여론이 노동 계급에 광범위하게 퍼져나갔다. 게다가 선구자조합에 새 조합원이 많이 들어오면서 옛 오언주의자와 차티스트 일파는 존재감을 잃었다. 선구자조합은 정치에서는 중립이었지만, 지역 문제에 대해서는 자유주의에 가까웠다. 절약조합 창설로 귀결된 분열 시기에 또 다른 탈퇴가 이어져 로치데일보수당파협동조합이 만들어진 데는 이 점이 크게 작용했다. 유사한 보수당파 협동조합이 랭커셔 다른 마을에서 생겼지만 이러한 전개가 영국 전체로 확대되지는 않았다.

  신규 조합원 유입은 앞서 살펴본 것처럼, 종교적 다양성이라는 새로운 요소를 동반했다. 일요 집회에 대한 논쟁은 차치하더라도 생산협동조합에서 노동 배당을 둘러싼 논쟁이 심해지기 전까지는 신규 조합원들이 조합 내부에서 큰 문제를 일으키지는 않았다. 그러나 이 논쟁의 와중에서 당시 《카운셀러》의 편집을 맡은 조지 제이콥 홀리요크는 선구자조합의 사무국장 윌리엄 쿠퍼에게 편지를 보내, 여러 종파의 조합원들이 노동 배당에 대해 어떤 입장을 갖는지를 물었다. 쿠퍼는 "세속주의자들은 모두, 그 다음으로는 유니테리언과 국교파가 노동 배당에 찬성표를 던졌다. 반대한 사람들은 밀턴 교회(독립 교회파)와 연합한 일파, 감리교인 그리고 반대파에 속한 다른 종파 사람들이었다.[6]"고 답했다. 쿠퍼의 서명이 들어간 이 기사

6 《카운셀러》1861년 9월호.

가 발표되자, 당시 선구자조합 조합장 아브라함 하워드는 이를 부인하고 쿠퍼는 사무국장 직무가 정지되는 사태가 벌어졌다. 하워드는 《카운슬러》에 보낸 편지에서 로치데일 협동조합인들의 원칙을 이렇게 선언했다. "첫째, 우리를 포함한 어떤 협동조합에서도 조합원 가입을 희망하는 사람들의 정치적 또는 종교적 견해를 물어서는 안 된다. 둘째, 우리 조합원들의 다양한 정치적 · 종교적 차이를 배려한다는 것은, 각자의 종파나 견해가 조금이라도 유리하게 해석될 수 있는 어떠한 것도 우리들의 회의나 업무에서 허용하지 않는 데 있다." 하워드는 조합의 1860년 연감을 인용하면서 다음과 같은 말을 덧붙였다. "지금의 협동조합 운동은 다양한 종교적 혹은 정치적 차이에 간섭하려는 것이 아니라 공동 유대, 즉 이기심의 유대에 의해 모든 사람의 재력과 에너지 그리고 재능을 모아 각자의 이익을 도모하는 데 있다."

이는 1844년 선구자들이 쓰던 언어가 아니었다. 선구자들은 공동 유대를 묘사하기 위해 '이기심'이라는 단어를 쓰지는 않았을 것이다. 선구자조합의 조합장이 이러한 선언을 함으로써 조합은 오언과 사회주의의 원점으로부터 멀리 떨어졌다. 다행히 이 논쟁은 더 이상 문제가 되지는 않았다. 쿠퍼는 곧 직무에 복귀했고 모든 것이 이전 상태로 돌아갔다. 그러나 '노동배당'을 둘러싼 논쟁은 매우 격렬하게 이어졌고, 종교 그룹 간의 논쟁과도 얽히게 되었다. 생산협동조합이 선구자들의 운명에 영향을 미치지 않고 자유롭게 자기 길을 가는 독립 단체가 아니었다면, 그들 사이의 골은 쉽게 치유되지 않았을 것이다.

　쿠퍼의 편지로 독자들이 알아차렸겠지만, '노동 배당'을 지지한 사람들 중에는 국교도들이 있었다. 이는 기독교 사회주의자들이 미친 영향의 결과였다. 협동조합 운동사를 더 진전시키기 전에 우리들은 기독교 사회주의자들의 영향을 검토하고 그들이 협동조합 발전에 공헌한 내용을 평가해야 한다. 이 자체만으로 하나의 장이 필요하다.

제6장

기독교 사회주의자와
구제주의자
그리고 노동조합

기독교 사회주의자들 —존 말콤 포브스 러들로우, 프레데릭 D. 모리스, 찰스 킹슬리와 그의 동료들— 은 주로 생산자협동조합의 시각에서 협동조합 운동에 관심을 가졌다. 이들의 활동 대부분은 협동 생산을 위한 노동자 조직 설립이었는데, 이들은 실패했다. 그러나 기독교 사회주의자들은 1852년 산업절약조합법 —협동조합에 최초로 승인된 법적 지위와 그들의 자금 보호에 만족할만한 수단을 부여한 법률— 의 법제화를 지원함으로써 전체 협동조합 운동에 매우 중요한 공헌을 했다. 기독교 사회주의가 조직적 운동으로 지속된 기간은 7년에 지나지 않았다. 이는 1848년 프랑스 혁명의 직접적인 자극으로 같은 해《민중을 위한 정치(Politics for the People)》를 발행하면서 시작되었고, 그 지도자들이 노동자조합추진협회를 해산하고 그들의 관심을 대중 교육 운동과 런던 노동자 대학 설립으로 전환한 1854년에 끝났다.

기독교 사회주의자들이 노동자의 생산자협동조합을 만들기 시작했을 때, 바로 이러한 일을 이루기 위해 영국에서 있었던 이전의 모든 시도에 대해 아무것도 몰랐던 것처럼 보인다는 점은 기묘한 사실이다. 그들은 곧 이전의 운동에 대해 알게 되었고 또한 이 운동이 여전히 존재하고 있음을 알았다. 그러나 그들이 이러한 조합을 만들고자 한 초기의 영감은 전적으로 프랑스에서 유래된 것이었다. 한 남자가 없었다면 기독교 사회주의 운동은 결코 존재하지 않았을 것이고, 협동조합 운동에 관여하는 일도 없었을 것이다.

이 남자는 존 말콤 포브스 러들로우이다. 프랑스에서 자란 러들로우는 프랑스 사회주의자들과 친분을 유지하며 협동조합 사상에 정통했는데, 영국의 상황은 거의 알지 못했다. 1848년 초 혁명의 열광이 식지 않은 파리를 방문하고 돌아온 러들로우는, 자치적인 생산자 조직을 만들어야 한다는 뷔셰와 루이 블랑의 사상을 분주히 실행에 옮겼다. 신 정부에 국가가 지원하는 국영 작업장에 대한 루이 블랑의 계획을 받아들이도록 촉구하는 등 노동자들이 실천하는 위대한 일들을 킹슬리와 모리스에게 전했다. 러들로우는 당시 런던의 킹스 칼리지 교수이자 영국 국교회의 '광(廣) 교회파' 지도자였던 모리스의 열정에 불을 지폈다. 그리고 가난한 자들에 대한 동정심으로 충만한 한낱 젊은 시골 목사였던 찰스 킹슬리도 당시 『이스트』 집필에 매달리고 있었음에도 열렬한 반응을 보였다. 기회는 무르익었다. 러들로우가 파리에서 돌아온 바로 그 순간, 영국의 차티스트들은 의회에 제3차 차티스트 청원을 위한 대중 시위 운동을 조직하고 있었다. 차티스트가 실제로는 허약하다는 것을 드러낸 케닝턴 커먼의 대규모 집회가 실패로 끝난 뒤, 많은 사람들은 새로운 정치적 · 사회적 지도를 갈망하고 있었다. 러들로우와 그의 동료들은 차티스트 사건이 벌어지고 나서 불과 며칠 뒤, 영국 노동자들에게 보내는 선언문 ―킹슬리가 쓰고 '노동하는 목사'라는 서명을 했다― 을 런던에 게시함으로써 싸움의 한가운데로 뛰어들었다. 운동이 막 싹을 틔우던 때 나온 이 선언문에는 협동조합에 대해서는 아무런 언급이 없었다. 노동자들에게 간절히 바란 것은, 헌장이 만일 도덕적인 개혁을 동반하지 않는다면 그들의 아픔을 치유할 수 없음을 믿어야 한다는 것이다. 선언문은 "가슴과 머리를 가진 모든 사람들"의 부당한 처사에 대한 노동자들의 지지를 확신하면서, 방종을 자유로 오해하지 않도록 역설하고 "영국의 노동자들이여, 깨어나라. 그러면 여러분은 '틀림없이' 자유로워진다. 여러분이 자유로워지는 것이 '온당'하기 때문이다."로 끝맺었다.

킹슬리의 선언문은 긍정적 내용보다는 열정이 앞선 것이었다. 1848년과 1849년에 기독교 사회주의자들이 펼친 행위들은 모리스와 러들로우 주변에 결집한 그룹이 여전히 자신들이 지향하는 바에 대한 아이디어가 거의 없음을 드러내는 것이었다. 이는 가난한 사람들의 억울함에 공감을 표하기 위해 무엇인가 해야 한다는 도덕적 충동에서 나온 것이다. 그러나 러들로우만은 무엇을 해야 하는지 처음부터 분명한 생각을 갖고 있었다. 1848년 5월, 그들은《민중을 위한 정치》라는 잡지를 발행했는데, 그 대부분은 킹슬리의 선언문처럼 강한 어조로 쓴 것이었다. 여기에 '목사 롯'이라는 필명으로 킹슬리가 쓴 유명한 논문들 중 최초의 글이 실렸다. 러들로우는 프랑스의 상황에 대해 썼는데, 프랑스 혁명을 극찬하고 루이 필립 치하의 프랑스 군주 정치가 얼마나 퇴폐적으로 타락했는지를 폭로했다. 그러나 여전히 실천 계획은 아무것도 없었다. 단지 가난한 사람들이 처한 끔찍한 상태를 고발하고, 모든 기독교 신자에게 열려 있는 교회의 지도력 아래 도덕적·사회적 개혁을 요구하는 호소가 있을 뿐이었다. 같은 해에 『이스트』가 《프레이즈 매거진》에 실렸는데, 이는 농촌의 비참한 상태와 귀족적 봉사 정신의 쇠퇴를 생생하게 폭로한 글이었다.

이들은 다음 해에 헨리 메이휴가 상세한 현지 조사에 기초하여 강렬하게 묘사한 『런던의 노동자와 빈민』에 나오는 빈민굴의 상태와 스웨팅 시스템¹의 끔찍한 사실을 접하고 더욱 자극을 받았다. 킹슬리 등은 이곳을 찾아 직접 그 상태를 살피지 않을 수 없었는데, 그들이 본 것에 경악하며 돌아왔다. 킹슬리는 런던의 착취 공장에 대한 유명한 소책자 『값싼 옷들과 불결한 공장』을 1850년 1월에 출판하고 『알톤 로크』를 쓰기 시작했다. 한편, 1849년 4월 중산 계급의 기독교 사회주의자 소그룹이 월터 쿠퍼 —재단사이며 토마스 쿠퍼의 형제. 유명한 차티스트 시인. 그러나 로치데일의 선구자 윌리엄 쿠퍼와는 무관함— 가 이끄는 노동자 그룹과 정기적으로 모임을 갖기 시

---

1 [옮긴이] 19세기 초에서 중반 영국의 소규모 생산, 특히 의류(양복)업에서 이루어진 착취적인 생산 방식을 말한다. 10명 미만의 노동자들이 대단히 열악한 노동 환경에서 낮은 임금을 받으며 장시간 노동을 했다. 이를 스웨팅 시스템이라 부르고, 이런 방식으로 일하는 작업장을 스웨트 숍이라 한다.

작했다. 이 모임에 온 사람들 중에는 프랑스의 협동 생산 운동을 알고 있는 프랑스 출신 제본공 찰스 설리도 있었다. 또한 전 오언주의 선교사로서 아직 남아 있는 오언주의자와 협동조합 그룹 양쪽에 관계하고 있던 로이드 존스도 있었다. 러들로우는 이 모임에서 자치 작업장에 대한 자신의 견해를 지지하는 사람들을 만날 수 있었다. 점차 하나의 계획이 모습을 갖추기 시작했다. 런던 의류업 상태에 대한 폭로로 영감을 얻은 이 모임은 월터 쿠퍼의 지도 아래 재단공협회를 만들기로 결정하고, 1850년 초 옥스퍼드 가에서 조금 떨어진 캐슬 가에서 발족했다. 이 모임이 발전하여 당시 성장하고 있는 재단공들의 노동 운동 전반을 관장하기 위해 1850년 6월, 노동자조합추진협회가 조직되었다.

만일 기독교 사회주의자들이 그 출발점에서 노동 계급 사이의 사회 운동과 완전히 무관하지 않았다면, 영국의 협동 생산 운동이 오언주의자의 퀸우드 실패 이후 1840년대 후반에 부활했다는 것을 모르지 않았을 것이다. 퀸우드 공동체가 1846년에 불명예스럽게 해산하기 전에도 노동조합은 전국노동조합대연합 시대에 성행했던 협동 생산의 아이디어를 재현하기 위한 새로운 수단을 찾고 있었다. 셰필드 노동조합 운동의 지도자인 존 드루리의 주도 아래, 1845년 런던에서 열린 노동조합대회는 전국노동보호총연합회(National Association of United Trades for the Protection of Labour, NAUTPL) —형태상 15년 전, 존 도허티가 맨체스터에서 설립한 단체와 비슷한 이름의 단체로 부활— 를 결성했다. 도허티의 협회와 마찬가지로 이 새로운 단체의 주요 목적도 불황이 길어지면서 노동조합이 일상적으로 겪고 있던 임금 삭감에 대한 저항이었다. 전국노동보호총연합회는 전국노동조합대연합과는 달리 가맹 조합의 자주성을 거둬들이지는 않았다. 또한 새 천년의 목표를 내걸고 발족하지도 않았다. 이는 공격보다는 방어를 위한 기관을 의미했다. 이 단체는 자진해서 고용주와 교섭하겠다는 뜻을 밝혔고, 서로 합의로 이루어진 '노사협의회'나 조정 법원의 중재를 통해 파업에 의존하는 것을 피하려고 했다. 그러나 모든 형태의 노동조합에 강한 적의를 품은 고용주를 상대로 이 새로운 단체는 파업과 직장 폐쇄의 가능성을 고려할 수밖에 없었고, 그러한 분쟁 기간 중에 조합원을 지원하기 위한 방법을 제안해야 했다. 이를 위해 지도자들은 1830년대에 파업을 지원하는 방법으로 매우 일반적이었던 협동 생산의 아이디어를 떠올렸다. 이에 따라 전국노동보호총연합회는 승인된 파업 또는 직장 폐쇄에 참가한 조합원들을 위해 제공할 수 있는 일자리 마련 자금 조달을 제안했다. 이 자금은 전국노동보호총연합회와 동시에 설립된 독립 단체인 전국임노동자조합연합회(National United Trades Association for the Employment of Labour, NUTAEL)가 관리하도록 했다. 두 단체의 대표는 토마스 슬링스비 던콤이 맡았는데, 그는 급진파 의원으로 차티스트와 오코너의 토지 계획을 강력하게 지지했다. 그리고 오언의 《새로운 도덕 세계》 편집자였던 G. A. 플레밍을 비롯하여 많은 옛 오언주의자들이 이 새로운 운동에 결집했다. 1846년 맨체스터에서 열린 후속 회의에서는 많은 노동조합이 추가로 가입했다. 그러나 비교적 규모가 큰 조합 대부분은 십 몇 년 전 큰 대가를 치렀던 총연합 계획의 전철을 우려하여 방관했다. 차기 연차 회의에서 전국임노동자조합연합회는 그들의 후원으로 자본이 거의 필요 없는 부츠 제조 및 여타 수공 직종에 123명을 취업시켰다고 공표했다. 그러나 자금은 더디게 들어왔고, 1848년에 이 두 협회는 통합되었다. 이듬해인 1849년, 이 단체는 울버햄프턴의 양철공들이 벌인 파업에 말려들었다. 고용주들은 파업 참가자와 지도자들을 계약 위반과 선동 및 기타 죄목을 들어 고발함으로써 파업에 대응했다. 기술적인 문제로 1851년까지 연장된 재판 결과, 전국노동보호총연합회 지도자들에게 가혹한 판결이 내려졌다. 전국노동보호총연합회는 이 법정 투쟁으로 힘을 소진했고, 그 뒤 점차 기반을 잃으면서 협동 생산을 고무하는 시도를 포기하게 된 것 같다. 노동조합의 연합체로서 전국노동보호총연합회는 1860년에서 1861년까지 존속했고, 파업과 관련한 법 개정을 확보하고, 조정 법원 또는 조정 위원회를 촉진하는 데 유익한 활동을 했다. 1858년에 평화적인 피케팅을 법제화하고, 1867년에 조정법의 토대를 마련한 주역이 바로 전국노동보호총연합회였다. 그러나 협동 생산에서 전국노동보호총연합회는 1848년 뒤로는 중요한 역할을 하지 못했다. 흥미로운 점은, 이들이 기독교 사회주의자들이 모습을 드러내기 직전에 노동자들보다 앞서 협동 생산의 아이디어를 견지했다는 사실이다.

1840년대 협동 생산 계획의 이러한 부활은 고립적이지 않았다. 1846년에는 리즈에서 옛 오언주의자들이 모여 리즈구제협회를 시작했다. 이듬해

이 단체는 《구제의 전령사(Herald of Redemption)》라는 신문을 발간했다. 이 신문은 제임스 홀이 편집을 맡았고 나중에는 《협동의 전령사(Herald of Co-operation)》라 불렸다. 구제주의 지도자 가운데 제일 활동적이었던 사람은 차티스트이자 금주 운동가로도 유명한 F. R. 리즈 박사였다. 그리고 농촌 문제에 대한 저술을 많이 한 윌리엄 호윗이 조합 창립 모임 의장이었다. 구제주의자들의 목적은 노동자들로부터 1주 1페니의 기금을 모아 '노동 구제' 사업을 하는 것이었다. 이들은 자신들의 자본으로 토지와 자치 작업장을 마련하고 여기서 회원들이 일하도록 했다. 이듬해 구제주의자들은 리즈의 협동제분소 설립에 지도적 역할을 했는데, 바로 여기서 리즈협동조합이 생겨났다. 또한 그들은 카마던셔 간루이드에 있는 농장을 회원들에게 제공했는데, 만약 협동 운동이 실패하면 기증자에게 반환한다는 조건을 달았다. 1848년, 몇 안 되는 구제주의자들이 이 농장에 정착했다. 이들은 토지 경작은 물론 작업장을 만들어 그들의 생산물을 리즈와 다른 지역 협동조합에 공급했다. 리즈구제협회는 이 농장을 지원하기 위해 런던을 포함한 다른 장소에 지점을 만들었다. 이를 모방하여 스톡포트, 베리, 퍼드세이 그리고 노리치 등 몇몇 마을에도 구제협회가 생겼다. 사우스 웨일즈의 사업은 1854년까지 지속되다가 이 해에 기증자에게 반환했다. 이듬해 리즈구제협회도 지역의 자선 단체에 기부할 수 있는 잉여금을 남기고 해산했다. 베리의 구제주의자들은 1850년에 협동 매장을 열어 4년 동안 운영했으며, 1851년에는 협동 생산을 확립하여 지역의 제화공들이 파업에 승리하도록 도왔다. 운동은 리버풀로도 확대되었고, 여기서 1851년에 만들어진 기계공연합조합(Amalgamated Society of Engineers, ASE)이 막 도산한 윈저의 주물 공장을 사들여 협동 작업장으로 새로 문을 열려는 계획을 진행하고 있었다. 이 공장의 소유자 중 한 사람은 한때 퀸우드의 지도자였던 옛 오언주의자 존 핀치였다. 뒤에 보겠지만, 이 특별한 사업은 구제주의자들과 기독교 사회주의자들 사이의 직접적인 연결 고리를 제공한다. 기계공연합조합이 협동 생산에 관심을 갖도록 만든 기독교 사회주의자들의 노력은 구제주의자들의 기대를 받아왔다. 그러나 주물 공장을 사들인다는 계획은 물거품으로 돌아갔다. 기계공연합조합의 모든 자금이 1852년에 벌어진 기계공들의 대규모 직장 폐쇄로 바닥났기 때문이다.

　기독교 사회주의자들이 남부에서 협동 생산 문제를 다루기 시작했을 때, 잉글랜드 북부에서는 구제협회 운동이 무르익고 있었다. 그러나 그들은 이에 대해 아무것도 몰랐던 것 같다. 우리는 기독교 사회주의자들이 1850년 2월 런던에서 재단공협회를 어떻게 시작했는지를 살펴보았다. 이에 뒤를 이어 같은 노선을 가진 많은 소규모 생산조합이 설립되었다. 같은 해 기독교 사회주의자들은 시티에서 두 번째 재단공협회와 핌리코에서 두 번째 건축공협회를 만들었고, 런던에서 제빵공, 인쇄공, 건축공 노동자협회를 설립하거나 설립을 지원했다. 여성 노동자들에게 일자리를 주기 위한 런던 여성재봉사협회에 대해서는 말할 필요도 없을 것이다. 하나만 덧붙이자면, 옥타비아 힐은 이 여성재봉사협회에서 사회사업을 위해 견습공으로 일했다. 마지막 협회는 예외지만, 이들 모두는 자치적인 협동조합 기관을 지향했다. 이미 살펴본 것처럼, 1850년 6월에 노동자조합추진협회가 이들의 활동을 조율하기 위해 설립되었다. 이 협회는 두 개의 조직체 —실험을 위한 초기 자금을 제공하기 위해 기독교 사회주의자 지도자들로 구성된 '후원자 협의회'와 각 노동자협회의 매니저와 일반 대표로 구성된 '중앙 이사회'— 로 활동했다. 대출 자금은 협회의 수익에서 조금씩 상환하기로 하고, 상환이 완료될 때까지 후원자 협의회를 대리해서 활동하는 매니저에게 권한이 주어졌다. 각 사업장에는 매니저와 업무에 대해 토론하는 회원 모임을 두도록 했고, 대출 자금을 상환하면 각 협회는 중앙 이사회의 주어진 권한에 따라 자치를 하도록 했다.

곧 문제가 생겼다. 초기에 이들 협회는 가입을 원하는 사람은 모두 받아들여서 회원을 충원했다. 분쟁은 주로 매니저와 노동자 사이에서 일어났다. 재단공협회는 발족 몇 달만에 여러 회원을 제명하고 재구성하지 않으면 안 되었다. 런던건축공협회도 북런던건축공협회와 마찬가지로 1851년 초에 재출발하였다. 피아노제작공협회도 1851년에 설립되었고, 두 개의 제화공협회를 포함한 몇 개의 다른 단체가 곧 뒤를 이었다.

그러는 동안 기독교 사회주의자들은 선전 범위를 넓혀나갔다. 1850년 2월, 이들은 일련의 『기독교 사회주의에 관한 소책자(Tracts on Christian Socialism)』를 발행하기 시작했다. 11월에는 운동 기관지《기독교 사회주의자》를 발간했다. 킹슬리의『알톤 로크』는 1850년 8월에 발표되었다. 가을에는 로이드 존스와 월터 쿠퍼가 서명한 회람장을 런던의 모든 노동조합에 보내 노동자협회를 모델로 한 협동 생산 계획에 대한 지지를 촉구했다. 10월에는 신입 회원으로 들어온 에드워드 반시타트 닐 —재산가인 그의 헌신적인 지원이 없었다면 기독교 사회주의자들은 시작조차 할 수 없었을 것이다— 이 옛 오언주의자 본부가 있던 샬롯 가에서 협동조합 생산물 판매 센터인 런던협동매장을 시작했다. 그리고 그는 모든 노동자협회를 하나의 단체로 통합하는 '총연합 구상'을 제기했는데, 이는 조직력과 법적 보호를 개선·강화하고, 협동 정신을 보다 폭넓게 표현하기 위해 이윤을 공동 관리할 것을 목적으로 했다. 이에 앞서 로이드 존스는 6월에 선전가로 고용되어 몇 개월 동안 오언주의자들의 폭넓은 도움을 받아 잉글랜드 북부를 순회하고 북부 협동조합인들의 지지를 얻기 위해 노력했다. 새 협동 매장이 맨체스터에서 성공리에 문을 열었고, 이곳이 북부에서 로이드 존스의 거점이 되었다. 1850년 12월, 그는 맨체스터에서 협동조합 사업에 적절한 보호를 제공하는 법률 확보를 위한 기독교 사회주의자들의 노력에 특별히 관심을 가진 북부 협동조합들과 회의를 가졌다. 우호적인 하원 의원 R. A. 슬레이니는 기독교 사회주의자 내부의 법률가들 —특히 영향력 있는 그룹— 의 도움을 받아 1850년에 이 문제에 관한 하원 위원회를 이미 확보했다. 무엇보다 존 스튜어트 밀은 협동조합 주장에 유리한 증언을 했다. 법제화의 희망이 북부 협동조합인들을 한 자리에 모이게 한 주요 요인이었던 것 같다. 그러나 이 문제가 가닥이 잡히자 그들은 기독교 사회주의자들의 다른 활동에 관심을 갖기 시작했다.

1850년에 법안은 제출되지 않았다. 그러나 이듬해 슬레이니는 다시 위원회를 만들어 협동조합인들과 활발한 토론을 계속했다. 4월에는 북부 협동조합인의 후속 회의가 베리에서 열렸고, 약 44개 협동조합 —주로 협동매장— 에서 대표를 보냈다. 이어서 6월에 다시 회의가 열렸는데, 이때 F. D. 모리스는 직접 북부로 가서 맨체스터의 본부에서 로치데일의 선구자조합과 여타의 조합을 방문했다. 이보다 앞서 5월에 닐은 그의 런던협동조합을 협동조합중앙기구(Central Co-operative Agency, CCA)로 전환했는데, 그는 전국의 운동 전체를 위한 협동조합 도매 기구로 만들려고 했다.

이 도매 계획을 처음으로 제안한 사람은 프랑스 사람 A. L. 쥘 르 슈발리에인 것 같다. 그는 세인트 안드레라는 이름을 썼는데, 상당한 수완과 개성을 가진 괴짜였다. 그런데 그는 나폴레옹 3세가 고용한 스파이였음이 발각되었다. 1850년 6월에 처음 제안한 그의 도매조합 계획은 법적 보호를 얻기 위해 닐이 대폭 수정했다. 수정한 안에는 도매조합을 주식회사로 등기한다는 내용이 있었는데, 일부 협동조합인은 이를 찬성하지 않았다. 협동조합중앙기구 설립 이듬해 분쟁이 일어났다. 세인트 안드레는 탈퇴하고, 1852년 12월에 '유니버설 프로바이더(Universal Provider)'로 알려진 경쟁 조직을 만들었다. 이 조직은 일부 협동조합의 지지를 얻었고(로치데일 선구자조합은 닐의 에이전시만이 아니라 여기와도 거래했다.), 협동조합중앙기구의 가능성을 망치는 데 일조했다.

그럼에도 전반적인 상황은 번창하고 있는 것처럼 보였다. 로이드 존스가 이끄는 맨체스터 지부는 북부에서 큰 영향력을 발휘했다. 1851년 8월, 협동조합중앙기구는 협동조합과 노동조합의 지지를 호소하는 회람장을 돌렸고, 여기 실린 위원회 명단은 협동조합중앙기구의 기반이 광범위했음을 보여준다. 위원회에는 기독교 사회주의자의 노동자협회와 다른 협동조합의 여러 인사들과 함께, 신설된 기계공연합조합의 윌리엄 알란과 윌리엄 뉴턴, 전국노동보호총연합회를 대표하는 G. A. 플레밍 그리고 이전에 전국노동조합대연합 지도자였던 J. 다우스웨이트가 있었다. 로이드 존스와 제임스 우딘 그리고 탈퇴할 때까지 세인트 안드레가 매니저였다.

『기독교 사회주의자』 제2권에서 J. M. 러들로우는 또 한 사람의 지도적 멤버인 F. J. 퍼니발에게 보낸 편지를 통해, 1851년 여름에 체험한 잉글랜드 북부의 협동조합 운동에 대한 그의 인상을 기록했다. 로치데일 선구자 조합이 지위를 확고히 다지고 각종 협동조합이 꽤 많이 생긴 이 무렵의 북부 협동조합 운동에 대한 직접적인 묘사는 이 편지가 유일하다. 생산자 협동 운동에 강한 집착을 품은 러들로우는 제일 큰 소비자 매장을 보았을 때보다 모자를 만들거나 몇 대의 직기로 직물을 짜는 이상주의자들의 작은 그룹을 알게 되었을 때 더 열광했다. 생산에서 조합원의 고용을 위해 자금을 만드는 대신, 이용 실적 배당의 형태라 하더라도 잉여금을 지불해 버리는 데 대해 그는 거듭 반감을 표현했다. 러들로우는 자본 보유에 대한 배당으로 잉여금을 분배하기보다는 이용 실적 배당을 훨씬 선호했다. 그러나 그는 둘 모두를 그가 관심을 가진 협동 운동 —높은 이상으로 고무되고 끊임없이 확대되는 분야에서 집단적인 자기 고용을 위한 자금을 적립하는 노동자협회— 의 발전에 장애물로 여겼다.

맨체스터를 시찰한 러들로우는 다양한 유형의 많은 조합을 발견했다. 그의 관점에서 가장 중요한 곳은 펜들턴의 위트레인협동조합 —실을 뽑아 캘리코를 만들고 운영도 잘 되는 직공협동조합— 이었다. 샐퍼드의 가든레인에서는 제조를 겸하는 협동 매장을 발견했다. 러들로우는 여러 대의 직기를 갖고 자기 조합원을 고용하는 이 단체에 크게 만족했다. 저시스트리트협동조합(Jersey Street Cooperative Society)은 소매 매장 세 곳과 제빵소 하나를 운영하고 있었다. 그는 조합이 "이윤 배당을 고려하지" 않고 사업 확대를 위해 이윤 적립을 선택했다고 기록해 호감을 표현했다. 가렛 로드에 다른 조합 매장이 있었고, 하퍼헤이에 신설 조합이, 샐퍼드의 허드슨 가에 다른 조합 매장이 있었다. 이외에도 염색공 노동조합이 시작한 매장 두 군데가 있었는데, 이곳은 러들로우가 못마땅해 하는 노선을 따르고 있었고 참된 협동조합의 원칙도 없었다. 그는 작은 규모의 생산자 조합에 훨씬 열광적이었다. 샐퍼드의 모자공협회도 그 하나인데, 이 협회는 모자를 만들어 협동조합 매장과 노동조합을 통해 판매했다. 러들로우의 의견으로는, 노동 계급 고객에게 너무 싼 값에 모자를 파는 것 말고는 다른 모든 면에서 훌륭하게 운영되고 있었다. 재단공협회도 하나 있었는데, 완전한 기독교 사회주의 노선을 따르지는 않았지만 칭찬 받기에 손색이 없었다. 마지막으로 스완 가 13번지에 협동조합중앙기구 지부가 세워졌는데, 로이드 존스는 여기에 큰 희망을 걸었다. 이 단체들은 거의 새로 만든 것이었다. 가장 오래된 곳도 2~3년 정도밖에 되지 않았다.

맨체스터를 시찰한 러들로우의 다음 목적지는 볼턴이었다. 그는 여기서 번창하고 있는 한 조합을 발견했다. 이 조합의 조합원은 100명이고, 사업액은 주 35파운드로 1파운드에 1실링 6펜스를 배당하고 있었다. 리틀 볼턴에는 1835년에 만들었으나 지금은 거의 버려진 상태의 공동 작업장이 있었다. 통폴드에는 조합원 8명 가운데 4명이 부인들로 수직기 직공인 작은 조합이 있었다. 러들로우는 레이로 가서 1847년에 만든 또 다른 공동 작업장을 찾는데, 이곳은 잉여금을 이용 실적이 아니라 출자금에 기초하여 분배하고 있었다. 레이 주변 마을에는 공동 작업장이 여럿 있었는데, 주로 농장주 한 사람이 관리하고 농업 노동자들이 일하는 곳이었다. 로튼의 작업장도 마찬가지였다. 골본에는 광부들이 운영하는 조합 매장이 있었는데, 협동 생산을 발전시키는데 열심이었고 이를 위해 잉여금을 분배하지 않고 적립하고 있었다.

러들로우가 다음으로 잠시 들른 리버풀에서는 울스텐홈 스퀘어에 새로 생긴 협동조합 매장이 하나, 재단공협회가 하나 있었다. 재단공협회는 잉여금을 3등분해서 3분의 1은 적립 기금으로, 또 3분의 1은 질병 및 장애 기금으로, 나머지 3분의 1은 출자금에 대한 배당으로 지불했다. 프레스턴으로 가는 길에 있는 해독은 방문하지 못했는데 큰 매장이 한 군데 있다는 소식을 들었다. 프레스턴에서 러들로우는 주로 로마 가톨릭 신자들이 이끄는 협동 운동을 접했는데, 그들은 두 경쟁 그룹으로 나뉘어 있었다. 예수회는 세 개의 조합 ―구두 공장과 재단 시설, 식료품 매장― 을 만들었지만 이들은 사실 주식회사였다. 또 하나의 그룹은 스토니게이트에 대규모 식료품 매장을 하나 갖고 있었다. 그밖에 월턴에는 재단 시설을 포함한 식료품 매장이 있었고, 단 4명으로 이루어진 영세한 직물협동조합도 있었는데, 러들로우가 인정하는 방침에 따라 운영하고 있었다.

블랙번에서 러들로우는 매장을 하나도 발견하지 못했지만, 조합원을 위해 식료품 공동 구매를 하는 몇 개의 '머니 클럽(money clubs)' ―맹아기의 조합 매장― 을 만났다. 헤이우드에서는 옛 차티스트 윌리엄 벨이 헤이우드 산업협동회사로 큰 성공을 거두고 있었다. 이 회사는 로치데일보다 먼저 신문 열람실을 두었고, 도축장도 선구적으로 개설했다. 너무 유명해서 말할 필요도 없다고 한 로치데일에서 러들로우는 기독교 사회주의자들의 오랜 벗이었던 제임스 스미시스를 만났다. 러들로우는 스미시스를 자기 직업인 양모사 사업에 열심이었다고 묘사했다. 러들로우는 스미시스의 안내로 로치데일 제분소를 찾았다. 제분소에서 밀기울을 주고 있는 돼지 축사와 베이컨 제조 설비가 갖추어진 것을 보고 러들로우는 큰 감명을 받았다. 러들로우는 선구자조합이 제분소에 공동 투자를 했고, 곡물을 공급한 대금 결제를 밀가루로 받는 식으로 제분소를 돕고 있다고 설명했다. 그는 로치데일에서 선구자조합 말고도 몇 군데 협동조합 매장을 찾았고, 바로 인근의 브릭필드와 스텝츠에서도 매장을 발견했다. 캐슬턴과 오크우드에 있는 독립 매장은 그 지역에 있던 선구자조합의 지점이 폐쇄됐기 때문에 만들어진 것이라고 러들로우는 말했다. 이는 미심쩍은 언급이다. 왜냐하면 이 시기 이전에 선구자조합이 개설한 지점으로 단 하나 알려진 곳은 1840년대 말 드레이크 가 옆길의 넬슨 지점뿐이기 때문이다. 이 지점은 조합원들이 여기에 공급되는 물품이 토드레인에서 공급되는 것보다 품질이 나쁘다 ―실제로는 같은 물품인데도― 고 주장했기 때문에 폐쇄되었다고 알려져 있다. 이 실패 뒤로 기록에 남은 선구자조합 지점은 올덤 로드 지점인데, 이는 1856년에 개설되었다. 그 이전에 지점 운영 분야에서 다른 사업이 있었다는 것이다. 선구자조합이 초기의 리즈조합처럼 독립적으로 자유롭게 거래하는 지역 구매 기관을 통해 사업을 하지 않았다면 말이다. 이 제도는 리즈에서는 너무 불만족스러워 곧 포기했다고 한다. 아마 로치데일에서도 같은 경험을 했을 터이다.

로치데일을 지나 러들로우는 베리로 갔다. 그는 여기서 흥미로운 것들을 많이 만났다. 앞서 살펴본 것처럼, 베리는 구제조합의 중요한 본거지였다. 러들로우가 베리를 찾았을 때 구제주의자들은 논쟁 중이었다. 그는 지역 협동조합인들의 회의에 나가 그들의 차이를 조율하려고 애썼다. 그는 스탠리 가에서 존 베이츠가 만든 구제주의자들의 매장을 찾았다. 이 매장의 조합원은 125명이고, 주 거래액은 30~40파운드로 활발하게 운영되었다. 구제조합 전체 운동에서도 칭찬이 자자한 곳이었다. 러들로우는 편지에서 그들을 이렇게 표현했다. "그들은 생산적 노동의 중요성과 이윤을 자본이 아닌 노동에 귀속시키는 것이 얼마나 중요한지 이해하는 이 지역 유일한 노동자들이라고 생각한다. 이 점과 관련해 협동조합인들 사이에 널리 퍼져있는 생각은 유감스럽게도 조합 매장의 이익을 위해 보통의 임금으로 일하게 한다는 것이다. 그리고 조합원이든 아니든 생산자들은 그러한 조건의 고용을 당연히 받아들인다." 러들로우는 기독교 사회주의자들과 마찬가지로 협동조합 생산이 소비자의 통제 아래 조직되어야 한다는 견해에 반감이 있었다. 그는 유통 관계의 이러한 고용 조건도 꺼림칙하게 여겼다. 그는 같은 편지에서 조합원들이 적은 금액이지만 시간당 보수를 받고 교대로 판매하는 조합 매장의 이점에 대해 "협동조합 정신을 지키기 위한 하나의 훌륭한 수단"이라고 썼다.

러들로우는 베리를 떠나 리틀보로로 갔다. 여기서 그는 번성하는 조합 매장 한 곳과 파업의 산물로 이제 막 시작한 리틀보로산업협동조합이 운영하는 면직 공장을 찾았다. 워들에서는 베이컵상업회사의 공장을 찾았다. 이 공장은 1850년에 베이컵 협동조합인들이 시작한 주식회사로, 증기 기관 한 대와 직기 72대를 갖췄다. 매니저 이름은 애쉬워스였는데 그가 로치데일의 애쉬워스 집안과 어떤 관계가 있는지 필자는 알지 못한다. 베이컵 협동조합 매장의 조합원은 350명으로, 로치데일 선구자조합 다음으로 큰 규모였다. 베리의 구제주의자들의 영향으로 시작한 대규모 매장이 램스보 톰에 있었고, 인근에 쇼포스, 휘트워스, 브릭레인 그리고 피그스 레이에도 작은 매장이 있었다.

러들로우는 메이클즈필드의 연합견직공조합과 콩글튼의 협동조합 리본 공장을 방문하게 되길 바란다고 언급한 뒤, 올덤 방문기를 이어갔다. 그는 인근의 리즈, 로이튼, 체더턴 그리고 크럼프턴에 있는 매장 여러 곳과 올덤에 조합 매장이 7~8군데 있음을 알게 되었다. 스톡포트에서 그는 오래된 그레이트무어조합을 빠트린 것 같다. 그러나 그는 여기서 설립 중에 있는 조합 매장과 여러 직종의 사람들이 참여하여 구두, 모자, 기타 물품을 제조하는 일종의 구제조합을 찾았다. 로덴레인과 시미스터레인 그리고 화이트필드에서 작은 조합 매장을, 크럼프살에서는 고용주가 노동자들의 편익을 위해 시작한 독특한 매장이 있다는 것을 알았다. 패디엄에는 조합 매장 한 군데와 패디엄상업회사가 있었다. 이 회사는 협동조합인들이 주식회사로 시작한 면직 공장인데, 최근에 차티스트 지도자인 어네스트 존즈로부터 공격을 받았다. 번리에는 새롭게 문을 연 조합 매장이 한 군데 있고, 토드모던에는 번영하는 매장 한 곳이 있었다.

러들로우는 토드모던에서 요크셔 주로 가서 짧게 머물렀다. 헵든 브리지와 소어비 브리지에서 조합 매장 몇 군데를 봤고, 빙글리에서는 세 군데를 찾았다. 브래드퍼드에서는 노동자 협동 조직이 낮 시간에 매장을 열 준비를 하고 있었는데, 이 매장은 조합원을 위해서만이 아니라 브래드퍼드에서 나오는 물품을 폭넓게 공급하기 위한 도매 기관으로서도 활동하고 있었다. 여기서 리즈와 마찬가지로 러들로우는 협동제분소의 대규모 활동에 주목하고 핼리팩스, 버스톨, 써스크, 요크, 휘트비, 헐, 링컨, 버밍엄, 데본 포트 그리고 스톤하우스에도 제분소가 있다고 적었다. 또한 웨스트라이딩 에서 주식회사로 만든 양모 공장 발전에 대해서도 언급했다. 그러나 그는 요크셔 협동조합 운동의 전반적인 상태에 대해서는 랭커셔에 대한 것처럼 자세히 묘사하지는 않았다.

1851년의 소비자협동조합은 아주 적은 몇 곳을 빼고는 아직 유년기에 있다는 것 그리고 협동 생산에서는 작은 노동협회와 유통 매장에 딸린 소 규모 작업장에서 보다 큰 협동조합의 후원 아래 큰 기대를 안고 출발했지 만, 생산자 또는 소비자협동조합의 본질적 자질이 부족한 주식회사에 이 르기까지 매우 다양한 노선을 가진 수많은 실험이 있었음을 알았을 것이 다. 러들로우는 그의 강한 편향에도 불구하고 전체로서 뛰어난 목격자였 고, 그가 선호하는 형태와 일치하지 않는 조합이더라도 그들의 장점을 기 꺼이 인정했다. 러들로우는 실질적으로 커다란 중요성이 있다 하더라도 찾 기 힘든 소비자 매장을 탐색하기보다는 아무리 작아도 생산자조합을 찾는 데 더 열심이었다. 그의 묘사는 전반적으로 믿을 만하다. 러들로우의 기록 은, 대부분 아직 실험 단계에 있지만 소비자협동조합의 기본 원칙이 이미 확고하게 파악되는 많은 지역에서 놀랄 정도로 단단하게 뿌리 내리고 있 는 운동에 대한 묘사이다. 생산자조합은 훨씬 불안정하다. 그러나 이것이 얼마나 폭넓게 존재하는가를 보는 것은 흥미롭다. 기독교 사회주의자들은 이들 북부 생산자조합의 출현에는 거의 관여하지 않았다. 이들 생산자조합은 리즈와 베리의 구제주의자들 그리고 전국직종연합협회의 노동조합 활동과 훨씬 많은 관련이 있었다.

러들로우가 북부를 돌아본 그해, 노동조합에 자신들의 이념을 전파하는 데 열심이던 기독교 사회주의자들은 숙련 기계공들이 만든 연합체인 기계공연합조합과 관계를 갖기 시작했다. 이는 로치데일의 선구자조합이 협동조합 조직에서 '새로운 모델'이었던 것과 마찬가지로 노동조합 조직에서 '새로운 모델'로 여겨졌다. 앞서 본 것처럼 기계공연합조합은 1851년에 리버풀에 있는 핀치의 윈저 주물 공장을 사들여 협동조합 기업으로 운영하기 위해 교섭 중에 있었다. 런던에서도 비슷한 기업을 설립하기 위한 토론이 시작되었다. 기계공연합조합의 저명한 두 지도자 뉴턴과 알란은 협동 생산의 열렬한 옹호자였고, 기독교 사회주의자들의 계획에 적극 참여했다. 그러나 1852년 초, 랭커셔와 런던의 고용주들은 새로운 협동조합 기업의 힘을 깨트리려는 수단으로 대규모 직장 폐쇄를 단행했다. 고용주들은 노동자들에게 노동조합 조합원 자격 포기를 요구하는 '각서'를 제시했다. 기계공연합조합의 자금은 바닥이 났고, 그 결과 협동조합 기업을 위한 자본을 준비할 수 없게 되었다. 윈저 주물 공장 매입은 포기할 수밖에 없었고, 조합은 생사를 건 투쟁에 들어갔다. 그러나 기독교 사회주의자들에게는 자금력이 있었다. 직장 폐쇄에 대한 저항으로 닐과 그의 조카 A. A. 반시타트는 기계 제조 사업에서 두 가지 협동 생산 계획에 자금을 댔다. 이미 1851년에 런던 기계공 그룹이 그리니치기계공협동조합(Greenwich Co-operative

Engineers' Association)을 조직했고, 이 협회는 닐의 도움으로 뎁트퍼드에 있는 철공장을 사들였다. 1852년 1월에는 기계공연합조합 대표인 존 무스토의 형제 존 무스토가 기계공들을 설득해 사우스워크 기계공협회를 만들었고, 이 협회도 마일 엔드 로드에 있는 철공장을 사들였다. 그 직후 닐은 사우스워크 브리지 부근 에머슨 스트리트에 있는 아틀라스 공장을 매입하고 또 다른 협동조합 기계 제작 사업을 시작했다. 이에 더하여 지난해 이야기가 나온 또 하나의 단체인 단조공조합이 1852년 6월에 핌리코에서 사업을 시작했다.

기계공연합조합 집행위원회는 직장 폐쇄 초기에 협동 생산 운동에 힘을 쏟았다. 1월에는 무기명으로 투표한 조합원의 90퍼센트가 협동조합 계획을 위해 조합 자금 가운데 1만 파운드를 융자하는 안을 이사회에 일임한다는 집행부의 제안에 찬성했다. 4월의 패배 이후 그들은 "노동자의 상태를 향상시키려는 의도가 없는" 파업을 비난하고, "앞으로 우리들의 모든 활동은 협동조합 작업장에서 자기 고용을 하는 제도를 촉진하는 데 두어야 한다"고 결의했다. 이 결의의 결과로서, 집행부는 조합원에게 회람장을 돌렸다. 이는 파업의 대안으로서 협동 생산의 필요성을 주장하고, "노동자들에게 속하는 작업장—이 작업장에서 나오는 이윤은 노동을 짓누르는 것이 아니라 북돋는 것이며, 압제자가 출입문에 가증스런 포고문을 붙이는 일 따위는 있을 수 없으며, 노동의 존엄과 명예를 훼손당하지 않고 일할 수 있다— 이 온 나라에 점점이 생겨나는 것을 보게 될" 방침을 위한 그들의 대표자 회의를 지지해

달라고 요청하는 것이었다.

홀륭한 말이었다. 그러나 직장 폐쇄 이후 그들을 뒷받침할 자금은 바닥이 났고, 이 방침은 조합원이나 집행부에서도 반대에 맞닥뜨렸다. 알란과 뉴턴 그리고 무스토는 개인적으로 지지했지만, 이들은 기계공연합조합으로부터 아무런 재정 지원을 얻지 못했다. 이들 협동조합은 닐과 반시타트가 준비한 대출금에 의존할 수밖에 없었고, 순조로운 출발을 보였지만 곧 어려움이 나타나기 시작했다. 지나치게 낮은 가격으로 대규모 계약을 맺어 큰 손실을 본 마일 엔드 철공장은 1854년에 폐쇄해야만 했다. 닐의 아틀라스 공장은 이보다 1~2년 더 지속되었지만 조합원들 사이의 다툼으로 결국 해산했다. 작은 규모의 여러 사업들도 사라졌다.

그러나 이 이야기는 좀 앞서나간 것이다. 1852년에 운동은 아직 밀물이었다. 1월에《기독교 사회주의자》는 협동조합인의 기관지《저널 오브 어소시에이션(Journal of Association)》으로 대체되었다. 이는 통제권이 '후원자'에서 그들이 발을 딛고 있는 조합으로 옮겨갔음을 보여주는 하나의 변화였다. 러들로우와 닐은 고용주들과의 논쟁에서 기계공들을 지지하는 책자를 썼다. 기독교 사회주의자 그룹의 지도적 멤버이자『톰 브라운의 학창 시절』저자인 토마스 휴즈도 기계공들을 위해 용감하게 활동했고, 슬레이니 법안 통과를 위해 수고를 마다하지 않았다. 이 법안은 하원에서 세 번째 위원회 결과로 마침내 구체화되어 '1852년의 산업절약조합법'으로 법제화되었다. 아직 충분히 만족스럽지는 않지만, 드디어 협동조합 운동이 확고한 법적 지위를 얻은 것이다. 9월에는 노동자조합추진협회가 정부 수석 등기관인 티드 프래트의 승인을 받아 전국 협동조합의 지침이 되는 모범 규약을 발표했다.

그러나 이러한 무대 이면에서는 중요한 논쟁이 벌어지고 있었다. 러들로우의 영향을 받은 기독교 사회주의자들 내부 그룹은 그들의 운동에서 기독교적 성격을 강조하는 결정을 했다. 러들로우는 협동 생산의 열광적인 지지자였으나, 모리스와 킹슬리와 함께 협동조합 원칙의 성공을 위해 꼭 필요한 기초로서 개인의 도덕적·종교적 전환이 필요함을 강조했다. 그는 노동자협회의 진통을 겪으면서 자신과 동료 후원자들이 노동자협회의 회원으로 허락한 사람들을 도덕적·기독교적 원칙에 기초해서 주의 깊게 선택하지 못한 오류를 범했다고 확신하기에 이르렀다. 그래서 후원자들은 속도를 늦추고, 그들의 실천적 노력을 기독교 사회주의 정신에 입각하여 행동할 수 있는 검증된 지지자에게 한정하기를 바랐다. 그러나 그들은 노동조합과 협동조합 매장의 지지를 얻기 위해 로이드 존스를 파견할 정도로 앞서 나갔던 것만큼, 협동조합 운동의 범위를 좁게 되돌리기란 불가능했다. 로이드 존스는 정통파 기독교인이 아니라 오언파 이성주의자였다. 노동조합과 협동조합의 다른 많은 지도자들도 마찬가지였다. 게다가 주요한 재정 후원자였던 닐은 성직자였지만 러들로우의 견해를 공유하지 않았다. 그는 생산자와 소비자의 전국적 운동을 만들기 위해 현세적 기준에서 노동조합과 협동조합이 손을 잡기를 원했다. 그의 자금 원조를 받은 협동조합중앙기구는 이러한 폭넓은 기반에 기초를 두었고, 결코 기독교 사회주의자의 '후원자 협의회'에 종속되지는 않았다. 노동자조합추진협회는 한때 협동조합중앙기구 건물에 입주했었으나 캐슬 가 재단공협회 건물로 사무실을 옮기기로 결정했다. 협회는 여기에 마련한 회관에서 1852년 6월 전국협동조합회의와 함께 슬레이니 법 아래에서 협동조합 운동의 새로운 지위를 위한 준비를 주제로 회의를 열었다. 닐과 엄격한 기독교 사회주의자들 사이에는 아무런 다툼이 없었다. 그러나 이때부터 모리스와 그의 동료들은 협동조합 분야의 후속 활동에서 손을 떼는 경향을 보였고, 협회 운영은 주로 닐과 협동조합중앙기구 그리고 보다 확고한 기반을 가진 북부의 협동조합이 맡게 되었다.

닐은 로이드 존스와 함께 대단히 활동적이었다. 그는 협동조합의 여러 문제를 토론하기 위한 수단으로 1852년에 협동조합동맹(Co-operative League)을 발족시키는데 주도적인 역할을 했다. 협동조합동맹은 《트랜잭션(Transactions)》을 발행하고 여기에서 협동조합의 실천과 이론의 문제들을 다뤘다. 그는 또한 협동조합의 시험 사업을 위한 자금 마련을 위해 투자 협동조합을 제안했고, 전국노동보호총연합회는 닐의 이 계획을 지지했다. 한편 로이드 존스는 런던은 물론 북부 협동조합에서도 협동조합중앙기구를 통해 도매 구매를 하도록 온힘을 다해 설득하고, 한때 적지 않은 성공을 거두었다. 그러나 그해 말, 세인트 안드레가 탈퇴함으로써 협동조합중앙기구의 지위가 약해졌고, 게다가 1853년 초 옥스퍼드 가에 있는 큰 사무실로 이전한다는 위원회의 결정으로 협동조합중앙기구는 감당하기 어려운 비용 문제를 안게 되었다. 아틀라스와 이스트 엔드 철공장에 대한 지원을 철회한 기계공연합조합의 결정은 큰 타격이 되었다. 실적이 양호해 보였던 빔리코의 건축공들도 큰 손실을 보고 해산했다.

1853년에는 1852년 런던 대회에 이어 맨체스터에서 전국대회가 열렸다. 이 대회에서 로치데일 모델에 따라 설립된 북부의 소비자조합이 지도적인 역할을 했고, 노동자조합추진협회는 새로운 법률 아래 '산업절약조합추진협회(Society for Promoting Industrial and Provident Societies)'로 전환했다. 기독교 사회주의자 그룹은 이미 연중행사로 여긴 이 대회를 통해 활동하고 있는 조합들이 더 많은 책임을 떠안기를 갈망하고 있었다. 이듬해인 1854년, 협동조합대회가 리즈에서 열렸을 때 기독교 사회주의자들은 하나의 조직으로는 분명히 소멸했다. 그들의 협회는 협동조합대회에 그들이 하던 기능을 넘기고, 닐에게 협동조합중앙기구를 통해 남은 책임을 떠맡도록 하고서 완전히 청산되었다.

러들로우를 비롯해 모리스와 킹슬리 등 초기 기독교 사회주의자 그룹은 이미 자신들이 오류를 범했고, 협동조합 분야에서 하나의 조직으로는 아무 역할도 할 수 없음을 확신했다. 그들은 노동 계급의 불안을 부채질하거나 믿음이 없는 오언주의자와 연대했다는 이유로 성직자들로부터 호된 공격을 받아왔다. 그들은 노동자협회의 내분과 실패에 심한 환멸을 느꼈다. 그들은 종교 투쟁에 골몰했고, 이는 1853년에 모리스가 이단의 죄목으로 런던의 킹스 칼리지 교수 자격을 박탈당함으로써 정점에 이르렀다. 새로운 활동 분야를 열망한 그들은 주요 활동을 교육으로 옮겨갔다. 1852년, 캐슬 가에 새로운 회관을 열면서 교육 활동을 해왔고, 1853~1854년에 노동자 대학을 만들었다. 이 학교는 지금 캠든 타운의 크라운데일 로드에 있지만 처음에는 레드라이온 광장의, 지금은 없어진 여성재봉사협회가 썼던 건물에 있었다. 노동자협회 중 몇몇은 1854년 뒤에도 오랫동안 존속했다. 그러나 주요한 후원자들의 활동 전환과 함께 기독교 사회주의자의 조직 운동은 끝이 났다.

협동조합중앙기구는 1857년까지 남아있었다. 그러나 북부의 협동조합으로부터 일관된 지원은 전혀 없었다. 이들 조합은 단독으로 그 나름의 견고한 기반 위에 서있었다. 홍차처럼 한정된 범위의 물품을 빼고는 북부 협동조합의 필요에 효율적으로 대처하기에 런던은 너무 멀리 떨어져 있었다. 이들 조합 대부분은 협동조합중앙기구를 통해 물품을 거래하지 않았다. 게다가 그들은 세인트 안드레의 유니버설 프로바이더를 지원하기도 했다. 1850년, 도매 부문을 시작하려고 한 선구자조합의 미온적인 시도와 1855~1856년 사이에 이루어진 이 부문의 보다 분명한 발전은 북부 조합이 협동조합중앙기구로부터 점차 손을 떼고 런던에서 벌어지는 운동에 대한 믿음을 접는 대신, 그들의 상호 관계 구축을 시도하는 여러 단계를 보여주는 것이다. 1857년에는 닐조차 실패를 인정했다. 협동조합 사업체로서 협동조합중앙기구는 소멸했고, 남은 것은 이전의 사업 매니저 제임스 우딘 아래 보통의 회사로 운영되면서 몇몇 협동조합과 ─나중에는 도매사업연합회를 포함─ 제한된 거래였지만 사업을 계속했다.

돌이켜 생각해 보면 협동조합중앙기구의 실패 이유를 쉽게 이해할 수 있다. 이들은 잉글랜드 북부에 주력을 갖는 소비자 협동 운동의 확고한 지지를 만들지 못했다. 남부에서도 초기 기계공연합조합의 방침이나 전국노동보호총연합회의 여러 계획이 예증하는 것처럼, 협동 생산을 위한 노동조합 운동이 지속적인 성과를 내지 못하는 한 성공할 수 없었을 것이다. 엄격한 기독교 사회주의 노동자협회는 대부분 규모가 너무 작았고 ─닐의 야심적인 후원을 감당하기에는 불충분한─ 처음부터 실패할 운명이었다. 기독교 사회주의자들은 노동 계급을 높은 도덕적 코드로 개종하려 했고, 산업 문제에 대해 노동자 대부분이 전혀 받아들일 준비가 되어 있지 않은 신학적 접근을 열망했다. 게다가 그들은 참된 협동조합이 부유한 이상주의자들이 공급하는 자본으로 위로부터 만들어질 수 있으며, 이 자본을 상환할 때까지 노동자들은 중산 계급의 후원자들 아래 놓인 지위를 감수할 것이라 상정한 오류를 범했다. 후원자들의 입김이 작용하는 매니저들과 자치를 원하는 노동자 회원들 사이의 갈등은 피하기 어려웠다. 더욱이 협회 활동의 근거가 되는 원칙에 대한 논쟁이 있었다. 후원자들은 각 직종의 표준 임금을 지불하고, 노동 시간은 식사 시간을 포함 10시간으로 제한하며, 임금과 자본에 대한 이자를 지불한 뒤 잉여금은 3분의 1은 적립금으로, 다음 3분의 1은 자본 상환, 나머지 3분의 1은 임금에 대한 보너스로 배분하는 원칙을 채택했다. 그런데 이 보너스의 기초에 대한 논쟁이 일어났다. 이는 모든 회원에게 동등하게 주어야 하는가, 아니면 노동 시간에 비례해야 하는가 또는 지불된 임금에 비례해야 하는가? 후원자들은 두 번째 방법을 지지했지만 몇몇 협회는 세 번째 방법을, 소수이지만 첫 번째 방법을 선호한 협회도 있었다. 더욱이 각 노동자협회를 재정적으로 독립한 단체로 봐야 하는가 하는 문제도 있었다. 설립자들은 자신들이 자본을 대고 있다는 이유로 금액 산정은 모든 협회를 대표하는 중앙 이사회가 관리해야 한다고 주장했다. 이 주장은 받아들여졌다. 그러나 이윤과 적립금을 전체적으로 공동 관리하는 '총연합(General Union)'의 부분으로 다루어야 한다는 닐 등의 제안을 받아들이는 협회는 없었다. 이윤이 생겼을 때 협회는 이를 자기 것으로 하고 싶어 했고, 다른 협회가 손실이 났을 때 그 부담을 나누려 하지 않았다. 각 협회는 재정적으로 독립 존재였지만 그들 모두 '다 같이'가 아니라 하나하나씩 무너졌다.

기독교 사회주의자들이 협동조합 운동에 등장한 일은 하나의 기묘한 사건이었다. 이는 전적으로 프랑스 협동조합 사상에 열광한 러들로우에 기인했고, 그 방법에서 굉장히 비현실적이었다. 그러나 기독교 사회주의자들의 활동은 유익한 성과를 가져왔다. 협동조합이 확고한 법적 지위를 얻는 데 큰 도움이 된 것만이 아니다. 후원자들은 조직에서 물러난 뒤에도 오랫동안 협동조합의 지원자로서 헌신한 개인들을 남겼다. 토마스 휴즈는 그중 한 사람이었다. 이들 가운데 가장 위대한 사람은 닐이었다. 그는 기계공협동조합과 협동조합중앙기구의 불운으로 가진 재산 대부분을 희생하면서 여생을 운동에 바쳤고, 뒷날 협동조합연합회 사무국장이 되었다. 러들로우도 운동을 버리지 않았다. 때마침 티드 프래트가 은퇴했을 때 러들로우는 우애조합의 등기관이 되어 만년에 많은 법률 문제를 맡으면서 운동을 이끌었다. 기독교 사회주의자들은 자신들이 시도했던 일에는 실패했고, 실패할 수밖에 없었다. 그러나 협동조합 운동에 대한 그들의 헌신은 더없이 귀중한 것이었다.

제7장

협동조합과 법률

협동조합 운동 초기에 그 존립을 보장할 법적 근거가 없었기 때문에 겪어야 했던 어려움에 대해서는 앞에서도 언급했다. 그러나 협동조합 운동의 성장을 고의적으로 방해하기 위해 그런 어려움을 겪게 했다고 생각해서는 안 된다. 노동조합이 그들을 압박하려는 의도가 분명한 판례법 및 제정법 때문에 어려움을 겪었던 데 비해, 협동조합 운동의 어려움은 일반적인 협회와 관련된 법률, 특히 협회가 상업이나 생산 사업에 참여하는 데 관련한 법률이 전반적으로 불만족스런 상태에 있었던 데 주로 기인했다. 18세기 재판관들은 노동자가 노동조합을 목적으로 단결하는 것을 불법적인 음모로 보고 강력한 수단으로 억압했다. 1799년과 1800년의 단결금지법은 이러한 법적 교리를 바탕으로 보다 쉽게 위반자를 소추할 수 있는 조항을 더한 것이었다. 이 법은 1824년에 폐지되었는데 여기에는 조셉 흄—노동조합과 협동조합 지지자—의 노력이 컸고, 프랜시스 플레이스의 도움도 있었다. 노동조합의 지위를 보장한 법은 아무것도 없었지만, '1825년 법'은 그나마 노동조합의 존재를 최소한 허용했다. '1871~1876년 법' 이전까지 노동조합은 법적 지위를 얻지 못했고, 법률이 만들어진 뒤에도 등록에는 제한이 따랐다. 여전히 법은 노동자가 노동 조건 개선을 위해 단결하는 것을 의심쩍게 바라보고 있었다.

협동조합은 결코 노동조합을 괴롭혔던 것만큼 심각한 법적 능력 부족으로 어려움을 겪지는 않았다. 협동조합에 가입했다고 해서 투옥되지는 않았다. 그러한 단체를 만들거나 또는 그 단체를 위해 거래나 생산에 종사했다고 해서 불법이라고 말하는 사람은 아무도 없었다. 어려움은 협동조합이 법정의 금지 아래 있었기 때문이 아니라, 협동조합을 위한 특별한 조항이 만들어지지 않았기 때문이다. 그래서 협동조합은 사기 행위를 하거나, 부주의한 직원으로부터 자신을 지키거나, 확고한 계약 관계에 기초하여 사업을 운영하거나, 자금에 대해 적절한 보장을 받을 필요가 생겨도 법의 적극적인 보호를 받을 수 없었다.

초기 협동조합의 이러한 어려움은 자본주의 사업의 일반 경영에서도 대부분 공유되고 있었다. 19세기 중반 이후까지 '주식회사'에 대한 법률은 매우 빈약했다. 법률상으로 특별한 법 조항이 없는 사업은 모두 개인 사업체 아니면 동업 기업이었다. 그리고 사원이 많으면 불편하기 짝이 없었다. 동업 기업은 오늘날에도 그렇지만 당시에도 법적으로는 단순히 두 사람 이상이 공동의 기업에서 함께 일을 하는 관계이다. 여기에는 법률적인 '인격'이 없고, 함께 일하는 모든 사람들이 무한의 공동 책임을 져야 한다. 그래서 19세기 초 주식회사 또는 협동조합이 부채를 지면 모든 사원(협동조합은 출자를 한 조합원)이 책임을 져야 했다. 법은 사업체를 구성하는 개인들만을 인정했기 때문에 사원 모두가 '동업 기업' 업무에 책임을 졌다. 동업 기업의 자금을 가지고 달아난 사원을 —간부이든 아니든— 고소할 방법은 없었고, 또한 사업 규약을 구성원에게 강제할 방법도 전혀 없었다. 그들은 법률적으로는 동업자였다. 그리고 판례법은 그들 문제에 간섭하지 않았다. 실은 판례법 외에 형평법이라 불리는 법률이 있어서, 판례법 법정에서 받아들여지지 않는 소송이라도 '형평법' 사건을 다루는 법정[1]에 가져갈 수 있었다. 그러나 형평법 재판은 수속이 어렵고 비용도 많이 들어가는 것으로 악명이 높았다. 협동조합에 가입하는 사람들의 경제력으로는 엄두조차 못 낼 일이었고, 보통의 회사 투자자에게도 매우 어려웠다. 그래서 협동조합이나 소규모 상점의 자금을 관리하는 사람이 공금을 갖고 도망가기란 너무 쉬운 일이었다. 이런 일은 협동조합 운동 초창기에 적지 않게 일어났다.

규모가 큰 상업 기업의 지위는 달랐다. 여러 사람으로 구성된 그룹이 '법인화'하면 법적 지위는 전혀 달라졌다. 법정은 구성원의 인격과는 완전히 별개의 법인격을 갖는 것으로 인정했다. '법인'은 하나의 단체로서 그 단체 이름으로 소송을 하거나 또는 피소될 수 있었다. 또한 재산을 영구 소유할 수 있고, 직원을 통해 공인(公印)을 쓸 수 있었다. 나아가 책무를 이행하

---

1   [옮긴이] 대법관 법정이라고도 부름. 1873년에 폐지.

지 않는 임직원을 법정에 고소할 권한이 있었다. 법인은 법률적으로 그 구성원과 완전히 별개의 존재이기 때문에, 법인법으로 무한 책임을 명확히 규정하지 않는 한 그 구성원이나 주주들이 책임지기로 동의한 액수를 넘는 부채에 대해서는 책임지지 않았다. 19세기의 '법인화'는 '유한 책임'의 특권을 누렸다. 이 '유한 책임'이야말로 투자자들의 광범위한 주식 보유에 기초한 근대 자본주의 기업의 기반이었다.

1825년까지 사업체가 법인화하는 유일한 방법은 의회법에 따른 것이었다. 운하, 철도, 가스, 수도 등 산업혁명 과정에서 만들어진 회사는 의회에서 가결되는 사(私) 법률안을 발의하는 방식으로 권한 —대부분 지금까지도 존속— 을 얻었다. 그러나 의회는 대규모 투자자 단체에 의해 자본을 조달할 필요가 명확한 이러한 사업체는 법인화의 필요성을 인정했지만, 같은 권한을 일반 회사에 부여하는 것은 오랫동안 꺼려했다. 투자자의 유한 책임에 기초한 주식회사의 완전한 입법화를 향해 처음으로 적극적인 조치를 취한 것은 1834년 일이었다. 이 해에 국왕의 특허증[2]만으로, 유한 책임 문제는 별개로 하더라도, 법인이 아닌 회사에도 소송권을 부여하였다. 그러나 이 법률은 제한적으로 적용되었다. 10년 뒤인 1844년에 최초의 근대적

---

2 [옮긴이] 1834년에 무역회사법(Trading Companies Act)이 제정되고 국왕이 설립특허 (charter) 대신에 특허증(letters patent)으로 법인 특권을 줄 수 있게 되었다. 이에 따라 특별법 제정 없이 각 회사는 소송 당사자가 될 수 있었다. 「회사법 제정을 위한 법정책적 연구」참조(한국상사법학회, 2014년 10월)

회사법이 만들어지고, 특별법이나 국왕에 의한 특허증 없이도 상무부가 주식회사에 법인 증서를 부여하게 되었다. 이와 동시에 법률로 인정하는 동업 기업은 최대 25명으로 제한했다. 25명보다 많은 동업 기업은 이 법률에 따라 주식회사로 등록하거나 '우애조합'으로 승인을 받지 않으면 법적 보호를 받을 수 없었다. 우애조합에 대해서는 뒤에 다시 언급하기로 한다. '1844년 법'과 1847년에 통과된 수정법에 따라 많은 주식회사가 법적 승인을 받았다. 그러나 두 법 모두 일반적인 유한 책임을 부여하지 않았고, 이를 부여할 것인가 거부할 것인가는 국가의 재량에 맡겨졌다. 또한 그 절차에 비용이 너무 많이 들어 힘들게 일을 시작한 대부분의 신생 협동조합이 이를 이용하려고 해도 그 가능성은 닫혀 있었다. 의회는 1855년이 되어서야 유한 책임의 권리를 아주 간단한 몇 개 조의 등기 요건을 갖춰 주식회사에 확대했다. 이 '1855년 법'이 1856년 개정, 1862년 통합 및 재개정을 거쳐 오늘의 회사법의 기초가 되었다.

이들 법률 또는 이 법률의 전신은 설령 다른 면에서 협동조합에 만족스러운 기초를 제공했다 하더라도, 비용 면에서 대부분의 협동조합에는 문호가 닫혀 있었다. 오언주의 시기의 협동조합은 우애조합법 아래 등기를 받았을지도 모르지만, 대부분 어떤 종류의 법적 지위도 없이 활동했다. 그러나 이 법은 거래 기업체를 다루도록 입안된 것이 아니었고, 1834년까지 국가가 부여하는 승인의 범위는 우애조합에 대해서조차도 매우 협소했다. 우애조합은 1793년 조지 로즈 법 아래 처음으로 승인되었다. 이 법은 상호자조를 위해 노동자들이 만든 단체보다는 상류 계급의 회원이 후원하는 우애조합을 육성하기 위해 입안된 것이었다. 이 법률 아래에서 승인을 얻고자 하는 우애조합은 그 규약을 순회 법정에 제출하여 재판관의 승인을 받아야 했다. 승인을 받은 단체는 치안 판사의 엄격한 조사를 받았다. 치안 판사는 모든 노동 계급의 조직을 비밀스런 자코뱅의 음모 단체는 아닌지 또는 임금 인상이나 고용 조건을 조정하기 위한 결사 행위가 아닌지 의심하는 경향이 있었다. 노동조합이 법으로 억압되고 있을 때 실제로 많은 노동 계급의 결사가 우애조합으로 위장했다. 그러나 그러한 단체가 로즈 법 아래에서 등기를 신청하는 일은 아주 드물었다. 대부분의 우애조합은 법률의 승인을 받지 못한 상태였다. 영국 전역에 수 천 개의 조합이 흩어져 있었고, 지역의 '저축 모임(slate clubs)'에서부터 비밀공제조합원과 '공제조합(Orders)'에 이르기까지 그 종류도 다양했다. 이들에게는 사회적인 면이 강했다. 1815년 조사에 따르면, 구할 수 있는 기록만으로도 거의 100만 명 가까운 우애조합 회원이 있었다고 한다. 실제로는 더 많았을 것이다. 이 조사는 '1819년 법'을 만드는 계기가 되었다. '1819년 법'은 등기를 마친 조합의 권능을 분명히 규정하고, 화재보험과 같은 행위에 관여하는 것을 금지하며, 그들의 자금을 국채관리위원회에 예탁하도록 하고 그 예탁금에 대해 고율의 이자를 받을 수 있게 했다. 이 법은 1829년에 만들어진 새 법률로 통합되었다. 그리고 순회 법정에서 재판관에 의한 등기 신청과 수리는 여전히 필요한 과정이었지만, 제출된 우애조합 규약을 인정하기 위해 한 사람의 관리와 등기를 담당하는 법정 변호사가 임명되었다. 이 법률 아래에서 상류 계급의 후원을 받지 않는 많은 조합이 등기를 신청했다. 그런데 법정 변호사 티드 프래트는 지부가 있는 조합의 승인을 거부했다. 이들 조합이 통신협회법에 저촉된다는 이유에서였다. 이 법률은 이전에 혁명에 대한 두려움이 만연했을 때 만들어진 것인데, 다른 조합과 '통신 관계'를 갖는 것, 달리 말하자면 연합 또는 지부를 기초로 조직되는 조합을 금지하는 것이었다. 이것이 오드펠로우스, 포레스터스, 드루이즈와 같은 대형 '공제' 협회 — 이는 특히 랭커셔에서 1830년대에 대규모로 조직되고 있었다.— 의 법적 등기를 가로막았고 이들 조합은 법의 울타리 바깥에 놓여 있었다. 1834년 까지는 이런 상태가 계속되었다. 이 해에 법률이 개정되고 "법률에 위배되지 않는 목적을 위해" 설립된 우애조합에 법적 승인을 확대함으로써 조합 등기를 인정하는 범위가 넓어졌다. 거래 조합은 이렇게 해서 비로소 신청 자격을 갖게 되었다. 그러나 이들 조합을 위한 특별 규정은 여전히 아무것도 없었다. '1846년 법'은 상당히 진전되어 '절약 투자'라는 이름으로 알려진 조항을 포함했다. 이 조항은 먹을거리, 의류, 기타 필수품 또는 생업에 필요한 도구, 비품 구입이나 아이들과 친지의 교육 준비를 쉽게 하기 위해 조합원 저축의 간소한 투자를 목적으로 하는 조합 설립을 인가하는 것이었다.

앞서 살펴본 바와 같이 로치데일의 선구자들은 1834년 및 1842년의 우애조합법에 따라 등기를 신청했다. 1842년 법률은 그다지 중요하지 않은 수정을 더했을 뿐이다. '1846년 법'이 만들어지자 그들은 이전까지 법에서 언급되지 않았던 교육에 대한 특별 조항을 포함해 새롭게 부여된 광범위한 권한을 활용하기 위해 규약을 개정했다. 그들이 처음 등기를 할 때에는 여전히 순회 법정에 규약을 제출해서 승인을 받아야 했다. 그러나 '1846년 법'에서 이 과정은 필요 없어졌고 우애조합 등록국이 만들어져 등기에 관한 모든 권한이 주어졌다.

그러나 '1846년 법'에서도 협동조합 운동의 입장에서 보면 여전히 중대한 결함이 있었다. 상거래를 하는 조합은 절약 투자 조항에 의해서만 다루어졌고, 조합은 이 조항 아래서 자기 회원과 거래만 할 수 있었다. '사업용 기기와 비품' 구입을 위해 서로 돈을 모으는 행위는 허용되었지만, 회원 이외의 시장을 찾아야 했던 노동자들의 생산자협동조합 상태는 매우 불안정했다. 게다가 조합은 여러 가지 심각한 제약에 묶여 있었다. 조합은 부동산은 아예 소유할 수 없었고, 동산도 관재인 명의로만 소유할 수 있었다. 또한 적립금은 전부 국채관리위원을 통해 투자하도록 제약되었고, 조합이 연합 또는 연대할 수 있는 방법은 아무 것도 없었다.

기독교 사회주의자들이 이 문제를 상정한 것은 바로 이런 상태에서였다. 이 문제는 북부의 협동조합 운동에서 이미 주장해온 것이었고, 노동자조합추진협회와 관계를 가진 로이드 존스 같은 오언주의자들에게는 낯익은 이슈였다. 기독교 사회주의자 그룹에는 유능한 법안 기초자인 러들로우, 토마스 휴즈, 닐이 있었고, 의회에서도 영향력 있는 지인들이 있었다. 그리고 앞서 언급한 것처럼, 그들의 지원 아래 1852년 처음으로 산업절약조합법 —슬레이니법— 이 보수당 정권에 의해 성공적으로 법전에 이름을 올렸다. 이전의 자유당 정권은 이 법안을 거부했는데, 그 이유는 그해 기계공이 고용주의 직장 폐쇄에 맞서 협동 생산에 착수한 것이 자유당 정권에 불안감을 심어주었기 때문이다.

이 새로운 법률은 매우 실질적인 편익을 가져왔다. 새로운 법률 아래 협동조합은 우애조합법의 특권을 모두 유지하면서 생산자와 소비자 두 협동조합의 요구에 맞추기 위해 특별히 입안된 법률을 처음으로 갖게 되었다. 조합은 25명을 넘는 '동업 기업'이 법의 보호를 받기 위해서는 주식회사로 등기해야 한다는 '1844년 법'의 규정에 구속되지 않고, 일반 회사와 비슷하지만 본질적으로 다른 지위를 얻게 되었다.

그 당시 회사법은 주식의 자유로운 양도를 인정하는 게 필수 조건이었다. 만일 이 조건을 협동조합에 적용하면 통제권은 매장에서 사업을 운영하는 사람들의 손으로 —생산자조합 경우에는 피고용인의 손에서 또는 이들을 진정으로 협동조합의 노선에 따라 일하도록 관심을 기울이는 출자자의 손에서— 빠져나가게 됨을 의미한다. 이러한 일은 주식회사로 등기한 단체의 사례(유한책임회사노동계급)에서 실제로 일어났다. 나중에 확인한 것이지만, 1852년 산업절약조합법에 의한 등기조차도 그러한 운명 —로치데일생산조합에서 일어난 일에 주목— 의 바람막이가 되지 못했다. 그러나 협동조합 원칙으로 그러한 운명을 단절하려는 것은 비록 완전하게 막아내지는 못하더라도 적절한 예방책으로 보다 어렵게 만들 수는 있었다. 이에 따라 '1852년 법'은 '산업절약조합' 주식(동법에서는 출자금이라 부름)의 양도를 제한했다. 즉 출자금을 처분하고자 하는 사람은 그것을 조합에 되팔도록 하고, 특정인에게 양도하려면 조합 경영 위원의 동의를 받도록 한 것이다.

산업절약조합은 개인이 100파운드를 넘는 출자금(보통 1좌 1파운드)을 보유할 수 없다는 점에서도 주식회사와 구별되었다. 그러나 조합은 이와 별도로 조합원으로부터 출자금의 4배까지 자유롭게 차입하도록 허용했다. 이것이 그 뒤 협동조합 사업 구조의 특징이 된 출자금과 차입자본 구분의 시작이었다. 나아가 조합은 자금 투자에 대해 우애조합에 부과된 제약을 면제받았고, 이로써 그들의 사업 발전을 위해 자유롭게 자금을 투자할 수 있게 되었다.

여기까지 이 법률은 충분히 만족할만한 것이었다. 그리고 대부분의 기존 협동조합은 새 규약을 준비하는 기초로서 기독교 사회주의 법률가가 기초하고 티드 프래트 ─수석 등기관으로서 그는 우애조합만 아니라 산업절약조합을 다루는 권한을 가졌다.─ 가 인정한 모범 규약을 일제히 따랐다. 그러나 1852년 의회에서 획득한 것은 그들의 요구와는 거리가 멀었다. 특히 유한 책임의 특권은 여전히 거부되었고, 이것이 노동 계급의 투자에 중대한 장애물로 남아있었다. 몇몇 조합은 그들의 자산을 전적으로 관재인 명의로 두는 방법으로 어려움을 극복했다고 하지만 말이다. 이는 기독교 사회주의자들이 자신들의 노동자 조직에서 채택한 방법이었다. 그러나 이러한 방법은 관재인을 조합원의 통제가 미치지 않는 절대적인 오너로 만드는 경우도 있었고, 순수한 노동 계급 조합과는 모순된 것이었다. 특히 이러한 관재인은 법적으로 동업인으로 여겨졌기 때문에 법적 보호를 받지 못할 것을 우려해 결코 정식 조합원이 되려고 하지 않았기 때문에 더욱 그러했다. 게다가 '1852년 법'은 협동조합의 연대 또는 연합 행위에 대한 조항을 포함하지 않았다. 그래서 닐은 연합에 기초한 협동조합중앙기구를 조직할 수 없었다. 그는 관재인에게 자산을 맡기는 낡은 방법에 의지할 수밖에 없었고, 실제 거래 활동을 하기 위해서는 존즈 우딘 회사를 주식회사로 설립할 수밖에 없었다. 게다가 그는 협동조합중앙기구와 거래를 하기로 한 조합에 대해 효과적인 통제권을 가질 수 없었다. 이것이 협동조합중앙기구가 도산한 이유 중 하나였음은 분명하다. 협동조합중앙기구와 거래를 한 조합은 중앙기구가 자신들의 사업체라거나 충성을 바쳐야 할 의무가 있다고는 생각하지 않았다. 선구자조합에서 도매부를 다시 시작했을 때에도 비슷한 일이 일어났다. 그때도 적절한 연합의 형태를 갖지 못했고, 다른 조합의 이익을 위해 만들어진 것임에도 그들의 충실한 지원을 얻지 못했다.

1852년에 왜 이런 권한이 거부되었는지 이해하기란 쉽다. 이 때는 의회가 유한 책임의 특권을 주식회사에 개방하려고 결정하기 3년 전이었고, 또한 티드 프래트는 연합 또는 지부를 기초로 조직되는 대형 우애조합 승인을 여전히 거부하고 있었다. 의회가 자본주의 사업체에 내주려고 했던 것보다 더 큰 특권을 협동조합 운동에 주리라고 기대할 수 없었고, 우애조합에 앞서 연합 조직의 금지를 푸는 것 또한 기대할 수 없는 일이었다. 이 두 가지 권한에 편견을 가진 점은 시대에 뒤떨어졌음이 분명하지만, '1852년 법'이 협동조합에 특권을 주는 방식으로 이런 편견을 극복하기에는 시기가 너무 빨랐던 것이다.

'1852년 법'에서 명확하지 못한 대표 문제점은 협동조합이 소득세를 내야 하는가였다. 1842년 입법에서는 정식 등기를 마친 우애조합은 소득세법 부칙 C항에 따라 정부 증권 보유에서 생기는 소득에 대해 과세를 면제했다. 앞서 언급한 것처럼, 이는 우애조합이 그들의 자금을 소유할 수 있는 일반적인 형태였다. 그러나 과세 면제는 부칙 D항의 사업 이윤에서 생기는 소득을 포함하지는 않았다. 이에 따라 소득세 당국은 이윤을 내는 조합의 납세를 주장했다. 로치데일의 선구자들도 초창기에 사업 잉여에 대한 세금을 냈는데, 그들은 개별 조합원의 수입은 과세 수준 이하이기 때문에 납세 의무가 없다고 주장하면서 항의했다. 이에 대해 소득세 당국은 그런 상태에 있는 조합은 세금 반환 청구를 할 수 있을 것이라고 하면서도 그것이 조합에 우선 납세 의무가 있다는 점에는 아무런 영향을 주지 않는다고 응답했다. 몇 펜스에 지나지 않는 환급 청구를 하기란 불가능하다는 게 분명했다. 그 결과 조합원은 아무런 보상 없이 사실상 의무가 없는 세금을 내야만 했다.

1853년에 우애조합은 부칙 C항에 더하여 부칙 D항에 대해서도 납세 의무가 면제되었다. 그래서 협동조합은 우애조합의 특권을 부여한 '1852년 법'을 근거로 자신들에게도 납세 의무를 면제해 줄 것을 요구했다. 그러나 당국은 그들의 요구를 거부하고 고집스럽게 납세를 요구했다. 이런 상태에서 로치데일의 선구자들은 항의를 하면서도 납세는 계속했는데, 1856년에는 단호한 입장을 취하고 악질 세무 당국에 맞서 싸웠다. 이 세금 논쟁은 1862년에 산업절약조합법에 우애조합과 같은 조건에서 납세를 면제한다는 명확한 조항을 넣음으로써 끝이 났다.

엄밀한 연대의 순서에는 벗어나지만, 이 특수한 분야의 이야기를 좀 더 해두는 게 도움이 될 것이다. 조합의 과세 면제에서, 만일 조합에서 받은 배당액에 이를 더해 조합원의 총 소득이 소득세를 내야 하는 수준이 될 때 개별 조합원에게 적용되는지 아닌지는 1862년까지 분명하지 않았다. '1867년 법'에서 개인은 면제되지 않는다고 규정하고, 나아가 모든 조합원의 배당액 일람표를 만들어서 납세 의무가 있는 조합원은 과세 대상이 된다는 의견서를 첨부하여 징세 당국에 제출하라는 의무를 규정했다. 이는 끊임없는 문제를 일으켰다. 당시 소득세 대상이 될 정도로 부유한 조합원은 거의 없었다. 참고로 소득세 면세 한도 공제액은 차치하고, 1853년까지는 연수입 150파운드, 그 뒤 1877년까지는 100파운드였다가 그 해에 다시 150파운드로 인상되었다. 사정이 이러함에도 일람표 작성은 납세 의무가 있는 극히 일부 사람으로부터 몇 실링을 거두기 위해 그렇지 않은 수 천 명에 이르는 긴 보고서를 만들어야 하는 것이었다. 마침내 글래드스턴이 일람표를 폐지하는데 동의했고, 이 규정은 1876년에 정식으로 폐지되었다.

그러나 이 이야기는 여기서 끝나지 않았다. 1879년에 개인 상인들로부터 두 가지 불평이 터져 나왔다. 하나는 협동조합이 공정한 납세 부담을 피한다는 것이고, 다른 하나는 실제로는 전혀 협동조합답지 않은 여러 매장이 산업절약조합법의 우산 아래 탈세를 하고 있다는 것이었다. 후자의 불평은 공무원 매장과 육해군인 매장 같은 시설을 겨냥한 것인데, 이들은 중류 그리고 상류 계급 사람들 사이에서 협동조합의 기초에서 시작했으나 신규 조합원을 동등한 조건에서 가입하는 것을 거부하고 모든 이윤을 기존 조합원 이익으로 전용해 보통의 이윤 추구 사업체로 변질한 것이었다.

의회 위원회에서 모든 문제를 철저히 토론한 이듬해인 1880년, 소득세 면제는 신규 조합원 가입에 아무런 제한이 없는 조합에 한정한다고 규정했다. 여기에 덧붙여 면세 범위를 조합원이 아닌 사람과의 거래에서 생기는 이윤에까지 확대해서는 안 된다고 명기했다. 조합원이 아닌 사람과의 거래액은 소액이었다. 왜냐하면 협동조합과 거래하는 사람들은 조합원이어야 이익이 되었기 때문이다. 당연히 협동조합 운동도 실제 협동조합이 아닌 단체를 면세 범위에서 배제하는 규정을 환영했다. 그러나 협동조합 조합원이 어떤 경우에도 완전히 면세된 것은 아님을 기억해야 한다. 협동조합은 부칙 A와 B에 따라, 즉 토지 소유나 점유에서 생기는 지대 수입에 대해서는 소득세를 내야 하는 의무가 있었고, 또한 면세 기준을 넘는 수입이 있는 조합원 개인에게는 출자금 또는 차입 자본에서 생기는 이자에도 세금이 부과되었다. 여기서 명확해진 점은 '이용 실적 배당'은 출자 또는 차입 자본의 이자와는 별개이고, 협동조합 사업의 잉여금은 이윤으로 볼 수 없기 때문에 과세 대상이 아니라는 것이다. 문제의 요점은 단순하게 정리할 수 있다. 즉 이윤은 어떤 물품을 원가보다 비싸게 판매한 결과이다. 그러나 소비자 매장에서는 전혀 모르는 사람에게 물건을 파는 게 아니라, 한 조합에서 한 사람의 조합원에게 파는 것이다. 그 목적은 이윤 창출이 아니라 이윤 배제에 있고, 이는 투자 자본에 대한 이자 제한과는 별개인 것이다. 시장가격을 매기고 잉여금을 구매자에게 배당으로 돌려주는 대신, 처음부터 원가로 팔고 배당을 지불하지 않는 방법도 협동조합 매장에 열려 있다. 실제로 이렇게 하는 조합도 있다. 그러나 일반적으로 조합원은 배당 방식을 선호한다. 손실에 대한 보험의 의미가 있고 노동 계급 소비자에게 유익한 저축 수단이 되기 때문이다. 잉여금도 없고 배당도 지불하지 않는 협동조합은 과세 대상이 될 수 없음은 분명하다. 그렇다면 왜 협동조합이 먼저 원가를 넘는 값을 정하고 구매자에게 리베이트로서 차액을 환원하는 길을 선택했다고 해서 과세를 요구받아야 하는가? 역대 재무장관들도 그러한 리베이트가 이윤이 아니라는 이해로 기울었지만, 길어진 논쟁은 20세기 들어서도 이어졌고 개인 사업자의 이해로 얽힌 새로운 압력을 받으면서 이 문제는 다시 불거졌다.

앞 단락에서 언급한 것은 자신들의 조합원과 거래를 하는 소비자협동조합에 적용되는 것이다. 이는 조합원이 아닌 사람에게도 판매해야 하는 생산자협동조합에는 똑같이 적용할 수 없다. 기독교 사회주의자들은 주로 생

산자조합에 관심을 가졌다. 그들은 1853년 이래 부칙 C항과 함께 D항에서
도 확대된 우애조합에 대한 면세가 모든 형태의 산업절약조합에도 적용되
어야 한다는 규정을 만들게 함으로써 생산자조합도 면세 대상에 포함시키
는 성과를 거두었다. 이 형태의 면세는 조금 애매한 표현이 있지만 '1862
년 법'과 개정된 '1867년 법'에서도 계속되었다. 그러나 이미 본 것처럼,
1880년에 출자 보유를 제한하고 비 조합원에게 생산물을 판매하는 조합
은 면세가 취소되어 대부분의 생산자조합은 납세를 하게 되었다. 이 차별
은 1893년까지 계속되었다.

　19세기 말까지의 소득세 이야기를 마무리하기 위해 사건의 순서상 너무
앞서 나가고 말았다. 1852년 이후 협동조합 운동은 개별 조합의 활동에 있
어서는 적절한 법적 근거를 얻었다. 그러나 유한 책임과 연합 활동을 위한
규정은 여전히 없는 상태였다. 이 두 가지 난점은 1862년의 산업절약조합
법으로 해결되었다. 이들 조합에게도 이미 1855년에 신청한 모든 주식회
사에 개방된 유한 책임의 특권이 주어졌고, 조합의 공동 사업도 인가되었
다. 이로써 협동조합도매사업연합회(Co-operative Wholesale Society, CWS)
의 법적 기초가 마련되었고, CWS는 이듬해 설립되었다. 연합 활동이 인가
되는 형태는 한 협동조합의 다른 협동조합에 대한 출자 보유를 합법화하
는 것이다. 즉 조합 매장이 CWS[3]에 공동 출자하는 것만 아니라, 소비자조

3　연합 활동은 1862년에 완전히 규정되지 않았음을 주의해야 한다. 새로운 산업절약조합
　법에 따라, 1913년에 비로소 두 개 이상의 조합이 공동 소유의 연합 조합을 만드는 것

합이 생산자조합에 자금을 빌려주는 것이 가능해졌고 이는 협동 생산의 기회를 확대하는 변화를 가져왔다. 사실 인가되기 훨씬 전부터 이러한 일은 여러 사례로 이루어지고 있었다. 예를 들면, 선구자조합은 1850년에 로치데일제분조합에 1854년에는 로치데일생산조합에 자금을 빌려주었다. 그러나 1862년까지 이러한 행위는 합법성에서 의문이 있었다. 이외에 '1862년 법'은 개인이 보유할 수 있는 출자 총액을 100파운드에서 200파운드로 올리고, 1852년에 정해진 차입 방식으로 조합이 받아들일 수 있는 총액의 제한을 없앴다. 나아가 '1867년 법'은 한 조합이 다른 조합에 투자할 수 있는 200파운드 한도를 없앴고, 이리하여 조합은 CWS와 다른 연합 단체에 투자를 늘릴 수 있게 되었다.

'1852년 법'과 '1862년 법'을 기초하는 데 중요한 역할을 한 러들로우는 1874년에 우애조합 수석 등기관으로 임명되었다. 1876년에는 이전의 여러 조치들을 포괄한 일대 통합법이 통과되었다. 1871년에 통과된 법률로 협동조합의 토지 거래가 보다 쉬워졌고, 더 중요한 점은 부동산이나 동산을 담보로 조합원 대출을 인가한 것이다. 이 법률 아래 CWS는 1872년 처음으로 '대출 및 예금 사업부'라는 이름으로 은행 부문을 개설했다. 실제로는 '은행'부로 발족했다. 그러나 법률에 준거한 모양을 갖추기 위해 곧

이 인가되었다. 이로써 특정 목적의 연합회, 예를 들면 낙농, 세탁업 연합회의 발전이 가능해졌고, 잉글랜드와 스코틀랜드의 도매사업연합회(English and Scottish Wholesale Society)의 법적 근거도 부여되었다.

명칭을 변경했다.

4년 뒤 '1876년 법'은 산업절약조합의 은행 업무를 합법화하고 소액 저축금 예치에 대한 명문 규정을 만들었다. 대출 및 예금 사업부는 CWS 은행부가 되었고, 'CWS 은행'은 지역 조합을 대리점으로 해서 개별 협동조합원만 아니라 노동조합과 다른 노동 계급 단체에서 점차 넓은 고객층을 확보했다. 지역 조합도 이 법률에 따라 저축은행 부문과 '페니 은행[4]'을 만들 수 있었다. 1876년 이후에 산업절약조합법은 1893년의 중요한 통합법을 포함해 다시 수정이 가해졌다. 그러나 운동의 법적 지위는 은행 업무를 공인된 활동 영역으로 포함한 시점에서 대체로 완전하게 확보되었다.

협동조합 운동의 교육 활동을 뒷받침하는 법적 조건에 대해서도 한 마디 하지 않으면 안 된다. 1834년의 우애조합법은 법에 위배되지 않는 한 어떠한 목적이라도 인가하면서 조합의 교육 활동을 암묵적으로 인정했다. 그래서 로치데일 선구자들도 최초의 목적 가운데 교육 활동을 적법하게 포함시켰던 것이다. 1846년의 우애조합법은 절약 투자의 정당한 목적 가운데 교육을 명기했고, 이로써 조합이 교육을 실시하는 권리가 강화되었다. 그러나 1852년의 산업절약조합법에는 교육이 명기되지 않았고 우애조합법으로 준용되었다. 1855년에 우애조합법이 수정되면서 절약 투자 조항의 목적은 산업절약조합법 제정으로 충족되었다고 간주되어 이 조항은 삭

4　[옮긴이] 소액 저축은행을 페니 은행이라 부른다.

제되었다. 이 때문에 협동조합의 교육 활동은 아무런 법적 근거가 없어졌고, 앞서 말한 것처럼 교육 목적을 기재한 규약 승인을 거부하는 등기관과 투쟁이 벌어졌다. 이 우발적인 실수는 1862년에 산업절약조합이 그 잉여금을 합법적이라면 어떤 목적에도 쓸 수 있다고 명기하면서 교정되었다. 교육 활동은 진보적인 조합에서 결코 포기된 적이 없었는데 그 뒤로 완전한 적법성을 추구할 수 있었고 또한 이를 규약에 분명히 규정하는 데에도 더 이상 장애가 없었다.

이 장에서는 협동조합 운동이 법적 지위를 얻으면서 걸어온 역사를 총괄하였다. 여기서 분명해진 것처럼, 협동조합 운동은 필요한 입법의 초안 작성이나 법 제정 그리고 협동조합이 그 법률을 충분히 활용할 수 있도록 규약과 사업의 실제를 정비하는 데 기독교 사회주의자들에게 큰 도움을 받았다. 노동조합 운동이 법률상 견고한 지위를 갖추기 위해 1860년대와 1870년대를 지나면서 투쟁해서 얻어야만 했던 것에 비하면, 협동조합 운동의 투쟁은 훨씬 쉬웠다고 하더라도 이 빚은 작지 않았다. 노동조합 운동은 협동조합 운동에 비해 지배 계급 속에서 훨씬 강한 적의와 상대해야만 했다. 지배 계급 대부분은 오언주의 시대가 끝나고 협동조합 운동과 반 종교 그리고 세속주의 사이의 밀접한 결합이 끊어지면서 노동 계급에게 검약을 실천하는 유익한 기관으로서 로치데일 모델의 협동조합에 호의를 갖게 되었다. 개인 상인이 반감을 가졌다는 사실은 의심할 여지가 없었다. 그러나 그들의 영향력은 당시 의회나 지배 계급 사이에서도 그렇게 강하지는 않았다. 긴밀하게 조직된 상업자 연맹의 시대도, 거대한 백화점과 체인점의 시대도 아직 오지 않았고, 개인 상인의 공격은 1879년까지는 큰 효과를 발휘하지 못했다. 1879년에도 개인 상인들의 공격은 대체로 실패했다. 개인 상인의 반대가 위협으로 다가온 때는 광범위한 독자층을 가진 신문의 지원을 받은 21세기 들어서였다.

이렇게 해서 협동조합 지지자들은 심각한 반대 없이 의회에서 전과를 올릴 수 있었다. 협동조합 운동은 무소속 의원만 아니라 양대 정당에서도 지지자를 얻었다. 코브던과 선구자조합을 발족할 때부터 알던 브라이트 모두 강력한 지원자였다. 지지자는 토리당에서도 나타났다. T. 조던 에스코트는 산업절약조합법을 추진한 지도적인 사람이었는데, 그는 토리당의 걸출한 정치가이고 1858년에는 구빈법 위원회 위원장 그리고 1859년에는 내무장관이 되었다. 토리당의 공장법 개정론자인 샤프츠베리와 글래드스턴도 동정적이었다. 글래드스턴은 1867년에 로치데일 선구자들의 업적에 깊은 경의를 표했다. 일을 이해시키고 필요한 의사 일정 배정을 받기 위해 의회를 설득하는 데 그렇게 큰 어려움은 없었다. 노동조합 운동은 훨씬 더 지난 시기까지 불법적이었음에 반해, 협동조합 운동은 1850년 뒤로 급속히 중류 계급의 눈에 훌륭하게 비쳤다. 부분적으로는 이것이 두 운동이 점점 멀어진 원인이었다. 기계공연합조합이 협동 생산에 관계를 가진 것이 발단이 되어 헨리 라부셰어가 휘그당 정권의 1852년 산업절약조합법안 지지를 못하게 한 것 그리고 토리당이 법안을 통과시킨 경위에 대해서는 이미 살펴본 바와 같다. 실은 휘그당이 협동조합에 대한 상업 및 제조업계의 적대적 여론에 훨씬 민감했다. 그러나 1852년 뒤로 노동조합 운동과 관계가 멀어지면서 협동조합 운동이 양쪽 당으로부터 지지를 얻기가 훨씬 쉬워졌다. 입법화 국면에서 협동조합 운동은 손쉬운 승리를 맛보았다. 그것이 전복적인 의도를 품었다던가, 심지어 당시 수용된 '정치 경제의 법칙'을 무시할지도 모른다고 의심할 근거를 지배 계급이 전혀 찾을 수 없었기 때문이다. 존 스튜어트 밀이 솔선하여 지지하지 않았다면 그리고 대부분의 저명한 경제학자들이 찬성으로 돌아서지 않았다면 어떻게 되었을까?

제8장

협동조합도매사업연합회의 기원

1862년 산업절약조합법의 본질적인 목적은 협동조합의 연합 활동, 특히 도매조합 창설을 위해 확실한 법적 근거를 제공하는 데 있었다. 이 법률에 따라 이듬해에 협동조합도매사업연합회(이하 CWS)가 설립되었는데, 그 이전에도 협동조합의 도매 운동을 든든한 기반 위에 올리려는 시도가 이어져 왔다. 이러한 시도는 1830년대 이전까지 거슬러 올라간다. 실제로 협동조합이 상당한 숫자에 이르자 이러한 시도가 곧장 이루어졌고, 그렇게 하는 게 합당하기도 했다. 생산자조합의 생산물을 교환할 준비를 갖추도록 노력하는 것은 주로 이러한 생산자조합에 기반을 둔 초기 협동조합 운동에 필수적인 부분이었다. 그리고 이는 일종의 중앙 물류 센터나 중앙기구와 관련이 있었는데 이를 통해 이러한 교환이 조직될 수 있었다. 도매협동조합의 가장 오랜 맹아적 사업은 1829년에 창설된 런던거래협동조합과 같은 시기에 설립된 리버풀협동조합의 도매 사업부였다. 우리들은 이 두 단체의 사업 실적에 대해서는 아는 것이 거의 없다. 그러나 전자로부터 1830

년에 영국협동조합지식보급협회가 조직한 교환 시장 —개인뿐 아니라 런던의 각 협동조합이 매매에 참여하는 센터— 이 시작되었다. 한편 수입의 큰 중심지인 리버풀에서 시작한 사업은 성격이 좀 달랐는데, 이웃 협동조합에 수입품을 공급하는 것이 주요한 목적이었고, 이로써 각 조합이 독자적으로 사는 것보다 싼값에 살 수 있도록 했다.

리버풀협동조합의 도매 사업부가 1831년에 열린 맨체스터 협동조합대회에서 당시의 낙천적 정신으로 도매협동조합의 웅대한 구조를 만들려는 시도의 토대가 되었음은 의심할 여지가 없다. 이 대회에서 승인된 야심적인 계획은 "영국 각지의 항구에" 다수의 '도매 거래 회사'를 만드는 데까지 확대되었다. 이 회사는 "회사를 구성하는 여러 조합의 이익을 위해 가능한 한 싼값에 물품을 구입해서 판매하고, 협동조합 물품과 다른 생산물의 판매와 교환을 장려하고 촉진하기 위해 협동조합이 연합하여" 조직되는 것이었다. 이 계획은 소비자조합의 연합과 생산자조합이 만든 물품을 위한 교환 기관이라는 두 아이디어를 결합한 것이었다. 이러한 계획을 후원한 사람은 오언과 오언주의 고용주이자 상인인 존 핀치가 포함되었다. 핀치에 대해서 우리들은 이미 퀸우드와 그로부터 20년 뒤 기계공연합조합이 매입하려 했던 원저 주물 공장과 관련하여 살펴보았다.

리버풀 계획은 1831년 10월 버밍엄에서 열린 다음 협동조합대회에서 다시 검토되었다. 오언은 그때까지 리버풀 구상을 지지했지만, 이 무렵 대자본을 동원할 수 있는 개인업자와 경쟁에서 성공할 가망이 없다는 결론을 내리고 있었다. 오언은 그 대신 "대규모 사업을 하는 회사가 협동조합의 에이전트 역할을 맡는 협정을 맺도록" 노력해야 하며, 그럴 수 없다면 결정적인 행동을 하기 전에 문제를 더 깊이 검토하는 위원회를 지명할 것을 제안했다. 이 분별 있는 제안은 지지를 얻지 못했고 오언은 손을 뗐다. 이 사업은 오언의 도움 없이 잉글랜드북부연합협동회사라는 이름으로 1831년 12월, 리버풀에서 영업을 시작했다. 각 협동조합은 이 연합협동회사를 지원하기 위해 조합원 100명 당 20파운드 출자를 요청받았고, 500파운드가 모였다. 처음 몇 달 동안 21군데 조합이 연합협동회사에 가입하고 31개 조합이 거래를 시작했다. 그러나 1832년 4월에 열린 런던 협동조합대회에 보고된 연합협동회사의 총 판매액은 겨우 1,830파운드였고 사업 손실도 조금 발생했다. 연합협동회사 창고에는 협동조합 제조 물품으로 가득했다는 보고가 있었고, 경영 위원회는 회사의 장래에 희망을 품고 있었다. 1832년 10월, 리버풀에서 열린 다음 대회에서는 연합협동회사가 약간의 이윤을 냈다는 보고가 있었고, 협동조합 생산물의 판매와 교환을 위해 협동조합 시장이 열렸다.

1831년에 제안된 그 밖의 다양한 거래 협회 건은 하나도 실현되지 못했다. 그리고 1832년 10월 이후 우리들은 잉글랜드북부연합협동회사에 대해 더 이상 아무런 소식을 들을 수 없다. 다만 어떻게 되었는지 추측할 뿐이다. 1832년은 오언이 런던에서 전국공정노동교환소를 만든 해인데, 영국 각지에 있는 그의 지지자들이 런던을 모델로 그들의 협동조합을 노동

교환소로 전환하는 활동을 시작한 해였다. 잉글랜드북부연합협동회사는 1833년에 전국공정노동교환소의 리버풀 지부로 바뀌었고, 이듬해 전국노동조합대연합의 패배와 소멸을 동반한 오언주의 협동 운동의 전반적인 붕괴에 휩싸여 실패로 끝났다는 것이 그럴듯해 보인다.

한편, 1832년 경 비슷한 단체가 영국협동조합지식보급협회의 노력으로 잉글랜드 북부 맨체스터와 샐퍼드를 기반으로 창설되었다. 선구자조합은 1831년 버밍엄 대회에서 여러 협동조합이 연합해 협동조합 모직물 공장을 만들자고 제안했다. 이는 아마도 이미 설립된 지역 조합의 확대판이었을 것이다. 로치데일은 일찍부터 협동조합의 연합 활동을 고무하는 현장이 되고 있었다. 그러나 한동안 랭커셔 협동조합 운동의 지도력은 로치데일이 아니라 맨체스터나 샐퍼드에 있었다. 조셉 스미스가 이끄는 맨체스터의 운동은 1834년의 붕괴 이후 살아남은 어떤 조합보다 성공적이었다. 그러나 이 운동은 거래를 기본으로 하기 보다는 오언파의 노선에 따라 발전한 것이었고, 보다 엄격한 협동조합 활동은 뒤로 밀어낸 채 샐퍼드 사회회관을 통해 사실상 오언파 사회주의자와 이성주의 선전의 본부가 되었다.

도매협동조합의 아이디어는 1834년부터 1847년까지 휴면 상태에 있다가 1846년 리즈구제조합과 1847년 리즈제분소 설립 그리고 1850년 로치데일제분소 설립과 함께 되살아났다. 이 시기의 협동조합 제분소는 법률이 허용하는 한 본질적으로는 도매 사업체였다. 리즈와 로치데일의 제분소는 지역의 협동조합은 물론이고 주변의 다른 협동조합에도 공급하였다.

1860년 경에 로치데일제분소와 거래하는 조합은 60군데나 되었다. 1862년 전의 법률 아래에서는 한 협동조합이 합법적으로 다른 조합에 자금을 투자할 수 없었다. 따라서 엄밀히 말하면, 협동조합 제분소는 협동조합의 기초에 입각한 연합 기관이 될 수 없었다. 그래서 조합이 찾은 방법은 연합 운영의 요소를 얼마라도 갖추기 위해 제분소 고객인 조합에서 지정된 개인들이 각 조합을 대신해 제분소 출자자가 되는 것이었다. 이것은 잘 기능하지 않았다. 그러나 로치데일과 리즈제분소는 불순물을 섞지 않은 보증된 밀가루 공급원으로서 성장기에 있던 많은 조합이 이용했다.

로치데일제분소 창설 그리고 리즈제분소 발전과 동시에 모든 협동조합에 개방된 도매 사업을 위한 종합 기관을 설립하려는 보다 야심적인 시도가 나타났다. 1850년 6월 기독교 사회주의자들이 노동자조합추진협회를 만들었을 때, 로이드 존스는 선전가로서 전국을 돌면서 특히 잉글랜드 북부 협동조합의 지원을 요청하는 일을 했다. 그는 오랫동안 맨체스터에 본부를 두고 전국 각지에서 연설을 펼친 옛 사회주의 선교사로서 뛰어난 인맥이 있었고, 1850~1851년 겨울의 대부분을 북부에서 지냈다. 그는 러들로우와 함께, 협동조합인들의 관심사인 산업절약조합법을 통과시키기 위한 캠페인을 주도해 온 런던의 에드워드 반시타트 닐과 밀접한 관계를 갖고 활동했다. 이 무렵 닐은 다른 기독교 사회주의자에 앞서 협동조합 발전을 위한 대규모 계획을 세우고 있었다. 이와 관련하여 그는 로이드 존스와 세인트 안드레로부터 많은 영향을 받았다. 이 두 사람은 기독교 사회주자 그룹의 종교적 목적이나 이 그룹이 힘겹게 키우고 있는 작은 노동자협회에는 전혀 관심이 없었다. 1850년 6월, 세인트 안드레는 협동조합 거래를 위한 센터이자 전체 운동의 연합 기관 역할을 하는 협동조합기구(Co-operative Agency)를 만들자고 제안했다. 닐은 이 구상을 검토하고 공동 기금을 기초로 하는 협동조합 '총연합(General Union)'이 포함된 자신의 계획을 입안했다. 이 계획에 따라 각 조합은 재정적으로 완전히 독립적으로 활동하는 대신, 상호 협력을 위해 연계하고, 어려움을 겪는 조합을 보다 성공적으로 지원하게 된다. 이에 더하여 총연합은 세인트 안드레가 제안한 방향에 따라 보조적으로 협동조합중앙기구(Central Co-operative Agency, CCA)를 두도록 했다.

닐은 첫 번째 단계로, 1850년 10월에 오언주의자의 공정노동교환소 옛 본부가 있던 샬롯 가에 런던협동조합 중앙 매장 개업 자금을 제공했다. 로이드 존스는 이 매장의 매니저가 되었고, 세인트 안드레는 감독관이 되었다. 이 매장은 초보적인 형태의 이용 실적 배당을 했던 것으로 보인다. 매장이 영업을 시작하자마자 로이드 존스는 북부로 떠났다. 여기서 그는 크리스마스 기간에 맨체스터에서 열린 협동조합대회를 소집했다. 이 대회의 주요 안건은 산업절약조합법을 검토하는 것이었다. 그러나 존스는 회의가 열리기 전, 닐의 런던 매장과 비슷한 노선의 북부 매장을 맨체스터에서 여는 데 성공했다. 1851년 4월 베리에서 열린 후속 협동조합대회는 로이드 존스의 권유로 '중앙 사업부' 설립에 찬성하는 결의안을 통과시켰고, 이 문제를 검토하는 위원회를 두어 다음 회의에 보고하도록 했다.

다음 달 협동조합중앙기구는 샬롯 가 런던협동조합 매장 건물에서 문을 열었다. 6월에 맨체스터에서 열린 협동조합대회에는 랭커셔는 물론 요크셔의 여러 조합을 포함한 훨씬 많은 대표자가 참여했다. 이 대회는 베리 회의에서 선출된 위원회 —로이드 존스, 선구자조합의 제임스 스미시스, 헤이우드의 윌리엄 벨, 맨체스터의 제임스 캠벨— 이름으로 협동조합 도매 기관을 지지하는 보고서를 제출했다. 이 보고서 원문은 로이드 존스가 기초하고 제임스 스미시스가 육필로 쓴 것으로 다행히 보존되어 있다. 보고서는 먼저, 불순물을 섞은 상품 판매와 싸우기 위해 그리고 도매 시장에서 대량 구매의 이점을 지역 협동조합에 전할 수단이 필요함을 강조했다. 그리고 1좌 5파운드 출자로 자본금 3,000파운드를 모으기로 제안하고 출자 자격은 우선적으로 지역 협동조합에게 주고 필요한 범위에서 개인에게도 주기로 했다. 이 자본금은 분할 납부할 수 있으며, 다 납부한 금액에 대해서는 5퍼센트 이자를 허용했다. 나머지 이윤의 4분의 1은 불입 자본금과 같은 액수가 될 때까지 적립금으로, 또 4분의 1은 노동자 협동 조직 형성을 위한 기금으로 그리고 4분의 2는 조합의 이용 실적에 따른 배당금으로 지불하기로 했다.

이 계획은 닐이 협동조합중앙기구를 위해 만든 구상과 거의 동일하다. 그러나 여기에는 두 가지 차이가 있는데 그 중 하나가 매우 중요하다. 닐의 구상은 필요 자본에 응모할 때 개인보다 조합에 특별히 우선권을 주지는 않았고, 협동조합중앙기구 피고용인의 임금에 대한 보너스를 주는 대신 '4

분의 2'를 할당해 이용 실적 배당으로 제공한다고 하지도 않았다.

후자는 매우 중요한 차이점이다. 이는 여러 해에 걸쳐 협동조합 운동을 분열시킨 '노동 배당'을 둘러싼 오랜 논쟁의 단서이기도 하다. 닐의 원래 구상은 러들로우와 기독교 사회주의자 그룹의 견해를 반영한 것인데, 그는 맨체스터 대회에서 제기된 의견에 맞춰 구상을 수정할 수밖에 없었던 것으로 보인다. 아무튼 우리들은 노동자조합추진협회의 위원회가 협동조합중앙기구 설립을 환영하는 결의에, 후원자들이 "사업에 고용될 사람들과 항상 협력하도록 노력해야 한다"는—피고용인과 이윤 공유 원칙의 포기를 지지하는 선언— 부칙을 덧붙였다는 것을 확인했다.

이 문제를 비롯한 다른 논점을 둘러싸고 엄격한 기독교 사회주의자 지도자인 러들로우와 협동조합중앙기구 지지자 사이에 날카로운 논쟁이 벌어졌다. 북부에 가 있다가 10월에 돌아온 러들로우는 격렬한 공격을 했다. 곧 협동조합중앙기구는 노동조합에 지원을 요청하는 회람장을 발송해 생산자협동조합을 설립하도록 촉구하고, 불순물을 섞지 않은 물품을 공정한 값으로 공급하기 위해 노동조합이 힘써 소비자 협동 매장을 만들고, 도매 공급원 역할을 하는 협동조합중앙기구를 설립하라고 제안했다.

러들로우는 이 제안과 협동조합중앙기구가 취한 방향에 대해, 노동자들의 영리심을 향한 파렴치한 호소일 뿐더러 기독교 사회주의자들이 운동의 토대로서 확립해 온 도덕적 원칙의 포기를 함축하고 있다면서 강력하게 반대했다. 그는 노동자조합추진협회와 협동조합중앙기구가 관계를 끊을 것을 요구했고, 심지어 닐을 향해서는 의절하자고 공개적으로 밝혔다. 모리스는 타협점을 찾으려고 애썼다. 샬롯 가에 본부를 둔 노동자조합추진협회는 캐슬 가에 있는 재단공협회 건물로 새 사무실을 옮기고, 여기서 새로운 회관 건설을 시작했다. 이렇게 해서 노동자조합추진협회와 협동조합중앙기구는 각자의 길을 가게 되었다. 공연한 반목을 모면했고, 닐과 휴즈는 두 단체와 계속 관계를 가질 수 있었다.

이 사건은 두 계파의 견해 차이를 극명하게 보여준다. 기독교 사회주의자들에게는 높은 도덕적 원칙을 기초로 하는 생산자조합이야말로 본래의 목표였고, 소비자협동조합은 생산자조합이 만든 물품의 판로를 제공하는 데 도움이 되는 한에서만 가치를 가졌다. 그러나 북부 협동조합인들에게는 설령 많은 이들이 생산자협동조합에 큰 호의를 가졌다 하더라도 소비자협동조합이 우선이었다. 닐과 로이드 존스는 두 관점의 중도에 서서 이를 하나의 통일된 운동으로 묶어내려고 했다. 협동조합중앙기구와 결합된 조합 매장은 도매 기관으로서 그리고 연대한 생산자들의 생산물 판매를 촉진하는 수단이라는 두 가지 목적을 가졌다. 협동조합중앙기구가 사실상 협동조합 생산물을 위한 교환과 장터보다도 훨씬 더 일반적인 도매 기관이 될 수 있음이 명백해지면서 노동자조합추진협회는 캐슬 가에서 오로지 후자의 목적을 위한 협동조합 시장을 조직하는데 전념했다. 이 시장은 결국 물거품으로 돌아갔다. 그리고 협동조합중앙기구는 협동조합 물품을 보다 잘 진열하기 위해 옥스퍼드 가에 있는 큰 건물로 1853년에 이전했다. 닐은 러들로우와 모리스의 의견에 다가가기 위해 할 수 있는 모든 것을 다했다. 그러나 그는 협동조합 운동 전체를 위한 종합 기관 —실제로는 소비자협동조합을 위한 공급 기관과 배송센터를 의미— 설립 목적을 포기하지 않았다.

그러나 이미 언급한 것처럼 파국은 없었다. 노동자조합추진협회는 중앙 조직 단체로서 활동을 계속했다. 그리고 1852년에 런던 협동조합대회가 뉴캐슬의 새 회관에서 열렸다. 그럼에도 닐은 광범위한 기반에 입각한 선전 운동의 필요성을 느꼈고, 그해 레이 헌트의 자제로《리더(Leader)》—당시 가장 진보적 잡지— 의 편집자인 손튼 헌트와 브라이턴의 윌리엄 커닝햄과 함께 협동조합중앙기구 보조 조직으로 협동조합연맹을 시작했다. 이미 본 것처럼 그는 이와는 별도로 협동조합의 여러 사업에 필요한 자본을 조달하기 위한 투자협동조합도 제안했지만, 이 부분에서는 아무런 성과가 없었던 것 같다.

한편 북부에서는 어떤 일이 일어나고 있었을까? 랭커셔와 요크셔의 협동조합 매장들로서는 런던은 너무 멀었기 때문에 도매조합으로 효율적인 활동을 하기 어려웠다. 이들 매장의 구매인들은 물품을 눈으로 확인하고 싶어했고 맨체스터와 북부의 다른 중심 시장에서 거래를 했다. 그들은 홍차처럼 몇 가지 물품은 런던을 통해 구입할 준비를 했고, 이 방면의 전문가인 우딘은 이런 물품으로 그들과 상당한 거래 관계를 맺었다. 그러나 이것으로 협동조합중앙기구가 자립할 정도는 못 되었고, 남부 잉글랜드에는 착실한 거래를 확립할 수 있는 안정된 소비자협동 운동도 없었다. 게다가 협동조합중앙기구는 1852년 말 심각한 타격을 입었다. 세인트 안드레가 논쟁 끝에 탈퇴하고 펜처치 가에 경쟁 회사인 유니버설 공급회사 —나중에 유니버설 프로바이더로 알려짐— 를 만들었기 때문이다. 세인트 안드레는 북부의 조합 매장을 돌아보고 매우 위태로운 단계에 있던 협동조합중앙기구에서 일부를 자신의 고객으로 돌렸다. 그러나 이러한 타격도 협동조합중앙기구가 연루된 일련의 논쟁에서 기인한 전반적인 신뢰의 실추에 비하면 그리 큰 문제가 아니었다.

로치데일의 선구자조합이 1850년에 도매 사업부를 시작한 때는 이러한 논쟁이 일어나기 직전이었고, 그들이 이 부문에 공식적인 지위를 부여하고 1852년 법 아래에서 그 관리를 위해 수정 규약을 채택한 것은 이 논쟁이 한창일 때였다. 선구자조합은 협동조합중앙기구를 적대하지는 않았다. 그들은 협동조합중앙기구와도 거래했고 나중에는 세인트 안드레의 공급 회사와도 거래했다. 그러나 로치데일의 구매자들은 런던의 협동조합중앙기구와 원격지 거래를 확대하기보다는 맨체스터나 리버풀에서 구입 체계를 갖춰 유리한 도매 조건을 얻는 것이 랭커셔의 지역 조합에 더 도움이 된다고 생각했다. 1850년에 로이드 존스가 협동조합중앙기구 지부로 설립한 맨체스터의 시설은 1852년~1853년 경 자연 소멸했거나 아니면 맨체스터 지역 조합에 합병되어 전에 가졌던 도매 성격을 완전히 잃은 것으로 보인다. 로치데일의 선구자들은 북부 협동조합의 구매를 위해 다른 어떤 조합보다 훨씬 체제가 잘 갖춰져 있었고, 밀가루 공급에서 제분조합을 통해 쌓은 경험을 다른 상품으로 확대해갔다.

1850년 로치데일 선구자조합의 도매 사업부 개설에서 1863년 잉글랜드 북부도매사업연합회(지금의 CWS) 창설에 이르기까지 연속적인 발전에 대한 기록은 매우 많다. 이 이야기의 부분들을 정확하게 짜 맞추려면 몇 가지 난점이 있고, 필자가 아는 한 협동조합 운동 저술가 가운데 이를 짜 맞춘 사람은 지금까지 없었다. 이 이야기가 1860년 8월 점보농장에서 열린 티파티에서 시작되었다고 하는 것은 무의미하다. 왜냐하면 기록되지는 않았지만, 그 모임을 포함해 그보다 훨씬 전에 많은 일들이 일어났기 때문이다. 점보농장은 이 이야기에서 시작이 아니라, 우여곡절은 있지만 본질적으로 연속적인 과정의 중간 정도에 자리한다.

1850년 선구자조합의 도매 사업부 발족 뒤 다음 전진의 단계는 1853년 7월 "조셉 클레그가 도매 사업부를 담당한다.[1]"는 선구자들의 결의이다. 다음으로 "회의 조건을 수락하고 중앙 물류 센터가 된다"는 결의가 9월 18일에 나온다. 필자는 이에 대해 한 가지 의미만 부여할 수 있다. 1851년 베리와 맨체스터 대회에서 채택된 결의로 이야기가 돌아가지만, 여기서 도매기관에 대한 로이드 존스와 제임스 스미시스의 구상이 검토되고 승인되었다. 아마도 그 사이에 다른 회의가 있었고 여기서 계획은 좀 더 세부적으로 다듬어지고, 협동조합중앙기구의 맨체스터 지부보다 선구자조합이 북부

---

1   173쪽 참조.

의 협동조합을 위한 중앙 기관 발족의 책임을 맡을 것을 요청받았을 것이다. 홀리요크는 『로치데일 선구자들의 역사』에서 그 회의가 리즈에서 열렸다고 말했는데, 그는 아마도 1854년의 리즈 협동조합대회를 혼동한 것 같다.

위 결의를 채택한 뒤, 1853년 10월에 선구자들은 도매 부문에 대한 규정을 만들기 위해 규약을 수정하기로 의견을 모았다. 이를 보면 도매 부문은 그때까지 아무런 공식 규정 없이 운영되고 있었다. 채택된 규약은 조합 경영을 도매와 소매 두 부문으로 나누고, 도매 부문 위원회는 위원 8명과 조합 이사 3명이 맡도록 했다. 도매 부문의 사용 자본에 대한 이자는 5퍼센트로 정하고, 잉여금의 3분의 1은 사업 손실에 대비한 적립금으로 3분의 2는 이용 실적 배당으로 돌리기로 했다. 이에 대해 이전의 저술가들은 "도매 사업부는 대량으로 물품이 필요한 조합원에게 공급하는 것을 목적으로 한다."—이 다음에 이용 실적 배당을 한다는 조항이 있다.— 고 규정한 조항을 두고 오해를 한 것 같다. 이는 도매 부문이 다른 조합에 판매하는 것이 아니라, 보통 때보다 대량으로 구입하기를 원하는 개인 조합원에게만 판매한다는 의미로 해석되었다. 그러나 1852년 법 아래에서 조합은 자기 조합원과의 거래에 대해서만 법의 보호를 받았다. 따라서 그들로서는 조합원과의 거래라는 위장을 하고 도매 활동을 할 필요가 있었던 것이다. 이는 다른 조합을 위해 활동하는 구매인들을 조합원으로 가입시키고, 그들에게 배당금을 주면 간단히 해결되는 일이었다. 배당금은 개인이 받지만 이 배당금은 조합에 넘겨질 터이다. 이전에도 그랬던 것처럼, 이 방식이 실행되었음은 분명하다. 물론 보다 안전을 기하기 위해 다른 조합의 관재인을 조합원으로 가입시켜 그들에게 이용 실적 배당을 주는 방법도 있었다.

1853년 10월에 채택한 규약이 구속력을 가지려면 등기관 티드 프래트가 승인을 해야 했다. 이 과정에서 충돌이 좀 있었던 것 같은데, 아마도 티드 프래트가 새 규약의 실질적인 의미를 꿰뚫고 있었기 때문일 것이다. 그러나 1854년 어느 시점에서 등기는 처리된 것으로 보인다. 그리고 선구자조합 이사회는 1855년 첫 모임에서 "우리들은 지금부터 새로운 규약에 따라 운영한다."는 결의를 통과시켰다. 이것이 실행되었는지 아니면 전의 방식으로 도매 사업을 계속했는지는 분명하지 않다. 그러나 거의 동시에 문제가 생긴 것은 분명하다. 1855년 4월, 도매위원회 위원으로 8명이 지명되었는데, 여기에는 선구자조합의 창설자 중 제임스 마녹만 유일하게 들어가고 다른 선구자들은 한 사람도 포함되지 않았다. 나머지 위원 중 토마스 할로우즈와 존 클레그는 주로 제분조합에서 활동했고, 1857년에 선구자조합의 이사가 된 조나단 크랩트리를 빼면 다른 위원들은 그렇게 유명하지 않았다. 3일 뒤 이사회는 도매 위원회 개최를 결정했지만 그 뒤 "도매부와 관련된 규약 변경의 적절성을 검토하기 위한" 임시총회 소집이 1855년 11월에 결정되기까지 휴면 상태에 있었다. 12월에 이사회는 도매부와 관련된 조합 규약 폐지를 찬성하는 결의를 통과시켰다.

이 결의는 실행되지 않았다. 1856년 1월, 아브라함 그린우드가 선구자조합의 조합장이 되었고, 1월 7일 열린 총회에서 '도매부 유지'를 결정했지만 동시에 "지금의 도매부 운영 시스템에 대한 불만 사항을 조사하기 위한" 위원 7명을 임명했다. 이 위원회에는 전년의 도매 위원을 맡았던 위원 가운데 에드워드 파란드 한 사람밖에 포함되지 않았다. 7인 위원회는 선구자조합의 지도력을 대표하는 쟁쟁한 위원회였다. 위원회에는 창설자 28인 가운데 제임스 트위데일이 속했고, 이 무렵 조합 일에 탁월한 역할을 하기 시작한 J. T. W. 미첼, 제분조합 초대 조합장이자 CWS 창설 멤버였던 사무엘 스토트, 나중에 선구자조합 조합장을 한 아브라함 하워드 그리고 제임스 너털과 존 마틴이 참여했다.

1856년 3월, 도매부 문제를 검토하기 위해 아브라함 그린우드를 의장으로 로치데일에서 회의가 열렸다. 선구자조합 대표자는 하워스, 스미시스, 쿠퍼, 스토트, 토마스 치덤 —강력한 팀— 인데, 다른 조합의 대표자로는 존 힐튼과 에드워드 부스(미들턴 출신), 맨체스터의 지도자 에드워드 훗산과 제임스 다이슨이 있었다. 이 회의에서 로치데일의 도매부가 여러 조합 대표자가 참여하는 연합 기관으로 전환하자는 제안이 나왔다. 그리고 이 제안은 4월 12일 열리는 다음 회의에 보고하도록 했다. 3월의 분기 보고에서는 선구자조합 도매부 거래에서 495파운드가 손실이 났음이 드러났다. 그리고 분기 총회에서 "우리들의 대표자는 각 회원 조합 대표 한 사람에 1좌 5파운드를 4좌 취득한다는 계획을 지지한다."고 결의했다. 이와 더불어 도매부 문제를 조사하도록 지명된 위원회의 보고도 받아들여졌다.

4월 회의에서는 잉글랜드북부도매사업연합회 설립에 대한 명확한 계획이 입안되었다. 그리고 선구자조합은 다음 분기 회의에서 이 목적을 위해 기초한 규약을 승인하고, 조나단 크랩트리를 대표로 지명한 이 새로운 단체에 1,500파운드를 투자하기로 했다. 선구자조합의 대표는 규약을 지지하는 방침을 갖고 도매조합 설립을 위한 조치를 마련하기 위해 7월 12일에 열린 회의에 참석했다. 그러나 이 회의에서 큰 어려움이 생겼다. 대표자들은 새 조합의 출자금 조달 조건에 동의할 수 없었고, 공급 물품의 가격을 정하는 방법에 대해서도 의견이 갈렸다. 일부는 이용 실적 배당을 동반하는 시장 가격을 지지했고, 다른 일부는 원가에 도매조합의 경비를 충당하기 위한 소액의 수수료를 더한 판매 가격에 찬성했다. 선구자조합이 기존의 도매 부문에서 해 온 가격 결정 과정이 공정하지 못했다는 주장도 있었고, 이러한 의견 차이로 이 계획은 깨지고 말았다. 그리고 로치데일의 대표자들이 미수금 문제나 조합 외부에서 구매하는 신의 문제를 끄집어내 반격을 가하면서 이전투구의 양상을 드러냈다. 결국 9월에 선구자조합 회계 담당자인 윌리엄 쿠퍼가 "도매 물류 센터에서 발생한 비용을 각 조합으로부터 회수하라는" 지시를 받고, 10월에 "도매 재고 해결", 즉 사실상 도매부를 청산하기로 결정했다.

이러한 반목에도 불구하고 사업 상태는 개선되고 있었고, 이 결의는 실행되지 않았다. 사무엘 스토트는 앞장서서 도매부 청산을 반대했고, 규약의 행위를 정당화하기 위해 필요한 총회 득표수가 부족했다는 근거로 이를 저지하는 데 성공했다. 1857년 3월, 4분기까지 도매 부문의 거래 순 손실액은 495파운드에서 142파운드로 줄었다. 그리고 조만간 수익을 남길 것이라는 전망이 있었던 것 같다. 그러나 반대는 집요했다. 1857년 12월, 도매부를 조사하는 또 다른 위원회가 임명되었다. 구성으로 보아 그야말로 반대파를 대표하는 위원회였다. 이 위원회에 선구자들의 지도적인 사람은 하나도 없었다. 가장 유명한 위원은 이사인 사무엘 필딩, 도서 · 신문 열람 위원회에서 활동한 매튜 오메로드였다. 이 위원회는 1858년 1월에 열린 총회에서 보고를 했다. 그리고 총회는 도매부 관련 규약 결정을 연기하고 이 보고의 상세한 검토도 다음 달까지 미루기로 결의했다. 이사회는 이번에는 결의에 따라 행동하기로 했고, 도매부는 이에 따라 운영을 멈췄다. 3월에 다시 열린 총회에서는 도매 위원회의 보고를 채택하지 않기로 결의했고, 4월에는 도매부 운영 규약을 폐지할 목적으로 특별 총회를 소집했다. 총회는 규약 폐지 대신 "도매부는 그대로 둔다."는 결의를 통과시켰다. 이 결의는 아무런 실효가 없었던 것으로 보인다. 왜냐하면 도매 활동이 부활한 아무런 흔적이 없기 때문이다. 이듬해인 1859년 3월, 윌리엄 쿠퍼는 "다른 조합과 공동으로" 도매부를 재개할 것을 요구하는 문서를 제출했다. 짐작컨대 1856년에 깨진 연합도매조합을 다시 제안한 것 같다. 그러나 총회는 그의 호소를 거절하고 "도매부 재개 문제는 무기한 연기한다."고 결의했다.

다소 빈약한 이들 인용문으로부터도 이야기를 완전히 짜 맞출 수 있다.

선구자조합 도매부는 처음부터 오로지 연합도매조합 창설을 위한 한 걸음을 딛는 데 의미가 있었다. 선구자조합이 도매부를 만든 무렵은, 랭커셔의 여러 조합이 로이드 존스의 선전과 남부의 협동조합중앙기구 활동에 자극을 받아 자신들의 잉글랜드북부도매사업연합회 계획을 세우려고 고심하던 때였다. 선구자조합 도매부는, 1850년 로이드 존스가 만든 맨체스터 에이전시가 무너졌기 때문에 그 임시방편의 의미를 가졌다. 선구자조합이 1853년에 동의한 내용은, 본래의 연합 계획이 이루어질 때까지 단지 "중앙 물류 센터가 된다."는 것이었다.

그러나 1852년 이후의 법률 아래에서 이러한 방식에는 중대한 어려움이 있었다. 1852년 법은 산업절약조합의 연합 활동을 인정하지 않았다. 따라서 공식적인 연합 단체는 회사법 아래서 —닐의 협동조합중앙기구가 그랬던 것처럼— 조직되든지 아니면 법적 지위가 없는 상태로 남든지 하는 수밖에 없었다. 일부 협동조합인들은 회사법 아래로 들어가기를 선호했지만, 일부는 원칙을 이유로 강하게 반대했다. 그러나 어떤 법적 지위도 없이 큰 사업을 운영하기란 아주 어렵거나 실행 자체가 불가능했을 것이다. 계획 추진자 가운데 일부는 에이전시만 설립하면 어려움을 해결할 수 있다고 생각했다. 이 에이전시는 자체의 영업을 하지 않고, 재고를 보유하지도 않으며, 다만 회원 조합이 자금을 댄 거래를 알선하고 이런 서비스에 대해 소액의 수수료를 부과하는 일을 한다. 이런 형태는 협동조합중앙기구가 사업 운영을 위해 유한 책임 계열 회사인 존즈·우딘 회사를 이용해 실행한 것이었다. 만일 북부에서도 이런 해결책을 시도했다면 선구자조합 도매부가 잉글랜드북부도매사업연합회를 대신하여 많은 거래를 떠맡아야만 했을 것이다. 바로 이 점이 다른 조합은 이익의 전부를 누리는 데 반해 자신들은 모든 사업의 위험을 떠안고 있다며 선구자조합의 일부가 반대한 이유였다. 반면 다른 조합들은 선구자조합 도매 사업의 모든 사용 자본에 대해 5퍼센트 이자를 받기 때문에 전적으로 이익이 된다는 점을 지적했다. 그런데 5퍼센트 이자를 넘어서는 잉여가 없다면 그들에게는 아무런 실익도 없었다. '협동조합의 충성심' 문제를 둘러싼 어려움도 있었다. 더 싸게 구입할 기회가 있음에도 사실상 선구자조합의 관리 아래 있는 도매조합을 통해서만 구입함으로써 선구자조합에 구속되는 것에 강하게 반대한 사람도 있었다. 그러나 만일 그들이 구속되지 않았다면, 선구자조합은 시장 거래가 하락하는 상태에서 구입할 때마다 그들 수중에 재고가 쌓이는 일을 피할 수 없었을 것이다. 또한 그들이 겨우 보통의 거래 비용을 메꿀 정도의 매출액에 대한 고정 수수료만 보상받는다면 그러한 손실을 회수할 수단은 아무것도 없었을 것이다.

이러한 어려움 속에서 선구자조합 도매부가 불만을 사게 되어 결국 깨진 것도, 또한 잉글랜드북부도매사업연합회 구상에 대한 동의를 얻지 못한 것도 특별히 놀랄 일은 아니었다. 1855년에 선구자조합 도매부의 런던 에이전트가 된 협동조합중앙기구가 1857년에 해산하자, 닐의 대 실험이었던 존즈 · 우딘 회사라는 상업 기업만이 남게 되었다. 이는 연합 구상을 반대하던 사람들에게 더 강력한 무기가 되었다. 존즈·우딘 회사는 많은 협동조합과 거래를 계속했고, 책임을 지고 남았던 우딘은 존경을 받았다. 그러나 이 기업은 협동조합 성격을 잃었고, 협동조합에 대한 충성심을 이 기업에 요구할 수 없었다.

이런 모든 장애에도 불구하고 쿠퍼와 스미시스를 비롯한 지도적 선구자들 일부는 도매 사업을 계속하기를 희망했다. 그러나 대부분의 지도자들, 특히 아브라함 그린우드와 J. T. 미첼은 협동조합 운동의 연합 활동을 가능하게 하는 법률 개정 없이는 효율적인 도매 조합이 불가능하다고 확신했다. 따라서 다음 국면은 새로운 법에 대한 요구와 함께 시작되었다. 1859년 어느 날, 선구자조합의 아브라함 그린우드와 맨체스터조합의 에드워드 훗산, J. C. 에드워즈는 1852년 법 수정을 요구하는 절차를 밟기로 결정했다. 닐과 러들로우도 여기에 가세했다. 새 법을 위한 캠페인과 도매 사업을 위한 캠페인은 사실상 동일한 것이 되었다. 두 가지 주요한 변화가 필요했다. 즉 법률의 범위 안에서 연합 활동이 가능하도록 하나의 협동조합이 자금을 다른 조합에 투자할 권한과 유한 책임을 인정하는 것이었다.

1860년에 새로운 동맹자가 가담했다. 1850년대 협동조합 운동에서 불리했던 조건은 효율적인 정기간행물이 부족한 점이었다. 1850년《크리스천 소셜리스트(Christian Socialist)》와 그 계승자인 1852년《저널 오브 어소시에이션(Journal of Association)》그리고 협동조합중앙기구의《코퍼러티브 커머셜 서큘러(Co-operative Commercial Circular)》는 1853년부터 1855년까지 이어졌다. 이들은 매우 협소한 시각을 갖고 있기는 했지만 어느 정도 필요에 부응했다. 그리고 1852년과 1853년, 닐이 이끈 협동조합연맹이 발행한《트랜잭션(Transactions)》은 유용한 자료를 많이 실었다. 그러나 1855년 뒤로는 정기간행물이 전혀 나오지 않았다. 이러한 상태는 1860년까지 계속되었는데, 이 해에 맨체스터·샐퍼드협동조합이《코퍼레이터(Co-operator)》를 창간했다. 이 잡지는 에드워드 롱필드가 편집을 맡았는데 곧 헨리 피트만에게 인계되었고, 도매협동조합을 강력하게 옹호했다.《코퍼레이터》는 1860년 여름부터 새로운 협동조합법과 도매조합을 지지하는 정론을 지속적으로 펼쳤다. 언론 분야에서 피트만의 활동은 그린우드와 그 협력자들의 생각을 협동조합 운동 전체로 확산하는데 크게 공헌했다.

퍼시 레드펀은 그의『CWS 이야기』에서《코퍼레이터》초창기 각 호에서 도매협동조합을 언급한 많은 기사와 편지를 간추려 소개했다. 이들 가운데 가장 중요한 것은 리딩산업협동조합 사무국장 윌리엄 본드가 1861년 1월호에 쓴 글이었다. 그는 편집자들이 이미 주장해 온 도매조합에 찬성하면서 다음과 같은 제안을 했는데, 이는 도매협동조합의 기본을 다룬 것이었다.

"기존의 모든 협동조합 매장이 참여하는 도매협동조합을 조직하자. 출자는 예를 들어 1좌 20파운드로 하자. 각 매장은 1좌, 2좌 또는 한도가 있겠지만 보다 많이 출자할 수 있을 것이다. 도매협동조합 운영은 위원회가 맡는다.

이 위원회는 보통의 매장과 같은 방식으로 각 매장 대표로부터 연차 총회에서 선출한다. 또한 같은 원칙에 따라 이윤 배분에 참여한다. 이 방법으로 모든 소규모 매장은 최대의 출자금을 가진 매장과 마찬가지로 순정하고 값싼 물품을 얻을 수 있다."

이것이 약 3년 뒤에 전개되는 CWS 구상의 본질이었다. 1860년과 1861년 《코퍼레이터》의 다른 기사들도 거의 비슷한 생각을 담았다. 본드가 투고한 바로 같은 달 《코퍼레이터》의 다른 통신원이 인근 요크셔 조합에 도움을 주기 위해 기획한 도매 물류 센터가 실제로 허드스필드에서 조직되었음을 알렸다. 연합협동조합에 대한 법적 제약 때문에 요크셔의 이 도매 단체는 유한 책임의 이점이 주어지는 주식회사로 만들어졌다.

한편 연합협동조합 주창자들은 여러 활동을 재개하고 있었다. CWS는 1860년 8월에 올덤협동조합 구역에 있는 미들턴 부근 로밴즈 점보농장에서 열린 '점보 티파티'가 그 처음이었다고 주장해 왔다. 1851년에 시작한 로밴즈에는 협동조합 농장 하나와 정착지가 있었다. 이는 몇 해 전 피어거스 오코너의 토지 계획에 따라 글로스터셔에 만든 로밴즈 농장의 이름을 딴 것인데, 규모가 작고 오언주의 협동 마을의 특징을 얼마간 되살린 것이었다. 이곳의 매니저인 에드워드 부스는, 도매조합 설립을 검토하기 위해 로치데일에서 1856년에 열린 회의에 참석한 대표자 가운데 한 사람이었다. 로밴즈가 올덤, 미들턴, 로치데일 그리고 주변 협동조합 지도자들에게 정기적인 회의 장소이자 협동조합 축제와 모임을 위한 집결지였음은 분명하다.

1860년 8월에 '점보 티파티'가 열렸다고 하더라도 그것이 어떤 목적을 가진 모임이었는지는 모호하다. 《올덤 크로니클(Oldham Chronicle)》은 점보 티파티 모임에 대한 보고에서 그 당시 올덤 협동조합인들의 관심이 집중된 방적 공장 계획에 대한 토론에 강조점을 두었다. 기억하겠지만, 로치데일의 협동조합인들은 1852년의 산업절약조합법으로 등기한 독립적인 제조조합 주관 아래 1854년에 자신들의 방적 공장을 발족시켰다. 올덤 사람들은 1855년에 유한 책임의 혜택을 얻기 위해 회사법에 따른 절차를 밟고 있었다. 이것이 1860년 올덤 사람들에게 가장 먼저 떠오른 문제였다. 이때 도매협동조합에 대한 토론이 있었던 것으로 보이지만 지방 신문에는 기록되지 않았다. 아마도 이들은 산업절약조합법 수정 문제를 논의했을 것이다. 물론 이 논의는 계획 중인 도매협동조합 문제를 포함했다. 이들 연관된 문제에 관심을 가진 사람들은 보다 철저히 검토하기 위해 다시 모임을 갖기로 했다. 올덤에서 열린 다음 모임에 이어 1860년 10월에 로치데일에서 후속 회의가 열렸고, 이 문제를 계속 논의하기 위한 위원회를 임명했다. 윌리엄 쿠퍼가 이 위원회 사무국장이 되었고, 1860년 11월부터 기록된 의사록이 다행히 남아 있다. 따라서 우리들은 이 시기부터 1863년 CWS 설립에 이르는 동안의 경과에 대해 드문드문하지만 연속적인 기록을 갖게 되었다.

1860년 크리스마스 때 맨체스터에 모인 대표자 50~60명이 다음 단계를 밟아나갔다. 이 모임을 시작으로 몇 해에 걸쳐 협동조합 크리스마스 회의가 열렸다. 이 회의에서는 주로 협동조합이 원하는 입법을 추진하기 위해 필요한 대책을 논의했다. 닐은 법안의 기초자로 활동하는데 동의했다. 그리고 이 회의에서 닐과 협력해 법안을 기초할 위원회를 선출할 것과 필요경비를 충당하기 위해 회원 한 사람이 4분의 1펜스씩을 기금으로 내기로 제안했고 이들 제안은 채택되었다. 또한 공동 구매 정책으로 나아가는 하나의 단계로서 여러 조합에서 활동하는 구매인들이 의견을 교환하기 위해 맨체스터에서 정기 모임을 갖는 것도 승인되었다. 맨체스터조합은 이 모임을 위해 편의를 제공하기로 했다.

맨체스터 회의에서 보고를 한 위원회는 다수 조합을 대표하지는 않았다. 위원회 구성은 로치데일의 아브라함 그린우드와 윌리엄 쿠퍼, 올덤의 윌리엄 매크로프트와 헨리 휴킨, 맨체스터의 에드워드 훗산과 제임스 다이슨, 미들턴의 존 힐튼이었다. 여기에 당시 로치데일 대표로서가 아니라 인근 마을 헤이우드를 대표했던 찰스 하워스가 포함되었다. 이들은 로치데일의 제임스 스미시스, 사무엘 스토트, 토마스 치덤 그리고 맨체스터의 J. C. 에드워드를 위원회에 추가했다. 맨체스터 회의에서 쿠퍼, 그린우드, 스토트로 구성된 소위원회를 임명하고 닐과 함께 법안을 기초하도록 했다. 위원회는 도매조합 창립 구상을 계속 검토했다.

1861년 초 몇 달 동안 올덤과 미들턴에서 —아마도 후자는 로밴즈 농장에서— 후속 회의를 열어 법안을 검토했다. 마침내 6월, '1852년 법'의 주역이었던 R. A. 슬레이니는 지지자 리처드 코브던과 소테론 에스트코트와 공동으로 의회에 법안을 제출했다. 앞서 본 것처럼, 의회는 회기 중 이 법안을 통과시킬 시간을 낼 수 없었거나 아니면 시간을 낼 의향이 없었고, 다음 해까지 아무런 조치도 취하지 않았다. 그러나 1862년 회기 중에는 큰 반대 없이 법안이 통과되리라는 게 분명했다. 따라서 위원회는 법안이 성립하는 즉시 도매조합을 설립하기 위한 계획을 세워나갔다. 1861년 크리스마스 때 로치데일에서 열린 회의에서는 도매조합 설립을 확실히 결정하고, 초기 비용을 충당하기 위해 한 해 전 할당된 4분의 1페니에 이어 반 페니씩 더 내기로 했다. 다음 회기에 에스트코트가 한 연설에 따르면, 1861년에 이미 150개 가까운 협동조합이 영업을 하고 있었고, 총 거래액은 150만 파운드였다.

1862년, 수정한 산업절약조합법이 예상대로 통과되어 유한 책임과 한 조합이 다른 조합에 투자할 수 있는 권한을 갖게 되었다. 이로써 연합 활동은 회사법을 따르지 않고 가능해졌다. 협동조합의 연합에 대한 바람은 랭커셔와 요크셔에 한정되지 않았음이 곧 분명해졌다. 1862년 말 이전에 북동부의 협동조합은 뉴캐슬 온 타인에 본부를 둔 북부협동조합매장연합 설립을 검토하고 있었다. 동부 미들랜드에서는 미들랜드 주 도매 산업절약조합(Midland Counties Co-operative Wholesale Industrial and Provident Society Limited)이 인근 14개 조합의 지지를 받아 노샘프턴에서 발족했다. 이 연합

조합은 노샘프턴소매조합의 파산으로 1870년에 깨졌지만, 이때까지 존속했고 선구자조합 도매부와 같은 방침으로 운영되었다. 브리스톨조합도 1862년에 도매부를 개설했다. 1861년에 소규모로 도매 거래를 시작한 올덤의 한 조합도 인근의 작은 조합을 위한 에이전시로서 한동안 확대되었다. 선구자조합의 도매부 폐쇄로 포기된 활동이 이들을 통해 부분적으로 이어지고 있었던 것이다.

이제 잉글랜드북부도매사업연합회 설립의 기운은 충분히 무르익었다. 1862년 크리스마스 협동조합대회가 올덤에서 열렸고, 아브라함 그린우드는 대표자들에게 도매조합 운영 계획의 개요를 보고했다. 그의 주장은 온건했다. 그는 아마 1850년대에 마주쳤던 여러 어려움으로 낙담했을 것이다. 그의 주장을 요약하면, 수수료를 기본으로 운영하며 출자금은 가능한 한 최소한으로 하고 새로 시작하는 위험을 최소화하도록 기획한 협동조합도매기구(Co-operative Wholesale Agency)였다.

올덤 회의에서 제기된 문제는 1863년 4월 맨체스터 앤코츠에서 열린 임시 회의로 넘어갔다. 이 회의에는 대표자 200명이 참석했고, 랭커셔와 요크셔만 아니라 전국 각지의 조합으로부터 도매조합을 지지한다는 보고가 나왔다. 런던(동, 서), 북동해안의 뉴캐슬과 블레이든, 스태퍼드셔의 크래들리 히스, 입스위치, 도버, 글래스고 그리고 심지어 사우스 웨일즈의 랜도어 조합—당시 웨일즈는 '협동조합의 사막'이었다—까지 소액의 기부금을 보내왔다. 아브라함 그린우드는 다시 그의 구상을 제안했는데, 짐작컨대 그가 1860년부터 함께 활동해 온 위원회의 구상이었다. 그리고 격렬한 토론이 벌어졌다. 많은 대표자들은 이 구상이 너무 조심스럽고 단지 '기구'를 만드는 것만으로는 충분하지 않다고 생각했다. 그들이 원하는 것은 배송 센터였다. 이는 가맹 조합을 위해 구매 기관 역할을 하는 것만 아니라 상품 재고를 보유해 독자 판매를 하는 단체를 의미했다. 결국 어수선한 토론 끝에 구매 기관과 배송 센터 둘 다 설립하는 것으로 이야기가 모아졌고, '잉글랜드북부협동조합도매기구 · 배송 조합(North of England Co-operative Wholesale Agency and Depot Society Limited)'이라는 번거로운 이름을 가진 연합회가 설립되었다. 그러나 재정에 대한 부분은 그린우드의 제안대로 되어 실제 사업 단체라기보다는 에이전시에 적합한 것이었다. 도매조합은 원가에 실비 수수료를 붙여서 거래하기로 했기 때문에, 재고 상품의 가격 변동으로 생길 수 있는 위험에는 아무런 대비책을 갖지 못했다.

발기인들은 소매조합의 연합체인 새로운 도매조합 설립을 원했다. 그러나 닐은 법률상 이유에서 개인 회원도 어느 정도 인정해야 한다고 조언했다. 1862년 법은 한 조합이 도매조합에 출자할 수 있는 금액을 200파운드로 제한했기 때문이다. 이것만으로는 도매조합 출발에 충분한 자금을 확보할 수 없다는 우려가 있었다. 개인 회원은 한 사람이 200파운드를 추가할 수 있기 때문에 개인 회원 명의로 그들의 조합이 제공하면 되는 것이었다. 이에 따라 발기인 가운데 12명이 개인 회원으로 등록했는데 이들은 기록으로 남길 가치가 있다. 그들 중 6명은 로치데일의 스미시스, 쿠퍼, 그린우드, 치덤, 스토트, 하워스(당시 헤이우드 대표), 2명은 올덤의 매크로프트와 휴킨으로 올덤산업조합 소속이었다. 올덤공정조합은 대표를 보내지 않았다.

그리고 다른 3명은 맨체스터의 홋산, 에드워드, 다이손이었다. 마지막 한 사람은 미들턴의 힐튼이었다. 이들은 매우 제한된 지역 대표자들이었다. 요크셔에서 온 대표자는 아무도 없었고, 랭커셔 북부 마을에서도 한 사람도 없었다. 머시사이드에서도 한 사람도 참여하지 않았다. 단, 이 회의는 새 단체의 등록 사무소를 리버풀에 두기로 결정했는데 이 시설은 지역 조합이 제공한 것이었다. 이 결정에 대해서는 아무런 설명이 없는데, 지역 간의 갈등 때문이었음이 틀림없다. 맨체스터는 많은 점에서 이상적인 입지였지만, 맨체스터의 지역 조합은 로치데일과 올덤에 비하면 훨씬 불안정했고 이 두 조합은 경쟁 관계였다. 올덤의 조합은 전부터 충성도가 의심스러웠는데, 만일 맨체스터와 로치데일의 어느 쪽으로 선택했다면 그들은 참여하지 않았을 것이라고 생각했다.

다음 문제는 등기를 받기 위해 적절한 규약을 만드는 것이었다. 1863년 성령강림절에 리버풀에서 회의를 열어 규약의 최종안을 승인하자는 제안이 나왔지만, 이 회의는 열리지 않은 것으로 보인다. 그러나 규약은 등기관의 승인을 받기 위해 제출되었고, 1863년 8월 잉글랜드북부협동조합도매기구 · 배송조합은 등기되었다. 10월에는 첫 임시 위원회가 맨체스터에서 열렸고, 그 다음 달 제1회 총회를 열어 정규 임직원과 위원회를 선출했다.

이때 가입에 동의한 협동조합은 48군데였다.

CWS 초대 임원들은 CWS 창설의 책임을 맡아온 모임과 같은 좁은 범위에서 나왔다. 아브라함 그린우드가 조합장, 제임스 스미시스가 회계 담당 그리고 또 한 사람의 로치데일 사람인 토마스 치덤은 찰스 하워스와 함께 경영 위원회를 맡았다. 맨체스터의 J. C. 에드워드는 쿠퍼를 대신해 사무국장이 되었다. 위원회의 나머지 위원은 올덤의 매크로프트와 미들턴의 존 힐튼이 되었다. 올덤산업조합은 가입을 설득했지만 거부했다. 그리고 매크로프트는 비밀공제조합과 적극적인 관계가 있었던 옛 차티스트 제임스 닐드와 교체되었다. 11월 회의에서는 사무실의 주소지는 변경되지 않았다. 그러나 12월에 경영 위원회는 올덤의 탈퇴에 따라 그들의 입장을 고려할 필요가 없어졌고 등기 사무소를 맨체스터로 옮겼다.

실제 거래는 1864년 3월, 맨체스터의 쿠퍼 가에 있는 작은 창고에서 시작되었다. 사무엘 애쉬워스(선구자 28명 가운데 최연소자로 선구자조합의 매니저)를 맨체스터로 불러들여 일을 맡기려고 했지만, 선구자들은 선뜻 그를 보내려 하지 않았다. 새로 시작한 일은 그만큼 매우 불안정해 보였다. 5월에 열린 상반기 총회에 32개 조합에서 대표를 파견했다.

처음부터 어려움은 어마어마했다. 새 조합은 단순한 에이전시 역할 외에 실질적인 규모의 활동을 할 준비가 되어 있지 않았고, 수수료를 받는 조건에서만 거래할 수밖에 없었다. 또 당장 구매인을 찾아야 했는데, 처음부터 정직하고 기업 정신이 풍부한데다 거래에 능숙한 사람을 찾기란 쉽지 않았다. 각 지역 조합이 고용하고 있는 구매인들 대부분은 도매조합에 익숙하지 않았다. 그들은 이미 많은 도매 회사와 거래를 하고 있었는데, 지금에 와서 이들 회사와의 관계를 포기하고 전혀 경험이 없는 단체의 손에 스스로를 맡기는 것이 내키지 않았다. 초기에 도매조합은 한정된 범위의 식료품만을 취급했고, 로치데일제분소와 경쟁에 말릴 가능성이 있는 밀가루에는 손을 대지 않았다. 이러한 한계 속에서는 도저히 성공할 수 없음을 곧 알게 되었고, 10월에 과감하게 정책을 바꿨다. 원가 판매와 수수료 부과를 중지하고 시장 가격으로 판매할 것과 잉여는 이용 실적 배당으로 회원 조합에게 주기로 결정한 것이다. 이 결과 도매조합은 단순한 에이전시가 아니라 진정한 거래 사업체로서 제약 없이 발전하게 되었고, 이 변화된 기반을 바탕으로 성공은 보장되었다.

1864년 10월, CWS 최초의 회계 보고서가 작성되었을 때 출자금은 부채를 포함해 겨우 2,455파운드였고 가맹 조합의 총 조합원은 1만 8,000명에 지나지 않았다. 2년 뒤 출자금과 부채는 1만 1천 파운드로 늘었고 가맹 조합원은 3만 1,000명이 되었다. 거래액은 처음 1년 동안은 12만 파운드, 이듬해에는 17만 5,000파운드를 기록했다. 만 10년의 사업을 거친 1874년의 출자금은 6만 1,000파운드, 부채와 예금은 19만 3,000파운드였고, 가맹 조합원은 거의 20만 명, 거래액은 약 200만 파운드로 올랐다. 이 성장은 기복이 있기는 했지만 해마다 꾸준했다. 로치데일 선구자조합은 최초 가맹 조합원의 약 4분의 1을 차지했지만, 1875년에는 전체의 약 3퍼센트에 지나지 않았다. 1867년에 가입한 조합은 이미 250군데가 넘었다. 위원회가 너무 조심스럽지만 않았다면 더 빠르게 성장했으리라는 것은 분명하다. 1867년, 위원회는 뉴캐슬 온 타인과 글래스고에 지부를 개설하라는 강한 주문을 받았지만 거절했다. 이 무렵 협동조합은 북동 해안 지역에서 빠르게 발전하고 있었지만, 맨체스터는 너무 멀어서 유통 센터로서 효율적인 역할을 하지 못했다. 그러나 CWS 지도자들은 북동부 지역이 분명히 '잉글랜드 북부도매사업연합회' 범위 안에 있다고 해도 이 단계에서 위험을 무릅쓰면서 확장할 의사는 없었다. 협동조합의 역사가 오래된 스코틀랜드에 대해서도 맨체스터의 협동조합인들은 스코틀랜드 협동조합인들이 자신들의 CWS를 만들어야 한다고 조언했다. 그들은 이 목적을 위해 모인 회의에 대표 한 사람을 파견했고, 이 회의를 통해 스코틀랜드협동조합도매사업연합회(Scottish Co-operative Wholesale Society, SCWS)가 탄생했다.

그러나 위원회는 인근 지역에 영향력을 확대하는 데에 힘썼고, 특히 웨스트라이딩에 있는 여러 조합을 참여시키기 위해 열심이었다. 헤크몬드위크의 제임스 크랩트리는 위원회의 설득으로 1865년에 참여했다. 그는 그 뒤 맨체스터 모임에 참석하기가 어렵다는 이유로 위원을 사임하려고 했지만, 그의 사의는 받아들여지지 않았다. 점차 요크셔의 많은 조합이 합류했다. 1866년에는 로치데일의 사무엘 애쉬워스가 구매 담당 직원으로 가세하면서 영업 조직이 크게 강화되었다. 그는 곧 구매의 전반 관리를 맡게 되었는데, 그가 온 것은 CWS가 초기의 시련을 거쳐 단단하게 자리잡았다고 볼 수 있는 하나의 징표였다. 같은 해에 위원회는 티퍼레리에 배송 센터를 만들고 버터 구매인을 임명함으로써 최초의 해외 사업 —기본 공급원을 연결하는 첫 사업— 을 시작했다.

이듬해인 1867년에 새로운 산업절약조합법이 의회에서 통과되었다. 이 법으로 다른 협동조합에 대한 투자 제한액 200파운드가 철폐되었고, 소매 조합 수중에 있는 잉여금으로 자본을 조성하기가 훨씬 쉬워졌다. 이러한 조치가 크게 도움이 되지는 않았지만, 개인 회원 조항을 즉시 폐지하는 데는 도움이 되었다. 창립 회원 12명은 그들의 출자금을 절차에 따라 그들이 속한 조합에 양도했다. 1868년, CWS 위원회는 초기에 입주한 임대 건물을 나와 자기 소유의 창고 건설에 1만 파운드를 할당해도 충분하다고 느꼈다.

'1867년 법' 아래 작성된 규약은 새로운 변화를 가져왔다. 비회원 조합의 구매에 대해 50퍼센트 배당이 허용되었고, 회원 조합의 관심을 높이고 보다 효율적인 접촉과 운영을 위해 반기 총회를 분기 총회로 바꾸었다. 위원회도 7명에서 9명으로 확대했다. 그러나 크랩트리를 빼고는 여전히 CWS의 발상지인 랭커셔 남동부의 협소한 지역 출신들로 구성되었다.

1867년은 보험 협동조합이 시작된 해라는 점에서 더욱 눈길을 끈다. 협동조합은 이 무렵 건물을 비롯해 여타의 보험 대상 자산을 소유했는데, 일반 보험회사에 보험료를 내고 있었다. 일찍이 1863년에 협동조합이 보험을 자기들의 손으로 할 수 없는가 하는 문제가 제기되었다. 1867년에 CWS 위원회가 특별 소집한 협동조합대회에서 주로 화재보험을 위한 협동조합

보험회사를 설립하기로 결정했다. 이 보험회사는 주식회사로 등기해야만 했다. 보험은 산업절약조합법이 인가하는 조합 기능 범위 밖에 있었기 때문이다. 이는 협동조합보험회사의 출자자가 된 조합이 주가의 등락으로 큰 자본 이득을 얻을 수 있게 됨에 따라 나중에 불행한 결과를 낳았다. 그러나 1867년에는 협동조합이 보험 사업을 시작할 다른 방법이 없었기에 위험을 피할 수 없었다. 협동조합보험회사는 초창기에 선구자조합 건물에 입주했다. CWS 회장인 아브라함 그린우드가 매니저였고, 윌리엄 쿠퍼는 1868년 요절할 때까지 사무국장을 맡았다.

그런데 1863년 이래 잉글랜드북부도매사업연합회 총회가 열린 것을 빼고는 1867년에 열린 이 보험 회의가 최초의 전국 협동조합대회였다. 1860년부터 CWS를 창설할 때까지 열리던 크리스마스 회의는 이미 중단되었고, 회의를 추진해 온 그룹도 도매조합의 발전과 함께 너무 바빠서 전국 규모의 회의를 준비할 여유가 없었다. 도매조합이 확립되고 나서야 협동조합 지도자들은 단지 거래 사업체로서가 아니라, 모든 국면에서 협동조합을 대표하는 전국 단체를 갖추는 데 관심을 돌리게 되었다.

제9장

1860~1870년대
협동조합의 성장

앞서 본 것처럼, 1867년 잉글랜드북부도매사업연합회는 스코틀랜드 지부를 설립해야 한다는 제안을 거부했다. 그러나 스코틀랜드 도매협동조합을 출범시키기 위한 방법을 검토하기 위해 모인 스코틀랜드 협동조합대회에 대표를 보내는 데는 동의했다. 그 이듬해 스코틀랜드협동조합도매사업연합회(이하 스코틀랜드CWS)는 잉글랜드 선배들의 축복 속에 출범했고, 오늘에 이르기까지 독립단체로 활동하고 있다. 잉글랜드북부도매사업연합회와 공식적인 연결은 없었지만, 오늘날에는 두 도매조합이 연합해서 만든 조직이 차 농장을 관리하고 있다[1].

스코틀랜드에서 독자적인 도매조합이 발전한 배경에는 협동조합의 오랜 역사가 있다. 스코틀랜드는 소비자협동조합의 선진지였다. 에어셔 주

---

1 이 글을 쓰고 있는 1944년에 CWS와 스코틀랜드CWS의 합병이 진지하게 검토되고 있다. [옮긴이] 두 도매조합의 합병은 여러 반론에 부딪쳐 즉각 실현되지 못하다가 1973년, CWS가 스코틀랜드CWS를 흡수하는 형태로 합병이 이루어졌다.

펜윅의 직공조합은 울위치와 채텀의 제분소를 제외하면 비록 수명은 짧았지만 가장 오래된 조합으로 알려져 있다. 다음으로 오래된 조합은 고반식료품공급조합으로, 1777년부터 1909년까지 활동했다. 이는 잉글랜드의 다른 어떤 조합보다 앞선 것이었다. 1800년 브릿지톤식료품공급조합, 1812년 레녹스타운식료품공급조합, 1821년 라크홀식료품공급조합은 오언주의 시기를 거슬러 올라가는 아주 초기의 스코틀랜드 조합이었다. 그리고 레녹스타운조합과 라크홀조합은 1944년인 지금까지도 활동하고 있다. 스코틀랜드는 1821년 조지 뮤디의 실험을 제외하면 1825년에 시작된 오언주의 협동 공동체인 오비스톤의 발상지였다. 오언이 그 유명한 공장을 경영하면서 공장주로서 체험한 것을 기초로 자본주의의 경쟁 시스템을 새로운 사회 질서로 대체하기 위해 여러 구상을 해낸 곳도 바로 스코틀랜드였다.

그러나 오언의 뉴라나크는 결코 협동조합다운 사업이 아니었다. 그리고 불순물을 섞지 않은 물품을 싼값에 그의 노동자들에게 판매한 뉴라나크 매장도 협동조합의 기초 위에 만든 게 아니었다. 그럼에도 불구하고 오언의 영향력은 스코틀랜드 노동자들 사이에서 소비자협동조합을 발전시키도록 한 요인이 되었다. 1830년대 초 알렉산더 캠벨이 이끈 글래스고협동조합교환시장—런던 가 매장으로 알려진—는 오언주의다운 사업이었다. 이는 1834년 오언주의 운동의 좌절 속에 다른 많은 조합처럼 소멸했다. 그러나 이런 과정에서 오언주의 영향의 결과인지는 모르지만 여러 조합들이 피어나고 있었다. 1830년 배녹번조합, 1833년 브레친조합과 알브로스조합 그리고 어렴풋한 기억이지만 1830년대 초기의 애버딘조합이 그들이다. 1830년대 초기에 알렉산더 캠벨이 펴낸 잡지는 스코틀랜드 노동자들에게 협동조합을 알리는 데 크게 기여했고, 캠벨은 1837년에 오언주의 선교사로 임명되었다. 그 뒤 몇 년 사이에 많은 협동조합이 생겼고, 이 가운데 몇 군데는 지금까지 활동하고 있다. 보더산 트위드 직물업의 중심지인 갈라쉴즈(1839년)와 하윅(1839년)에 조합이 있고, 훨씬 북쪽 지역인 포파(1838년), 클래크매넌의 틸리콜트리(1840년), 에어셔의 다벨(1840년) 그리고 파이프의 많은 지역 —이스트 웨미스(1838년), 레슬리(1839년), 킹스케틀, 프레우치(1842년), 포크랜드(1843년), 오치더머티(1845년)— 과 디자트(1846년)에도 조합이 있었다. 또한 스털링—클래크매넌의 알바(1845년)와 멘스트리(1847년), 북부 지방의 몬트로즈(1846년)와 보더 마을의 셀커크(1846년 이전)가 이 시기에 속하는 신생 조합이었다.

이들 조합은 알렉산더 캠벨의 영향력이라고 할 수도 있지만, 단지 어느 한 운동가의 산물이라기에는 너무나 폭넓게 흩어져 있었다. 이들 가운데 일부는 차티즘과 밀접한 관계가 있었다. 예를 들어 하윅조합은 공공연하게 '차티스트 매장'이라고 불렸다. 그러나 대체로 이들 조합은 이론보다는 필요에 따라 생겨난 것이었다. 그리고 파이프처럼 아주 소수 지역을 빼고 대부분 조합은 서로의 일을 거의 혹은 전혀 모르는 채 운영되고 있었다.

스코틀랜드 조합은 같은 시기 잉글랜드에 생긴 조합과 비교해 몇 가지 뚜렷한 특징을 보인다. 스코틀랜드 조합에는 협동조합 매장 설립을 이상적인 공동체를 만들기 위한 예비 단계로 생각한 흔적은 거의 없었다. 많은 조합이 처음부터 절약을 강조했고, 몇몇 조합은 실제로 '저축협회'로 불렸다. 1833년에 만든 브레친조합이 그랬다. 그리고 이들 조합은 로치데일 선구자들의 시대에 앞서 노동자들의 소액 저축으로 '절약 투자'를 할 수단을 준비했다. 이것이 경우에 따라서는 이용 실적 배당 채택을 가로막고 출자 배당을 더 중요하게 여기는 것으로 연결되었다. 게다가 대부분의 스코틀랜드 조합은 우애조합법의 절약 투자 조항에 따라 등기하지 않고 회사법으로 등기했다. 몇몇 조합은 '협동조합'이 아니라 '매장 회사(Store Companies)'라 불렸다. 하윅과 갈라쉴즈가 그랬다. 1852년에 산업절약조합법이 통과된 뒤에도 여전히 많은 조합은 회사법을 따랐다.

또 하나의 차이점은 스코틀랜드 초기 협동조합의 사업으로 제빵업이 두드러졌다는 점이다. 많은 조합이 제빵소로 문을 열었다. 다른 조합도 처음에는 주로 오트밀을 거래했고, 일반적인 매장을 운영한 것은 나중의 일이었다. 큰 마을은 그렇지도 않았지만 몇몇 마을의 조합은 한동안 협동조합 제빵소일 뿐 다른 활동은 없었다.

이처럼 조심스런 방식으로 만들어진 스코틀랜드 초기 조합은 같은 시대에 잉글랜드에서 보다 야심차게 만든 조합보다 생존율이 훨씬 높았다. 그러나 이들은 주목할 만한 하나의 운동을 이루지는 못했다. 이들 조합은 스코틀랜드 전역의 가난한 직공과 섬유 노동자들의 현실적 필요를 위해 존재했고 또한 그에 부응했다. 그러나 누구도 이들 조합에 깊은 관심을 기울이지 않았다. 조합의 성장은 제한될 수밖에 없었다. 이들 조합은 쇠퇴 산업에 의지했고, 랭커셔와 요크셔처럼 산업혁명의 압력 아래 빠르게 발전하는 지역에 자리하지 않았기 때문이다.

스코틀랜드 협동조합의 두 번째 물결은 1850년대에 시작되었다. 협동조합은 당시 빠르게 발전하던 글래스고 일대에 집중되었는데, 1850년대 중반 무렵 알렉산더 캠벨을 지도자로 새로운 중앙조합을 만들었다. 이 조합은 1850년대 후기에 글래스고 여러 지역에 대규모로 지부를 만들었고, 멋진 본부 건물도 열었다. 거의 같은 시기에 대규모 파업에 연루된 글래스고 제빵공들은 생산자가 관리하는 협동조합 제빵소 설립을 제안했는데, 이 시도가 실패하자 중앙조합이 이를 이어받았다. 한동안 모든 일이 순조로웠고, 글래스고 주변 지역으로 수많은 조합이 생겨났다. 이 시기에 만든 조합으로는 1858년 페이즐리공정조합, 1860년 세인트롤록스조합, 1861년 바헤드, 손리뱅크, 캐더, 덤바턴 그리고 톨크로스의 각 조합, 1862년 캐스카트조합과 베일오브레븐조합 등이 있었다. 에든버러 지역에서도 활동이 활발했다. 훗날 스코틀랜드에서 가장 규모가 크고 성공한 세인트커트버트조합은 1859년에 설립되었다. 1863년까지는 주변 몇 개 지역과 에든버러에서 다섯 조합이 만들어졌다. 보니릭조합은 세인트커트버트조합보다 빠른 1856년에 설립되었다. 그리고 페니퀵(1860년), 달 케이즈(1861년), 로즈웰(1861년), 트라넨트(1862년), 무셀버(1862년), 포토벨로(1864년), 고어브릿지(1864년), 배스게이트(1864년) 조합이 잇따라 설립되었다. 팔키릭 지역에서도 비슷하게 발전했고, 협동조합 운동은 글래스고에서 에이어셔와 라나크셔 남부로 확대되었다. 1830년에 설립되었던 조합이 오래 전 소멸한 애버딘은 1861년에 협동조합의 기초 위에 북부 애버딘 회사를 설립했다. 이듬해 페이즐리조합은 페이즐리제조조합을 만들어 매장 경영의 성공을 이었다. 페이즐리제조조합은 직물 공장을 가졌고, 고객과 노동자의 이윤 공유를 기반으로 생산했다. 이때 스코틀랜드 협동조합은 처음으로 공업 지역으로 확대되는 전국 운동의 성격을 띠게 된 것 같다. 1863년에는 J. T. 맥킨이 협동조합 문제를 전문적으로 다루는 최초의 잡지 《스코틀랜드 코퍼레이터(Scottish Co-operator)》를 발행해 많은 자극을 주었다.

같은 해 글래스고조합은 당시 잉글랜드 북부에서 설립 중에 있던 도매조합에 필적하는 스코틀랜드도매조합 창설을 제안했다. 이 계획을 검토하기 위해 스코틀랜드 각 조합의 회의가 1864년에 소집되고 다음 회의에 보고하기 위한 위원회를 임명했다. 그러나 이 중요한 국면에 글래스고조합이 파산해 모든 것이 혼란에 빠졌다. 글래스고조합은 지나친 사업 확대에 뛰어드는 바람에 해산해야 했다. 일부는 파산에서 구제되었다. 파산 조합의 몇 개 지부는 독립 단체 —파크헤드조합, 앤드스톤조합 그리고 몇 개 지부가 모여 동부글래스고조합이 되었다— 로 사업을 유지했다. 그러나 타격은 심각했고, 1864년 회의에서 임명된 위원회는 사라졌다.

1865년, 이 문제를 논의하기 위해 맥킨이 글래스고 각 지역 조합 회의를 소집했다. 조합 대표자들은 잉글랜드북부도매사업연합회에 가입 신청을 하는 것은 최선의 선택이 아니라고 생각했다. 그러나 맨체스터가 효율적인 공급 기지 역할을 하기에는 너무 멀리 떨어져 있다는 데 모두 동의했다. 당시 일종의 지부 기능을 갖는 '부문 기구'에 대해 맨체스터와 협정을 맺는 게 실질적이라는 제안이 있었다. 회의는 CWS와 교섭에 들어가고, 이듬해 최대한 스코틀랜드 모든 조합이 참여하는 대표자 회의를 열기로 결정했다.

이에 따라 1866년에 40개 조합 대표자들이 글래스고에서 회의를 열었다. 맨체스터의 J. C. 에드워드는 CWS를 대표하여 참석했다. 글래스고의 실패를 의식하는 대표자들은 조심스러운 분위기였다. 그들은 독자적인 스코틀랜드CWS 조직에 반대하기로 결정했다. 그리고 만족할 만한 협정을 맺을 수 있다면, 스코틀랜드 각 조합이 잉글랜드 북부 단체의 출자(주식)를 인수할 것을 권고했다. 그리고 1850년의 로치데일 방식에 따라 연합 제분 협동조합을 만들기 위한 제안을 토론했고, 당시 잉글랜드에서 형성 과정에 있던 조합과 같은 종류의 보험협동조합을 만드는 것도 검토했다. 그러나 이 두 가지 계획을 위한 행동은 잉글랜드CWS와 교섭이 어떻게 진전되는지 확인할 수 있을 때까지 연기하기로 했다.

1867년에 열린 회의에는 30개 조합 대표자들이 참석했다. 지난해와 마찬가지로 맨체스터에서는 에드워드가 참석했다. 그는 독자적인 스코틀랜드 조합 창설을 위해 CWS가 모든 지원을 아끼지 않겠지만, 스코틀랜드에 지부를 만들 의향은 없음을 보고했다. 스코틀랜드 조합 대표들은 마음을 고쳐먹고 잉글랜드 친구들의 도움을 받아 독자적인 조직을 만들기로 결정했다. 스코틀랜드도매조합 계획을 입안하기 위해 위원회를 임명했다. 제분소 계획도 다시 살아나 이 위원회에 맡겼다. 위원회는 1868년 1월 1일과 2일에 글래스고와 에든버러에서 각각 열린 회의에 가능한 많은 대표자들이 참석할 수 있도록 지체 없이 보고했다. 이 회의에 모인 40개 조합은 스코틀랜드CWS 설립을 결정했다. 이렇게 해서 스코틀랜드CWS는 잉글랜드 도매조합이 첫 발을 내딜 때보다 훨씬 많은 지지를 받으며 시작할 수 있었다. 8월에 글래스고에서 열린 후속 회의에서 규약을 승인하고, 9월에 스코틀랜드CWS는 정식으로 사업을 시작했다. 스코틀랜드CWS 본부는, 동부 스코틀랜드 여러 조합의 편의를 위해 에든버러에 지부를 두어야 한다는 압력이 있는 가운데, 글래스고로 선정되었다.

스코틀랜드 협동조합인들은 이런 성과에 만족하지 않고 다른 계획에 몰입했다. 1868년, 글래스고의 통 제조 직인들은 파업의 산물로서 통제조협동조합을 설립했다. 이듬해 클라이드 지역의 여러 조합이 제빵연합협동조합을 만들기 위해 연대했다. 이 때문에 전에 제안한 제분소 건은 당분간 무대에서 밀려났다. 같은 해 협동조합대회는 스코틀랜드 건축협동조합과 협동조합의 보험 사업을 위한 상호보험협동조합 설립 문제를 토론했다. 1871년에는 1862년의 페이즐리제조조합 방식에 따라 틸리콜트리에 모사(毛絲)와 직물을 생산하는 오크공장협동조합을 만들었다. 뒤이어 1872년에는 글래스고에서 스코틀랜드 협동조합철공소를 설립했다. 이 철공소는 세인트롤록스의 기계 제작 공장과 함께 어바인의 조선소를 포함하는 야심찬 계획이었다. 이 계획은 잉글랜드에서 이루어진 발전과 마찬가지로 1일 9시간 노동을 요구하는 기계공의 '시간 단축' 운동의 산물이었다. 우리들은 조금 뒤 이들 대규모 협동조합 사업 계획의 결과가 어떻게 되었는지를 살펴볼 것이다.

이러한 발전이 진행되면서 글래스고의 소비자협동조합 운동은 1864년의 불행을 딛고 그 기반을 회복하고 있었다. 오늘날 글래스고에서 가장 큰 조합인 키닝파크조합과 세인트조지조합은 1865년 동부글래스고조합 설립에 이어 1871년에 설립되었다. 이에 앞서 1870년에는 글래스고 및 주변 지역 협동조합 협의회를 만들었는데, 이 협의회는 협동조합 발전에 큰 자극을 주었고 다른 지역에서도 비슷한 조직을 만들도록 촉진했다. 같은 해 스코틀랜드CWS는 피고용인과 이윤을 공유하기 위한 '노동 배당' 제도를 채택했다. 이 제도는 잉글랜드북부CWS가 단 2년 동안 시험 시행하고 1876년에 포기한 것인데, 스코틀랜드에서는 많은 수정이 있었지만 오랫동안 유지되었다.

스코틀랜드 협동조합 운동이 랭커셔, 요크셔와 독립적으로 발전하는 동안, 잉글랜드의 다른 지역, 특히 북동 해안 지역에서도 협동조합의 커다란 진전이 있었다. 지금의 뉴캐슬온타인조합과 선더랜드조합은 1859년에 설립되었다. 그 뒤로 몇 년 동안 조선소와 기계 제조 중심지와 노섬벌랜드와 더럼의 탄전 지대에서도 조합이 매우 많이 설립되었다. 1912년에도 활동하고 있는 조합 가운데 1860년에 설립된 조합이 3곳, 1861년에 12곳, 1862년에는 8곳이 설립되었다. 노섬벌랜드와 더럼에서만 1865년까지 10곳이 더 생겼다. 다음 몇 년 동안 협동조합 운동은 남부의 스톡턴(1866년)과 달링턴(1868년)으로 확대되었고 요크셔의 경계를 가로질러 미들즈브러(1867년)와 클리블랜드의 다른 많은 지역으로도 확대되었다. 1859년부터 1875년까지 더럼에 39곳, 노섬벌랜드에 31곳과 클리블랜드에 8곳이 설립되었다. —1912년에 독자적으로 활동하는 곳만 계산한 것이다.

인구와 산업이 매우 빠르게 성장하는 지역에서 협동조합이 이렇게 확산되면서 당연히 그 자체의 문제를 동반했다. 1860년대와 1870년대 초, 더럼과 노섬벌랜드 탄전 지대에서는 수출 무역이 급속히 발전했다. 철강 공업성장은 구식의 제철 공업을 대체하고 있었다. 조선업은 새로운 기술로 혁신되어 주로 북동해안과 클라이드 항만에서 발전했다. 석탄과 철강을 기초로 한 산업혁명의 새로운 국면이 영국에서도 타인, 웨어 그리고 티즈만큼 영향을 준 지역은 없었다. 이러한 힘은 1871년에 북동 지구를 산업 진보 운동의 태풍의 눈으로 만들었고, 거대한 투쟁을 거친 뒤 기계공과 조선공은 1일 9시간 노동을 확립할 수 있었다.

이런 상황에 자극을 받으면서 1860년대 후반 뉴캐슬 온 타인은 협동조합 활동의 중심지가 되었다. 더럼과 노섬벌랜드 광부들은 노동조합을 만드는 데서도 다른 어떤 탄광보다 훨씬 앞서 있었다. 그들의 노동 조건과 생활수준도 다른 광업 중심지보다 나았다. 영국 대부분 지역에서 광부들의 협동조합 운동은 더디게 발전했다. 탄광이 있는 마을은 고립되어 있었고, 탄광 소유자의 힘은 대단했다. 다른 탄전 지대 광부들의 노동조합은 알렉산더 맥도날드의 지도력에 힘입어 1860년대에 빠르게 진전하고 있었다. 이 노동조합 운동이 도처에서 협동조합의 조직화를 위한 길을 준비했다. 그러나 북동 해안 지역만은 노동조합 운동이 이미 강력히 자리잡고 있었다. 이 지역 광부들은 맥도널드가 운동을 시작했을 때 이미 완전한 숙련 노동자로 인정받았다.

1862년, 랭커셔의 협동조합인들이 CWS 설립을 오로지 심사숙고만 하고 있을 때, 뉴캐슬 온 타인에서는 급진파로 유명한 조셉 코언이 의장을 맡은 협동조합대회가 열려 도매 거래를 목적으로 한 북부협동조합매장연합(Northern Union of Co-operative Stores)을 조직하기로 결정했다. 이 결정은 이듬해 각 지역 조합이 연합으로 운영하는 뉴캐슬 본부 매장을 설립하자는 이슈를 만들었다. 그러나 자본이 모이지 않아 이 계획은 없던 일이 되었다. 앞서 본 것처럼, 맨체스터의 CWS가 뉴캐슬 지부를 만들어야 한다는 북동부 협동조합인의 요청을 거부한 1867년까지는 아무 일도 일어나지 않았다. 또 한 번의 긴 공백을 거친 뒤, 뉴캐슬 북동부조합회의는 도매협동조합 설립 제안을 재검토하고 다시 맨체스터에 호소했다. 이 무렵 맨체스터의 위원회는 전보다 자신감이 있었다. 위원회는 북부 협동조합인이 자신의 독립 단체 설립보다 우선했던 지부 개설에 즉각 동의했다. CWS의 뉴캐슬 지부는 1872년에 만들어졌다. 이 지부는 뒤에 다루게 될 북동부 협동조합 운동에서 주목할 만한 사건에 말려드는 운명이 되었다.

1860년대 랭커셔와 요크셔, 웨스트라이딩 외에도 협동조합 운동이 빠르게 발전한 또 하나의 지역은 이스트 미들랜드의 여러 주였다. 이곳의 남부에서는 니트 등 소형 직물업 발상지와 부츠와 구두 생산 중심지가 있었고, 북부에는 석탄과 철 생산 중심지가 있었다. 1844년부터 1875년까지 이스트 미들랜드의 5개 주 ―노팅엄, 더비, 링컨, 레스터, 노샘프턴― 에서 적어도 86개 조합이 만들어졌고 이들은 1912년에도 여전히 활동하고 있다. 이 가운데 9곳은 랭커셔와 체셔에 가장 가까운 더비 주 끝자락에 있고, 사실상 북서 지역 협동조합 운동의 범위 안에 있었다. 이들 조합을 제외하더라도 77개 조합이 있는 것이다. 이 가운데 링컨 주에는 5개, 노샘프턴에는 가장 많은 23개, 노팅엄에는 19개, 레스터에는 17개, 그리고 더비에 22개 조합이 있었다. 노샘프턴과 레스터 그리고 노팅엄에는 주요한 조합 그룹이 있었는데, 이들 가운데 노샘프턴에 본거를 둔 그룹이 가장 활기차고 독립적인 운동을 펼쳤다. 1860년대 초, 노샘프턴조합은 인근의 작은 조합에 공급하는 도매 기관 역할을 하면서 적극적인 활동에 뛰어들었다. 1862년 산업절약조합법이 통과된 뒤 도매 부문은 미들랜드도매사업연합회(Midland Counties Co-operative Wholesale Society)라는 단체로 옮겨갔다. 잉글랜드북부CWS가 만들어지기 1년 전인 1862년 일이다. 이 새로운 단체는 자신들이 후원해서 제분소를 만들었고, 생산자협동조합인 노샘프턴구두제조협동조합과도 긴밀히 연대하며 사업을 했다. 이러한 노력은 1870년까지 지속되었는데, 이 해에 미들랜드주 도매사업연합회와 제조조합 그리고 노샘프턴소매조합 모두 붕괴했다. 제분소는 적자가 쌓였고, 구두제조조합의 기계는 새로운 발명으로 구식이 되어버렸으며, 도매사업연합회는 자금력의 범위를 벗어나 팽창했다. 노샘프턴조합은 즉각 재편되었고 대부분의 주변 조합은 도산의 위기에서 살아남았다. 그러나 다른 지역에서는 협동조합이 빠르게 성장하였음에도 1870년대 노샘프턴 주에서 새로운 조합은 거의 조직되지 않았다.

1860년대 웨스트 미들랜드의 활동은 미약했다. 한때 오언주의 협동조합의 아성이었던 버밍엄은 협동조합의 '사막'이 되었다. 워릭, 스태퍼드, 우스터 그리고 제철 지대인 콜브룩데일의 슈롭에 몇 개의 조합이 흩어져 있을 뿐이었다. 1860년대는 노샘프턴 주에서 워릭 쪽으로 좀 확대되었다. 코번트리에서 록허스트레인협동조합(1832년)이 오언주의 시대 이후 살아남았고, 1876년에 새 조합이 한 곳 설립되었다. 럭비조합은 1862년에 설립되었고 이외에도 1875년 이전에 몇 개의 조합이 만들어졌다. 그러나 이 시기 웨스트 미들랜드에서 연합 운동의 성격은 전혀 없었다. 그렇지만 1860년대에 노샘프턴셔에서 북부 버킹엄셔로 그리고 옥스퍼드셔로 협동조합 발전의 여파가 미쳤다. 뉴포트파그넬조합(1866년) 주변으로 작은 조합들이 번영했고, 밴버리조합(1866년)은 다음 시기의 협동조합 운동의 지도자가 되었다.

〔표 9-1〕 이스트 미들랜드 소비자협동조합(1912년에도 운영 중인 조합)

설립연도	노팅엄	더비	레스터	노샘프턴	링컨	합계
1844 이전	-	-	-	-	-	-
1845-50	-	1	-	-	-	1
1851-55	-	1	-	-	-	1
1856-60	1	5	2	6	-	14
1861-65	4	3	6	10	1	24
1866-70	3	7	5	4	-	19
1871-75	11	5	4	3	4	27
합계	19	22	17	23	5	86

〔표 9-2〕 웨스트 미들랜드 소비자협동조합(1912년에도 운영 중인 조합)

설립연도	스태퍼드	워릭	우스터	샐럽	헤리퍼드	합계	미들랜드 전체
1844 이전	-	1	-	-	-	1	1
1845-50	-	-	-	-	-	-	1
1851-55	-	-	-	-	-	-	1
1856-60	2	-	-	-	-	2	16
1861-65	1	2	1	1	-	5	29
1866-70	2	3	-	2	-	7	26
1871-75	2	5	4	-	-	11	38
합계	7	11	5	3	-	26	112

한편 런던의 협동조합은 쇠퇴하고 있었다. 1862년에 G. J. 홀리요크와 윌리엄 에드가는 수도권 조합의 연합 조직인 런던협동조합보급협회를 만들었다. 그러나 이 협회는 잠시 빛을 발하다가 꺼지고 말았다. 1864년에는 도매조합 기능을 위한 수도권 및 주변 지역 구매 협회가 생겨났는데, 1869년 무렵까지 아주 영세한 형태로 남아있었다. 이 무렵 새로운 협동조합대회와 관련한 움직임이 일어났다. 런던에서 협동조합 박람회와 협동조합대회가 공동으로 열렸는데, 여기에서 협동조합중앙기구가 생겼다. ―이는 기독교 사회주의자 시대에 널이 썼던 바로 그 이름의 부활이었다. 이 단체를 만든 이들은 대부분 생산자협동조합 지지자들이었고, 주로 제조조합이 생산한 물품 시장으로 활동하려고 했다. 협동조합중앙기구는 CWS와 우호 조건에서 일했고, 관련 제조조합을 설득해 자체에서 공급하지 않는 물품을 맨체스터로부터 사도록 했다. 협동조합중앙기구는 기독교 사회주의자의 옛 본부인 캐슬 가와 옥스퍼드 가에 사무실을 두고 그들의 전통을 부활시키려 했다. 그러나 협동조합중앙기구는 확실한 기초가 전혀 없었고, 1872년에는 CWS에 은밀하게 인수를 의뢰했다. 맨체스터의 위원회는 이를 내켜하지 않았으나, 1873년에 런던 지역 조합 대표들과 두 차례 회의 끝에 런던 지부를 개설하기로 결정했다. 지부는 1874년에 개설되었고, 우호적 협정에 따라 협동조합중앙기구는 해산되었다. 런던 지부는 잉글랜드 서쪽 끝에서 동쪽 끝의 여러 주에 걸친 지역을 품어야만 했다. 게다가 초기의 가장 적극적인 지지자들은 외딴 지역의 조합들이었다. 런던 자체의 근대적 소비자

협동 운동은 1860년 철도원들이 만든 스트랫퍼드조합과 1868년 울위치 왕립병기창조합 설립과 함께 모습을 갖추기 시작했다. ―두 조합은 초기 협동조합 운동 무대에서 활약했다. 엔필드하이웨이조합은 1872년에 설립되었고, 브릭스톤조합은 1864년, 헨든조합과 런던의 이스트엔드조합은 1874년에 설립되었다. 이들 조합 모두 1912년에도 여전히 활동하고 있다. 다른 조합들은 빠르게 소멸했거나 보다 큰 조합을 조직하기 위해 합병되었다.

런던의 협동조합은 동부를 제외하면 거의 없었다. 동부에는 에섹스 그레이즈에 1866년에 창립된 조합이 있었다. 켄트에는 1816년에 만든 쉬어니스경제조합이 여전히 활동하고 있었고, 두 번째 쉬어니스 조합이 1849년에 설립되었다. 보다 최근에 만들어진 조합으로는, 채텀에 가까운 뉴브롬프턴조합(1867년), 1874년 설립된 시팅번조합과 파버샴조합이 있었다. 더 남쪽으로는 포크스톤조합(1866년), 리게이트 조합(1863년), 루이스조합(1865년) 그리고 아룬델조합(1870년)만이 외롭게 있었다. 햄프셔에는 포트시아일랜드조합(1873년)이 있고, 와이트 섬에는 샨크린에 하나의 조합(1875년)이 있었다.

런던 서쪽에는 트링조합(1866년)과 체섬조합(1875년)이 있었다. 그보다 앞서 옥스퍼드셔와 버크셔에 활발한 소수 그룹이 있었다. 리딩(1860년), 옥스퍼드(1861년과 1863년의 시도가 실패로 끝난 뒤 1872년에 설립) 그리고 밴버리(1866년) 모두 새로운 런던 도매 지부를 강력하게 지지했다. 더 서쪽 지역에서는 서머싯과 윌트셔의 협동조합 운동이 강력했다. 스윈던에는

1853년과 1860년에 각각 설립된 조합이 있었다. 그리고 또 다른 중심 활동지로 쉐프톤 말렛(1861년), 트로우브리지(1861년) 그리고 레드스톡 주변의 광업 지대가 포함되었다. 글로스터(1860년)는 강력한 중심이었고, 이 주의 남부 지역에 다른 작은 조합들이 있었다. 데본셔는 플리머스조합(1859년)과 반스테이플조합(1867년) 그리고 북부의 비드포드조합(1872년)을 제외하면 협동조합 운동이 약한 편이었다. 콘월에서는 팔마우스조합(1867년)과 리스커드조합(1867년)으로 작은 조합 그룹이 모여들었다.

브리스톨 해협 북쪽인 사우스 웨일즈의 운동은 아직 요람기에 있었다. 몬머스셔에는 뉴포트(1861년)와 블레이나(1872년)에 조합이 있었다. 글래모간에는 애버데어(1869년)와 그 남서부에 걸쳐 7~8개의 작은 조합이 있었다. 카디프와 그 주변 지역에는 거의 없었고, 그밖에 웨일즈 북부 브라임보(1874년)와 브라인(1865년)에 고립된 조합 몇 군데가 있었다. 웨일즈는 협동조합 운동에 늦게 발을 들였다. 사우스 웨일즈 탄광 계곡 지역은 처음에 트럭 숍에게, 나중에는 식료품상—이들은 외상 거래에 대출까지 했다—에게 지배받았고, 광부와 제철공들이 상호부조 사업을 시작하기란 쉽지 않았다. 게다가 예배당의 경쟁 교파들은 그들의 활동을 방해했다.

에식스와 서퍽에는 조합이 적절히 분포했다. 노리치조합(1875년)은 노퍽에서는 단 하나의 조합이었지만, 입스위치조합(1868년), 베리세인트에드먼즈조합(1864년), 콜체스터조합(1861년), 첼름스퍼드조합(1867년) 모두 활발했고 각 조합 주변에 보다 작은 조합 그룹이 있었다. 케임브리지조합(1868년)도 확실히 자리를 잡았고 가까이에 소스톤조합(1867)이 있었다. 그러나 노픽과 마찬가지로 케임브리지 서부 지역은 협동조합의 '사막'이 었다.

도매협동조합 분야의 남은 실험들은 요크셔에서 일어났다. 1860년, 허드스필드 주변 지역에 있는 여러 조합이 협력해 허드스필드의류·식료품 회사를 만들었다. 이 회사는 개인 주주를 인정했지만, 주로 조합 매장이 주식을 소유했다. 그리고 제분소도 만들어 1880년까지 운영했다. CWS는 초기에 요크셔 각 조합들에게 맨체스터와 거래하도록 모든 노력을 다해 설득했지만 그들은 주저했다. 우리는 헤크몬드위크의 제임스 크랩트리가 1865년에 CWS 위원회 참여를 권유받았을 때 맨체스터의 모임에 가기 힘들다고 불평했던 것을 이미 보았다. 1870년에 아브라함 그린우드가 회계를 맡게 되자 크랩트리는 그의 후임으로 CWS 회장을 맡았다. 동시에 핼리팩스 협동조합인의 지도자 존 실리토가 위원회에 합류했다. 요크셔에서도 랭커셔에 가장 가까운 지역은 CWS를 지지하고 있었지만, 멀리 떨어진 지역의 지지를 얻기까지는 시간이 많이 걸렸다. 영국 최대 조합의 하나인 리즈협동조합은 1920년까지 CWS 바깥에 있었다. 그리고 요크셔의 많은 지도자들도 한동안 랭커셔보다 북동 해안 지역과 밀접한 관계를 가졌다. 핼리팩스와 허드스필드 그리고 리즈는 1860년대 요크셔 협동조합의 3대 중심지였고, 그 주변에서 여러 작은 조합이 그룹을 형성하고 있었다. 셰필드 지구의 발전은 비교적 늦었고, 헐 지구는 그보다 더 늦었다. 이미 우리가 본 것처럼, 미들즈버러 주변에서 운동이 번영하고 있었지만, 이는 명백히 맨체스터의 활동범위보다 오히려 뉴캐슬의 범위 안에 있었다.

1860년대 소비자협동조합의 성장과 함께 랭커셔와 요크셔 그리고 스코틀랜드 북동 지역에서 협동 생산 계획이 부활했다. 이 분야에서 진정한 협동조합 영역에 속한다고 볼 수 있는 실험과 설령 협동조합 지도자가 관심을 갖고 돌본다 하더라도 그 본질에서 참된 협동조합이 아닌 계획 사이에 분명한 선을 긋기란 대단히 어렵다. 1862년부터 1880년까지 산업절약조합법 아래 등기한 생산자협동조합은 163곳이었다. 이들 조합 대부분은 이 기간 중에 설립되고 소멸했는데, 살아남은 조합은 20곳이 조금 넘었다. 이에 더해 주식회사로 등기했지만 협동조합 성격을 갖거나 버젓한 협동조합인의 지지를 받는 곳도 많았다. 이들은 여러 성격을 띤 것이었다. 우리는 이미 1850년대에 로치데일 선구자조합이 자신들의 통제 아래 생산 기업을 만든 것이 아니라, 선구자조합도 투자했지만 개인 주주의 투자를 인정하고 장려한 독립 사업체로 제분소와 제조조합을 만든 사례를 살펴보았다. 이 제분소는 로치데일 선구자조합이 다른 많은 협동조합 매장과 연합해서 경영한 연합 협동조합이 되었다. 다른 한편 제조조합은 개인 주주들의 관리로 넘어갔고 이름을 빼면 협동조합으로서는 사실상 소멸했다. —광범위하게 분산된 출자자 단체와 투자 자본에 대한 배당금의 제한을 두는 협동조합의 한 형태로 보지 않는다면.

이러한 자본 배당 제한조차 회사법으로 등기한 대부분의 단체에는 없었다. 올덤이 본거지였던 '유한책임회사노동계급'은 이런 성격의 회사로 보통의 주식회사였고, 자본 출자자가 주로 노동자라는 점만이 다른 기업과 달랐다. 1870년대 초 호황기에 설립된 '유한책임회사노동계급'은 몇 년 동안 엄청난 배당을 지불했다. 그런데 산업절약조합법을 따르는 협동조합과는 달리, 회사는 주식에 프리미엄을 붙여 다른 사람에게 팔거나 투기 자본가의 매점을 막기 위한 수단이 아예 없었다. 종종 주요한 협동조합인이 지원을 했다거나 주주 가운데 소비자조합이 있었다는 사실 말고는 이 회사에 협동조합다운 모습은 아무것도 없었다.

그러나 1860년대와 1870년대에 '유한책임회사노동계급'보다도 협동조합 성격이 강한 단체가 많았다. 여기에는 노동자를 기업의 파트너이자 이윤 참가자로 생각한 회사들이 포함되었다. 중산 계급의 협동조합 지지자들은 기독교 사회주의 노선을 따르는 작은 노동자협회 만들기를 포기한 뒤에 주로 이런 형태의 회사를 만드는 방향으로 전환했다. 우리는 소비자협동조합의 신실한 벗인 토마스 휴즈와 월터 모리슨이 1860년대와 1870년대에 이윤 공유제에 기반하는 회사로 만든 협동 생산 사업체에 반복 투자했다가 손실을 입었음을 보았다. 또한 소비자협동조합이 이러한 사업체에 투자를 많이 했고, 노동조합 역시 여기에 가담해서 같은 방식으로 자금을 쏟아 부은 사실을 확인했다. 앞으로 살펴보겠지만 CWS도 이러한 사업에 깊이 관여했는데, 이 사업들은 1870년대 초 호황 중에 최고를 기록했지만 그 번영이 끝나는 순간 일제히 붕괴했다.

이들 사업 가운데 최초의 것은 1866년 요크셔에서 시작되었다. 협동조합 실험 기획자인 에드워드 오언 그리닝은 이윤을 공유하는 '사우스 버클리 석탄·내화벽돌회사'를 열었지만 곧 문을 닫았다. 요크셔에서는 모직 제품을 만드는 두 협동조합이 동시에 설립되었는데, 아이들상업협동조합은 1876년까지, 헤크몬드위크제조협동조합은 1874년까지 유지되었다. 헵든브리지퍼스티안조합은 다른 조합보다 정당한 협동조합 원리에 입각해 1870년 출범했고, 1918년에 CWS가 인수할 때까지 존속했다. 1871년에 역시 모직 제품을 만들기 위해 배틀리 제조회사가 등장해서 1883년까지 지속했다. 1872년에 에어델소모사제조조합이 뒤를 이었고, 전반적인 붕괴 속에서도 살아남았다. 플란넬을 제조하는 '랭커셔·요크셔생산조합'은 1878년에 청산했다. 카펫 생산으로 전환해 살아남은 또 다른 헤크몬드위크제조회사는 1873년에 설립되었다.

가장 큰 사업 계획은 채탄 산업에서 나왔다. 1863년 이후 노동조합 운동은 알렉산더 맥도날드의 지도 아래 북부 탄전 전역으로 빠르게 확산되었다. 그리고 안전 대책과 공정한 임금 지불을 위한 법 개정과 단체교섭권 승인을 위한 투쟁을 대대적으로 전개했다. 석탄 산업은 호황이었고 가격과 이윤은 급등했다. 임금 인상 요구와 일시적으로 사업이 부진할 때 임금을 삭감하는 데 반대하는 파업이 자주 일어났다. 광부들의 관심이 협동 생산 계획으로 옮아간 것은 언제나 파업의 결과였다. 알렉산더 맥도날드는 그들의 열렬한 옹호자였다. 석탄 가격이 1872년과 1873년에 기록적인 수준으로 오르기 시작하자, 정도의 차이는 있지만 탄광협동조합을 만들려는 계획이 잇따라 등장했다.

1865년에 두 사람의 브릭스 씨가 요크셔 탄광에서 착수한 '협동조합' 계획은 논란이 많았는데, 필자는 이 계획을 앞서 말한 형태의 사업에 포함시키지 않는다. 노동조합 운동을 강하게 적대하는 기업이 파업을 막기 위해 시작한 이 계획은 참으로 불행한 이윤 공유 협정에 지나지 않았다. 이 협정에 따르면 투자 자본이 10퍼센트의 배당을 받을 때까지 상여금은 지불하지 않도록 되어 있다. 그리고 경기가 좋았던 1873년, 이 배당의 최하한은 15퍼센트까지 인상되었다. 노동자들이 주주가 되기 위한 협정은 전혀 기능하지 않았고, 분배 가능한 이윤을 공표하기 전에 내부 유보로 착복해서 노동자를 속였다. 이 계획은 1874년 임금 인하에 반대하는 파업이 일어난 뒤 폐지되었다. 이 계획을 여기서 언급할 가치가 있는 까닭은 자본에 대한 10퍼센트 우선 출자 배당이 불행하게도 1870년대 초에 시작한 많은 협동조합 계획에 하나의 모델이 되었기 때문이다.

1872년부터 광산협동조합 계획이 쏟아지기 시작했다. 이 해에 뉴캐슬온 타인, 리즈, 에클레스힐 그리고 다웬에서 광산협동조합을 시작했다. 이 가운데 다웬 채광 회사는 사실상 다웬협동조합이 만든 것이었는데, 조합은 1,000파운드를 투자하고 조합원에게도 출자 인수를 요청했다. 곧 더 많은 자본을 요청받은 조합은 6,000파운드를 담보 대출했다. 다웬 채광 회사는 1882년에 도산했고, 다웬협동조합이 이 사업을 인수해서 1889년까지 얼마간의 이윤을 내면서 직접 석탄을 캤다. 이때 석탄은 바닥이 났지만, 투자금은 전부 수익으로부터 돌려받을 수 있었다. 에클레스힐 석탄 회사는 오버 다웬에 있는 이웃 협동조합에서 융자를 받았는데, 조합이 이 회사의 주식을 사서 조합원에게 팔았다. 탄광은 곧 어려움에 빠졌고, 조합은 CWS에 당좌대월 제공을 요청했다. 이는 나중에 저당 대부로 변경되었고, 1876년 광부들의 파업 후 이 회사는 파산했다. 리즈·몰리·디스트릭트 석탄협동조합에는 예상 밖의 이야기가 있다. 이 조합은 웨이크필드의 탄광을 얻고 새로운 수갱을 팔 생각으로 땅을 샀다. 그러나 1875년에 이 협동조합은 붕괴했지만 주택 개발 덕분에 좋은 조건으로 땅을 팔 수 있었고 거기에서 이윤을 남겨 해산했다. 1872년, 또 다른 리즈의 사업인 리즈·요크셔 석탄채굴협동회사는 보통의 주식회사로 바뀌었고 협동조합 역사에서 사라졌다.

석탄 경기가 최고조에 이른 1873년에는 추가 계획이 많이 나왔다. 맨체스터연합채굴협동조합은 볼튼협동조합이 선도하고 일부 소비자협동조합이 후원해서 설립되었다. 이 연합조합은 맨체스터에 가까운 버글 힐 탄광을 샀는데 자금난에 빠졌다. 1876년에 볼튼협동조합과 CWS가 탄광의 공동 저당권자가 되었고, 이듬해 탄광을 자신들 소유로 해서 1882년까지 경영하다가 파업을 동반한 임금 분쟁이 일어난 뒤 탄광을 팔았다. 1873년에는 두 개의 협동조합 탄광 사업을 컴벌랜드의 알스톤과 브로턴 바에서 시작했는데 둘 다 오래 지속하지 못했다. 로더럼 지구에 만든 사우스 요크셔

채광협동조합은 적당한 탄광을 물색하느라 시간을 허비하면서 일을 시작하지 못했는데, 때마침 불황이 닥쳐 출자금을 응모자에게 돌려주었다. 리즈협동조합이 융자한 티프턴 그린 탄광회사는 조업을 시작했지만, 1883년까지 경영 상태는 비참했다. 에어셔와 에든버러에서 있었던 두 가지 스코틀랜드 계획은 무산되었고, 뉴캐슬 온 타인의 채탄협동조합은 러더퍼드 박사를 조합장으로 하고 노섬벌랜드 광부협회의 지지를 받아 설립되었다. 다른 조합과 달리 이 조합은 전국 범위의 조합이 되려고 했고, 영국의 모든 탄광 지대에 광산협동조합을 만들 희망을 품었다. 이 조합의 첫 사업은 북동 지역에서 적당한 땅을 찾지 못하고 체스터필드에 가까운 몽크우드 탄광을 산 일이다. 이 탄광에서 조합은 출자금에 대해 10퍼센트 우선 배당을 할당하고 남는 이윤을 자본가와 노동자 그리고 소비자가 골고루 나누는 계획에 기초하여 생산을 시작했다. 고용한 광부들에게 주식을 사도록 했지만 성공하지 못하고 탄광은 큰 적자를 냈다. 사업 관계자 모두 손실을 입고서 1877년에 해산했다. 많은 협동조합 계획을 지원해 온 하원 의원 월터 모리슨은 이전보다 2만 2,000파운드 가난해졌다.

1874년과 1875년에 호황기는 막을 내리고 석탄 가격은 급속히 떨어지는데 또 다른 사업이 시작되었다. 웨스트 요크셔 · 노스 스태포드셔 탄광 · 건축협동조합이 1874년에 웨이크필드에서 설립되었지만 곧 해산했다. 이 듬해 두 개의 조합이 설립되었다. 사우스 요크셔 · 노스 더비셔 광부협회는 알프레턴 부근 셔랜드 탄광을 사들였지만, 파업과 경기 불황으로 부실해지고 1876년에는 자본 공급마저 끊어져 사업은 멈췄다. 같은 무렵, 리플리에 본부를 둔 더비셔 · 노팅엄셔 탄광협동조합은 스탠리 힐에 석탄이 매장된 땅을 사들여 수갱을 파기 시작했지만, 자본이 바닥나 1878년에 파산했다.

이것으로 탄광협동조합의 불행한 이야기는 끝났다. 이들 사업 대부분은 그것이 회사이든 산업절약조합이든 투자에 대해 10퍼센트 우선 배당을 한다는 것과 그러고 나서 잉여금이 있으면 자본가와 노동자(임금에 대한 보너스로서) 그리고 석탄 구입자(주로 협동조합)가 평등하게 나눈다는 데 기초를 두고 설립되었다. 1870년대 초, 석탄 사업에서 꽤 높은 이익이 나면서 환상적인 기대를 조장했다. 불황이 시작되자 '노동 배당'과 이용 실적 배당에 대한 기대는 함께 소멸했고, 이로써 이들 사업이 지녔을 터인 협동조합 성격도 박탈되고 말았다. 돌이켜 생각해 보면, 이들 사업의 시작이 환상적이었고 그들은 결코 성공할 수 없었다. 또한 1872년과 1873년에 터무니없이 높은 이윤을 상정하고 사들인 탄광이 불경기가 되자 얼마나 큰 손실을 입혔는지도 쉽게 이해할 수 있다. 이런 사업을 시작한 협동조합인의 가벼운 믿음을 탓하기는 쉽다. 그러나 같은 시기에 자본가 투자자가 선뜻 후원하는 기괴한 일은 터럭만큼도 없었다는 것 그리고 협동조합인이 입은 손실은 세상에 만연한 과정 —불경기에 따른 장부 가격 인하와 파산— 의 일부였음을 유념해야 한다. 협동조합인들이 어리석었을지 모르지만, 그들은 냉정함으로 평판을 얻는 사업가들만큼 어리석지는 않았다.

1870년대 초, 협동조합이 벌인 투기 ―더 적절한 말을 찾을 수 없다― 가운데 가장 야심적인 이야기가 남아있다. 1871년, 1일 9시간 노동을 요구하며 일어난 파업 중에 뉴캐슬 온 타인의 협동조합인들은 타인 강변에 버려진 우즈번 기계 제작소를 사들여 선박 기관과 보일러 그리고 기타 조선용 부품 공장으로 문을 열었다. 이 사업의 지도자는 기계공이 아니라 조합 교회파 목사였다. 그는 의사이기도 했고 유명한 강사이자 진보적 운동의 추진자였다. J. H. 러더퍼드 박사는 타인 강변에 훌륭하게 기억되는 이름을 남겼다. 그 이름이 러더퍼드공과대학으로 지금까지 전해지기 때문이다. 뉴캐슬의 지도적 인물이었던 그는 직공 학교와 대중문화를 열렬히 지지했고 협동조합에도 열광했으나 불행히도 최악의 사업가였다. 러더퍼드 박사는 뉴캐슬에서 열린 협동조합대회에서 우즈번 제작소 구입을 승인해 달라고 설득했다. 그는 엔지니어 경험은 없었지만, 전무이사가 되어 사실상 독점 운영권을 부여받았다. 주문은 쉽게 들어왔다. 파업 때문에 정규 생산자가 일을 하지 못하고 있었기 때문이다. 그러나 주문은 채산성이 낮은 값으로 이루어져 손실이 크게 났다. 설립할 때 300명이던 피고용인은 800명으로 늘었고, 주문에 쫓겨 2교대로 작업을 했다. 주주는 고용 조건으로 주식을 가져야 하는 피고용인을 포함해 1,300명이 되었다. 핼리팩스협동조합은 1,000파운드 주식을 매입하고 다시 2,000파운드를 빌려주었다. 북동 해안과 요크셔의 다른 많은 협동조합도 조금씩 주식을 샀다. 그러나 운영 자금은 더 많이 필요했고, 은행은 망설였다. 핼리팩스협동조합은 투자금을 1만 파운드로 늘렸고, CWS는 5,000파운드를 무담보로 빌려주었다. 러더퍼드와 그의 지지자들은 CWS로부터 더 많은 돈을 빌리려고 애썼지만, 맨체스터 위원회는 주저했다. 러더퍼드는 뉴캐슬에서 북부협동조합대회를 열어 우즈번 제작소를 위한 추가 대출금 확보를 주된 목적으로 한 산업은행 설립안에 동의를 얻었다.

이 일의 전개를 이해하려면 조금 뒤로 돌아갈 필요가 있다. 협동조합이 은행을 경영하는 문제는 이미 여러 해에 걸쳐 협동조합인들 사이에서 활발히 토론되었다. 이 문제는 1869년과 1870년의 협동조합대회에서 검토되었고, 1871년 대회는 CWS와 스코틀랜드CWS에 은행 업무 개시를 명확히 권고했다. 그 목적은 주로 잉여 자금을 가진 조합으로부터 예금을 수탁해서 사업 확대를 위해 단기 자금이 필요한 조합에 자금을 융통하기 위해서였다. 1871년 이전에는 산업절약조합법이 은행업을 분명하게 제외했기 때문에 이런 일은 불가능했다. 그러나 '1871년 법'으로 부동산 또는 동산을 담보로 조합원에게 대출을 하는 것이 합법화되었다. 이것은 일반적 의미의 은행업을 허가한 것은 결코 아니었다. 그러나 이 법 아래에서 CWS는 1872년에 가입 조합으로부터 예금을 받아 대출금을 제공하기 위한 은행사업부를 설치했다[2].

러더퍼드와 그의 지지자들은 이것으로 만족할 수 없었다. 그들은 CWS

---

2   238~239쪽 참조.

의 비회원들도 대출을 받을 수 있는 보다 폭넓은 권한을 가진 은행을 원했다. 하지만 CWS에게 법을 무시하라고 설득할 수는 없었던 러더퍼드는 협동조합대회를 마치고 뉴캐슬로 돌아와 산업절약조합법의 제약으로부터 자유로운 주식회사로서 산업은행을 설립한 것이다.

산업은행은 협동조합뿐만 아니라 노동조합으로부터도 폭넓은 지지를 얻었다. 노섬벌랜드 광부협회는 산업은행에 상당히 많은 예금을 했고 다른 협동조합들도 그랬다. 이들 자금 대부분은 우즈번 기계 제작소의 수요를 맞추기 위해 쓰였다. 러더퍼드 박사는 두 사업체 대표였고, 거의 아무런 제한 없이 업무를 관장했던 것 같다. 1873년 한 해 동안 주문을 충분히 받고 조업을 계속했으나, 호황이 끝나면서 상황은 달라졌다. 주문은 떨어졌고, 지나치게 낮은 가격으로 입찰한 결과 드러난 손실은 명백해졌다. 1873년 가을, 보일러 제조공들이 벌인 파업으로 발단이 된 노동 쟁의가 재정의 어려움 속에서 보다 격렬해졌다. 노동자 위원회가 조직되고 이사들과 사이가 틀어졌다. 산업은행의 자금은 바닥이 보였고, 대출금을 꽤 많이 제공했던 CWS는 더 이상의 지원을 거절했다. 1875년에 우즈번 제작소는 파산으로 내몰릴 수밖에 없었고, 동시에 산업은행도 임의 청산에 들어갔다. 우즈번 제작소를 재건하기 위한 시도가 있었지만 산산조각 나고, 공장은 CWS와 핼리팩스협동조합 그리고 다른 협동조합 다섯 곳이 합동으로 사들였다. 이들은 1881년에 최종 폐업할 때까지 타인엔진제작회사로 운영했다. 우즈번의 명예를 위해 한 마디 해 두자. 선박용 기관의 성능은 뛰어났던 것 같다. 그들의 결점은 제작에 있던 것이 아니라, 아주 조잡하고 비전문적인 경영과 잘못된 —터무니없다고 해도 좋을 정도의— 재무에 있었다. 의심할 것 없이 대단히 숭고한 의도로 충만했던 러더퍼드 박사였지만, 보통 사람이라면 사기로밖에 볼 수 없는 방식으로 일을 했다. 놀라운 일은, 그의 이러한 방식과 책략으로 많은 협동조합이 큰 손실을 입었음에도 러더퍼드 박사가 협동조합대회에서 영향력 있는 인물로 계속 존재했다는 사실이다. 우즈번 제작소와 산업은행의 실패를 향한 비난이 거셌지만, 그 비난의 화살은 러더퍼드 박사와 그의 동료들보다는 추가 대출을 거부한 CWS 쪽으로 더 향했다. 1867년 뉴캐슬에서 열린 협동조합대회에서 CWS는 충분히 비난 받았고 또 논박했다. 그러나 정작 CWS는 자신이 한 일에 대해서는 아무런 감사 표시도 받지 못했다. 사실 CWS는 협동조합 생산을 강력히 지지한 협동조합인들의 압력 아래 갓 출범한 은행이 하려고 한 범위를 조금 벗어난 것이었다. 그리고 우즈번 제작소만 아니라 당시 불운했던 많은 생산 사업과 관련해 심각한 손실을 입었다.

이 시기 몇 년 동안 CWS 은행 사업의 법적 지위는 매우 불안정했다. 처음에는 '은행부'로 부르다가 법의 범위 안에 있다는 색깔을 드러내기 위해 '대부 및 예금부'로 이름을 바꾸고, 런던과 주 은행이 정식 은행 업무를 위한 대리점이 되었다. 1876년에 수정된 산업절약조합법이 은행업을 협동조합 사업의 인가 범위에 넣으면서 법적 제약은 없어졌다. 실제로 CWS는 산업은행이 폐점하게 되었을 때 인수를 위한 교섭에 들어간 뒤 대부분의 사업을 승계했다. '은행부'는 단지 CWS의 한 부문으로 머물렀고 일부 협동조합인이 희망했던 독립 기관이 되지는 못했다. 은행부는 은행가다운 조심스러움으로 처음에는 주로 협동조합에 대출을 해 주었고, 나중에 노동조합에도 소액 범위에서만 대출을 했다. 그렇지만 은행 업무는 급속히 성장했다. 1870년대는 많은 협동조합이 그들 자신의 사업 확장에 어떻게 쓰면 좋을지 모를 정도로 자금을 가졌기 때문이다. 1870년대 초에는 이 잉여자금 대부분을 불운한 생산 사업으로 잃어버렸다. 그러나 이들 사업이 중단되면서 많은 돈이 CWS 은행부로 몰려들었다. CWS 은행은 보통의 은행과 달리, 언제든지 인출할 수 있는 예금에 이자(은행 이자보다 1퍼센트 낮음)를 주는 기관으로 발전했다. 이것이 가능했던 이유는, CWS 은행은 자금을 장기간 보유할 수 있었기 때문이다.

그렇지만 1870년대 초 협동조합의 전반적인 확대를 공유한 CWS에게 은행 업무는 하나의 분지에 지나지 않았다. 실제로 1869년에 위험한 시기가 있었다. 내부 분쟁이 관계 단절로 이어지고, 전국협동조합도매기구(National Co-operative Wholesale Agency)가 아직 초창기인 CWS와 몇 개월 동안 경쟁하고 있었다. 이 단체의 주요 후원자는 이전 잉글랜드북부CWS의 회계 담당이었고, 그 전에는 맨체스터 · 샐퍼드협동조합의 지도적 인물이었던 J. C. 에드워즈였다. 앞서 본 것처럼, 에드워즈는 스코틀랜드 협동조합인들이 도매협동조합을 시작할 때 이 문제를 논의하기 위해 잉글랜드 북부 CWS 대표로 파견된 적이 있었다. 그는 유명한 협동조합 강사였고, 그가 전적으로 공감하는 농업 협동조합 운동에 관심이 있던 에드워드 오언 그리닝의 친구였다. 에드워즈는 미국 남북전쟁 동안 북부의 대의를 지지하기 위해 그리닝과 공동으로 통일 · 해방협회를 만들었고, 협동조합 운동과 더불어 맨체스터의 급진적 정치 운동에도 적극적인 활동을 했다.

1869년에 에드워즈가 왜 CWS를 떠나 이전 피고용인이던 R. B. 테이트와 함께 전국협동조합도매기구를 만들게 되었는지 필자는 알 수가 없다. 다툼이 있었음은 분명하다. 에드워즈는 CWS가 지나치게 신중한 노선을 취한다고 생각했을 수도 있다. 그는《코퍼레이터》에 도매 기구 광고를 실었는데, 여기에서 그의 입장을 추측할 수 있는 하나의 힌트가 있었다. 그는 "협동조합에 대한 강의와 더불어 땅과 건물을 사기 위한 잉여 자금 운용을 준비하고" 있었다.

아무튼 에드워즈는 경쟁하는 입장으로 돌아서면서 가공할만한 인물이 된 것 같다. 특히 그는 맨체스터의 사무실 말고도 런던에도 사무실이 있었으며, 그의 단체가 헐 제분협동조합과 그리닝이 새로 만든 농업원예협회의 구매 기관으로 지정되었다고 선전하고 다닐 정도였다.

CWS는 즉시《코퍼레이터》에 "이른바 '전국협동조합도매기구'—우리들의 이전 피고용인 두 사람, 에드워즈와 테이트가 만든 것— 는 우리 조합과 아무 관계가 없으며, 우리 조합과 어떠한 거래도 인정된 바가 없다. 우리 조합은 맨체스터의 유일한 도매협동조합이다."라는 성명을 내서 반박했다. CWS 이사는 1869년 4월 이후《코퍼레이터》에 에드워즈의 광고를 싣지 못하도록 했고, 그해 말쯤 경쟁 에이전시는 모습을 감추었다. 이 일과 관계가 있었는지 모르지만, 1869년에 아브라함 그린우드는 CWS를 대리하는 런던의 홍차 구매인 겸 고문으로 조셉 우딘을 주선했다. 우딘은 1850년대 닐의 협동조합중앙기구 지배인의 한 사람이었고, 그 일을 실패한 뒤에도 사업에 발을 담그고 있었다. 그는 이 일을 1875년까지 했는데, 이 해에 CWS는 자신들이 직접 홍차 사업을 하기 원했고 그에게 홍차 부문의 유급 매니저 자리를 제안했다. 우딘은 여전히 협동조합 운동의 충실한 벗이었지만 이 제안을 거절했고, 이것을 계기로 홍차 사업에서 잉글랜드와 스코틀랜드 두 도매조합 사이의 파트너십이 시작되었다.

그러나 이러한 일은 에드워즈와 관계가 깨지고 한참 지나서 일어났다. CWS 초창기 10년 동안 모든 거래액의 3분의 1 이상이 주로 아일랜드 산 버터였고, 이를 구매하기 위해 아일랜드에 배송 센터를 두는 형태로 확장을 시작했다. 1866년 티퍼라리 배송 센터를 시작으로 그 뒤 몇 년 동안 1876년 코크 배송 센터를 포함하여 몇 개의 배송 센터가 아일랜드에 추가로 만들어졌다.

이에 앞서 다른 분야에서 중요한 확장이 있었다. 1868년 CWS는 맨체스터 벌룬 가에 첫 번째 배송 센터를 지었고, 팽창하는 사업을 위해 적절한 본부를 만들기 시작했다. 1872년부터 CWS는 부츠를 대규모로 팔기 시작했다. 이듬해 직물과 부츠 판매 부문이 독립부로 조직되었고 이 두 사업은 1876년에 분리되었다. 1877년에는 직물 부문의 성장에 따라 식품과 잡화

쪽에서 쓴 적이 없던 외부 영업 직원을 처음으로 고용했다. 그러나 더 중요한 점은, CWS가 1872년에 직영 공장 ─처음에는 제품의 범위가 좁았다─ 을 만들기로 결정한 것이었다. 최초의 CWS 공장은 1873년에 사들인 크럼프살 비스킷 공장이었다. 이어서 같은 해 레스터 부츠 공장을, 1년 뒤에는 더럼 비누 공장을 사들였다. 담배 제조에 대한 제안도 있었는데, 러더퍼드와 헨리 피트만이 지도하는 협동조합인 그룹의 마약 반대 입장을 존중해서 이때는 거부되었다.

이러한 발전은 새로운 문제를 가져왔다. 뉴캐슬과 런던 지부 설립으로 CWS는 조직을 개편해야 했다. 그리고 숫자가 늘어난 협동조합 피고용인의 지위에 대해서도 어려운 문제가 생겼다. 소수의 대규모 조합이 CWS 회의에서 부당한 영향력을 행사한다며 이를 반대하는 작은 조합들의 움직임도 있었다. 생산 부문에서는 고용 노동자를 위한 자치 관리 수단을 가진 별개의 조합으로 조직해야 한다는 요구를 하는 조합도 있었다. 1868년, 조합원 수에 따른 투표 제도를 '1조합 1표' 제도로 바꾸어야 한다는 제안은 뜻을 이루지 못했고, 그 뒤로 이 문제는 다시 제기되지 않았다. 지부 문제는 1874년에 맨체스터 위원회를 확대하여 각 지부 대표자를 포함하고, 최종적으로는 맨체스터 본 위원회의 통제에 따르지만 지부 위원회에도 지역 통솔권을 부여함으로써 당분간 해결되었다. 이보다 앞서 1872년에는 '잉글랜드 북부'라는 이름을 떼고 CWS를 잉글랜드와 웨일즈 전 지역을 포괄하는 전국 단체로 확대하기로 의견을 모았다.

피고용인의 지위 문제는 많은 분쟁을 일으켰다. 협동조합 생산을 주장하는 사람들은 이용 실적 배당과 함께 '노동 배당' 제도를 둠으로써 피고용인에 대한 최소한의 파트너십을 인정하도록 CWS에 집요한 압력을 가했다. 1872년, CWS 위원회는 닐과 그리닝 그리고 러더퍼드의 압력에 마지못해 이에 동의했다. 위원회는 이용 실적 배당이 1파운드 당 2펜스가 되었을 때 임금의 2퍼센트를 기본 상여로 하고, 이용 실적 배당이 4펜스가 되면 4퍼센트로 올리는 안을 승인했다. 여기에 임금 1파운드 당 총액 1실링 5펜스까지 부가할 수 있는 보충 상여를 가산하도록 했다. 이러한 안은 결코 생산자협동조합 주창자들을 만족시키지는 못했지만, 그들은 이 계획을 하나의 시작으로 간주했다.

곧 여러 어려움이 생겼다. '노동 배당' 제도를 시작한 때는 CWS가 생산 실험을 막 착수할 때였다. 실제로 이 요구의 긴급성은 주로 여기에서 비롯되었다. 그때까지 협동 생산 사업은 이윤 공유제에 기초한 독립 조합으로 설립되는 게 관행이었다. 그리고 CWS가 제조의 이익금을 피고용인과 공유한다는 이해 없이 공장을 시작하는 데 강한 반대가 있었다. 그러나 유통 부문 피고용인들도 생산 부문에서 일하는 사람들과 똑같은 대우를 받아야 한다는 문제가 바로 제기되었다. 만일 그렇다면 소매협동조합 피고용인들에게도 적용하도록 이윤 공유제를 확대하라는 요구가 당연히 있을 것이고, 그들을 차별 대우하는 합당한 근거가 없음은 명백했다. 그러나 많은 소매조합이 '노동 배당' 제도를 강력히 반대했다. 그들은 이 제도가 이용 실적 배당과 경쟁하는 것이며, 조합 피고용인들이 조직한 분파와 그 밖의 조합원들 사이에 충돌을 일으킬 것이라고 했다. 이들은 협동조합 운동이 합리적인 임금을 주는 것으로 의무를 다하는 것이고, 조합 사업의 성공에 기대는 불안정한 수입보다 오히려 공정한 확정 임금을 주는 쪽이 났다고 주장했다. 오늘날 많은 직종에서 공정한 임금 지불은 단순한 문제이다. 노동조합과 고용주 협회가 단체교섭으로 합의한 표준 임금이 있기 때문이다. 물론 모든 분야에 표준 임금율이 적용되지는 않는다. 협동조합 운동에서 표준 임금율이 있는 곳에서도 이를 개선할 필요가 있을 것이다. 그러나 필자가 글을 쓰는 이 시대에 표준 임금율은 아주 소수 직종에만 있었고, 그 직종에서도 소수의 피고용인들에게만 적용되었다. 따라서 노동조합 운동이 발전하기 이전 시대에는 협동조합인 스스로 공정한 임금과 노동 조건을 결정해야만 했다. 이러한 상황에서 임금율 사정에서 지불된 어떤 상여도 계산에 넣어서는 안 된다고 규정하기란 어려웠다. 피고용인에게 지불하는 전액을 고려할 수밖에 없었고, 따라서 어떤 상여도 실은 임금에 대한 부가금이 아니며, 보수 전체를 적절한 수준으로 끌어올려 높은 기본임금을 지급하는 게 바람직하며, 상여는 나쁜 방식이라는 주장도 얼마간의 설득력이 있었다. 상여에 반대하는 협동조합 지도자들은 언제나 이렇게 주장했고, 유동적 상여에 대한 반대로 충분한 임금을 주어야 한다고 호소했다. 그러나 지도자들은 상여를 이용 실적 배당에 대한 공제로 보는 사람들 속에서 동맹자를 발견했고, 불필요한 선물로 여기는 상여를 피고용인에게 주려 하지 않았다.

'노동 배당' 제도는 또 하나의 문제와 얽혀있었다. 바로 피고용인이 CWS 에서 도매 가격으로 구매하는 권리 문제였다. 이 권리는 개인 사업체에서 는 흔한 일이지만, CWS 초기에는 아무런 공식 규정 없이 주어진 것이었다. 그러나 권리가 남용되고, 피고용인이 전매로 이익을 얻기 위해 구매한다 는 주장이 제기되었다. 1871년, 공식적인 자리에서 이 권리를 인정했고 특별히 구성된 피고용인연합회를 통해서만 구매하도록 했다.

1874년, 상여의 운용을 둘러싸고 전개된 논쟁으로 CWS 경영 위원회는 도매조합 생산 시설의 피고용인은 조합 전 거래액의 이용 실적 배당을 기초로 하는 것이 아니라, 각 공장별 독립채산에 따라 계산한 이윤에 따라 상여를 받아야 한다고 제안했다. 이 제안은 유통 부문의 상여에는 영향을 미치지 않도록 하는 것이었고 또한 각 공장이 독립적인 이윤 공유 조합으로 조직되어야 한다고 요구한 극단적인 생산자협동조합 주창자들에게 조금은 도움이 되기도 했다. 그러나 이 제안은 총회에서 부결되고 말았다. 그리고 1872년의 계획이 이듬해까지 유효했는데, 대표자들은 위원회의 조언에 따라 시험 실시 3년이 채 못 되어서 모든 상여 제도를 없앴다. 피고용인 도 구매자의 한 사람으로서 그리고 이용 실적 배당을 받는 사람으로서 다른 조합원과 똑같이 분배한다는 결정을 내리고, 피고용인연합회와 이 단체에 귀속된 특혜를 폐지했다.

이 문제에 대한 논쟁은 격렬했다. 단지 상여에 포함되는 돈이 문제라기보다는 그 존폐가 달려 있었기 때문이다. 비판자들은 이러한 결정이 생산자협동조합의 대의에 치명적인 타격을 주는 것이라고 주장했다. 그들 중 일부는 생산자협동조합이 소비자조합보다 협동의 정신을 훨씬 완벽하게 체현한다고 생각했다. 이 논쟁을 노동 계급에 속한 협동조합인과 중산 계급 지지자 사이의 논쟁이었다고 주장하는 사람이 종종 있지만 그렇지는 않았다. 그러나 이 문제는 두 계급을 날카롭게 분열시켰다. 노동 계급 진영에서 하워스와 쿠퍼 같은 사람들로 상징되는 옛 오언주의자와 이상적 사회주의자는 협동조합 매장 경영이 그 자체가 목적이 아니고 그들이 생산자 자치의 입장에서 품었던 협동조합 공화국 또는 사회주의 공화국에 이르는 하나의 단계로 보았다. 그러나 새로운 노동 계급 지지자들의 주력 단체는 이를 반대했다. 이들에게는 매장 운동이야말로 실재하는 것이었고, 협동조합은 오직 상호 절약과 공정한 가격으로 순정한 물품을 얻기 위한 기관이었다. 중산 계급 진영에서도 이와 비슷한 분열이 있었다. 월터 모리슨, 토마스 휴즈, 기독교 사회주의자들은 생산자의 자치와 이윤 공유제가 자본가와 노동자 사이의 반목을 극복하는 수단이며, 계급투쟁 의식을 지양하고 자유의지에 따르는 고통 없는 혁명을 통해 노동자에게 자존의 지위를 줄 수 있는 수단이라고 믿었다. 코브던과 글래드스턴 같은 다른 지지자들은 협동조합이 노동 계급에게 절약과 독립을 장려하는 기관이라고 보고 따라서 '절약 투자'를 위한 준비를 갖춘 소비자협동조합에 호의를 보내고 있었다. 물론 이러한 견해의 대비는 필자가 엄격한 정확성을 위해 날카롭게 드러낸 것이다. 왜냐하면 의견이란 이처럼 논리적인 방식으로는 나뉘지 않기 때문이다. 의견은 하나에서 다른 하나로 서서히 변해가는 것이고, 사람이란 혼재된 생각을 갖고 있으며 그래서 종종 자신들의 생각이 무엇인지 정확히 모른다. 그러나 필자는 지금까지 말한 것이 의문의 여지없이 옳다고 믿는다. 또한 '노동 배당'을 둘러싸고 중산 계급과 노동 계급 사이에 갈등이 있었다는 것은 가공이라 믿는다. 진실은, 대부분의 피고용인이 배당보다 적절한 임금을 더 중시했다는 것이고, 노동 배당 제도 폐지에 거의 혹은 전혀 반대하지 않았다는 것이다. 그 이유는 노동 배당 제도를 중단한 1870년대 초는 이전의 호황이 불황과 가격 폭락으로 대체되고 모든 산업에서 임금이 삭감되던 때였기에 피고용인은 임금이 깎이기보다는 배당을 받지 못하는 쪽을 선택했기 때문이다. 한편 불경기로 협동조합의 이윤도 줄어들어 피고용인과 구매자가 나눌 수 있는 파이의 크기가 줄었다. 구매자는 이용 실적 배당이 지나치게 떨어지지 않도록 노동 배당 제도 폐지를 더 쉽게 받아들인 것이다.

노동 배당 제도 폐지는 간단했다. 왜냐하면 경기가 좋을 때 만들었던 생산자협동조합과 회사들이 1875년 경 어려움에 빠져 도산하고 있었기 때문이다. 이윤 공유제를 추진하는 운동에 대한 평판은 실추되었고, 수월하고도 빠른 전진으로 들떴던 몇 년은 막을 내렸다. 1879년의 심각한 불황이 본격적으로 진행하고 있었다. 자본가에게도 협동조합인에게도 시련의 시기가 다가오고 있었다. 생산자협동조합은 폭풍우를 헤쳐 나가기에는 준비가 너무 부족했다. 한편 소비자협동조합 운동은 1870년대 중반 무렵에 이미 충분히 자리를 잡았고, 다가오는 심한 폭풍우에 꿈쩍도 하지 않았다.

스코틀랜드는 1870년대 중반 협동조합 운동의 어려움을 충분히 겪었다. 그리고 신설된 스코틀랜드CWS는 잉글랜드CWS 이상으로 재난의 벼랑 끝에 섰다. 이 기간에 스코틀랜드에서 시작한 협동조합 생산의 세 가지 주요한 사업은 1868년 글래스고(오크)통제조협동조합, 1871년 틸리콜트리의 오크공장조합 그리고 이 가운데 가장 중요한 1872년 스코틀랜드협동조합 철공소였다. 이들 사업은 모두 개인 협동조합인들과 협동조합 신봉자들의 자본으로 시작했다. 그들은 또한 스코틀랜드CWS와 지역 조합에도 자금을 의지하고 있었다. 이 중 하나인 철공소는 스코틀랜드CWS를 도산 바로 직전까지 몰고 갔다.

통제조협동조합에 대해서는 말할 것이 많지는 않다. 이 조합은 파업의 결과로 만들어졌고 한동안 성공할 것처럼 보였다. 그러나 그 제품을 협동조합 운동 내부에서 시장화할 수 없었다. 1870년대 중반에 처음으로 경기 하락 상황을 이겨냈지만, 1879년 심각한 불황에 도산했다. 이는 불명예스런 도산은 아니었다. 공장 부지를 높은 가격에 팔아 모든 채권자에게 돈을 돌려주었고, 출자자들은 1파운드에 10실링씩을 돌려받았다. 스코틀랜드 CWS는 이 사업에서 손실을 조금 입었을 뿐이다.

보다 심각했던 것은 초기의 페이즐리제조조합을 모델로 만든 직물 사업 체인 오크공장조합이 도산한 결과였다. 개인 협동조합인들만 아니라 많은 협동조합이 오크공장에 투자했고, 스코틀랜드CWS도 상당액을 대출했다. 오크공장조합도 1879년 경제 위기의 희생자였는데, 어려운 시기를 이겨 낼 만큼 자금이 충분하지 못했다.

스코틀랜드협동조합철공소는 타인 강변의 우즈번 기계 제작소에 맞먹는 야심찬 사업이었다. 이 조합은 글래스고의 세인트 롤록스에 있는 기계 제작소 외에 에어서 어빈에 있는 조선소도 사들였다. 초기에는 성공에 대한 희망이 컸다. 스코틀랜드CWS 매니저인 제임스 바로우먼[3]은 협동 생산의 열렬한 주창자였다. 그의 영향 아래 스코틀랜드CWS는 뉴캐슬 산업은행이 우즈번 공장을 위해 했던 것처럼, 사실상 동일한 기능을 하는 철공소의 은행이 되었다. 철공소 경영진은 수익을 스코틀랜드CWS에 넣고 필요한 만큼의 돈을 스코틀랜드CWS에서 인출했다. 스코틀랜드CWS 위원회는 이런 방식의 당좌대월 한도를 승인했다. 그러나 바로우먼은 철공소를 돕는 데 열중한 나머지 위원회와 상담도 없이 한도를 훨씬 초과했고, 스코틀랜드CWS에 대한 철공소의 빚은 1만 파운드가 넘었다. 이 가운데 승인을 받은 금액은 약 1,000파운드뿐이었다. 이 사실이 밝혀지고 추가 지원은 중단되었다. 충분한 지원만 있으면 철공소는 성공하리라고 확신했다는 해명

---

3 혼란을 피하기 위해 제임스 바로우먼은 루터글렌 출신의 존 바로우먼과는 전혀 다른 사람이라는 것을 밝힐 필요가 있다. 존 바로우먼은 1879년에 스코틀랜드CWS 회장이 되었고, 1881년에는 최초로 스코틀랜드 협동조합 전도사로 임명되었다. 두 사람은 이름이 비슷하기 때문에 때때로 혼동된다.

을 한 바로우먼은 사임해야 했다. 당시 스코틀랜드CWS 총 자본은 5만 파운드에 지나지 않았는데, 몇 년에 걸쳐 배당금에서 1파운드에 1실링씩을 충당해서 1만 파운드 빚을 갚아야 했다. 이런 방식으로 1879년까지 빚은 청산했지만, 스코틀랜드CWS의 지위는 실제 손실보다 불신과 그로 인한 사업 철수의 위협으로 심각한 위기에 빠졌다. 바로우먼이 이기적 동기에서 행동했다거나 철공소와 거래에서 개인적 이득을 얻고 있다는 시사는 전혀 없었고, 그를 지지하는 강력한 세력도 있었다. 바로우먼은 해고된 뒤 통제조협동조합 매니저가 되었고, 공장이 문을 닫을 때까지 생산자협동조합을 지지하면서 스코틀랜드CWS의 행동을 반대하는 캠페인을 지휘했다. 그는 나중에 키닝파크조합 조합장이 되었고, 협동조합 운동에서 상당한 인물로 존재했다.

추가 당좌대월 거부로 스코틀랜드협동조합철공소는 곧 종말을 맞이했다. 철공소는 1875년에 도산했고 스코틀랜드CWS만 아니라 많은 지역 조합과 개인 투자가에게 큰 손실을 입혔다. 1870년대 말 경 잉글랜드와 마찬가지로 스코틀랜드 소비자협동조합 운동의 지도자들도 교훈을 얻게 된 것이다. 그들은 협동조합 운동 외부로 생산물을 판매해야 하는 대규모 협동생산 계획은 경계해야 함을 배웠다. 이제 그들은 생산을 시작할 때도 소비자 운동의 후원 아래 실행하고, 자신들의 매장에서 판로를 찾을 수 있는 제품에 집중하기로 결심했다.

그러나 스코틀랜드CWS는 '노동 배당' 원칙을 포기한 잉글랜드를 따르지는 않았다. 스코틀랜드CWS는 1870년에 이 원칙을 만장일치로 채택하고, "분기마다 공표하는 배당액의 2배를 우리 조합의 피고용인에게 지불한다."고 규정했다. 이 원칙은 1884년까지 유효했는데, 이 해에 유통 부문과 생산 부문에서 나온 이윤에 배당을 연계하는 조치를 시행했고 각 부문의 그룹은 하나의 단위로 취급되었다. 1892년에 또 다른 변화가 있었다. 생산 부문과 유통 부문의 구별을 없애고, 노동 배당은 이용 실적 배당과 같은 금액으로 줄어들었다. 더 나아가 배당의 반액만 현금으로 주고 나머지 반액은 조합의 대부 기금에 피고용인 이름으로 입금하기로 규정했다. 동시에 스코틀랜드CWS는 노동자에게 소유자 지분과 분기 총회의 대의권을 주기 위해 만든 피고용인 출자 기금을 시작했다. 여기에 더해 피고용인이 일을 그만둘 때는 출자를 현금으로 양도한다는 규정도 만들었다. 잉글랜드의 조합들이 차례로 '노동 배당' 원칙을 폐지하고 있을 때, 스코틀랜드CWS는 스코틀랜드의 많은 소매조합과 함께 '노동 배당' 원칙을 유지했다.

CWS 설립 이후 십 수 년 동안의 소비자 운동 발전 과정을 살피는 것은 이 지점에서 일단 멈추기로 하자. 1863년에 협동조합 운동은 영국사회과학보급협회 연차 대회 —브루엄 경이 주선한 집회— 토론에서 중요한 지위를 얻었다. 이 당시 모든 종류의 협동조합 총 거래액은 1862년에 제정된 산업절약조합법을 뒷받침하기 위해 소테론 에스코트가 1861년에 추정한 150만 파운드를 아마도 넘지 않았을 것이다. 1863년에 협동조합 운동은 랭커셔의 아성에서 면화 기근으로 큰 타격을 받았고, 로치데일 선구자조합의

총 거래액은 1861년 17만 6,000파운드에서 이듬해 14만 1,000파운드로
줄었다. 1875년에 선구자들은 내부의 분열에도 불구하고 총 거래액을 30
만 5,000파운드로 끌어올렸고, 조합원도 1863년 4,013명에서 1875년
8,415명으로 두 배 이상 늘었다. 1875년에 산업절약조합법으로 등기한 조
합의 현금 판매액은 거의 1,850만 파운드가 되었다. 이 가운데 1,600만 파
운드 이상이 잉글랜드와 웨일즈에서 나왔고, 스코틀랜드에서는 약 225만
파운드, 나머지가 아일랜드에서 나왔다. 이들 조합의 총 출자금은 480만
3,000파운드이고, 여기에 더해 차입 자본이 84만 5,000파운드였다. 조합
원은 50만 명 가까이 되었다. 이러한 숫자는 이후의 협동조합 통계와 엄밀
히 비교할 수 없다. 이들 숫자에는 모든 종류의 산업절약조합이 포함되어
있고, 다른 한편 여전히 회사법으로 등기한 협동조합 기업은 제외되었기
때문이다. 그러나 이 숫자들이 전달하는 일반적인 인상은 의문의 여지없
이 정확하다.

　1863년에 사회과학협회는 협동조합인들을 환영하는 축복의 인사를 보
냈다. 이는 협동조합 운동의 위신에 도움이 되었다. 실제로 그 뒤로 몇 년
동안 협동조합 운동은 심한 반대 없이 성장할 수 있었다. 대부분의 개인 상
인들은 협동조합을 경쟁 대상으로 여기지 않았다. 조합은 도매 상인으로
부터 공급을 받는 데 아무 어려움이 없었고, 보이콧을 조직할 징후도 없었
다. CWS가 아일랜드에 구매 배송 센터를 만들기 시작했을 때조차 지역 상
인들은 반대하지 않았다. 위원회는 코크 배송 센터를 만들 때 이런 반대를

걱정해 한동안 주저했지만, 결국 1876년에 버터 거래의 중심지인 남 아일랜드에 배송 센터를 만들었다. 기묘하게도 협동조합 운동에 대한 반대는 중산 계급 일부로부터 시작되었다. 1867년, 우체국 관계 공무원 그룹이 공무원공급조합을 만들었고, 이 단체의 성공이 다른 공무원 '협동조합' 설립으로 이어졌는데 이 가운데 잘 알려진 것이 육해군인 매장이었다.

공무원조합의 일부가 잠시 협동조합연합회 회원이 되기도 했지만, 이들 단체는 일반적으로 이해하는 의미에서 결코 협동조합이 아니었다. 그들에게는 모든 사람을 평등한 조건에서 받아들이는 개방적 조합원 제도가 없으며, 조합원 출자에 대한 제한도 없다. 이 점이 참된 협동조합과 그들을 구별 짓는 주요한 특징이다. 참된 협동조합이라면 자본 이자의 제한은 물론이고 출자 회수의 자유와 신입 조합원은 누구라도 기존 조합원과 동등한 자격으로 출자 지분을 액면가로 살 수 있는 권리가 있다. 반면에 중산 계급의 '협동조합'은 창립 주주가 사업 이윤을 착복하거나 이윤 상승에 따른 초기 주식 가치 상승을 용인했다.

이러한 '협동조합'의 전형이 협동조합 운동에 대한 강력한 반대를 조직하게 만들었다. 반대하는 사람들은 이들에게 참된 협동조합의 성격이 없다는 이의를 제기하지 않았다. 그보다는 중산 계급 구매자들 사이에 확산되는 일종의 '협동조합'이 협동조합 거래의 '위협'에 민감한 사람들보다 목소리가 크고, 보다 잘 조직된 이해관계자를 위협했기 때문이다. 식료품 소매 거래 기관지로 1861년에 창간된 《식품상(Grocer)》이 1867년부터 협동조합은 비효율적이고 반드시 실패한다고 주장하면서 발작적으로 협동조합을 공격했던 것은 사실이지만, 1870년까지는 본격적으로 캠페인을 펼치지는 않았다. 그러나 이 해《식품상》은 도매상과 공장주를 설득해 협동조합 매장에 물품 공급을 거절하는 운동을 했다. 이들은 협동조합이 이용실적 배당을 함으로써 표준 가격을 깎아내리고 그로 인해 개인 상인과 불공정한 경쟁을 한다고 주장했다. 1872년에《식품상》은 불매 운동 참여에 동의한 기업 목록을 공표하는 데까지 나갔다. 그러나 이 목록은 그다지 길지 않았고 가공할만한 것도 아니었다. 협동조합 구매인들은 물품을 공급하는 데 아무 어려움이 없었다. 당시 자본가와 상인들 사이의 경쟁은 시대의 질서였고, 오늘날 수많은 업종에 존재하는 것처럼 강력하게 조직된 집단도, 가격을 고정하는 연합체도 없었다. 더구나 오늘날 식료품 업종의 특징인, 생산자들이 가격을 고정해서 판매하는 '전매품' 보급도 없었다.《식품상》은 어려운 일을 시작했지만 자기편의 지지를 거의 얻지 못했다. 협동조합 운동은 이들의 영향을 거의 받지 않고, 당당히 그들의 길을 갈 수 있었다.

협동조합 운동은 신용(외상 판매) 문제로 큰 어려움을 겪었다. 이는 엄격한 현금주의를 지키지 않은 소매조합은 물론 CWS에게도 성가신 문제였다. CWS 사업은 현금 거래가 원칙이었지만, 멀리 떨어진 곳과 거래할 때에는 얼마간의 단기 신용은 피할 수 없었다. 수많은 고충을 겪은 뒤 1870년, 각 조합은 구입 대금은 일주일 안에 지불하며 2주까지 지불하지 않으면 공급을 중단한다는 규약을 정했다. 1872년에 만든 대부 및 예금부를 통해 현금주의 원칙에 구애받지 않고, 신용 거래를 확대하게 되었다. 멀리 떨어진 조합도 대부 및 예금부를 통해 지불을 편리하게 할 수 있었다. 초기에는 은행 어음을 우편으로 보내는 방식이었다. 안전을 위해 은행 어음을 반으로 잘라서 처음 보낸 반권이 무사 도착했다는 통지를 받고서 나머지 반권을 보내는 게 관행이었다. 이는 은행 어음을 다시 하나로 붙여서 은행에 지불할 때까지 현금이 묶여 있다는 것을 의미한다. CWS는 지방 조합이 그 대리점 역할을 하는 지역 은행에 지불한 계정을 은행부를 통해 처리하게 되면서 대금 회수가 빨라지고 고정된 운전 자금은 줄어들었다.

CWS는 협동조합 거래를 급속하게 발전시켰다. 첫 사업 연도인 1865년 판매액은 12만 1,000파운드였다. 뉴캐슬 지부를 만든 1872년 판매액은 115만 3,000파운드로 올랐고, 3년 뒤 224만 7,000파운드에 이르렀다. 조합원 수는 1865년 2만 4,000명에서 1872년에 13만 4,000명이 되었고 1875년에는 25만 명이었다. 대부 자본을 뺀 출자금은 1865년에 7,000파운드에서 1875년에 7만 8,000파운드로 늘었다. 이러한 발전에도 불구하고 1875년의 CWS는 아직 모든 협동조합 거래에서 아주 작은 비중을 차지하는데 지나지 않았고, 등기된 산업절약조합 전체 가운데 절반만 대표했다. 그러나 이 발전은 주목할만한 것이었고, 그 기초는 확실히 다져졌다.(표 참조)

한편 로치데일의 운동이 빠르게 확산된 랭커셔에서는 면화 기근의 불황을 딛고 회복을 보였다. 방적공 대부분을 실업으로 내몬 기근은, 선구자조

[표 9-3] 1864년~1875년 CWS의 성장 (단위: 천)

연도	조합원 수	출자금(파운드)	판매액(파운드)
1864	18	2	[52]
1865	24	7	121
1866	31	11	175
1867	59	11	332
1868	75	15	412
1869	79	17	507
1870	90	19	678
1871	115	24	759
1872	134	31	1,153
1873	169	48	1,637
1874	199	61	1,965
1875	250	78	2,247

합에게는 피해가 비교적 적었지만, 조합들은 부득이하게 많은 자금을 빼내야만 했다. 면 공급 재개와 더불어 기근이 끝나자 회복은 활발히 이루어졌다. 선구자조합 출자금은 1862년 3만 8,000파운드에서 1866년 10만 파운드, 1867년 12만 8,000파운드로 늘었다. 1870년에 8만 파운드까지 떨어진 것은 경쟁 조합인 로치데일절약조합이 만들어진 결과였을 뿐이다.

랭커셔와 체셔의 전체 운동 발전상은 1912년에도 여전히 활동하는 소매협동조합 창립일을 살펴보면 잘 드러난다. 선구자조합보다 오랜 조합은 랭커셔와 체셔에 하나밖에 없었다. —1831년으로 거슬러 올라가는 스톡포트 그레이트무어조합이다. 1845년과 1850년 사이에 13개, 1851년과 1855년 사이에는 10개 조합이 있었다. 1850년에 8개, 1851년에 6개 조합이 만들어졌는데, 로치데일의 영향이 크게 확산되기 시작한 시기를 분명하게 보여준다. 1856년에서 1858년 3년 동안 15개 조합이 추가되었고, 이어서 두 번째 비약이 찾아왔다. 1859년에 10개 조합, 1860년에 자그마치 26개 조합, 1861년에 21개 조합이 추가되어 3년 동안 57개 조합이 늘어났다. 이 뒤로는 면화 기근의 영향으로 줄어들어 1862년부터 1865년까지 신설 조합은 9개뿐이었다. 이후 다시 늘기 시작했지만 이미 상당히 진전되었기 때문에 느는 속도는 전보다 완만했다. 1866년부터 1871년까지 21개 조합이 새로 만들어졌고, 1872년에서 1873년 호경기에 14개 조합, 다음 2년 동안 7개 조합이 추가되었다. 여기까지가 1845년에서 1875년 사이에 설립되어 1912년에 독립 조합으로 활동하는 147개 조합—랭커셔 128개, 체셔 19개—의 숫자이다. 물론 일부는 소멸한 초창기 조합이 있던 지역에서 재건된 것이다. 로치데일의 선구자조합도 1833년 최초 조합 매장의 재건이었다.

요크셔의 발전도 이에 못지않았다. 요크셔에는 로치데일 선구자조합 이전에 만들어져 1912년에도 활동하는 조합이 6곳 있었다. 멜쌈제분(1827년), 리폰든(1832년), 커크히튼(1834년), 혼리(1839년), 헤프워쓰(1840년), 그리고 사우스 크로스랜드·네더턴(1840년)이다. 1845년과 1875년 사이에 만들어진 140개 조합이 1912년에도 활동하고 있다. 1855년까지 성장은 완만해 새로 만든 조합은 10개를 기록했다. 그 뒤로 급속하고 규칙적으로 발전했다. 1856년부터 1875년까지 5년 간격으로 34개, 33개, 32개 그

[표 9-4] 랭커셔, 체셔, 요크셔의 협동조합(1884년까지 설립되어 1912년에도 운영)

	랭커셔	체셔	요크셔	합계
1825-29	-	-	1	1
1830-34	-	1	2	3
1835-39	-	-	1	1
1840-44	1	-	2	3
1845-49	4	1	4	9
1850-54	17	-	5	22
1855-59	22	4	18	44
1860-64	45	11	44	100
1865-69	17	-	36	53
1870-74	19	3	26	48
1875-79	13	-	13	26
1880-84	8	2	7	17
합계	146	22	159	327

리고 31개 조합이 새로 만들어졌다. 랭커셔와 마찬가지로 가장 크게 성장한 해는 1860년과 1861년으로 각각 16개와 17개 조합이 만들어졌다. 요크셔에서는 면화 기근 같은 저해 요인이 없었고, 1862년과 1870년의 후퇴를 빼면 착실히 성장했다. 앞서 본 것처럼, 셰필드 지역은 뒤처졌다. 조합이 많았던 곳은 모직물과 소모사 산지인 핼리팩스와 허더즈필드 그리고 리즈 주변이었다.

랭커셔와 요크셔의 이러한 성장에 경쟁자가 없지는 않았다. 두 지역 조합들은 중복의 문제가 나타날 정도로 서로 얽혀있었고, 협동조합 '제국주의'라는 비난도 일어났다. 그러나 이들 논쟁은 그다지 심각하지는 않았다. 모두에게 기회가 있었고, 상황은 협동조합 운동이 가장 발달한 지역에서 인구의 급속한 성장으로 완화되었다.

가장 심각한 논쟁은 1860년대 후반 로치데일제분소를 둘러싸고 일어났다. 이미 본 것처럼 이 제분소는 하나의 독립 조합으로 운영했고, 실제로는 여러 소매 매장에 납품하는 연합 조합으로 발전했다. 1860년대 후반, 제분 조합은 어려움에 빠졌고 이용 실적 배당은 떨어졌다. 가장 중요한 고객의 하나였던 올덤의 협동조합인들은 로치데일제분소 운영이 비효율적이고, 자신들이 공정하게 대우받지 못한다고 생각했다. 1868년에 그들은 로치데일제분소에 반대하여 올덤스타제분조합을 만들었다. 이 과정에는 어떤 악감정이 있었다. 올덤제분소는 기반을 확실히 다졌다. 로치데일제분소가 영향을 받기는 했지만, 제분 거래가 빠르게 성장하면서 그 영향은 일시적인 데 머물렀다. 리즈와 로치데일의 성공에 이어 다른 지역에서도 새로운 제분소가 만들어졌다. 이미 본 것처럼 허더즈필드는 1860년에 제분소를 만들었다. 1875년에는 레스터 주변 조합들이 미들랜드연합제분조합—연합 활동 초기 사례— 을 만들었다. 이 조합은 1887년까지 지속된 뒤 레스터 협동조합에 인수되었다.

제10장

또 하나의 산업혁명

우리는 앞에서 1870년대 말까지 펼쳐진 영국 협동조합 운동의 전반적인 성장을 살펴보았다. 1881년부터는 협동조합연합회의 공식 통계가 나왔는데, 이 해에 기록된 소비조합은 971개였다. 조합원은 54만 7,000명이고, 조합원 1인당 28파운드의 판매액으로 전체 판매액은 약 1,550만 파운드였다. 같은 해 CWS에 속한 조합원은 36만 8,000명, 판매액은 350만 파운드를 기록했고, 스코틀랜드CWS의 판매액도 약 100만 파운드를 기록했다. 소매 판매에 대한 도매 비율은 약 3대 1이었고, 지금의 도매 판매는 소매 판매의 약 60퍼센트를 차지한다. 도매협동조합은 빠르게 성장했지만, 아직 전국적인 지위를 확립하지는 못했다. 도매조합의 생산 규모는 아직 작았고, 총 거래액에서 많은 부분은 여전히 식료품과 잡화류가 차지했다. 협동조합의 일반적인 거래 범위가 한정되었지만, 조합원 소매 판매는 현저하게 높았고 이는 협동조합에 대한 '충성심'을 나타낸다. 지금보다 임금 수준이 대단히 낮았던 이 시기에 조합원 1인당 28파운드라는 판매액은 결코 보통 수준이 아니었다.

　이러한 지불의 원천인 임금은 어느 정도였을까? 이에 답하기란 쉽지 않다. 1880년에 표준 임금율은 아직 예외적이었고, 지역에 따라 또 같은 지역이나 기업에서도 대부분 직종의 임금 편차가 컸기 때문이다. 이를 살펴볼 유일한 방법은 대다수 직종보다 더 많은 정보가 있는 소수 직종 사례를 인용해서 일반적인 인상을 제공하는 것이다. 여기서는 비교적 잘 조직된 숙련 직공의 적절한 사례로, 기계공(조립공과 선반공)과 목공 그리고 방적공을 살펴보기로 하자. 1880년, 완전 주노동(1일 9시간 노동)을 하는 기계공의 표준 임금율은 최대 중심지 가운데 일부 사례를 보더라도 런던 36실링에서 리즈 26실링까지 분포했다. 맨체스터의 임금은 32실링, 버밍엄은 30실링, 클라이드는 겨우 27실링이었다. 브리스톨은 30실링, 노팅엄 32실링, 타인의 항구 지역에서는 27실링에서 29실링이었다. 제철공은 이와 같거나 조금 더 받았다. 반숙련공의 사례로 들 수 있는 단조공은 타인의 조선소에서 겨우 23실링, 클라이드에서는 18실링 6페니만 받았다. 맨체스터의 단조공 임금은 21실링이었다. 타인 지역의 조선공과 보일러공은 32실링, 리버풀 조선공은 39실링인데 비해 런던의 조선공 임금은 42실링이나 되었고 보일러공은 38실링을 받았다. 뉴포트의 조선공은 30실링을 받았다. 큰 틀에서 일반화한다면, 지방 대도시 숙련 기계공의 완전 주노동 임금은 26실링에서 32실링으로 평균은 30실링이 안 되고, 기계와 조선업 반숙련공 임금은 약 1파운드로 보는 것이 타당하다. 비숙련 노동자들의 임금은 매우 적고 변동이 너무 많기 때문에 이를 일반화기란 불가능하다.

목공의 임금(완전주노동)은 기계공 임금보다 조금 높았다. 그러나 대부분 시급으로 주었고, 고용도 불규칙했다. 1880년, 목공의 일반적인 임금은 런던 약 39실링, 노팅엄 38실링에서 글래스고와 에든버러의 27실링 6펜스까지 분포했다. 맨체스터와 버밍엄은 약 36실링, 리버풀은 34실링이었는데 셰필드와 프레스턴에서는 겨우 31실링 그리고 브래드퍼드에서는 제일 낮은 27실링이었다.

직물 노동자와 광부의 임금을 파악하는 것은 훨씬 어렵다. 이들의 임금은 주로 도급 임금율에 기초했고, 따라서 고정된 시급이 아니라 완전주노동의 평균소득으로 환산해서 명시해야 하기 때문이다. 감독 노동자를 제외하면 탄광에서 가장 많은 임금을 받는 채탄부는 노섬벌랜드에서 1일 약 5실링, 더럼, 랭커셔, 요크셔에서는 약 4실링 6펜스 그리고 사우스 웨일즈에서도 평균 약 4실링 6펜스를 벌었던 것 같다. 다른 탄전들의 임금은 더 낮았다. 맨체스터의 방적공은 조방이 주 평균 약 28실링 9펜스, 중번수가 약 37실링이었다. 그러나 성인 실잇기공들은 약 12실링 6펜스만 받았다. 직기 6대를 다루는 남자 직공은 평균 약 30실링 6펜스, 3대를 다루는 직공(대부분 여성)은 약 17실링 6펜스를 받았다. 랭커셔 북부의 작은 마을들의 임금은 더 낮았다. 양모와 소모사 직종에는 편차가 컸다. 양모 선별공 임금은 30실링에서 24실링까지, 남자 방적공은 37실링 6펜스(리즈)에서 30실링(허더즈필드와 배틀리)까지, 남자 직공은 약 26실링에서 20실링까지였고,

여성들이 하는 작업의 임금은 이보다 낮았다.

  이상은 잘 조직된 노동자가 결근 없이 완전주노동을 했다고 가정한 임금이기 때문에, 경영 상태가 나쁘거나 벽지에 흩어진 많은 기업들의 저임금을 대표하지는 않음을 기억해야 한다. 1880년의 농업 임금은 동부 여러 주와 남서부의 평균 12실링 6펜스에서 북부의 약 16실링 사이에 분포했다. 북부의 노동자들은 도시에서 일자리를 찾는 게 쉬웠다. 북부의 약 16실링이라는 숫자는, 노동조합이 없는 도시 미숙련 노동자들의 임금이 어떠했는지를 시사해 준다. 미들랜드 여러 주의 농업 임금은 매우 낮았다. 노츠와 더비가 평균 약 14실링, 사우스 미들랜드 여러 주는 약 13실링 4펜스였다. 미숙련 노동자들이 받는 임금으로는 가족 중 여러 명의 소득자가 없다면 협동조합 매장을 이용할 여유가 거의 없었다. 일자리가 불안정한 상황은 불황을 이겨내기 어려운 많은 사람들에게 신용(외상)의 필요성, 또는 적어도 신용을 구하도록 하는 압력을 의미했다. 많은 조합이 조합원의 출자금을 담보로 해서 거의 아무런 제약 없이 일정 한도의 외상을 주었고, 이 한도를 훨씬 벗어난 조합도 있었다. 그러나 일반적으로 협동조합 지도자들은 외상 거래를 반대했다. 그리고 노동 계급의 조직력이 강한 부분에서 임금이 조금 올라가면서 많은 협동조합이 외상을 아예 금지했다. 일부는 배당률을 올려 조합원에게 보다 많은 저축 기회를 주기 위해 시장가격보다 훨씬 높은 값으로 판매했다. 그 결과 협동조합은 상대적으로 많은 임금을 받는 노동자들의 운동으로 발전했고, 노동 계급 가운데 비숙련 노동자나 임금이 적은 사람들에게는 거의 다가가지 못했다. 이러한 특징은 노동조합도 마찬가지어서 1880년에 미숙련 노동자들과는 거의 접촉이 없었다. 조셉 아치는 1870년대 초 호황기에 농업 노동자들을 조직하는 데 성공했다. 이밖에도 여러 미숙련 부문 예를 들어 가스 화부(火夫), 철도 노동자, 기계 직종 노동자들 속에서 노동조합을 조직하려는 시도가 있었다. 그러나 이들 운동의 수명은 대부분 짧았다. 새로운 노동조합은 1870년대 초 호황이 끝나면서 함께 사라졌다. 1880년에는 한때 힘이 있었던 조셉 아치의 농업노동자연합을 빼고는 남아 있는 노동조합이 거의 없었다. 농촌 지역에 소수의 협동조합이 있었고, 도시의 협동조합 조합원 중에도 저임금 노동자가 드문드문 있었다. 그러나 소비자협동조합은 보다 나은 임금을 받는 노동자들 속에서 지지자들을 발견했다.

1880년, 노동조합대회의 가맹 조합원은 약 50만 명이었다. 이 숫자는 소매협동조합보다 적지 않았지만, 노동조합만 아니라 직종별 협의회를 포함했고 중복 계산도 많았다. 노동조합대회에 가맹한 노동조합원은 약 38만 명이었는데, 이는 짐작컨대 가맹하지 않은 협회를 포함한 노동조합원이 모두 약 50만 명이었음을 뜻한다. 이 숫자의 대부분은 협동조합 조합원과 중복되는 것임에 틀림없다. 왜냐하면 두 그룹은 같은 계층, 즉 형편이 나은 노동자에게 다가갔기 때문이다. 물론 협동조합의 조합원은 고용주와 사무직 그리고 센서스의 말을 빌리면 '유급 고용'이 아닌 노동 계급의 주부도 있었다. 그러나 마지막 부분은 생각만큼 차이가 크지 않았다. 왜냐하면 명목상 남성이나 여성 모두 평등한 조건으로 개방되었다고는 하지만, 많은 협동조합이 1880년에도 남편과 아내가 함께 조합원이 되는 것을 거부했기 때문이다. 이러한 원칙을 적용하는 곳에서는 아내보다는 남편이 조합원이 되는 게 훨씬 일반적이었다. 여성은 사업 운영에 적합하지 않고 공적인 논의에 참여해서는 안 된다 —위원회의 일원이 되거나 사업 운영에서 책임 있는 역할을 맡는 것은 당치않다— 는 생각이 여전히 모든 계급에 있었기 때문이다. 협동조합은 노동 계급 가정과 밀접한 관련이 있었지만, 1880년에는 거의 배타적으로 남성이 이끄는 운동이었다. 그러나 여성을 많이 고용한 공장 지역에는 여성 조합원도 많았다. 일부 조합은 남편과 아내의 연대 조합원 원칙을 가졌고, 두 사람을 한 조합원으로 취급했다. 그러나 이 원칙을 적용하는 조합에서도 분기 총회에 참석하고 조합 운영에 관여하는 사람은 언제나 남성이었다. 남편의 동의 없이는 아내를 조합원으로 받아들이지 않는 협동조합의 사례도 기록에 남아있다. 1874년 옥스퍼드의 사례가 그 중 하나이다.

아내를 조합원에서 배제하려는 경향을 고집한 하나의 이유는, 출자금 인수를 제한하려고 한 데 있었다. 1880년 훨씬 이전에 많은 협동조합은 사업 확장에 쓰고도 남을 정도의 출자금에 신경이 쓰였다. 조합은 이러한 출자금에 대해 보통 5퍼센트 이자를 줄 의무가 있었는데, 출자금을 안전하게 투자해서 그만큼 수입을 올리기가 쉽지 않음을 깨달은 것이다. 따라서 잉여 출자금에 대한 이자 지불은 이용 실적 배당률에 불리한 영향을 미쳤다.

이것이 새로운 출자금 인수를 제한하려는 욕구를 불러일으켰다. 이를 위한 방법은, 남편과 아내 둘 다 조합원이 되는 것을 막든지 또는 조합원 자격을 보다 엄격하게 만들어서 가족을 한 조합원으로 제한하는 것이었다. 더욱이 많은 남성들에게 의심할 여지없이 영향을 미쳤을 이러한 점도 있었다. 즉 아내가 조합원이면, 기혼부인재산법 이전 시대에는 아무런 법적 권리가 없었다고 해도 그녀는 배당을 자신의 재산으로 여기는 경향이 있었다. 만일 배당을 남편이 벌어들인 생활비의 결과물이라고 한다면 아내는 지금도 아무런 법적 권리를 갖지 못한다. 법정은 옥스퍼드협동조합 사건에 대한 1944년 항소심에서 이러한 판결을 내렸다.

남편 혼자 조합원이라면 이자와 배당은 남편만 받을 수 있었다. 많은 협동조합인은 이러한 소득원이 있다면 기꺼이 아내와 나눴겠지만, 그렇지 않은 사람들도 많았다. '개방적 조합원 제도'를 위한 투쟁은 길고도 힘들었는데, 특히 북부의 많은 지역에서 그러했다. 이 제도가 실현되어 주부가 조합원이 되는 게 관행이 되자 —때로는 남편 대신 가입하는 일도 있었지만 남편과 함께 하는 경우가 더 많았다— 자연스럽게 조합원 당 판매액은 떨어졌다. 왜냐하면 각각의 조합원이 하나의 완전한 가계를 대표하지 않게 되었기 때문이다. 그러나 1880년을 전후로 말하면, 협동조합 전체 조합원 수는 조합 매장 고객인 가계 수보다 그렇게 많지는 않았다.

이렇게 보면 1880년에 한 조합원 당 거래액이 28파운드라는 사실은, 설령 많은 가계 특히 직물업 지대에서 성인 소득자가 1인 이상이었다는 점을 고려하더라도 총 소득 가운데 큰 비중을 차지하는 것이었다. 이는 노동 계급이 소득의 많은 부분을 조합 매장이 공급하는 필수 식료품과 부츠 그리고 평상복에 지출했음을 보여준다. 1870년대 중반부터 1890년대 중반까지 지속된 가격 하락 시기에 많은 생필품, 특히 식료품 비용은 크게 줄었다. 1930년대 유사한 가격 하락은 노동 계급의 소득에서 식료품 소비 비중을 눈에 띄게 떨어뜨렸다. 1880년대와 1890년대 식료품 가격 하락의 결과는 노동자들이 보다 좋은 것을 보다 많이 구매하도록 했다. 따라서 산업의 상대적 불황기에도 협동조합은 지속적인 확장을 위해 굉장히 좋은 기회를 얻게 된 것이다.

노동 계급의 생필품 소비가 19세기 후반에 얼마나 늘었는가는 『왕립통계협회지』 1899년 12월호에 G. H. 우드 씨가 기고한 자료에서 발췌한 [표 10-1]에 잘 나타난다.

물론 이들은 부유층을 포함한 전 인구의 1인당 소비 수치이다. 그러나 이 자료를 통해 노동 계급의 소비 현황을 분명히 알 수 있다. 반 기아 상태에서 벗어나기 시작하면서 1인당 빵 소비는 급격히 늘었고, 쌀 소비는 빵보다 더 빨리 늘었다. 그리고 생활수준 향상으로 고기와 설탕처럼 값비싼 식품을 전보다 많이 구입할 수 있게 되면서 빵과 쌀 소비는 줄기 시작했다. 이 시기에 설탕 소비는 굉장히 늘었고, 홍차 소비도 마찬가지다. 면직물과 모직물 통계를 보면, 가난한 계급도 모직 옷을 더 많이 구입하게 되었고 값싼 면제품 소비는 그다지 늘지 않았음을 알 수 있다. 물론 이 수치는 엄밀하게

[표 10-1] 인구 1인당 특정 상품 소비량 (1860-1896)

상품명(단위)	1860	1870	1880	1890	1896
밀과 밀가루(부셀)	4.6	5.8	5.0*	6	5.6
쌀(파운드)	1.4	6.7	14.1	9.4	6.5
설탕(파운드)	34.1	47.2	63.4	73.2	85.3
차(파운드)	2.7	3.8	4.6	5.2	5.8
정육(파운드)	-	101.4	114.1	124.1	130.4
건포도(파운드)	3.6	4	3.9	4.7	4.9
담배	1.2	1.3	1.4	1.5	1.7
면직물(파운드)	39.6	35.2	40.7	42.1	39.8
모직물(파운드)	8.6	10.1	10.7	11.3	13.4

*이 수치는 특이한 사정에 의한 것이다. 이것은 1879년에는 6.1, 1881년에는 5.7이었다.

정확하지는 않으며 이용가능한 수치가 없는 상품도 많다. 그러나 점점 나아지고 있는 상황에 대한 전반적인 묘사임에는 틀림없다.

이러한 상황이 주로 가격 하락 때문이었음은 분명하다. 레드펀 씨는 그의 저서 『CWS 이야기』에서 1882년부터 1912년 사이의 일부 생필품 가격 변화를 보여주는 표를 만들었다. 이 표가 보여주는 가격은 소매 가격이 아니라 CWS가 지불한 가격이지만, 그럼에도 불구하고 이 자료는 이 시기 가격 동향에 대한 귀중한 설명을 제공한다. 표에 따르면, 1882년부터 1896년 사이에 버터 1파운드는 평균 1실링 3.5펜스에서 11.5펜스로, 홍차는 1실링 9.5펜스에서 1실링 4.5펜스, 설탕은 3펜스 이상에서 1펜스 2/3로, 베이컨은 7펜스 이상에서 4.5펜스 이하로, 밀가루는 1펜스 3/4에서 1펜스로,

치즈는 6.5펜스에서 5펜스로 떨어졌다. 그리고 한 가족의 21.5파운드 물품 구입 비용은 7실링 6펜스 이상에서 5실링 아래로 내려갔다. 같은 시기 G. H. 우드의 자료에 따르면, 종합 소매 물가지수는 106에서 83으로 거의 22 퍼센트 떨어졌고, 평균 임금은 약 11퍼센트 올랐다. 완전 취업 인구의 실질 임금이 3분의 1 가까이 오른 것이고, 이렇게 오른 소득의 많은 부분이 보다 좋은 식품과 의복을 사는 데 쓰인 것이다.

물론 이러한 평균치는 노동 계급 상당 부분의 끔찍한 빈곤이 지속된 것과 일치한다. 그러나 1870년대와 1880년대 생활수준 개선은 주로 노동 계급 가운데 잘 조직된 부분에서 진행되었고, 조직이 없거나 비숙련 노동자들의 상태는 상대적으로 거의 진전이 없었지만 1889년 뒤로는 이러한 상황도 달라졌다. 이 해 가스 노동자와 부두 노동자들이 비숙련 노동자들의 임금과 노동 조건 개선을 요구하는 조직을 만들어 파업을 이끌었고, 광부 연맹은 1889년 채탄부만 아니라 탄광의 저임금 노동자를 지지하기 시작했다. 1888년 광부연맹과 1889년 가스노동자 및 부두노동자조합(지금의 일반 및 지방자치단체 노동자와 운송 및 일반 노동자 조합) 설립은 노동조합 발전에 하나의 혁명을 가져왔고, 노동조합 운동은 미숙련 노동자 집단과 지속적인 관계를 맺기 시작했다. 노동조합대회에 가맹한 노동조합 조합원은 1889년에만 두 배로 늘었다. 이런 증가는 이후의 불황으로 없어졌지만 그 결과는 지속되었다. 1885년에 노동조합대회 가맹 조합원은 50만 명이었는데, 1889년 뒤로 100만 명 아래로 떨어진 때는 1893년 한 해뿐이었다.

협동조합 운동이 노동자의 생활수준 상승과 노동조합의 성장으로 득을 본 것은 분명했다. 한 사람의 노동조합주의자는 잠재적으로 한 사람의 협동조합인이었다. 그리고 미숙련 노동자의 임금 개선은 숙련 노동자들의 임금 수준 상승에도 도움이 되었다. 소비자협동조합 조합원 수는 1881년 54만 7,000명에서 1896년 135만 6,000명으로 착실히 늘었다. 전진 속도는 1891년과 1892년에 현저히 빨라져서 단 2년 만에 16만 5,000명이 늘었다. 그 뒤로 증가율은 불황과 함께 약해졌지만 협동조합은 노동조합과는 달리 그 기반을 잃지는 않았다. 협동조합은 비록 전보다 완만해지기는 했지만 계속 전진했고 그때까지 획득한 기반을 완전히 굳힐 수 있었다.

물론 생활수준 개선과 협동조합 운동의 급속한 발전 배경에는 19세기 후반에 진행된 생산 방법의 일대 기술 혁명이 있었다. 이 혁명의 두드러진 특징은 운송 수단 개선, 농업 생산력(주로 신세계 처녀지에서)의 급격한 상승 그리고 새로운 지역 개발을 통한 세계 시장의 거대한 확대였다. 가장 눈부신 특징은 미국의 개발이었다. 미국 인구는 1860년과 1890년 사이에 두 배가 되었고, 1890년과 1900년 사이에 20퍼센트 이상 늘었다. 북미 내륙 지역은 인구 밀도가 높은 국가들, 특히 영국에 곡물과 육류 공급원으로 급속히 개발되었다. 수송 비용은 철도가 증설되고 증기선의 속도와 적재 능력이 개선되면서 놀랄 정도로 떨어졌다. 극동 무역도 빠르게 발전했고 홍차와 쌀 그리고 다른 아시아 제품의 가격을 떨어뜨렸다. 세계 모든 지역으로부터 수입이 가능해지자 식량 공급은 쉽게 안정되었다. 유럽의 여러 국가들이 공급 부족을 보충하기 위해 서로의 잉여에 의지할 때보다 식량 부족과 흉작의 위험이 더 적었기 때문이다.

이러한 변화의 결과 피해를 본 사람들은 농업 종사자들이었다. 신세계로부터 값싼 곡물이 들어와 영국의 많은 열등지 농업 생산을 구축했고, 그 결과 밀 재배 면적은 1870년대 초 350만 에이커에서 1890년대 중반에 약 150만 에이커로 줄었다. 많은 농민들은 곡물 생산에서 축산과 낙농 그리고 여러 종류의 복합 경영으로 전환했다. 영구 목초지 면적은 1870년대 1,200만 에이커에서 1890년대 중반 1,650만 에이커로 늘었지만 이런 변화의 효과는 거의 없었고, 농업은 냉동법 등장으로 큰 타격을 입었다. 처음에는 미국 대륙으로부터 냉동육을, 지금은 뉴질랜드와 호주 산 냉동육에 영국 시장을 개방했다. 나아가 개척기에 CWS를 통해 대량으로 팔던 아일랜드 산 버터는 덴마크와 뉴질랜드로부터 대규모 수입하게 되었다.

영국의 협동조합은 전적으로 도시의 운동이었고, 영국 농업이 겪은 어려움으로 불리한 영향은 조금도 받지 않았다. 오히려 그러한 어려움에 의해 또는 그 어려움을 가져온 여러 힘들에 의해 이익을 얻었다. 초기의 협동조합인들은 곡물법 폐지를 열렬히 옹호했다. 로치데일의 선구자들은, 1846년의 승리의 여세를 몰아 다른 수입 관세를 폐지하려고 한 하원 의원 코브던과 동료 브라이트를 지지했다. 또한 그들은 유럽의 일반적인 자유무역 운동의 단서가 되기를 기대했던 1860년의 코브던 프렌치 조약과 같은 해 영국의 완전한 자유무역 체제 수립에 큰 도움이 된 글래드스턴 예산을 지지했다. '자유로운 아침 식탁[1]'은 협동조합인들이 가장 많이 반복해서 요구한 것이었다. 자유무역이라는 대의명분은 협동조합 운동과 자유당 사이에 암묵의 동맹을 굳히는 데 기여했다. 이것이 1870년을 전후로 로치데일을 비롯한 일부 지역에서 발생한 분열과 그에 이어 보수당 계열의 협동조합을 독자 설립한 원인이었다. 협동조합 운동은 어떠한 정치적 입장으로부터도 자유로워야 한다고 스스로 선언했지만, 저명한 지도자들은 잘 알려진 자유당원이었고 운동의 무게는 점점 자유당 쪽으로 기울었다.

정치 문제는 1867년 선거법 개정 이후 몇 년 사이에 정점에 이르렀다. 이 법은 휘그당의 개혁가들이 '온건한 선거법 개정'안 통과를 실패한 뒤, 보수당이 통과시킨 것이었다. 1867년 법은 1832년 선거법 개정보다 선거권을 크게 확대했다. 1866년에 선거인은 약 120만 명이었는데, 1869년에 225만 명으로 늘었다. 게다가 1867년 법의 가장 큰 수혜자는 협동조합 운동이 힘을 얻어온 계층이었다. 주의 선거구는 그대로 둔 채, 피선거인 기준을 도시의 지방세 납입 세대주까지 확대한 1867년 법은 사실상 협동조합 운동에 참정권을 부여했고 시민으로서 조합원의 지위를 크게 변화시켰다.

다음 1884년 개정 선거법은 선거인을 1883년 300만 명에 조금 못 미치는 숫자에서 500만 명으로 늘렸다. 그러나 탄광 지대와 일부 작은 도시를 제외하고 협동조합 운동에 큰 영향을 주지는 않았다. 영국 정치의 얼굴을

---

1 [옮긴이] 설탕 등 기초 식품에 대한 수입 관세 폐지를 요구하는 상징적인 표어로, 1860년대부터 1900년대 초까지 영국 협동조합 운동의 가장 오래된 요구 중 하나였다.

바꾸고 노동 계급의 지지를 얻기 위해 두 정당이 직접 호소하도록 강제한 것은 1867년 법이었다. 협동조합인들은 노동 계급에게 절약을 장려한다는 명성에 힘입어 그들 대부분이 선거권을 얻기 훨씬 전에 법적인 해방을 누리고 있었다. 다른 한편 노동조합은 조합원들이 선거권을 얻은 뒤에야 의회가 승인을 준비한 것이었다. 1871년과 1876년의 노동조합법, 1867년의 주종법, 1875년의 고용주 노동자법과 공모죄 및 재산보호법은 모두 노동조합의 해방 헌장을 만든 것이었고, 노동조합이 단체 교섭 체제를 구축할 수 있는 법적 근거를 제공했다. 이러한 법은 새로운 투표자의 지지를 얻기 위해 경합하는 자유당과 보수당에 압력을 가하면서 힘겹게 싸워 얻은 것이었다. 새로운 세기 들어서 상원의 유명한 태프 베일 판결로 뒤집어질 때까지 이 법은 충분한 역할을 했다.

1867년 이후 정당들의 새로운 방침으로 득을 본 것은 노동조합만이 아니었다. 그 뒤 몇 년 동안 호경기의 자극을 받아 처음에는 자유당 정부에서 나중에는 보수당 정부에서 의회는 사회 개혁을 위한 놀랄만한 일련의 조치를 법제화했다. 가장 눈에 띄는 것은 1870년 초등교육법인데, 국가가 지원하는 초등 교육 시스템을 만드는 기초가 되었다. 이밖에도 많은 법률이 있었다. '만재흘수선[2]'을 제정한 상선항해법, 석탄 및 금속광산법, 모든 종

---

2   [옮긴이] 항해의 안전상 허락되는 최대의 흘수(배가 물 위에 떠 있을 때, 물에 잠겨 있는 부분의 깊이)를 만재흘수라 함.

류의 공장과 작업장을 망라하는 공장법 확대, 토렌스·크로스법[3]으로 빈민굴을 없애고 주택을 건설하도록 한 것 그리고 빈민 구제 억지 제도를 인간화하려는 것도 있었다. 정부는 "국가의 새로운 주인공을 교육할 뿐" 아니라, 그들의 필요와 요구에 부응한다는 원칙으로 행동하기 시작했다. 국제 경제에서 자유무역과 '자유방임주의'의 전성기는 국내의 '자유방임주의' 관념이 급속하게 허물어지는 시기이기도 했다.

두 정당이 새로운 선거인의 지지를 얻기 위해 경합한 몇 년이 지난 뒤 1870년대 후반에 닥친 불황은 지배 계급의 경각심을 일깨웠다. 경쟁적으로 사회 개혁을 추구했던 시기는 갑자기 끝났다. 그리고 한동안 모든 역점을 절약에 두었다. 1880년대는 실질적인 부가 급속히 증가하고 있었음에도 국가 전체는 빈곤해졌다고 믿는 경향이 일반적이었다. 실제로 실업은 훨씬 심각했고, 특정 노동자 그룹은 큰 어려움을 겪었다. ─특히 광부와 농업 번영에 의존했던 노동자가 그러했다. 그러나 이미 본 것처럼, 심각한 실업 상황에서도 생필품 가격이 급속하게 떨어지면서 대다수 노동자의 생활수준은 높아졌다. 철강 노동자, 기계공, 조선공 그리고 광부를 괴롭힌 문제들은 결국 쇠퇴의 고통이라기보다는 성장의 고통이라는 게 입증되었다.

이 시기 영국은 철강에 기초한 또 하나의 산업혁명을 통과하고 있었다.

---

3 [옮긴이] 자유당의 W. H. 토렌스와 보수당의 리처드 크로스가 1868년과 1875년에 빈민들의 주택 개량 및 슬럼 정비를 위한 법안을 제정했는데 이를 줄여 토렌스·크로스 법이라 부른다.

구식 제철업은 베서머와 지멘스 그리고 길크리스트 토마스가 발명한 새로운 제철법에 의해 퇴출되고 있었다. 노후 설비를 없애고 새로운 생산 수단으로 장치성 산업을 재정비하는 데는 시간이 걸렸다. 이 정비가 끝나자 금속, 기계, 조선 그리고 석탄 산업 모두 눈부신 부흥을 이루었다. 이들 산업은 막 경제 발전의 길을 걷기 시작한 나라들에 철도와 조선 및 항만 플랜트, 가스 플랜트, 우편·전신 플랜트, 채광 기계를 비롯해 다른 많은 자본재를 제공했다. 공학 기술은 정밀 측정법과 새로운 소재인 철강의 과학적 사용에 기초를 두고 대량 생산 방향으로 급속히 발전했다. 석탄과 자본재 수출은 대규모로 재개되었다. 또한 조선, 기계, 내부 수송과 공공서비스 관련 설비에 대한 국내 수요도 활발했다.

이러한 새로운 발전과 19세기 초의 차이는 영국이 더 이상 신기술의 독점을 향유하지 못했다는 것이다. 19세기 후반에는 미국과 독일의 경제가 영국보다 훨씬 빨리 발전하고 있었다. 이들 나라는 영국을 급속히 따라붙었고, 일부 새로운 기술 개발에서는 영국을 추월하고 있었다. 1870년대 초 영국은 연간 약 1억 2,000만 톤 석탄과 약 650만 톤 선철 그리고 약 50만톤 철강을 생산하고 있었다. 그리고 1890년대 후반 석탄 산출량은 2억 톤 이상, 선철은 약 850만 톤, 철강은 420만 톤으로 올랐다. 그러나 같은 시기 미국의 석탄 생산은 4,300만 톤에서 1억 8,900만 톤으로, 독일에서는 3,200만 톤에서 8,700만 톤으로 올랐다. 선철 생산은 미국에서 200만 톤을 약간 넘는 수치에서 1,050만 톤으로, 독일에서는 200만 톤 못 미치는 수치에서

670만 톤으로 늘었다. 두 나라의 철강 생산은 1870년대 초에는 거의 무시할 수준이었는데 1890년대 후반에 미국은 연간 약 750만 톤, 독일은 약 500만 톤을 생산했다. 이전까지는 쓸모없었던 광석을 이용하게 만드는 최신 기술로 미국과 독일은 철강 생산자로 영국을 능가하게 된 것이다.

그러나 이러한 발전도 영국의 자본 수출 성장을 심각하게 방해하지는 못했다. 미국과 독일은 대외 시장보다는 주로 국내 자원 개발에 힘쓰고 있었다. 그리고 수송 수단 개선으로 새로운 국가들이 급속히 개발되면서 모든 신흥국에 기회가 주어졌다. 이는 경기가 해마다 폭넓게 진동하는 것을 막지는 못했지만, 한편으로 불황을 동반한 거센 파도가 미증유로 밀어닥치는 것을 의미했다. 경제 제국주의는 급속히 발전했고 선진 제국은 경제 침입에 적합한 새로운 지역을 추구했다. 그러나 19세기 말까지 주요 국가의 제국주의 정책은 결정적으로 충돌하지 않았다. 1880년부터 1900년 사이에는 아프리카 분할을 둘러싸고 유럽 열강의 분쟁이 엄청난 속도로 진행되었다. 또 극동에서도 중국의 '세력권'에 대한 적대적인 주장을 둘러싸고 분쟁이 있었다. 그러나 그 알력도 전쟁을 일으키거나 경쟁 제국주의자들이 전략상 큰 투쟁을 벌일 정도로 심각하지는 않았다. 따라서 세계 시장에서 자신들의 영역을 확대하려는 국가들의 자본가 그룹이 임금과 노동 조건을 심각하게 억압하는 압력은 존재하지 않았다. 장차 다가올 보다 심각한 경쟁의 전조는 확실히 있었다. 그러나 당장은 경제 성장의 조건이 비교적 순조로웠다. 주기적인 장애와 불황기의 고용 수준에 미치는 영향이 없었다면, 발전은 무조건적이었을 것이고 생활수준도 훨씬 빠르게 높아졌을 것이다.

이 시기에 대부분의 협동조합 지도자들은 자유당에 가담하고 있었다. 이는 1890년대 이전에는 노동조합 지도자들도 거의 마찬가지였다. 왜냐하면 1880년대 사회주의 운동은 숙련 노동자들이 속한 구형 노동조합 지도자에게 큰 감명을 주지 못했기 때문이다. 그러나 1890년대는 그 과정에 시간은 걸렸지만 노동조합은 자유주의에서 멀어지기 시작했다. 광부, 가스 노동자, 부두 노동자들 사이에서 시작된 새로운 노동조합 운동이 케어 하디, 존 번스, 벤 틸레트 그리고 톰 만의 지도 아래 정치적 형태를 갖기 시작했다. 케어 하디의 독립노동당은 많은 지역에서 '독립 노동 대표'의 깃발 아래 모인 지방 그룹으로부터 형성된 것인데, 최저 임금과 8시간 노동 그리고 일할 권리를 요구하는 강령을 만들었다. 그리고 하디는 이들 요구를 기초로 한 노동조합을 독자 세력으로 정치에 끌어들였다. 그는 옛 지도자들을 개심시키지는 않았다. 그러나 노동조합의 일반 조합원들은 점차 사회주의자 쪽으로 돌아섰다. 1900년, 드디어 노동자대표위원회가 발족했다. 6년 뒤 만들어진 노동당의 전신인 노동자대표위원회는 집산주의와 사회 개혁 강령을 지지했고, 노동조합과 사회주의자협회의 연합 동맹이었다.

노동자대표위원회가 조직되었을 때 협동조합을 포함할 수 있으리라는 기대가 있었다. 그러나 초기에 단 하나의 협동조합—턴브리지 웰스—만이 참여했을 뿐이다. 협동조합 운동은 노동조합과 동일한 진화 과정을 거치지 않았다. 협동조합 운동은 노동조합 운동과는 달리, 임금과 노동 조건 ─ 지도자들은 종종 이런 문제를 노동자의 관점에서보다는 고용주 관점에서 생각하는 경향이 있었다─ 을 둘러싼 직접적인 계급 투쟁에 관여하지는 않았다. 다른 한편, 협동조합 운동은 자유무역을 열렬히 지지했다. 왜냐하면 협동조합은 1870년대 중반부터 1890년대 중반까지 가격 하락으로 큰 혜택을 입은 소비자 집단을 대표했고, 대형 수입 기관으로서 공급품을 어디서든 구입할 수 있는 자유를 원했기 때문이다. 자유무역에 대한 이런 집착은 협동조합 운동을 그때까지의 노동조합 이상으로 자유당과 긴밀히 제휴하도록 만들었다. 그리고 정치에서 중립을 지킨다는 공식 입장에도 불구하고, 또한 협동조합 조합원에는 자유당원과 마찬가지로 매장을 유익하게 생각하는 보수당원이 많았음에도, 협동조합 운동의 실제 비중은 비국교주의의 비중과 마찬가지로 자유주의 쪽으로 기울었다. 종교의 비국교파와 소비자협동조합은 한 쌍의 버팀목이었다. 사회주의를 받아들이고 노동 계급 운동을 사회주의자의 신조로 전환시키기 위해 투쟁하던 청년들은 이러한 활동이 노동조합보다 협동조합에서 훨씬 더 힘들다는 것을 알게 되었다.

협동조합과 자유주의 사이의 암묵의 동맹에 대해 지금까지 말해온 것이 한편으로 소테론 에스코트처럼 보수당 의원이 협동조합인들을 도왔다는 사실과 지도적인 기독교 사회주의자 일부가 보수당과 연합한 것을 모순으로 보이게 할지도 모른다. 그러나 여기에는 아무런 모순도 없다. 필자가 말하는 자유당은 1867년 개정 선거법으로 비교적 생활형편이 나은 도시 노동자들에게 선거권을 부여한 뒤에야 비로소 영향력 있는 존재가 되었다. 1867년까지 양대 정당은 보수당과 자유당이 아니라, 이와는 전혀 별개의 휘그당과 토리당이었다. '급진파'와 '자유파'라는 말은 많은 이슈에서 토리당보다 더 진보적인 휘그당에 가깝긴 하지만, 둘 다 이들 정당과는 거리를 둔 정치가를 의미했다. 오히려 '자유파'는 '레세페르'의 신봉자로 귀족보다는 중산 계급을, 토지보다는 공업을 선호하는 분방한 자본가 기업 편에 선 사람을 의미한다고 해야 할 것이다. 이러한 '자유파'는 휘그당과 토리당을 가리지 않고, 귀족에 대항하여 의회의 힘을 강화하기 위해 선거권 확대를 지지했다. 또한 그들은 교회세와 국교 교육, 상원의 지주 중심주의와 주교들의 세력 그리고 교회의 주장 일반을 반대했다. 그들은 공장입법과 노동조합을 기업과 계약의 자유에 불법적으로 간섭하는 것으로 보고 이를 강력히 반대했다. 그들 대부분은 강한 개인주의자들이었다.

이들 '자유파'는 선거권 확장과 상원 폐지 또는 철저한 개혁, 국교 폐지와 교회 자산 몰수, 마을 대지주 계급 세력 근절, 보통 교육 제도 실시와 자치 개혁을 원하는 '급진파'의 일종으로 조금씩 변해갔다. 이런 유형의 '급진파'는 필연적으로 중산 계급의 범위를 넘어선 지지를 구해야만 했다. 이들 가운데 일부는 조셉 흄처럼 노동조합 운동과 공장입법을 강력하게 지지했고, 차티스트의 주장에도 동조했다. 그들은 대부분의 '자유파'처럼 자본가의 사업에 관계하지 않았다. 이들 중 일부는 제레미 벤담—'철학적 급진파'—의 신봉자였고 나중에는 존 스튜어트 밀의 신봉자이기도 했다.

그러나 몇 가지 점에서 휘그당보다 토리당과 훨씬 밀접한 관계인 또 한 종류의 '급진파'가 있었다. 공장 개혁가 리처드 오슬러와 급진파 활동으로 인해 웨슬리 교인들에게 추방된 감리교 목사 조셉 레이너 스테판 같은 사람들은 자신들을 '토리 급진파'라 불렀다. 그들은 새로운 산업주의와 이를 옹호하는 모든 것을 증오했고, 방적 공장과 탄광이 국토를 훼손하기 전의 '옛날의 좋은 시대'로 돌아가자는 주장을 옹호했으며, 공동체나 사회적 책임의 감각이 없는 새로운 세대들을 분기시켰다. 새로운 자본주의에 대한 증오는 그들을 차티스트와 노동조합 지지자로 만들었다. 무엇보다 그들은 1834년의 억압적인 신 구빈법을 혐오했고, 탄광과 공장의 비참한 아동 노동과 급속히 성장하는 공업 도시의 비위생적인 빈민굴을 비난했다. '토리 급진파'는, 결코 급진파가 아니지만 새로운 산업주의 현실에 대한 증오와 전율을 공유하는 토리당원 속에서 지지자를 발견했다. 샤프츠베리 경 같은 사람은 공장 개혁을 위해 용감히 싸웠지만, 민주주의와 인민헌장 또는 단체교섭권을 요구하는 노동조합 주장에 대해서는 침묵을 지켰다. 벤자민 디즈레일리와 그의 '청년 토리당원'들은 이들 그룹 사이에서 다리 역할을 했고, 귀족적인 질서를 뒤엎지 않고도 가난한 사람들을 보호할 수 있는 온정적인 도구로서 토리당을 바꾸려고 했다.

1832년 이후 의회에서 휘그당과 토리당 모두 더 이상의 정치적 변화를 단호히 반대했다. 그들은 1832년의 결정을 최종적인 것으로 간주하길 원했고, 동화를 기대할 수 있는 중산 계급 사람들의 지지로 스스로를 보강해 자본주의의 주장에 필요한 양보를 하는 한에서만 개혁함으로써 귀족이 국가를 계속 통치할 수 있는 시스템을 기대했다. 거대 정당들의 이러한 연합에 반대해, 앞 단락에서 말한 '자유파'와 '급진파'가 대열을 형성했다. 그리고 또 다른 '토리 급진파' 그룹도 신 구빈법 논쟁 과정에서 모습을 갖추기 시작했다. 그러나 '자유파'와 '급진파'는 곡물법 문제로 '토리 급진파'와 날카롭게 대립했다. 이 문제는 다른 이슈를 뒤로 밀어내고 자유—급진파 그룹을 자유무역의 방향에 전향적이던 휘그당원들과 동맹을 맺는 데 일조했다. 결국 1846년, 자유—급진파 그룹의 지지로 곡물법을 폐지한 것은 아일랜드 기근으로 생각이 바뀐 토리당 수상 필이었다. 토리당은 분열했다. 그리고 '기업가' 토리당원과 핵심 휘그당원들 그리고 자유—급진파에 의해 새로운 당이 만들어졌다. 자유주의의 주역이 되는 글래드스턴은 휘그당원이 아닌, 이 새로운 운동에서 지도자가 된 필파 토리당원이었다.

이 새로운 세력의 연합에 대해 디즈레일리는 토리당 잔류자와 급진파를 묶어 하나의 새로운 대항 당을 만들기 시작했다. 이는 쉬운 일이 아니었다. 그에게 남겨진 사람들은 가장 반동적이거나 진보적인 토리당원이었고, 필을 따르는 중간 그룹은 없었기 때문이다. 새로운 휘그—자유—급진파 그룹은 완강한 옛 휘그당원으로서 더 이상의 개혁을 반대했던 파머스턴이 살아 있을 때에는 지지부진했지만, 그 뒤 상공업 관계자의 주장을 들어주기 위해 선거권을 일부 확대할 필요성을 인정하게 되었다. 그러나 휘그—자유—급진파 그룹은 보다 급진적인 사람들의 지지를 얻을 만큼 전향적이지는 못했다. 이탈자가 나왔고, 결국 정권을 내놓게 되었다. 디즈레일리가 집권했고, 그는 급진파의 수정안을 받아들여 1867년 개정 선거법을 통과시켰다. 디즈레일리는 중산 계급을 넘어서 노동 계급 상층에 호소함으로써, 낯익은 표현인 '휘그당원을 가로채기'하려 한 것이다. 의심할 여지없이 그는, 노동조합 운동과 공장 개혁에 적의를 품고 있는 고용주들에 대한 노동 계급의 반감이 사회 개혁의 강령에 기초를 둔 토리 민주주의로 그들을 끌어들일 것이라고 생각한 것이다.

디즈레일리 전략의 효과는 휘그—자유파 그룹의 급속한 전환을 가져왔고, 이제 역으로 토리당원을 가로채기할 양으로 즉시 자유당으로 전환했다. 이것이 여러 해에 걸쳐 두 정당이 쏟아낸, 이상하리만큼 많은 사회 개혁에 대한 근원적인 설명이다. 그러나 노동 계급의 주장에 대한 토리당—지금은 보수당으로 바뀌었지만—의 양보도 숙련 노동자—노동조합과 협동조합 양쪽을 대표하는—들을 자기 편으로 끌어들이는 데 아무 도움이 되지 않았다. '자유로운 아침 식탁'에 대한 요구와 국교회에 대한 적의를 품은 이들은 새로운 정당과 결속했다. 노동 계급의 지도자들이 자유주의와 한편이 되기 시작한 때는 바로 이 단계에서였다. 전에는 이러한 상황을 기대할 수 없었다. 왜냐하면 1867년 이전에 전국적인 규모로 조직된 자유당은 존재하지 않았기 때문이다.

1867년 선거권의 확대로 생겨난 주목할 만한 결과는, 도시에서 정치 클럽과 결사가 급속하게 성장한 것이다. 그때까지 정치 결사의 유일한 형태는 토리당이나 휘그당의 지방 명사들이 참가하여 자체의 후보를 선출하는 지역당 조직 '코커스(Caucas)'였다. 일반적으로 광범위한 회원을 둔 클럽이나 협회를 만들려고 한 사람들은 두 당의 정통파에 반기를 든 후보자들뿐이었다. 1867년 이후 '코커스'가 많은 주 선거구에서 생존했다지만, 도시에서는 사교 클럽과 연결된 지지자들을 정식 협회에 가입시켜 확대된 선거인을 조직화하는 일이 필요했다. 많은 지역에서 자유급진파 노동자 클럽과 협회가 만들어졌다. 보수당원들도 이를 모방해 유사한 단체를 만들었다. 이들 단체들은 그 뒤로 정당, 특히 자유당 후보자를 뽑는 중요한 역할을 했다. 국회의원이나 지방자치단체 의원이 되려는 노동조합주의자 또는 노동 계급 지도자들에게 최선의 기회는, 자유당의 공인을 받아서 지방의 자유급진파 노동자협회의 추천을 받는 것이었다. 광부들의 지도자 알렉산더 맥도날드는 이 방법으로 1874년에 스태포드 하원 의원이 되었다. 그 뒤 의회의 '자유—노동' 그룹 하원 의원 거의 모두가 같은 방법으로 당선되었는데, 이는 지방의 중산 계급 자유당원의 지지를 받는 자유당의 경쟁 후보와 싸워 승리를 거둔 것이었다.

이로써 노동조합주의자는 소수이지만 의회에서 자기 길을 찾기 시작했다. 1874년에 알렉산더 맥도날드와 토마스 버트, 1880년에 헨리 브로드허스트 그리고 1885년 총선에서 하나의 그룹으로 '자유—노동' 세력은 11명으로 늘어났다. 이들 노동조합 조합원 대부분은 협동조합인이었다. 그러나 필자가 찾을 수 있는 한, 협동조합 운동과 두드러진 관계를 갖는 사람은

1885년까지 한 사람도 입후보하지 않았다. 1885년에《뉴캐슬 크로니클》과 관계가 있던 로이드 존스가 더럼의 체스터 구에서 제3당 후보자로 자유당과 보수당에 맞서 2위로 선전했다. 자유당 4,409표, 토리당 2,018표, 로이드 존스는 3,606표를 얻었다. 그 뒤 1900년까지 지도적 협동조합인은 누구도 입후보하지 않았다. 1900년에 스코틀랜드 협동조합인의 지도자로 스코틀랜드CWS 회장이었던 윌리엄 맥스웰이 글래스고의 트레이드스톤 구에서 입후보했고, CWS 런던 매니저인 벤자민 존스도 뎁트퍼드에서 선거전을 치렀다. 두 사람 모두 당당하게 싸워 상당한 표를 얻었지만 당선되지는 못했다. 맥스웰은 자유당 노동조합주의자의 4,389표에 대해 2,785표를 얻었고, 존스는 보수당원 6,236표에 대해 3,806표를 얻었다. —이는 1900년의 '카키' 선거[4]에서 결코 나쁜 결과는 아니었다. 그러나 이들의 선거전은 우리가 이 장 첫 부분에서 살펴본 것처럼, 정치 활동을 향한 협동조합인들의 전반적인 운동을 의미하지는 않는다. 이들의 모험은 개인적이었고 고립되어 있었다. 정치 활동은 이 당시 '자유—노동'파와 '독립 노동 대표'의 열성 당원 사이에 진행되던 격한 싸움에 협동조합을 개입시키는 것을 의미했기 때문에 협동조합 운동은 정치 활동을 더욱 미심쩍게 보는 경향이 있었다.

다음 장에서 보겠지만, 1900년에 협동조합과 노동조합 운동은 관계가 멀어졌다. 대부분의 노동조합 지도자는 협동조합인이었고 많은 협동조합

---

4 [옮긴이] 카키는 영국 군인의 군복 색으로, 비상시 또는 전시 중에 치러진 선거를 카키 선거라 부름. 실제로 1900년 선거는 제2차 보어전쟁이 이슈가 되었다.

인이 노동조합주의자였지만, 19세기 후반에 두 운동을 결합할 지도적인 인물은 없었고, 탁월한 단체도 없었다. 초기에는 알렉산더 캠벨, 기계공 윌리엄 알란, 광부 알렉산더 맥도날드 같은 사람들이 두 영역에서 눈에 띄는 관계를 맺었다. 이는 오언주의자 시기에서 1870년대까지는 노동조합이 각종 형태의 협동 생산에 적극적인 관심을 가졌기 때문이다. 그러나 이러한 관심은 사라졌다. 노동자를 통상의 노동 시장에서 고용하고, '노동 배당'이나 자치 작업장이라는 생각을 거절하고, 협동조합이 결정적으로 소비자 운동이 됨에 따라 두 운동은 분리되고 —협동조합의 고용에서 임금과 노동 조건의 문제— 둘 사이의 결합은 약화되고 만 것이다. 생산자협동조합은 소멸하지는 않았다. 반대로 나중에 보겠지만 1880년대와 1890년대에 꽤 부활하기도 했다. 그러나 노동조합은 오언주의자나 기독교 사회주의자 시대 또는 1870년대 초 호경기에 비하면 협동조합과의 관련이 크게 약해졌다. 1880년대에 노동조합과 소비자협동조합은 각각 다른 길을 걸었다. 둘 모두 초기에 가졌던 이상주의의 많은 부분을 벗어던졌고, 다소 한정된 분야에서 각자의 지위를 굳히는 데 안주했다. 노동조합 운동은 1880년대 말, 미숙련 노동자의 궐기로 타성에서 벗어났다. 협동조합은 이러한 충격을 전혀 받지 않았다. 협동조합은 이미 알려진 길을 따라 나아가면서 자신을 확대해 갔고, 본질적으로 새로운 위업을 요구하는 사람들에게는 거의 관심을 기울이지 않았다. 이것이 얼마나 급속히 확대되었고 새로운 노선을 요구한 사람들을 어떻게 다루었는가는 다음 장에서 살펴볼 것이다.

제11장

1880~1890년대
협동조합 운동

앞 장에서 필자는 1870년대 중반에 이르기까지 협동조합 운동의 전반적인 이야기를 했다. 이 시기에는 물가 상승기가 끝나고, 호황기에 출범했던 많은 협동 생산 사업이 돌연 종말을 맞이했다. 그러나 기록에서 생략한 두 가지 측면이 있는데, 첫째는 협동조합 연차 대회를 시작한 것과 나중에 협동조합연합회로 발전한 중앙 기관을 만든 것이고, 둘째는 협동조합 운동의 공식 기관지인 《코퍼러티브 뉴스(Co-operative News)》를 발행한 것이다. 이 두 가지는 1870년대 중반 이전보다는 그 뒤의 사건과 관련 지어 설명하기가 수월하다고 생각했기 때문이다.

우리는 1860년대에 잉글랜드 북부와 스코틀랜드 협동조합이 어떻게 정기 회의를 가졌는지 살펴보았다. 이 회의는 산업절약조합법 수정이나 운동의 전체적인 이익을 도모하기 위해 만든 도매조합, 그밖에 협동조합 보험회사 같은 연합 기관 설립과 관련 있는 것이었다. 랭커셔요크셔협의회는 1860년대의 전반적인 협동조합 정책을 만드는 데 가장 영향력 있는 기관이 되었다. 그러나 랭커셔와 요크셔 그리고 스코틀랜드 특정 지역 이외에는 잉글랜드북부CWS 대표자 모임을 제외하면 1860년대 말까지도 이웃 조합들 사이에 가끔씩 모이는 회의가 있을 뿐이었다. 그러나 소비자협동 조합만 아니라 생산자협동조합을 포함한 모든 면에서 협동조합을 대표할 수 있는 기관의 필요성이 폭넓게 인식되기 시작했다. 여기에는 옛 오언주 의자인 윌리엄 페어의 노력이 컸는데, 그는 1865년 이후《코퍼레이터》에 포괄적인 협동조합 연맹 같은 조직이 필요하다는 주장을 계속했다. 헨리 피트만도《코퍼레이터》편집자 칼럼에서 이 요구를 일관되게 지지했다. 하지만 한동안 아무런 일도 일어나지 않았다. 북부의 협동조합은 CWS 설립으로 분주했고, 랭커셔와 요크셔의 조합은 자신들의 지역 회의 연합에 만족하는 분위기였다. 스코틀랜드 조합은 스코틀랜드CWS 문제에 사로잡혀 있었고, 북동 연안의 조합도 자신들의 문제, 특히 각종 생산자협동조합과 CWS의 뉴캐슬 온 타인 지부 설립 일에 골몰했다. 런던은 이미 본 것처럼 소비자협동조합의 중심지로서는 약했고, 생산자의 통제 아래 협동 생산을 고취하는 데 주된 관심을 가진 중산 계급의 운동 지지자들이 주도했다.

이런 상황에서 다양한 부문의 협동조합 운동을 하나로 묶기란 쉽지 않았다. 그러나 윌리엄 페어는 집요하게 주장했고, 에드워드 오언 그리닝의 지원을 얻었다. 그리닝은 맨체스터에서 런던으로 근거지를 옮겼고, 농업 관계 협동조합 활동을 고취할 목적으로 1867년에 농업원예협회를 만든 인물이었다. 1868년에 에드워드 반시타트 닐이 의장이 되어 그리닝의 협회

사무실에서 전국 협동조합 대표자 대회를 소집하는 문제를 놓고 회의가 열렸다. 이 회의에서 채택한 서신(회람장)이 전국 협동조합에 발송되었다. 반응은 실망스러웠다. 그러나 페어는 굴하지 않았고, 1869년 초 런던에서 준비 위원회를 조직해 이 해에 열리게 될 전국 대회에 대한 랭커셔요크셔협의회의 지지를 얻었다.

제1회 협동조합대회는 존 스튜어트 밀, 스탠리 제본스를 포함하여 유력한 중산 계급 지지자 그룹과 토마스 휴즈, E. V. 닐, 월터 모리슨, 오베론 허버튼, A. J. 먼델라 등 협동조합 운동의 오랜 지지자들의 후원 아래 1869년 5월, 런던에서 열렸다. 페어와 홀리요크, 러들로우 등은 중앙 대표단 결성을 제안했다. 그리고 이를 위한 하나의 단계로 기존의 랭커셔요크셔협의회와 연대해서 행동할 런던 위원회 결성이 승인되었다. 이 협의회는 1870년 부활절에 열린 회의에서 보다 광범위한 전국 단체로 통합하기로 합의했다. 같은 해 성령강림절에 맨체스터에서 열린 제2회 전국 대회에서 나중에 협동조합연합회로 발전한 협동조합중앙이사회를 발족했다. 전국적인 지역 조직이 필요하다는 러들로우의 구상은 즉시 실현될 것 같지 않았다. 대회는 당분간 두 지역 조직으로 구성되는, 즉 하나는 런던에 다른 하나는 랭커셔와 요크셔 협동조합 대표자들에 스코틀랜드 대표자를 더한 북부를 기반으로 하는 중앙 이사회를 두기로 했다. 처음부터 중앙 이사회에 사무실과 상임 사무국장을 두려고 했지만, 각 조합이 제공하는 자금이 부족해 그렇게 하지는 못하고 당분간 CWS의 윌리엄 너털이 사무국장으로 일했다. 1873년까지 이 체제를 유지했다. 그러나 1872년에 처음 계획에서 대표자를 두지 않았던 북동 지구와 미들랜드 지구가 조직을 만들어서 중앙 이사회에 대표자로 참가하겠다고 요청했다. 그래서 1873년에 이사회를 재구성했고, 런던 및 남부 지구, 미들랜드 지구, 잉글랜드 북부 지구, 북서 지구 그리고 스코틀랜드 지구를 각각 대표하는 다섯 지구로 나누어졌다. 이사회는 각자의 지구 문제에 대해서는 자율성을 갖도록 했다. 그러나 전체 운동의 집행 위원회 격인 연합 이사회에는 각 지구가 대표자로 참가했다. 에드워드 반시타트 닐은 이 새로운 단체의 사무국장을 맡았고, 사무실은 맨체스터에 두었다. 이렇게 해서 협동조합연합회가 설립되어 연차 대회를 열고 전국 협동조합의 중앙 자문 단체 역할을 하게 되었다. 이듬해 J. M. 러들로우가 우애조합 등기관으로 임명되었고, 그와 닐은 긴밀히 협력하여 중앙 이사회를 통해 협동조합의 안내서로 발행된 모범 규약 초안을 만들고, 이후 협동조합의 급속한 성장과 합병의 어려움을 헤치며 협동조합 운동을 지도해나갔다.

1873년에 발족한 5개 지구 조직은 팽창하는 운동의 요구를 충족하기에 불충분했다. 1875년에는 데본, 콘월, 서머셋, 글로스터셔, 헤리퍼드셔 그리고 사우스 웨일즈―협동조합이 늦게 시작되었지만 성장의 조짐이 보이기 시작한 지역― 를 포괄하는 서부 지구 조직이 만들어졌다. 뒤에 다시 이야기하겠지만, 1889년 아일랜드에서 호레이스 플런켓의 지도 아래 농업협동조합이 처음으로 진전을 보였고, 독립적인 아일랜드 지구 조직이 만들어졌다. 이는 6년 뒤 분쟁 끝에 소멸했는데, 이 건에 대해서는 적절한 곳에서 설명을 덧붙이기로 한다[1].

1895년에 서부 지구 조직은 다시 분할되었다. 웰시의 일부 조합에서 조직 분립을 요구했지만 거부되었다. 그러나 남서의 여러 주가 하나의 독립 지구 조직을 만들었고, 사우스웨일즈조합은 글로스터셔와 헤리퍼드셔 조합과 함께 서부 지구 조직에 남았다.

당시 협동조합대회의 토론 기록에는 웰시 지구의 조직 분립 요구를 왜 거부했는지에 대한 이유가 분명히 남아 있지 않다. 초기에 연합 위원회를 장악한 세력이 있었고, 이들은 비용 문제나 중앙 및 연합 이사회 대표자의 세력 균형의 이동과 같은 복잡한 문제를 이유로 지구 조직이 늘어나는 것을 반대했다. 또한 웰시 협동조합인 사이에서도 의견이 갈렸는데, 일부는 전국 단위로서 웨일즈 전체를 묶는 지구 조직을 원했고 또 일부는 남부 웨일즈의 대표자 수만 늘리기를 요구했다는 말도 있다. 1894년에 열린 협동조합대회에서 모든 문제를 북서 및 서부 지구 조직의 연석 회의에 위임했다. 당시 웰시 조합은 북서와 서부 두 지구로 나뉘어져 있었다. 이 회의에서 웰시 지구 조직을 따로 두지 않고 서부 지구 조직을 둘로 나눌 것을 권고했다. 이에 따라 글로스터셔, 헤리퍼드셔, 몬머스셔가 남부 웨일즈와 함께 새로운 서부 지구 조직으로 그리고 웨일즈의 나머지는 북서 지구 조직

---

1   437쪽 참조.

이 되었고, 새로운 남서 지구 조직은 옛 서부 지구 조직에 남게 되었다. 연합 이사회는 이 내용에 이의를 제기했지만 토론 끝에 1895년 대회에서 승인되었다. 웨일즈 전체가 독립적인 지구 조직이 되어야 한다고 요구한 브라임보 대표자는 맨헤니엇에서 온 대표자의 지지를 얻었지만 표결에 이르지 못했다. 맨헨이엇 대표자가 털어놓은 불만에 따르면, 제안을 준비한 서부 및 북서 지구 합동 회의에 웰시 대표자는 한 사람도 오지 않았다는 것이다. 남부 웨일즈 조합으로부터 아무런 의견 표명이 없었다는 것은, 웰시의 자율성에 대한 요구가 부족하다는 것과 남부 웨일즈 운동 전체의 허약성을 분명히 보여주는 것이었다. 이 허약함에 대해서는 이미 앞 장에서 언급했다.

서부 지구의 분할이 '웨일즈의 자치'로 귀결되지는 않았지만, 남부 웨일즈가 영향력 있는 파트너로 등장함을 의미하는 새로운 지구 조직을 만들어냈다. 이로써 아일랜드를 제외한 7개 지구 이사회가 만들어졌다. 그리고 각 지구 이사회가 모여 중앙 이사회를 구성하고, 여기에서 각 지구 대표자로 구성되는 연합 이사회가 책임 집행 기관이 되었다.

나아가 지구 조직은 점차 인근 조합의 협의회를 기초로 하는 보다 작은 구역으로 세분되었다. 이러한 지구 협의회 방식이 점차 전국으로 확대되었고, 곧 단위 조합보다는 오히려 구역에서 지구 이사회를 선출해야 한다는 요구가 나오기에 이르렀다. 이 문제에 대해 많은 논쟁이 있었지만, 결국 1882년에 각 지구가 독자적인 방법으로 대표자를 뽑는 것으로 마무리되었다. 처음에 구역 운영비는 자체 조달했는데, 1884년 뒤로 협동조합연합회의 중앙 자금 지원을 받았고, 1887년부터는 협동조합대회에 대표자를 보낼 수 있게 되었다.

이렇게 해서 협동조합 운동은 공동의 문제를 토론하고 협동조합의 대의명분을 선전하기 위한 중앙, 광역, 기초 단위의 대의 기구를 점진적으로 갖추었다. 한동안 중앙 조직화 영역에서 큰 어려움이 있었는데, 이는 주로 전국 각지의 대표자들이 중앙 회의장에 참가하는 데 비용이 많이 들었기 때문이다. 이 어려움에 대응하기 위해 우선 책임을 분담했다. 북서 지구는 연합회의 맨체스터 사무실 운영을 위한 일종의 총괄 목적 위원회 역할을 맡았고, 남부 지구는 산업절약조합법 개정과 의회 및 정부 각 부처와 관련된 문제들을 감시하는 임무를 맡았다. 그러나 이러한 역할 분담은 잘 작동되지 않았다. 그리고 협동조합연합회가 점차 강화되어 연합 위원회의 직접 주관 아래 각종 목적의 전국적인 기구를 설치하게 되었다. 1882년에는 노동조합주의자와 협동조합인의 합동 위원회가 그리고 이듬해에는 최초의 교육 위원회가 만들어졌다. ―이 둘에 대해서는 나중에 언급하기로 한다. 그리고 1888년에는 연합회와 CWS 그리고 스코틀랜드CWS와 협력해 합동선전 위원회를 두었다. 이듬해 협동조합연합회는 기구를 개편하여 산업절약조합법 상의 등기 조합이 되었다. ―이로써 성장 중에 있는 사업, 특히 출판 분야의 활동이 매우 간편해졌다. 1891년에 닐은 이미 80세를 맞이하여 사무국장 직을 사임했고, 1883년 조셉 스미스의 사망 이래 사무차장을 맡아온 J.

C. 그레이가 후임자가 되었다. 협동조합연합회가 지금의 지위를 구축하는데 크게 기여한 그레이는 1893년 산업절약조합통합법의 입법을 이끌었고 그 뒤 몇 년에 걸쳐 지금의 연합회 조직 구조의 틀을 만든 대규모 조직 개편을 이루어냈다.

1869년에 연차 대회를 시작하고 중앙 이사회를 둔 것은 협동조합 운동의 가장 시급한 요구에 대응하는 것이었다. 그러나 자체의 만족할만한 운동 기관지가 있어야만 정책이나 목적에서 필수적인 통일성을 확보할 수 있다는 인식이 폭넓게 공유되었다. 1860년대 말, 지역적인 입장을 넘어선 협동조합의 주장을 담은 정기 간행물은 3종이었다. 헨리 피트만의《코퍼레이터》가 1860년에 제일 먼저 출발했고, J. T. 맥킨의《스코틀랜드 코퍼레이터(Scottish Co-operator)》는 1863년에 시작했다. 그리고 불굴의 홀리요크가 에드워드 오언 그리닝과 공동으로 기획한《소셜 이코노미스트(Social Economist)》는 1868년에 시작했다. 그러나 이들 잡지는 어느 하나도 소비자협동 운동의 지도자를 만족시키지 못했다.《소셜 이코노미스트》는 매장 운동보다 생산자협동조합과 공동 경영에 더 많은 관심을 가졌는데, 매장 지도자와는 '노동 배당' 문제를 둘러싸고 불화를 빚고 있었다.《스코틀랜드 코퍼레이터》는 스코틀랜드 이외에는 거의 보급되지 않은 간행물이었다. 이 셋 가운데 헨리 피트만의《코퍼레이터》가 가장 야심적으로 오랫동안 협동조합 운동의 비공식 기관지로 자리잡았다. 그런데 편집자가 개인의 관심사인 예방접종 반대 운동에 점점 더 많은 지면을 할애하면서 협동조합 관련 기사는 갈수록 적어졌기 때문에 만족도가 떨어졌다. 더욱이 피트만의 신문은 자금난에 빠졌는데, 북부의 지도자들은 운영권을 완전하게 넘기지 않는 한 지원에 나서려고 하지 않았다.

《코퍼레이터》는 맨체스터샐퍼드공정조합 설립 1년 뒤인 1860년에 창간되어 처음에는 에드워드 롱필드가 편집을 맡았다가 아이작 피트만 경의 형제인 헨리 피트만의 손으로 넘어갔다. 협동조합의 문제점이나 정책을 논하는 주요한 장이 되었던 이 신문은 몇 년 동안 협동조합 운동에 훌륭한 기여를 했고, 협동조합대회와 중앙 이사회 탄생에 큰 영향력을 미쳤다. 그러나 피트만은 협동조합과는 동떨어진 많은 주제에 대한 자신의 견해를 계속 실었다. 북부의 협동조합 지도자들은 소비자협동조합의 기관지이자, 자신들이 생각하는 건전한 노선을 따라 운동을 만들어가는 수단으로서의 신문이 필요했다. 그들은 1870년 대회의 결의를 바탕으로 잉글랜드북부협동조합신문사를 만들고 기존 세 간행물의 편집자와 교섭에 들어갔다. 편집자들 모두 협동조합 운동의 온전한 장을 제공하는 하나의 기관지 발행에 설득당해 자신들의 간행물은 발행을 중지하기로 했다. 이에 앞서 1869년에는 로버트 스탭플튼이 이끄는 맨체스터의 식자공 그룹이 선두에 서서 노동과 투자 자본이 이윤을 공유하는 생산자조합으로 잉글랜드북부인쇄협동조합을 만들었다. 이와 비슷한 조합이 2년 전 런던에서《소셜 이코노미스트》인쇄를 맡았다. 그리고 피트만의《코퍼레이터》제작을 인수하거나 북부 협동조합의 인쇄물을 수주하는 인쇄업자로 활동하기 위해 맨체스터와 헬리팩스에서 인쇄협동조합을 만들려는 시도가 있었으나 이들의 사업은 성공하지 못했다. 그러나 잉글랜드북부인쇄협동조합은 CWS의 인쇄 주문을 받았고, 1871년에는 신문사가 발행을 시작한 새로운 간행물 제작을 위탁받았다. 1872년, 인쇄협동조합은 주로 이러한 계약의 결과로 피고용인만 아니라 발주자에게도 이윤을 공유하는 제도를 도입했다. 초기의 어려움은 있었지만, 여러 협동조합의 소유권 아래서 이를 극복하고 맨체스터만 아니라 런던과 뉴캐슬에서도 그 지위를 공고히 하는데 성공했다. 두 지역에는 지점도 만들었는데 오늘날에도 사업을 지속하며 번창하고 있다.

1871년에는 이들의 주관 아래 이후 협동조합 운동의 공식 기관지로 인정된 《코퍼러티브 뉴스(Co-operative News)》 창간호가 나왔다. 신문은 설립 취지를 다음과 같이 선언했다. "지금이야말로 영국 협동조합인의 힘으로 영향력을 행사하는 독자적인 신문을 만들어야 할 때가 왔다. (…) 사회적 영향력은 물론이고 정치적 영향력을 미칠 수 있는 신문이 될 것이다." 이는 훌륭한 말이지만 시기상조였다. 초창기 편집 방식은 너무 무계획적이었고, 여러 명의 보조 편집자가 거푸 교체되었다. 1875년, 로치데일의 사무엘 뱀포드가 베일리 워커의 후임 편집자가 되고서 전환점이 찾아왔다. 당시 이 신문은 인쇄협동조합에 빚이 많았고, 발행 부수도 몇 천 부에 지나지 않았다. 뱀포드는 로치데일 선구자조합의 교육 사업에 적극적으로 관여해 온 인물로 《코퍼러티브 뉴스》를 열린 토론의 장으로 만들었으며, 신문을 구성하는 어떤 논쟁 그룹과도 좋은 관계를 유지했다. 이는 결코 쉬운 일이 아니었다. 당시 생산자 대 소비자의 주도권을 다투는 주창자들이 격렬한 논쟁을 벌였고, 협동조합 운동은 산업은행과 1870년대 초에 시작한 여러 야심찬 생산 사업이 붕괴하면서 위기의 한복판에 있었다. 또한 '노동 배당' 문제는 도매조합과 소매조합 사이에서 날카로운 분열을 낳고 있었다. 뱀포드는 1898년 52세로 급사할 때까지 편집자를 맡았고, 이 무렵《코퍼러티브 뉴스》의 발행 부수는 한 주 약 5만 부나 되었다. 그는 자기 생각을 주저 없이 말하는 편이었지만 언제나 신중한 편집자였고, 신문이 운동의 특정 부문을 지지하는 편향을 보이지 않도록 주의했다. 그렇지만 발전하고 있는 소비자조합의 문제에 대해서는 가장 많은 지면을 할애해 관심을 기울였다. 그가 선언한 원칙은 벤자민 존스가 부고에서 말한 대로, 협동조합의 모든 관계자 사이에서 어느 쪽에도 치우치지 않고 정도를 지키는 것이었다. 그의 좌우명은 "본질적인 것에는 일치를, 비본질적인 것에는 자유를, 모든 것에는 관용을!"이었다. 그는 협동조합 여성길드에도 유익한 지원을 했는데, 이 여성길드의 지도자 가운데 한 사람은 그의 딸이기도 했다. 그는 이들에게 신문의 '여성 코너'를 제공했고, 이것이 다음 장에서 보는 것처럼 길드의 설립을 도왔다. 그는 여러 해에 걸쳐 북서 지구의 사무국장을 맡았고, 협동조합연합회 실무에서도 적극적인 역할을 했다. 그가 죽고 난 뒤에는 그의 아들인 W. H. 뱀포드가 뒤를 이어 편집을 맡았다. 신문의 전통은 변함없이 계속되었고 오랫동안 협동조합 운동의 기관지 역할을 했다. G. J. 홀리요크가 만년에 했던 신문 사업은 협동조합 문제를 부수적으로 다룰 뿐이었다. 윌리엄 오픈셔의《메트로폴리탄 코퍼레이터(Metro-politan Co-operator)》는 1876년부터 1897년까지 발행했는데, 경쟁지라기보다는 런던 지역에 협동조합의 메시지를 퍼뜨리는 보조 기관지였다. 1894년에 스코틀랜드 사람이《스코틀랜드 코퍼레이터》를 독자 신문으로 복간하기로 결정했을 때가 보다 경쟁적이었다.《코퍼러티브 뉴스》는 처음부터 잉글랜드만 아니라 스코틀랜드 문제도 다루려고 했다.《코퍼러티브 뉴스》는 스코틀랜드에서도 상당한 부수가 나갔고, 두 신문은 우호적 관계 속에 1920년, 잉글랜드신문회사와 스코틀랜드 단체의 합병체인 전국출판협동조합의 공동 관리 아래 놓였다.

협동조합 운동이 이처럼 공고해지고 소비자에 대한 영향력을 확대한 반면, 생산자협동조합은 1870년대 후반에 겪은 실패의 중압 아래 헤어나지를 못했다. 1882년 협동조합대회의 통계 기록에는 전 업종에서 생산자조합은 단 20곳, 대부분 연합의 성격인 제분제빵조합이 10곳 있었고, 도매조합의 생산 부문은 아주 적었다. 이들 20개 조합의 1882년 총 거래액은 35만 6,000파운드에 지나지 않았다. 이 가운데 6만 3,000파운드는 그리닝의 농업원예협회와의 거래였고, 5만 2,000파운드는 협동조합 운동의 경계에 있었던 사브던의 코브던 공장과의 거래였다. 그 밖의 거래액 1만 파운드 이상인 단체는 헵든브리지퍼스티안조합(2만 6,000파운드) —이는 당시에도 나중에도 가장 성공한 생산자조합이었다, 리틀보로의 랭커셔·요크셔생산조합(1만 6,400파운드) 그리고 페이즐리제조조합(1만 9,000파운드)뿐이었고,

모두 직물업 조합이었다. 주로 소비자 운동의 소유였던 인쇄협동조합은 생산조합으로 계산되지 않았던 것 같다. 인쇄협동조합은 지금까지도 협동조합생산연합 회원 자격을 갖지 못하고 있다. 조합은 피고용인에게 조합원 자격을 인정하고, 투표권을 주고, 임금에 더해 보너스를 지불하고 있지만, 경영 위원회에 참여하는 대표권을 주지 않고 있기 때문이다.

나머지는 규모가 아주 작았고 거래액은 몇 천 파운드였다. 한편 제분제빵 10개 조합은 거래액 합계가 125만 파운드를 넘었다. CWS 공장에서 생산한 물품 총액은 15만 파운드 아래였다. 이런 점을 종합해서 1882년까지의 현상을 말하면, 주도권이 생산자에서 소비자로 넘어갔다기보다는 오히려 제분을 제외한 모든 종류의 협동 생산이 붕괴했다고 할 수 있다.

생산자협동조합의 주창자는 이처럼 불리한 상태에서 의기소침했다. 1870년대 후반, 침체되었던 경기가 회복하면서 그들은 재건을 위한 활동을 시작했고 협동조합대회에서도 선전 활동을 다시 시작했다. 1882년에 그들은 기존의 생산조합을 강화하고 신규 조합 창설을 돕기 위해 협동조합생산연합(Co-operative Productive Federation, CPF)을 만들었다. 이 연합의 목적은 뿔뿔이 흩어진 조합을 위한 중앙 사업 기관으로서의 활동과 운동 확대를 위한 선전 활동이었다. 협동조합생산연합의 창설자는 닐과 그리닝 그리고 헵든브리지퍼스티안조합에서 인기 있고 성공한 매니저인 조셉 그린우드, 레스턴메리야스조합의 조지 뉴얼, 브래드포드의 에어데일제조조합의 J. 람베르트가 있었다. 이듬해 생산자협동조합 지도자들은 런던에서 협동조합지원협회를 발족했고, 1891년까지 존속했다. 협동조합생산연합이 역점을 처음에는 북부에, 나중에는 주로 동부 미들랜드에 둔 데 비해, 협동조합지원협회는 남부의 생산자조합 설립을 위해 많은 노력을 기울였다. 1884년에 협동조합지원협회는 협동조합연합회를 설득해 협동 생산 문제를 다루는 생산 위원회를 두도록 했다. 그러나 위원회는 생산자와 소비자의 주도권을 둘러싼 논쟁으로 사분오열하여 거의 아무 일도 하지 못했고, 생산 위원회를 두어야 한다고 강조했던 사람들을 실망시켰다. 같은 해, 이 그룹의 열정가들은 중산 계급 지지자 조직을 보강해 다시 노동자협동조합연합회(Labour Association)를 발족시켰다. 노동자협동조합연합회는 노동자의 이윤 참여와 산업 통제의 요구를 압박하기 위해 만든 선전가 단체였다. 헨리 비비안이 몇 년 동안 사무국장을 맡았는데 '노동 배당' 제도의 지지를 둘러싸고 CWS와 소비자조합 사이의 덧없는 논쟁으로 설립 첫해를 보냈다. CWS가 1886년에 최종적으로 이 제도를 거부하자 싸움은 사실상 패배로 끝났다. 스코틀랜드CWS는 1914년까지 이윤 공유제를 계속하고 있었지만, 엄밀히 말하면 1922년까지이다. 1914년 전부터 실시된 피고용인 보너스가 이때까지 계속되었기 때문이다.

  지역의 소비자조합만 아니라 연합 소비자조합의 통제 아래 있던 많은 생산자조합도 CWS를 따랐다. D. F. 슐로스 씨는 상무부가 1894년에 간행한 『이윤 공유제에 대한 보고서』에서, 임금에 더해 보너스를 주는 조합은 소매협동조합 중에서도 아주 일부에 지나지 않고, 이 제도는 과거 이를 실행한 많은 생산자협동조합에서도 포기했다고 보고했다.

좌절을 겪은 노동자협동조합연합회는 보통의 자본가 기업 속에서 공동 경영과 이윤 공유 제도를 보급하는 단체로 변질되었다. 생산자협동조합과 관계를 완전히 끊지는 않았지만, 이들은 대체로 협동조합생산연합의 지원에 의지하게 되었다. 목적 변경은 1903년의 명칭 변경으로 공식 등록되었다. 노동자협동조합연합회의 공식 기관지는 1894년부터 이미《노동자 공동 경영(Labour Co-partnership)》이라 불렀고, 협회도 1903년에 노동자협동경영협회로 이름을 바꾸고 주로 공장의 이윤 공유와 노사 간 파트너십을 실행하는 기업들의 지지를 받았다. 이렇게 해서 노동자협동조합연합회는 협동조합 운동의 범위를 벗어났다. 그러나 초기 몇 년 동안 비비안의 지도 아래 노동자협동조합연합회는 생산자협동조합 설립에서 협동조합생산연합의 유력한 보조자였고, 노동조합과도 매우 깊은 관계를 맺었다. 물론 그 관계의 대부분을 나중에 잃어버렸지만 말이다.

협동조합생산연합은 생산자협동조합의 새로운 성장을 위한 집결지가 되었다. 1880년대에 시작한 이 성장은 1890년대를 통해 지속되었고, 1900년 들어 몇 년 동안 더 크게 분출했다. 이미 살펴본 것처럼 생산자조합 수는 1882년 몇 가지 의심스러운 사례를 포함하더라도 많아야 20개였다. 1892년에 왕립노동위원회는 46개 조합을 찾았고, 이듬해 공식 기록은 77개를 나타내고 있다. 절정기였던 1903년에는 126개로 늘었다. 같은 해 소매조합의 숫자도 1,455개로 정점에 이르렀다.

협동조합생산연합의 가장 성공적인 연대에서 주요한 인물은 토마스 블랜드포드(1861~1899)였다. 블랜드포드는 1885년에 노동자협동조합연합회에 참여했고, 헨리 비비안을 그 진영으로 끌어들였다. 블랜드포드는 노동자협동조합연합회의 회장이 되었고 협동조합축제협의회(Co-operative Festivals Association)를 조직하는 데 지도적인 역할을 했다. 이 협의회는 제1회 페스티발을 1888년에 수정궁에서 열었다. 수정궁의 페스티발에 이어, 1890년부터 잉글랜드 북부에서, 1893년부터 미들랜드에서, 1895년부터 스코틀랜드에서 조직된 페스티발에서 그는 생산자조합의 작품 전시회를 기획했다. 또한 그는 영국 전역에서 생산자 운동을 지지하는 선전 활동을 지치지 않고 계속했다. 1894년에 그는 협동조합생산연합의 사무국장이 되었고, 재정과 사업 활동을 강화하는 데 심혈을 기울였다. 특히 그는 자금 원조가 필요한 생산조합을 위해 대부 기금을 만들었고, 그 자신이 강력한 지지자였던 노동조합 운동 진영을 설득해 20년 전 실패 이후 쇠퇴한 협동 생산에 대한 관심을 자극했다. 블랜드포드 개인의 대중적 인기와 그의 사심 없는 이상주의는 생산자협동조합 운동의 뿌리를 확고하게 내리도록 했다. 이런 노력은 그의 건강을 해쳤다. 그는 원래 강건한 체질이 아니었는데, 직무 복귀를 무리하게 서두르다가 1899년에 유행성 독감으로 사망했다. 협동조합대회는 블랜드포드 기념대회 기금을 만들어 그의 업적을 기렸다.

생산자협동조합의 오랜 중심지는 잉글랜드 북부였고 주요 사업은 직물 생산과 석탄 그리고 기계 제조였다. 석탄과 기계 제조는 하나같이 실패했다. 이 가운데 1870년에 발족한 헵든브리지퍼스티안조합 등 몇 개 직물 조합만 오랫동안 살아남았다. 이러한 운명의 차이를 만든 이유는 명백했다. 협동조합의 성격을 지키면서 성공한 직물 조합은 생산물의 확실한 판로를 소비자조합에서 찾았다. 반면에 석탄이나 기계 제조 조합은 주로 외부 시장에서 판로를 찾아야만 했다. 석탄이나 기계 제조는 직물 산업보다 자본이 더 많이 필요했고 소규모 생산의 불리함도 더 컸다. 그렇지만 생산자협동조합의 성공은 직물 부분에서도 아주 제한적이었다. 이미 살펴본 것처럼, 협동조합의 포부를 안고 출발한 많은 단체들이 보통의 주식회사로 변질했고, 일부는 사실상 소매조합 매장이 소유하는 연합 조합이 되었다. 이는 직물 생산에서도 조합 매장이 투자를 하지 않으면 안 될 만큼 많은 자본이 필요했기 때문이다. 실제로 이러한 투자는 종종 생산자조합을 소비자 통제 아래의 연합 단체로 변환하는 결과를 가져오기도 했다.

협동조합생산연합은 가능한 이런 과정을 반복하지 않으려고 노력했다. 협동조합생산연합 지도자들은 외부 자본 없이는 꾸려갈 수 없다는 것과 노동조합이 일부라도 자본을 제공해 주기를 바랐지만, 이러한 자본의 원천은 소비자 운동임을 너무 잘 알고 있었다. 그래서 그들은 생산자가 통제할 수 있는 수단을 얻을 가장 좋은 대책은, 자본 제공자의 요구를 충족시키는 것이었다. 협동조합생산연합은 자본 제공자들에게 상무 이사회의 공정한 대표권을 주고, 이들 회의의 노동자 대표권과 이윤 분배 및 피고용인 소유의 주식 자본 적립 방식을 통할하는 명확한 원칙을 공식화해야 한다고 생각했다. 협동조합생산연합의 후원으로 성장한 대부분의 조합은 순전한 자치 관리 작업장—이 유형의 불안정성에 대해서는 이미 충분히 드러났다—도 아니었고, 자본을 제공한 소비자조합이 통제하는 연합생산조합도 아니었다. 이들 조합은 뭔가 어중간했다. 고객의 대부분을 의존하는 소비자 운동에 충분히 다가가고, 피고용인에게 자기 고용의 인식을 주도록 자치 관리 작업장이 되도록 하며, 적절한 성공의 기회를 주기 위해 매니저에게 충분한 권한을 주는 균형 잡힌 체제를 만든다는 식이었다. 새로운 생산조합에는 여러 유형이 있었고, 일부 신통치 못한 것도 늘 있었다. 그러나 일반적으로 이들은 확고하게 뿌리를 내리고 있었고, 이전에 소멸했던 것보다 본질에서 훨씬 협동조합다웠다.

이 새로운 운동의 거점은 선전가의 노력이 집중되었던 북부도 런던도 아닌, 이스트 미들랜드였다. 그리고 가장 폭넓게 성공한 영역은 부츠와 구두 산업이었다. 주요한 이유는 두 산업이 1880년대와 1890년대에 이전까지의 작업장 경영에서 동력 정밀 기계에 기초한 공장 경영으로 전환한 기술 혁명을 통과했기 때문이다. 이 기술 혁명은 새로운 공장을 혐오하는 숙련 노동자들 사이에서 증오감을 불러일으켰고, 수많은 파업이 발생했다. 몇몇 새로운 생산자협동조합은 이 파업의 산물이었다. 이 조합들은 주로 남성용 부츠를 만드는 곳이었는데, 남성용 부츠는 보다 가벼운 여성용이나 아동용과 달라서 새로운 제조법에 적응하기가 쉽지 않았다. 소비자협동 운동에는 튼튼한 노동자용 부츠를 위한 시장이 충분했다. 생산자협동조합은 수준 높은 품질과 내구성을 유지하는 데 애썼고, 상표를 브랜드화하거나 주요 거래처인 소매조합과 밀접한 관계를 구축해 제품에 대한 평판을 확립하기 시작했다. 1897년에는 부츠와 구두(단화)를 만드는 생산자조합이 20군데였고, 총 거래액은 16만 6,000파운드였는데, 1900년까지 총 거래액은 26만 파운드로 늘었다. 이들 조합 대부분은 소규모였고, 가장 큰 레스터조합의 총 거래액은 4만 7,000파운드, 다음으로 큰 케터링조합은 4만 1,000파운드였다.

1890년대 생산자협동조합의 발전은 부츠와 구두 산업에 국한되지는 않았다. 이는 의류와 인쇄업 그리고 몇몇 소규모 제조 분야로 확대되었다. 이전의 성취에 비하면 상당한 발전이었지만, 소비자 통제 아래 협동 생산의 발전 속도에는 미치지 못했다. 1900년에 살아남은 5개 제분조합은 총 거래액이 거의 82만 파운드가 되었고, 글래스고연합제빵조합 하나만으로도 매출이 33만 4,000파운드였다. CWS는 자체 공장에서 260만 파운드 이상의 물품을 생산했고, 스코틀랜드CWS는 146만 파운드를 생산했다. 이 숫자는 어느 정도 과장된 것이다. 생산조합은 도매조합이나 연합제분소에 비해 사용 원재료에 보다 고율의 판매 가치를 부가한 것이다. 그러나 생산자협동조합은 협동조합생산연합의 자극을 받은 뒤에도 여전히 소규모 운동이었다는 사실은 변하지 않는다. CWS와 대부분의 소매조합 지도자들은 생산자협동조합이 아니라 소비자협동조합의 확대에 관심을 가졌다. 또한 생산자협동조합의 방식을 효과적으로 적용할 수 있는 분야는 협소했다. 그래서 가능한 사업 분야는 첫째, 숙련 노동자를 많이 쓰고 둘째, 비싼 장비를 필요로 하지 않고 작은 규모라도 경제적으로 운영할 수 있으며 셋째, 생산물을 소비자조합에 대부분 판매할 수 있는 분야로 한정되었다.

공동 경영의 잠재적 가능성이 있는 분야는 매우 광범위했다. 그러나 공동 경영이 충족해야 하는 세 가지 기본 조건을 주장하는 노동자협동조합 연합회의 노선에 따라 이를 실행에 옮길 자본가 고용주는 많지 않았다. 기본 조건은 첫째, 노동자와 이윤을 공유해야 하고 둘째, 노동자가 주주가 될 권리를 부여해야 하며 셋째, 노동자에게 경영 참가 권리를 주어야 한다는 것이다. 사업에 충성하는 정신을 끌어내기 기대하면서 노동자에게 이윤 공유를 보장할 용의가 있는 기업이라도 대부분은 다른 조건에 난색을 표했다. 일부는 주식 보유 권리를 거부했고, 또 일부는 피고용인 주주의 동등한 권리를 박탈한다는 조건을 붙여 얼버무렸고, 다른 많은 이들은 경영 참가 권리를 아예 거부하거나 상무 이사회에서 동료 노동자를 대표하는 피고용인을 기업이 임명할 것을 주장하고 민주적 선출 대신 선임권 순의 권리로 해야 한다며 거부했다. 가스 회사에서는 엉터리 이윤 공유가 성행했는데, '슬라이딩 스케일' 즉, 자본 소유자에게 분배되는 배당을 늘리면 그에 '병행하여' 소비자에 대한 배당을 줄여야 한다는 것이 법적 요구라고 생각하기 쉬웠다. 이는 주주가 거의 또는 전혀 비용을 지불하지 않고 피고용인과 이윤을 공유할 수 있다는 것, 노동 배당이 사실상 소비자 주머니에서 나온다는 것을 의미했다. 더욱이 1889년 이후 노동조합 운동이 공공서비스 분야에서 급속히 확산되었는데, 일부 가스 회사는 이윤 공유와 공동 경영 계획을 노동조합 운동을 몰아내는 수단으로 의도적으로 이용했다.

전 산업을 통틀어 1881년부터 1890년 사이에 이윤 공유 제도를 채택한 사업체는 79개, 1891년부터 1900년 사이에 77개, 1901년부터 1910년 사이에 80개가 시작되었다. 1881년부터 1900년 사이에 시작된 156개 계획 가운데 노동부가 조사 보고를 한 1919년에도 남아있는 것은 36개뿐이었다. 1901년부터 1910년 사이에 시작된 계획 가운데 64개는 여전히 시행 중이었지만 이들도 그 뒤 몇 년 안에 소멸했다. 노동부가 1919년에 파악한 계획 가운데 적어도 40개는 가스 산업이었고, 이 중 36개 계획이 여전히 운영 중이었다. 다른 산업에서 진행된 총 340개 계획 가운데 적어도 198개가 사라졌다. 1919년 당시 기존 계획 전부가 대상으로 하는 피고용인 수는 25만 명 미만이었다.

이처럼 상세한 부분을 짚는 것은 오로지 협동조합의 역사를 다루는 책에서 적합하다. 빅토리아 시대에 협동조합을 지지한 사람들은 다른 무엇보다도 '노동 배당'을 근본 문제로 여겼다. 이들은 고용주와 노동자의 관계가 인간적이고 자유로워지기를 희망했다. 그들은 '노동 배당'을 받아들인 협동조합과 이윤 공유 및 공동 경영 제도를 도입한 자본주의 기업을 크게 다르다고 보지 않았다. 그들은 소비자 매장을 소비자의 통제와 사적 이윤의 배제를 기초로 한 대안 경제 시스템의 선구라기보다는, 상호 절약 기관이자 공동 경영 기업 및 생산자조합이 생산한 물품을 판매하기 위한 수단으로 생각했다. 그들은 사회 개혁가였지만 어떤 의미에서도 사회주의자가 아니었다. 공동 경영이라는 아이디어가 특별히 그들을 사로잡았던 이유는, 그것이 자본주의를 버리지 않고서도 수정할 수 있는 전망이 있었기 때문이다.

생산자협동조합과 공동 경영 주창자들이 이처럼 적극적인 활동을 하는 한편, 소비자협동조합 운동은 착실히 전진하고 있었다. 1874년, 로치데일의 J. T. W. 미첼이 제임스 크랩트리의 후임으로 CWS 회장이 되었고, 그의 강력한 수완 아래 CWS는 급속히 발전했다. 그는 1895년 서거할 때까지 회장을 맡았는데, 소비자 통제의 '연합' 원칙을 운동의 주력 방침으로 받아들이게 한 것은 그의 개인적인 영향력 때문이었다. 홀리요크, 그리닝, 휴즈 등 '노동 배당'과 생산자 통제 아래 독립 조합으로 협동 생산 발전을 주창하는 사람들과 종종 불화를 빚으면서도 그는 협동조합 운동에 자신의 철학을 깊이 새기고 공인된 지도자로 인정받았다. 그가 회장으로 재임하는 동안 CWS 가맹 조합원은 1875년 초 19만 8,000명에서 1895년 90만 명이 넘어섰고, 순 판매액은 약 200만 파운드에서 1,000만 파운드로 늘었다. 1870년에 CWS 회장을 사임하고 은행부 매니저가 된 아브라함 그린우드와 함께, 그는 생산자조합과 소매 매장이 심각한 문제를 안고 있었던 1870년대 후반의 어려움 속에서 CWS를 이끌었다. 그린우드의 재임 기간은 미첼보다 3년 더 길었다. 1898년에 은퇴한 후 그는 1911년에 생을 마감했다. 미첼과 그린우드는 언제나 견해가 일치하지는 않았다. 그린우드는 '노동 배당'에 호의적이었고 생산자협동조합 옹호자들과 밀접한 관계였다. 그러나 두 사람은 긴밀하게 협력했고, 의견이 충돌해 미첼이 승리했을 때도 그린우드는 민주적으로 의결한 정책이 충실히 집행되리라고 믿을 수 있었다.

이 두 사람은 CWS의 걸출한 인물이었고 매장 운동의 지도적인 대표자였다. 이들의 지도 아래 CWS는 국내와 해외 무역업을 착실히 확장했다. CWS는 1876년에 플러버 호를 구입하면서 처음으로 선주(船主) 사업에 뛰어들었다. ―19세기 말까지 상당수의 상선대(商船隊)가 된 사업의 작은 시작이었다. 최초의 해외 배송 센터를 1876년 뉴욕에 열었고, 다른 배송 센터도 루앙(1879), 코펜하겐(1881), 함부르크(1884), 덴마크의 오르후스(1891), 몬트리올(1894), 예테보리(1895), 스페인의 데니아(1896), 시드니(1897), 덴마크의 오덴세(1898) 그리고 다른 중심지에 잇따라 만들었다. 극동 국가와 직접 교역의 시작이었던 홍차 사업부를 1882년에 시작했고, 스코틀랜드 CWS와도 홍차와 다른 관련 부문에서 합작을 위한 긴밀한 준비를 이어나갔다. 생산자협동조합 파의 비판에도 불구하고 CWS가 주관하는 생산 활동도 착실히 발전했다. 부츠와 단화 생산을 헤크몬드위크에서 1880년에 시작했고, 직물 제조는 베틀리에서 1887년에, 코코아와 초콜릿 생산도 런던에서 같은 해에, 의류 제조는 리즈에서 1890년에, 제분은 던스턴 온 타인에서 1891년에, 또 다른 부츠 생산을 앤더비에서 1888년, 레스터에서 1891년, 가구 제조를 브로턴에서 1893년에, 두 번째 비누 제조를 얼럼에서 1894년에, 양복업을 브로턴에서 1895년에 시작하는 등 이밖에도 많았다.

이들 사업 가운데 일부는 기존 생산자조합 또는 '연합' 조합과 상당한 마찰을 빚고 발족했다. 연합제분소의 고충 제기로 CWS의 밀가루 제분 사업은 시작이 늦어졌다. 또한 기존 인쇄물 주문을 인쇄협동조합에 주었던 CWS가 1895년부터 인쇄 부문을 만들기로 결정하자 상당한 문제 제기가 있었다. ―인쇄협동조합은 1887년에 협동조합신문사가《코퍼레이터 뉴스》인쇄를 자체에서 하기로 결정했을 때에도 비슷한 타격을 입었던 만큼 더욱 그러했다.

CWS가 만든 새로운 공장은 숫자는 많지만 처음부터 대규모는 아니었다. 이미 살펴본 것처럼, 공장에서 생산된 상품액은 19세기 말에도 전 산업에서 차지하는 비중이 극히 작았다. 게다가 국내 각지의 지부에 속한 조합의 요구를 충족하기 위해 생산 사업을 광범위한 지역에 분산시킬 필요가 있다고 생각한 전술적인 이유도 있었다. 반면 스코틀랜드CWS는 상당히 통합적인 발전 정책을 펼쳤다. 이는 1887년에 ―스코틀랜드 협동조합의 최대 지도자인 윌리엄 맥스웰의 영향 아래에서― 글래스고 외곽 쉴드홀에 넓은 땅을 구입하면서 시작되었는데, 여기에 각종 제조 공장을 잇따라 만들기 시작했다. 스코틀랜드CWS의 첫 생산 사업은 1881년의 셔츠 제조였다. ―이는 악명 높은 착취 산업을 퇴치하기 위한 의도적인 시도였다. 같은 해 양복업이 뒤를 이었고 소규모 가구 제조를 1884년에 시작했다. 그리고 1885년에 부츠 공장, 1886년에 메리야스 작업장이 등장했다. 이때까지 스코틀랜드 CWS는 생산 시설을 각 사업별로 물색한 여기저기의 부지에 만들었다. 그러나 상당한 논쟁을 거친 뒤 1887년에 증자를 하고 쉴드홀에 12에이커 땅을 사서 여기에 생산 시설 단지를 짓기로 했다. 이 단지에 부츠 · 단화 및 작업복 공장, 가죽 공장, 가구 공장, 브러시 공장, 잼 공장, 과자 공장, 외투 공장, 담배 공장, 커피 공장, 인쇄 공장, 화학 공장, 기계 제작소, 양철 공장, 피클 공장, 기타 공장을 차례로 지었다. 이밖의 지역에서도 발전이 있었다. ─ 라잇의 밀가루 공장, 그레인지머스의 비누 공장, 카브룩의 농장 시설, 위그타운셔의 유제품 제조 공장 등이다. 나아가 스코틀랜드CWS는 스코틀랜드 트위드 제조조합으로부터 셀커크에 있는 에트릭 공장을 인수하고, 아일랜드에 배송 센터를 만들고, 에버딘에서 생선 가공을 시작하는 등 여러 생산 사업을 시작했다. 스코틀랜드CWS는 가맹 조합원 규모에 비해 생산 면에서 잉글랜드의 CWS보다 훨씬 빠르게 발전했다. 출자금은 1880년 11만 파운드에서 1900년 167만 6,000파운드로 그리고 순 매출액은 84만 5,000파운드에서 거의 550만 파운드로 늘었다. 연합제빵협동조합도 이와 나란히 주목할 만한 발전을 이루었고 매출액은 1880년 3만 2,000파운드에서 1900년 33만 2,000파운드로 늘었다.

소비자협동조합 조합원도 이 기간에 급속하게 성장했다. 지방 유통 조합 조합원은 1881년 54만 7,000명에서 1900년 170만 7,000명으로 늘었다. 그리고 이때 처음으로 각 마을의 소매 총액에서 큰 비중을 차지하는 진정한 의미의 대형 조합이 많이 생겼다. 1880년에 조합원이 1만 명이 넘는 소매조합은 3개뿐이었다. ─리즈(1만 8,430명), 맨체스터 · 셀퍼드(1만 1,092명) 그리고 로치데일(1만 613명). 1900년에는 랭커셔에서 10개, 요크셔에서

7개, 노섬벌랜드와 더럼에 4개, 스코틀랜드에 4개, 미들랜드에 4개, 런던에 2개 그리고 남서부에 1개 조합(플리머스)이 조합원 1만 명이 넘었다. 웨일즈에는 아직 이런 규모의 조합이 하나도 없었다. 두 시기 모두 리즈가 단연 최대 조합이었는데 1900년에는 4만 8,000명으로 늘었다. 1900년 그 다음 순은 볼튼(2만 6,448명), 플리머스(2만 5,653명) 그리고 에든버러의 세인트 커써버츠(2만 4,392명)였다. 그밖에 2만 명에 이르는 조합은 없었다. 오래된 협동조합의 성장률은 랭커셔 —옛 본거지— 가 다른 곳보다 훨씬 낮았다. 로치데일 선구자조합은 1880년 1만 613명에서 1900년 1만 2,764명으로 늘어났을 뿐이고, 맨체스터·샐퍼드 조합도 1만 1,092명에서 1만 4,280명으로 늘었을 뿐이다. 이는 지역주의와 신생 조합이 많이 설립된 데 기인했다. 요크셔의 성장은 훨씬 빨랐는데, 리즈조합의 급속한 성장에 더해 반즐리 브리티시는 5,830명에서 1만 9,193명으로, 브래드퍼드는 5,611명에서 1만 9,505명으로, 셰필드의 브라잇사이드는 단 429명에서 1만 3,291명으로, 미들즈브러에서는 1,520명에서 1만 276명으로, 핼리팩스에서는 6,735명에서 1만 1,487명으로 그리고 허더즈필드에서는 5,961명에서 1만 2,247명으로 늘었다. 북동 연안에서도 조합원이 급속히 늘었다. 뉴캐슬 온 타인에서는 3,521명에서 1만 7,432명으로, 선더랜드에서는 2,119명에서 1만 4,362명으로, 비숍 오클랜드에서는 4,856명에서 1만 2,299명으로 그리고 게이츠헤드에서는 4,091명에서 1만 1,819명으로 늘었다. 미들랜드의 운동은 대단히 허약했는데, 레스터조합이 6,358명에서 1만 1,013명으로, 더비조합이 4,270명에서 1만 4,270명으로 늘었다. 남서부에서는 플리머스가 5,154명에서 2만 5,653명으로 눈에 띄는 진전을 보였지만 그밖에 큰 조합은 하나도 없었다. 런던에서는 2개 조합이 확실한 발전 과정에 들어서기 시작했다. 왕립병기창조합 조합원은 1,757명에서 1만 7,146명으로 늘었고, 스트라트퍼드조합은 2,200명에서 9,584명으로 늘었다. 마지막으로 스코틀랜드에서는 에든버러의 세인트 커써버츠가 1,425명에서 2만 4,392명으로 1위를 기록했고, 애버딘 노던은 8,000명에서 1만 7,066명으로 늘어 2위로 떨어졌다. 글래스고에서는 2개 조합이 앞섰는데, 키닝파크 조합원은 겨우 300명에서 1만 3,041명으로 그리고 글래스고의 세인트조지가 106명에서 1만 1,217명으로 늘었다.

1880년과 1900년에 상위 25개 대규모 조합 가운데 9개 조합이 랭커셔에 있었고, 요크셔에는 5개 조합이 1900년에 6개로 늘었다. 북동부에서는 두 해 모두 4개 조합이 있었고, 스코틀랜드는 1880년에 2개, 1900년에 3개 조합이었다. 이렇게 해서 북부는 상위 25개 대규모 조합 가운데 1880년에 20개, 1900년에 22개 조합을 헤아렸다. 조합원은 1900년에 매장 조합원 총수 약 170만 명 가운데 북부 7주가 95만 명, 스코틀랜드는 28만 명이었고 영국 나머지 지역은 전부 합쳐도 50만 명이 못 되었다. 이 가운데 20만 명은 미들랜드 여러 주에, 약 7만 5,000명이 서부와 남서부에, 약 4만 5,000명이 동부 여러 주에 있었다. 런던에는 약 3만 명, 그밖에 남부 여러 주에 약 7만 5,000명이 있었다. 웨일즈는 겨우 3만 명 그리고 아일랜드는 단

	1880		1900		1942	
	조합	조합원 수	조합	조합원 수	조합	조합원 수
1	리즈	18,430	리즈	48,000	런던	792,355
2	맨체스터 · 샐퍼드	11,092	볼튼	26,448	왕립병기창	318,033
3	로치데일	10,613	플리머스	25,653	버밍엄	238,869
4	베리	8,594	세인트 커써버츠	24,392	사우스 서버번	200,063
5	볼튼	8,547	브래드퍼드	19,505	리버풀	135,878
6	애버딘 노던	8,000	반즐리	19,193	리즈	128,766
7	올덤산업	7,263	펜들턴	18,327	반즐리	99,937
8	핼리팩스	6,735	뉴캐슬온타인	17,432	맨체스터 · 샐퍼드	89,860
9	레스터	6,388	왕립병기창	17,146	브리스톨	85,048
10	허더즈필드	5,961	애버딘 노던	17,066	플리머스	84,452
11	반즐리	5,830	더비	14,425	세인트 커써버츠	84,020
12	브래드퍼드	5,611	선더랜드	14,362	더비	81,383
13	올덤공정	5,578	맨체스터 · 샐퍼드	14,280	브라이트사이드	80,060
14	플리머스	5,154	올덤산업	13,994	버컨헤드	75,020
15	비숍 오클랜드	4,856	브라잇사이드	13,291	뉴캐슬온타인	74,613
16	더비	4,270	키닝파크	13,041	레스터	74,321
17	게이츠헤드	4,091	로치데일	12,764	노팅엄	72,697
18	에클스	3,612	올덤공정	12,401	벨파스트	66,554
19	뉴캐슬온타인	3,521	비숍 오클랜드	12,299	월솔	64,899
20	펜들턴	2,267	허더즈필드	12,247	셰필드 · 에클솔	62,532
21	스트라트퍼드	2,200	번리	12,037	버슬렘	61,520
22	선더랜드	2,119	게이츠헤드	11,807	헐	60,000
23	프레스톤	1,807	베리	11,699	애버딘 노던	59,995
24	왕립병기창	1,757	핼리팩스	11,487	포트시아일랜드	59,661
25	세인트 커써버츠	1,425	프레스톤	11,421	프레스톤	59,465
	*26%	145,721	*25%	424,727	*36%	3,210,001

*전체 조합에서 차지하는 비율

2,000명이었다. 랭커셔는 40만 명 이상, 요크셔에는 약 32만 5,000명의 조합원이 있었고, 주 순위표의 윗자리를 차지했다. 1880년 상위 25개 대규모 조합에는 조합원 총수 약 26퍼센트가 포함되었고 1900년에는 약 25퍼센트였다. 새로운 조합 설립으로 상쇄되지 않는 대규모 조합으로의 합병은 아직 진행되지 않았다. 그러나 상위 25개 대규모 조합은 1942년에 조합원 총수의 36퍼센트를 차지하기에 이르렀다.

제12장

협동조합 여성길드

협동조합생산연합 창설 이듬해인 1883년, 협동조합 여성길드[1]가 설립되었다. —처음에는 협동조합보급여성연맹이라 불렀다. 이때는 진보적 운동과 사상의 위대한 각성이 시작되는 시기였다. 영국 근대 사회주의 운동의 출발점인 민주연합(Democratic Federation)은 1881년에 창립되었다. 조셉 체임벌린과 찰스 딜크는 글래드스턴 정권에서도 강력한 급진파 수장이었다. 지방 노동자들에게 선거권을 확대하려는 의회 개혁 조치가 궤도에 올랐다. 스코틀랜드 출신의 '방랑하는 학자' 토마스 데이비슨은 일단의 신봉자들을 모아 '신생활동지회'를 조직했는데, 이 조직에서 이탈한 사회주의자 그룹이 1884년에 페이비언협회를 창립했다. 위대한 시인이자 예술가인 윌리엄 모리스는 사회주의로 전환하고 민주연합에 가담했다. —보다 정확하게 말하면 그 당시 이미 그렇게 되어 있었던 것처럼 사회민주연합에. 찰스 브래

---

1   이 이름은 아브라함 그린우드의 딸 그린우드 양의 제안으로 1884년에 채택되었다.

들로는 그의 무신론 때문에 여러 번 낙선한 뒤 의원이 되어 영국의 공화국화를 외치고 있었다. 아일랜드에서는 분쟁이 있었고, 스코틀랜드에서는 소작인들의 저항 운동이 세력을 얻고 있었다. 이들 소작인들은 1885년 총선에서 자신들의 동료 두 사람을 하일랜드 선출 의원으로 당선시켰다. 급진적인 사고가 고조되었고 미국의 유명한 토지 개혁론자인 헨리 조지의 방문 강연에서 자극을 받은 토지 개혁은 일반적인 풍조가 되었다. 커다란 변화가 일어날 것 같은 기운이 감돌았다. 체임벌린은 가난한 사람들에 대해 유산 계급의 채무로서 '인질금²' 원칙을 선언했다. 1879년의 심각한 불황은 잊혀졌고, 생필품 값의 하락으로 산업은 회복하고 있었다. 1886년에 이 나라가 경기 침체의 상태로 되돌아갈 것이라거나, 조셉 체임벌린이 그가 만든 급진당과 관계를 끊고 아일랜드의 자치 문제에 대한 논쟁에서 토리당 쪽으로 넘어갈 것이라고 예상한 사람은 아무도 없었다.

여성들도 남성들과 마찬가지로 1880년대 초기의 요동을 느꼈다. 여성의 참정권 운동이 시작되고, 많은 지역에서 여성들이 정치 분야의 역할을 담당하기 시작했다. 이 나라의 여성과 주부 그리고 구매자들이 위대한 소비자협동 운동을 남성들의 독점 운영에 맡긴다는 것은 이상하게 여겨졌다. 여성을 협동조합 조합원으로 받지 않은 일은 처음부터 아예 없었다³. 실제

---

2 [옮긴이] 체임벌린은, 사회는 가난한 사람에게 빚을 지고 있다고 역설했는데 이를 일부 논자들은 '인질금 이론'이라 부른다.

3 그러나 335쪽을 참조할 것.

로 한 사람의 여성, 앤 트위데일은 로치데일 선구자조합을 만들 때 얼마간의 역할을 했다. 그러나 오랫동안 분기 총회에 출석하는 여성은 거의 없었다. 대부분 여성이 아니라 남성이 조합원이고 배당금을 받았다. 매우 제한된 형태이지만 최초의 기혼여성재산법이 1870년에 제정되어 1881년에 수정되었다. 협동조합 출자자는 남성들이 압도적으로 많았다. 여성들이 협동조합 운동에서 어떤 지위에 선출되는 일은 전례가 없었다. 그러나 이처럼 낮은 지위에 만족하지 않는 열렬한 여성 협동조합인이 있었고, 그녀들은 1883년 마침내 기회의 실마리를 잡았다.

여성들이 최초의 기회를 쥐게 된 것은 《코퍼러티브 뉴스》 발행인 사무엘 뱀포드 덕분이었다. 1883년 초, 그는 지면에 '여성 코너'를 만들었다. 그리고 협동조합 운동의 확고한 벗이었던 자유당 지도자 아서 오클랜드의 아내인 오클랜드 부인이 이 코너를 맡았다. 그녀는 첫 기사에서 다음과 같이 정곡을 찔렀다.

"협동조합을 고취하거나 시작하기 위해 언제 어디에서 열리는 모임이라도 언제나 남성을 향한 것이 아닌가요? 참여하라! 협력하라! 투표하라! 비판하라! 활동하라! 여성들에게는 무엇을 하도록 하나요? 매장에 와서 구매하라! 이것이 우리들에게 지시한 일의 한계지요. 여성들은 우리들 매장의 독립 조합원이 될 수 있습니다. 그런데도 우리들에게는 매장에 가서 물품을 사는 것만 요구합니다. (…) 왜 우리들 여성은 지금 이상으로 해서는 안 되는 것입

니까? 우리들 자신의 본분을 벗어나지 않으면서 그리고 남성들이 잘 할 수 있는 일을 굳이 하지 않더라도 우리들 여성이 돈을 내는 것 이상으로 할 수 있는 일이 분명히 있습니다. 우리들은 우리들 매장에서 돈을 쓰지 않으면 안 되지만 그것은 당연한 일입니다. 그렇지만 우리들의 의무 또는 우리 동료들에 대한 의무는 여기서 끝나는 것이 아니지요. 매장에 가서 구매하는 일은 우리들이 그렇게 해 달라고 요구받을 수 있는 전부입니다. 그러나 우리들은 스스로 더 앞으로 나아가야 하지 않을까요? 왜 우리들은 우리들의 모임, 우리들의 독서, 우리들의 토론을 해서는 안 되는 것일까요?"

이 부드러운 호소는 적지 않은 반향을 불러일으켰다. 오클랜드 부인이 받아서 '여성 코너'에 실은 서신 가운데 ─"울위치에서 M. L"이라 서명한─ 여성 조직 설립을 촉구하는, 왕립병기창조합의 메리 로렌슨 부인이 보낸 것이 있었다. 오클랜드 부인은 이 기회를 잡았다. 그리고 1883년 6월에 열린 협동조합대회에서 협동조합보급여성연맹이 회원 50명과 연 6펜스 회비로 정식 발족했다. 이 연맹의 목적은 남성들을 자극하지 않도록 조심스럽게 표현되었다. "협동조합의 이점을 알리고, 그 이점을 아는 사람들 사이에서 협동조합의 원칙에 대한 관심을 자극하기 위해, 우리들 자신과 우리의 이웃 그리고 새로운 세대인 우리의 아이들에게 협동조합에 대한 가치를 보다 진지하게 이해하도록 하고 더불어 영국 여성의 상태를 개선하기 위해" 연맹은 시작되었다.

이처럼 부드럽게 표현된 목적조차 반대를 막는 데는 도움이 안 되었다. 1883년 당시 '여성 운동'은 대중적이지 않았다. 옛 협동조합인들은 이 연맹에서 위험한 혁신과 남편을 거스르려는 시도를 보았다. 그러나 여성 개척자들은 굴하지 않았다. 9월에 여성길드 최초의 지부 —헵든브리지 지부— 를 설립했고, 이어서 11월에는 로치데일 지부가 아브라함 그린우드의 딸을 사무국장으로 설립되었다. 연말에는 울위치 지부가 로렌슨 부인을 사무국장으로 설립되었다. 1884년 초에는 코벤트리와 런던 지부가 설립되었다. 그리고 이 해 오클랜드 부인은 사무국장을 사임하고 회장이 되었다. 엘리너 알렌 양(나중에 레드펀 부인)이 사무국장으로, 그린우드 양이 부회장이 되었다. 여성들의 운동을 격려한 협동조합 지도자는 아브라함 그린우드 외에 에드워드 반시타트 닐, CWS 런던 지부 매니저이고 아내가 여성길드의 활동적인 회원인 벤저민 존스 그리고 《코퍼러티브 뉴스》의 사무엘 뱀포드였다.

길드 초기의 성장은 완만했다. 로렌슨 부인은 1885년에 사무국장이 되었다. 이듬해 지부 활동을 위한 규약을 만들기 위해 대표자 회의를 열었는데, 이때 협동조합연합회가 처음으로 지원금(겨우 10파운드)을 조성했다. 로렌슨 부인이 1885년에 왕립병기창조합 교육 위원회 위원으로 선출되자 여성 운동의 하나의 승리로 여겨졌다. 또한 1888년에 협동조합연합회 남부 지구가 길드를 승인하고 신설 교육 협의회에 참여하는 대표권을 부여한 것이 또 하나의 승리였다. 여성들은 점차 협동조합 교육 위원회에 모습을 드러내고, 분기 총회에서도 역할을 맡기 시작했다. 그러나 기독교 사회주의자 목사의 딸인 마가렛 르웰린 데이비스가 1889년에 여성길드의 사무국장이 되어 일에 활력을 불어넣을 때까지 전진은 완만했다.

여성길드는 무보수 봉사 정신으로 길드에 끌린 사람들의 자질 면에서 처음부터 운이 좋았다. 한편으로 여성길드는 고등 교육을 받은 여성들 —앨리스 오클랜드 부인에서부터 오노라 엔필드 양에 이르기까지— 의 헌신적인 도움을 받았다. 그녀들은 여성 해방 운동 메시지를 노동 계급 주부들에게 전하고 이들 여성들이 일상의 여러 문제에 대해 함께 행동하는 자신감과 습관 —정치적·사회적 교육의 모든 형태 가운데 가장 현실적인 것— 을 갖도록 돕는 이상적인 수단을 여성길드에서 찾았던 것이다. 또 한편으로 길드는 협동조합 가정에서 자라났지만 지금까지 자신의 에너지를 협동조합 활동에 발산할 방법이 없었던 노동 계급 여성들 —특히 기혼 여성들— 사이에서 즉각적인 반응을 얻었다. 여성길드는 많은 협동조합 지도자의 부인과 딸들을 끌어들였다. 울위치의 로렌슨 부인, 아브라함 그린우드의 딸 그린우드 양, 사무엘 뱀포드의 딸 뱀포드 양(나중에 뱀포드 톰린슨 부인), 벤저민 존스의 아내 존스 부인, G. J. 홀리요크의 딸 홀리요크 양(나중에 홀리요크 마쉬 부인) 등 많은 사람들이 그러했다. 여성길드는 오랫동안 협동조합 교육가들의 표준 교과서였던 『산업의 협동』 편집자인 캐스린 웹, 알랜 양(나중에 레드폰 부인), 스푸너 양의 각고의 노력에 크게 힘입었다. 그리고 여성길드는 각지의 길드에서 지도자를 배출하고 운동의 높은 직위로 그녀들을 보내기 시작했다. 가슨 부인과 바튼 부인 그리고 코트렐 부인 ─CWS 최초의 여성 이사─ 은 여성길드에서 훈련받아 나중에 탁월한 협동조합 지도자가 된 인물들이었다. 여성길드가 훈련시켜 협동조합의 여러 분야에서 중요한 활동을 한 여성 수백 명의 이름을 기록하기란 불가능하다.

이 위대한 업적의 공은 아무리 뛰어나더라도 어느 한 사람에게 돌릴 수는 없다. 그러나 마가렛 르웰린 데이비스가 여성길드에 대단히 큰 공헌을 했다는 것과 그녀의 전 생애를 여성협동 운동에 바치고자 했던 그녀의 결의가 협동조합 역사에서 하나의 전환점이었음은 의심할 여지가 없다. 필자의 생각으로는, 개인의 자질이나 사심 없는 이상주의에서 마가렛 르웰린 데이비스는 영국 협동조합 운동 역사에서 가장 위대한 여성이었다. 그녀가 여성길드의 일을 지휘한 바로 그 순간부터 여성길드는 진정 강력한 진보 세력이 되었다. 그녀는 길드가 단지 협동조합 선전의 보조 기관으로 활동하는 데 결코 만족하지 않았다. 그녀는 여성길드가 주위에 영향을 미치길 원했고, 기존 지도자들을 순순히 뒤따르는 게 아니라 여성들이 협동조합의 전진에 앞장서도록 고무했다. 일생의 벗인 릴리안 해리스의 도움으로 그녀는 여성길드를 설득해 협동조합 정책에 적극 참여하고 사회 개혁의 많은 계획들에 착수했다. 여성길드는 협동조합 운동 바깥에 있었던 가난한 임금 노동자들에게 소비자협동조합 운동을 앞장서 호소했다. 또한 당시 노동조합을 조직하기 시작한 피고용인 입장을 옹호하고, 협동조합이 최저 임금의 원칙을 받아들이도록 강력하게 촉구했다. 여성길드는 협동조합 물품을 어디서든 구매하도록 소매협동조합을 독려했고, 협동조합에 대한 '충성심'을 실천하도록 매장 조합원을 자극했다. 더욱이 좁은 협동조합 세계 외부로 나아가 여성길드는 여성참정권과 이혼법 개혁 운동을 펼쳤다. 여성길드의 영향력이 높아지면서 다음에 보는 것처럼 협동조합 운동의 기존 지도자들과 심각한 논쟁에 휘말리게 되었다.

새로운 지도력 아래 여성길드는 1886년 약 500명 회원에서 1892년에는 100개 지부에 조직된 5,000명 회원으로 착실히 성장했다. 이 무렵 여성길드는 1889년 부두 노동자와 가스 노동자들이 벌인 파업과 여성길드와 신뢰 관계에 있었던 여성노동조합연맹 산하에서 최초의 여성 노동조합 운동이 출현한 것에서 거듭 자극을 받았다. 여성길드는 지역 활동과 밀접히 맞물리도록 의도된 협동조합연합회 조직과 더불어 1890년부터 자신들의 지구 협의회를 만들기 시작했다. 그리고 점차 전국으로 확대된 분과 기구는 여성 협동조합인들에게 위원회 활동과 대중 연설 그리고 민주적 운영 기술을 훈련하는 데 대단히 유용했다. 여성길드는 처음부터 회원들이 운동의 모든 면에 보다 충분한 역할을 할 수 있도록 지역 협동조합과 협동조합연합회의 구역, 지구 연합 단체의 의사 진행을 면밀히 살펴보도록 했다. 여성길드는 교육 활동에 적극적이어서 지부에 토론을 위한 공부 모임을 조직하도록 하고, 각 지역 지지자들을 교육하기 위해 정기적인 메모와 지침을 회람했다. 또한 여성길드는 청년들을 대상으로 교육을 열심히 했고, 소매협동조합의 적극적인 교육 정책을 고무하는 데 크게 공헌했다. 노동 계급 운동에서 주부 집단에 호소하거나 여성들에게 민주주의적 자기표현 기술을 훈련하는 기회를 제공하는 기관이 전무했던 시대에 여성길드의 가치는 아무리 높이 평가해도 지나치지 않았다. 여성길드는 나중에 협동조합 운동은 물론이고 여성 노동자들의 요구에 부응하는 노동조합과 독립노동당 그리고 각지의 노동당 여성부가 거두어들인 수확의 씨앗을 뿌렸다.

1892년에 이르기까지 여성길드는 협동조합대회에 맞춰 그들의 연차 집회를 열었고, 이 행사에 대표자로 또는 남편의 동반자로 출석했다. 그러나 그 뒤 가능한 많은 지부 대표자들이 참가하고 교육적 목적에 기여하도록 기획된 여성길드 자신의 독립 연차 회의를 열기로 결정했다. 이 길드 회의 대표자 수는 해마다 착실히 늘었다. 이 회의의 효과는 대단히 컸다. 회의에서 여성 협동조합인들은 대중 앞에서 연설하고, 위대한 진보 운동의 선구자로서 자부하며, 논쟁에 대한 자신의 의견을 표현하는 데 두려워하지 않는 법을 배웠다. 여성길드는 1894년부터 자체의 순회 강연자와 선교사들을 각 지부에 파견했고 캐서린 웹과 메이요 양, 베리 브라우가 개척자들이었다. 르웰린 데이비스 양은 보다 적극적이고 포괄적인 협동조합 교육 정책을 역설했고, 1896년 울위치 협동조합대회에서 교육 활동을 조사하는 위원회를 두는 데 큰 힘이 되었다.

여성길드가 아직 요람에 있었던 1884년 무렵에는 이러한 발전이 먼 훗날의 일로 여겨졌다. 초기 지도자들은 반감이 너무 클지 모른다는 두려움 때문에 여성들의 공개 연설을 자제해야 한다고까지 생각했다. 이 금기는 곧 허물어졌다. 여성길드는 개방적 조합원 제도를 위한 캠페인과 함께 비로소 공적 무대에 등장했는데, 이는 남편만 아니라 아내도 조합원이 되고 매장 운영에 적극적인 참여를 장려하기 위한 것이었다. 협동조합 교육 위원회의 여성 위원은 1889년까지 42명이었는데, 1891년에는 73명으로 늘었다. 그러나 경영 위원회 여성 위원은 겨우 6명에 지나지 않았다. 이 무렵 한 조사는 소비자협동조합 출자자 100만 명 가운데 약 10만 명이 여성임을 확인했다. 6,000명의 여성길드 회원 가운데 출자자는 약 1,000명이었다. 즉 한 세대에 한 사람 이상이 출자자가 되는 것을 허용하고 싶지 않은 조합이 여전히 많았던 것이다.

협동조합 운동이 비교적 약했던 남부 잉글랜드는 북부 공업 지대보다 일찍 여성들에게 문을 열었다. 남부의 여러 조합은 비교적 젊었기 때문에 북부에 있는 오래된 많은 조합보다 새로운 사고에 쉽게 다가갈 수 있었다. 남부의 협동조합은 아직 진보적 소수파의 신조에 지나지 않았다. 로렌슨 부인이 1893년에 그리고 캐서린 웹 양이 그 이듬해에 협동조합연합회 중앙이사회의 남부 지구 이사로 선출되었다. 그러나 미들랜드에서 유사한 지위에 여성이 선출된 것은 1917년 일이었고, 다른 여러 지역에서 여성들이 간부직에 오르는 일은 훨씬 뒤에 일어났다. CWS 이사로 선출된 여성은 한 사람도 없었는데, 제1차 세계대전 직후에야 텐 에이크·스터츨리 조합(버밍엄)의 코트렐 부인이 이 자리를 얻었다.

한편 1890년대에 여성길드는 신용 문제를 다루면서 '개방적 조합원 제도'의 뒤를 이은 캠페인을 펼쳤다. 여성길드는 엄격한 현금 거래에 찬성하는 투쟁을 활발히 벌였다. 이것을 발단으로 여성길드는 1899년에 최대의 도전적인 운동 —소비자협동조합에 극빈 계층이 참여하도록 하는— 을 시작했다. 협동조합 매장은 불순물을 섞지 않은 물품만을 시가로 판매하고, 잉여금을 조합원에게 이용 실적 배당으로 환원하는 정책을 취하면서 비교적 임금이 나은 노동 계급 정규직과 하층 중산 계급으로부터 지지를 받았다. 그러나 저임금 노동자나 임시직 노동자들에게는 파고들지 못했다. 아니, 시도하지 않았다. 번영하는 지역에서는 시장 수준 이상으로 값을 올려 이용 실적 배당을 늘리기조차 했다. 기존 조합원들은 절약과 투자를 위한 편리한 기관으로 협동조합을 이용하기 위해 자진해서 더 많이 지출했다.

여성길드 지도자들에게 이러한 방법은 근본적으로 잘못된 것으로 비쳐졌다. 그들은 협동조합이 비교적 생활이 나은 임금 노동자들의 절약 투자를 위한 도구가 아니라, 가난한 사람들의 사회적 향상을 위한 기관이어야 한다고 생각했다. 기존 방법으로는 결코 가난한 소비자들에게 가 닿지 않음을 인식한 그들은 약자들 속으로 들어가기 위해 전통을 폐기하지는 않더라도 수정하기를 바랐다. 그들은 시장 수준을 웃도는 값을 붙여 이용 실적 배당을 높이는 행위를 맹렬히 비난했다. 그리고 가난한 이웃이 이용할 수 있는 지점을 개설하기 위해 특별 조치를 취할 것을 호소했다. 그들의 요구는 근본적으로 새로운 방침에 따른 것이었다. 기본 요구는 다음과 같다.

(1) 유해하지 않은 식품과 기타 물품을 싼값에 소량 공급하고, 현금 지불로 사람들을 빚에서 구제하며, 자동적으로 절약이 되는 민중 매장

(2) 커피와 정육 매장

(3) 불가피한 어려움에 처한 사람들을 돕기 위해 보증인, 매매 증서 또는 동산 형태의 담보를 받는 대출 사업부. 가난을 이용해 빚을 만들지 않고, 사기에서 벗어나도록 하며, 매주 전당포에 가는 습관을 근절할 것.

(4) 선술집으로부터 발길을 돌리고, 서로를 도우며, 협동조합 활동의 센터를 만들기 위한 특별 선전 위원회 또는 상주하는 활동가들이 운영하는 클럽 룸이나 입주 시설.

이러한 요구는 협동조합계를 깜짝 놀라게 했다. 이 조건에 맞춰 운영할 지역 조합을 찾기란 쉽지 않았다. 협동조합 운동 초기에는 가난한 직공들과 생필품만을 간신히 살 수 있는 공장 노동자들의 수요를 맞추는 데 익숙해 있었다. 그러나 이는 먼 과거 이야기였고, 황금기를 맞은 빅토리아 시대에 협동조합은 노동조합과 마찬가지로 비교적 생활수준이 나은 사람들을 대표하는 운동이 되었다. 노동조합 운동은 1870년대 짧은 시기 동안 그리고 1889년 뒤로부터 저임금 미숙련 노동자에게 손을 내밀기 시작했다. 그러나 협동조합은 몇몇 사례를 제외하면, 여전히 이 새로운 세력에 영향을 받지 않고 머물러 있었다. 그것은 빚 없이 생활할 수 있는 것을 자랑스럽게 여기고, 그렇게 할 수 없는 사람들을 경멸하거나 또는 방치하는 사람들의

제한된 민주주의 —말하자면 귀족 정치— 였다. 1880년대 협동조합인들은 '빈민굴'을 찾아가는 게 협동조합의 의무라고는 생각하지 않았다. 조합의 방식을 따르고, 조합이 제공하는 편익을 이런 조건에서 공유할 용의가 있는 사람이면 누구라도 평등하게 받아들이도록 준비하면 충분한 것이었다. 전당포와 부속 입주 시설을 갖춘 매장을 운영한다는 여성길드의 아이디어는 너무나 이상하게 여겨졌고, 중산 계급의 박애주의적 취향이 물씬 풍긴다고 생각했다.

이런 비판자들에게 여성길드 지도자들은 자신들이 제안한 민중 매장이 결코 무료 급식소 같은 곳이 아니라고 응답했다. 그들은 자신들이 염두에 둔 매장과 입주 시설을 하나로 결합하면 수지를 맞출 수 있으며, 기존 조합원들이 받는 이용 실적 배당을 결코 방해하지 않고 운영할 수 있다고 확신했다. 그들이 기획한 새로운 매장은 가난한 사람들을 자선으로 돕는 곳이 아니라, 가난한 소비자들의 자조를 돕기 위한 곳이라고 했다. 협동조합이 가난한 사람들의 요구를 외면하거나 그들의 자활을 위해 최선을 다하지 않는다면, 협동조합의 근본 신념을 기만하는 것이라고 그들은 주장했다.

이러한 여성길드 지지자가 등장했다. 협동조합연합회는 이들에게 조합원 가입, 배당, 페니 저축 클럽에 대한 지역 조합의 규약, 가격 정책, 가난한 몇 개 마을을 선정해 조합 운동의 상태를 조사하는 경비 50파운드를 지원하기로 했다. 이보다 중요한 것은 여성길드가 제안한 방침에 따라 실험을 해보겠다는 한 조합을 발견한 것이다.

1902년 선더랜드조합이 여성길드가 주창한 '민중 매장'으로서 콜로네이션 스트리트 매장을 열었다. 이 매장은 식품·잡화점, 정육점, 밀가루 가게, 한 컵에 반 페니와 1페니짜리 따뜻한 수프 판매 시설만 아니라, 활동가 두 사람이 상주하는 작은 '입주 시설'까지 두었다. 여기에는 모임을 위한 방이 있고, 각종 클럽 활동에 제공하는 시설도 만들었다. 매장은 소량으로 포장한 물품을 엄격한 현금 거래로 판매했다. 페니 은행을 열었고, 음악회가 열렸으며, 도서실을 만들어 공부 모임을 열고 여성길드의 지부도 만들었다. 1년의 활동 뒤, 실험은 눈부신 성공을 거둔 것으로 보였다. '민중 매장'은 입주 시설 운영을 포함한 경비를 자체 조달했고, 파운드 당 2실링을 이용 실적 배당으로 실현했다. 선더랜드의 협동조합인들은 이 새로운 매장을 상시 운영하기로 결정했다.

이때 재앙이 닥쳤다. 상주하는 활동가들이 조합의 이사가 부당한 간섭을 한다고 주장하면서 그들과 다투었다. 이 다툼은 그들의 사임으로 끝났다. 그리고 이사들은 총회에서 모든 사업을 청산하라고 권고했다. 이사들은 찬성 82표, 반대 25표로 자신들의 목적을 이루었다. 콜로네이션 스트리트 매장은 특별한 사회 활동을 하지 않고 통상의 조건에서 물품을 판매하는 지점으로 전환했다. 2년이 채 지나지 않아 모든 게 끝났다. 이 매장의 성공을 위해 심혈을 기울였던 여성길드 지도자들은 실의에 빠졌다.

이 사건은 대단히 중요한 의미를 갖는다. 르웰린 데이비스 양과 그녀의 조력자들이 운영한 매장은 자선 행위가 아니라, 어떻게든 사회 서비스와 조합하기를 시도한 것이었다. 선더랜드 사태를 보는 한, 이 두 가지는 섞일 수 없었다. 만약 다른 곳에서 이 실험을 했다면 결과가 좋았을 것이라는 점도 의문스럽다. 이는 당시의 협동조합 운동의 정신과는 이질적이었다. 이에 반대하는 사람들은 조합원에게 돌아가는 배당이 적어진다고 위협했다는 주장을 하지만, 이것이 갈등의 원인은 아니었다. 이 문제에 관계된 이사들과 조합원들은 이 시도가 협동조합 운동의 영역과 무관하다고 느꼈던 것이 참된 이유였다. 이는 '독립적'이지 않았고, 그들이 익숙한 자조의 종류가 아니라 ─설령 가난한 사람들이 수프와 담요 값을 냈다고 하더라도!─ 수프와 담요 냄새가 강했다. 요컨대 그들은 이유를 잘 설명할 수 없다 하더라도 이를 좋아하지 않았다. 따라서 여성길드의 특별한 노력은 실패로 끝났다. 그렇지만 전적으로 실패한 것은 아니었다. 왜냐하면 몇몇 지역에서 가난한 노동 계급에게 다가가려는 시도가 없지 않았기 때문이다. 그러나 '입주 시설'의 아이디어는 두 번 다시 거론되지 않았다. 협동조합은 비교적 생활이 나은 노동자들의 운동에 머물렀던 것이다. 여성길드에게 자극을 받은 협동조합 일반 조사 위원회가 제1차 세계대전 중에 '협동조합과 빈민'의 문제를 다시 다루었을 때도 이 점에는 변화가 없었다.

여성길드는 다른 곳으로 주의를 돌렸다. 이들은 여성 참정권 운동에 적극적인 지지를 보냈고, 1901년에 랭커셔와 요크셔의 여성 직물 노동자들 사이에서 선거권 청원 운동을 조직하고 길드 지부를 통해 3만 1,000명의 서명을 받았다. 또한 초등학생의 건강 문제와 졸업 연령의 연장 문제를 다루었다. 후자와 관련해 여성길드 지도자들은 자기 회원들에 의해 좌절을 맛보았는데, 이들은 반일제 폐지를 지지하면서도 15세 졸업 연령 연장 제안을 부결했다. 그리고 여성길드는 여성의 임금 문제에 적극 관여하고, 상무부의 신설 노동국을 위한 정보를 모으거나, 여성노동조합협회(홀리요크 양이 한동안 사무국장이었다)와 클리멘티나 블랙의 선구적인 활동 결과로 1894년에 조직된 여성산업회의 활동에 강력한 지지를 보냈다.

　보다 커다란 중요성을 지닌 실천은 협동조합의 고용 조건을 개선하기 위해 여성길드가 시작한 캠페인이었다. 이는 1896년에 영국 지역 협동조합이 여성과 소녀들에게 지불한 임금 조사로부터 시작했다. 뒤에 살펴보겠지만, 협동조합 피고용인 연합조합은 이미 남성 노동자의 최저 임금 제도에 찬성하는 캠페인을 벌이고 있었다. 그러나 여성들은 거의 조직되지 않았고, 그녀들을 위한 어떤 요구도 나오지 않고 있었다. 여성길드가 주장한 또 하나의 요구는 당시 많은 매장에서 이루어진 장시간 노동을 줄이기 위해 폐점 시간을 앞당기는 것이었다. 이들 캠페인 대부분은 이 장에서 다루는 시기를 지나 결실을 맺었다. 그래서 우리는 다음 단계의 협동조합 운동으로 돌아가지 않으면 안 될 것이다. 지금 여기서 이 운동을 언급한 이유는, 노동조합 운동이 아직 약하고 또한 남성 협동조합인들이 이 문제와 관련해 자신들의 사회적 책임을 자각하지 못했던 시대에 협동조합 운동에 고용된 노동자들을 위해 공정한 노동 조건을 요구했다는 점에서 여성길드가 주목할 만한 선구자였음을 보여주기 때문이다.

여성길드는 스코틀랜드에서도 1883년 에든버러 대회에서 시작되었지만, 그 활동이 확산되지는 않았다. 스코틀랜드협동조합여성길드(SCWS)가 맥크린 부인의 지도 아래 독립 단체로 탄생한 것은 1889년이 되어서였다. 이들의 주요 업적은 협동조합 요양원 ―스코틀랜드 협동조합 발전의 중요한 특징― 설립을 위한 운동이었다. 영국과 스코틀랜드의 여성길드는 종종 연대했지만 분리된 상태로 있었다. 그리고 스코틀랜드 여성길드는 매우 유익한 활동을 했지만, 그의 이웃처럼 사회 개혁 분야로 영역을 확대하지는 않았다. 그러나 많은 여성 협동조합인들을 운동의 대열에 참가시키는 데 성공하였음에도 영국의 여성길드가 마가렛 르웰린 데이비스의 지도 아래 활동했던 것처럼, 스코틀랜드 여성들의 정치 교육에서 중요한 역할을 했다고는 말하기 어렵다.

여성길드 활동의 위대한 성과는 여성 협동조합인들이 영향력 있는 지위로 빠르게 진출한 것이었다. 1883년 여성길드를 설립했을 때, 협동조합 운동에서 주요 직책이나 위원회에 여성은 거의 한 사람도 없었다. 여성들은 그들이 조합원인 곳에서도 수동적인 역할만 받아들여야 했다. 1904년에 르웰린 데이비스가 『여성길드의 역사』를 출판했을 때 중요한 변화가 시작되었다. 여성길드가 성년을 맞았을 때, 스푸너 양이 협동조합연합회 연합 이사회 이사장이 되었다. 그리고 두 여성이 중앙 이사회 남부 지구에서 의석을 가졌다. 연합회의 교육 위원회에 2명이 들어갔다. 20개 조합이 모인 경영 위원회에 여성은 30명이었고, 108개 조합이 모인 교육 위원회에는

238명이 있었다. 60명에서 70명의 여성 대표자가 CWS 분과 모임에 참석했다. 그리고 협동조합대회에 참석한 여성 대표는 16명이었다. 이 숫자들은 최근 기준으로 보면 적다고 생각할지 모르지만 엄청나게 증가한 것이었다. 잉글랜드 북부는 여성들에게 운동을 통솔하는 지위를 주는 데 뒤처져 있었다. 그러나 낡은 정신은 무너지고 있었다. 여성길드는 수천 명의 여성 협동조합인들에게 조직의 방법, 연설의 방식 그리고 자기 의견을 두려움 없이 표현하는 법을 가르쳤다. 아직 가야 할 여정이 길게 남아있었지만 최초의 장애물 —가장 두려운— 을 훌륭하게 극복했다.

초기 여성길드의 정신은 두 권의 공식 역사책 —첫 번째는 르웰린 데이비스 양이 집필한 것으로 여성길드의 성년을 축하하여 1904년에 출판되었다. 두 번째는 캐서린 웹 양의 집필로 1927년에 출판되었다.— 에 가장 잘 표현되었다. 또한 노동 계급의 생활에 대한 길드 회원들의 체험을 생생히 기록한 두 권의 책으로 여성길드의 정신을 살펴볼 수 있다. 이 두 권의 책은 이 장에서 다루는 시기보다 나중에 나온 것이지만, 여기에 기록하는 게 적절할 것이다. 첫 번째는 1915년에 출판된 『모성: 협동조합 여성길드가 수집한 일하는 여성들의 편지』라는 제목으로, 여성길드 일생의 벗이며 조력자인 레오나드 울프가 편집한 것이다. 이 책은 여성길드 운동의 일부였고 그 성과는 더디 보였지만 국가적인 모성 보호 개선과 어머니는 물론이고 아이를 위한 충분한 보호에 대해 오랫동안 큰 영향을 미쳤다. 두 번째 책은 『협동조합에서 일하는 여성들의 생활』로, 르웰린 데이비스 양이 편집하고 1931년에 출판되었다. 이 책은 짧지만 대단히 감동적인 여성의 자전적인 이야기를 묶은 것이고, 길드 회원이 쓴 편지에서 일부 발췌한 내용도 담았다. 이들 편지는 일하는 여성의 생활 상태와 시민권과 공적 일을 하는 능력을 회원들에게 교육하는 데 길드가 맡았던 역할을 전달하는 것이었다. 이들 책의 독자는 광범위한 대중이었다. 이 책들과 나란히 여성길드가 각 지부용으로 해마다 발행한 팸플릿이나 학습 지도서를 읽고, 길드가 점진적으로 활동 폭을 넓히면서 그 수준과 기대치를 높여 온 과정을 살피는 일은 흥미롭다. 성장하고 있는 여성 운동의 다른 활동과 비교하면, 여성길드의 실천은 언제나 특출나지 않고 차분한 편이었다. 여성길드는 자신감을 갖고 서두르지 않았으며, 상당히 이상주의적이지만 실제적이고, 인간의 선의와 자발적인 봉사에 많은 것을 기대하지만 지적인 반응 면에서는 그다지 많은 것을 기대하지 않는 무언가가 있었다. 여성길드는 자신들이 마주쳐야 하는 상황을 알고 있었다. 여성길드 지도자들은 노동 계급 주부가 단란한 가정의 관심사를 넘어 밖으로 눈을 돌리는 것을 허용하는 기회가 얼마나 적은지를 알고 있었다. 여성길드 활동의 기초는 길드 회원들이 가진 특별한 지식과 경험, 바로 이것을 파악한 것이었다. 이것이 여성길드가 이룬 뛰어난 성공의 비밀이었다.

제13장

협동조합인과 교육

교육은 지금까지 살펴본 것처럼 초기 협동조합인들의 목적 가운데 가장 높은 자리를 차지하고 있었다. 오언파 사회주의자들은 교육이 협동조합 공화국을 위한 필수 수단이라고 확고하게 믿었다. 오언파 협동조합인들의 단체가 그들의 기본 활동 목록에 교육을 빠트리는 일은 꿈에도 생각할 수 없었다. 오언은 성격이 환경의 산물이라고 주장했다. 그리고 이 환경에서 교육은 대단히 중요한 부분이었다. 오언파 협동조합인들이 믿었던 교육은 단순한 지식 습득이 아니라, 건강한 사회적 삶을 위해 필요한 생각이나 태도를 성숙시키는 것이었다. 그들은 아이들이 사회복지의 기초로서 협동의 정신과 이해 속에서 자라야 한다고 생각했다. ─아이들은 '낡은 도덕 세계'의 습관과 전통으로부터 단절하고, 그들을 둘러싸고 있는 새로운 사회적 힘을 숙달하고, 다른 사람에 대한 우애의 태도를 익히도록 도와야 한다. 아이들만 아니라 성인들도 학교에 가지 않으면 안 된다. 사실, 교육의 과제는 성인에게 더 힘들었는데 그만큼 많은 것을 새로 배워야 했기 때문이다.

로치데일의 선구자들은 대부분 충실한 오언주의자였는데, 그들 역시 교육이 협동 시스템의 구성 요소라고 굳게 믿었다. 아브라함 그린우드는, 선구자조합에 공식 교육 부서가 있기 이전부터 "초기의 선구자들은 하루의 고된 노동이 끝난 뒤 그 주의 뉴스를 듣기 위해 옛 매장 뒷방에 모이곤 했다."고 말했다. 그들은 단지 뉴스를 듣는 것만이 아니라 그에 대해 토론을 벌였다. "'직공들의 낡은 매장'에서 사람들의 복지를 증진시킬 수 있는 최선의 방법, 즉 노동자가 처한 부당한 상태로부터 벗어나기 위한 방안에 대해 진지한 토론을 했다." 이는 비공식적인 형태의 교육이었다. 그러나 이것은 곧 다양한 분야로 뻗어나갔다. 조합원을 위해 신문을 구독하고, 초기 매장 건물 위층을 인수하면서 공간이 생기자 즉시 신문실과 도서실을 만들었고 정규 강의와 수업을 했다. 이렇게 해서 선구자들은 1844년 이전에 오언과 사회 회관에서 시작한 교육 사업을 계속하게 되었다.

선구자조합이 신문실을 만들고 최초의 교육 위원회를 둔 때는 1849년이었다. 처음에는 신문실 경비를 충당하기 위해 월 2펜스를 별도의 자발적 구독료로 정했다. 그러나 신문과 장서는 구독료 지불과 무관하게 모든 조합원에게 개방했다. 이러한 상태는 1852년까지 계속되었는데, 이 해에 최초의 산업절약조합법이 통과되고 선구자들은 이 법에 따라 규약을 수정하기 시작했다. 이 단계에서, 인쇄공으로서 초기에 대단히 활동적이었던 조합원 존 브리얼리는 조합의 사업 잉여금 2.5퍼센트를 교육 부문을 위한 재원으로 마련하자고 제안했다. 교육에 돈을 지출한다는 데 반대도 있었지만, 이 제안은 승인되어 1853년 규약에 명기되었다. 이로써 "교육을 위한 2.5퍼센트" 기준이 협동조합 운동 속에 들어오게 된 것이다. 이 원칙은 로치데일로부터 다른 많은 조합으로 확산되었다. 당시 많은 신생 협동조합은 자신들의 규약을 선구자조합의 규약을 본떠 만들었다. 오언주의자로부터 물려받은 교육의 전통은 소비자협동조합의 실천 속에서 확고하게 뿌리를 내린 것처럼 보였다. 실제로 그것은 뿌리째 뽑힐 일은 결코 없을 정도로 단단했다. 그러나 그 앞길에는 어려움이 놓여 있었고 교육에 대한 협동조합의 노력은 초기의 자극을 잃고 한동안 약화되었다.

기독교 사회주의자들도 열렬한 교육가였다. 협동조합 운동에 대한 그들의 영향은 언제나 교육 활동에 강력하게 투영되었다. 그러나 그들의 영향력이 쇠퇴하면서 교육 사업은 뒷전으로 밀려났고, 많은 조합이 사업 기금으로 교육을 지원하는 일을 거절하기도 했다. 얼마의 돈을 지출하는 경우에도 특별한 표결을 거쳤고, 한 번에 몇 파운드를 나누어 낼 뿐이었다. 강력한 반대파가 모인 총회에서 교육은 그들의 처분대로 휘둘렸고, 사정이 나빠져 배당을 줄여야만 하는 상황에서 언제나 그 처음 희생양은 교육이었다. 아주 드문 일이었지만 이런 일이 몇 년 동안 리즈에서 일어났다. 더구나 계속 교육 사업을 지원한 조합이 있는 지역에서도 협동조합의 영향력이 줄어들었는데, 이는 오언주의 시대나 선구자조합 초기에는 없었던 새로운 교육 기회가 출현한 데 따른 것이었다.

물론 선구자들의 시대에는 국가의 교육 시스템이 전혀 없었음을 유념해야 한다. 1844년에 교육의 기회는 매우 드물었다. 특히 성장 중에 있는 수많은 산업 도시의 상태는 열악했다. 몇몇 공장 소유자들은 그들 공장의 아이들을 위해 학교를 운영했다. 영국 국교회 교의에 따라 '가난한 아이들의 교육을 위한 전국 협회'의 후원으로 운영되었던 교회학교와 그 밖의 교구학교, 랭커스터 방식의 영국·외국인학교협회가 주관하는 비종파적인 학교 그리고 상당히 잘 편제된 아카데미에서, 학생들과 비슷한 수준의 선생이 가장 초보적인 것을 가르치는 데임스쿨에 이르기까지 작은 사립학교가 많이 있었다. 아주 일부에 지나지 않지만, 부모가 유복하고 아이가 돈을 벌지 않아도 되는 '나이든 아동'을 위한 문법학교나 다른 교육 기관도 있었다.—그러나 소녀들을 위한 교육 기관은 거의 전무했다. 청소년과 성인을 위해서는 예배당을 중심으로 조직된 성경반이나, 주로 지방에서 수공 교육을 담당하는 직공학교가 있는 것을 제외하면 거의 아무것도 없었다. 여기에 더해 지역 주도권의 성쇠에 따라 출몰한 상호개선협회가 있었고, 소수의 우애조합—대부분의 산업 도시 특히 랭커셔에서 영향력이 강력했던 비밀공제조합원— 이 교육 사업을 후원하고 있었다.

이러한 상황은 1870년대에 크게 달라졌다. 아직 보편적이지는 않았지만, 초등교육은 1850년부터 1870년 사이에 국가의 지원을 받은 2대 협회의 후원으로 급속히 증가했다. 랭커스터 방식의 비종파적인 영국·외국인학교협회와 영국국교전국협회가 공업 지역에서 초등학교를 만들어 확대하는 일로 분주했다. 그리고 1870년 교육법이 제정되어 교육 위원회를 설립하고 모든 지역에서 적절한 숫자의 학교 '부지' 공급을 의무화하면서 성장은 훨씬 빨라졌다. 새로운 공립초등학교가 만들어졌고, 자원봉사협회의 후원으로 운영하던 학교를 인수하기도 했다. 1876년에는 초등 교육이 의무화되었다. 19세기 전반에 흔하던 문맹이 사라져가는 과정에 있었다. '성인 교육'의 하나였던 읽기와 쓰기를 가르치는 일은 이제 불필요해졌다.

변화는 이것만이 아니었다. 오언주의자와 로치데일 계획을 따랐던 초기 협동조합인들은 노동 계급 가운데 보다 지적이고 교육을 받은 층으로부터 지지를 끌어냈다. 이미 살펴본 것처럼. 1840년대에는 그들을 위한 교육 시설이 아주 드물었다. 몇몇 도시에는 직공학교가 있었다. —브라이튼에 하나 있었던 직공학교는 《코퍼레이터》의 윌리엄 킹 박사가 적극 관계했다. 이들 대부분은 직업과 관련된 실무 교육으로 범위를 엄격하게 한정했다. 그러나 항상 그렇지는 않았다. 런던과 글래스고 그리고 맨체스터의 초기 직공학교는 보다 폭넓은 이념으로 고취되었다. 1823년에 런던직공학교를 설립한 토마스 호지스킨과 J. C. 로버트슨은 노동자에게 직업 '철학'을 가르치는 것은 물론이고, 그들의 사회적 상태를 계몽하는 수단으로 만들려는 분명한 의도를 갖고 학교를 시작했다. 이 운동이 브루엄 경과 조지 버크베크 그리고 1831년에 설립된 유용지식보급협회에게 장악되었을 때조차도 사회 과목은 금지되지 않았다. 하지만 운동을 시작한 급진파와 이를 지원하기 위해 참여한 부자들—대부분 실리적이고 상업적인 동기로 움직인—사이에 교과의 사회적 · 경제적 교의를 둘러싼 투쟁이 전개되었다. 이 투쟁에서 유용지식보급협회가 승리를 거두었다. 이단자들 —사회주의자, 반 리카르도파인 노동 계급의 경제학자 외— 은 추방되었다. 그리고 브루엄과 그 동료들이 편집한『기계의 성과』,『자본과 노동』그리고 당대의 논쟁적 주제를 다룬 작은 교재들이 직공학교 교육의 기초가 되었다. 그러나 얼마 지나지 않아 이런 방식조차 매우 위험한 것으로 여겨지기 시작했다. 그리고 차티즘이 노동 계급의 상상력을 사로잡았을 때, 직공학교는 거의 대부분 기술 과목만 가르쳤고 숙련 노동자 또는 과학 교육이나 직업 교육의 상급 과정이 이어지기를 바라는 노동자들을 빼고는 아무런 호소력을 갖지 못했다.

많은 직공학교는 힘들고 고통스런 1840년대의 중압 아래 불모의 시기를 겪었다. 1850년대에는 경기 회복과 함께 본질적으로는 여전히 기술 분야였지만 재생기가 시작되었다. 1852년에는 기술협회가 지도적 역할을 하면서 주요 산업 지역에 지역 연맹을 둔 전국직공학교연맹을 만들었다. 2년 뒤 기술협회는 직공학교 학생들을 위해 전국적인 시험 제도를 도입했다. 1855년부터는 추밀원 교육 위원회 과학기술국이 직공학교와 기타 학교 —특히 주간 학교에서 열리는 '야간 학교'— 의 과학 · 기술 수업에 보조금을 확대했다. 야간 학교는 2대 교육협회 산하의 주간 학교에서 급속히 성장했고, 이는 기술 과목과 함께 일부 비 기술 과목을 포함한 다양한 분야에 걸친 것이었다. 그러나 주된 역점은 과학과 '실용적'인 기술에 있었다. 과학기술국이 보조금 기준을 거의 모든 근대적인 과목으로 확대한 때는 1890년대 후반부터였다.

로치데일에서 1850년대와 1860년대에 선구자들이 발전시켜 온 교육 사업은 협동조합 교육의 최초 이념으로부터 크게 벗어난 것이었다. 로치데일 선구자조합은 지역 곳곳에 흩어진 지부 도서실과 참고 도서실을 완비한 마을 가운데 가장 좋은 도서실 소유자가 되었다. 1877년에 선구자조합은 도서실 14곳에 정기간행물을 제외한 장서 1만 3,389권을 가졌고, 정기간행물로는 다양한 이슈의 월간 및 계간지와 함께 일간지 27종과 주간지 55종을 구독했다. 또한 조합에는 실험실을 갖춰 많은 과학 기구와 수학 기구를 두었고, 여러 세트의 슬라이드를 갖춘 현미경을 유료로 빌려줬다. 도서관 장서는 소설을 포함해 다양한 주제를 망라했다. 흥미로운 사실은, 도서 목록에서 가장 숫자가 적은 종류가 사회과학 도서라는 것이다. 조합이 진행한 수업은 주로 과학에 관한 것이고 기술 수업은 얼마 되지 않았다. 이 시기에 경제학이나 정치학 또는 역사 수업 —하물며 협동조합이나 이와 밀접한 관련이 있는 것은 말할 것도 없다— 을 했다는 흔적은 어디에도 없다. 사실 선구자조합은 협동조합이나 시민권 또는 오언주의자였다면 가장 중요하게 생각했을 주제로 공식적인 조합원 교육을 하지 않았다. 조합은 홍차나 빵을 파는 것과 거의 같은 방식으로 지식을 나누어 주었다. 불순물이 섞이지 않은 품질을 보장하고 '종합 공급자'의 정신을 바탕으로 조합원이 원한다고 생각하는 것을 제공하려 했지만, 조합은 협동조합 공화국에 보다 가까이 가기 위한 직접 수단으로 교육을 선용하는 사명이 자신들에게 있다고는 전혀 생각하지 않았다.

로치데일 마을에서 강력한 지위를 얻은 선구자조합이 교육 분야에서 경쟁자가 없었기 때문에 그들의 교육 사업 유형은 훨씬 나중에까지 이어졌던 —다른 많은 곳에서 이러한 사업은 주로 외부 기관이 맡았다— 것이다. 선구자조합은 교육 사업을 자랑으로 여겼지만, 이는 식품 사업부나 새로운 매장을 자랑으로 여기는 것과 똑같았다. 그리고 과학기술국의 지원을 얻는 기회가 찾아오자, 조합은 교육 사업을 다른 단체로 넘기기보다는 이 기회를 잡아서 사업 관리권을 유지하는 쪽을 선택했다. 이는 예외적인 일이었다. 자신들의 마을 시민에게 고등교육을 제공하는 데서 로치데일만큼 진전된 협동조합은 거의 없었다. 대체로 이런 교육 사업은 협동조합과는 전혀 관계없는 기관의 원조를 받아 발전했다.

1860년대 대부분 지역에서 고등교육과 성인교육을 위한 새로운 기관이 성장하자, 협동조합인들은 자신들의 교육 사업이 더 이상 필요하지 않다고 생각했다. 이는 조합이 경쟁적으로 강의나 수업 출석을 유인하면서 오히려 참여가 줄어들기 시작했을 때 특히 그러했다. 많은 협동조합인들은 협동조합 사업 활동에 전념하고 교육은 다른 단체에게 맡겨야 한다고 주장했다. 예를 들어, 협동조합이 대단히 강했던 리즈의 직공학교는 기술적인 면에서 활발했는데, 1842년에 기술 교육과 더불어 교양 교육을 하기 위해 리즈문학협회와 합병했다. 직공학교는, 1847년에 시작해 그다지 성공적이지 못한 리즈예술학교와 밀접한 관련을 가졌고, 활동적인 요크셔 직공학교연맹의 중심이기도 했다. 리즈협동조합이 교육 사업에 발을 들여놓는 것은 중복의 우를 범할 뿐이라는 주장이 그럴듯하게 들렸다. 그렇지만 기존 단체는 교육 분야 가운데 하나의 작은 부분만을 가르친다는 것이 분명해졌다. 1861년에 리즈노동자학교는 직공학교에서 진행하는 것보다 수준 낮은 종류의 강의와 오락을 제공했는데, 결과는 놀라웠다. 출석자는 크게 늘어났고, 예전의 단체가 확보한 숫자를 훨씬 넘어섰다.

1850년대와 1860년대에는 초기 운동과는 성격이 전혀 다른 교육에 대한 대중의 새로운 요구가 분출하는 징후가 분명히 있었다. 이전의 운동은 주로 직업과 관련되거나 그렇지 않으면 정치적인 것이었다. 이들은 노동자를 보다 나은 노동자로 만든다거나, 노동자들에게 정통파 정치경제학 또는 오언파 사회주의, 아니면 무언가 다른 종류의 사회적 교의를 인식시키려 했다. 반면 1860년대 새로운 운동은 교양에 대한 열망으로 자극을 받았다. 1850년 대학 위원회에 제출한 대학 '공개' 강좌 제안은 거부되었지만, 1860년대에 다시 시도되었다. 이는 북부의 대도시에 한해 주로 여성을 위한 강좌를 조직하면서 시작되었다. 1867년에는 대학 공개의 선구자인 스튜어트 교수가 리즈, 리버풀, 맨체스터, 세필드에서 여성들을 위한 연속 강좌를 했다. 이런 실험 과정에서 스튜어트 교수는 노동자들도 이런 강좌를 원하고 있음을 발견했다. 같은 해 그는 크루의 철도 노동자들과 선구자조합의 조합원을 상대로 강좌를 열었다. 이 연속 강좌는 로치데일에서 커다란 성공을 거둔 대학 공개 운동의 출발점인데도, 1877년에 아브라함 그린우드가 선구자조합의 교육 사업을 이야기하면서 이 점을 전혀 언급하지 않은 것은 이상한 일이었다. 이는 그가 교양 교육을 경시했기 때문이 아니었다. 반대로 그는 과학·기술 교육과 마찬가지로 교양 교육의 중요성을 강조했고, 다른 조합에게도 교양에 대한 조합원의 요구에 부응할 것을 역설했다. 그럼에도 불구하고 선구자조합의 지도 아래 열린 로치데일의 대학 공개강좌가 조합의 교육 업적에서 기념할 만한 국면을 만든 것으로 그에게 인식되지 않았다는 점은 사실로 남는다.

앞 단락에서 기록한 새로운 사업은 대학 공개 운동 발전으로 직접 연결되었다. 케임브리지대학은 1873년에 지방 강의 대표단을 발족했다. 또한 옥스퍼드는 전부터 많은 대학 교수들이 활동적이었는데, 아서 아클랜드를 사무국장으로 하는 외부 강의 대표단을 1878년에 발족함으로써 그 뒤를 이었다. 그리고 이미 1876년에 케임브리지와 옥스퍼드 그리고 런던대학이 공동으로 관리하는 대학공개교육런던협회가 설립되었다.

많은 지역의 협동조합인들은 새로운 운동에 적극적인 지지를 보냈고, 이 운동은 1870년대에 많은 지방 칼리지 —근대 시민 대학의 핵— 설립에 큰 도움이 되었다. 그러나 초기의 대학 공개강좌는 비용이 너무 많이 들었기 때문에 선이 닿는 노동 계급은 아주 일부였다. 공개강좌를 시작한 대학은 공개강좌가 자립적인 기초 위에 운영되어야 한다고 주장했다. 이는 대부분의 경우 효과적인 토론이 불가능할 정도로 그룹 규모가 크거나 또는 수업료가 보통의 노동자가 부담하기 어렵다는 것을 의미했다. 유일한 예외는 지방단체로부터 상당한 재정 지원을 얻는 경우이지만, 이러한 지원이 가능한 곳은 한두 군데에 불과했다.

우리는 선구자조합이 과학기술국의 보조금을 활용했음을 앞서 확인했다. 선구자조합은 특히 과학 수업에 적극적이었고, 도서실과 함께 장비를 잘 갖춘 실험실을 자랑으로 여겼다. 그들은 새로운 대학 공개 운동으로 제공되는 기회 또한 재빨리 이용했다. 그리고 로치데일은 옥스퍼드대학에서 열리는 공개강좌의 가장 활동적인 중심지가 되었다. 많은 조합원들이 여전히 교육 문제에 적극적이었지만, 두 가지 유형의 교육 사업은 조합의 손에서 점점 멀어져갔다. 아브라함 그린우드가 구성 당시 위원을 맡았던 교육 위원회나 이와 경쟁 관계에 있던 전영(全英)외국인학교협회가 운영하는 야간 학교에서 과학과 기술 교육이 발전했다. 이는 점차 선구자조합의 사업을 대체했는데, 특히 1889년 기술교육법 제정과 1890년 지방세법 아래서 지방 당국이 기술 교육 자금 지원을 위해 그 세입을 이용할 수 있게 되면서 뚜렷해졌다. 비 기술적인 분야에서도 지방의 대학 공개 운동이 독립성을 얻어 선구자조합이 조직하던 강의를 대체하기 시작했다.

이와 비슷한 일들이 다른 많은 지역에서도 일어났다. 협동조합인들은 대학 공개강좌에 열중했고, 지방 강좌를 재정적으로 보조했다. 옥스퍼드가 1885년에 비용 절감을 위해 단기 공개강좌를 시작하자 활동은 더욱 확대되었다. 1888년에 옥스퍼드에서 여름 대학 공개강좌 —여름 학교의 선구자 — 가 열렸을 때(1890년에는 케임브리지가 그 뒤를 이었다) 많은 협동조합인들이 참석했다. 그리고 1891년부터는 옥스퍼드와 케임브리지 여름 강좌에 참석하는 협동조합의 학생들에게 정규 장학금을 지급했다. 이보다 앞서 오리엘 칼리지의 협동조합 학생에게 주는 토마스 휴즈 기념 장학금을 옥스퍼드에 기부하면서 또 하나의 연계가 이루어졌고, 이와 비슷한 에드워드 반시타트 닐 기념 장학금도 나중에 기부했다[1].

대학 공개가 성장해 가는 초기 단계에서 협동조합이 단지 이 운동을 통해서만이 아니라, 스스로 주관해서 조합원 교육을 진지하게 다뤄야 한다는 제안이 나왔다. 옥스퍼드에서 열린 1882년 협동조합대회에서 산업혁명의 역사가이자 발리올 칼리지 지도교수였던 아놀드 토인비는 조합원의 시민 교육을 위해 보다 충분한 준비를 해야 한다는 연설을 했다. 연설의 결과, 이 문제를 검토하기 위해 토인비와 아서 아클랜드가 함께하는 위원회가 임명되었다. 그리고 다음 대회에서 협동조합연합회 연합 이사회는 교육 사업의 자문 역할을 하는 교육 위원회를 두기로 결정했다. 나아가 남부지구 이사회는 새로운 위원회를 위해 토인비와 아클랜드 그리고 옥스퍼드의 세지위크와 함께 협의에 참여하고 다음 대회에서 협동조합의 교육 활동에 대한 보고서를 제출하기로 합의했다.

이 보고서는 연합 이사회 위원회 사무국장인 아서 아클랜드가 주로 준비했고, 1884년에 제출되었다. 보고서에 따르면, 협동조합 운동 전체에서

---

1 본래 협동조합 장학금인 이들 자금을 받은 초기의 사람들 가운데 지도자의 능력을 갖추고 협동조합 운동에 봉사하기 위해 대학에서 돌아온 사람을 하나도 찾을 수 없다는 것은 우울한 사실이다.

해마다 교육에 지출되는 비용은 총 1만 8,000파운드였다. 보다 정확히 말하면, 이 보고서는 교육 목적을 위해 의결된 이 금액이 주로 도서실과 신문 열람실 그리고 협동조합 간담회와 선전에 쓰였음을 보여준다. 많은 협동조합이 이런 의미에서 교육에 아무런 지출을 하고 있지 않다는 게 분명했다. 협동조합이 맡았던 교육 사업의 기능이 잇따라 다른 기관으로 넘어가면서 조합원 증가에 비해 크게 쇠퇴하고 있다는 게 일반적인 인상이었다. 1870년으로 되돌아가면, 협동조합대회는 모든 협동조합이 사업 잉여금의 2.5퍼센트를 교육에 쓰도록 하는 결의를 통과시켰다. 그러나 이를 실행했거나 또는 잉여금 규모가 늘어났을 때에도 이 원칙을 유지한 조합은 소수였다. 1886년, 마침내 리즈조합이 잉여금의 일부를 교육 사업에 지속적으로 쓰기로 합의했을 때, 처음 승인된 1.5퍼센트는 조합원 투표에 의해 0.75퍼센트로 줄어들었다.

지방 당국이나 대학 또는 지방 칼리지 같은 전문 기관이 더 잘 할 수 있는—많은 사람들이 이렇게 생각했다— 일을 조합이 계속할 필요가 없다는 인식이 널리 퍼졌다. 그리고 쓸모없어진 유형의 교육 사업을 재개하려는 어떠한 요구에 대해서도 반대가 상당했다.

그러나 1884년의 위원회는 지금까지 없었던, 오직 협동조합만이 할 수 있는 특별한 교육 사업이 있다는 의견을 냈다. 그리고 협동조합대회는 협동조합인의 목적과 사회적 이상을 조합원이 명확히 이해할 수 있도록 "'협동조합'의 특정 교육 시스템 개발"을 권고하는 결의를 채택했다. 이와 함께 새로운 교육 위원회를 두기로 했는데, 이 위원회는 연합 이사회가 아니라 중앙 이사회 이사들로 구성하기 위해 협동조합연합회 중앙 이사회 가운데 임명되었고, 이렇게 해서 교육 문제에 보다 많은 관심을 기울이도록 했다.

이러한 조치는 곧 협동조합연합회의 여러 지구 조직에서 교육 위원회 설립으로 이어졌다. 처음에는 단순히 지구 이사회의 위원회였다. 그러나 1886년에 설립된 북서부의 협동조합 교육위원회 협회는 이미 이러한 단체를 임명한 지역 조합의 교육 위원회와 직접적인 연결을 갖게 되었다. 이러한 방식이 점차 다른 지역에도 확대되었다. 그리고 1900년에는 북서부와 함께 미들랜드, 북부, 남부, 남서부 그리고 스코틀랜드에도 협동조합 교육 위원회 협회가 만들어졌다.

한편, 협동조합 교육은 1884년 대회의 결정에 따라 보다 전문화된 형태를 띠었다. 1887년부터 협동조합연합회는 협동조합 회계와 감사에 대한 강의 계획서와 개론 수업을 편성했다. 그 뒤로부터 순수하게 협동조합을 다루는 과목이 많아졌다. 통신 강좌는 1890년에 시작되었다. 같은 해에 협동조합연합회는 협동조합과 협동 사업 기술에 대한 자체 시험 제도를 만들었다. 그러나 협동조합 교육의 기초는 매우 협소해졌고, 중앙의 지도력이 지역 매장의 활동을 그다지 좌우하지 못했다.

이렇게 축소된 교육 범위에 대한 반작용이 몇 년 동안 있었다. 1895년에 협동조합 초급반이 시작되었고, 1896년에는 르웰린 데이비스 양이 울위치 협동조합대회에서 교육 사업을 조사하기 위한 위원회를 두는 데 큰 역할을 했다. 데이비스 양은 협동조합 교육이 두 가지 측면을 가져야 한다고 주장했다. 하나는 순수하게 협동조합다운 것으로 운동의 효율성을 증진하고 운동의 목적을 깊이 이해할 수 있도록 하는 것이고, 다른 하나는 이보다 훨씬 폭넓은 것으로서 "협동조합인들에게 일반 교양과 지식을 얻기 위한 편의를 제공하고 그들이 사회적 의무를 능히 해내도록" 하기 위한 것이다. 협동조합 여성길드는 1883년 설립 때부터 이 두 번째 측면의 교육을 강조했다. 데이비스 양은 협동조합 운동 전체가 교육 기능에 대해 보다 폭넓은 개념을 받아들이도록 애썼다.

협동조합대회는 조사 위원회의 결과에 대해 2년 동안 토론했다. 조사 결과에 따르면, 설문에 응답한 402개 조합 가운데 133개 조합은 교육 기금이 아예 없었고, 나머지 269개 조합이 1895년에 교육을 위해 2만 6,000파운드 지출을 의결했다. ―여전히 많은 부분이 독서실과 도서실을 위한 것이었다. 대부분의 지원금은 액수가 적었다. 269개 가운데 153개 조합은 교육에 쓴 돈이 50파운드도 안 되었다. 166개 조합만이 사업 잉여금에 따른 교육 기금 지출, 즉 로치데일 원칙을 적용했는데, 이들 조합 대부분은 2.5퍼센트보다 상당히 낮게 정해 놓았다. 교육 학급 ―대부분 임시 강의를 준비한 것에 지나지 않지만― 을 운영한 조합은 58개뿐이었다.

이는 대단히 불만족스러운 상태를 보여준다. 1898년 협동조합대회는 새로운 기초 위에 교육 위원회를 다시 조직하기로 했다. 조사 위원회가 제안한 전면적인 개혁은 받아들여지지 않았다. 그러나 교육 위원회 지구 조직 대표들과 여성길드 대표 한 사람이 기존 위원회에 추가되었다. 그리고 아직 지구 조직이 없는 지역에서는 설립을 촉진하라는 조치를 했다. 변화의 효과는 컸고, 협동조합연합회가 교육 부문을 확립하는 기반이 되었다. 1900년에는 전체 협동조합에서 교육을 위한 지출이 약 6만 파운드를 기록했다. 더욱이 사업의 범위가 조금 확대되기도 했고, 시민권 같은 과목도 생겼다. 그러나 1899년에 옥스퍼드대학 공개강좌 대표단이 지도교수의 한 사람인 조셉 오언 씨의 시민권과 산업사 수업을 제안했을 때 반응을 보인 조합은 단 하나뿐이었고, 이 제안은 취소되었다.

이 무렵 협동조합 교육 활동의 새로운 주창자가 등장했다. CWS의 피고용인이자 대학 공개를 열광적으로 지지한 앨버트 맨스브리지는 1898년에 열린 피터버러 협동조합대회에서 교육 활동에 대해 호소했다. 이듬해 그는 옥스퍼드 여름 공개강좌 중에 열린 협동조합인 특별 모임을 꾸리는 데 관여했다. 그는 협동조합이 공개강좌 수준보다 훨씬 높은 교육을 해야 하며, 노동 계급의 열정적인 학생들의 필요에 적합한 교육을 해야 한다고 주장했다. 공개강좌는 주로 중산 계급 청중들에게 인기가 있었고, 효과적인 토론이나 개개인의 관심사를 드러내기에는 지나치게 많은 수강생을 받았다. 맨스브리지는 노동조합과 협동조합이 대학과 직접 협력해 새로운 접근을 해야 한다고 확신했다. 그리고 1903년《대학 공개 저널》에 자신의 구상을 담은 글을 발표하고, 그의 사상을 실천하기 위해 사실상 단독으로 노동자교육협회(Workers' Educational Association, WEA)를 창립했다. 같은 해 그는 협동조합생산연합의 사무국장 로버트 할스테드와 함께 자신들의 계획을 대학 관계자와 논의하기 위해 옥스퍼드에서 회의를 가졌다. 그리고 이 모임에서 노동자교육협회가 정식으로 발족했다. 노동조합과 협동조합은 노동자교육협회에 초대되었다. 처음으로 답을 보낸 협동조합은 더럼 탄전의 앤필드 플레인협동조합이었던 것 같다. 이듬해인 1904년에 첫 지부가 리딩에서 조직되었고, 1905년에 로치데일에도 조직되었다. 노동자교육협회 특유의 교육 방법 —세 차례 겨울 학기 동안 개별 지도 수업을 하고, 강의가 끝나면 정규 토론 시간이 있다. 정규 필기 수업이 있고, 개개인의 관심을 보장하기 위해 출석을 제한— 을 온전히 실행한 것은 그 뒤 몇 년이 지나서였다. 1908년에 첫 개별 지도 수업이 포트리스의 롱튼과 로치데일에서 R. H. 토니를 지도교수로 시작되었다. 옥스퍼드 공개강좌 대표단의 주관으로 개별 지도 수업 대학 합동 위원회가 공식 활동한 것도 1908년 일이었다. 이 위원회의 대학 측 대표는 협동조합과 노동조합대회 그리고 노동자교육협회에서 선출한 '소비자' 대표와 같은 수가 참여했다. 지금까지 공개 운동은 수업 중심지에서 지방 위원회를 통해 진행했지만, 소비자의 아무런 통제 없이 대학이 운영해 왔다. 새로운 운동은 처음부터 공동 관리 원칙을 두었다. 이 원칙은 대학의 공개 운동 지지자들, 노동조합주의자, 협동조합인 그리고 노동자교육협회 지도자들이 1907년 옥스퍼드에서 열린 회의의 성과로 발행한「옥스퍼드와 노동 계급 교육」보고서에서 처음으로 명확하게 지시되었다. 새로운 교육 사업은 옥스퍼드에서 다른 대학으로 빠르게 확대되었고, 사실상 모든 대학이 합동 개별 지도 수업 위원회를 가질 때까지, 때로는 공개 위원회와 병행하고 때로는 완전히 독립적으로 운영되었다.

개별 지도 수업의 본질은 제한된 인원의 학생들이 여러 해에 걸친 교육 과정에 서약하는 데 있었다. 따라서 많은 공개 강연자들이 자발적인 수업 운영으로 최선을 다했지만, 이전의 공개 운동과는 전혀 다른 것이었다. 이미 살펴본 것처럼, 공개강좌는 주로 자립형이거나 아니면 오직 지방의 보조금에 의지한 것이었다. 그러나 20명에서 30명의 노동 계급 학생 그룹이 늘 먼 거리를 이동해야 하고, 단순한 수업 지도보다 주당 훨씬 많은 시간을 지도해야 하는 교수의 경비를 마련하는 것은 불가능했다. 개별 지도 수업 운동은 처음부터 특별 기금으로 경비를 마련해야 했다. 그리고 이 실험의 가치가 입증되고 교육국으로부터 지원금을 받을 수 있기까지 필요한 자금을 대학이 제공했다.

개별 지도 수업과 그 지원 단체인 노동자교육협회의 성장에 대해 기술하거나 노동자교육협회의 후원으로 싹트기 시작한 다른 형태의 수업에 대해 설명하는 것은 이 장에서 다루는 시기를 넘어선다. 여기서 주목해야 할 점은, 1870년대 대학 공개의 시작과 밀접한 관련을 가졌던 협동조합 운동이 노동자교육협회와 초기의 개별 지도 수업 운동과도 그에 못지않게 결합되어 있었다는 것이다. 되풀이되지만, 협동조합인들은 자체의 대규모 일반 교육을 하는 대신 연소자와 피고용인 학급에 협동조합과 직접 관련된 과목에 집중하고, 보다 광범위한 분야의 교육은 외부 기관과 협력하기를 원했다.

이는 야간 학급과 마찬가지로 통신 강좌에도 적용되었다. 1899년에 미국인 열정가 월터 브루만이 옥스퍼드의 러스킨 칼리지를 창설했을 때, 처음 활동 가운데 하나는 경제학과 산업사 그리고 노동 계급 문제를 과목으로 하는 통신 강좌를 도입한 것이다. 이에 대한 반응은 대부분 협동조합—토드레인 매장에 모이는 두 개의 통신 학생 그룹을 갖게 된 선구자조합도 포함—에서 올라왔다. 러스킨 칼리지 강좌는 노동자교육협회의 성공의 길을 닦는 데 크게 기여했다. 이들은 노동자교육협회 지부의 핵심을 제공했고, 대학과 노동자교육협회가 공동 주관하는 통신 강좌는 개별 지도 수업으로 발전했다. 협동조합 운동은 이들 모든 발전 형태에 긴밀한 관심을 보였다. 그러나 노동자교육협회가 확대됨에 따라 관계가 소원해졌다. 노동자교육협회는 개별 지부 회원과 많은 노동조합 그리고 협동조합과 기타 단체의 가입을 기초로 전국 운동으로 발전했다. 협동조합인들은 자기 진영의 가장 열정적인 학생들의 요구가 다른 방식으로 충족되고 있었기에 자체의 광범위한 교육 운동을 발전시켜야 할 필요성을 그다지 느끼지 못했던 것 같다.

이렇게 해서 20세기 초 공식적인 협동조합 교육은 순수하게 협동조합 관련 과목에 한정되었다. 과목 대부분은 여전히 피고용인과 직원을 위한 직업 강좌였고, 러스킨 칼리지와 노동자교육협회가 펼치는 분야에 포함되지 않은 청소년을 위한 강좌에 중점을 두었다. 여성길드는 협동조합 주부들에게 가치 있는 기초 교육을 했다. 그러나 남성 조합원들은 교육의 요구를 충족하기 위해 여전히 협동조합 외부 기관에 의존했다. 몇몇 지역에서는 대학 공개 운동이 협동조합의 상당한 지지를 받으면서 활동 영역을 유지했다. 다른 지역에서는 노동자교육협회가 이를 대신하거나 또는 미개척지를 열어나갔다.

다음 장에서 협동조합 교육에 대한 이야기는 다시 다룰 것이다. 그러나 잠시 필자는 이 문제를 떠나야 한다. 이 장에서 서술해야 하는 시기를 넘어섰기 때문이다. 노동자교육협회와 연계한 새로운 교육 운동은 대학 공개 운동에서 직접 파생한 것이기 때문에 둘을 분리할 수 없다. 그러나 그 둘의 차이를 강조하는 것은 매우 중요하다. 공개 운동은 '교양' 보급 —대학의 관리 아래 대학의 영향력을 보다 확대하는 것— 이 목적이었다. 노동자교육협회는 이와는 다른 생각으로 시작했고, 공개 운동의 편익과 한계를 모두 자각한 학생들로 형성되었다. 노동자교육협회의 목적은 교육 사업의 관리와 방향에 대해 대학 측과 대등한 조건에서 학생들과 학생들이 속한 단체를 연계하는 데 있었다. 공개 운동을 펼친 사람들도 고립된 개인이 아니라 단체에 호소했지만, 노동자교육협회는 그보다 훨씬 더 많은 단체에게 호소했다. 그리고 지식을 단지 그 자체를 위해서가 아니라, 그들의 사회를 제어하기 위한 하나의 수단으로 이들 단체의 이념과 지식에 대한 열망에 기초하여 접촉하는 데 목적이 있었다. 노동자교육협회의 목적은 어떤 의미에서는 고도로 실천적인 것이었다. 노동조합 운동과 협동조합의 영향력이 급속히 커져가는 것을 인식하면서 노동자교육협회는 자신들의 힘을 교육적으로 쓰는 데 도움을 구하는 활동적인 노동조합주의자들과 협동조합인들의 열망에 부응하기 시작했다. 그리하여 노동자교육협회는 공개적인 교양교육을 추구하는 대학 공개강좌보다 더 큰 반대에 직면하게 된 것이다. 노동자교육협회는 자신들의 교육 사업이 선전이 아니라 객관적이기를 바라고, 회원들의 교의를 지도교수에게 강요하는 것이 아니라 지도교수와 학생이 협력해서 진리의 객관적 탐구를 촉진하기를 원한다는 선언으로 이러한 반대를 누그러뜨리려 했다.

협동조합인들은 진리의 객관적 탐구를 전적으로 받아들였다. 그들의 운동은 선남선녀의 모든 정파와 의견을 포함하기 때문이다. 그러나 협동조합인들이 불편부당을 자부해서는 안 되는 하나의 주제가 있었다. ―협동조합 그 자체. 협동조합 원칙은 정의이며 선이라는 것을 그들 마음속에서 확신하고, 그들은 이를 전파하기 원했던 것이다. 따라서 그들이 협동조합의 교육 사업을 외부 단체에 넘긴다는 것은 당치도 않은 일이었다. 교육은 자신들이 직접 해야 하는 일이었다. 이점에 관해 협동조합연합회의 교육 사업과 노동자교육협회 사이에는 한동안 경계선이 분명했다. 나중에 협동조합연합회가 다양한 분야로 활동을 확대하면서 이 경계선은 불명확해졌지만, 당장에 그 둘이 중복되는 일은 거의 없었다. 많은 협동조합이 노동자교육협회 지부와 지구 조직에 가입하고, 협동조합연합회와 교육 조직은 꾸준하게 노동자교육협회를 지원했다. 이러는 사이 연합회와 교육 조직은 자신들의 특화된 교육 계획을 발전시켰고, 여성길드와 런던의 운동 지지자들은 1878년에 만든 협동조합인 길드(이것이 계속되는 한)가 펼치는 교육과 선전 활동을 지지했다. 한편 공립 도서관이 생겨나면서 협동조합 도서실과 신문열람실은 구식이 되고 있었다. 협동조합 도서실은 거의 사라졌다. 그렇지 않은 경우, 이들은 공공 도서관을 이용할 수 없는 외딴 곳의 지부와 공유하거나, 지역 지부를 순회하는 이동 도서실로 전환되었다. 몇몇 조합(예를 들면 로치데일)이 도서실과 연계하여 도서 판매 사업을 했는데, 도서실이 해체되거나 쇠퇴하자 이 또한 사라졌음은 주목할 만하다.

과학 강의 같은 교육 활동은 지방 당국과 숫자가 늘어난 지방 칼리지의 손으로 넘어갔고, 일부는 대학을 모델로 하였으며 또 일부는 전적으로 기술과 직업 과목에만 집중했다. 지역의 협동조합은 교육 목적을 위한 자금을 쓰는 새로운 방법을 찾아야만 했다. 보다 진보적인 조합들은 협동조합 훈련의 특화된 분야에서 협동조합연합회와 지구 교육 조직의 성장기 활동을 지원하고, 급속히 성장하는 앨버트 맨스브리지의 노동자교육협회의 지역 활동을 지원하기 위한 준비를 갖추었다.

제14장

아일랜드 농업협동조합과
국제 협동조합 운동의 시작

오언주의자의 마지막 공동체가 퀸우드에서 붕괴한 뒤, 영국의 협동조합은 거의 도시의 운동이 되었다. 몇몇 농촌에 협동조합 매장이 있고 특히 스코틀랜드에서 눈에 띄었지만, 매장이 공급하는 마을은 소규모 공업 중심지이고 농민이나 농업 노동자는 이 일에 아무런 관계를 갖지 않았다. 영국 동부 서퍽 주에 있는 아싱턴에서 고립된 협동조합 영농 사례가 있었다. 대지주 거든 씨는 농업 노동자들이 만든 조합에 자기 소유 농장 두 곳을 임대했고, 이들은 자애로운 지주의 조언과 대출금의 지원을 받으면서 1830년대에서 1870년대까지 농장을 성공적으로 경작했다. 그러나 아싱턴의 조합은 형태는 협동조합이었지만, 위로부터 시작된 실험이었고 진정한 상호부조의 사례는 아니었다. 또한 거든 씨의 사례를 따르는 다른 지주도 나타나지 않았다. 영국의 협동조합 운동은 본질적으로 공업 노동자에 기초했다. 농업 노동자들은 너무나 효과적으로 쥐어짜져 일용할 필요를 넘는 잉여가 거의 없었고, 로치데일 모델의 협동조합을 만들거나 생산자협동조합을 시작할 수 없었다. 영국의 영농 제도는 오늘날에도 그렇지만 당시에도 협동조합에는 적합하지 않았다. 농업협동조합이 깊이 뿌리내린 대부분의 대륙 국가들과 비교하면 영국은 주로 차지농(借地農) 국가로 면적도 크고 운전자본도 지주로부터 얻고 있었다. 대농은 농민이면서 동시에 상인이었고, 영세한 소농은 상호부조를 조직할 정도로 사회적인 응집력이 없었다. 농산물 시장은 수입품에 많이 지배되었고 이것이 가격을 안정시키는 결정적 요소가 되었다. 또한 농민들은 자신들의 생산물을 중간 상인에게 판매하고, 그들로부터 생필품을 구입했다. 농민들을 경제적으로 강력하게 좌우하고 있는 중간 상인들을 물리치기란 쉽지 않았다. 진정으로 단결된 농민 운동만이 이 상황을 바꿀 수 있었을 것이다. 그렇지만 훨씬 뒤에까지 영국의 농민들은 지위와 경제력 그리고 경영 규모에서 너무 큰 차이가 있었고, 공통의 목적을 위해 함께 일하기에는 철저하게 분열된 계층이었다.

아일랜드는 이 모든 면에서 영국, 보다 정확히 말하면 스코틀랜드의 하일랜드와 웨일즈의 특정 지방을 제외한 그 어떤 곳과도 전혀 달랐다. 아일랜드는 기본적으로 소농의 나라였다. 전에는 높은 소작료를 내는 소작농들이 작은 소작지에 다닥다닥 몰려 있었고, 나중에는 농지매수법에 따라 부재지주로부터 해방되었지만 소 자작농은 아주 작은 규모의 영농을 하고 자금력도 부족했다.

우리는 코크 주 랄라하인에서 1831년에서 1833년까지 2년 동안 오언주의자의 공동체가 E. T. 크레이그의 지도 아래 어떻게 운영되었던가를 이미 살펴보았다. 잘 될 것처럼 보였지만 오언주의자인 지주의 파산으로 공동체는 곧바로 소멸하고 말았다. 이는 아싱턴과 마찬가지로 위로부터 시작한 실험으로 어떤 평가를 하기에는 너무 단명했고, 성공의 전망을 가질 수 없는 것이었다. 그 뒤 1880년대 말에 이르기까지 여기저기 흩어진 소비자 매장 ─어느 정도 규모를 갖춘 것은 전혀 없었다─ 몇 군데를 제외하면 더 이상 협동조합 사업은 없었다. 아일랜드의 모험심 강한 소작농들은 그들의 고향에서 협동하지 않았다. 그들은 이민을 가거나 부재지주의 철폐 요구가 중심이었던 정치 운동에 투신했다.

아일랜드 협동조합 운동의 발전의 길을 닦은 사람은 두 남자였다. 한 사람은 알려지지 않은 분야에서 역할을 했고, 다른 한 사람은 창설자로서 도처에서 갈채를 받았다. 바로 아일랜드토지동맹을 만든 마이클 다빗과 아일랜드농업협동조합을 만든 호레이스 플런켓이다. 1879년에 다빗이 만든 아일랜드토지동맹은 10년 뒤 플런켓의 활동을 위한 토대가 되었다. 토지 국유화와 농업 사회주의 주창자였던 다빗은 아일랜드 소작농이 펼치던 정치 운동의 역점을 그가 처음으로 관계한 아일랜드 공화주의 형제단의 무익한 반란에서 건설적인 토지 개혁으로 바꾸었고, 아일랜드 소작농들에게 함께 일하는 법을 가르쳤다. 다빗에게는 협동조합을 만들려는 생각은 없었다. 그러나 플런켓은 다빗이 소작농 사이에서 선전하지 않았다면 아일랜드 협동조합은 보다 험난한 과제에 직면했을 것이라고 스스로 평했다.

마이클 다빗은 사회주의 체제 아래에서 아일랜드의 독립을 지지하는 민족주의자였다. 호레이스 플런켓은 자치에 반대하는 연합주의자였고, 아일랜드 소작농의 해방 운동을 지도할만한 인물이 아니었다. 그러나 플런켓은 미국으로 건너가 1879년부터 1888년까지 목장을 경영한 뒤 아일랜드로 돌아왔을 때, 협동조합의 열렬한 주창자가 되었고 자조에 기초한 경제 운동을 통해 가톨릭과 프로테스탄트, 민족주의자와 연합주의자가 함께하는 실현 가능성을 믿는 사람이 되었다.

실은 아일랜드 협동조합 운동은 플런켓이 귀국하기 직전부터 시작되었다. 1888년 7월, 런던에서 아일랜드 전시회가 열렸는데, 감독의 한 사람인 어네스트 하트가 협동조합연합회를 설득해 아일랜드에서 협동조합의 확대 가능성을 검토하는 회의를 조직했다. E. V. 닐을 비롯해 영국 협동조합의 지도 인사들은 강력한 지지를 보냈고 이 회의 결과, 아일랜드협동조합지원협회 ―아일랜드 사람들을 도와 자체의 협동조합 운동을 지원하기 위한 선전가 단체― 가 만들어졌다. 1888년 9월, 플런켓은 《19세기(Nineteenth Century)》 지면에 아일랜드의 조건에 맞는 협동조합 운동을 강력히 주장하는 논문을 발표했다. 그는 아일랜드협동조합지원협회에 참여했고, 곧 지도적인 인물이 되었다. 협동조합연합회는 아주 소수였지만 기존의 아일랜드 조합을 기초로 하는 아일랜드 지구 조직 설립을 받아들였다. 플런켓이 회장이 되고 R. A. 앤더슨이 사무국장을 맡았다. 협동조합연합회는 J. C. 그레이에게 조사·보고 임무를 맡겨 아일랜드로 파견했고, 그의 도움을 받아 플런켓과 동료들은 적극적인 활동을 시작했다.

이때까지 아일랜드에서 협동조합을 확장한다는 것은 주로 매장 운동을 발전시킨다는 생각이었던 것 같지만, 플런켓과 동료들은 이 노선을 따라서는 성공할 가망이 전혀 없음을 일찍이 간파했다. 아일랜드의 소작농과 영세 농민들은 식료품점이나 소액 절약 투자 수단이 아니라, 자신들의 생산물 판매, 경작 수준과 시장에 적합한 가공 수준 개선, 공정 가격과 좋은 품질의 농자재 구입 그리고 생산에서 판매에 이르는 모든 단계의 어려움을 극복할 수 있는 신용 획득에 대한 지원을 필요로 했다. 따라서 그들은 아일랜드 협동조합의 계획을 세우는 데 있어서 로치데일이 아니라, 오히려 빈농 생산자 속에서 농업협동조합 운동을 성공한 나라 —덴마크와 독일— 로부터 더 많은 것을 배울 수 있으리라 기대했다.

덴마크와 독일에는 아일랜드가 기대했던 두 가지 종류의 협동조합이 있었다. 독일에서는 1862년에 라이파이젠이 만든 신용협동조합이 고리대의 지배로부터 농민들을 해방시켰고, 덴마크에서는 1882년경부터 버터협동조합이 버터 제조 기술 수준을 높이고 품질 개선에 상응한 높은 생산자 가격을 확보하는 데 굉장한 성공을 거두었다. 독일과 덴마크 모두 농자재를 협동 구매하는 일도 성공했는데, 이는 전문 조합을 통하거나 판매를 위해 만든 조합의 부차적 활동으로 이루어졌다.

플런켓은 이들을 모델로 해서 아일랜드 소작농 사이에서 당파를 떠난, 순전히 경제적인 협동조합 운동을 시작했다. 1889년에 최초의 낙농협동조합인 버터 공장을 드롬콜리에서 만들었고, 1891년까지 낙농협동조합은

16개가 만들어졌다. 이 조합들은 주로 남부 아일랜드에 있었지만 민족주의 지역과 얼스터까지 확대되었다. 1892년에는 이들 조합들이 연대하여 조합 제품을 공동 판매하는 아일랜드협동조합기구를 설립했다. 1894년까지 아일랜드의 낙농협동조합은 33개가 있었는데, 당시 13개였던 협동조합 매장보다 훨씬 많았다. 새로운 운동은 확실히 뿌리를 내린 게 분명했다. 때를 같이하여 라이파이젠 원칙에 기초한 신용협동조합과 농자재 공동 구매와 판매를 위한 공급조합을 만들었다. 그러나 운동의 실질적인 중심은 버터 공장이었고, 이 공장의 성장과 관련해 심각한 분쟁이 처음으로 일어났다.

이미 살펴본 것처럼, CWS는 초기부터 아일랜드 산 버터의 대량 구매자였고 아일랜드에 직영 배송 센터도 만들었다. 1880년대까지 영국 협동조합이 판매한 버터의 대부분이 아일랜드 산이었는데, 덴마크 협동조합인이 시장에 진출해 아일랜드 산 버터보다 등급이 훨씬 높고 품질도 좋은 버터를 공급했다. 덴마크 사람들은 1년 내내 신선한 버터를 공급했지만, 아일랜드 사람들은 농장이 영세한데다 여름철 목초에 의존했기 때문에 겨울에는 공급을 유지할 수 없었다. 아일랜드 버터는 등급 기준이 없는 농장에서 소량으로 만들었기 때문에 같은 통에 있는 것이라도 품질이 많이 달랐다. 이러한 차이가 덴마크 사람들에게는 유리했고, 아일랜드 사람들의 사업은 심각한 위협을 받았다. 버터협동조합은 공장 생산으로 이러한 결점을 개선하려고 했지만, 생산자가 겨울용 사료를 먹여 겨울에도 공급을 한다는 조건을 확실하게 갖추지 못한 상태에서는 해결이 어려웠다. 버터 공장에 없어서는 안 될 보완 요소는 농업 교육과 신용이었다. 아일랜드 협동조합인들은 제조와 판매 방법만 아니라, 영농 기술 수준을 높이기 위한 캠페인을 벌어야 한다고 생각했다. 그리고 그들은 자신들의 지위가 도시의 관점에 지배되고 소비자 통제의 원칙에 구애받는 영국 운동의 일부에 지나지 않기 때문에 불리한 입장에 놓여있다고 여겼다. 플런켓 자신은 그렇지 않다고 하더라도, 그가 개심시킨 많은 사람들의 마음에는 영국과 관계를 맺는 것에 대한 잠재된 적의가 있었고 운동에 대한 통제권을 온전히 아일랜드 사람에게 두고자 하는 욕구가 있었던 것 같다.

최초의 공공연한 분쟁을 일으킨 직접적인 원인은 캐슬마혼버터협동조합이었다. 이 조합은 가톨릭과 개신교 사이의 내부 갈등으로 경영난에 빠지고 공장을 폐쇄해야 하는 위기에 직면했다. 채권자들은 저당 처분하겠다고 위협했고, 자본가 기업에게 넘어가려는 바로 그 순간에 CWS가 공장을 임차해서 운영하기로 합의했다. 그러나 채권자들은 대금 압력을 계속 가했다. CWS는 버터 공장을 합법적으로 설립한 농민들의 협동조합에 반환하겠다는 의사를 밝혔지만, 결국 공장을 완전히 인수했다. 이 건은 플런켓과 동료들을 경악케 했다. 그들은 아일랜드 농민들이 만약 CWS가 자신들을 대신해서 이 사업을 하고 싶어 했다고 믿게 되면, 고집스럽게 협동해서 자신들의 버터 공장을 운영하지 않을 것이라는 점을 우려했다. 그들을 더욱 놀라게 한 것은 CWS가 아일랜드에 직영 버터 공장을 두 개 —하나는 기존 버터협동조합 바로 옆에, 다른 하나는 당시 버터협동조합을 만들려고 검토하던 지역에— 만든다는 계획을 내놓은 것이었다. CWS 이사들은 아일랜드의 구매 배송 센터에서 시작해 직영의 버터 공장으로 진출하는 것을 마치 실론이나 인도에서 시작한 홍차 구매로부터 직영 농장을 만들어 차 재배를 확대한 것과 마찬가지로 당연하게 여겼을 것이다. 잉글랜드에서 제조조합을 인수한 것과 마찬가지 방식으로 경영난에 빠진 생산자조합을 인수하는 일은 의심의 여지없이 당연하게 생각했다. 반면 아일랜드 협동조합인들에게는 CWS가 버터협동조합을 인수한 것이 그들의 독립적인 운동에 대한 분명한 위협으로 비쳤을 것이다. 만일 이런 일을 방치한다면, 아일랜드 농민의 협동조합을 확립하려는 모든 기초 작업이 무로 돌아가고, 아일랜드 사람들은 독립적인 운동을 하기는커녕 자신의 일에 대한 통제권을 갖지 못한 채 영국 소비자들의 단순한 머슴이 되고 말 것이다. 더욱이 플런켓은 아일랜드 사람들을 설득해서 건설적이고 민주적인 노선에 따라 협력하는 길, 정치적·종교적 적대를 줄이며 단합하는 길 그리고 공통의 대의를 위한 우애와 협동에 기초한 새로운 정신을 고취하는 길을 추구했다. 만일 CWS가 우월한 자금력을 앞세워 침입해오는 것을 받아들이고, 플런켓이 씨앗을 뿌린 곳에서 마음대로 수확을 거둔다면 그가 추구했던 길을 어떻게 갈 수 있었을까?

플런켓 그룹과 CWS 사이의 다툼은 아일랜드 협동조합 조직에 대한 보다 많은 문제를 둘러싸고 더욱 복잡해졌다. 플런켓과 동료들은 처음부터 협동조합연합회에 신설된 아일랜드 지구 조직에서 활동했고, 앞서 말했듯이 플런켓이 조직의 회장, R. A. 앤더슨이 상임 사무국장이었다. 앤더슨의 활동은 주로 새로운 버터 공장과 농업조합의 설립과 조직화를 지원하는 일이었다. 그러나 드문드문 있는 소비자 매장의 대표자로 이루어진 아일랜드 지구 이사회는 이런 목적을 충분히 만족시킬만한 단체가 아니었다. 그리고 농업조합은 대표권을 얻기 위해 연합회에 가맹하는 것을 못마땅하게 생각했다. 결국 1894년에 플런켓과 그의 그룹은 아일랜드 농업 운동을 대표하는 독자적인 중앙 단체를 설립하기로 결정하고, 이 해에 아일랜드농업조직협회를 출범시켰다. 플런켓이 회장, R. A. 앤더슨이 사무국장을 맡았다. 이 협회는 아일랜드 농민협동조합의 연합체이지만, 개인 회원과 그들의 기부를 받았다. 협동조합연합회는 앤더슨의 급료와 조직 활동비를 내고 있었음에도, 플런켓은 협동조합연합회의 아일랜드 지구 조직 이사회를 사실상 동결시켜 버렸다. 영국의 협동조합인들은 이런 행태에 이의를 제기했다. 이들은 플런켓의 진의를 의심했고, '로치데일 원칙'에 충실하지 않은 이윤 추구 단체로 보이는 조합을 포함하고 있는 농민협동조합도 미심쩍어했다. 영국의 많은 협동조합인들은 연합회의 아일랜드 지구 조직 주요 사업이 소비자 매장 운동 추진에 있다고 생각했고, 버터 공장을 둘러싼 분쟁에서는 아일랜드보다 CWS 쪽에 동조했다.

이 논쟁은 1895년의 협동조합대회로 옮겨갔다. CWS는 견실한 노선에 따라 설립할 수 있다면 아일랜드의 어떤 버터 공장과도 기꺼이 협동하겠다는 입장을 밝혔지만, 적절하다고 생각하면 어디서든 유통에서 생산으로 진출할 권리가 있다는 생각을 포기하지 않았다. 영국 협동조합 대표자들 대부분은 플런켓의 주장을 납득하지 못했다. 결과는 플런켓과 앤더슨이 이끄는 아일랜드 지구 이사회의 사임과 아일랜드의 농업 협동 운동과 협동조합연합회의 공식 관계 단절이었다. 연합회는 단 몇 곳에 흩어져 있는 소비자조합과 가맹 관계를 가질 뿐이었다. 아일랜드 지구 조직에 대한 지원금은 중단되고, 지구 조직은 해산되었다. 아일랜드 조합 매장은 협동조합연합회 스코틀랜드 지구 조직의 회원 단체로 이관되고, 단 한 명의 대표자 자격을 받았다.

지금 아일랜드 농업 협동 운동의 중심은 아일랜드농업조직협회(Irish Agricultural Organisation Society, IAOS)로 바뀌었다. 그러나 아일랜드의 운동은 궁핍했다. 이 협회는 출발부터 사적인 수입원에 의존해야만 했다. 협회는 개신교와 가톨릭 그리고 연합주의자 및 자유주의자와 민족주의자들의 지원을 얻었다. 그리고 운 좋게도 부 사무국장으로 아일랜드의 시인이자 예술가 —A. E.라는 필명으로 유명한— 조지 W. 러셀을 맞이했다. 그는 협회의 주간지 《아이리쉬 홈스테드(Irish Homestead)》편집자가 되었다. 1895년에 창간한 이 작은 신문은 러셀의 수완으로 아일랜드 민중을 위해 영농법 개선을 제안하고, 협동의 의미를 전파하는 협동 교육의 강력한 도구가 되었다. 플런켓, 러셀, 앤더슨, 몬테글 경 그리고 핀레이 신부 등 아일랜드 농업조직협회 초기 지도자들은 놀라운 협력 관계를 만들었다. 그리고 1896

년에 플런켓은 '휴회(休會) 위원회'—아일랜드 출신 의원의 초당파 위원회—를 조직해 큰 성공을 거두었다. 이 위원회는 국회 휴회 중 아일랜드의 경제적 문제를 함께 토론하고, 농업협동조합을 향한 새로운 운동에 강력한 지지를 끌어냈다. 아일랜드 국민당의 주류는 제휴를 거부했지만, 존 레드몬드가 이끄는 독자 그룹은 위원회의 연합파와 협력했다. 이 위원회의 직접적인 산물로서 1900년에 아일랜드 농업기술부를 발족시키는 법이 만들어졌다. 이 새로운 부서의 수장은 명목상 비서실장이었지만 실무 책임자는 차장이었는데, 플런켓이 이 자리에 임명되었다. 이는 아일랜드 협동조합의 지위를 높이고 국가의 지원을 확실하게 하는 것이었다. 그 뒤로 농민의 기술 교육은 주로 정부가 맡았고, 아일랜드농업조직협회는 정부의 자금 지원 아래 협동조합을 선전하고 조직화하는 데 집중할 수 있었다.

이보다 앞서 1897년에 농가의 농자재 공급을 조직하기 위한 연합 단체를 만들었다. 이 단체는 처음에 아일랜드 농업협동조합기구로 설립되었지만, 1898년에 보다 확실한 형태의 조직이 필요하다는 결정으로 아일랜드 농업도매조합(Irish Agricultural Wholesale Society, IAWS)을 설립했고 초기에는 비료와 종자만을 취급했다. 아일랜드농업도매조합은 아일랜드농업조직협회처럼 단순히 CWS 모델을 따라 지역 조합의 연합체로 설립할 수 없었다. 아일랜드의 조합은 자금이 너무 영세했고, 그러한 연합체를 유지할 경비를 댈 수 없었기 때문이다. 그들은 가까운 개인들로부터 자본을 구해야만 했다. 그리고 이것이 다른 연합 기구와 마찬가지로 아일랜드농업도매조합의 활동을 제약했다. 농민들은 사적인 후원자가 자금을 대는 단체를 향해 자신들이 전적으로 소유하는 연합체에 대해 품을 수 있는 똑같은 충성심을 느끼지 못했다. 그들은 값이 적절한 물품이면 아일랜드농업도매조합에서 사지만, 다른 곳에서 싼 물건을 고를 기회도 놓치지 않으려고 했다. 버터 판매 연합 단체인 아일랜드협동조합기구(Irish Co-operative Agency Society, ICAS)는 심지어 가맹 조합으로부터도 정기 공급을 받지 못했고, 열악한 품질과 일시적인 과잉 공급 때문에 다른 곳에서는 쉽게 팔리지 않을 물품 공급으로 지장을 받으면서 불리한 입장에 놓였다. 아일랜드농업도매조합과 아일랜드협동조합기구 모두 초창기에 심각한 어려움을 겪었는데, 이는 둘 다 CWS와 경쟁해야 하는 상황에 있기 때문이었다.

그러나 연합 활동은 농자재 공급을 위해 꼭 필요했다. 아일랜드 농민들이 협동조합을 통해 자신들의 지위를 높이려는 시도는 이전부터 이들에 대한 공급을 지배하고 있던 상인들의 격렬한 적의에 부딪혔다. 상인들은 비료, 종자, 농업 기계를 공급하는 기업들을 유인해 협동조합과 거래하지 않도록 만드는 힘이 있었다. 버터협동조합은 보이콧을 모면하기 위해 미국에서 기계를 수입해야 했고, 마찬가지 이유로 종자나 비료도 외국에서 사와야 했다. 이 일들은 조직이나 신용 면에서 충분한 규모가 있는 연합 기관이 있어야 가능한 일이었고, 보이콧을 효과적으로 막아내기까지는 수많은 위기를 넘어야 했다.

이러한 공급의 어려움에 직면하여 아일랜드농업조직협회는 새로운 석을 만들기 꺼려했다. 아일랜드의 소비자협동조합이 굳건한 기반을 만들기 위한 유일한 기초는, 하나의 지역 조합이 농자재와 생필품 둘 다를 취급하는 데 있음이 명백해졌다. 농자재 공동구매를 위해 만든 여러 조합은 곧 일반 소비자조합으로 확장되기 시작했고, 이 과정에서 조합원 자격은 농민들만 아니라 농업 노동자와 공장 노동자까지 확대되었다. 그러자 개인 상인들이 강하게 반대했고, 아일랜드농업조직협회는 이렇게 하는 것이 성장의 올바른 노선임을 분명히 인식하면서도 상인들의 적의를 우려해 난색을 표했다. 그 결과 발전은 더뎠고, 플런켓이 새로운 농업 심의회의 공직을 받아들인 뒤 운동이 지나치게 정부의 영향 밑에 있다는 주장과 결부되어 내부 불화가 생겨났다. 그러나 협동조합이 소농들에게 제공한 서비스는 분명했고, 이러한 논란이 운동의 앞길을 방해하지는 못했다. 1900년, 일반 협동조합 매장은 여남은 개 정도였지만 농자재 구입을 위한 농업협동조합은 58개가 있었고, 농업생산조합은 주로 버터 공장이지만 그밖에 계란이나 가금, 기타 소수까지 더해 138개가 있었다. 얼스터의 구매조합은 7개뿐이었는데, 전국의 생산조합 가운데 59개가 얼스터에 있었다. 전체 거래액은 생산협동조합이 약 200만 파운드, 구매조합은 50만 파운드였고, 소비자조합 매장은 약 4만 2,000파운드에 불과했다. 물론 이들 숫자를 영국과 대비하면 대단히 미미하지만, 아일랜드의 협동조합 운동은 아직 어렸고 조합원들은 너무 가난했다.

새로운 세기로 접어들면서 아일랜드 협동조합인들의 상황은 토지매수법 시행으로 급속히 달라졌다. 1903년의 윈드햄 법은 금융 조항에 비난이 있을 수 있지만, 아일랜드를 소규모 자작농 나라로 전환하는 데 큰 역할을 했다. 이러한 변화는 플런켓과 아일랜드농업조직협회가 추진해 온 새로운 형태의 조합 —라이파이젠 방식의 신용조합— 성장을 자극했다고 볼 수도 있다. 이 조합의 본질적인 원칙은 개인적으로 친밀한 농민들의 작은 그룹이 무한 책임을 기본으로 하고, 상호 신뢰를 바탕으로 일하는 것이었다. 라이파이젠 신용조합에서는 개인 출자자나 출자금은 없어도 될 것이다. 이 조합의 목적은 개량 영농 장비 설치 등과 같이 분명하게 인가된 계획을 위해 정해진 기간 동안 조합원에게 대출해 주는 것이다. 대출은 모든 조합원의 연대보증으로 이루어지는데 대출금을 못 갚을 때에는 구성원 모두가 무한 책임을 진다. 자금은 이 보증인의 힘으로 은행에서 대출 받고, 구성원은 당연히 대출금을 신중하게 결정해야 한다. 사무 관리는 대개 조합원이 무상으로 한다. 조합은 산업절약조합법이 아니라 우애조합법에 따라 등기된다.

이런 형태의 조합은 독일만이 아니라 후진적인 소농 경영 국가를 포함한 많은 국가에서 규모가 작고 조합원 사이에 긴밀한 관계를 유지하는 한 성공적이었다. 이러한 조합은 농업만이 아니라 영세사업자나 자영 직인 사이에서도 성공적으로 운영되었다. 플런켓은 아일랜드에서 이러한 조합의 성공에 큰 희망을 걸었다. 한동안 조합은 급속히 확산되었고 운영도 꽤 잘 되었다. 1907년에는 216개 조합이 있었고, 조합원은 거의 1만 7,000명이나 되었다. 이 해에 이루어진 대출은 모두 5만 7,000파운드였다. 그러나 그 뒤로 이 부문은 돌연 정체되었다. 낙농조합, 농자재공급조합, 계란·가금 조합의 성공은 농지 매입 효과와 맞물려 아일랜드 농민들이 신용을 얻기 쉽게 만들었고, 농민들은 신용조합을 통해 은행에 접근하는 대신 직접 은행으로 찾아갔다. 그렇다고 해서 어려운 초창기에 조합이 제공한 이런 종류의 서비스가 가치를 잃는 것은 아니다.

버터 공장과 공급조합이 자리를 잡으면서 아일랜드 낙농 농민들은 점차 자립해갔다. 그러나 아일랜드농업조직협회와 CWS 사이의 논쟁은 여전히 해결이 나지 않은 채였다. CWS는 리머릭의 캐슬마혼 버터 공장을 사들였는데, 이는 스스로 원한 일이 아니라 지역의 낙농조합이 파산했기 때문이다. CWS는 적절한 방침에 따라 재건할 수 있다면 공장을 반환하겠다고 제안했다. 그러나 조합원들은 정치 문제를 둘러싸고 내분에 빠졌고, 재건은 실현 불가능하다는 것이 판명되었다. 이미 살펴본 것처럼, CWS는 곧바로 이 버터 공장을 인수했고, 아일랜드 협동조합인과 협동조합연합회의 관계가 끊어진 뒤에도 이런 종류의 사례가 있었다. 게다가 CWS는 플런켓과 아일랜드농업조직협회를 좋아하지 않거나 또는 협력에 실패한 아일랜드 농민들로부터 지역 낙농조합이 없는 곳에 버터 공장을 만들고 싶다는 요청을 수없이 받았다. CWS는 이 사업을 큰 규모로 시작했고, 이 일로 《아이리쉬 홈스테드》 칼럼에서 거친 공격을 받았다. CWS 지도자들은 자신들이 아일랜드의 영역을 침범했다고 이야기한다면, 아일랜드 사람들이 영국 시장에 버터를 팔기 위해 맨체스터에 아일랜드협동조합기구를 만든 것 역시 영국인들의 영역을 침범한 게 아니냐고 응수했다. 그들은 만일 아일랜드협동조합기구가 버터 판매를 성공적으로 했다면, 오래 전에 아일랜드에 버터 구매 배송 센터를 만들 필요는 없었을 것이라고 지적했다. 이 차이를 조정하기 위해 몇 년 동안 회의를 거듭했고, 아일랜드 조합과 CWS 사이에 협력 관계를 만들기 위한 수많은 제안이 나왔다. 그러나 기본적인 입장 차이는 메우지 못했다. 아일랜드 측은 CWS와 아일랜드 조합이 각각 소유한 버터 공장을 하나의 단체 —공동관리하는 아일랜드낙농기업처럼— 로 합병하자는 제안을 했다. 한편 CWS 측은 CWS의 버터 공장을 새로 만든 낙농조합에 이관하고 CWS의 출자금을 조금 남기고 나머지는 현금으로 돌려받고 싶다는 제안을 했다. 아일랜드농업조직협회는 이에 반발해 CWS가 정리해야 할 불필요한 공장은 제외하고 선별된 조합만 인수하기를 원했다.

실은 20세기 초 몇 년 동안 CWS는 지역 농민들의 우유 공급이 원활치 못한 탓에 버터 제조 사업에서 손실을 보고 있었다. 거기다 계속되는 논쟁으로 손을 떼고 싶어 했다. 결국 아일랜드 측이 바라는 대로 되었다. CWS 소유의 아일랜드 버터 공장 대부분은 1912년까지 지역 낙농조합으로 이전되었다. 34군데 버터 공장과 부속 시설 51곳이 이전되었고, CWS에 남은 것은 이전이 불가능한 몇 개 버터 공장뿐이었다.

플런켓은 그의 저서 『새로운 세기의 아일랜드』에서 그가 추구했던 아일랜드 농업 운동의 목적을 다음과 같이 명확히 밝혔다.

"우리의 임무는 우리와 비슷한 상황에 있는 다른 국가의 지역 사회가 추구하고 성공한 방법을 우리의 특수한 환경에 맞게 적용하는 것이다. 우리는 농민들에게 그들의 경제적 구원을 위해서는 자기 계층이나 다른 여느 산업에 종사하는 사람들이 인정하는 것처럼 공동 행동이 필수적임을 역설해야만 했다. 예를 들어, 보다 효율적이고 경제적인 생산을 위해 최고 품질의 농자재를 가장 싸게 구매하는 데서도 하나로 뭉쳐야 한다고 우리는 농민들을 고무했다. 긴급하게 만들어야 하는 버터 공장이나 나중에 필요할 치즈 공장, 잼 공장 어느 것이든 개별 생산자의 손이 미치지 않는 공인된 기구를 쓰기 위해서는 하나가 되어야 한다. 최신 농기계를 쓰고 가장 적합한 순종 가축을 확보하려면 우리는 뭉쳐야 한다. 농산물 운송 회사나 중개인의 유통 중간 이윤을 없애기 위해서가 아니라, 이를 적절한 한도에서 억제하거나 대량 집하와 배송 조정으로 농산물이 적절한 값에 출하·판매되려면 농민들은 뭉쳐야 한다. 나중에 우리들이 배운 것처럼, 각 사업의 새로운 발전이 요구하는 운영 자금을 상호 지원을 통한 신용으로 얻기 위해서도 뭉쳐야 한다. 요컨대 농촌 사회의 고립된 생산과 유통을 협동의 생산과 유통으로 바꿔야만 언제 어디서든 이익이 된다는 것을 인식해야 하며, 그 이익을 위해 스스로를 조직해야 함을 깨우쳐야 한다." ―『새로운 세기의 아일랜드』 p.181.

플런켓은 자신이 이루고자 했던 것을 감탄스러울 정도로 명쾌하게 요약했다. 소비자협동조합을 지지하는 영국인의 눈으로 보면, 플런켓의 구상은 소비자에게 높은 값을 받아내기 위해 개인업주들이 담합하는 것과 똑같다고 생각하기 십상이다. 결국 농업 생산자도 다른 생산자와 마찬가지로 이윤을 추구하고, 농민의 연합도 동업자 조직의 다른 형태일 뿐이었던 것이다. 실제로 영국 협동조합인들은 공동 생산을 위해 공동 출자한 연합 노동자의 제조조합을 바라보는 시각이 달랐다. 그러나 이 예외를 개별 조합원이 이윤을 위한 생산을 계속하면서 생산물 가공과 판매를 위해 공동 출자할 뿐이라는 조합에까지 확장하기는 어렵다고 생각했다. 그들은 규모는 작지만 많은 부분이 자본가처럼 보이는 영국 농민들에 익숙해 있었다. 그들은 한줌의 농지에서 다른 사람의 노동력 없이 일하는 아일랜드의 소농은 좀 다른 지위에 있음을 염두에 두지 않았다. 아일랜드인은 CWS가 자신들보다 훨씬 생활이 나은 영국 소비자의 이익을 위해 소농을 착취한다고 의심했고, 반면 영국의 협동조합인들은 아일랜드농업조직협회가 자본가의 독점과 비슷한 무엇을 만들려는 것이 아닌지 의심하는 경향이 있었다. 당시 영국의 협동조합 운동은 다른 농업 국가의 협동조합 운동과는 거의 접촉이 없었다. 지금은 나아졌지만 아직 입장의 충돌은 어느 정도 남아있다. 이런 충돌은 이윤 추구를 기초로 하는 어느 사회에서나 있기 마련이다. 생산자와 소비자를 기본적으로 동일한 인간으로 보는 무계급 사회에서만 이러한 충돌이 없겠지만, 그런 사회조차도 도시와 농촌의 관점 차이는 여전할지도 모른다.

　19세기의 마지막 10년 동안 아일랜드에서 성공한 농업협동조합은 영국에서는 확대되지 않았다. 물론 이를 위한 열정가들은 있었다. 에드워드 오언 그리닝은 일찍이 1868년에 잉글랜드의 농업협동조합을 보급하기 위해 농업원예협회를 만들었다. 이 단체는 남은 19세기 기간 동안 선전을 계속했고 농자재와 종자, 비료를 판매하는 작은 사업을 벌였다. 그러나 1900년에도 영국에는 단지 7개 농업유통조합 —컴벌랜드 4개, 요크셔 1개, 버킹엄셔와 이스트 앵글리아에 각각 1개— 이 있었고, 그 외 작은 농업생산조합이 5개뿐이었다. 스코틀랜드나 웨일즈에는 아예 없었다. 1880년대 영국·스코틀랜드 토지회복협회와 하일랜드 토지연맹의 활동은 아일랜드의 다빗이나 파넬의 선전과 같은 파급 효과를 낳지 못했고, 또한 잉글랜드와 스코틀랜드 그리고 웰시의 농업 조건에 맞는 협동조합 방법을 고안하는 데 온 삶을 바친 플런켓 같은 인물도 없었다.

1900년 이후에야 이런 시도가 이루어졌다. 이 해 뉴어크의 W. L. 찰튼 씨가 농업조직협회를 설립했는데, 1901년에 이 협회가 전국농업연맹을 흡수한 뒤 농자재를 공급하는 농업협동조합이 잉글랜드와 웰시에 급속히 확대되었다. 협동조합연합회는 잉글랜드와 웨일즈에서 농업조직협회 사업에 참가했고, 그 운영 기관의 대표를 받아들였다. 1905년에는 스코틀랜드에서도 같은 종류의 단체가 만들어졌다. 1909년에는 잉글랜드와 웨일즈에 거래액이 거의 100만 파운드 가까운 농업유통조합이 145개 있었고, 스코틀랜드의 31개 조합은 약 25만 파운드 거래액을 기록했다. 이 운동의 확산은 1906년 이후 자유당 정부가 펼친 소농지 소유 장려 정책으로 박차를 가했고, 1908년에 소농지보유법이 통과되면서 새로운 조합이 매우 많이 만들어졌다. 그러나 협동조합은 대농들 사이에서는 조금도 진전이 없었고, 조합원이 된 농민들로부터도 깊은 충성심을 끌어내지 못했다. 이는 아일랜드가 이룬 성과와는 전혀 달랐다. 영국 농민들에게 맞는 형태로 만들어진 게 아니었다. 협동조합다운 판매 방법이 영국의 영농에 적용된 것은 1931년에 최초의 농산물시장법이 만들어져 이 분야에 발을 들여놓은 뒤의 일이었다. 강제력에 기초한 국가 조직형의 마케팅과 협동조합으로 사고하는 것 사이에는 상당한 거리가 있었다.

플런켓이 아일랜드에서 운동을 시작했을 무렵, 다른 나라 협동조합의 발전에 대해서는 거의 알려지지 않았다. 실은 협동조합을 주창했던 사람들 사이에서 처음부터 국제적인 이상주의의 강한 분위기가 있었다. 로버트 오언의 포부는 본질적으로 국제적이었다. 영국의 오언주의자와 샤를 푸리에의 추종자들은 밀접하게 연계했고, 푸리에의 영국인 제자들은 1830년대에 휴 도허티가 지도한 협회에 소속되기도 했다. J. M. 러들로우와 그의 소개를 받은 다른 기독교 사회주의자 그룹도 부셰와 루이 블랑의 협동 사상에 강한 영향을 받았다. 1848년 이후 많은 망명객들이 영국에 임시 거처를 마련했고, 이들 가운데 일부 —마치니를 비롯하여— 와 영국 협동조합 지도자 사이에 긴밀한 관계가 형성되었다. 1869년에 열린 최초의 협동조합대회에는 독일, 프랑스, 이탈리아, 덴마크(이 나라의 위대한 운동을 시작하고 고무한 존네 목사) 등 외국의 협동조합인들도 참석했다.

그러나 그 뒤로 영국의 협동조합 운동에 대한 국제적 관심은 희미해졌다. 망명객들은 고국으로 돌아갔고, 많은 나라에서 로치데일 방식에 따르거나 이와는 전혀 다른 노선을 따라(특히 주로 농업 지역에서) 협동조합 운동은 착실하게 성장했다. 닐이나 홀리요크 같은 몇몇 지도자들은 관심을 유지하려고 최선을 다했지만, 외국의 이러한 발전은 영국 협동조합인들에게 거의 주목을 받지 못했던 것 같다. 외국 방문객들이 협동조합의 원천인 로치데일이나 맨체스터를 순례하면서 협동조합 발전을 위한 시사와 영감을 얻고 돌아가는 일도 가끔 있었다. 그러나 국제적인 접촉은 전혀 조직되지 않은 채였다. 1884년에 생산자협동조합 활동을 연구하기 위해 프랑스에 갔던 해롤드 콕스가 귀국하면서 파리의 협동조합인들이 협동조합대회에 보내는 인사장을 가지고 왔다. 대회는 이 인사장에 자극을 받았다. 다른 나라의 협동조합이 어떻게 발전하고 있는지 정보를 모으고, 해외 협동조합인들과 비공식적인 관계를 유지하기 위한 해외조사 위원회를 두기로 했다. 이듬해 협동조합연합회는 프랑스에서 열린 제1회 전국대회에 대표를 보냈고, 그 이듬해에 답례로 방문한 에두아르 드 보와브는 유럽의 여러 나라에서 성장하는 운동의 연결고리 역할을 하는 국제 위원회를 맨체스터에 만들자고 제안했다. 대회는 이 의견을 검토하기는 했지만 아무런 진전이 없었다. 영국의 국제주의자들은 견딜 수 없었다. 불행하게도 영국에서는 이때 소비자의 통제 아래에서 이루어지는 협동 생산을 지지하고 '노동 배당'을 반대하는 '연합주의자'들과 국제주의의 지도적인 운동가를 포함한 생산자협동조합 옹호자들이 서로 싸우고 있었다. 국제주의자는 외국의 소비자협동조합보다도 생산자협동조합의 발전을 연구하는 데 더 큰 열정을 보였다. 그들이 접촉한 해외 협동조합인들은 주로 생산자조합과 관계하는 사람들이었다. 다른 한편 영국 협동조합인들은 매장 운동에 관심을 보일 뿐 대륙의 생산자조합과 연계하고 싶어 하지 않았다. 이 두 가지 논점은 속수무책의 혼란에 빠졌다. 닐, 홀리요크, 그리닝, 조셉 그린우드 등은 1892년에 협동조합생산지지자국제연맹(International Alliance of the Friends of Co-operative Production)을 만들었다. 이 연맹은 생산자협동조합과 노동 배당을 지지하는 사람들의 국제 연계를 의도한 것이었고, 노동 배당을 정통 협동조합임을 가늠하는 기준으로 삼았다. 협동조합연합회는 각국의 소비자 운동을 포함하지 않는 한, 이 연맹과 어떤 관계도 갖지 않기로 했다. 교착 상태는 1895년까지 계속되었는데, 이 해에 연맹 추진자들이 자신들의 입장을 포기하고 '전원 가입하는' 국제 연합을 만드는 데 동의했다. 이러한 방향 전환 결과, 1895년 런던에서 열린 국제협동조합대회에서 국제협동조합연맹(ICA)이 창립되었다. 같은 해 협동조합연합회는 해외조사 위원회를 국제·해외조사 위원회로 개편했고, 그 뒤 이 위원회는 각 나라의 협동조합 사업 전반을 다루는 센터 역할을 했다.

국제협동조합연맹은 전국적인 연합체로서가 아니라, 진정한 협동 조직이라면 어떤 종류도 자유롭게 가맹할 수 있는 단체로 창립했다. 또한 1902년까지는 개인 회원도 인정했지만, 협동조합 운동이 아직 후진적이어서 하나의 집단 대표 형태를 갖출 수 없는 국가는 예외로 하고, 이 해부터 새로운 개인 회원 가입은 승인하지 않았다. 그러나 가맹 원칙에는 근본적인 변화가 없었다[1].

협동조합 운동은 많은 나라에서 아직 포괄적인 전국 기반 아래 조직되지 못했고, 뚜렷한 정치 경향과 종교 그룹을 대표하는 개별 운동으로 경쟁하고 있었다. 이런 상황에서 각 나라를 대표하는 단일한 전국 단체를 선정하기란 불가능했다. 국제협동조합연맹을 설립하는 가장 쉬운 방법은, 전국적이든 지역적이든 합당한 자격을 제시할 수 있는 조합이라면 가맹 신청을 승인하는 것이었다. 소비자조합에게 요구한 것은 기본적인 '로치데일 원칙', 특히 '개방적 조합원 제도'를 지키는가였다. 생산자협동조합이나 농업협동조합에게는 이렇게 간단한 심사를 적용할 수 없었고, 국제협동조합연맹 관리 위원회는 이런 조합에 대해서는 오로지 양식에 의존할 수밖에 없었다. 3년마다 한 번씩 열기로 한 대회와 대회 사이에서 이것을 판정하는 역할은 영국인만으로 구성된 관리 위원회에 위임되었다.

국제협동조합연맹의 발전은 더뎠다. 그러나 최소한 각 나라의 협동조합 운동 지도자들이 서로의 실천을 공유하는 데 이바지했고, 또한 CWS가 물품 구매를 위해 배송 센터를 만든 국가들 사이의 관계를 긴밀하게 하는 데도 도움이 되었다. 아주 제한된 범위이긴 하지만, 다른 나라 협동조합인들

---

1 국제협동조합연맹의 개인 회원제는 1921년까지 완전히 사라지지 않았다.

사이에서 거래가 이루어지기 시작했고, CWS는 외국 협동조합에서 구매도 했을 뿐 아니라 기회가 있으면 판매도 했다. 그러나 이러한 거래 규모는 아주 작았다. 국제 협동조합 거래의 가능성에 대해 많은 것을 이야기했지만, 실제로는 필자가 이 장에서 다루는 시기보다 훨씬 나중까지 중요한 진전은 없었다. 농업 국가의 협동조합인은 공업 국가의 소비자 운동과 특별한 관계를 쌓기보다는, 세계 시장에서 자신들의 입지를 강화하는 데 관심을 기울였다. 한편 소비자 도매조합은 농업 운동 또는 소비자 도매조합끼리의 거래 관계를 추구하기보다는 자신들의 후원으로 생산을 발전시키거나 외국에 구매 기구를 만드는 데 더 관심을 가졌다. 협동조합 운동의 걸음은 느렸지만 전 세계로 넓어졌다. 그러나 실제 성장의 과정은 산발적이었고, 정치적 · 종교적 차이만이 아니라 한편에서는 매장 운동으로 또 다른 한편에서는 농민 운동 지도자 사이의 불신으로 발전이 제약되었다. 영국과 아일랜드 운동의 밀접한 협력을 방해했던 장애물이 다른 곳에서도 나타났다. 그리고 소비자협동조합과 생산자협동조합을 주창하는 사람들 사이의 잠재적인 갈등이 국제적인 협동조합 관계의 기본 원칙 선언을 방해했다. 1907년까지 국제협동조합연맹은 분명한 행동 방침을 아무것도 결정하지 못했다. 이 해에 스코틀랜드CWS 회장 윌리엄 맥스웰이 연맹의 회장이 되었고, 한스 뮐러가 사무국장이 되었다. 그리고 1908년에 국제협동조합연맹은 월간지《회보(Bulletin)》를 영국, 프랑스, 독일어로 발행하기 시작했고 이는 상당한 교육적 효과를 가져왔다. 그러나 그 뒤로 연맹은 여러 나라의 발전 방향에 대해 큰 영향력을 행사하지 못했다. 전국이나 지구의 운동은 연맹을 그다지 의식하지 않고 각자의 길을 갔고, 가끔씩 열리는 연맹의 대회는 어떤 행동의 통일을 만들어 내기보다는 서로의 지식을 늘리는 데 기여했다. 그렇지만 각각의 운동이 서로를 잘 아는 것도 분명한 성과였다. 국제협동조합연맹은 1914년까지 착실하게 자리를 잡아갔는데, 이 해에 전쟁이 일어나 큰 충격에 휩싸였다. 1913년 글래스고 국제대회에 모인 각 나라의 협동조합인들은 "평화를 옹호하는 데 전력을 기울이는 것이 모든 나라 협동조합인의 이익에 부합된다."는 결의를 했다. 그리고 국제협동조합연맹과 연합한 대부분의 운동에서 제1차 세계대전 동안 평화주의의 흐름이 강하게 있었다. 그러나 다른 노동 계급 단체의 평화주의만큼 효과적이지는 못했다. 세계의 협동조합은 전쟁을 일으킨 사악한 폭력이 형제애를 갈기갈기 찢는 것을 저지하는 데는 무력했다[2].

---

2 국제협동조합연맹에 대한 자세한 설명은 제21장을 참조할 것.

제15장

제1차 세계대전 이전과
전시 중 협동조합

1900년부터 1914년까지 협동조합 조합원 수는 착실히 늘었고 구매조합의 평균 규모도 눈에 띄게 커졌다. 1900년에는 구매조합[1]이 1,439개로 조합원은 모두 170만 7,000명으로 평균 조합원은 1,186명이었다. 1914년에는 조합 1,385개, 조합원은 305만 4,000명으로 한 조합 평균 2,205명이었다. 제1차 세계대전 직후인 1919년에는 조합원이 한 조합 평균 3,045명, 모두 413만 1,000명으로 늘었지만 조합 수는 1,357개로 전보다 줄었다.

소매 거래는 1900년에 5,000만 파운드를 조금 넘었고, 1914년에는 8,800만 파운드 그리고 1919년 ─물론 물가가 급격히 오른 해─ 에 1억 9,900만 파운드를 기록했다. 조합원 1인당 평균 판매액은 1900년 29파운드, 1914년에는 보다 높은 가격 수준에서 거의 같은 금액이었고, 1919년에는 전쟁이 끝나고 인플레이션인 상황에서 48파운드였다. CWS 순 판매액은 1900년

---

1 개별 조합 수는 1903년에 최고점(1,455)을 찍은 뒤 줄기 시작했다.

에 1,600만 파운드, 1914년에 3,500만 파운드 그리고 1919년에 8,900만 파운드였다. 스코틀랜드CWS는 1900년 550만 파운드, 1914년 950만 파운드 그리고 1919년에 2,475만 파운드였다. 이러한 실적은 물가 변동을 감안하더라도 주목할 만큼 늘어난 것이었다. 협동조합 운동은 착실히 성장해 이제는 공고하게 자리를 잡은 조합이 지부를 많이 만들고 더 넓은 지역을 효과적으로 망라하면서 영향력을 넓혀 갔다. 그러나 조합원 거래액은 협동조합 생산물이 늘어나고 많은 조합이 새로운 부문을 개설했음에도 실질적으로는 충분히 유지하지 못했다. 지방의 작은 가게를 희생시키면서 급속히 늘어나는 체인점이나 대형 백화점과 마주해야 하는 경쟁은 더 심해졌다. 그리고 운동이 성장함에 따라 협동조합에 대한 충성심은 점점 무뎌져 갔다. 일부 조합에서는 높은 가격과 높은 배당 정책으로 조합원의 구매 범위를 제약했고, 또 일부에서는 서로 겹치는 조합이 마찰을 일으켜 사업을 부진하게 만들었다.

1900년부터 1914년까지 협동조합 운동은 대체로 평탄했다. 협동조합의 구조나 관리 방법에서 큰 변화는 없었다. 그리고 이전의 몇 십 년 동안 이루어진 여성길드 창설이나 아일랜드의 운동 확대에 필적하는 새로운 발전은 없었다. 초기에 이루어진 이러한 사건들의 영향력이 이어지고 있었고, 필자는 서술의 연속성을 위해 앞의 여러 장에서 이런 사건들에 대한 설명을 새로운 세기 속에 끌어들였던 것이다. 우리는 협동조합 여성길드가 가난한 이웃들 속에서 협동조합 거래를 확대하기 위해 어떤 운동을 펼쳤는지 그리고 선더랜드의 짧고도 중요했던 실험의 경과를 이미 살펴보았다. 아일랜드의 농업협동조합이 어떻게 성장했는지도 살펴보았다. 그리고 여성길드가 어떻게 참정권 문제에 관여하고, 협동조합과 노동조합 운동의 관계에 대한 문제를 적극적으로 다루었는지를 그리고 이 문제가 어떻게 1906년의 노동쟁의법에 이은 노동조합 활동의 부활의 결과로서 중요성을 더했는지를 살펴보았다.

협동조합 피고용인 사이에서 성장한 노동조합 운동, 전국적으로 인정된 임금 등급을 요구하는 운동 그리고 소란한 시기를 거친 협동조합 고용에 대한 요구 조건에 적합한 단체 교섭 기구의 진전 등에 대한 이야기는 다음 장으로 미루는 게 좋겠다.[2] 구매조합의 조합원 증가는 별개로 하더라도 제1차 세계대전 전 몇 년 동안 협동조합 운동의 뚜렷한 특징은 CWS의 확대였다. CWS는 새로운 공장과 배송 센터를 만들고, 전부터 소매조합의 연합 투자로 운영해 온 독립 생산조합을 많이 인수하면서 성장했다. 역사가 오래된 로치데일제분소와 올덤의 스타제분소 둘 다 1906년에 CWS가 인수했다. 같은 해에 CWS는 선 제분소(Sun Flour Mill)를 사들여 세계 최대 규모의 제분 기업의 하나가 되었다. 이러한 사업 확장은 농업공급조합과 여러 관계의 발전을 훨씬 쉽게 했고, 농업공급조합은 밀 찌꺼기를 기본으로 한 사료 공급에서 CWS의 큰 거래처가 되었다. 1903년, CWS는 처음으로 독

---

2 588쪽 이후를 참조.

립적인 농업 사업부 설치를 검토했다. 이 사업부는 1914년에 공식 설치되었지만, 그 전에도 농자재 사업은 상당히 커졌다.

CWS는 보험과 은행업에도 진출했다. 협동조합 보험회사는 1899년에 재편해 보험협동조합이 되었는데, 이를 CWS와 스코틀랜드CWS가 1912년~1913년에 공동으로 인수함으로써 CWS의 보험 부문과 보험협동조합의 관계를 둘러싼 오랜 논쟁이 마침내 종지부를 찍었다. 보험협동조합은 1917년 플래닛보험조합을 흡수해 더욱 확대되었고, 대리점과 보험 모집인 등 직원을 많이 둔 거대한 기업으로 발전했다. 국민보험법이 통과된 1912년에 CWS는 건강보험 부문을 만들어 건강보험조합 일을 시작했다.

CWS 은행 부문도 확대되었다. 노동조합과 다른 노동 계급 단체들에게 특별한 노력을 기울여 두 운동이 보다 긴밀하게 단결해야 한다는 캠페인의 일부로서 CWS 은행부와 거래를 해야 한다고 설득했고 이는 성공했다. 1910년에 은행부는 개인 저축을 받기 시작했고, 개인 예금자를 끌어들이기 위한 다양한 편의를 개발했다. 1912년 은행부의 연간 거래액은 1억 5,800만 파운드로 늘었다. 은행부는 지나친 투기로 외부 금리가 급격히 오르더라도 대출 금리를 안정적으로 유지해 조합에 득이 되었다. 노동조합에 대한 은행부의 유용성은 1911년과 1912년의 대 파업 때 충분히 입증되었는데, 1912년 석탄 파업에만 75만 파운드 정도가 은행부 자금으로 나갔다. 또한 은행부는 1897년에 시작했던 조합원 주택 대출을 1907년 이후 부활시켰다. 대출금은 감정가의 75퍼센트 안에서 4퍼센트 이자 —다른 대출

보다 훨씬 낮은 이자율— 로 소속 지역 조합을 통해 개인에게 대출했다. 1907년부터 1912년까지 이런 방식으로 CWS는 1,148명에게 36만 파운드 이상을 대출했다. 이 숫자는 최근의 건축조합 규모와 비교하면 적다고 생각할지 모르지만, 1914년 세계대전이 일어나기 전 건축 활동이 활발하지 않았던 상황과 관련해서 봐야 한다.

CWS의 조직 체계는 우리가 지금 살펴보는 기간에 많은 변화를 겪었다. 1906년에 뉴캐슬과 런던에 있는 개별 지부 위원회를 없애고, 앞으로 전국을 망라하는 단일 집행 기관을 두기로 했다. 이 기관은 지리적인 구분이 아니라 기능적으로 구분한 것으로 맨체스터와 뉴캐슬, 다시 맨체스터와 런던에서 매주 모임을 갖기로 합의했다. 집행부는 여전히 각 지역의 사람들로 구성하는데, 투표인은 전국의 모든 선거인으로 했다. 이사들의 급료는 엄격하게 연 350파운드로 고정했다.

스코틀랜드CWS도 1900년부터 1914년까지 빠르게 성장했다. 두 도매조합은 1900년에 —비공식적으로는 1890년에 시작되었지만— 합동 홍차 위원회를 정식 설립했는데, 이는 급속히 확대되어 나중에는 인도와 실론의 대규모 농장 구입을 담당했다. 1910년에 스코틀랜드CWS는 엘긴에 직영 소매조합 —인구가 적은 하일랜드 지역 여러 소매조합의 선구— 을 만들어 새로운 영역을 열었다. 또한 스코틀랜드CWS는 1904년에 칼더우드 성을 포함한 칼더우드 농장 1,125에이커를 사들였다. 칼더우드 성은 협동조합 박물관으로 만들었고, 농장에서는 일반 농작업은 물론이고 과일과 야채를 온

실 재배하기 위한 대규모 개발을 했다. 쉴드홀[3]에서도 생산이 발전되었고, 스코틀랜드CWS는 여러 생산조합을 인수했다.

협동조합연합회와 협동조합대회는 이 무사평온한 성장의 시기 동안 차분하게 각자의 길을 갔다. 1900년에 열린 대회에서는 가난한 이웃들이 이용할 수 있는 매장 지부를 만들라고 권고했다. 이 결정으로 이듬해 협동조합 여성길드가 협동조합 가격에 대한 특별 조사를 벌였고, 수포로 돌아가기는 했지만 선더랜드의 실험도 있었다. 1906년 버밍엄 대회에서는 협동조합연합회 사무국장 J. C. 그레이가 모든 유통을 기존 조합을 지부로 하는 단일 전국협동조합으로 재편하자는 제안을 했다. 이 제안은 열띤 토론을 불러일으켰는데 이 과정에서 각 지역 조합은 자치권을 포기할 생각이 없음이 분명해졌다. 그러나 그레이의 제안은 경쟁 조합과 이웃한 조합 사이의 중복 문제에 관심을 집중시키는 효과가 있었고, 합병이나 지역 협정 면에서 결실을 거두기도 했다. 그러나 근본적인 변화는 없었고, 개별 조합들은 완전한 '주권'을 유지했다.

1909년 협동조합대회는 여성길드의 압력으로 여성들의 투표권을 지지하는 입장을 선언했다. 1911년 협동조합연합회는 맨체스터에 있는 홀리요크 회관에 새로운 본부를 두었다. 또한 이 해에 연합회는 표결 규정을 개정해 그때까지 시행되던 복잡한 제도를 조합원 수에 기초한 일률적인 회

---

3   381쪽 참조.

비제로 바꾸었다. 협동조합에 대한 개인 상인들의 공격이 점점 심해지면서 연합회는 특별 위원회가 관리하는 방어 기금을 두었다. 다른 방면으로는 운동 전체를 위한 중앙 자문 단체로서 활동을 넓혀나갔다. 연합회의 교육 사업도 발전했다. 협동조합연합회 교육부가 1898년에 조직되었는데 이는 연합회의 중앙 교육 위원회[4] 설립에 따른 교육 구조 변화와 관련된 것이다. 이때부터 협동조합연합회는 교육 사업을 점차 확대했고, 특히 협동조합 피고용인을 위한 실무 교육을 강화했다. 경제학 수업은 1906년에, 청소년들을 위한 협동조합 수업은 1908년에 시작되었다. 그 이듬해, 협동조합연합회의 후원으로 열리고 있던 협동조합 교사 연차 회의는 협동조합 교육에 관심 있는 사람들이 참여하는 부활절 주말 회의로 확대되었다. 1909년에 교육부는 처음으로 해외여행을 조직했는데, 이는 영국 협동조합인들이 다른 나라의 협동조합 운동을 접하기 위해 기획한 것이었다. 부활절 주말 회의는 각 협동조합 교육 위원회 대표자들과 협동조합 교육에 관심을 가진 다양한 보조 단체 대표자가 서로 교류함으로써 협동조합 교육 사업의 통일성을 만드는 데 큰 도움이 되었다. 이 모임은 1913년에 열린 협동조합 여름학교의 씨앗이 되었고, 그 이듬해 프레드 홀이 교육 이사로 임명되었는데 그는 학습 상담자라고 불렸다. 그는 곧바로 협동조합 대학 설립 운동을 시작했다.

---

4   422쪽 참조.

협동조합 대학이라는 발상은 결코 새로운 것이 아니었다. 오언주의 시기에 리버풀의 찰스 프라이는 도매 구매 기관[5]의 잉여금을 "협동조합인을 위한 학교 또는 대학을 만들기 위해" 써야 한다고 제안했다. 유명한 협동조합 주창자인 레이놀즈도 "전국의 모든 조합원 자녀들이 배울 수 있는 협동 대학을 세우기 위해 런던에서 몇 마일 안에 있는 시설을 건설하거나 구입 또는 임차하자."고 제안했다. 협동조합의 여러 새로운 사업을 시도한 킹스 크로스 부근에 땅을 갖고 있던 괴짜 사회주의자 피터 바움은, 성공하지는 못했지만, 얼마 뒤 협동조합 대학을 위해 땅을 기부했다. 햄프셔의 퀸우드 공동체에는 오언주의 학교가 있었다.

이러한 계획 대부분은 성인보다는 아동과 청소년 교육을 위한 것이었고, 교육 개혁을 지향하는 오언주의 협동조합인에게는 가장 필요한 일의 하나였다. 협동조합 대학 구상은 1860년대에 헨리 피트만의 《코퍼레이터》를 통해 그리고 1869년에 열린 첫 번째 협동조합대회에서 옛 오언주의자인 윌리엄 페어가 다시 제기했다. 이 대회에서 급진파 하원 의원이자 '볼런터리즘[6]' 주창자인 오베론 허버트는 협동조합 관리자와 임직원 교육에 특화한 대학을 만들어 실무 과목만 아니라, 협동조합의 정신과 목적을 명확하

---

5   246쪽 참조.

6   [옮긴이] 허버트는 개인의 사회경제적 자유를 중시하는 입장에서 국가의 강제력은 개인의 권리와 소유권을 보호하는데 한정해야 한다고 주장했다. 그는 조세에서도 개인의 자발적 과세론을 주장했는데 그는 자신의 이런 정치사상을 '볼런터리즘'으로 규정했다.

게 가르쳐야 한다고 제안했다. 이러한 견해는 호지슨 프라트와 몇몇 사람들의 공감대를 얻어 그 뒤의 대회에서도 명맥을 이어갔다. 1890년, 연합회의 교육 위원회는 "통상의 교육 과정 외에, 뉴라나크에서 로버트 오언이 홀륭하게 실행한 노선을 따르면서 협동조합 원칙을 체계적으로 가르치는 협동조합 학교 또는 대학" 설립을 적극 권고했다. 이 당시는 아무것도 구체화되지 않았지만, 그 뒤의 대회에서 E. O. 그리닝과 W. R. 라에(오랫동안 중앙 교육 위원회 위원장이었다)는 행동을 호소했다. 1912년, 레스터에서 열린 부활절 주말 회의에서 프레드 홀은 한 걸음 더 나아가 1890년의 방침을 따라 즉시 대학을 설립하자고 주장했다.

홀은 단지 주장에 머무르지 않았다. 그는 대학 설립 준비 모임을 만들었고, 《칼리지 헤럴드(College Herald)》라는 작은 신문도 정기 발행했다. 이러한 과정에서 협동조합연합회는 1914년에 홀을 학습 상담자로 임명했다. 그러나 이듬해에 그가 업무를 맡았을 때 전쟁이 일어나 대학 설립을 추진하지 못하고, 연합회 본부인 홀리요크 회관에서 협동조합 학생반을 소규모로 시작했다. 대학 설립은 전쟁이 끝나면 가능한 빨리 다시 추진하기로 했다.

이런 가운데 여성길드는 매우 활동적이었다. 1908년, 여성길드는 협동조합 피고용인을 위한 생계 임금 캠페인을 벌였는데 이때 처음으로 협동조합연합회의 지원금을 받았다. 2년 뒤 여성 길드는 노동 계급의 부인들을 위해 이혼법 개정 문제를 다루면서 격렬한 논쟁에 뛰어들었다. 여성길드는 이혼 비용이 지나치게 높아서 노동 계급의 경제력으로는 감당하기 어렵다는 점을 지적하고 법적 절차를 단순화해서 이 비용을 줄이라고 요구했다. 이들의 요구는 랭커셔의 조합에 속한 로마 가톨릭 교인들을 자극했다. 이들은 여성길드가 종교적인 중립 원칙을 어겼다는 이유로 강력하게 반대했다. 협동조합연합회는 심각한 분쟁을 우려해 주로 여성길드 본부 사무실 경비로 쓰이는 연간 지원금을 끊을 수도 있다고 으르면서 이 캠페인을 중단하라고 요청했다. 여성길드는 노동 계급의 부인에게 중요한 문제라면 어떤 것이라도 자신들이 관여할 권리가 있다는 입장을 단호히 했고, 이 문제를 검토하기 시작한 왕립 위원회 앞에서 증언하겠다고 버텼다. 상황은 팽팽히 부딪쳤고, 협동조합연합회가 제안한 조건을 받아들이지 않았기 때문에 여성길드 지원금은 1914년에 끊어졌다. 1918년까지 지원이 끊겨 여성길드는 큰 어려움을 겪었다. 그러나 여성길드는 여러 지역 조합은 물론이고 CWS로부터도 지원금을 계속 받았다. 여성길드는 이 폭풍우를 이겨냈을 뿐만 아니라 회원 수와 영향력도 커졌다. 아일랜드 여성길드는 아일랜드 농업조직협회 보조 기관으로 1906년에 조직되었다. 영국에서는 1911년에 여성길드에 대응하는 조직으로 전국협동조합 남성길드가 출현해 상당한 조합원 수와 위신을 얻었다. 그러나 남성 협동조합인들에게는 여성처럼 협동 활동의 힘을 개발하기 위한 특별 단체가 필요하지 않았다. 남성길드는 교육과 선전 활동에 집중했고, 여성길드처럼 사회와 정치 개혁을 위한 문제에는 손을 대지 않았다.

농업협동조합은 이미 살펴본 것처럼 아일랜드농업조직협회의 자극을 받아 빠르게 발전하고 있었지만, 같은 시기에 영국에서는 거의 영향력이 없었다. 1900년에서 1901년 사이에 설립한 영국농업조직협회의 효과는 별로 없었다. 스코틀랜드농업조직협회는 1905년에 모체에서 독립해 보다 큰 영향력을 갖게 되었다. 1906년에는 농업조직협회와 협동조합연합회가 농업협동조합과 소비자 운동의 상호 거래를 촉진하기 위한 시도를 했지만 성과는 거의 없었다. 1907년~1908년 자유당이 제정한 소농지임차법[7]은 잉글랜드와 웨일즈 및 스코틀랜드 농업협동조합에 상당한 자극을 주었다. 이때부터 1914년까지는 농업공급조합이 착실히 발전했다. 1908년 협동조합대회에서는 농업 운동과 소비자 운동 상호 거래 발전을 지지하는 추가 결의를 채택했다. 1910년 협동조합대회는 CWS가 농업조합에 대표권을 주는 방식으로 농업 거래를 위한 특별 사업부 설립을 요청했다. 그래서 CWS는 식용가축 사업부를 만들었는데, 의견의 차이가 중대한 문제로 번졌다. 농업조합은 CWS가 중개인을 통해 구매하지 말고 자신들에게 실질적으로 보장된 시장을 요구했다. 그러나 CWS는 품질을 보증하고 시장에서 구매할 수 있는 값을 크게 넘지 않는 선에서 적정 규모로 공급을 보장해야 한다고 주장했다. 이러한 논점에 대해 바로 토론을 진행했지만 결렬되었고, 전쟁이 일어난 뒤까지 농업조합과 도매사업의 조직된 상호 거래 관

---

7   [옮긴이] 교구 또는 자치시 단위에서 보유 토지를 소규모로 임차할 수 있게 한 법.

계는 발전하지 못했다.

스코틀랜드 농업협동조합은, 대농들의 적대감이나 냉대가 커다란 방해물인 잉글랜드보다 상황이 좋았다. 1907년에 스코틀랜드농업조직협회는 스코틀랜드전국가금조직협회를 인수했고 상당한 성공을 거두었다. 그러다 1913년에 분열이 일어났다. 스코틀랜드소농협회가 새로 나타나 소농들의 생산물 판매를 위한 직영 소매점을 둔 스코틀랜드중앙시장이라는 자회사를 만들었다. 스코틀랜드중앙토지은행과 가축보험조합이 곧 뒤따랐고, 이들 기관은 전쟁이 끝나고 불황 속에서 스코틀랜드중앙시장이 붕괴할 때까지 독립적으로 활동했다.

이러는 동안 CWS와 아일랜드농업조직협회 사이의 반목은 1909년, CWS가 아일랜드 버터 공장을 아일랜드농업조직협회의 후원으로 만들어진 독립 조합에게 양도한다는 합의로 해결되었다.

1914년, 협동조합대회가 더블린에서 열렸다. 협동조합연합회의 아일랜드 지구는 1904년에 스코틀랜드 지구 조직에서 분리되었다. 그러나 벨파스트를 제외하면 아일랜드의 소비자협동조합은 별다른 진전이 없었다. 아일랜드에서 열리는 대회가 자극이 될 것이라는 기대가 있었지만, 상황은 좋지 않았고 이 해 후반에 일어난 전쟁으로 더욱 그러했다. 더블린 대회의 주요한 결의 사항은 협동조합연합회 북부 지구 위원회의 발의로 일반조사위원회를 두기로 한 것이다. 이는 시드니 웹 부부가 1913년에 페이비언협회 조사부를 위해 준비한 협동조합 운동 보고서에서 어느 정도 자극을 받은 것이었다. 이것은 《뉴 스테이츠맨(New Statesman)》을 통해 생산자와 소비자의 협동조합 운동을 다루는 두 개의 부록으로 출판되었다. 두 번째 부록의 대부분은 1921년에 출판된 웹 부부의 책 『소비자협동운동』에 합본되었다.

이 조사 위원회는 본래 외부 전문가의 도움을 받아 운동의 모든 측면을 충분히 검토하고, 운동의 모든 부문을 대표하도록 의도한 것이었다. 그러나 CWS는 여기에 제출된 대표자 수가 부족하다는 이유로 참여를 거부했고, 르웰린 데이비스 양은 여성길드와 협동조합연합회의 논쟁 결과 탈퇴했다. 외부 전문가들은 전혀 소집되지 않았고, 조사 위원회는 전쟁의 어려움 속에서 협동조합연합회 중앙 이사회 구성원과 다른 위원회 위원들에 의지해 일을 추진했다. 조사 위원회는 전쟁 중이던 5년 동안 활동했고 1916년, 1917년, 1918년에 중간 보고서와 1919년에 최종 보고서를 내놓았다. 최종 보고서에 대한 임시 대회가 그 이듬해에 열렸다. 프레드 홀은 협동 대학 설립의 희망이 좌절되고 나서 조사 위원회 일에 온 힘을 기울였고, 방대한 보고서를 만드는 데 큰 역할을 했다.

1914년에 일어난 전쟁이 협동조합 운동에 큰 영향을 주지는 않았다. 소매조합의 조합원은 이전보다 훨씬 빠르게 늘어났고, 소매 판매액은 물가 상승과 조합원 증가가 서로 영향을 주면서 급속하게 올라갔다. 제1차 세계대전 초기에는 1939년에 도입된 공업과 상업에 대한 국가 통제가 확대되지 않았다. 자유당 정부는 레세페르 정책을 가능한 한 길고 폭넓게 실행했다. 식량 통제관은 1917년에야 임명되었고, 식량 배급은 전쟁 후기에 격렬한 잠수함 공격[8]의 중압 아래 점진적으로 실시되었다. 따라서 전쟁은 초기 단계에서 폭리를 얻는 엄청난 기회를 제공했다.

협동조합 운동은 전쟁 기간 동안 소비자의 권리를 보호하고 그들의 힘을 정부에 제공하는 일에 전력을 기울였다. 도매조합과 생산자조합 공장은 가장 낮은 가격으로 군화와 군복 그리고 기타 물품의 대량 주문을 처리했다. 협동조합은 전쟁으로 물자가 부족한 상황에 편승한 개인 상인보다 언제나 늦게 값을 올렸고, 어디서든 사업의 경쟁자가 강요하는 가격 상승을 막았다. 정부는 전시 통제 수단으로서 협동조합 운동의 잠재적 가치를 1918년까지 애써 무시했다. 통제가 이루어지는 곳은 거의 언제나 개인 영업자들이 지배하고 있었다. 협동조합인들은 정부 부처에 대한 자문으로 출발해서 공식적인 '통제 기관'으로 격상되는 상업 기구의 어떤 역할로부터도 배제되었다. 정부는 제조업자와 상인들에게 설탕이나 밀, 기타 생필품을 배급하는 '기준'을 전쟁 이전의 순위로 관리했다. 협동조합 조합원이 빠르게 늘고 있었던 만큼, 이는 협동조합 소비자에게 불이익으로 작용했고 그들은 끊임없이 증가하는 식량 수요자 사이에서 정해진 배급량을 나누어야만 했다.

협동조합 지도자들은 제1차 세계대전 이전부터 조합원 수가 급속히 증

8　[옮긴이] 1917년 2월 1일 독일은 연합국을 상대로 무제한 잠투함 작전을 선언했다.

가한 사실이 인정되어야 하며, 전쟁 이전 조합원 수가 아니라 실제 조합원 수를 기초로 배급이 이루어져야 한다고 주장했다. 그러나 정부의 신뢰를 받고 있는 개인 영업자의 강력한 반대를 극복하지는 못했다.

협동조합 대표자들은 민중의 이익을 보호하기 위해 노동 계급의 운동으로 설립된 전국적인 조정 단체인 전시비상노동자전국위원회에 처음부터 힘을 실었다. 이 위원회와 협동조합 의회 대책 위원회는 시국의 효과적인 통제를 거부하는 정부에 대해 지속적으로 저항했다. 전쟁 초기에 협동조합은 식량을 공정하게 배급할 수 있도록 정부가 개인 배급제를 도입하길 원했다. 그들은 사적 이해에 따라서가 아닌, 정부가 직접 효과적으로 가격을 통제하기를 바랐다. 또한 협동조합이 수많은 상업 기관의 하나가 아니고, 이윤 추구가 아닌 봉사의 원칙을 따르는 소비자 운동이며 따라서 전시의 물자 부족 상태에서 소비자의 요구를 충족시키기 위한 적임자임을 정부가 인정하기를 원했다. 그러나 내각의 장관들도 공무원들도 —군수 물자를 취급하는 정부 부처에 재빠르게 자리 잡은 기득권의 대표자들은 말할 것도 없고— 다른 거래자들과 구별되는 협동조합의 어떤 점도 인정하지 않았다. —그것이 협동조합인에게 불이익이 되는 경우가 아닌 한.

1917년에 설탕 배급 —개인 배급제를 더 빨리 도입해야 했지만 주저하면서 시간을 끌다가 마침내 나온 첫 조치— 을 시작했을 때, 협동조합 운동은 거의 950만 명이나 되는 소비자를 기반으로 하고 있었다. 많은 지역의 협동조합은 제한된 공급품을 공정하게 할당하기 위해 정부보다 앞서 조합원에게 설탕 배급권을 발행했다. 전쟁을 시작한 바로 그날부터 많은 조합들은 제한 공급 원칙을 적용하려고 힘썼다. 그리하여 마침내 정부가 제도를 도입할 수 있게끔 길을 닦은 것이었다.

　제1차 세계대전 동안 소비자의 공정한 처우를 확보하기 위해 협동조합인들이 벌인 오랜 투쟁을 자세히 이야기하는 것은 오늘날에는 아무런 실익이 없을 것이다. 다만 이러한 노력들이 운동의 위신을 높였고, 그들이 인정을 받기에 이르렀음은 분명했다. 이때 최초로 식량 통제관으로 임명된 식품 도매상 데본포트 경에 이어 론다 경이 식량 통제관이 되었고, J. R. 클라인즈 씨가 식량부 의회 비서로 취임하면서 마침내 건전한 정책을 채택하고 협동조합도 어느 정도 정당한 대우를 받게 되었다. 식량부의 임시 공직을 협동조합인이 맡았고, 이전까지 배재되었던 왕립밀배급 위원회를 포함한 여러 통제 위원회 위원으로 협동조합 대표자들이 임명되었다. 식량부에 자문하기 위해 1918년 1월에 임명된 소비자 심의회에 강력한 협동조합 대표단이 포함되었고, 전쟁 초기에 벌어진 참상은 상당히 완화되었다. 협동조합인들은 자신들이 공정하게 취급받고 있다고 생각한 적은 한 번도 없었다. 비영리 기관으로서 또한 조직된 소비자의 유일하고 진정한 대표자로서 그들의 고유한 지위를 인정받지 못했기 때문이다. 그럼에도 이번에 부여된 대우는 전보다 개선된 것이었고, 협동조합 지도자들은 전쟁 초기의 비참한 실책을 바로잡기 위해 애쓰면서 식량부에 성실히 협력했다.

　개인 상인들과 같은 조건으로 협동조합에도 초과이득세를 부과해야 한다는 제안이 나왔을 때, 협동조합인의 불만이 터졌다. 협동조합인들은 상호 거래로 생기는 잉여금을 개인 사업의 이윤과 같다고 보는 것은 공정하지 못하다고 주장했다. 이 주장이 거부되자, 어떻게든 과세를 사정한다면 전쟁 전의 파운드 당 이용 실적 배당을 유지하도록 조합원 수의 증가를 고려해야 한다고 했지만 부질없었다. 이 요구도 거부되었고 협동조합의 잉여금에는 일정한 기준에 따라 초과이득세가 부과되었는데, 그 기준은 전쟁 전 이용 실적 배당 총액을 유지하는 것만 인정하고 파운드 당 비율은 인정하지 않는 것이었다. 협동조합인들은 이러한 조건으로 초과이득세를 부과하는 데 격분했고, 도매조합을 비롯한 많은 소매조합은 불공정한 부담에 대항하는 조치를 취했다. 그들은 이용 실적 배당을 거의 소멸점까지 줄이거나 심지어 손해를 감수하면서 거래하도록 가격을 낮출 수 있는 위치에 있었다. CWS는 1916년과 1917년에 초과이득세를 거의 100만 파운드 내야 했는데, 모든 개인 상인이 높은 이윤을 얻고 있을 때 사업 손실을 낼 정도로 가격을 매우 낮게 유지했다. 이는 당시 적용된 평균 징세 제도에서 이미 지불한 세금 전부를 돌려받게 만들었다. 다른 많은 조합도 같은 정책을 펼쳤고, 이로써 협동조합은 자신들에 대한 과세 시도를 물리치고 개인 사업과 중요한 차이가 있음을 성공적으로 입증했다. 협동조합인들은 이윤을 목적으로 하지 않기 때문에 원가로 거래할 수 있었던 것이다. 이윤을 추구하는 개인 상인들은 물론 이렇게 할 수 없었다. 협동조합의 잉여금과 개인 사업의 이윤이 다르다는 것을 이처럼 완벽하게 입증했지만, 개인 상인들의 분노는 조금도 진정되지 않았다.

사실, 정부가 협동조합의 잉여금을 과세 대상으로 한 것이 이론적으로 옳은가 아닌가는 매우 어려운 문제이다. 만일 이 과세가 정말 이윤에 대한 세금이었다면 정부는 잘못한 것일 수 있다. 그러나 이 세금은 사실상 전쟁 중에 소비 제한을 의도한 거래세에 훨씬 가까운 것이었다. 만일 거래세로 과세했다면 협동조합은 이에 저항할 뚜렷한 명분을 갖기 어려웠을 것이다. 그들은 거래세가 옳지 못한 세금이며, 차라리 정부가 가격을 통제하는 게 훨씬 나을 것이라고 주장할 수도 있지만, 협동조합의 거래를 면세로 해야 한다고는 주장할 수 없었다. 그러나 정부는 직접 거래액이 아니라, 초과 이득에 과세를 했고 이로써 협동조합인들에게 합법적인 면세 수단을 제공한 것이다. 왜냐하면 이용 실적 배당을 포기하고 거의 원가로 판매하면 —협동조합은 이렇게 할 충분한 자격이 있다— 초과 이득은 있을 수 없기 때문이다. 결국 이 정책의 결과 협동조합 운동은 초과이득세 수확에는 공헌을 못했지만, 그렇다고 해서 이를 대하는 방식에 대한 심한 분개마저 없앨 수는 없었다.

초과이득세를 둘러싼 운동의 결과는, 정치적 중립을 주장했던 태도가 역전되었다는 것이다. 전쟁이 일어나기 직전, 협동조합과 노동 운동이 보다 긴밀하게 단결해야 한다는 제안이 나왔지만 협동조합의 정치적 중립성을 위협할 수 있다는 이유로 협동조합대회에서 거부되었다. 1917년, 협동조합에 대한 초과이득세와 정부의 대우를 둘러싸고 원성이 자자한 가운데 협동조합대회는 이전의 결정을 번복했다. 소비자의 이익에 중요한 영향을 주는 산업과 서비스의 전시 통제에 관계하는 단체는 물론이고, 의회와 지방 당국에 직접 협동조합 대표를 내보내기로 결정했다.

이 결정의 결과로 꾸린 협동조합 대표자 위원회는 협동조합당을 일으키는 중핵이었다. 그러나 당장 실현되지는 않았다. 전쟁 동안 협동조합에 대한 정부의 대우에도 불구하고 운동의 정치 참여에 대해서는 의견 차이가 심했다. 정치적 중립은 종교적 중립과 맞물려 로치데일 선구자들 시대로부터 이어져 오는 협동조합의 기본 원칙이었다. 그리고 많은 옛 협동조합인들은 이 원칙으로부터 조금이라도 벗어나면 협동은 산산조각 날 것이라고 걱정했다. 다른 많은 나라에서는 서로 다른 정당이나 종교 그룹에 속한 협동조합 운동의 여러 갈래가 있었다. 정치 활동을 반대하는 사람들은 협동조합 운동이 위험에 빠져들고 있다고 큰 소리로 경고했다. 사실 이 나라의 소비자협동 운동은 그 지도적 인물을 통해 자유주의나 비국교주의와 긴밀한 관계를 맺었고, 1917년 당시에도 여전히 연대가 강했다. 자유당이 파벌 —애스퀴스 파와 로이드 조지 파— 로 분열하지 않고 전쟁의 충격 아래 붕괴 과정에 있지 않았다면, 협동조합의 정치 활동에 대한 반대는 실제로 드러난 것보다 훨씬 격렬했을 것이다. 그러나 이러한 반대는 협동조합인들이 1917년에 자신들의 정당을 만들기 위해 아무것도 결정하지 못하게 할 정도로 강력했다. 마치 노동자 대표를 위한 운동이 1869년에 단지 노동자의 의회 진출을 추구하는 노동자대표연맹으로부터 시작된 것처럼 그리고

1900년에 노동조합주의자들과 사회주의자들이 노동자대표 위원회를 만들기 위해 힘을 합쳤지만 신당 창당을 눈앞에 두고 주춤했던 것처럼[9]. 지금은 협동조합인들이 이 위원회에 아무런 실행 계획도 없이 또 위원회가 무엇을 해야 할 지 어느 것도 분명하게 결정하지 못한 채, 단순히 협동조합 대표자 위원회(CRC)를 만들었을 뿐이다. 협동조합 대표자 위원회는 처음에 협동조합 의회 위원회에 소속되었다[10]. 협동조합 의회 위원회는 협동조합과 관련한 입법과 행정 과정을 감시하고, 장관에게 청원 활동을 하고, 정부 부처에 압력을 가하는 역할을 했는데, 이는 노동조합대회 의회 위원회 (지금은 노동조합대회 총협의회로 바뀜)가 노동조합을 대표해서 했던 것과 거의 같은 방식이었다.

협동조합 대표자 위원회가 협동조합당이 된 이야기, 그 뒤 협동조합당과 노동당의 관계에 대한 이야기는 전쟁이 끝난 뒤의 일이므로 나중에 언급할 것이다. 여기서 주목해야 할 중요한 부분은, 협동조합 운동을 정치로 끌어들인 것은 공통의 정치 강령에 입각해 단결하거나, 보통의 의미에서 신당을 결성하는 등 의식적인 결의에 있었던 것이 아니라, 협동조합이 자신들의 손으로 문제를 다루지 않으면 정부의 공정한 대우를 기대할 수 없다는 격렬한 불만과 불신에 있었다는 점이다. 개인 사업자의 지배적인 영향력과 싸우는 유일한 방법은 정치 전선에서 독자적으로 투쟁하겠다는 의

---

9   이들 발전의 역사에 대해서는 『영국 노동 계급의 정치 1832~1914』를 참조할 것.
10 제19장 참조.

사를 선언함으로써 기회를 얻어야 한다고 여긴 것이다.

정치 참여를 결정한 몇 개월 동안 공업과 상업의 전시 통제와 관련한 협동조합 운동의 지위는 눈에 띄게 개선되었다. 론다 경과 J. R. 클라인스 씨가 전쟁의 마지막 해에 협동조합이 식량부와 더 밀접한 관계를 갖게 했고, 소비자 심의회를 통해 협동조합 대표자들이 자신들의 영향력을 자각하는 기회를 주기 위해 어떻게 애썼던가는 이미 살펴보았다. 정부의 태도 변화는 당장은 협동조합 운동에서 정치에 대한 열의를 누그러뜨리고 협동조합 대표자 위원회의 발전 속도를 늦추는 데 어느 정도 작용을 했다. 1918년에 식료품 업계의 인플레이션과 부당 이득은 실효 있는 통제 아래 놓이게 되었다. 대부분의 상품 가격은 상승을 멈췄고 협동조합인들이 전쟁 초기부터 주장한 많은 대책들이 더디긴 했지만 실행에 옮겨졌다. E. F. 와이즈 씨, E. M. H. 로이드 씨 그리고 식량부와 소비 물자를 취급하는 전시 부처 행정관들은 협동조합 운동의 좋은 벗들이 되었다. 그러나 전쟁이 끝나고 정부가 성급히 '통제' 철폐 요구에 굴복하자, 전보다 더 엄청난 규모의 인플레이션이 일어나고 부당 이득을 취하게 되었다. 이것이 협동조합 운동을 격렬한 반대로 몰아가고 협동조합의 정치 활동에 호의적인 감정을 부활시키는 결과를 가져왔다.

이제 1900년과 1918년 사이에 이루어진 고립적인 발전 —앞의 전반적인 서술과는 잘 맞지 않는 부분— 을 언급하는 것만이 남았다. 1904년에 보험협동조합은 곧 CWS와 스코틀랜드CWS의 공동 소유로 넘어가지만, 집단 보험 제도를 시작했다. 이에 따라 협동조합은 총 구매액을 기초로 한 집단 보험료를 냄으로써 모든 조합원을 보험에 들게 했다. ―사망 시 지불 금액은 개인의 구매액에 따라 다양하다. 1910년에 이 집단 보험은 보험에 가입한 조합원의 아내나 남편도 피보험자가 되도록 확대했다. 1907년에 법정은 협동조합에 아내 명의로 투자한 저축이 법률상 남편 소유라고 판결했는데, 이 판결에 대해 협동조합 여성길드가 강하게 비판했다. 여성길드는 이 판결에 반대하는 캠페인을 적극적으로 벌였지만 잘못을 바로잡지는 못했다. ―이와 비슷한 성격의 1943년 판결에 주목하라[11]. 1913년에 새로운 산업절약조합법이 통과되었는데 이에 대해서는 훨씬 앞 장에서 언급했다[12]. 1913년에는 국제협동조합대회가 글래스고에서 열렸다[13]. 1915년에는 존경 받던 CWS 회장 존 실리토가, 오랜 재직 기간의 경쟁자였던 J. T. W. 미첼에 이어 83세로 순직했다. 실리토는 핼리팩스 사람으로 일찍이 1870년에 CWS 이사가 되었고 그 이듬해에 퇴직했다. 그는 1883년에 다시 이사로 선출되었고, 1895년 미첼이 서거할 당시 부의장이었는데 이때 회장으로 취임했다.

1900년부터 1918년 사이에 CWS는 생산조합을 15개 이상 흡수했는데, 그 대부분은 흡수되기 전에 각 조합에 출자한 지역 조합 그룹이 관리하고

---

11 335쪽 참조.
12 237~238쪽 참조.
13 622쪽 참조.

있었다. 레스터메리야스제조조합이 1903년에, 허드즈필드브러시제조조합이 1904년에 그리고 데스버로우코르셋제조조합이 1905년에 흡수되었다. 1906년에는 이미 본 것처럼 CWS가 로치데일제분조합과 올덤스타제분조합을 인수했고, 1915년에 협동조합의 제분 사업을 CWS 산하로 통합한다는 방침에 따라 핼리팩스, 소어비 브리지, 콜른 밸리의 제분조합 공장을 인수했다. 오래된 헐제분소도 1917년에 여기에 추가되었다. 1908년에는 케일리 철 공장, 더들리 부켓 · 펜더 공장, 버틀리 양철 공장이 인수되었다. 델프양모제조조합이 1917년에 흡수되었고, 1918년에는 가장 유명한 생산조합의 하나였던 헵든브리지퍼스티안제조조합도 CWS에 흡수되어 독자성을 잃었다. 1916년에 CWS는 처음으로 탄광 —노섬벌랜드의 쉴보틀에서— 을 사들였다. 협동조합 탄광 사업은 오랫동안 현안이었고, CWS 이사들은 1902년부터 줄곧 압력을 받아왔다. 그러나 1870년대 탄광협동조합의 경험은 잊혀지지 않았고, 광부연맹이 추진한 정책에 따라 국가가 인수해야 한다는 주장이 폭넓은 공감을 얻고 있는 이 부문에 진출하는 데는 저항이 강했다.

1916년에 CWS는 사업 정책과 전시 통제 문제에서 협동조합을 옹호하기 위해《프로듀서(Producer)》를 발행했다. 이 해에 CWS는 우유 사업부를 만들어 전쟁 후반기에 우유 생산과 유통에서 협동조합 활동을 크게 확대했다. 1917년에는 소비자 상품을 자체에서 전문적으로 조사하기 위한 사업부를 두었다. 1918년에는 유급 휴가제를 도입했고, 사업 확장에 필요한 자금을 조달하기 위해 1924년이 만기인 CWS 발전 채권을 처음으로 발행했다. 같은 해에 농업조직협회가 자체의 도매 기구 —농업도매조합— 를 시작했고, 이로 인해 그 뒤 몇 년 동안 CWS와 갈등을 빚었다. 1918년에는 스칸디나비아 협동조합 운동이 도매조합을 시작했고, 곧 잉글랜드와 스코틀랜드 도매조합과 긴밀한 관계를 갖게 되었다. 마지막으로 협동조합연합회가 여성길드에 주던 지원금은 이혼법 개정 캠페인을 둘러싼 논쟁으로 1914년에 끊어졌는데, 1918~1919년에 복구되고 불행한 반목은 여성길드 쪽이 조금도 굽힘없이 끝이 났다. 여성길드는 자신의 선택에 따라 그러한 문제를 다루는 자유를 관철한 것이다.

제16장

전쟁에서 전쟁까지

영국은 승리자로서 제1차 세계대전에서 벗어났지만, 정치와 경제 시스템은 혼란한 상태였다. 1906년부터 1914년까지 이 나라를 통치하고, 전쟁 중에 국운을 책임진 수상 두 명을 배출한 자유당도 조락했다. 그리고 1918년 총선 이후, 자유당은 두 파벌을 합하면 노동당보다 수적으로 우세했음에도 로이드 조지 씨 일파가 연립 정권에 가담하고 애스퀴스파가 와해 상태에 있었기 때문에 사실상 노동당이 제1야당으로서 대안 정부의 핵심 세력이 되도록 만들었다. 1918년에 선출된 의회에는 협동조합계 의원이 오랜 협동조합의 거점인 케터링에서 단독으로 의석을 얻었지만, 곧바로 노동당에 합류해 사실상 노동당 의원으로 간주되었다. 협동조합인들은 자신들의 정당이나 강령도 없었다. 노동당은 로이드 조지 씨의 개성에 압도되어 선거에서 고전했다. "카이저를 교수대로!"나 "독일에게 배상금을!"이라는 외침은 분별없는 사람들에게 파고들었고, 연립파의 '배급권'은 큰 인기를 얻었다. 노동당은 출발이 미미했기에 몇 석을 더 얻지 못할 리가 없었다. 앞선 1910년 총선에서 노동당 의원은 42명이 당선되었다. 1918년에는 57석을 얻었는데 이 숫자는 실제 대중의 지지를 생각하면 훨씬 적은 것이었다. 평화주의를 내걸고 제임스 람지 맥도날드를 앞세운 지도적인 인사들은 선거에서 패배했다. 의회에서 노동당의 리더십은 약했고 전시의 불화로 여전히 혼란스러웠다. 국민민주당으로 불린 연립 '노동'당은 10석을 얻었지만 그 뒤 빠르게 소멸했다. 전 기계공조합 사무국장으로 전시 내각의 각료가 된 G. N. 반스 같은 "길 잃은 지도자"도 있었다. 그밖에 연립 정권의 대열에서 마지못해 이탈했다 하더라도 노동당의 대의에 미온적인 태도를 보이는 이들도 있었다.

경제적으로 '쿠폰' 선거[1]는 재앙이었다. 하원에서 여당의 압도적 다수를 장악한 보수당도 전시 '통제'의 즉시 철폐와 '평시 경제' 복귀를 부르짖는 신문에 너무나 쉽게 굴복했다. 때 이른 철폐는 투기와 부당 이득의 힘을 풀어놓고 국내외를 불문하고 경제 상황을 복구하지 못하리라는 점이 확실했음에도 잇따라 '통제'가 철폐되었다. 전쟁의 상흔이 치유되지 않은 유럽의 물자 부족, 군수 생산에 치우친 영국 산업의 혼란, 전쟁으로 지친 노동자들로부터 나타나게 될 생산성 저하를 생각하면 당분간 재화의 부족은 피할수 없었다. 통제 철폐는 물가의 급격한 상승을 의미했다. 전쟁의 폐허 속에서 내핍을 감수해야 했던 산업계와 소비자에게는 물품 공급을 재개해야 할

---

1   [옮긴이] 1차 대전이 끝난 뒤 1918년 12월에 치러진 영국 총선을 쿠폰 선거라 부른다. 총선은 전시 연립정부 찬성파인 연립 보수당과 연립 자유당의 승리로 귀결되었다.

필요가 긴급했기 때문이다. 이런 요구를 충족시키지 못하는 한 물가 억제
는 기대할 수 없었고, 생산이 부족하면 그만큼 물가는 반등할 터였다.

이러한 상황은 투기에 절호의 기회를 제공했다. 물가가 급등하면서 엄
청난 이윤이 만들어졌다. 귀가 얇은 일반 투자가들은 이러한 상황이 계속
되리라 믿으면서 터무니없이 높은 가격으로 오래된 회사를 사들이는 신설
회사에 투자했다. 이리하여 주인이 바뀐 회사 소유자에게도, 일이 잘 돌아
가는 동안 발을 빼버리고 자기 이익만 챙기는 회사 설립자들에게도 막대
한 부를 안겨주게 되는 것이다. 이러한 투기 열풍은 자본주의 연대기에서
전례 없는 일이었다. —남해 버블 공황(South Sea Bubble) 때도, 철도 붐 때도,
1870년대 초기의 호황 때도 없었던 일이다. 이때는 아무리 어리석은 사람이라
도 돈을 벌 수 있는 시대였다. 그러나 그 뒤의 불황 속에서는 좀 더 분별력
이 필요했는데, 불황의 조짐은 1920년대 말 이전에 이미 있었고 1921년이
되자 명백해졌다.

물가는 고공행진을 계속했다. 영국의 공식 도매 물가 지수(1913년=100)
는 1918년에 229, 1920년에 315로 올랐고 정점일 때는 330 이상이 되었
다. 공식 생계비 지수(1914년 7월=100)는 1918년에 203, 1920년에 249가
되었다. 임금률은 전시의 물가 상승을 못 따라갔는데, 노동자가 물가 상승
분을 임금 인상에 반영하라는 요구에 따라 만회하기 시작했다. 1920년 말
까지 임금률은 전쟁 전 수준의 170~180퍼센트를 웃돌았다. 이런 반면에,
석탄 생산량은 1913년 2억 8,700만 톤에서 1920년에는 2억 3,000만 톤으

로 떨어졌고 수출 금액은 늘었지만 수량은 전쟁 전보다 훨씬 밑돌았다. 대부분의 생산 수준이 낮았지만, 한동안 심각한 실업은 없었다. 1인당 생산성도 낮았지만, 물가가 고공행진을 하는 가운데 노동자들이 언제든 일자리를 제공할 준비가 되어 있는 고용주를 찾기란 어렵지 않았다.

1921년이 되자 거품이 꺼졌고 그 이전 몇 년 동안 인플레이션을 유발한 통화 정책은 전반적인 디플레이션 정책으로 바뀌었다. 은행가는 경제 안정을 위해 금 본위제로 서둘러 복귀해야 한다고 주장했다. 그리고 가장 긴급한 수요가 가격과 무관하게 충족되면서 시장과 화폐 가치가 급락했고, 이것이 급격한 통화 긴축의 기회를 제공했다. 이 통화 긴축은 나중에 경제 부흥에 심각한 장애가 되었다. 영국에서 금 본위제는 1925년까지 회복되지 않았고 다른 교전국들보다 늦게 이루어졌는데, 이때는 사실상 금 본위제라기보다는 달러 본위제로 복귀되었다. 전쟁은 미국을 세계 금융 문제의 결정권자로 만들었다.

필자는 파운드가 전쟁 전의 금 평가, 즉 미국의 달러 평가로 복귀한 것이 처칠 씨 측(오히려 그에게 자문한 재무부와 잉글랜드은행 측)의 불행한 오류였음을 부정할 사람은 없다고 생각한다. 영국의 산업은 1931년까지 바로 이 조치와 관련된 연속적인 디플레이션으로 심각한 어려움을 겪었다. 그 가운데 수출이 가장 큰 타격을 입었는데, 석탄과 면업에도 파멸적인 영향을 주었다. 금융가들은 1921년과 1923년 사이에 임금이 이미 심각하게 떨어졌음에도 계속되는 디플레이션 때문에 비용을 더욱 줄여야 한다고 생각했다. 그러나 노동자들은 디플레이션 정책의 직접적인 결과인 1926년 총파업의 실패에도 불구하고, 그에 상응하는 이자율 하락을 반영하지 않은 임금 인하에 저항했다. 그 결과 불황을 겪는 수많은 지역에서 대량 실업이라는 큰 얼룩을 진 경제 시스템이 모습을 드러냈다. 만일 노동자들이 임금 인하에 저항하지 않았다면 대량 실업은 일어나지 않았으리라는 주장을 필자는 믿지 않는다. 오히려 국내 시장에서 노동 계급의 구매력 파괴로 상황이 더욱 악화될 수 있었다. 분명 실업은 다른 형태로 —수출 지역에서는 보다 적게, 주로 국내 수요에 의존하는 지역에서는 보다 많이— 분포되었을 것이다. 그러나 디플레이션은, 사람들이 어떻게 반응하더라도, 실업이 확실히 늘어남을 의미했다. 왜냐하면 디플레이션은 수출 저하 또는 국내 소비자의 구매력 저하, 아니면 둘 다를 떨어뜨렸기 때문이다. 모든 정책이 범죄적일 정도로 어리석었다. 이런 정책은 소수의 금융과두제를 제외하면 누구에게도 이익이 되지 않았고, 불황 지역의 노동자와 마찬가지로 고용주들에게도 참담한 것이었다. 그것은 나라 전체를 비관적인 숙명론으로 몰아넣었고, 생산물을 인위적으로 제한하고 가격을 높게 유지함으로써 이윤을 만드는 독점체의 성장을 촉진했다.

영국의 산업이 위축됨에 따라 독점체는 그 기반을 강화했다. 자본가 그룹은 유리한 지위를 장악하면서 공급 제한으로 소비자를 희생시켜 번영하는 방법을 발견했다. 쇠퇴하고 해체되는 산업에 속수무책이던 정부는 독점체를 소극적으로 반대하다가 적극적으로 장려하기로 방향을 전환했고,

심지어 입법 당국조차 그들의 버팀목이 되었다. 노동당과 '거국' 정부의 합동 활동으로 석탄과 철강 그리고 농업 전체가 인위적인 가격 수준을 유지할 수 있도록 하는 인가된 기업 연합이 되었다. 전쟁 중에는 국가가 공권력으로 연합 생산자와 개인 사업자들을 동원해서 독점 기업 연합을 만들도록 조장했다. 그리고 전쟁이 끝나고 닥친 불황 중에는 국가의 장막으로 독점을 감쌌다. 합의된 생산 제한에 따른 인위적인 가격 유지는 그렇게 조장한 산업의 이윤을 늘렸지만, 이러한 혜택은 소비자의 희생이 있어야만 가능했다. 국가는 독점체를 위해 여남은 개의 사적 자본가 그룹을 만들어 내거나 육성했다. 생산과 유통 분야에서 잇따라 사업 연합체가 만들어졌다. 농산물시장법이 1931년 노동당 정부에서 처음 제정되었을 때는 유용하기조차 했으나, 2년 뒤 보수당이 식량 수입 제한 정책을 채택하면서 독점의 위험한 도구로 변질되었다. 생산과 유통 기술 개선으로 비용을 줄이는 대신, 생산자와 상인 그룹은 절대적인 수요 부족 속에서 이윤을 유지하는 손쉬운 수단인 제한 정책으로 전환했다. 심지어 고용주 측은, 생산을 더 많이 하라는 산업계의 요구는 잘못된 것이라면서 개선을 위해서는 생산 증가를 위해 시장을 확대하는 것이 아니라, 오히려 생산을 축소해야 한다고 주장했다.

이러한 제한 정책은 영국만의 문제가 아니었다. 국제 카르텔이 거대하게 확장했고, 이 속에서 여러 국가의 독점체가 세계 시장의 과잉 공급을 막기 위해 합세했다. 그리고 각 국가 그룹이 만족할만한 이윤을 얻을 수 있는 충분한 판로를 보장하는 범위로 전 세계를 분할했다. 이러한 정책의 결과는 자신들을 보호할 수 없었던 생산자들의 파산이었다. 독점 장치로 가격을 유지할 수 있는 공업품은 그렇지 않은 상품보다 가격이 더 높아졌다. 특히 전 세계의 농민과 농업 경영자들이 피해를 입었다. 그들의 생산물로는 그들이 구입해야 하는 상품 —농업 기기와 화학 비료 그리고 일반 소비재— 을 아주 적은 양밖에 교환할 수 없었다. 미국 경제학자들이 '농민 비율'이라 부른 것이 농민들의 불이익이 되었고, 농업 국가의 공업 생산물 구매력은 줄어들었다.

다행히 이러한 조건은 여전히 일자리를 찾을 수 있는 공업 노동자들에게는 의심할 여지없는 이득이었다. 협동조합 운동은 더 이상 농산물이 너무 비싸다고 불평할 일이 없어졌다. 식품 가격이 떨어진 결과 공업 노동자 가운데서도 완전 고용 상태인 사람들의 생활수준은 높아졌지만, 실업 상태인 많은 사람들에게는 조금도 위안이 되지 않았다. 상대적으로 번영하고 있는 공업 지역 사람들과 불황 지역 사람들 사이에는 생활수준의 차이가 드러났고, 이런 대조적인 현상은 노동조합 운동과 마찬가지로 협동조합 운동의 문제로 인식되었다.

협동조합인들은 소비자 이익의 옹호자로서 자유무역의 대의를 지지해 왔다. 협동조합은 외국산 밀과 버터, 베이컨 등 많은 상품을 싸게 들여오는 수입의 자유를 이용해 크게 성장했다. 그리고 협동조합 운동은 사실상 자유당의 협력자가 되었다. 왜냐하면 국내 제조업자와 농업 생산자의 이익을 위해 값싼 제품의 수입 금지를 요구하는 보호주의자에 대항하여 자유당이 '자유로운 아침 식탁'을 옹호했기 때문이다. 노동당도 본능적으로 자유무역을 지지했다. 노동당은 자유주의의 망토를 걸친 것처럼 보였고, 협동조합은 그들의 동맹자로서 정치 참여를 보다 쉽게 할 수 있었다. 그러나 전간기의 상황은 자유무역의 호소력을 약하게 만들었다. 협동조합인들은 값싼 수입품을 선호했지만, 그것도 국내 소비자들이 구매할 여유가 없으면 아무 도움이 되지 않았다. 만연한 대량 실업은 소비자들의 구매력이 생계를 유지하기 어려울 정도로 떨어졌음을 의미했다. '레세페르'로는 충분치 않으며, '완전 고용'과 높은 수준의 소비력을 유지하기 위해 어떤 조치가 필요하다는 인식이 높아졌다. '완전 고용'은 저절로 되는 것이 아니며, 정부가 적극적으로 나서야만 이루어진다는 이해가 높아졌다. 그렇지만 정부가 행동에 나설 때, 그 행동은 늘 특정 부문의 이익을 앞세우고 생산과 소비 총량을 높은 수준에서 유지하기보다는 일부 독점체를 강화하기 위한 것으로 비쳤다.

이러한 상황에서 협동조합인들은 우선 농업 국가와 공업 국가의 협동조합 무역 가능성으로 눈을 돌렸다. 1919년 연합국 측 협동조합회의와 1924년 대영제국의 농업협동조합 웸블리 회의는 '협동조합 간 무역' 주제와 관련이 있었다. 그리고 이 주제는 전쟁이 끝나고 몇 년 동안 낯익은 주제가 되었다. 1918년 스칸디나비아CWS 설립은 이러한 생각을 고무시켰다. 이 과정은 1919년 뉴질랜드생산협회 설립과 1921년 뉴질랜드 생산물을 영국에서 판매하기 위해 뉴질랜드생산협회와 CWS가 공동 협정을 한 것으로 더욱 진전되었다. 이를 이어 CWS와 해외 농업 조직 사이에 비슷한 협정이 체결되었다. 생산국과 소비국의 협동조합인들은 이러한 공동 보조의 결과에 만족할만한 이유가 충분했다. 그러나 이런 대책도 대규모 실업이 만연한 영국의 상황을 바꾸지는 못했다. 불황 지역은 노동조합 운동에서와 마찬가지로 협동조합 운동에도 균열을 일으켰다. 심각한 실업을 겪는 지역 사람들은 그렇지 않은 사람들의 생활 조건이 나아지는 상황에 만족할 수 없었다.

1931년에 영국이 마침내 금 본위제를 벗어나 자유무역 제도를 폐지했을 때 협동조합인들은 '자유로운 먹거리'라는 교의에도 불구하고 이러한 변화를 만장일치로 비난하지 않았다. 자유무역의 정서는 여전히 뿌리 깊게 남아있었지만, 정치적 신조로서 자유무역은 예전의 자신감을 많이 잃었다. 협동조합인들은 국가수입 위원회를 통한 대량 구매를 주장하는 E. F. 와이즈의 견해에 동의했고, 이 조건 아래에서 결과가 어떠하든 그때그때 가장 값싼 시장에서 구입하는 이전의 자유보다 더 바람직한 대안으로 세계의 농업 지역과 공업 지역의 규칙적인 무역의 장점을 인정했다.

영국 협동조합 운동의 모든 부문 대표자들이 참여하는 국가구매와 제국무역 특별 위원회는 1930년에, 밀의 경우 수입 지역에서도 생산지의 밀 생산자연합과 동종 단체를 통한 조직 구매를 준비하는 게 바람직하다고 보고했다. 위원회는 공공서비스에 입각한 국가 구매 부문이나 BBC 또는 중

492

앙전력국 같은 구매 기업체 발족은 반대했고, "국가와 협동조합 운동 그리고 밀과 밀가루 수입에 관계하는 다양한 대표로 구성된 수입 위원회 설립"―"국가의 전반적 감독 아래 사회 전체의 이익을 위해 독점 권한을 갖는"―을 지지하는 입장을 밝혔다. 그러나 이어서 그들은 국가가 무엇을 하든 간에 협동조합 운동은 "협동의 노선을 따라 지역적, 전국적, 국제적인 사업을 발전시킬 자유가 주어져야만 한다."고 주장했다. 그들은 외국산 밀 구매를 위한 전문 기관으로서 협동조합을 활용하도록 국가에 요청해야 한다는 제안을 시기상조라는 이유로 거부했지만, 사실상 전반적인 국가 계획 안에서 협동조합에게 무역에 관한 어떤 종류의 면허를 주는 방안을 고려했던 것 같다.

위원회는 이 보고서에서 생산자는 자신들의 협동 노선에 따라 판매를 조직할 권리를 갖는다는 인식을 드러냈고, 이러한 조직 형태에서 가능한 경제가 불필요한 중간 상인의 비용을 없앰으로써 소비자에게는 부담을 지우지 않으면서 생산자는 보다 유리한 가격을 얻을 수 있다는 의견을 밝혔다. 이 무렵, 여러 농업 국가에서 성장해 온 협동조합 운동에 대한 이해가 제고되었고, 농산물과 공업 제품 생산자 사이에 공정한 교환이라는 아이디어가 많은 공감을 얻었다. 또한 이러한 교환을 위한 수단으로 국가의 개입을 받아들여야 한다는 분위기가 강해졌다. 그러나 이러한 견해를 갖는 사람들도 국가 개입과 규제 조치는 전적으로 소비자의 희생 아래 생산 제한 방침을 의도하거나 국제 무역량을 감소시키는 데 기여했음을 충분히 인식하고 있었다. 총 산출량을 제한하지 않고 확대하는 상호 무역을 지향하는 세계 규모의 소비자협동조합과 농업협동조합 사이의 관계 발전을 모색하는 움직임도 있었다. 그러나 사적 이윤을 추구하는 사람들의 성채(城砦)와 국가 개입을 사적 독점을 위한 도구로 사용하는 그들의 위력에도 불구하고 그러한 생각을 실질적으로 공식화하기란 어려운 일이었다. 협동조합 운동은 선한 의도에도 불구하고 분명하고 건설적인 정책을 표명하는 데는 실패했지만, 영국에서 소비자의 착취를 막는 역할을 했다.―예를 들면 우유판매인협동조합이 농업 관계자와 개인 유통업자가 제한의 이익을 얻기 위해 우유 값을 올리려고 한 것에 반대했던 때가 그러했다. 그러나 이 역할은 생산과 유통에 관련한 건설적인 정책을 만들기보다는 단순한 저항에 머물렀다.

실제로 전간기 영국에는 건설적 전망이 희박했다. 쇠퇴 산업은 과감하게 재편해야 하는 새로운 상황에서 완강하게 저항했고, 희망이 사라진 훨씬 뒤에도 자신들의 어떤 노력도 없이 잃어버린 시장을 다시 찾을 것이라는 헛된 믿음에 매달렸다. 면화와 석탄은 현실을 직시하기를 거부한 대표 사례였다. 면업은 세계 시장에서 영국이 지녔던 이전의 패권이 영원히 사라졌고 더 이상 쇠퇴하지 않기 위해서는 근본적으로 새로운 대책이 필요하다는 것을 고용주도 직공들도 오랫동안 믿으려 하지 않았다. 탄광 소유자들은 어떤 형태의 통합에도 단호히 반대했다. 그들이 통합에 내몰렸을 때도 국내 소비자는 물론이고 석탄에 의존하는 광범위한 산업을 대상으로 탄가 인상을 의도한 제한 카르텔에 합의했을 뿐이다. 농장주들은 자신들의 방식을 바꾸는 대신, 수입품과 경쟁에서 가장 불리한 입장이던 농업 형태를 보호하라고만 목청을 높였다. 철강업자는 양철업자나 다른 철강 산업을 희생하여 값싼 벨기에산 철강 수입 금지를 고집했다. 아주 소수 분야를 빼고는, 변화하는 세계 수요 조건에 맞춰 변화를 위한 성실함을 보인 영국 산업 분야는 없었다. 자본가와 생산자 모두 경제적 패배주의에 사로잡힌 것처럼 보였다. 모두 국가에 달려들어 현상 유지를 위한 지원을 요구했을 뿐, 스스로 새로운 방침을 만들어 위험을 무릅쓰거나 국가가 새롭고 건설적인 기능을 해야 한다고 주장하는 사람은 아무도 없었다. 건설적인 경제 계획으로 기적을 낳고 있던 새 러시아의 교훈도 아무 도움이 되지 않았다. 제2차 세계대전에서 러시아가 이룬 위업으로 실증이 되기까지 명백한 사실을 받아들이는 것조차 그들은 거부했다.

영국 산업의 위태로운 상황은 협동조합 운동의 지속적인 확장으로 은폐되었다. 소매 구매조합 조합원은 전간기 동안 해마다 성장했다. 1919년에는 400만을 넘었고 1920년에 450만 명, 전쟁이 끝나고 불황기의 정체를 겪은 뒤 1926년에 500만 명 이상, 1929년에는 600만 명을 넘었다. 1930년대 초의 새로운 불황도 전진을 막지 못했다. 1934년에는 700만 명을 넘어섰고 1937년에는 800만 명 그리고 제2차 세계대전이 일어났을 때에는 850만 명이 넘었다. 조합원 당 거래액이 이와 보조를 맞추지는 못했지만, 전례 없는 성장률에 협동조합인들이 크게 만족할 만도 했다. 그들은 일단 협동조합의 울타리 안으로 많은 가정을 추가했고, 이들을 통해 구매 범위를 확장할 수 있으리라고 주장했다. 필자는 이러한 낙관적인 견해에 충분한 근거가 있었는가의 문제로 다시 돌아갈 것이다. 그러나 지금 필자의 관심은, 조합원 증가에 따른 협동조합 총 거래액 확장이 조합원 당 평균 거래액 저하를 은폐하고, 또한 이것이 대량 실업 문제나 세계 시장에서 영국 산업의 지위 하락에 대응하는 협동조합 운동을 전보다 둔감하게 했다는 점이다.

물론 협동조합의 총 거래액은 제1차 세계대전에 따른 인플레이션 속에서 정점에 이른 뒤로 크게 떨어졌다. 총 소매 판매액은 1920년 2억 5,400만 파운드에서 1923년에 1억 6,500만 파운드로 떨어졌다. 그러나 그 뒤로 다시 오르기 시작해 1930년과 1931년에 2억 1,700만 파운드를 기록했다. 1930년대 초의 심각한 불황에도 1933년에 1억 9,700만 파운드를 판매했다. 그러고 나서 다시 소매 총액은 1937년에 2억 5,100만 톤, 1939년에는 1938년의 후퇴에서 벗어나 2억 7,200만 톤으로 올랐다. 이 해에는 경기가 전반적으로 후퇴했다. 이 사이에 조합원 1인당 평균 판매액이 1920년 56파운드, 1923년 36파운드에서 1933년 28파운드 10실링, 1938년과 1939년에는 31파운드가 조금 넘는 금액으로 떨어졌음을 잊어서는 안 된다. 그러나 이는 조합원 수 증가에 따른 총 거래액 증가로 상쇄되었기 때문에 조합원 수가 증가하지 않았던 때보다 그다지 심각하게 여겨지지는 않았다.

조합원이 늘어남으로써 협동조합 거래가 확대될 가능성은 분명 있었다. 그러나 여기에는 한계가 있다. 조합원 당 거래액 저하의 원인은 부분적으로 '개방적 조합원 제도' 확대 때문인데, 한 가정에서 조합원이 많아졌다

496

는 것이다. 또한 지금의 협동조합인들은 평균적으로 초창기 협동조합인들보다 매장에서 소비하는 수준이 훨씬 작아졌고, 이는 협동조합에 대한 '충성심'이 약해지는 징후이기도 하다.

이러한 현상은 협동조합 매장이 취급하는 물품의 범위가 늘어났음에도 불구하고 일어났다. 현대의 대형 협동조합 매장은 대단히 광범위한 생산물을 취급할 뿐만 아니라, 조합원에게 다종다양한 서비스를 제공한다. 거의 모든 대형 조합의 사업부 목록을 대충 훑어보아도 이 범위가 얼마나 넓은지 알 수 있다. 그렇지만 일반적으로 조합원 당 판매액이 가장 많은 곳은 이런 대형 매장이 아니다. 상대적으로 소수의 사람들에게 봉사하는 훨씬 간소한 매장이 조합원 소득 대부분을 운동을 위해 확보하고 있다.

이 문제는 뒷장에서 충분히 검토할 것이다. 지금 이 장에서 우리에게 필요한 것은, 이제 막 그 영향을 미치기 시작했을 뿐인 새로운 기술력의 충격 아래 영국 사회의 성격이 어떻게 변화해갔는지 주목하는 것이다. 전간기의 커다란 역설은 생산 기술의 급속한 진보가 소비 시장의 한계에 직면했다는 것이다. 불행하게도 이러한 변화는 전 세계 공업 지역에서 일어난 대량 실업과 1차 생산자의 끔찍한 빈곤을 막기에 충분한 상품과 서비스를 흡수할 수 없었다. 가장 열렬하게 '사기업'을 지지한 사람들조차 뭔가 지독하게 잘못되고 있다는 사실을 인정해야 했다. 그리고 그들은 엉뚱한 곳에서 애타게 희생양을 찾았다. 분명한 진실은, 진정 그것을 보려고만 한다면, 한때 생산력을 해방하는데 기여했던 자본주의 시스템이 생산력의 족쇄가

되어버렸다는 것이고, 사회가 궁극적으로 필요로 하는 것은 자본 축적을 위해 금욕을 자극하는 것이 아니라, 생산 가능한 모든 물품의 시장을 확고히 하기 위해 충분한 소비를 유지해야 한다는 것이다. 그렇다고 해서 저축이나 축적을 할 필요가 없어진다는 것은 아니다. 그러나 이는 자본 축적의 유일한 목적이 보다 많은 소비를 위한 것이며, 직접적이든 간접적이든 소비자의 재화와 서비스 생산에 쓰이지 않는 저축은 진정한 저축이 아니라 낭비에 지나지 않는다는 진실을 맹목적으로 무시했음을 의미한다. 그것은 단순한 낭비보다 훨씬 나쁜 것이었다. 왜냐하면 그것은 상품과 서비스의 현 공급량을 시장에서 유통하는데 필요한 구매력의 일부를 사장함으로써 세계를 빈곤하게 만들고 노동자를 일에서 몰아내기 때문이다.

지혜로운 사람들은 전쟁 속에서 이러한 교훈을 얻고 있었다. 그러나 단순한 배움만으로는 아무런 힘이 되지 못한다. 왜냐하면 일부 강력한 기득권이 모든 길목을 막아섰기 때문이다. 자본을 가진 모든 그룹과 부유층 그리고 그들의 하수인들은 자신의 지위를 위협하는 어떤 변화도 비난하고, 그들이 원하는 가격을 유지하기 위해 상품 부족 상태를 추구했던 것이다. 실제로 영국은 미국의 대 투기 붐이 붕괴하면서 뒤따른 대공황 속에서 다른 국가들보다 피해가 적었다. 영국 국민들의 생활수준은 전체적으로 다른 나라보다 나았다. 왜냐하면 식품 가격이 많이 떨어졌고, 임금은 비교적 양호하게 유지되었기 때문이다. 영국에서는 미국의 루즈벨트 대통령이 취임하면서 직면했던 상황이나 거의 같은 시기에 히틀러를 나치 '제국' 독재자의 자리로 끌어올린 데 맞먹는 파국은 없었다. 그러나 이 나라에서 석탄, 철강, 조선 그리고 빈곤한 세계가 더 이상 구매할 수 없는 수출 제품에 의존하는 불황 지역의 상황은 굉장히 나빠졌다. 미국과 독일은 나라 전체가 재해를 입었지만, 영국은 소수 —주로 남부 웨일즈, 클라이드, 타인 그리고 그 밖에 불황 지역— 에 국한되었다는 게 차이점이다.

그렇지만 영국은 여러 농업 국가 생산자들이 감당하기 어려운 가격으로 구입한 수입품으로도 경상 국제수지 균형을 맞추는 데 실패했다. 낙타는 자신의 육봉(肉峰)으로 생존한다. 한 세기에 걸쳐 세계 여러 나라의 채권국이었던 영국은 시장 붕괴에 직면해 수출로는 더 이상 감당할 수 없는 경상 수입품 대금을 지불하기 위해 해외 자산을 소진하고 있었다. 분명 이런 과정은 해외 자산을 쓰지 않고는 지속될 수 없었을 것이다. —만일 전쟁이 없었다면. 그렇지만 불황을 낳았던 바로 그 조건이 다시 세계를 전쟁으로 이끌고 있었다. 불황이 없었다면 나치가 독일의 지배자가 되거나 독일의 실업 대군을 전쟁을 위한 대중 동원 도구로 전환할 수는 없었을 것이다.

1930년대 영국의 상황은 다른 나라들보다 아직은 견딜만했는데, 이것이 사실을 바로 보기를 완강히 거부한 이유이기도 했다. 노동당은 1931년의 패배로 조직이 무너졌고, 자본주의의 지배 세력에 대한 아무런 도전도 할 수 없었다. 그리고 모든 국민이 평화를 염원함을 알면서도, 전쟁의 위협이 눈앞에 닥친 뒤까지도 눈을 감고 있었다. 1930년대 노동당은 보수당과 마찬가지로 안일했다. 이러한 분위기는 국민감정을 정확하게 반영했고, 정치 문제는 물론이고 경제 문제에 대한 효과적인 행동을 방해했다. 정치가는 가장 저항이 적은 노선만을 채택했고, 그것은 늘 교묘하게 자기 이익을 위해 로비하는 기득권에게 굴복하는 것이었다.

일본의 중국 침략은 국민감정을 각성시키는 효과를 가졌고, 스페인 내전은 그 이상의 효과가 있었다. 국제적으로는 파시즘에 대항하고, 국내에서는 건설적인 경제 정책을 지지하는 인민 전선으로 진보 세력이 단결해야 한다는 요구가 나왔다. 그러나 이러한 요구를 한 사람들은 노동당이 그 선두에 서기를 거부함으로써 무력해졌다. 그리고 협동조합인조차도 민중 연대를 실현해야 한다는 협동조합당의 요구를 거절했다. 필요는 절박했으나, 노동 운동도 협동조합인의 단체도 낡은 편견과 반감을 극복할 만큼의 긴박감은 전혀 없었다. 영국은 정치와 경제 문제에서 표류했다. 이 표류의 불가피한 결말은 전쟁이었다. 전쟁은 모두의 필요를 충족하는 경제 자원을 위한 준비도 조직도 없는 이 나라를 엄습했다.

사태는 더디게 수습되었다. 그러나 이것은 프랑스의 참화가 영국을 패배 직전까지 몰고 간 다음의 일이었다. 새로운 정부는 산업 동원에서 노동 운동과 협동조합 지도자들에게 역할을 맡아 달라고 요청했다. 그러나 이러한 동원 방식은 불가피하게 그 이전 방식의 영향을 받았다. 산업의 자본가 지도자들은 국가를 대신해 움직이는 통제자로 변신했다. 그리고 그들은 이윤 시스템을 지속하고 자기들 권한을 침해하는 어떤 것도 용인되지 않도록 주의를 기울였다. 노동 운동가와 협동조합인들은 공적 분야에서 제

1차 세계대전 때보다 훨씬 많은 역할을 요구받았다. 그러나 그들은 국가적 통일이라는 이름으로 자본가의 경쟁 규칙을 따를 수밖에 없음을 깨달았다. 실제로 정부에서 맡은 노동조합주의자와 협동조합인의 지위에도 불구하고 노동조합과 협동조합은 1940년 뒤로부터는 제1차 세계대전 때보다 성장이 완만했다. 그리고 경제적인 변화는 훨씬 전면적이었지만 경제 시스템 근간에서는 아무런 변화도 없었다. 사회주의도 협동조합 공화국도 사회 경제 구조에서는 조금도 다가서지 못했다. 이러한 상황이 전쟁이 끝난 뒤 이 나라의 장래를 설계할 사람들의 의식 속에서 얼마나 많이 달라졌는가는 지켜볼 수밖에 없다.

제17장

길드 사회주의와
건축 길드

제1차 세계대전의 여파 가운데 하나로 건축 산업을 중심으로 협동 생산 운동이 대규모로 부활했다. 우리는 앞서 1830년대에 건축공조합이 어떻게 야심찬 생산 계획을 시작해서 전국건축공대길드를 만들었는지 살펴보았다. 이로부터 거의 90년이 흘러 길드 사회주의자의 선전과 전쟁이 만들어낸 상황의 결과로서 건축 산업 직공들이 다시 전국건축길드를 설립했고, 그들은 여러 해 동안 대규모 건축 계약을 이뤄냈다. 이 계약의 당사자는 주로 전국 각지 지방 당국이었고, 개인 구매자를 위한 작은 규모의 건축도 있었다. 그러다 1923년에 전국건축길드는 충격적으로 붕괴하고, 아주 소수의 지방 사례를 빼고는 운동 전체가 짧은 기간 안에 갑작스런 종말을 맞았다. 길드는 규모가 작은 여러 직종과 산업 —가구 제조, 기계 제작, 재단, 피아노 제작 그리고 농업에서도— 에서 만들어졌다. 그러나 이들 대부분은 전쟁 뒤의 불황을 감당하지 못했다. 아주 일부의 길드가 오랫동안 분투했지만 노동 계급에 대한 중요성은 거의 잃었다.

길드 사회주의는 A. R. 오레이지가 편집한 주간지《뉴에이지(New Age)》에서 전개한 하나의 교의이다. 나중에 전국건축길드 지도자인 S. G. 홉슨이 이 주간지에 정규 기고가로 활동했다. 홉슨은 오레이지와 협력해 길드 사회주의 운동에 대한 여러 논문들을 썼고, 이 논문을 묶은 책『국민 길드』를 1914년에 출판했다. 길드 사회주의는 다양한 측면을 갖고 있지만, 그 본질은 산업과 서비스를 공유제로 이행하고 경영은 허가제 아래에서 모든 육체 노동자와 정신 노동자를 포함하는 구상이었다. 길드는 노동조합에 기초를 두고 이를 확대하여 기술 노동자와 감독 노동자 그리고 관리 노동자를 포함하고, 사회 전체를 위해 산업의 지휘권을 인수해 이윤을 위해서가 아니라 봉사 정신으로 일하며, 생산자와 소비자가 협의해서 결정한 임금으로 운영된다. 필자는 길드 사회주의의 발상에 공감해 모인 사람들 중의 하나였고, 1915년에는 전국적인 선전 기관인 전국길드연맹을 결성하는 데도 참여했다.

길드 사회주의는 산업의 공유제에 기초하고 이윤 원칙과 모든 형태의 이윤 공유제를 거부한다는 점에서 생산자협동조합과는 달랐다. 길드 노동자들은 이윤 공유가 아니라, 길드와 생산 수단 소유자인 국가 간 협정으로 결정하는 표준 임금을 받았다. 길드 사회주의는 사실상 국영산업의 관료적 통제에 반대하고 소비자의 이익을 보호하면서 생산자의 자치를 보증하는 사회주의의 한 형태였다. 그러나 1920년과 그 뒤 몇 해 동안 이루어진 길드의 실험은 길드 사회주의가 원하는 모습을 만들 수 없었다. 왜냐하면 국가는 산업의 공유제를 실행할 뜻이 없었기 때문이다. 길드의 실험은 자본주의 정부에서 관련 산업의 공유제 없이는 실행할 수 없었다. 따라서 전쟁이 끝나고 활동한 길드는 실제는 생산자의 협동조합이었다. 그러나 길드는 로버트 오언 시대로부터 생산자조합보다 노동조합과 밀접히 연대했고, 어떤 형태의 이윤 공유제도 인정하지 않았다는 점에서 이전의 생산협동조합과는 달랐다.

길드 사회주의 운동은 노동 상태가 불안정하던 제1차 세계대전 이전 여러 해 동안 하나의 이론으로 형태를 갖추었다. 그것은 생디칼리즘[1]의 사고에서 중요한 의미가 있는 생산자 통제 주장과 소비자의 요구를 융화하려는 시도였다. 이 운동은 지식인 사회주의자 그룹의 이론으로 출발했는데, 전쟁 중에 노동자들에게 급속히 파고들었다. 기계공, 특히 숍스튜어드운동[2]에 강력한 거점을 두고, 건축업 직공들은 물론 철도원과 우편 노동자 그리고 광부들에게도 발판을 마련했다. 1919년에는 길드 운동이 사회의 강한 풍조가 되었다. 숍스튜어드운동은 기계 제작과 관련 직종에서 전쟁 뒤 대량 해고의 영향으로 소멸했다. 그러나 광부와 철도 노동자들은 1919년에 그들 산업의 국유화와 일반 국민을 대신해 일하는 노동자들에게 대폭

---

1 [옮긴이] 이론보다는 직접 행동을 중시하고 노동자에 의한 산업 조직의 자치를 지향하는 혁명적 노동조합주의.

2 [옮긴이] 특정 공장이나 직장에서 노동자의 요구를 제기하거나 조직하는 운동을 숍스튜어트운동(직장위원회운동)이라 부른다. 영국에서 이 운동은 1차 대전 중에 정점에 이르렀고 전쟁 말기 이후 소멸했다.

적인 경영권 이양을 요구했다. 한편 우편 노동자들은 우편 서비스를 완전한 국가 길드로 전환하라고 요구했다. 이러한 요구들은 받아들여지지 않았다. 길드 통제의 시도는, 국유화되지도 않았고 그렇게 될 리도 없었지만 국가가 그 관리에서 부득이 큰 역할을 맡고 있는 산업에서 처음 이루어졌다. 주택 부족은 극심했고, 주택이 필요한 사람들은 '경제적' 지대를 지불할 수 없었다. 게다가 비용은 급속히 올라 공적 자금 지원 없이 주택을 지을 전망은 거의 없었다. 정부는 '전쟁 용사를 위한 집'을 짓겠다고 거창하게 약속했지만, 전후 1년차에 이 약속은 이루어지지 않았다.

이러한 상황에서 국가는 지방 당국이 건설한 주택의 모든 잔여 손실을 지방세의 고정 분담금으로 지원한다는 구상 아래 주택 계획을 수립했다. 이 계획의 결과, 지방 당국은 모든 손실을 국고로 전가할 수 있었다. 개인 건축업자와 건축자재 공급자들은 당연히 이러한 상황에 편승해 가격을 터무니없는 수준으로 끌어올렸다. 이것이 1920년 초 몇 개월 동안 지방건축 직공연합이 결의해서 맨체스터와 런던에 건축길드를 조직하고, 정부에게 비영리 원칙에 입각한 주택 건설을 제안한 배경이었다. 건축길드 계획은 원가 기준에 일반 경비를 충당하는 일정한 비율과, 고용 노동자에게 '고정급'을 보장하는 지급액을 더한 수준에서 계약을 맺는 것이었다. 만일 이러한 기준으로 계약할 수 없다면, 손실을 보증 받고 계약 이행에 필요한 자금을 은행에서 차입 —이 차입금은 주택 준공 시에 지방 당국으로부터 들어오는 수입금으로 환급— 할 수 있도록 했다. 계약은 모든 비용의 보전만을 기준으로 하기 때문에 이윤은 존재하지 않았다.

맨체스터와 런던에서 시작한 건축길드 운동은 1920년과 1921년에 전국 곳곳으로 퍼졌다. 이는 각 지역의 노동조합에 기초를 둔 건축길드위원회로 조직되었는데, 노동조합의 제안으로 지방 길드를 전국건축길드로 통합하고 겨우 100파운드 자본으로 유한 책임 회사 등록을 했다. 본부는 맨체스터에 두었다. 이와는 별개인 런던건축공길드는 건축 직인이자 퀘이커 사회주의자인 말콤 스파크스가 시작하고 그가 직접 운동을 이끌었다. 런던건축공길드는 곧 S. G. 홉슨이 지도 인물인 맨체스터 조직으로 흡수되었다. 처음에 스파크스는 건축 산업을 길드의 원칙으로 재조직하는 데서 건축 직인과 직공들이 손을 잡도록 힘을 쏟았다. 그러나 아무런 성과가 없었고 그는 런던의 직공들을 설득해 독자적인 노선 아래 길드를 시작하고 주식회사가 아닌 산업절약조합으로 등기했다.

한동안 모든 일이 잘 되어가는 것처럼 보였다. 전국적으로 건축비는 지나치게 비쌌고, 다른 산업과 마찬가지로 전쟁의 영향에 대한 반작용으로 노동 산출량은 너무 낮았다. 길드는 훈련된 관리자와 기술자 부족으로 어려움을 겪고 많은 실수를 했지만, 길드에 고용된 노동조합주의자들은 높은 이상으로 고무되어 일반 건축공보다 나은 서비스를 제공하는데 아무 어려움이 없었다. 건축길드 운동은 출범 초기에 대단히 수준 높은 주택 건축을 했을 뿐 아니라, 비용도 저렴했다는 것을 부정할 수 없다. 그러나 1921년 여름, 정부 정책이 바뀌면서 상황은 달라졌다. 전후의 인플레이션 시기는 끝났고 온 나라가 대 불황에 빠져들고 있었다. 정부는 그간 지불했던 높은 가격에 반발하며 갑자기 모든 주택 계약을 중단했다. 이를 다시 시작했을 때 정부는 잔여 손실을 보전하기로 합의한 방식을 고정 보조금으로 대체하고 나머지 비용은 지방 당국이 부담하도록 했다. 이러한 변화와 함께 또 하나의 변화가 있었다. '원가 플러스' 계약을 폐지하고, 계약자가 원가와 경상비 비율을 정해진 총액 범위에서만 청구할 수 있는 '최고한도액' 계약으로 변경한 것이다. 공사 진행 중에 계약자에게 주는 중간 지불 조건도 대폭 수정되었다. 이렇게 달라진 조건에서 계약자는 장기간 자기 자금으로 견뎌야만 했고, 전보다 훨씬 많은 은행 융자가 필요하게 되었다.

이 시점까지 CWS은행은 건축길드에게 대출을 해 주었다. 그러나 새로운 시스템이 도입되자 CWS은행은 건축길드가 위험 요소가 많은 투기 사업에 휘말릴 수 있음을 지적하고 더 이상 대출의 부담을 떠안으려 하지 않았다. 지금까지 은행은 각 계약의 대출에 대해 지방 당국이 지불하는 금액에 대해서는 보증을 해 주었지만, 이제 그러한 보증은 불가능해졌다. 그리고 가격이 급락하면서 계약자들은 자신들이 원하는 금액을 청구하지 못했고, 시설을 가동하기 위해 할인가로 주문을 받는 쟁탈전이 벌어지면서 상황은 더욱 나빠졌다. 건축길드 지도자들은 CWS은행을 설득했지만 실패했고, 버클리은행에 융자를 요청하고 건축노동조합에도 지원을 간청할 수밖에 없었다. 전국건축직공연합(National Federation of Building Trades Operatives, NFBTO)은 약 50만 명이 넘는 조합원에게 매주 반 페니씩을 걷어 전국길드에 빌려주기로 합의했다. 그러나 많은 조합이 이 모금을 거부했다. 그리고 얼마 뒤 버클리은행은 더 이상의 당좌 대월을 거부하고 만일 자신들의 요구가 충족되지 않으면 관재인을 지명하겠다고 압박했다. 길드 지도자들은 전국건축직공연합에 대략 3만 파운드에서 5만 파운드의 거액을 제공해달라고 호소했지만 성사되지 않았다. 전국건축직공연합은 사업체가 아닌 노동조합이기 때문에 조합원의 자금을 그런 용도로 쓸 수 없으며, 길드의 일에 대해 최종적인 책임을 질 수 없다고 회답했다. 1922년 말, 사태는 해결 불능 상태가 되었다. 버클리은행은 거래를 정지하고 관재인을 임명했다. 이듬해 전국건축길드는 해산되고 직공 수 백 명의 저축은 날아갔다. 이 시기에 길드 지방 지부 63곳이 200개가 넘는 주택 계약을 맺고 있었다. 여기에는 법적으로 전국길드의 일부가 아닌 런던과 스코틀랜드 그리고 소수의 지방 길드 계약은 포함되지 않았다.

자금 부족과 그로 인한 할인 그리고 지나치게 비싼 자재비 등이 길드를 무너뜨린 한 요인이었음은 분명하다. 그러나 다른 요인도 있었다. 정부가 주택 정책을 변경해 일자리를 잃은 몇 천 명의 건축 직공들은 길드에 고용되기를 기대했고, 심지어 활동적인 노동조합 지지자들은 그들의 고용을 길드의 권리라고 여겼다. 이 결과 많은 지역의 지방길드 위원회는 조합원의 일자리를 유지하려고 지나치게 낮은 가격으로 계약을 했고, 길드는 '인원 과잉' 즉 실제 필요한 것보다 훨씬 많은 노동자를 고용하게 되었다. 길드 중앙 위원회는 주택 건축에서 재료비와 노무비의 적정 비율을 60 대 40으로 계산했지만, 1922년 여름 실제 비율은 40 대 60 —인원 과잉의 명백한 지표— 이 되었다. 고정급을 허용한 게 일을 더욱 어렵게 만들어 길드는 경쟁 가격으로 계약할 수 없었다. 1922년의 재무 상태는 1920년 인플레이션 시기에 비교적 덜 중요하게 보였던 서툰 구매와 경영에 기인하는 잘못이 허용될 여지가 더 이상 없었다. 1922년에 건축길드는 손실을 입으면서 운영하고 있었고, 설령 자금이 준비된다 하더라도 그 방식을 철저히 점검하지 않는다면 도산을 피할 수 없으리라는 게 분명했다. 불황 시기에 어떤 희생을 치르더라도 조합원의 일자리를 유지하려 한 게 잘못이었다고 말하는 것은 이유가 되지 않는다. 길드는 경쟁 대상인 사기업이 할 수 있는 이상으로 그렇게 할 위치에 있지 않았다. 건축길드는 핵심부에서 경영을 잘못했고, 사태를 수습할 유일한 기회가 활동 규모를 축소하고 운영 방식을 철저히 개혁하는 것이었을 때 사업을 계속 확장해갔다는 사실을 부정할 수 없다.

다른 산업에서 활동한 길드는 건축길드보다 훨씬 규모가 작았다. 건축길드가 활동한 3~4년 동안 계약 실적은 수백 만 파운드가 되었고, 붕괴할 시점에도 4,000명 넘는 직공을 고용하고 있었다. 맨체스터의 가구·설비 길드는 건축길드와 긴밀히 제휴했지만 건축길드와 함께 파산했고, 런던과 다른 가구길드도 곧 뒤를 이었다. 재단공길드는 이보다 오래 활동했지만 대부분 사라졌다. 전국 단체에 합병되지 않았던 몇 안 되는 지방 건축길드는 한동안 분투했고, 실제로는 소규모 생산자협동조합이었던 다른 직종의 작은 길드도 마찬가지였다. 하나의 운동으로서 노동길드 운동은 1923년 이후 소멸했다. 건축길드 실패의 영향은 길드 사회주의 선전에 치명적이었고 어두운 경제 상황 속에서 쇠퇴해갔다. 전국길드연맹은 운동의 전성기에 노동조합에 기초를 둔 전국길드협의회를 낳았지만, 1923년 이후 두 단체 모두 쇠퇴했다.

길드의 활동으로 협동 생산이 단기간 부활한 것을 앞 장에서 설명한 협동조합 운동 초기의 시도와 비교해 보는 것은 자연스럽다. 이는 1832년부터 1834년에 이루어진 오언주의자의 실험과 흡사하다. 왜냐하면 둘 모두 건축 산업에 초점을 두었고, 노동조합에 직접 의존하는 협동조합 또는 길드 생산 체계를 만들어 노동조합의 지지를 끌어내려고 했기 때문이다. 한편 1850년과 그 뒤 여러 해 동안 이루어진 기독교 사회주의자의 시도들은 하나의 예외는 있었지만 노동조합과는 아무 관련을 갖지 못했다. 하나의 예외란, 윈저 주물 공장 설립과 기계 제작업에서 기계공연합조합의 지지를 얻으려는 시도였다. 기독교 사회주의자의 후원으로 만든 노동자협회는 노동조합 운동과 거의 관련이 없었다. —이는 대부분의 노동자협회가 조직화하기 어려운 직종에서 만들어졌기 때문이다. 기독교 사회주의자들도 건축에서 실험을 했지만, 노동조합은 이들의 실험에 아무 역할을 하지 않았던 것으로 보인다. 다른 한편, 기독교 사회주의자들이 무대에 등장하기 직전 전국 임노동자조합연합회는 노동조합의 지지에 기초한 생산자협동조합 설립을 시도했지만 실질적인 성과를 내지는 못했다.

생산자협동조합을 시도한 두 번째 물결은 1860년대 말과 1870년대 초에 노동조합 속에서 상당한 규모로 나타났다. ─특히 알렉산더 맥도날드의 전국광부협회와 기계공협회에서. 그러나 이러한 시도는 전과는 형태가 많이 달랐다. 설립 단체는 대부분 유한 책임 회사로 등기했고, 자본가와 노동자의 '이윤 공유제'가 중요한 역할을 했다. 오언주의자들은 그들의 길드와 생산자협회를 이윤 공유제가 아니라, 공동 서비스와 공동체 생활의 새로운 방법에 기초한 경제 질서의 전위로 생각했다. 기독교 사회주의자들도 이윤 공유제를 주창하더라도 사회 개혁과 개인 쇄신 수단으로서 운동의 도덕적 측면을 강조했고, 기독교의 숭고한 봉사 정신을 모든 산업에 보급하려고 했다. 1860년대와 1870년대 사람들은 도덕적이고 사회적인 목적은 매우 낮은 수준으로 여겼다. 그들은 협동 생산을 건전한 투자로 옹호하는 이상을 품지 않았고, 새 조합에서 출자 지분을 가진 많은 사람들은 발기인들이 약속한 높은 수익에 이끌렸던 것이다. 우리는 이미 몇몇 구매협동조합들이 어떻게 그들의 기금을 협동조합이 아닌 회사 공장에 투자했는지 또한 조합 매장이 '유한책임회사노동계급'과 이와 비슷한 생산 사업체 주식의 사적 거래 공간이 되었는지를 살펴보았다. 이렇게 말한다고 해서 이상을 품은 동기가 완전히 사라졌다는 것은 아니다. 여기에는 빅토리아 시대의 번영과 경제가 전반적으로 향상된 시대를 특징짓는 여러 동기들이 혼재되어 있었다.

생산자협동조합의 다음 물결은 1890년대 토마스 블랜포드라는 사람과 협동조합생산연합의 출발과 관련된다. 이는 아주 소박한 목적과 결부되면서 보다 이상주의적인 분위기로 돌아가는 특징이 있었다. 이들의 계획은 대부분 소규모였고, 주창자들은 예전 오언주의자와 '직종 연합' 사람들과는 달리 자본주의 사회에 대한 거창한 공격을 하지 않았다. 이들은 노동조합 운동과는 거의 관련이 없었지만 소비자협동조합과 밀접한 관계를 가졌다. 새로운 생산자조합은 조촐한 시작을 넘어선 확장을 위해 필요한 자본 공급을 갈수록 시장에 의존했고, 자본주의 산업에 대한 거대한 도전은 아무 것도 없었다. ―자본주의 산업과 나란히 가고, 세상일을 도모하는 데는 이런 방식도 이점이 있음을 탄원하는 영역을 벗어나지 않았다. 1880년과 1914년 사이에 설립된 생산자협동조합은 전체적으로 이전의 그것보다는 안정적이고 성공적이었다. 그러나 그들은 자본주의 세계의 표면에 아무런 파문도 일으키지 못했다.

길드는 제1차 세계대전에 이은 혼란과 극심한 불안의 시기에 태어났고, 훨씬 도전적인 정신으로 표현되었으며, 길드를 만든 사람들은 원대한 경제적 변혁을 꿈꿨다. 그러나 길드의 역설은, 길드 사회주의자들이 진정 만들고자 했던 종류의 단체가 결코 아니었다는 것이다. 또한 활동적인 길드 사회주의자들은 예상되는 결과에 대해 처음부터 못미더워했다. 길드 사회주의자들이 이전의 생산자협동조합을 주장했던 사람들과 달리, 자본의 경쟁 속에서 사기업으로 생산하는 조합을 만들려고 하지는 않았다. 그들은 국가가 각종 산업을 인수하고, '그러고 나서' 이를 공유제로 바꾸고 경영을 ―아마도 처음에는 공동 경영이었을 것이다― 노동조합에 넘길 것을 기대했다. 그러나 국가가 이렇게 움직이지 않는 것을 확인했을 때, '노동자 통제'의 이념에 이끌린 노동자들은 문제를 직접 처리하기로 생각을 굳혔다. 이러한 상황이 지배적이던 1919년과 1920년에 건축 산업은 기회가 열려 있는 분야였다. 그리고 건축길드 운동은 노동조합의 지지를 받아 전국 곳곳으로 매우 빠르게 퍼졌다. 그 뒤 노동조합은 이 운동에 그다지 깊이 개입하지 않으려고 했던 것 같다. 이 운동이 시작되었을 때 물가는 급등했고 노동력은 부족했다. ―건축업에서는 그랬다. 그러나 건축길드가 도움이 필요해질 무렵, 노동조합은 다른 사항을 고려해야만 했다. 임금은 떨어지고 실업은 심각해졌다. 직장 폐쇄 또는 임금 삭감에 반대하여 파업 중에 있는 사람들을 지원하기 위해 그리고 실직한 사람들을 위해 노동조합 기금이 필요해졌다. 그들은 위험 부담이 있는 길드의 새로운 사업에 투자할 여유가 없었다.

제2차 세계대전에 이어 어떤 형태든 생산자협동조합 또는 길드 생산의 부활을 위한 시도가 다시 이루어질 것인가를 전망해 볼 수는 있다. 길드 사회주의자들이 마음에 그리고 있는 공유제 아래에서라면 별개지만, 아마도 그렇게 되지는 않을 것이다. '노동자 통제' 요구는 다시 제기될 것이다. 그러나 이를 자본주의 시장 속에서 경쟁하는 길드나 생산자협동조합으로 구체화하려는 새로운 시도는 있을 것 같지 않다. 오늘날 정세는 부족한 자본으로 시작하는 새로운 사업에는 지나치게 불리하다. 소비자협동조합 운동은 이미 오래 전에 그들이 이용할 수 있는 자본의 공급자가 되기를 멈췄다.

CWS은행이 건축길드 운동을 대출금으로 지원했음은 분명하지만, 이는 길드와 공공단체 간의 계약 협정으로 상환이 보장된 경우에 한해서였다. 길드의 사업에 위험 부담의 원칙이 자리 잡자, CWS은행은 움츠러들었다. 필자는 CWS의 방식이 나빴다고 보지 않는다. 단지 소비자 운동은 자본이 아무리 많아도 자신이 통제할 수 없는 생산 사업에는 자금을 제공하지 않으리라는 점을 지적하는 것이다. CWS는 자신의 건축 부문 공장을 갖고 있고 이를 확장했다. CWS는 생산자 통제라는 경쟁적인 독트린을 구체화한 새로운 사업을 지원하기보다는 소비자협동조합의 영향력을 확대하려 할 것이다.

우리는 이러한 두 가지 생각이 얼마나 동떨어져 있는지 분명히 확인할 수 있다. 협동조합의 역사를 다룬 책 속에서 길드 운동에 대한 장을 발견하면 많은 협동조합인들이 놀랄지도 모른다. 건축길드와 다른 길드가 활발했던 시기에 대부분의 협동조합인들이 이를 협동조합과 어떤 특별한 관계를 갖는다고 생각했는지는 의문이다. 그러나 길드는 역사가들이 아무 의문 없이 그들의 이야기에 담은 수많은 생산자협동조합의 초기 시도보다 본질적으로 협동조합다웠다. 길드는 이윤을 위한 생산을 반대하고, 서비스를 주요 동기로 하는 생산을 지향했다. 고정 계약 가격으로 시공했을 때, 전국건축길드는 절약한 돈의 50퍼센트를 배당 방식으로 주택 구매자에게 돌려주고, 나머지 50퍼센트는 위험에 대비한 적립 기금으로 돌리는 계획을 세웠다. 노동길드의 바탕을 이루는 정신은 본질적으로 협동조합다운 것이었다. 그러나 20세기의 변화된 조건에서 그들과 소비자협동조합 운동 사이에 밀접한 관계를 확립하기란 불가능했다. '노동자 통제'를 요구하는 길드 운동에 대한 반응은, 협동조합 피고용인의 지위에 대한 기존 관념을 수정하는 경향이 있었기 때문이다. 나중에 보겠지만, 협동조합 조사 위원회는 1919년 경영 위원회에서 피고용인을 배제하는 정책을 재고해야 하며, 사고를 전환해 피고용인들에게 매장 업무 관리를 분담하는 방법을 강구하라고 권고했다. 이리하여 간접적으로 길드의 아이디어는 소비자협동조합에도 영향을 주었다. 그러나 조사 위원회의 권고를 받아 일이 진행되지는 않았다. 협동조합은 선구자들이 매장을 연 뒤로부터 한 세기 동안 자신들의 소비자 철학을 가진 소비자 운동이 되어갔다. 길드 사회주의자들은 협동조합생산연합으로 단결한 조합들 가운데 지지자들을 발견했지만, 그와 동시에 소비자협동조합 지도자들 속에서 수많은 반대자를 발견했다. 만일 살아남는 것만을 기준으로 한다면 비판은 옳은 것이었다. 왜냐하면 노동 길드가 생산자 통제에 대한 초기의 새로운 사업에서 드러난 것과 동일한 약점을 재현했던 반면, 소비자협동조합은 불경기 때에도 점점 강해졌기 때문이다. 필자는 이것이 준비된 자본가를 상대로 한 경쟁에서 생산자의 자발적 결사로 경제 시스템을 전환하려는 시도에 대한 최종 의견이라고 생각한다. 그러나 이것은 사회주의 국가 건설에서 공유제의 필수 보완물로서 '노동자 통제'에 대한 의견은 아니다.

제18장

전간기
협동조합의 발전

1914년 더블린 협동조합대회에서 임명된 협동조합 일반 조사 위원회는 전시 내내 활동했다. 위원회는 협동조합 운동 사업의 모든 측면에 대한 상세한 조사를 담은 중간 보고서를 1916년, 1917년, 1918년 세 차례에 걸쳐 제출했다. 그리고 1919년 협동조합대회에 최종 보고서 제출로 작업을 끝맺고, 1920년 임시 대회에서 최종 보고서를 철저히 검토했다. 조사 위원회의 중요한 권고는 협동조합 운동의 중앙 기관을 더욱 강화해야 한다는 것이었다. 그리고 조사 위원회는 다음 네 가지를 강조했다. 첫째, 느슨한 조합이나 발전이 더딘 조합을 지원하거나 압력을 줄 수 있는 효과적인 수단이 없다는 점, 둘째, 교육 활동이 불균형하다는 점, 셋째, 중복되는 조합이 많고 조합 사이에 경쟁이 만연하다는 점, 넷째, 협동 생산과 서비스 범위를 넓혀야 한다는 점이었다. 위원회는 협동조합 운동의 거의 모든 조직과 위원회의 구성과 세부 기능에 이르기까지 상세한 설명을 방대한 분량에 담았다. 그렇지만 방대한 세부 기술이 오히려 보다 중요한 주제를 애매하게 만들었다. 또한 보고서는 정리가 잘 되지 않았다. 중요한 제안과 사소한 제안이 뒤섞여 있고, 제안과 사실 기술도 섞여 있어 전체 흐름을 읽기 어렵다.

사실과 논평 그리고 제안으로 복잡한 이 정글로부터 끄집어낼 수 있는 주요 사항은 다음과 같다. 첫째, 협동조합에 어긋하는 행위를 한 조합이나 다른 조합과 중복되는 문제를 조정하지 않는 조합을 제명하는 데까지 협동조합연합회의 권한을 확대해야 한다는 권고이다. 둘째, 확대된 권한을 효과적으로 행사하기 위해 연합회의 중앙 이사회를 자주 열고, 조직을 유연하게 만들어 최고 집행 기관으로서 지위를 높여야 한다는 제안이다. 셋째, 중앙 이사회가 열리지 않는 기간 중에 활동하고, 협동조합연합회의 일상 업무를 관리하는 상임 · 유급 집행부를 구성하라는 제안이다. 교육 영역에서도 광범위한 재편을 권고했다. 많은 조합이 교육 사업 지원금을 줄인 것과 교육 위원회 위원이 그 자리를 경영 위원회 선출을 위한 단순한 발판으로 여기는 점에 유감을 표명했다. 잉여금의 일정 비율을 교육 기금으로 의존하는 것을 멈추고, 모든 조합이 교육 사업을 위해 연간 조합원 1인당 1실링 정도를 할당하라고 권고했다. 조사 위원회는 교육 사업에 길드와 같은 보조 단체를 밀착시켜야 하며, 피고용인을 끌어들이는 일이 중요하다고 강조했다. 이를 위해 길드와 피고용인의 대표들을 포함하는 새로운 모델의 교육 위원회 구성을 제안했다. 또한 위원회는 연합 교육 조직을 강화하고, 이를 협동조합연합회의 지구 이사회와 긴밀히 연계할 것을 요청했다. 위원회가 정리한 많은 사실에 따르면, 교육 사업에 쓰인 대부분의 돈이 만족스럽지 못한 형태의 선전이나 교육 가치가 별로 없는 기능들에 낭비되고 있다는 것이다. 그래서 지역 조합이 펼치는 교육 사업에 자극을 주고, 방식과 방향을 지도하기 위해 협동조합연합회의 교육 부문을 반드시 강화해야 한다고 했다.

조사 위원회는 잉글랜드와 스코틀랜드CWS가 참여를 거부하는 바람에 협동조합 운동의 사업 활동을 조사하는데 큰 제약을 받았다. 이들이 참여를 거부한 이유는, 잉글랜드CWS 이사들이 자신들의 사업 규모에 비해 참가를 요청받은 대표자 숫자가 너무 적다는 것이었다. 스코틀랜드CWS는 조사 위원회 활동에 참여하기로 했었지만, 잉글랜드CWS가 대표를 내지 않기로 결정한 것을 알고 이를 철회했다. 그럼에도 불구하고 조사 위원회는 CWS가 핵심 지역의 상주 이사를 임명하는 건이나 CWS 총회에서 모든 출석 조합이 조합원 수에 비례해 투표권을 행사할 수 있는 표결 방식 변경 건을 포함해 CWS의 조직 재편을 위한 몇 가지 제안을 했다. 조사 위원회는 소매 사업에 대해서는 특히 낙후된 지역에서 훈련 받은 호별 상담자와 조직가를 더 많이 기용하고, 전국적인 협동조합 홍보 계획을 만들며, '사교와 오락을 위한 공간을 둠'으로써 매장을 더욱 매력적으로 만들라고 권고했다. 조사 위원회는 규모가 작은 여러 조합들에서 드러난 협동조합에 대한 높은 충성심에 경의를 표했고, 대규모 조합은 조합원의 관심을 유지하는 방법이 늘어나는 조합원 숫자와 보조를 맞추지 못하고 있음을 지적했다. 초대형 조합은 권익과 통제를 민주적으로 유지하는 최선의 수단을 연구해야 하며, 이러한 조합에서 인재를 끌어들이기 위해 매니저의 업무를 줄이고 급여는 올리라고 제안했다.

또한 조사 위원회는 소매 유통조합의 서비스 범위를 넓히라고 주장했다. 바람직한 사업으로 위원회가 주목한 것은 "우유 판매, 세탁업, 레스토랑, 카페, 생선 튀김 가게, 청과 부문, 담배 가게, 과자 가게, 신문 · 책 가게, 문방구 가게, 장난감 가게, 가구와 이사 부문, 장례 사업 부문, 이발 · 미용 부문, 유리창 청소 부문 등"이었다. 또한 위원회는 판매용 필수품 제조조합과 소매 매장의 서비스 부문 연합 활동 그리고 생활수준이 다른 지역의 필요를 충족하기 위해 다양한 등급의 가게를 만들어야 한다고 역설했다. 조사 위원회는 보다 가난한 소비자의 필요에 협동조합 방법을 적용하는 오래된 문제를 새로이 제기하고, 지금의 상황을 "운동의 수치"로 묘사하면서 CWS의 도움으로 맨체스터 빈민 지역 주민의 관심을 모으기 위한 특별한 서비스와 함께, 저가격 저배당 원칙에 기초한 조합을 만드는 시도가 바람직하다고 충고했다. 또 하나의 제안은 이웃 조합이 협력해 대도시에 대형 잡화점이나 백화점을 만들고, 체인점의 방식을 본떠 지점의 디자인을 단일화하고 물품 포장 시스템도 단일화해야 한다는 것이었다.

배당에 대해서는 판매와 조합원 수를 제한해서 배당을 높이는 것을 반대하고, 파운드 당 2실링을 넘지 않는 비율로 또한 해마다 변동하기보다는 배당률 고정이 바람직하다고 주장했다. 조사 위원회는 배당을 폐지하려는 실험을 환영했다. 그러나 배당에 우선해서 저가격 정책을 권장해야 하지만, "다른 시스템을 조합원에게 교육하는 과정은 시간이 걸릴 수밖에 없다."고 생각했다. 위원회는 이용 실적 배당에 우선해서 조합원을 위한 공동 서비스를 위해 잉여금을 쓰는 것을 지지했다. 그리고 집단생명보험을 확대하고, 국가가 70세부터 제공하는 노령자 연금의 수급 자격과 실제 퇴직 사이의 간격을 메우기 위해 퇴직자 연금을 도입하는 게 바람직하다는 점을 강조했다. 또한 위원회는 협동조합 피고용인을 위한 연금 계획 채택과 조합원을 위한 요양소 같은 서비스 시설을 늘리라고 권고했다.

조사 위원회는 협동조합은행의 발전을 위한 야심찬 제안도 내놓았다. 협동조합은행을 만들어 CWS 은행부를 합병하고, 이러한 은행을 스코틀랜드와 아일랜드에도 만들어 궁극적으로는 협동조합 운동 전체를 위해 봉사하는 통합 은행으로 합병하자는 제안이었다. 보험협동조합도 보다 다양한 분야를 포함하기 위해 업무를 확대하고, 개인 출자 및 차입의 한도를 없애고, 저축협동조합이 추가 저축을 위한 캠페인을 벌여 협동조합 운동 전체의 자본을 늘리자고 했다. 위원회는 지역 조합의 잉여 자금 저축을 장려하기 위해 도매조합이 지불하는 예금 이자를 인상하고, 이렇게 해서 확보한 추가 자본으로 도매 분야를 발전시키는 정책을 선호했다. 또한 위원회는 도매조합의 확장과 더불어 소매조합의 생산 개발과 전문 서비스를 제공하기 위한 특별 연합조합 설립을 주창했다. 위원회는 생산자조합이 소비자조합에 흡수되어야 한다는 생각에 반대하고, 특히 국제 협동조합 무역 분야에서 생산자조합의 성장을 기대했다.

농업 면에서 조사 위원회는 소매조합이나 도매조합이 주재하는 협동조합 영농의 확장과 농업협동조합이 소비자 운동과 밀접한 관계를 맺는 시도를 지지했다. 위원회는 소자작농과 소작농 조직을 CWS나 협동조합연합회와 단단하게 연결하는 특별한 시도가 필요하다고 주장했다. 위원회는 CWS에 가맹한 농업조합이 급격히 늘어나고 ─1901년 4개 조합에서 1911년 39개 조합, 1917년에는 89개 조합으로─ 같은 기간에 소매조합과 도매조합의 총 경작 면적도 1890년 1,487에이커에서 1917년에는 2만 5,476에이커로 늘었으며 특히 전쟁 중에 발전이 두드러졌음을 지적했다. 위원회는 협동조합 영농의 앞날에 대해서는 다음과 같이 권고했는데 내용이 좀 애매했다. CWS가 땅을 더 많이 확보해서 버터 공장과 가공 시설을 증설하고, 농장의 조합 소유 여부를 불문하고 농가와 장기 계약을 맺어 그들의 생산물을 구입하며, 동시에 협동조합 판매를 위한 농민조합 발전과 농자재 공동구매에서 생산물의 공동 판매에 이르기까지 다양한 목적을 갖는 농업조합을 장려하기 위해 협동조합연합회에 농업 부문을 만들어야 한다고 했다.

조사 위원회는 나아가 기존 세입자협동협회와 유사한 주택건축협동조합을 발전시켜 주택 건설 분야로 활동을 확장하라고 주장했다. 이에 대한 보고서는 위원회 위원들 사이에서 많은 논란이 있었다는 흔적을 남기고 있다. 보고서는 소매조합이 직접 대규모 주택 건축에 관여하는 데 부정적이었고, 주택 공급은 국가나 지방자치단체가 해야 한다고 강조했다. 그러나 위원회는 공공의 주택 정비를 보완하는 협동조합 활동을 고려해야 하며,

주택 소유의 목적이 사적 이윤을 위해 세를 놓는 게 아니라면, 거주자의 주택 소유를 반대하지는 않는다는 의견을 밝혔다.

마지막으로 조사 위원회는 국제 협동조합 무역의 대폭적인 확대를 선언하고 국제도매조합 설립을 기대했다. 그러나 이것을 당장 실현할 수는 없다고 생각했던 것 같고 따라서 당분간 상호 무역을 손쉽게 하는 체제를 발전시킬 것을 권고했다. 위원회는 국제 협동조합 시장을 위한 물품 제조에서 생산자조합의 역할을 강조했다. 국제 무역 관계를 확대하는 데 도매조합보다 생산자조합에 희망을 걸었던 것으로 보인다.

이상의 정리가 조사 위원회의 광범위한 권고를 완벽하게 요약했다고는 생각하지 않는다. 제1차 세계대전 직후 몇 년 동안 조사 위원회의 권고를 둘러싼 토론은 실망스런 결과를 낳았다. 도매조합이 위원회의 임무를 거부했던 것도 하나의 부정적인 요인이었고, 지역조합이 조사 위원회가 주장한 강한 규율을 받아들일 뜻이 없음도 분명해졌다. 협동조합연합회에 상임 집행부를 두어야 한다는 제안은 강력한 반대로 권고를 작성한 사람이 직접 철회했다. CWS와 별도의 협동조합은행을 설립하는 제안은 부결되었다. 나머지 대부분의 권고는 1920년 임시 대회에서 승인되었지만 이를 실행에 옮기려는 열의는 보이지 않았다. 조합의 중복을 막고 지역 협정과 합병을 시행하는 권한을 협동조합연합회에 부여하자는 제안은, 이웃 조합들의 출혈 경쟁을 반대하는 여론을 만들기는 했지만 실제로 이행되지는 않았다.

조사 위원회 보고서의 성과로 나타난 중요한 변화는, 잉글랜드와 스코틀랜드 각각의 신문협동조합이 전국출판협동조합으로 합병한 것이다. 전국출판협동조합은 당시 주요 신문이던 《코퍼러티브 뉴스》와 《스코틀랜드 코퍼레이터》를 인수했고 그밖에 몇 개 보조 잡지도 인수했다. 이는 협동조합 저널리즘의 새로운 발전을 위한 기반이 되었다. 협동조합 일간지 발행의 가능성을 두고 여러 이야기가 시작되었지만, 1913년에 노동조합대회와 노동조합의 후원으로 발행한 《데일리 시티즌》의 실패는 이 일의 어려움을 말해주는 경고가 되었다. 1912년 식자공들의 파업의 산물로 출발한 노동당의 비공식 일간지 《데일리 헤럴드》도 이 무렵에는 기초가 다져지기 전이어서 여러 어려움을 겪고 있었다. 전쟁 중에 《데일리 헤럴드》는 어쩔 수 없이 주간 발행되었고, 조지 랜스베리의 편집으로 어려운 고비를 넘겼다. 전쟁이 끝나고 다시 일간으로 복귀했지만, 한동안 불안정한 상황이었다. 이러한 시기에 경쟁지를 발족시킨 것은 현명하지 못한 처사였다.

전쟁이 끝나자 협동조합에 대한 과세 문제가 다시 불거졌다. 왕립소득세 위원회가 설치되고 협동조합 배당금의 과세를 둘러싼 소동이 재연되었다. 게다가 1920년에는 전쟁 중에 있던 초과이득세를 대신해 법인이득세가 등장해 협동조합은 그들의 저항에도 불구하고 납세 의무를 저야 했다. 이 조치는 1924년에 노동당 정부가 철폐할 때까지 계속되었다. 노동당은 의회에서 새로운 세금으로 협동조합에 과세하는 것을 반대하는 협동조합당 의원을 최선을 다해 지원했지만, 연립 정부의 결정에는 저항할 길이 없었다.

1920년에 CWS는 적극적인 성장 정책을 실행에 옮기기 위해 1925년이 만기인 제2차 발전 채권을 발행했다. 또한 CWS는 새로운 저축 수단으로 서 은행부를 통한 정기예금 증서를 발행했다. 더 나아가 CWS는 조사 위원 회가 제출한 비판에 대응하기 위해 정관 개정 작업을 시작했다. 1921년, CWS는 출석 대표들이 표결하는 옛 시스템 대신 각 조합의 구매액 —조사 위원회가 제안한 조합원 수가 아님— 에 기초한 의결 시스템을 채택했다. 2년 뒤 이 시스템은 다시 변경되어 일괄 투표가 도입되었다. 1921년에 도입된 (전 구성원이 참여하는) 일반 투표가 시행된 것은 총파업 이후인 1928년 일 이었다. 이보다 앞서 1919년에 도입된 CWS 피고용인의 노동조합 의무 가 입 방침도 이 일반 투표를 통해 정해졌다.

전쟁 직후에는 국제 협동조합 무역에 대한 많은 논의가 이루어졌다. 조 사 위원회는 이 문제를 이미 제기했는데, 생산자협동조합이 협동조합 시 장 외에 일반 시장을 위해서도 제조를 하고 있었고, 특히 외국 소비자조합 과 관계를 구축하는데 어느 정도 도움이 되기 때문에 그 역할을 특히 강조 했다. 조사 위원회는 좀 주저하면서 국제도매조합 또는 무역 기구를 만들 기 원했지만, CWS와 스코틀랜드CWS가 협의에 불참해 제안은 구체화되 지 않았다. 그러나 전쟁 상황은 특히 대영제국에서 상호 무역을 위한 제안 에 어느 정도 자극이 되었다. 그리고 러시아혁명은 대규모로 확대되는 러 시아 협동조합 운동과 관계를 발전시키는 문제를 제기했고, 전쟁 뒤 유럽

구호와 관련해 협동조합의 역할 문제도 있었다. 이 문제는 1919년 협동조합 여성길드가 특별히 거론했는데, 여성길드는 국제 협동조합 무역을 가장 적극적으로 주장했다.

1919년에 CWS는 뉴질랜드협동조합판매협회와 협력해 뉴질랜드생산협회를 만드는 중요한 진전을 이루었는데, 이는 해외의 협동조합 운동과 맺은 공동 협정의 선구였다. 이 무렵 CWS와 소비에트 협동조합 운동 사이에도 무역의 길이 열렸다. 같은 해 연합국 측 협동조합회의는 국제협동조합연맹을 실질적인 단체로 재건하고 각 국가의 운동을 보다 밀접히 연계하기 위한 수단에 대해 토론했다. 이 문제는 이듬해 1920년 연합국 측·중립국 측 협동조합회의 그리고 전쟁 뒤 처음으로 열린 1921년 국제협동조합연맹 세계대회에서도 이어졌다[1].

1924년에는 대영제국 박람회와 관련해 대영제국 농업협동조합의 문제를 다루는 회의가 웸블리에서 열렸다. 같은 해 각국 도매조합 대표자들이 여러 차례 비공식 회의를 연 결과, 국제도매협동조합(ICWS)이라는 이름의 단체가 설립되었다. 그러나 이 이름은 적절하지 않았다. 왜냐하면 국제도매협동조합이 사업체로 설립되지 않았기 때문에 통화 문제와 그밖의 불안정한 문제에 직면했고, 여러 도매조합을 위한 정보 공유 센터 영역을 벗어나지 못했기 때문이다. 국제 협동조합 무역은 어느 정도 발전했지만, 이는

---

1   625쪽 참조.

도매조합이나 다른 조합의 직접 거래로 이루어진 것이었지 국제도매조합이나 무역 기구에 의한 것은 아니었다.

　다음 장에서 살펴보겠지만 전쟁 뒤 여러 해 동안 협동조합의 고용 조건을 둘러싼 논쟁이 격렬했다. CWS는 1922년에 새로운 임금 등급을 채택했다. 그리고 운동 전체에 걸쳐 거래액과 가격이 떨어지면서 심각한 임금 인하를 가져왔고 이것이 많은 분쟁을 일으켰다. 1923년에는 CWS와 전국유통노동조합 사이에 큰 투쟁이 일어났다. 그리고 이듬해 랭커셔 대부분의 유통업이 대규모 파업으로 마비되었다. 2년 뒤 총파업의 영향을 받은 직종의 협동조합 피고용인이 사기업의 고용 노동자처럼 같은 조건을 내걸고 노동조합 파업에 참가했는데, 이것이 협동조합인 사이에서 분노를 샀다. 노동조합대회는 협동조합 피고용인이 계속 일터에 남는 것을 허용하면 노동조합원 사이에서 분열이 일어날 수 있다고 주장했다. 이 주장은 협동조합대회를 납득시키지 못했다. 1928년 대회에서 이런 대응에 유감을 표명하고, 두 운동의 우호 관계를 유지하는 게 중요하다는 인식을 강조하면서, "긴밀한 화합을 촉진하고 1926년 전국 총파업 때 일어난 사건이 다시 일어나지 않도록 노동조합대회와 협동조합연합회를 대표하는 공동위원회 설립"을 환영했다.

　공동 위원회의 성과로 다음 합의를 이뤄냈다. "노동조합 운동과 협동조합 운동의 관계는, 고용 조건에서 생기는 문제들로 일어나는 파업이나 직장 폐쇄에 관한 한 자본주의 기업에 적용하는 정책과는 다른 정책에 기초해야 한다. 협동조합이 노동조합이 승인한 임금과 노동 시간 그리고 노동 조건을 적용한다고 하면, 협동조합은 이런 문제와 관련된 파업과 직장 폐쇄의 대상이 되지 않도록 한다." 이 합의는 문제를 완전히 해결하지는 못했다. 왜냐하면 임금과 노동 시간 그리고 노동 조건 같은 '이런 문제' 이외의 사안에 대한 파업 가능성의 여지를 남겨놓았기 때문이다. 그러나 이 합의는 적절하고 만족스런 협정으로 받아들여졌고, 제20장에서 기술되는 단체 교섭 기구의 원활한 운영을 촉진했다.

조사 위원회는 보고서에서 남성길드와 여성길드 같은 보조 단체를 더욱 발전시키고 그 가치를 충분히 인식해야 한다고 강조했다. 이를 위해 협동조합을 선전하기 위해 봉사하는 보조단체 전국협의회 창설을 제안했지만, 이 제안은 받아들여지지 않았다. 그러나 길드의 활동은 전쟁 뒤 급속히 성장했다. 여성길드가 국제 협동조합 관계 문제를 정력적으로 다뤘음은 이미 살펴봤다. 이들의 활약은 1921년 국제협동조합여성길드 설립에 많은 영향을 주었다. 이 길드는 여러 나라의 여성 협동조합인들을 연계했으며, 특히 나치 등장 이전의 독일과 오스트리아에서 강력했다. 열렬한 국제주의자인 르웰린 데이비스 양과 릴리안 해리스 양은 길드 발전을 촉진하는 데 큰 역할을 했고, 1921년 여성길드 일에서 물러나기까지 여러 해 동안 협동조합의 협력자로 헌신했다. 스코틀랜드협동조합 남성길드는 1922년에 설립되었고, 남성과 여성을 모두 포함하고 기존의 몇몇 혼성 길드를 묶은 전국협동조합인길드가 1926년에 만들어졌다.

1921년 협동조합 운동은 사업의 문제를 토의하는 새로운 수단으로 모든 형태의 협동조합이 참여하는 사업·업무 연차회의를 발족했다. 이 연차회의는 협동조합 매니저와 직원을 위한 것으로, 새로운 사업 방법의 수준을 높이고 그 지식을 보급하는데 매우 유익했다. 2년 뒤 잉글랜드·스코틀랜드 합동도매협동조합이 독립 법인으로 등기하고, 특히 국제 분야에서 늘어나는 공동 사업을 관장했다. 1924년 농업도매조합과 농업조직협회(AOS) —후자가 전자를 만든 것임— 의 붕괴는 협동조합인에게 농업 부문을 새로운 문젯거리로 만들었다. 스코틀랜드농업조직협회는 영향을 받지 않았고, 1922년에 농업조직협회에서 갈라져 나온 웰시농업조직협회도 성공적으로 유지할 수 있었다. 잉글랜드에서는 전국농민연합이 등기부 상으로는 농업협동조합의 명맥을 유지했지만, 변화된 상황에 따라 이들 조합을 일반 협동조합 운동과 더욱 밀접히 연계하기 위한 대책이 필요하다는 인식이 싹텄다. 이에 따라 협동조합연합회는 1925년 농업부 설치를 추진했다. 처음에는 CWS와도 협력했지만 1927년에 CWS는 손을 뗐다. 새로운 사업부는 농업 조직가 한 명을 두었는데, 그는 많은 농업조합, 특히 우유 —소매 사업이 급속히 확대되고 있는 분야— 생산에 종사하는 농업조합과 관계 구축에 성공했다. 농업부는 자영 농장을 갖고 있는 소매조합의 상담 센터 역할을 했고, 1930년 전국협동조합우유사업연합회를 설립하는 길을 준비했다. 이 연합회는 우유 공급과 가격에 대한 전국적인 협동조합 정책을 만들고 정부와 우유 판매 위원회의 교섭에서 협동조합 운동을 대표하는 자문 단체였다.

또한 1930년에는 탄광법에 따른 석탄 산업의 카르텔화에 대응해 전국석탄협동조합협회를 만들었다. 협동조합대회는, 사업·업무 연차회의의 요청에 따라 정육, 제빵, 직물, 제화 그리고 장신구 등 많은 사업 부문에서 유사한 전국 단체를 승인했다. 제안된 조직이 모두 설립되지는 않았지만, 얼마간의 단체가 설립되었고 각 사업에 관계하는 도소매 조합 지점들을 연계시키는 역할을 했다. 이들의 존재는 전국적 정책을 효과적으로 세우고 각 분야에서 생기는 문제점을 적극 조사하는데 큰 도움이 되었다. 가장 최근에 설립된 것은 1941년 전국세탁업협동조합협회이다.

전간기 협동조합 성장의 뚜렷한 특징은 특정 사업을 위한 연합조합의 확산이었다. 이러한 조합은 훨씬 전부터 소규모 석탄 유통업에 있어왔고, 많은 생산조합은 사실상 소매조합 그룹이 공동으로 소유하는 연합 단체였다. 이러한 단체 중 가장 큰 것은 이미 언급한 스코틀랜드 제빵협동조합연합회였다[2].

그러나 유제품, 세탁, 약국, 장의연합조합과 다른 공동 기업이 급속히 발전한 것은 두 차례 전쟁 사이에 있던 일이었다. 이 중에는 아주 영세한 규모도 있었지만, 맨체스터의 세탁업협동조합연합회처럼 규모가 상당한 것도 있었다. 이러한 지역 연합조합은 1935년에 주요 그룹만으로도 세탁업

---

2   285쪽 참조.

조합 17개, 제빵조합 16개 그리고 유제품조합 7개를 포함해 50개 이상을 헤아렸다. 1942년에는 세탁업조합 17개, 제빵조합 16개, 유제품조합 9개를 비롯해 모두 60개가 되었다. 이런 형태의 발전은 통합 단체로 합병하기를 꺼리는 여러 독립 지역 유통조합이 있는 곳에서부터 광역에 걸친 협동조합 활동을 확보하는 최선의 방법으로 호평을 얻었다. 이들 분야에서는 공동 활동으로 실현되는 경제적 이익이 상당했다. 더욱이 영업 규모가 커지면 그만큼 서비스의 질도 개선된다. 여러 소매조합 구역은 식료품 거래에는 적절했는지 모르지만 그 밖의 많은 소매 서비스 분야에서는 지나치게 협소했다. 조합원 당 판매액 감소는 이 나라 많은 지역의 협동조합 운동이 보다 큰 단위의 서비스를 해야 한다는 인식을 게을리 했다는 데 그 이유가 있었다. 최근에는 인근 조합에 봉사하고자 기획된 대도시의 대형 백화점 공급을 포함한 연합 활동의 영역을 확장하자는 제안이 나왔다. 이 실험은 새로운 것은 아니다. 비슷한 시도가 아주 초기에 글래스고에서 있었지만 불행하게 끝났고, 요크셔에서도 초기의 실험이 있었다. 그러나 이러한 초기의 실패 이래 시대가 바뀌었다. 지역 협동조합이 가까운 장래에 훨씬 넓은 지역에 걸친 합병을 하지 않는 한, 연합 방식은 더욱 확장될 여지가 충분히 있다.

물론 이러한 지역의 연합조합은 CWS나 스코틀랜드CWS 같은 전국조합과는 구별되는 것이다. 앞서 살펴본 것처럼, 1921년 이전까지 별개였던 잉글랜드와 스코틀랜드 단체가 합병해 전국출판협동조합을 설립했다. 이 합병 조합은 1935년에 협동조합신문유한회사라는 이름을 썼는데, 1929년에 비약을 시도하여 전통 있는《레이놀즈 신문》을 인수했다. 이 유명한 일요 신문은 차티스트 G. W. M. 레이놀즈가 1850년 경 처음 발행한 것으로, 당시 가장 영향력 있는 급진파 신문의 하나였다. 그러나 후반에 부진해진 이 신문을 인수한 협동조합 운동은 발행부수와 영향력을 재건해야만 했다. 초기에는 경과가 지지부진했다. 본격적인 일요 신문 운영에 필요한 자본을 확보하기가 쉽지 않았기 때문이다. 그러다 1935년에 여러 연합 조직의 도움으로 거액의 자본이 들어왔고 신문은 철저히 개편되었다. 그 뒤 이 신문은 유수한 일요 신문의 하나로 그리고 민주적 관점에서 단연 최고의 신문으로 인정받았다. 1942년까지 편집을 맡은 S. R. 엘리엇 씨는 탁월한 보도 감각을 보였고, 그 주변에 H. N. 브레일스포드 씨와 오늘날 아마도 가장 뛰어난 군사 평론가인 맥스 워너 씨 같은 저명한 기고가 집단을 모았다. 협동조합당 당수이자 협동조합 신문 사장이기도 한 알프레드 반즈 씨는 고난을 겪었던 초기에 이 일요 신문을 위해 분투했고 마땅한 성공을 거두었다. 그밖에 최근 협동조합 저널리즘에 새로 가담한 것 가운데 1926년 협동조합연합회가 발간한《코퍼러티브 리뷰(Co-operative Review)》를 언급하지 않으면 안 된다. 협동조합 운동은 오랫동안 CWS의 잡지《프로듀서(Pro-ducer)》에 맞먹는 잡지가 필요했다. 협동조합연합회는 1918년부터 1938년까지 계간지《코퍼러티브 에듀케이터(Co-operative Educator)》를 발행했는데 이것도 1938년에《코퍼러티브 리뷰》로 편입되었다.

다음 장에서 보겠지만, 협동조합당의 성장과 노동당의 커진 중요성에 비춰 조정해야 하는 협동조합 정책 문제의 부상 그리고 노동당과 타협할 필요성이 실제 충돌로 비화할 수 있는 문제들 속에서 협동조합 운동의 자기반성을 가져왔다. 1925년 협동조합대회는 협동조합연합회의 목적 속에 협동조합 공화국 설립을 명시했다. 이로써 자본주의 시스템을 반대하고 새로운 시스템으로 변환한다는 목적을 받아들이게 되었다. 그러나 이것은 새로운 사회에서 한편으로 국영기업과 지방자치단체 기업이, 다른 한편으로 협동조합 기업이 맡아야 할 상대적 역할의 문제를 남긴 것이었다. 첫 번째 노동당 정부가 1924년에 제정한 법[3]은 지방자치단체의 서비스 확대에 폭넓게 문호를 연 것인데, 자신들의 활동 영역을 확대하고 있는 사업에 공공 부문의 침입을 우려한 협동조합인들의 반감을 불러일으켰다. 협동조합연합회가 이 문제를 조사하기 위해 설치한 위원회는 1928년에 다음과 같이 보고했다. "유통 사업과 관련해 협동조합의 발전 정책이 공동체의 필요를 충족하는 공동성의 원칙을 확대하는 가장 실제적이고 만족스런 방법을 제공한다."—우유와 석탄의 소매사업을 지방자치단체의 통제 아래 둔다는 노동당의 제안과 상반된다. 이 문제는 여기서 더 논하기보다는 협동조합당의 전개와 관련해 검토하는 게 적절하다. 이 논의가 보여주는 것은 협동조합인들이 그들의 목적과 정책을 한층 명확하게 규정하고 또한 이러한 목적을 추

---

3   [옮긴이] 대표적인 것이 휘틀리 주택법이다.

진하기 위해 운동을 보다 효과적으로 조직할 필요성을 인식하게 되었다는 것이다.

이러한 상황에서 1920년에 한쪽으로 밀쳐놓은 조사 위원회의 제안이 다시 떠올랐다. 1928년에 알프레드 화이트헤드는 협동조합대회 의장으로서 중복 문제와 지역 할거주의에 반대하는 보다 강력한 대책과 강한 중앙 지도력을 요구했다. 1930년 요크 대회에서 런던 협동조합인들은 전체 운동을 대표하는 상임 집행부 설치를 다시 제안했다. 이 제안은 기각되었지만, 조사 위원회를 설치하고 이듬해 그 결과를 보고했다. 이 위원회의 소수파는 상임안을 지지했지만, 1년 연기된 뒤 1932년 대회는 다수파의 견해를 받아들였다. 협동조합연합회의 구조를 철저히 점검해 많은 위원회를 폐지했다. 연합 이사회는 집행 위원회로 대체되었고, 이 위원회가 연합회 각 사업부를 관장했다. 중앙교육 위원회는 전국교육 협의회로 재편되었는데, 지구 이사회, 교육 조직, 길드, 협동조합 직원 그리고 전국유통노동조합의 대표자로 구성되었다. 그리고 협동대학을 포함한 일상의 교육 사업을 담당하기 위해 교육 집행부를 두었다. 협동조합당은 협동조합 의회 위원회에 대표자를 보냈고 이밖에 얼마간의 세부 변경들이 이루어졌다.

무엇보다 중요한 발전은 ―어떻든 그 의도에서― 1932년 개혁의 일부로 전국협동조합감독기구(National Co-operative Authority, NCA)를 만든 것이었다. 이 기구는 운동의 모든 부문을 하나의 공동 단체로 묶고, 주요 문제에 대해 권위 있는 입장을 개진하기 위한 것이었다. 전국협동조합감독기구는 협동조합연합회 집행부로 구성되고, 여기에 CWS에서 4명, 스코틀랜드CWS에서 2명, 협동조합당에서 2명, 협동조합생산연합과 협동조합신문에서 각 1명의 위원이 참가했다. 주의할 것은, 길드에게는 대표권이 주어지지 않았다는 점이다. 물론 다른 단체에서 선출되면 길드도 위원이 될 수 있지만. 전국협동조합감독기구는 자문 단체이지 집행 단체는 아니다. 이 점에서 노동당과 노동조합대회에서 구성된 전국노동자협의회와 닮았고, 그것의 협동조합 판을 의미했다. 그러나 전국협동조합감독기구는 지금까지 기대에 전혀 부응하지 못했다. 또한 주목할 점은, 1942년에 이르러 협동조합 운동이 전국노동자협의회와 전면적으로 제휴하기로 합의했을 때에도 전국협동조합감독기구가 아니라 협동조합연합회가 제휴 단체로 지명되었다는 사실이다[4].

1932년, 협동조합인들은 국가와 교섭하기 위해 자신들을 대표하는 적절한 단체가 절실했다. 1931년 노동당 정부의 몰락에 이어 협동조합에 반대하는 대규모 신문 캠페인을 개인 사업자들에 부추겼고, 1933년에는 재무장관이 협동조합에 다시 세금을 부과해야 한다는 제안을 관철했다. 이에 대해서는 다음 장에서 다시 검토하기로 한다.

1934년, 세금 투쟁이 끝나자 협동조합인들은 내부 개혁 문제로 복귀했다. 토론을 거쳐 CWS는 독립적인 CWS 소매조합을 설립해 소매 사업에 뛰

---

4   579쪽 참조.

어들었다. 이미 스코틀랜드CWS는 인구가 적은 여러 지역조합을 인수하는 형태로 이 분야에 뛰어들었다. 그리고 부분적으로는 잉글랜드와 웨일즈의 '협동조합 사막'에 어떻게든 파고들 수 있는 방법이리라는 생각에서, 또 부분적으로는 지역조합의 활력과 자립성을 회복시키기 위해 심각한 경영난에 빠진 조합을 인수·운영하는 권한을 주기 위해 잉글랜드CWS에 권한을 주기로 합의한 것이다. 이 제안을 지지한 일부 사람들은 CWS가 직접 울워스 모델의 체인점을 전국에 만들어야 한다고 주장하는, 꽤나 광역적인 사고를 가진 사람들이었다.

그러나 CWS 이사들은 자신들에게 주어진 이러한 특권을 적극 활용하려는 의욕을 보이지 않았다. 1936년에 CWS는 심각한 경영난에 빠진 카디프의 지역조합을 인수했다. 그 뒤 또 몇 개 조합을 인수했고, 1944년에는 적어도 18개 조합을 인수했다. 이를 제외하면 CWS는 소매사업 투자를 전혀 시도하지 않았다. 다른 문제들이 CWS의 관심을 사로잡고 있었던 것이다. 1937년에 CWS 농업부를 재편했는데, 대규모로 성장하고 있는 농자재 사업을 통합 관리하기 위해 그리고 CWS와 전체 농업협동조합 운동의 관계를 보다 밀접하게 만들기 위한 것이었다. CWS는 농업협동조합 운동의 조사 정보 센터인 호레이스 플런켓 재단과 이미 제휴를 맺고 있었고, 직영 공장에서 생산을 늘리고 있는 사료와 비료 공급자로서 이 운동의 핵심 지위를 구축했다. 또한 CWS는 종자 사업을 크게 키웠고, 전국 각지 농업 전시회에 출품해 명성이 자자했다.

한편 1935년 카디프 협동조합대회는 로치데일 공정선구자협동조합 100주년인 1944년을 목표로 하는 협동조합 발전 10개년 계획에 착수했다. '계획화'라는 사고가 한동안 풍조가 되었고, 소비에트 5개년 계획 찬양자들은 협동조합 운동의 종합적인 발전 계획이 필요하다고 역설했다. 그러나 1935년에 채택된 계획은 소비에트 계획과는 아무런 공통점이 없었다. 이는 각각의 조건과 기회에 따라 결정한 운동 각 부문의 개별 목표 설정을 바탕으로 앞으로 10년 동안 협동조합 거래와 생산 목표 총액을 설정한 데 지나지 않았다. 이 계획은 공동사업 · 선전 위원회 후원으로 이행하기로 했고, 조합원 수와 조합원 당 거래액 그리고 총 거래에 포함된 협동조합 생산물 비율 등에 대해 10년 동안 목표 성장률을 정했다. 확장의 기회를 고려해 지역에 따른 소매조합의 차이가 인정되었다. 특히 소규모 일부 조합은 가족 대부분을 조합원으로 가입시켰지만, 식료품 이외는 판매하는 게 거의 없기 때문에 조합원 당 거래액은 낮을 수밖에 없었다. 그런가 하면 총 거래액은 크지만 협동 생산 물품 판매는 비교적 적었다. 대부분의 큰 중심가는 조합원 수를 늘릴 여지가 충분했다. 많은 조합에서 다양한 서비스를 제공했음에도 조합원 1인당 거래액은 매우 낮았다. 이처럼 다른 조건에 준해 목표치는 협동조합연합회 각 지구 별로 정하고, 이를 보다 작은 목표치로 나눠 지구 조합에 할당했다.

필자가 이 글을 쓰고 있는 올해 최종 연차를 맞이하는 1935년 협동조합 10개년 계획은 이런 것이었다. 1935년부터 1942년까지 8년 동안 소매조합의 총 조합원 수는 748만 3,937명에서 892만 4,868명으로 늘었다. 조합의 평균 규모는 6,694명에서 8,436명으로 늘었고, 총 판매액은 2억 2,000만 파운드에서 3억 1,900만 파운드로, 조합원 1인당 판매액은 29.45파운드에서 35.79파운드로 올랐다. —이러한 증가는 특히 전쟁 이후 얼마간의 물가 상승 탓이기도 하다. 1938년 총 판매액은 2억 6,300파운드, 조합원 1인당 판매액은 31.32파운드였다. 같은 기간 CWS의 순 판매액은 1935년 9,800만 파운드에서 1938년 1억 2,500만 파운드 그리고 1942년에는 1억 5,700만 파운드로 늘었고 생산 사업 산출량은 1935년 3,500만 파운드에서 1938년 4,700만 파운드 그리고 1942년에는 4,800만 파운드로 늘었다. 한편 스코틀랜드CWS 판매는 1935년 1,900만 파운드에서 1938년 약 2,700만 파운드 그리고 1942년에는 3,400만 파운드로 올랐고, 아일랜드농업도매조합은 1935년 56만 2,000파운드, 1938년 64만 8,000파운드 그리고 1942년에 72만 2,000파운드를 기록했다. 이러한 성장률은 그 자체로는 만족스러운 것이다. 그러나 10개년 계획으로 설정한 목표에는 분명 크게 못 미쳤다. "협동조합 운동은 영국의 가정에 봉사하고, 대부분의 필수품을 협동조합 공장에서 공급하며, 최소한 오늘의 조합 가운데 모범 사례만큼이나 다양한 서비스를 제공한다.[5]"

한편 교육면에서는 상당한 발전이 있었다. 협동대학은 자체 건물 없이

---

5   E. 토팸 '10개년 계획'(협동조합연합회, 1935)

맨체스터의 협동조합연합회 본부인 홀리요크 회관에서 1919년에 문을 열었다. 학생용 제1숙소는 1923년에, 제2숙소는 1932년에 마련했다. 1919년에 대학 건물을 짓기 위한 기부금 조성 제안이 나왔지만, 전쟁 뒤 불황 탓으로 실패했다. 그 뒤로 한동안 이 건은 거론되지 않다가 1944년 운동 100주년 기념행사의 일환으로 25만 파운드를 목표로 한 전국적인 모금 운동을 펼쳤다. 또한 이해 협동조합연합회는 체셔의 월름슬로에 넓은 운동장이 딸린 새 기숙사를 마련했다. 협동대학은 설립부터 1939년 전쟁이 터지기 전까지는 완만히 발전했고, 전쟁 중에도 계속 문을 열어 노동 계급의 유일한 성인 대학이라는 영예를 얻었다. 정규 학생 수가 줄어드는 것은 피할 수 없었다. 그러나 피고용인을 포함해 전쟁 중의 학생들을 위한 단기 강좌를 열고, 캐나다와 폴란드 등 해외 협동조합 학생에게도 편의를 제공했다. 협동조합연합회는 전간기에 여름학교 활동을 발전시켰고 1939년 전쟁 뒤에도 활발하게 지속했다.

교육과 밀접한 관련을 맺는 것이 바로 청년 조직 활동이다. 근대 협동조합 청년 활동은 일부 활발한 지역조합 —유명한 리즈조합(1906년)과 왕립병기창조합(1907년)— 이 청년 모임을 만들면서 시작되었다. 1909년 협동조합대회는 줄리아 마담즈의 동의로 이 사업을 지지했고, 1914년까지 더디지만 조금씩 진전되는 가운데 이해 전쟁이 일어나 중단되었다. 1919년부터 다시 급속히 성장해 여러 지역조합이 주니어 길드, 주니어 서클, 주니어 학급을 편성했고 일부는 청소년 사업 분야를 새로 개척했다. 후자가 발전한 것이 바로 1924년에 설립된 영국협동조합청소년연맹(BFCY)인데, 14세부터 25세 사이의 청년들에게 개방했고 지역 단위의 친구 서클에도 가입할 수 있었다. 1926년에 처음으로 청소년을 위한 여름학교가 열렸고, 이듬해 협동조합연합회는 학교 졸업 연령 이하의 아동들에게 '주니어' 사업을 확장하면서 청년 사업에 더 많은 관심을 기울였다. 1930년에는 영국협동조합청소년연맹을 위한 잡지《코퍼러티브 유스(Co-operative Youth)》가 발간되었다. 1937년에는 협동조합 10개년 계획의 일환으로 협동조합연합회에서 청소년 조직가 한 명을 임명해 당시 200개를 넘어선 친구 서클과 주니어 그룹을 돌보도록 했다.

이 무렵 14세에서 25세 사이 연령대는 효과적인 청년 사업을 하기에는 너무 폭이 넓다고 인식되었다. 영국협동조합청소년연맹은 18세를 기준으로 연령대를 나눠야 한다고 주장했다. 그리고 적합한 연령 그룹을 바탕으로 단일한 전국협동조합 청년 조직을 만들어서 운동을 재편성해야 한다는 토론이 전쟁 중에 진행되었다. 그러나 전쟁으로 인한 소개(疏開)로 활동은 심각한 어려움에 처했다. 소개 지역에 있는 청년 조합원을 위한 특별한 노력이 이루어지고, 1940년에는 청년 활동의 전국적 전개를 위해 청년 조직가 두 명을 추가 임명했다. 이러한 청년 운동은 교육 위원회 지원 대상으로 인정되었다. 지체되었던 조직 개편이 1941년에 이루어져 세 개의 그룹이 만들어졌다. —7세에서 11세 아동은 무지개길(무지개는 세계 공통의 협동조합 상징이다.), 11세에서 15세 사이는 탐험자 그리고 15세에서 20세 사이는 협동조합 청년클럽이 되었다. 이는 20세를 넘으면 제외됨을 의미했다. 그리고 영국협동조합청년연맹은 영국청년협동조합인연맹(BFYC)으로 전환되었고, 협동조합 청년 운동과는 별개로 20세에서 25세 협동조합인들의 독립 단체가 되었다. 영국청년협동조합인연맹은 협동조합연합회의 재정 지원을 받았고 연합회 집행부에 대표자를 파견했다. 영국청년협동조합인연맹은 자체의 잡지《콤레드(Comrade)》를 발행했다. 또 다른 독립 단체로 1925년에 조직된 우드크래프트 포크[6](Woodcraft Folk)는 몇몇 지역조합 특히 왕립병기창조합과 밀접한 관계가 있는데, 7세 이상 청소년을 회원으로 하고 주로 야외 활동과 캠핑을 하는 단체였다. 한동안 협동조합연합회와 우드크래프트 포크 사이에 공식 관계는 없었지만, 1944년 10월 1일부터 우드크래프트 포크의 요정과 개척자 두 주니어 그룹이 무지개길과 탐험자 그룹과 함께 영국 협동조합 청년 운동의 일부가 되었다.

청년 운동은 CWS와 스코틀랜드CWS의 지원을 받으면서 협동조합연합회 아래 조직된 것인데, 지금은 시니어와 주니어를 위한 여름학교 외에 청년 지도자 양성을 위한 특별 과정을 운영하고 있다. 그리고 지구교육협회와 클럽의 리더 및 회원이 대표로 참가하는 협동조합 청년 위원회가 만들어졌다. 또한 1943년에 연합회는 전국에 청년센터를 만들기 위해 유한책임협동조합청년센터라는 새로운 단체를 시작했다. 첫 번째 청년센터는

---

6   우드크래프트 포크는 세 개의 연령 그룹으로 조직되었다. 요정은 6세에서 10세까지, 개척자는 10세에서 16세까지, 킨즈포크는 16세 이상. 연령 제한의 상한은 없다.

1944년 5월, 브래드퍼드 가까운 통 회관에서 문을 열었다. 이곳은 허드즈 필드조합이 소유한 넓은 농업 단지 한가운데였다. 당시 청년 클럽은 362개로 회원은 3만 9,000명 가까웠고, 탐험자 그룹은 340개로 회원 약 1만 3,000명 그리고 무지개길 그룹은 85개로 회원은 약 2,500명이었다. 이러한 숫자는 발전을 기다리는 광대한 분야가 남아있음을 보여준다. 두 번째 센터는 1944년 7월, 컴벌랜드 칼라일 근교 달스턴 회관에서 시작했다. 이곳에는 136에이커의 공원과 숲이 있었다. 소수의 협동조합은 청년 사업에 힘을 싣고 전용 건물을 짓거나 협동조합연합회가 제공하는 중앙 편의 시설을 이용하기도 했다. 그러나 협동조합 운동의 지금 모습은 여전히 유아기에 있고, 실질적인 발전은 아마도 전쟁이 끝날 때까지 미뤄질 것이다.

협동조합의 청년 조직은 모든 면에서 국제적이다. 모든 연령층의 회원 가입에 필요한 선서에는 국제적인 형제애를 포함한 내용이 있다. 무지개 길 아동들은 "나는 모든 나라의 아이들을 친구로 생각할 것이다.", 탐험자 는, "나는 모든 나라의 아이들에게 우정의 손을 내밀 것이다.", 클럽 회원 은, "나는 세계의 자원과 지난 세기에 축적된 지식이 모든 인류의 공통 유 산이어야 함을 믿으며, 모든 사람이 평화와 행복 속에서 협동하며 살아가 는 공동체를 위해 일할 것을 맹세한다." 국제적인 정신은 협동조합 운동이 존재하는 곳은 어디에서나 확고하며, 국제협동조합연맹이 유효적절하게 공업국은 물론 농업국의 협동조합인을 회원으로 받아들이기 시작하면서 더욱 공고해지고 있다.

제19장

협동조합인과 정치

이미 살펴본 것처럼, 1917년 전시 정부의 부당한 처우 결과 협동조합대회는 정치적 중립 정책을 파기했다. 그리고 소비자의 이익과 밀접한 상공업을 통제하기 위해 설립한 모든 단체는 물론이고 중앙 정부와 지방 정부에서도 협동조합인들은 직접적인 대표권을 추구하기로 결정했다. 이 결정에 이르기까지 적지 않은 투쟁이 있었는데, 그 배경에는 협동조합 논쟁의 오랜 역사가 있었다. 협동조합은 다행히도 초창기에 하원 양당으로부터 열렬한 지지자를 발견했다. 아일랜드 출신의 개혁가 R. A. 슬레이니는 최초로 협동조합을 합법화하고 협동조합을 적극적으로 보호하기 위한 법안을 제출했다. 다음으로 유명한 협동조합 후원자는 T. 소테론 에스트코트 보수당 의원이었다. 또한 코브던과 브라이트, 글래드스턴도 협동조합의 요구를 지지한 사람들이었다. 1861년 플리마우스에서 선출된 월터 모리슨은 협동조합의 가장 충실한 지지자였고 1874년까지 의석을 지켰다. 그는 오랫동안 야인으로 지내다가 1886년 스킵턴 선출 의원으로 의회에 복귀했다. 그리고 1892년에 낙선했다가 1895년에 다시 당선, 1900년에 또 낙선하면서 그의 의회 경력은 끝났다. 토마스 휴즈는 『톰 브라운의 학창시절』 저자이자 기독교 사회주의자였다. 그는 주목받는 급진 선거구인 람베스 선출 의원으로 1865년에 하원에 들어갔다. 1868년에는 프롬으로 선거구를 옮겨 1874년까지 의석을 유지하고 이해 메릴본의 후보자로 지명되었다. 그러나 그는 마지막 순간 사퇴했고 그 뒤 다시는 입후보하지 않았다. 이렇게 해서 1874년에 협동조합 운동은 의회의 가장 확고한 옹호자를 두 사람이나 잃었다. 그 뒤로도 우호적인 의원이 있긴 했지만, 선두에서 협동조합 운동의 이익을 앞세우면서 철저하게 의지할 수 있는 사람은 한 명도 만나지 못했다. 광부조합 지도자 알렉산더 맥도날드는 최초의 노동조합 출신 하원 의원으로 1874년에 스태포드에서 선출되었는데, 협동조합 운동의 충실한 벗이었다. 이어서 의석을 획득한 자유당의 노동조합주의자 소수 그룹과 독립 노동당 대표의 등장 이후 노동당 의원 대부분도 협동조합 운동의 충실한 벗들이었다. 1885년부터 1899년까지 자유당의 로더럼 선출 의원이던 아스 아클랜드는 1892년 글래드스턴 내각에서 교육부 장관을 지냈는데, 그 역시 협동조합의 한결같은 벗이었고 전 생애에 걸쳐 협동조합 운동을 위해 봉사했다. 그러나 19세기 말, 협동조합에 대한 개인 사업자들의 점점 격화되는 적대 행위에 대해 협동조합을 철저히 지지하는 의회의 벗은 거의 만나지 못했다.

이는 노동조합주의자들이 그랬던 것처럼 —자유당이나 급진파 후보로 지명을 받아— 의원이 되려는 협동조합인들의 시도가 부족했기 때문이 아니었다. 1892년 총선에서 공동 경영 주창자인 프레드 매디슨은 센트럴 헐에서, CWS 런던 매니저인 벤자민 존스는 울위치에서 입후보했는데 두 사람 모두 상대 후보는 토리당뿐이었다. 그리고 1895년에는 이 두 사람이 같은 선거구 후보로 등장했다. 1892년 총선에서 매디슨은 4,462표를 얻어 4,938표를 얻은 상대 후보에게 적은 차이로 승리를 놓쳤지만, 1895년에는 표차가 더 벌어진 5,476표 대 3,515표로 패했다. 존즈는 1892년에 5,922표 대 4,100표, 1895년에는 6,662표 대 3,857표를 얻었다. 1897년에 매디슨은 셰필드의 브라이트 사이드 구 보궐선거에서 4,106표 대 4,289표의 근소한 차로 승리했다. 그러나 1900년 '카키 선거'에서 4,992표 대 4,028표로 매디슨은 의석을 잃었다. 벤자민 존스는 데트포드로 선거구를 바꿔 다시 도전했는데, 6,236표 대 3,806표로 패했다. 한편 윌리엄 맥스웰은 글래스고의 트레이드스톤 구에서 싸웠는데 4,389표 대 2,785표로 의석을 잃었다. 1906년은 '자유당의 압승' 속에서 노동당이 대거 등장한 때이기도 한데, 매디슨은 번리에서 보수당과 최하위가 된 사회민주당의 H. M. 하인드맨과 싸워 승리했다. 또 하나의 협동조합인 헨리 비비안은 역시 공동 경영파와 관계가 있었는데 버켄헤드에서 승리를 거두었다. 이로써 1906년 의회에는 자유당에 적을 둔 두 사람의 지도적 협동조합인들이 있었다. 그러나 1910년 1월, 보수당이 번리에서 매디슨을 물리쳤고, 1910년 —두 번째 총선거— 에 달링턴에서 의석을 되찾으려 했던 그의 시도는 실패했다. 비비안은

1910년 1월에 버켄헤드에서 의원직을 확보하고 있었는데 12월에 갑자기 의석을 잃고 말았다. 따라서 1911년부터 1917년에 이르는 동안 협동조합인들은 의회에서 자신들을 대표하는 사람을 한 명도 갖지 못했다. 물론 노동당 하원 의원 대부분은 활동적인 협동조합인이기는 했다.

매디슨과 비비안도 협동조합의 지원으로 하원 의원이 된 것은 아니다. 그들은 자유당에 적을 뒀고 자유당 후보로 추천되었다. 두 사람 모두 자유무역 문제에는 강경했다. 그들이 보수당은 물론 노동당에도 반대하는 강력한 자유당 노선을 취했음을 협동조합대회 보고에서 거듭 확인할 수 있다. 협동조합은 초창기에 기독교 사회주의자의 영향을 받은 토리당 의원들로부터 지지를 얻었다. 그러나 1900년 이전부터 운동의 지배적인 정치분위기는 자유당으로 기울고 있었다. 그리고 의회에서 협동조합 대표권 문제가 제기되었을 때, 그들은 새로운 세기 초입에 최대 정치 이슈였던 자유무역을 지지하는 협동조합의 정서로 강화된 자유주의 전통과 충돌했다.

그러나 협동조합 운동 진영에는 수많은 노동조합주의자와 독립노동당 대표의 열렬한 옹호자인 여성길드 회원들과 지지자들이 있었다. 이들이 노동조합 운동은 물론이고 협동조합을 케어 하디와 독립노동당이 지도하는 정당 운동을 지지하는 현장으로 끌어들이는데 열심이었던 것은 당연한 일이었다. 독립적인 정치 활동에 공명하는 감정은 대체로 스코틀랜드와 남부 잉글랜드, 정확히 말하면 런던에서 가장 강했다. 이것이 스코틀랜드에서 강했던 이유는 스코틀랜드의 자유주의가 잉글랜드 북부의 자유주의보다 노동 계급의 주장에 대해 훨씬 적대적이었기 때문이다. 스코틀랜드에서는 그때까지 사실상 '자유—노동'(파의) 운동은 없었다. 그래서 노동당이 등장했을 때 자유당 측에는 노동당과 타협하는 분위기가 없었던 것이다. 1906년 선거에서 잉글랜드의 노동당 후보는 자유당과 겨루는 일이 거의 없었지만, 스코틀랜드에서는 모든 노동당 후보가 3파전에 직면해야 했다. 런던의 협동조합은 약했지만 그 내부에는 '노동당'에 동조하는 경향이 강했다. 그것은 전통 있는 랭커셔나 요크셔의 본거지 협동조합과는 달라서, 전성기 글래드스턴의 위대한 시대로부터 전해지는 자유주의 감각이 스며들지 않았던 것이다. 스코틀랜드와 런던에서는 북부 여러 지역처럼 조합 매장과 예배당의 밀접한 연결이 없었고, 자유주의와 비국교주의가 손을 잡고 나아가는 동안 주요한 협동조합인들을 자유당 쪽에 붙들어두려는 경향도 없었다.

협동조합 운동을 통째로 정치에 끌어들이려 했던 첫 중대한 시도는 1897년 협동조합대회에서 이루어졌다. 당시 스코틀랜드CWS 윌리엄 맥스웰은 대회 회장을 맡아 강력한 지도력을 발휘했다. 대회는 노리치조합의 동의에 기초해 "본 대회는 영국의 국회와 지방의회에서 협동조합 운동의 대표 선출을 위한 시기가 이르렀음을 절감하고 협동조합연합회가 잉글랜드와 스코틀랜드도매조합과 협동해서 이 목적을 위한 조치를 취할 것을 지시한다."고 만장일치로 결의했다. 이 결의는 꽤나 단정적이었다. 이 결의에 따라 연합회와 두 도매조합이 구성한 공동 위원회가 의견을 묻는 작업에 착수했다. 1,659개 조합 가운데 회람에 응답한 조합은 겨우 160곳이었고, 이들 사이에서도 의견은 찬성과 반대로 똑같이 나뉘었다. 1898년 대회에서 공동 위원회는 더 이상 어떤 조치를 취하는 것에 반대한다는 보고를 했다. 이 조치를 지지하는 스코틀랜드CWS는 수정안을 제의해 격렬한 토론을 거친 뒤 이듬해로 연기되었다. 1899년 대회는 추가 검토를 위해 모든 문제를 연합회의 각 부문에 회부하기로 결정했다. 그 뒤 몇 개월 동안 치열한 논쟁이 벌어졌는데, 실은 바로 이때 노동조합도 똑같이 노동자대표위원회(LRC) 설립을 두고 논쟁 중이었다. 그러나 노동자대표위원회가 1900년에 궤도에 오른 반면, 공동 위원회는 각 부문의 표결 결과 3분의 2 이상이 협동조합 대표권을 반대했다고 대회에 보고했다. 스코틀랜드조합이 낸 수정안은 기각되었다. 이리하여 노동자대표위원회는, 1906년에 노동당이 되어 노동 계급의 '유일한' 정당이라는 구호를 내걸고 처음 선거전에 뛰어들었다. 그리고 당연히 노동 계급의 대표를 지지하는 열렬한 협동조합인들은, 협동운동이 정치적 중립 전통을 버리기를 거부했음에도 불구하고 그 지지자들을 규합했다. 노동당은 1900년에 노동자대표위원회로 출범한 이래 협동조합의 가입을 받아들일 용의가 있었고, 노동당 지지자들은 협동조합을 노동당에 가입시키려고 했다. 단 하나의 협동조합, 턴브릿지 웰스만이 초창기 노동당에 가입했지만, 대체로 각 조합은 집단적인 정치 활동에 반대하는 대회의 결정을 받아들였다.

1892년 이후 협동조합 운동의 정치 문제는 협동조합연합회와 두 도매조합을 대표하는 의회 공동 위원회가 관할했다. 이 위원회는 협동조합 운동에 영향을 주는 입법을 감시하고, 정부 부처의 행정 행위를 주시하며, 각 부처 장관을 상대로 대표단을 파견할 뿐만 아니라 개인 사업자들의 공격을 막아내는 등의 역할을 맡았다. 그러나 협동조합 운동이 성장하면서 그에 따른 반대도 더욱 거세지자, 의회 공동 위원회는 임무를 수행하기가 점점 어려워졌다. 따라서 협동조합의 정치 활동 이슈를 제기하는 그 다음의 시도가 여기서 발단된 것이다. 1905년 의회 공동 위원회는 이러한 어려움을 보고하고, "몇 사람이라도 의회 대표를 갖지 않는 한, 협동조합인들이 원하는 방침에 따른 입법화는 진전을 보기 어렵다는 결론"에 이를 수밖에 없다고 언급했다. 위원회는 계속해서 다음과 같이 말했다. "우리 운동에 불리한 영향을 주려는 시도가 의회에서 끊임없이 이루어지고 있고", 이런 시도를 저지할 힘이 없다. 위원회는 이렇게 결론 내렸다. "영국의 거의 모든 단체는 자신들의 이익을 감시하고 자신들 복지에 반하는 입법을 막기 위해 의회에 그들의 대표를 갖고 있다. 오직 협동조합 운동만이 대표가 없다."

이 결론을 지지하여 공동 위원회 의장인 토마스 트웨델은 협동조합 대표권을 강력히 옹호하는 입장을 발표했다. 공동 위원회 이름으로 제출한 결의안은 다음과 같은 문장으로 채택되었다.

"우리 대회는 협동조합 운동의 최선의 이익을 위해 협동조합인들이 자신의 조직을 내걸고 이 나라 정부의 입법과 행정에서 큰 역할을 맡아야 할 시기가 이르렀다고 생각한다."

이 결의문에 대해 맨체스터 · 샐퍼드조합은 협동조합 운동이 "노동자대표 위원회와 협력해서 진보와 개혁의 강력한 정당을 조직해 가는" 데 찬성하는 보다 명확한 내용을 추가시키려고 했다. 그러나 리즈조합이 수정안으로 반박했다. 수정안은 정당과의 동맹을 일체 인정하지 않으며 노동자대표 위원회와 협력을 거부하는 것이었다. 이 수정안은 801표 대 135표로 가결되었다. 이로써 협동조합대회는 원칙적으로 정치 활동을 승인했지만 노동자대표 위원회와 제휴나 정당과의 동맹을 일체 거부했고, 대회가 정한 원칙을 실행하기 위한 협동조합다운 수단을 준비하는 일조차 전혀 손대지 않았다.

다음 1906년 대회에서 스코틀랜드 지구는 "최소한 한 사람의 의회 대표자를 확보하기 위해 어떤 조치가 있어야 하는지를 검토하고 보고하도록" 지시하고, 이 문제를 연합 이사회에 회부할 것을 권고하는 결의안으로 이 간격을 메우려고 했다. 그러나 북서 지구는 이 결의안에 반대하고 "의회 대표자를 만들기 위한 재정 지원책이 준비되었다는 증거가 없는 이상 이 안건은 기각되어야 한다."고 제의했다. 이 수정안은 찬성 327표, 반대 769표로 채택되었다. 1905년의 결정과 비교하면 이러한 반대의 이유가 재정의 '무능력' 문제로 옮겨갔음을 확인할 수 있다.

1908년, 의회 공동 위원회는 1905년의 결정을 재확인한다는 결의안으로 다시 공세에 나섰다. 협동조합이 얻을 수 있는 이익에 비하면 필요한 재정은 소액이라는 것을 강조하고, 협동조합연합회와 두 도매조합에게 "의석을 얻을 수 있다는 가정 아래, 우리의 의회 대표를 만들기 위해 필요한 자금을 제공하는" 방법을 검토하라고 요청했다. 격렬한 토론이 벌어졌고, 이 결의안은 부결되었다. 그 뒤 이 문제는 보류되었다. 윌리엄 맥스웰은 1912년 대회 연설에서 다시 논쟁에 불을 지폈다. 그의 고집에 못 이겨, 협동조합연합회와 노동조합대회 그리고 노동당 대표들이 1913년 2월에 모여 네 가지 문제를 검토했다. 그 첫째는 "협동조합과 노동조합 그리고 노동 운동의 힘을 민중의 경제적 지위를 향상시키기 위해 어떻게 쓰는 것이 최선의 방법이겠는가"였다. 다른 문제들은, 협동조합 운동에 대한 노동조합 자금 투자의 가능성, 교육 · 선전에서 상호 지원 가능성 그리고 노동쟁의 중인 노동조합에 협동조합이 더 많은 지원을 할 수 있는 방법에 대해서였다.

이 모임은 1914년 이전 여러 해 동안 노동 불안이 최고조에 이르렀을 때 열렸는데, 모임을 갖게 된 분명한 한 가지 이유는, 1912년 전국적인 광산 분쟁 때 파업 중인 광부들에게 외상으로 물품을 공급한 것과 관련해서 많은 문제가 일어났던 데 있었다. 이 연석 회의는 보다 긴밀히 단결해야 한다는 의견을 기록에 남기고, 논의를 계속하기로 정리했다. 그러나 1913년 협동조합대회에서 이 의사록의 승인을 요구하는 결의안은 580표 대 1,346표로 부결되었다. 그 대신 "우리 대회는 노동자의 지위를 향상시키기 위해 노동조합과 다른 조직의 공동 활동은 승인하지만 정치와 관련된 노동당과의 동맹은 인정할 수 없고, 또한 중앙 이사회는 정당 정치에 관해 우리 진영에서 정치적 분쟁을 일으키지 않도록 엄격히 중립성을 유지하는 지시에 따라야 한다."는 수정안을 통과시켰다.

이 결정에도 불구하고 중앙 이사회는 노동조합대회와 노동당과의 논의를 재개했다. 그리고 이 세 단체는 공동의 교육 선전을 위한 상설 협동조합 · 노동당 연합 이사회 설립을 권고하기로 합의했다. 이 제안은 1914년 더블린 협동조합대회에 제기했지만, CWS의 동의에 따라 검토를 더 거치라는 지시를 받았다. 이런 와중에 전쟁이 일어났고, 1915년 레스터 대회에서 중앙 이사회는 '다른 세력과 협력'을 지향하는 더 이상의 조치를 취해서는 안 된다고 권고했다.

이로써 제1차 세계대전에 접어든 협동조합 운동은 상당히 많은 다른 견해에도 불구하고 정치적 중립을 유지하기로 공약한 것이다. 우리는 앞 장에서 이런 태도가 전쟁의 경험으로 얼마나 달라졌는지를 살펴보았다. 이는 적극적으로 노동당과 협력하는 것이 아니라, 중앙 정부와 지방 정부에서 직접적인 협동조합 대표권을 추구하는 결정으로 나타났다. 이러한 변화는 여러 해에 걸쳐 정치 활동을 끈덕지게 주장해 온 협동조합인들의 영향, 식량 통제의 폐단을 둘러싼 협동조합인의 분노 그리고 모두가 불공정하다고 생각한 초과이득세에 협동조합이 굴복한 데 대한 원한으로 일어난 것이지만, 그 각각이 어떤 역할을 했는지를 말하는 것은 불가능하다. 이 세 가지 사정이 작용하면서 "의회와 모든 지방 행정 기관에서 직접적인 대표권을 얻기" 위한 조치에 대한 판결에서 압도적인 찬성을 만들어냈다. CWS는 수정안을 제출해 정치 활동에 대한 찬반과 필요한 지원에 대한 각 조합의 표결을 요구했는데, 반대 1,979표에 대해 찬성은 단 201표에 지나지 않았다.

1917년 스완지 대회의 결정에 따라 1917년 10월 런던에서 전국비상정치회의가 소집되었다. 이 회의는 협동조합 운동과 노동조합 운동의 지원을 위한 전국 계획을 승인하고, 의회 공동 위원회가 주재해 전국 협동조합 대표자 위원회를 만들고 지역 협동조합 정치 협의회 창립을 인가하도록 했다. 이 대회는 운동의 새로운 목적을 정하고, 전국 및 지방자치단체 참가 계획을 준비하는 방향으로 첫 걸음을 내디뎠다. 그러나 정치 활동을 시작한다는 결정은 분명했지만 그에 따르는 방법은 여전히 불투명했다. 노동당과 협력하기 위한 권한 위임도 전혀 없었다. 당시 노동당은 전쟁이 끝나자마자 전국 각지에 지부를 둔 전국 정당으로 선거인 앞에 모습을 드러내기 위해 체제를 정비하느라 분주했다. 스완지 대회의 결의는 노동당을 조심스럽게 제외하고, 오직 협동조합 대표권에 대해서만 말했다. 그렇지만 여러모로 중복되는 협동조합인들과 노동조합주의자들이 어떤 협정 없이 또는 각자의 기회를 침해하는 심각한 충돌에 연루됨이 없이, 전국적으로든 지역적으로든 장기간 독립적으로 대표권을 추구할 수 없으리라는 점은 분명했다.

1917년에는 이러한 필요성을 충분히 인식하지 못했다. 그때까지 노동당은 몇 안 되는 선거구에서 경합하는 소수당에 지나지 않았다. 1910년 12월, 전쟁 전 마지막 총선에 나온 노동당 후보는 겨우 62명(이외 무소속 사회주의자 3명)이었다. 노동당이 싸운 선거구는 전체의 10분의 1에 지나지 않았다. 이런 상황이 계속되었다면, 협동조합 후보들이 노동당과 경합하지 않는 선거구에 출마하는데 방해물은 아무것도 없었을 것이다. 그렇기는 하지만 협동조합 후보자들은 지역 노동당의 지지 없이는 성공의 기회가 많지 않았을 것이다. 두 운동 사이에 어떤 공식적인 협정이 없더라도 지지를 얻었을지도 모른다. 그러나 1917년의 상황은 1910년과는 많이 달랐다. 대자유당은 파벌로 분열했다. 노동당은 이미 전 의석을 다툴 야망을 품은 전국 정당으로 변신하는 과정에 있었고, 동시에 당의 지방자치 활동 범위를 급속히 확대하고 있었다. 노동 계급 진영의 이전 자유당 지지자들은 대거 노동당에 합류했다. 그리고 노동당 지도자들은 전쟁이 끝나자마자 정권을 얻기 위한 진지한 노력을 시작했다.

이러한 변화는 협동조합 운동이 정치에 진출하기로 결정한 그 당시에는 완성되지 않았다. 협동조합당—1918년부터 이렇게 불렸다— 이 무대에 등장하면서 1918년의 새로운 노동당 규약을 기초한 아서 헨더슨과 시드니 웹의 구상을 재촉했다는 것은 충분히 있을 수 있는 일이었다. 1918년 1월, 노팅엄 대회에서 노동당은 그동안 전적으로 노동조합에 기초를 둔 소수당에서 전국에 선거구를 가진 전국 정당으로 근본적인 전환을 이루기 위한 새로운 규약을 채택했다. 이때까지 각 지역의 노동당은 대부분 그 지역의 노동조합 지부가 케어 하디의 독립노동당 ─지도적 사회주의자 협회─ 과 연합한 아주 작은 선거 기구에 지나지 않았다. 하지만 지금은 가맹 협회와 노동조합 지부는 물론 개인 회원까지 가진 실질적인 지역의 선전 단체로 전환했다. 그리고 새로운 지역 노동당이 독립노동당과 노동조합대회의 여러 기능들을 흡수하면서 대단히 빠른 속도로 전국에 설립되었다. 모든 '육체 노동자와 정신 노동자'들을 향한 호소문이 새롭게 변모한 노동당으로 결집을 촉구했다. 그리고 시드니 웹이 기초한 "노동과 새로운 사회 질서" 선언이 새로운 노동당 강령으로 채택되었다. 이는 원대한 사회 경제 개혁과 더불어 점진적인 사회주의 독트린을 당의 임무로 분명히 한 것이었다. 노동당이 구태를 벗고 영국 정계에서 자유당의 유산을 적극적으로 계승한다는 것이 명백해졌다. 가능한 한 많은 선거구에 후보를 내기 위한 준비가 도시와 농촌에서 시작되었다. 또한 각 지역 협동조합을 포함한 모든 유망한 단체들로부터 지원을 요청받았고, 지역 노동당 가입은 희망하는 조합이라면 어디서나 가능했다.

이렇게 달라진 1918년의 상황에서 협동조합 운동이 노동당의 존재를 조금도 고려하지 않고 협동조합당을 시작하기란 불가능했다. 두 정당 모두 대부분 노동 계급에 기초를 두었기 때문이다. 만일 1918년의 노동당 이전 상태였다면 두 정당 모두 여지가 있었을지 모른다. 그러나 1918년에 새로운 노동당이 출현한 마당에 제2의 노동 계급 정당이 이와 나란히 성립할 여지는 전무했다.

물론 두 정당이 본질적으로 다른 정책을 가졌다면 양립할 여지는 있었을 터이다. 그렇더라도 두 정당은 공멸했을 것이다. 이는 어쩔 수 없는 일이라고 주장할지도 모른다. 1918년 이후 유럽의 많은 지역에서 사회민주주의와 공산주의가 정권을 놓고 처참한 전쟁을 벌이면서 노동 계급의 정당들이 서로의 목을 치는 경쟁을 했다. 그러나 노동당과 협동조합당의 사정은 전혀 달랐다. 두 정당은 서로 경합하는 정책 때문이 아니라, 거의 동일한 정책을 놓고 맞섰던 것이다. 대중의 지지라는 점에서 각자는 노동조합 운동과 소비자협동조합에 기초를 두었고, 각각 다른 각도에서 정치 문제에 접근했다. 그러나 둘 모두 대부분 공통의 해결책으로 수렴되었다. 식품 가격과 배급, 독점 통제, 자본주의의 거대한 기득권에 대한 반대 등의 문제에 대해 둘 사이에는 아무런 차이가 없었다. 두 당은 같은 목적을 위해 싸웠다. 그리고 노동조합과 노동당은 협동조합의 여러 요구들에 전면적인 지지를 보냈다. 노동당은, 이 단계의 협동조합당은 그렇지 않았지만, 광범위한 기간산업과 서비스의 국유화(또는 지방자치단체 소유화) 그리고 통제의 필요성을 강조했다. 대부분의 협동조합인들은 이 점에 대해서는 노동당 강령에 호의적이었다. 실제로 협동조합당도 자발적인 협동조합의 통제 아래 둘 수 없는 기간산업을 망라한 광범위한 공유화를 지지했다. 두 당의 강령이 충돌할 위험 —특히 협동조합 유통이 큰 발전을 거듭한 우유와 석탄 공급(우유는 생산도 포함)— 이 있는 몇 가지 지점이 있었다. 그러나 이러한 차이들은 충분히 조정 가능했고, 실제로 이 문제를 협의할 기회가 있을 때 당분간은 합리적으로 조정되었다. 이런 예외는 별개로 하더라도 당면한 강령에 대해 두 당이 포괄적인 협정을 맺는 데서는, 설령 장기적인 목적이 다르게 규정되더라도, 어려움은 거의 없어 보였다. 노동당은 사회주의 국가를 지향하는 정당임을 명시했지만, 협동조합당과 협동조합 운동은 자신들의 목적을 협동조합 공화국으로 규정했다. 그러나 두 당 모두 자본주의에 반대했고, 실천적인 목적에서 두 당이 심하게 충돌하는 일은 없었다. 협동조합인들은 기간산업과 서비스를 공유제로 한다는 데 동의했고, 사회주의자들은 사회주의 공동체 안에서 협동을 위한 광범위한 영역이 있을 것이라는데 동의했다.

그러나 협동조합인들이 사회주의의 당면 강령을 받아들였다 하더라도 '사회주의'에 몸을 맡길 생각은 없었다. 노동당은 노동당대로 노동 계급이 대부분인 새 정당을 자신들과 병행해 전국 규모로 만들려는 협동조합의 요구를 승인하지 않았고, 정권을 추구함에 있어서도 동격으로 인정하지 않았다. 협동조합대회가 사회주의를 정치 활동의 기초로 받아들이지 않는다면 두 당이 융합하는 일은 불가능했다. 그러나 두 당이 아무런 실무 협정 없이 병존하는 것 또한 불가능한 일이었다.

1918년 초, 협동조합인들이 마침내 정치 문제에서 노동조합주의와 노동당과 함께하기로 결정한 최초의 움직임이 나왔다. 협동조합연합회와 노동조합대회 그리고 노동당은 윌슨 대통령의 유명한 전쟁 목적에 대한 선언을 환영하는 공동 성명서를 발표했다. 이는 선거전의 충돌을 피할 목적으로, 1918년 1월 협동조합 의회 공동 위원회(협동조합 대표자 위원회는 당시 이 위원회의 영향 아래 있었다.)와 노동조합대회 의회 위원회 그리고 노동당 집행 위원회를 대표하는 공동 위원회를 설립하고 만든 첫 성과물이었다. 1918년 리버풀 협동조합대회는, 협동조합의 후보자는 '협동조합당'이 단독 지명해서 입후보해야지, '협동조합당과 노동당' 또는 이와 비슷한 연합의 지명으로 입후보해서는 안 된다고 결정했다. 이미 1918년 초 협동조합 대표자 위원회는 당시 의회 공동 위원회 사무국장이자 나중에 국제협동조합연맹 사무국장이 된 헨리 J. 메이를 내세워 랭커셔의 프레스트위치에서 첫 선거전을 치렀다. 휴전이 되고 곧장 치러진 12월 총선에서 협동조합 대표자 위원회는 케터링, 센터럴 리즈, 버밍엄의 스파크브룩과 킹즈노턴 지구, 맨체스터의 모슬리, 셰필드의 힐즈버러 지구, 사우스 브래드퍼드, 파이슬리, 킬마눅 그리고 클래크마넌 선거구에 후보 10명을 내세웠다. 이 가운데 성공한 사람은 단 한 사람이었는데, 케터링의 오랜 협동조합 본거지에서 A. E. 워터슨이 연립파 자유당과 단명한 국민당 후보자와 3파전을 치러 당선되었다.

워터슨의 당선은 협동조합당과 노동당의 관계에 새로운 문제를 드러냈다. 그가 곧장 하원에서 노동당에 입당했기 때문이다. 1919년 6월 칼라일 협동조합대회에서 협동조합 대표자 위원회는 공식적으로 협동조합당이 되었는데, 협동조합당 전국 위원회는 노동당 및 노동조합대회와 함께 '통일민중당 또는 민주당을 지향하는' 선거 연합을 위해 협상에 들어갈 것을 지시했다. 이에 따라 협상을 시작하고 1920년에 '노동당·협동조합당 정치 동맹'을 위한 협정 초안이 나왔다. 이 구상은 세 단체의 결정과 보조를 맞춘 정책을 만들고, 전국 또는 지방 선거에서 충돌을 막기 위한 조치를 취하며, 노동당과 협동조합당이 공인한 후보를 지명해 그 후보를 지지하는 통일된 행동을 할 수 있는 연합 단체를 조직하는 것이었다. 1920년 노동당 대회는 이듬해의 검토를 위해 이 초안을 가맹 단체에 회부하기로 했다. 그러나 1921년 노동조합대회에서 이 구상은 격렬한 논쟁 끝에 단 4표 차로 부결되었다. 이 내용은 더 이상 노동당대회에서 검토되지 않았다. 반대표는 협동조합당에 가입하지 않은 조합 대표들이 던졌다는 것을 이해해야 한다. 협동조합당을 지지하는 사람들은 대부분 협동조합당과 노동당의 동맹을 강력히 찬성하는 쪽이었다.

부결의 또 한 가지 이유는, 전쟁이 끝나면서 정치에 대한 열정이 크게 식었기 때문이다. 1918년에는 563개 조합이 협동조합 대표자 위원회에 가맹해 있었고 두 도매조합도 지원을 많이 했다. 그 뒤 몇 년 동안 두 도매조합은 계속 지원을 했지만 지역 협동조합의 가맹은 줄었다. 일부는 탈퇴했고, 공식적으로 탈퇴는 하지 않았으나 협동조합당의 재정에 아무런 기여를 하지 않는 조합이 많았다. 1921년에는 523개 구매조합과 27개 생산조합이 명목상 가입하고 있었지만 이들 모두 어떠한 실질적인 지원도 하지 않았다. 1922년에는 약 450개 조합이 얼마간 기부를 했는데, 1924년에 이 숫자는 393개 조합(조합원 183만 5,000명)으로 줄었고, 여전히 당에 속하지 않은 조합이 959곳(조합원 271만 2,000명)이나 되었다. 이 숫자로 알 수 있듯이, 대체로 규모가 큰 조합이 작은 조합보다 당에 가입하는 경향이 컸고 따라서 가입 조합원 비율은 가입 조합 비율보다 훨씬 컸다. 그러나 가입 조합원을 기초로 하더라도 협동조합당은 협동조합 운동의 소수파 이상을 대표한다고 주장할 수 없었다. 그렇지만 모든 조합은 당을 지지하든 아니든 협동조합대회에서 당의 일에 대해 투표할 권리를 갖고 있었다.

　1920년, 협동조합당은 두 차례 보궐선거에서 싸웠다. 파이슬리에서는 1918년에 후보로 나선 적이 있는 J. M. 비거가 자유당 전 수상인 H. H. 애스퀴스와 토리당의 대항 후보로 출마했다. 비거는 애스퀴스의 1만 4,736표에 이어 1만 1,902표를 얻었고, 정부 여당의 후보자 득표수 3,795표에 크게 앞섰다. 이 해 말 스톡포트의 선거구 두 곳에서 결원이 생겼다. 협동조합당 사무총장인 S. F. 페리는 2명의 연립 후보(자유당과 토리당), 2명의 무소속 호라티오 버텀리 파 그리고 1명의 신페인 당원에 맞서 노동당 후보 레오 머니 경과 사실상 공동 투쟁을 벌였다. 2명의 연립 후보가 의석을 얻었는데, 노동당과는 6,000표 차, 협동조합인과는 8,000표 차였고, 다른 후보는 크게 뒤처졌다.

　1922년 총선에서 협동조합당은 11명의 후보가 출마해 4명이 당선되었는데, 워터슨은 케터링에서 낙선했다. 당선 의원은 A. V. 알렉산더, 알프레드 반즈, R. C. 모리슨 그리고 T. 헨더슨이었다. 이들은 노동당과 긴밀히 행동을 같이하는 한편, 하원에서 협동조합 그룹을 형성했다. 최초의 노동당 정부 출현을 앞둔 1923년 총선에서 협동조합당은 4석을 유지하고 여기에 2석을 추가했는데, S. F. 페리는 케터링을 탈환했고, A. 영은 글라스고의 제2의 의석을 얻었다. A. V. 알렉산더는 노동당 정부에서 상무부의 정무 차관직을 수락했고, 반즈와 모리슨 그리고 페리는 노동당 장관의 정무 비서관이 되었다.

이렇게 해서 두 당의 원외 관계는 긴밀하지 못했지만, 하원에서는 노동당과 협동조합당의 동맹이 사실상 완성되었다. 노동당 정부에 협동조합 의원들이 참여한 것이나 의회에서 그들이 사실상 노동당에 흡수된 데 대한 반대는 없었다. 노동당과 협력함으로써 협동조합인들은 정부에서 유리한 지위를 얻을 수 있었는데, 그들이 고립 상태였다면 무력했을 것이다. 이렇게 만들어진 동맹은 노동당 정부의 패배로 인한 충격을 견뎌냈다. 1924년 총선에서 협동조합인들은 노동당 정부의 경력을 기반으로 입후보했는데, 사우스 브래드포드(W. 허스트)에서 승리하고, 케터링(S. F. 페리)과 패트릭(A. 영)에서 패배해 1석이 줄었다. 10명의 협동조합 후보 모두 이 선거에서 노동당의 목록에 올랐고 두 당은 긴밀히 협력했다.

그러나 원외에서는 노동당과 협동조합당의 동맹 구상을 거부한 이래 상당한 어려움이 있었다. 협동조합당의 지도적 인물은 노동당과 밀접한 관계를 열망했지만, 협동조합 운동 전체로 보면 여전히 날카로운 반대에 직면해 있었다. 게다가 협동조합당은 자치적인 단체가 아니었다. 협동조합당은 연차 협동조합대회의 결정만이 아니라, 운동의 모든 부문을 대표하는 협동조합 의회 공동 위원회의 결정에도 종속되었다. 당 사무소 운영비는 당 직원의 고용자이기도 한 협동조합연합회에서 나왔다. 협동조합당 집행부는 협동조합연합회의 지구별로 묶인, 협동조합당을 지지하는 각 조합 대표만이 아니라 당을 지지하지 않는 조합을 포함한 지구 전체의 대표로 구성되었다. 일부 지역, 특히 대도시나 특별구에 있는 몇몇 지역조합이 도움을 주고 있는 정치 그룹이나 당파는 전국 집행부에 대표를 갖지 못했는데, 이 전국 집행부는 협동조합 운동 내부의 적극적인 정치 그룹에 의해서가 아니라 전체 협동조합 운동에 의한 당의 통제를 확보하고자 의도한 것이었다. 열렬한 협동조합 정치가들은 이와 같은 지역적 통제의 결여를 불만스러워했고, 어떤 경우에는 정치 활동을 위한 효과적인 기구를 만드는 데 대한 지역의 관심 자체를 축소시켰다. 당의 성장을 방해하는 법률적인 어려움도 있었다. 협동조합이 정치 목적을 위해 조합 자금을 쓰는 것은 합법이었지만, 조합 규약으로 명확하게 인정된 범위에 한정된 것이었다. 협동조합 대표자 위원회에 동의를 표한 많은 조합은 그 뒤 조합의 규약이 필요한 권한을 부여하지 않고 있음을 확인했다. 몇 백 개의 조합이 당 가입을 적법한 것으로 하기 위해 규약을 수정해야 했다. 협동조합당을 반대하는 사람들은 당연히 이런 수정에 반대하는 기회를 잡았고 때로 성공을 거두기도 했다.

그럼에도 불구하고 1924년 의회에서 노동당과 협동조합당의 동맹 경험은 긴밀한 통일을 위한 운동을 강화하고, 또한 협동조합당의 성장을 도왔다. 1922년에 협동조합당은 지금까지 안주해 온 지극히 포괄적인 일반론을 보완하는 공식 강령을 채택했다. 이 강령에서 주목할 점은 경제의 소유권과 통제 문제에 대한 침묵이다. 강령은 토지의 국유화와 트러스트 및 독점의 공공적인 통제를 선언했다. 그러나 산업의 소유권이나 통제에 대해서는 아무런 언급이 없었다. 강령은 자유무역과 모든 간접세 폐지에 대해서는 명확했다. 자본 과세, 가파른 누진 구조의 직접세, 고용과 생활 유지에 대한 국가 책임제, 국민신용은행 창설, 향후의 주택 정책, 고용주가 부담하는 70세 미만 노령연금, 균등한 교육 기회, 관대한 기준으로 모성과 유아 복지 제공 그리고 과학적인 농업 개발 정책을 선언했다. 국제면으로는 완전한 대의제의 국제 연맹, 비밀 외교 폐지, 모든 공공 서비스와 시민 서비스의 민주화 그리고 대외 문제에 대한 의회 통제를 주창했다. 정치면으로는 성인 참정권과 비례대표제 그리고 복투표 폐지를 요구했다.

이 강령은 사회주의 문제에 대한 논쟁을 피하면서 가능한 협동조합당과 노동당 동맹의 반대자들에게 공격의 빌미를 주지 않도록 설계한 것이었다. 협동조합 의회 위원회와 협동조합연합회 이사회는 A. V. 알렉산더의 상무부(장관은 시드니 웹) 정무 차관 직 수용을 정식 승인했고, 이로써 의회에서 노동당과 협동조합당 동맹 사실을 재가한 것이다. 1924년 협동조합대회는 최초의 노동당 정부 출범을 환영하고, 정부가 협동조합인들을 공직에 천거함으로써 협동조합 운동의 중요성을 인정한 정부의 조치에 감사의 뜻을 전하는 결의를 채택했다. 노동당 정부가 몰락한 뒤 1925년에 노동당대회와 협동조합대회는 각각 동맹 계획 입안을 지지하는 결의를 채택했다. 노동조합대회는 그 뒤의 토론에서 제3의 참가자로서 더 이상 초대되지 않았다. 이 무렵 협동조합 운동은 노동조합 운동을 중개 기구로 사용하는 대신 노동당과 직접 교섭할 준비를 갖췄다. 협동조합당도 1925년에 당 자체의 문제를 심의하기 위해 첫 단독 회의를 열어 얼마간의 독립을 얻었다. 지금까지 협동조합당 전국 위원회는 의회 위원회를 경유해 협동조합대회에 보고할 뿐이었고 당 자체의 독자 기관이 없었다. 이러한 상태는 1925년 이후에도 계속되었다. 그러나 이제 독자적인 당 회의를 열게 됨으로써 정치적인 자기표현을 하게 되었고, 곧 당의 지위와 구성에 변화를 가져왔다.

1927년에는 두 운동의 정치 대표들이 기초한 공동 계획이 협동조합대회와 노동당대회에서 승인되었다. 공동 계획이란, 특별한 과제가 있거나 선거 때 공동 캠페인을 추진할 수 있는 공동 소위원회를 설치하도록 한 것이다. 그러나 이 기구는 절차상 반드시 두 당의 전국 집행 위원회 확인을 거쳐야 했다. 이 계획은 지역의 제휴를 포함하고 있는데 이는 자발적인 것이지 의무는 아니었다. 각 지역의 협동조합당 또는 정치 협의회는 그 지역 노동당에 가입할 자격이 있었고, 또한 가입비에 비례한 투표권을 가지며 이미 가입한 다른 단체와 동일한 지위와 책임을 갖도록 했다. 이렇게 해서 노동당은 각 지역의 협동조합당이 노동당 선거 기구의 일부가 될 수 있음을 협동조합당이 인정하도록 하는 성과를 거두었다. 그러나 이것은 선택 사항으로 두었고, 다른 원칙에 의거하는 기존의 각 지역 협정에는 개입하지 않는다는 점을 분명히 했다.

이 계획에 대해 협동조합대회에서 강력한 반대가 제기되었다. 계획을 지지하는 사람들이 그 계획의 성격이 자발적이라는 것을 온 힘을 다해 강조하고서야 겨우 1,960표 대 1,843표로 가결되었다. 이 계획에는 협동조합당이 주장하는 엄격한 독립을 훼손하는 내용이 있었다. 그러나 협동조합인들은 의석을 얻을 전망이 있는 몇몇 지역을 넘어 전적으로 독립적인 정치조직을 유지하기 어렵고, 실제로 많은 협동조합이 협정이나 제한 조치와는 별개로 지역 노동당에 재정 지원을 하거나 심지어 가입도 했음을 인정해야 한다. 같은 해인 1927년에 가장 규모가 크고 활동적인 조합 가운데 하나인 왕립병기창협동조합이 노동당에 가입하고, W. H. 그린을 상근 정치국장으로 임명했고, 왕립병기창협동조합은 그들의 지부와 길드를 통해 남부 런던의 여러 지역 노동당에 가입했다. 이는 협동조합당에 대한 중대한 위협이었지만, 노동당에게는 고무적인 일이었다. 노동당은 협정에 담긴 조건에 따라 새로운 공동 소위원회에서 가능한 많은 지역 협동조합을 그 지역 노동당에 가입시킨다는 방침을 세웠다. 협동조합인들은 그들의 힘이 있는 지역에서는 이러한 방침에 반대했고, 이에 따라 공동 소위원회는 협동조합당에 보다 많은 권한을 주는 지역 협정을 명기하게 되었다. 그러나 노동당 대표들은 이에 동의는 하면서 이들 지역 협정을 사실로서 등록하지만, 당장 이를 승인하지는 않는다는 점을 강조했다. 사실상 노동당은 할 수 있는 모든 것을 다해 지역의 협동조합당을 이미 가입한 노동조합 지부나 다른 단체와 동일한 지위에서 지역 노동당에 들어오라고 강제했고, 상당 부분 그렇게 되었다. 왜냐하면 정치 분야에서 가장 활동적인 지역의 협동조합인들은 대부분 노동당 지지자들이었기 때문이다. 그들은 노동 계급의 통일성이 긴급함을 인식했고, 노동당을 노동 계급 통일의 확립된 기구로 여겼다.

한편, 협동조합당은 보다 효과적인 자체의 지역 기구를 만들어 기반을 강화하려고 했다. 단순히 지역 협동조합이 협동조합당에 가입한다고 해서 그 지역에 저절로 활동적인 선거 기구가 생겨나는 것은 아니었다. 통상 한 조합이 가입하면 하나의 '조합 당'이 되어 협동조합당의 업무를 맡는 특별 정치 위원회를 만들었다. 아니면 혼합 위원회를 만들어도 되는데, 이는 경영 위원회와 교육 위원회 그리고 길드와 다른 보조 단체 대표자로 구성되고, 지역 정당 그룹 대표자들이 추가되기도 했다. 지역 협동조합당이 대도시나 선거구 경계가 조합 구역과 겹치는 곳처럼 여러 조합을 포괄해야 하는 지역에서는 체계가 조금 달랐다. 이런 경우 협동조합당의 단위는 각 지부 또는 보조 단체들이 모인 지부 대표자와 함께 조합 측과 선거구민 측 대표자들로 구성되었다. 1926년에 협동조합당은 또 다른 형태의 지역 조직 —당에 집단으로 가입하지 않은 조합이나 여러 개의 조합이 있는 지역에서 만든 자발적인 당 조직— 을 포함시키는 권한을 얻었다. 자발적 당은 가입을 선택한 개인들로 구성되고 주로 비당원 조합의 가입을 의도한 선전과 정치 교육을 위한 것이었다.

협동조합당은 지역 조합이 구성원이 아닌 구역에서 의회나 지방 의회 선거에 후보를 낼 자격이 있는가 하는 문제로 몇몇 지역에서 마찰을 빚었다. 최종적으로 "당은 어느 지역에서도 후보를 낼 자유가 보장되어야 하지만, 이들 지역에 후보를 내기 전에 미 가입 조합과 협의를 거쳐야 한다."고 합의했다. 협동조합당의 전체 지역 체계는 어쩔 수 없이 복잡해졌다. 하나는 조합 구역과 의회 선거구 및 지방 정부 단체 구역 사이에 상응 관계가 없기 때문이고, 다른 하나는 여러 선거구에 걸친 조합도 있지만 한 선거구에만 해당하는 조합이 있는 등 조합 규모가 달랐기 때문이다. 또한 인구 밀집 지역에서 가입 조합과 미 가입 조합이 같이 있는 것도 이유였다. 그러나 복잡한 지역 협동조합 조직들은 어렵사리 그런대로 기능했던 것 같다.

자발적 당의 설립을 승인한 1926년 런던 협동조합당 대회에서, 기본 서비스의 소유와 통제에 대한 국가 대 협동조합의 문제를 두고 격론이 벌어졌다. 이 대회는 국민의 대리인으로서 행동하는 협동조합 사업의 유지와 확대를 허용한다는 단서 아래, 석탄과 우유 공급을 공유제로 전환하기로 결정했다.

이 시점부터 1929년 두 번째 노동당 정부가 들어설 때까지 노동당과 협동조합당의 관계는 꽤 순조로웠다. 공동 소위원회는 드물게 열렸고 큰 이슈는 제기되지 않았다. 이 해에 협동조합당은 노동당의 지지를 받는 12명의 후보를 내면서 총선에 돌입하고, 다른 선거구의 협동조합인들에게 노동당 후보를 위해 활동하고 투표할 것을 공식 촉구했다. 이 결과 협동조합당은 9석을 얻었다. A. V. 알렉산더가 해군 장관으로 노동당 내각에 입각했고, 협동조합당 의원 2명은 정부 부처의 작은 직책을 얻었다. 또 다른 2명은 장관의 정무 비서관이 되었다.

이렇게 해서 협동조합인들은 두 번째 노동당 정부에서 중요한 역할을 맡게 되었다. 그러나 새로운 산업절약조합법 —협동조합 출자금 한도를 200파운드에서 400파운드로 끌어올리고, 일정한 요건을 갖추지 않은 단체가 '협동조합'이라는 이름을 쓰지 못하도록 한 것— 을 위한 그들의 노력은 토리당과 자유당의 연합으로 무산되었다. 토리당과 자유당은 협동조합의 자금을 정치 목적에 쓰는 것을 금지하는 조항을 넣음으로써 법안을 결딴냈다. 노동당은 이 법안을 지지했지만 철회할 수밖에 없었다. 이러한 법안에 대한 반대는 노동당 정부가 붕괴한 뒤로부터는 협동조합 운동을 겨냥한 다른 조치를 조직하는 데로 나아갔다.

노동당 정부가 붕괴되고 램지 맥도날드, 필립 스노든, J. H. 토마스 그리고 소수의 지도자들이 맥도날드의 지도 아래 형성된 '거국' 정부로 전향하면서 노동당과 한편이 된 협동조합당은 1931년 처참한 총선을 맞이했다. 이 선거에서 협동조합당은 '거국' 연합을 상대로 후보 18명이 싸웠지만, 단한 사람 —글래스고 세인트 롤록스에서 의석을 얻은 윌리엄 레너드— 만이 살아돌아왔다. 협동조합당은 노동당과 패배를 공유했다. 하원에서 야당은 한줌의 소수파로 전락했고, 실질적으로는 토리당에게 권력을 넘겨주고 말았는데 이들은 자신들의 목적을 이루자 곧 맥도날드를 수상의 자리에서 몰아냈다. 총선 결과는 노동당과 협동조합당 진영에 깊은 자기성찰을 가져왔다. 두 당은 자신들의 경험과 1932년과 1933년에 전 세계로 확산된 심각한 불황을 감안해 그들의 강령을 수정하기 시작했다. 협동조합당의 새로운 강령은 『거듭나는 영국(Britain Re-born)』이라는 제목의 소책자로 발행되었는데, 이전보다 제안의 범위나 성격이 크게 진전을 보였다. 이 강령은 지역 은행을 설립하고 협동조합 은행을 확대해 영국 은행의 공유제와 은행 시스템을 공적으로 통제해야 한다고 선언했다. 또한 연료와 동력, 수송 서비스, 나아가 수도 사업과 기타 보건 위생에 필수적인 서비스를 공유제로 하는 계획을 요구했다. 독점체는 집단 소유와 통제 아래 두고, 농산물 판매 위원회를 생산자협동조합으로 전환하는 과감한 조치도 요구했다. 여기서 생산자협동조합은 가격과 공급을 일방적으로 통제하지 않고 소비자조합과 대등한 조건에서 결합하는 것이었다. 협동조합 '대' 국가의 소유권 문제는 여전히 피하는 경향이 있었다. 그러나 협동조합 통제로 전환할 수 없는 중요 산업과 서비스의 국유화 주장에 대해서는 결정적인 접근이 이루어졌다.

이 강령은 협동조합당과 노동당 사이에 경제 분야에서 국가와 협동조합 활동의 한계에 대한 논의를 불러일으켰다. 그러나 이러한 논의가 진전되기도 전에, 협동조합인들의 관심은 다시 불거진 과세 위협 문제로 옮겨갔다. 개인 사업자들은 노동당의 패배로 생긴 기회를 활용했다. 그들은 '거국' 정부에 협동조합의 배당과 거래에서 나온 잉여금에 소득세를 부과하라는 압력을 넣었다. 의회의 소수당인 노동당은 이 불공정한 과세를 온 힘을 다해 반대했고, 협동조합 운동은 원외에서 권리를 지키기 위한 전국적인 캠페인을 벌였다. 그러나 정부는 개인 사업자에게 몇 가지 양보를 할 심산이었다. 단 한 차례 조사만 한 뒤, 재무 장관은 모순된 미봉책을 의회에서 통과시켰다. 통과된 안은, 조합원에게 분배한 배당은 면세하지만 적립금으로 유보된 금액은 주식회사의 적립금과 같은 조건으로 소득세를 부과(이미 과세되고 있는 출자금의 이자와 마찬가지로)한다는 것이다. 이것은 명백히 비논리적이었다. 왜냐하면 배당과 적립금은 공통의 원천인 거래 잉여에서 나온 것인데, 만일 하나에 과세를 해야 한다면 왜 다른 하나는 과세하지 않는가? 정부는 아마도 이 소득세를 개별 조합원이 직접 지불하는 것이 아니라, 조합이 지불하기 때문에 배당에 세금을 물리는 것보다는 반발이 덜하리라고 생각했을 것이다. 공평하게 생각하면 앞서 살펴본 것처럼[1] 협동조합 잉여는 이윤이 아니라 상호 거래에서 파생된 리베이트여서 어느 쪽에도 과세할 근거가 없었다. 그러나 개인 사업자들은 '거국' 정부의 지지자였기에 어떻든 그들의 터무니없는 요구의 일부라도 쉽게 거절하지 못했을 것이다. 이에 따라 협동조합 자본의 성장은 부당하게 방해받았고, 협동조합 운동은 정치에서 누가 친구이고 적인지 생생히 구별할 줄 알게 된 것이다. 과세에 반대하는 전국 협동조합 청원은 234만 3,654명의 서명을 받

---

1 233~234쪽 참조.

왔지만 무위로 끝났다.

　이 사건은 협동조합당과 노동당의 동맹을 다지는데 기여해야 했지만, 실제로는 그 뒤 여러 해 동안 둘의 관계가 악화되었다. 문제는 정책보다는 선거 기구의 조직과 관리 쪽이 훨씬 많았다. 노동당 집행부는 협동조합당을 어느 위치에 두려고 했는데, 이것은 협동조합당의 독립을 해치고 사실상 노동당 선거 기구에 종속되는 것을 받아들이라는 요구로밖에 여겨지지 않았기 때문이다. 정책 관련해서도 어려움은 있었다. 이 어려움은 주로 기초 산업 소유와 통제에 대한 국가 및 지방자치단체의 문제에서 비롯되었다. 1933년 협동조합당 대회는 "우리의 목적은 협동조합 공화국 수립이며, 이 속에서 생산, 유통, 교환 수단은 공동 소유될 것이다. 또한 협동조합 운동은 공동체 구성원을 위한 필수품 공급 매개자로서 기능할 것이다."라고 선언했다. 이 결의는 국가 및 지방자치단체가 꽤 광범위한 분야를 소유할 수 있다는 여지를 분명히 남긴 것이지만, 협동조합인들은 중앙 전력국이나 런던 여객 수송국 방식의 공기업 설립 계획은 강하게 불신했다. 이들은 농산물 판매 위원회가 그러했던 것처럼, 소비자의 이익보다는 생산자의 이익에 봉사하도록 조종될 수 있다고 의심쩍어했다. 다른 한편, 노동당은 노동조합이 통제의 공유를 요구할 수 있는 공기업을 옹호하는 방향으로 움직이고 있었다. 물론 노동당도 농산물 판매 위원회의 생산자 독점 비판에는 전적으로 협동조합인들과 일치했다. 그러나 노동당은 산업의 전반적인 공공 경제 계획 수단으로 운영하고 정부가 통제하는 공기업이야말로 생산자의 이익은 물론이고 소비자의 이익도 가장 잘 보호할 수 있다고 믿었다. 협동조합인들은 이 의견에 반대한다기보다는 —사실 그들은 공공 경제 계획을 지지했다— 이것이 생산자 독점 수단으로 악용될지도 모르며 심지어 협동조합 운동 자체를 파괴할지도 모른다며 못미더워했다. 이에 대한 두 당의 길고 긴 토론은 긍정적인 결과를 만들지 못했다. 정책에 대한 검토는 아마도 조직의 차이가 크지 않았다면 훨씬 빨리 진척되었을 것이다. 노동당은 이미 살펴본 것처럼, 지역 노동당에 가입한 노동조합과는 대조적으로 지역 협동조합에 예외적인 지위를 부여하는 협정을 좋아하지 않았다. 노동당은 협동조합을 지역 노동당에 가입한 다른 단체와 동등한 구성 요소로 만들고자 했다. —잘 알려져 있는 것처럼, 이 과정의 유일한 논리적 귀결은 협동조합당의 완전한 흡수일 것이다. 협동조합인들은 이러한 지역적인 소멸을 거부하기 어려웠다. 지역 협동조합의 지도적인 정치가들 대부분이 노동당원이었기 때문이다. 또한 노동조합을 통해 노동당에 '가입 서약'을 했거나 개인 당원으로 노동당에 가입한 노동자들이 다시 협동조합당에 참여하는 일은 기대할 수 없었다. 게다가 노동당의 선거 조직은 강력했다. 이에 비해 협동조합당은 협동조합연합회와 관련하여 독립성이 없었으며, 이 때문에 당의 지역 지지자들과 정책의 기본 틀이나 발전 방향을 충분히 공유할 수 없었다는 점에서 더욱 어려움을 겪었다.

1934년에 협동조합당과 노동당의 공동 위원회는 각 측의 위원을 3명에서 6명으로 늘리고 적극적인 교섭을 진행했다. 그러나 아무 것도 해결되지 않은 채 1935년 총선을 맞이했다. 이 선거에서 노동당은 1931년에 패배한 선거구 전부는 아니지만 일부를 탈환했고, 협동조합당은 하원 의원을 1명에서 9명으로 늘려 4년 전 패배했던 인사들 대부분이 의석을 되찾았다. 두 당은 선거에서 협력했지만 선거가 끝나자 관계는 다시 악화되었다. 노동당 집행부는 1936년 대회 보고에서, 협동조합인들이 선거 후보를 지명할 때 노동조합에 대한 자신들의 우선적 지위를 확보하려고 지역 노동당으로부터 독립을 유지하려 하며, 이를 위해 여러 지역에서 특별한 지역 협정을 강요하고 있다고 비난했다. 협동조합당은 자당 후보자들에게 노동당의 규약과 강령을 수락하는 서약을 강제로 받는 것을 반대했다. 입후보자의 자금 문제에 대해서도 대립이 날카로웠다. 노동당은 대규모 노동조합이 사실상 의석을 매수하는 일을 막기 위해 가입 조직이 그 선거구에서 지출할 수 있는 경비의 총액을 제한했다. 자금이 풍부했던 협동조합당은 이 제한에 반대했다. 협동조합당은 선거 사무장에게 보장된 급료를 주고, 노동당 선거 사무장 경우에는 흔한 일이었지만, 전국 규모의 합의에 따른 실질적인 금액을 준다는 보장이 없어서 자신의 급료를 마련하기 위해 시간을 써야 하는 구차한 경험을 하지 않아야 한다는 이유에서였다. 협동조합 운동은 선거 사무장에게 보장된 급료를 줘야 한다고 요구했지만, 다른 면에서는 '책임 있는 단체'가 후보자를 위해 한 선거구에서 쓸 수 있는 금액에 대한 노동당의 한도를 기꺼이 수용했다. 후보자 지명과 지역 선거 기구 관리에서 협동조합인들의 권리에 대해 또 다른 논쟁이 있었다. 협동조합 운동은 노동당 집행부가 이러한 차이점에 대해 1936년 노동당 대회에 보고한 방식에 강경하게 저항했다. 그들은 노동당과 타협할 뜻이 충분히 있었다고 주장했다. 그러나 노동당 대회는 공표되지 않은 토론을 거친 뒤 집행부의 보고를 받아들이고, 대표자들에게 계속 교섭하라고 지시했다.

1937년에는 몇 가지 진전이 이루어졌고, 협동조합 기부금을 제한하는 임시 협정을 맺었다. 이 논의는 1938년까지 계속되어 추가 협정이 이루어졌다. 이는 협동조합이 지역 노동당에 가입하지 않은 지구, 즉 대다수 선거구에서 두 당의 관계를 망라하고 지방 정부 선거에서 공동 행동을 위해 따라야 할 절차를 규정한 것이었다. 이러한 협정들로 두 당의 관계는 전보다 개선되었다. 1939년에 두 당은 전국 각지에서 노동당과 협동조합당의 공동 선전 캠페인을 펼쳤고, 새로운 포괄적 협정을 준비하는 공동 기초 위원회를 만들었다. 이러한 논의에서 각 방면의 협동조합 운동을 묶기 위해 1932년에 만든 전국협동조합감독기구가 중요한 역할을 했다. 설령, 협동조합인들이 자신들의 정당을 노동당에 합병시키고 싶지 않더라도, 노동당 집행부와 원내 노동당 그리고 노동조합대회 일반 위원회는 노동 운동을 대표해 정책을 협의하고 그때그때 합의한 선언을 공표하기 위해 만든 중앙 단체인 전국노동자회의에서 노동당과 노동조합에 힘을 합치도록 협동조합인을 설득했다. 1935년에 전국협동조합감독기구는 이 단체의 가입 초청을 거절했고, 이러한 태도는 1939년 전쟁이 일어날 때까지 이어졌다. 그러나 전쟁은 상황을 뒤집었다. 1940년에 전국협동조합감독기구는 순수하게 자문 자격으로 전국노동자회의(National Council of Labour, NCL)와 관계를 갖기로 했다. 이는 이듬해 전면적인 제휴로 발전했고, 협동조합연합회(전국협동조합감독기구를 대신하여)는 전국노동자회의의 완전한 파트너가 되었다. 이러는 동안 두 운동 사이의 현안 문제는 1939년에 전국협동조합감독기구의 제안으로 전쟁 기간 중 미뤄온 논의를 중단한 채로 두었다.

　이 지점에서 노동 운동과 협동 운동의 관계에 대한 이야기는 협동조합당의 내부 발전 기록에 앞섰다. 1924년의 낮은 수준으로부터 협동조합당은 점차 조직적인 힘을 키웠다. 이는 부분적으로 지역 협동조합이 새로 가입한 결과였고, 협동조합 조합원 수가 늘어난 때문이기도 했다. 가입 당원은 1925년 200만 명에서 1930년 300만 명을 훨씬 넘었다. 1933년에는 400만 명, 1935년에는 500만 명 그리고 1940년에는 600만 명으로 늘었다. 1943년 말에 당원은 약 700만 명, 가입한 협동조합은 600곳이 넘었다. 이로써 협동조합당은 노동당보다 명목상 당원 수가 훨씬 많아졌다. 협동조합은 노동조합처럼 1927년 노동조합법의 '가입 서약' 조항을 따를 필요가 없었다. 조합원이라면 누구나 협동조합당에 가입할 수 있고, 당비는 조합의 일반 자금에서 지불했다. 협동조합당과 노동당의 당원 수는 비교가 되지 않았다. 물론 협동조합당의 명목상 가입 당원 모두가 당에 충성심을 가졌다고는 주장할 수 없을 것이다. 협동조합의 일반 구성원들은 노동조합의 일반 구성원보다 정치적으로 훨씬 분단되었고, 정치 활동을 향한 자극은 전체 조합원에서 아주 작은 분파로부터 나왔다. 그러나 협동조합의 정치 활동에 대한 반감은 전보다 훨씬 줄었고, 그만큼 노동당과의 동맹을 받아들이는 정서도 강해졌다. 두 운동의 차이는 해결하기 어려웠는데, 그 차이가 근본적이기 때문이 아니다. 오히려 그것은 주로 즉각적인 행동에 협정을 적용하지 않는 문제를 둘러싼 것이나, 상황이 지역마다 크게 다르기 때문에 다루기 힘든 조직의 문제와 관련된 것이었다. 두 당의 지도자와 당원 대부분은 서로 다투는 일이 있을지라도, 성공을 이루기 위해 함께 행동해야만 한다는 것을 충분히 인식하고 있었다.

공동 행동의 조건은 이 시기에 이루어진 협동조합당 내부 변화의 결과로 많이 바뀌고 있었다. 1933년 이후 지역의 협동조합당은 당의 일에 대한 어느 정도의 통제를 요구하기 시작했다. 협동조합당 전국 위원회는, 이미 살펴본 것처럼, 협동조합연합회의 지구 조직과 당에 가입한 조합은 물론 지구 단위로 묶인 전국 협동조합 조직과 보조 단체에서 선출된 대표로 구성되었다. 이 위원회는 지역 협동조합당의 대표나 위원회를 지지하는 지역 보조 단체 대표를 포함하지는 않았다. 이에 더해 당의 전국 위원회는 연차 협동조합대회에 종속할 뿐만 아니라 1932년에 설립된 뒤 전국협동조합감독기구는 물론이고 대회와 대회 사이의 모든 운동을 대표하는 단체로서 협동조합연합회에 많은 면에서 종속되었다. 이 상황은 이론상 독립적이지 않고 구속력도 없는 연차 협동조합당대회가 점점 형태를 갖추어 가고 있음에도 1938년까지 계속되었다. 마침내 1938년에 당 규약을 수정하게 되었다. 수정한 규약으로 협동조합당 전국 위원회는 재편되었고, 기존의 전국 단체나 그룹화된 지역 조합 외에 지구별로 그룹화된 협동조합당 대표들을 포함시켰다. 그러나 완전한 독립을 갖지는 못했다. 당은 협동조합대회의 우선적인 관할권은 물론 당의 경비를 계속 지원하는 협동조합연합회에 여전히 종속되었다. 그럼에도 불구하고 당은 자치의 방향에서 실질적인 진전을 이루고 있었다.

남아있는 제한은 곧 현실적인 방법으로 분명해졌다. 1938년 국제적인 위기로 영국에서도 파시즘과 전쟁의 위협에 맞서 좌익 세력을 통일하기 위한 진보 인민 전선을 형성해야 한다는 요구가 일어났다. 노동당은 이 캠페인을 정력적으로 추진하는 공산당에 대한 반감과 노동당이 통일적인 민중의 당이 되어야 한다는 지향 때문에 이 운동을 단호히 반대했다. 그러나 협동조합당은 가장 영향력 있는 협동조합 매체가 된《레이놀즈 신문(Reynolds Newspaper)》의 주장에 영향을 받아 '연합평화동맹'의 인민 전선을 지지했다. 그러나 이 문제가 협동조합대회로 넘어가자 '동맹' 제안은 실패로 끝났고, 협동조합당은 물러설 수밖에 없었다.

이렇게 해서 문제는 제2차 세계대전 때까지 제자리에 머물렀다. 협동조합당은 엄청난 가입 당원에도 불구하고 정치에서는 부차적인 세력에 지나지 않았고, 몇 안되는 후보자를 선거에 내보내는 것 이상의 전망을 갖지 못했다. 협동조합당이 어느 정도 자율성을 가졌다 하더라도 노동당이 노동조합의 정치적 기관이자 각 지역 노동 계급 정치 활동의 중추라는 지위를 유지하는 한 사실상 노동당의 반쪽 날개 이상은 될 수 없었다. 협동조합당은 노동당이 불합리한 노선을 취할 때에도 명목상 당원 대부분이 냉담하고 활동적인 당원이라도 대부분 충성심에서 분열했기 때문에 노동당에 반대하기가 어려웠다. 순전한 협동조합 정치가는 소수였다. 대부분 사회주의자였거나 어떻든 노동 당원이었다. 그리고 노동당 당원이 아닌 협동조합당의 활동적인 당원 일부는 두 번째 노동당 정부가 붕괴한 뒤 노동당에서 이탈한 독립노동당이나 공화파 심지어 공산당에 소속하기도 했다. 협동조합당은 두 당 모두에 반감을 품은 협동조합인들이 득달같이 달려들어 정치적 중립이라는 예전의 입장을 되찾기 위해 호시탐탐 노리고 있음을 알았기에 더욱 방해를 받았다.

노동당과 협동조합당의 토론 기록을 공정하게 연구하는 사람이라면, 협동조합당이 인내와 중용으로 일관되게 처신했다는 결론에 이를 수밖에 없을 것이라고 생각한다. 또한 노동당의 태도는, 협동조합당이 사실상 하원에서 독립적인 존재가 아닌 것과 마찬가지로 선거구에서도 독립적인 존재로서 권리를 갖지 못한다는, 명백히 노동당의 배후에 있는 이 가정을 제외하면, 불합리했다고 결론지을 수 있다. 그러나 협동조합당이 이 가정을 받아들이기를 기대할 수 없었고, 만일 받아들였더라도 협동조합대회에서 거부되었을 것이다. 노동당의 태도는 협동조합당을 몰아내기보다는 안으로 '끼워 넣으려는' 열망과 그들의 당원이 각 지구의 여러 선거구에 흩어져 있기 때문에 동맹을 맺은 두 당의 선거 기구에서 개별 노동조합이 누리는 것보다 협동조합에 더 많은 권리가 주어진 데 대한 노동조합 쪽의 반대가 복합된 것이었다. 이러한 반대는 필자의 생각으로는 불합리한 것이었는데, 그렇다고 노동조합 지도자에게 이를 이해시키기란 쉽지 않은 일이었다.

조직을 둘러싼 이러한 차이에 대해 충분히 살펴본 까닭은 그것이 협동조합당의 전망에 깊은 영향을 주었기 때문이다. 그렇다고 해서 두 당의 관계가 모든 면에서 보다 밀접해졌고 의회만이 아니라 지방 정부의 문제에서도 두 당이 함께 활동하는데 어려움이 없었다는 사실을 부정해서는 안 된다. 선거 조정은 어려울지 모르지만, 선거가 다가오고 선출된 대표들이 활동을 시작할 때면 어려움은 중요한 것이 아니다.

그러나 조직 문제의 배후에는 실질적인 이슈가 있다. 결국 같은 견해를 대표하고 또한 거의 똑같은 정치 기반을 대표하는 노동당과 협동조합당의 위치가 어디인지를 알기란 어렵다. 두 당이 하나의 당으로 합치거나 영국이 대 국민정당 제도를 폐지하고 다당제로 이행하지 않는 한 노동당과 협동조합당이 존립할 여지는 없을 것이다. 만일 2대 정당제나 3대 정당제를 유지한다면, 협동조합인들은 노동당과 단일 정치 세력을 만들기 위해 제휴해야만 한다. 그들은 노동당이 분열하거나 정치 좌파의 새로운 조직에 자리를 물려주지 않는 한, 이렇게 해야만 한다. 가령 새로운 세력이 나타났다고 하더라도 그들은 이 새로운 세력과 운명을 함께해야만 하며, 이를 떠나 유력한 독자 정치 세력으로 자신을 확립하는 일은 기대할 수 없다. 같은 사회 그룹을 기반으로 하고, 당원도 중복되며 강령도 유사한 독자적인 두 당이 있을 수는 없다. 그리고 협동조합인들이 마치 이러한 세력의 이중성이 있을 것처럼 이야기하지만, 이것이 가능하다고 믿는 사람은 아무도 없다. ─ 원내 노동당에서 활동하는 게 용이하고, 원외에서도 노동당과 함께 활동하는 게 유리하다는 것을 철저히 자각한 협동조합당 의원들이 가장 믿지 않는다.

제20장

협동조합의 고용

협동조합 운동은 조합 매장과 공장의 노동 조건 문제에 늘 골머리를 앓았다. 이 어려움은 임금과 작업 조건 그리고 지위의 문제와 관련된 것이었다. 협동조합은 그들의 피고용인들에게 임금과 노동 시간 그리고 노동 조건의 대우를 그들의 경쟁자들 —체인점, 백화점, 작은 가게 그리고 자본주의 조건에서 같은 물품을 생산하는 공장— 과 같은 정도로 해야 하는가 아니면 더나은 대우를 해야 하는가? 지위에 대해서는, 협동조합의 피고용인이 자본주의 기업의 피고용인과 같은 지위여야 하는가, 그렇지 않으면 어떤 방식으로든 그가 일하는 조합의 관리를 함께해야 하는가? 첫 번째 문제는 소비자협동조합과 생산자협동조합에 똑같이 적용되지만, 두 번째 문제는 다르다. 왜냐하면 최소한 사업 관리의 공유를 포함해 노동자들에게 특별한 지위를 부여하는 것이 생산자협동조합의 명백한 목적이기 때문이다.

우리는 이미 이러한 지위의 문제가 소비자협동조합 운동을 시작한 단계에서 보수 문제와 얽혀있음을 살펴보았다. 당시 지도적인 협동조합인들은 조합원에게 지불할 수 있는 배당과 같은 금액으로 또는 이용 실적 1파운드 당 배당과 임금 1파운드 당 보너스를 똑같이 할 것인가와 관련된, 잉여금에서 '보상금' 또는 '노동 배당' 지불을 강력히 옹호했다. '보너스'를 둘러싼 오랜 투쟁이 어떻게 패배로 끝났는지도 우리는 살펴보았다. CWS는 1886년에 최종적으로 노동 배당 제도를 포기했다. 스코틀랜드CWS는 꽤 오랫동안 이 제도를 채택했지만, 1914년 신입 피고용인부터 포기했고, 1922년 즉 전쟁 뒤 불황이 한창일 때 기존 피고용인에게 주던 것도 중단했다. 1910년에 임금에 대한 보너스를 주는 소비자협동조합은 1,430개 조합 가운데 단지 191곳, 13퍼센트였다. 그리고 1942년에는 1,058개 조합 가운데 겨우 52개 조합이 보너스를 지불했고, 이 중 19곳이 남부 지구 조합이었다. 지불된 금액은 대부분 소액이었고, 1942년에 20만 파운드를 밑도는 총액 가운데 왕립병기창조합이 5만 8,000파운드를 차지했다. 단지 4개 조합(벨파스트, 키닝파크, 레스터, 리딩)이 1만 파운드를 넘게 지불했을 뿐이다. 5개 조합(글래스고 동부, 글래스고 세인트 조지, 노팅엄, 노리치, 월솔)이 5,000 파운드를 넘었다. 요크셔에서는 단 3개, 북서부에서는 4개 조합이 어떻게든 보너스를 지불했고, 스코틀랜드에는 5개 조합뿐이었다.

보너스를 둘러싼 논쟁 초기에 협동조합인들이 피고용인에게 임금을 어떻게 줄 것인가를 결정하는 데 객관적인 기준은 없었다. 유통업 전체 임금은 낮고, 노동 시간은 길고, 노동 조건은—'입주 노동'을 포함— 열악했다. 그러나 이 열악함은 지역마다 또 매장마다 많이 달랐다. 그리고 유통업에는 노동조합 조직의 뼈대조차 없었다. 소비자조합은 그들의 생산 부문에 재단사나 제화공 같은 숙련 노동자를 소수 고용했는데, 이들은 표준 임금을 갖춘 노동조합의 조합원일 수도 있다. 그러나 대부분 지역에서 이러한 숙련공들조차 조직화가 약했고, 사기업이 지급하는 임금에는 편차가 컸다. 특히 CWS와 스코틀랜드CWS 공장에서 일하는 사람들은 대부분 노동조합을 갖지 못한 미숙련 노동자였다. 그리고 이들에게는 유통 분야 노동자와 마찬가지로 협동조합인들에게 지켜달라고 할 만한 표준 임금이 없었다.

따라서 '노동 배당'을 위한 투쟁은 협동조합 피고용인들에게 생활 임금을 보증하기 위한 하나의 시도였다. 노동 배당 옹호자들은 노동자들이 생산과 유통의 이윤을 공유할 권리가 있으며, 설령 사기업의 고용주들이 그렇게 하지 않더라도 협동조합인들은 적절한 임금을 줘야 한다고 주장했다. 협동조합 생산의 범위가 확대되고 사업의 모든 분야에서 피고용인 수가 늘어나자, 비로소 협동조합이 최소한 노동조합의 표준 임금과 노동 조건을 따라야 하는가 아닌가의 문제가 일어났다. 이러한 문제가 크게 일어났음에도 피고용인의 지위에는 아무런 실질적인 영향을 주지 않았다.

1900년에 협동조합 피고용인 총수는 약 8만 명이고, 이 가운데 4만 3,000명이 소매조합 유통에 종사했다. 1914년에 총수는 거의 15만 명으로 늘었고, 반 이상이 유통 부문 노동자였다. 1939년의 총수는 거의 35만 3,000명이었고, 유통 부문 종사자는 20만 명이 넘었다. 전쟁의 영향을 받은 1942년 총 피고용인은 32만 8,162명으로, 이 가운데 53퍼센트가 유통 부문 노동자였다. 유통조합에 고용된 총 수는 23만 7,821명이고, 이 가운데 20만 명 이상이 유통 부문에 종사했다.

협동조합 운동의 주요한 임금 문제는 유통 부문 노동자의 문제였고, 그들은 19세기 마지막 10년에 이르기까지 아무런 조직이 없었다. 다음으로 중요한 문제는 도매조합이 운영하는 공장의 임금 문제였는데, 이들 공장은 비교적 미숙련, 미조직 노동자를 높은 비율로 고용했다. 생산자협동조합에서는 문제가 비교적 단순했다. 왜냐하면 이들 조합은 주로 숙련 노동자를 고용하고 일반적으로 그들의 임금을 노동조합의 표준 임금 등급에 기초할 수 있었기 때문이다. 그리고 이 임금 등급에는 각 개별 조합의 규정 아래 노동자의 이윤 공유를 추가했다.

소비자 운동에 관한 한, 단체교섭으로 노동 조건을 규제하려는 첫 시도는 소수의 숙련 노동자들에게서 나왔다. 일찍이 1882년에 노동조합대회 —당시에는 숙련직에 한정되어 있었다— 와 협동조합연합회는 노동조합주의자 · 협동조합인 공동 위원회를 두었다. 각 측에서 나온 4명의 위원으로 구성한 이 위원회는 노동조합과 협동조합의 보다 긴밀한 이해를 도모하고, 협동조합의 고용 조건에 대해 분쟁이 있어났을 때 이를 처리하는 권한을 가졌다. 위원회는 1925년까지 있었지만, 일반 원칙을 정식화하지 못했고 단지 위원회로 넘어온 개별 사건을 그때마다 처리할 뿐이었다. 조직된 숙련 노동자의 영역을 넘어선 문제가 일어나지 않는 동안은 위원회가 크게 하는 일은 없었다. 그러나 유통 부문 노동자나 미숙련 생산 노동자에게 영향을 주는 문제가 일어나자마자 분쟁이 터지기 시작했다. 1910년이 되어서도 협동조합연합회는 협동조합을 위한 모범 규정에 노동조합의 임금과 노동 조건을 준수하는 내용을 넣기 꺼려했다. 물론 그때까지 노동조합의 임금이나 노동 조건은 매우 넓은 분야로 확대되기에 이르렀다.

유통 부문 노동자들의 조직화는 1880년대 후반 노동조합을 확대하기 위한 운동의 일부로 작게 시작되었다. 시작은 특별히 노동조합의 목적을 갖지 않는 소규모 공제조합이었다. 1887년에는 볼턴과 런던에 노동자들의 작은 조직이 있었고, 1891년에는 맨체스터에서 보다 중요한 단체가 협동조합연합회 지구 조직의 축하 속에 만들어졌다. 이 단체는 1895년에 볼턴·지구협회와 합병해 협동조합피고용인연합노조(Amalgamated Union of Co-operative Employees, AUCE)로 성장했다. 이 조합은 1899년에 노동조합대회에 가맹했고, 여러 지부는 초기부터 지방직종별협의회와 관련을 가졌다. 한편, 런던에서는 주로 사기업에서 유통 부문 노동자들을 조직하기 위한 운동이 있었다. 1891년에는 여러 지역 조합이 연합해 전국점원노조를 만들었는데, 이들은 주로 공제 조합형이거나 폐점 시간을 앞당기는 운동을 목적으로 만든 것이었다. 곧 점원뿐만 아니라 창고 관리자와 사무원을 포함하기로 했고, 1898년에 노조는 경쟁 단체인 합동점원노조와 합병해서 전국점원·창고관리자·사무원연합노조(National Amalgamated Union of Shop Assistants, Warehousemen, and Clerks, NAUSA)가 되었다. 이 조합은 협동조합만 아니라 사기업 피고용인도 가입했기 때문에 출발할 때부터 협동조합피고용인연합노조의 경쟁자가 되었다. 협동조합피고용인연합노조의 기반은 잉글랜드 북부였고, 전국점원·창고관리자·사무원연합노조는 런던과 스코틀랜드를 기반으로 삼았다.

이들 운동이 구체화되기 시작한 시점에서 유통 부문의 고용 조건은 지독히 열악했고, 많은 협동조합이 매우 낮은 임금을 주고 오랜 시간 일하게 했다. 이는 협동조합의 고용 조건이 상황이 더 심한 개인 매장만큼 열악했음을 뜻하지는 않지만, 어쨌든 협동조합도 매우 열악한 상황이었다. 예를 들어 1891년 맨체스터 지역 협동조합 매장의 지점 매니저와 상급 점원 임금은 주 18실링에서 40실링 사이였고, 일반 점원 임금은 7실링에서 25실링 사이였다. 이는 소년이 아닌 성인 기준 임금이고, 당시 여성들은 거의 고용되지 않았다. 유통 부문 노동자의 노동 시간은 1893년에 조사한 1,172개 협동조합 가운데 43퍼센트가 주 58.5시간을 넘었고, 62시간이 넘는 조합도 14퍼센트나 되었다. 주 52.5시간 이하인 곳은 단 6.5퍼센트였다.

당시 협동조합 조직은 소규모 조합의 경영 위원회가 특정 예배당의 소속 그룹에게 지배당한다는 특징이 있었다. 노동 조건 개선을 주장하는 사람들이 의지할 수 있는 표준 임금이 아예 없는 상태에서, 임금을 정하는 사람들이 다니는 예배당을 같이 다니는 피고용인에 대해 정실이 개입된다는 주장이 종종 나왔다. 게다가 협동조합과 금주 운동은 매우 강하게 이어져 있었다. 선술집에 들어가는 모습이 발각된 피고용인은 해고되거나 임금 인상에서 제외되고 있다는 주장도 있었다. 물론 대부분의 조합은 여전히 아주 작은 규모였기에 이런 종류의 이야기가 나올 법도 하다. 그러나 이런 이야기는 조합원이 늘어나고 많은 지역에서 조합이 대부분의 가계를 대표하게 됨으로써 거의 모습을 감추었다. 조합원 증가는 임금과 노동 조건 개선을 도왔다. 신참 조합원들은 새로운 노동조합 운동에 관계하고, 법정 최저 임금과 8시간 노동을 위한 캠페인에도 적극적이었다. 이러한 점은 조합에 정규의 임금 등급을 채용하게 하고, 노동 시간을 단축시키는 중요한 요인이 되었다. 휴일 문제에 대해서는 별 다툼이 없었다. '빠른 폐점'을 받아들이는 데 협동조합 운동은 개인 상인들보다 늘 앞섰다. 물론 이들 분야에서 개선의 여지는 많았다. 그러나 일반적으로 반휴일 요구에 대한 저항은 주 전체 노동 시간 단축보다는 훨씬 적었다. 연차 휴가도 큰 반대 없이 일주일로 확대되었다. 병중에 있을 때 전액 급여를 받는 권리를 둘러싸고 분쟁이 많았는데, 이는 특별히 반대하는 협약이 없는 경우 임금 노동자의 관습법 상의 권리이다. 그러나 이 분야에서도 상당한 진전이 이루어졌다. 반대가 없지는 않았지만, 현행 조건에 비추어 지나치게 낮은 최저 임금 기준 요구가 부딪친 반대보다는 훨씬 작았다. 그러나 문제의 핵심은 임금이었다. 협동조합피고용인연합노조가 가장 힘든 투쟁을 한 문제가 바로 임금이었다.

이 지점에서 여성길드는 노동조합과 협동조합 운동의 보다 긴밀한 관계를 요구하는 캠페인과 함께 논쟁에 뛰어들었다. 여성길드는 여성 노동조합원과 남성 노동조합원의 아내들을 협동조합의 대의로 끌어들이고자 1891년에 시작되었다. 노동조합주의자와 협동조합인들의 몇 차례 연석 회의가 여성길드의 후원으로 런던에서 열렸고, 조합원을 모집하는 캠페인을 적극적으로 펼쳤다. 이때부터 여성길드는 노동 착취로 만든 물품 구매를 반대하고, 노동조합의 규정 아래 제조된 물품임을 인증하는 '노동조합 라벨'을 협동조합 운동이 채택하도록 하는 캠페인을 광범위하게 펼쳤다. 이 캠페인은 모자공을 빼고는 아무런 성과가 없었다. 여성길드는 이어서 여성의 고용 조건 문제를 적극 제기했다. 여성길드는 홀리요크 양이 사무국장을 맡고 있는 여성노동조합협회와 긴밀히 제휴하고, 신설된 상무부 노동국을 위해 여성의 일과 임금에 대한 정보를 모으기 시작했다. 1894년에는 여성산업심의회 설립에 큰 역할을 했고, 1896년에는 CWS의 의류 공장과 협동조합 매장의 여성 상태를 조사했다. 나아가 여성길드는 협동조합이 벌인 '빠른 폐점' 운동을 강력히 지지했고, 협동조합 고용 조건 개선을 앞장서서 촉구했다.

협동조합피고용인연합노조는 설립 직후 협동조합 운동에 고용된 성인 남자의 최저 임금을 주 24실링으로 요구했다. 그러나 연합노조는 처음 여러 해 동안은 결코 전투적인 단체가 아니었고—엄밀한 의미에서 노동조합이라기보다는 사교적 우애조합에 더 가까웠다— 이 요구에 큰 관심을 기울이지 않았다. 1893년에는 스코틀랜드CWS 회장 윌리엄 맥스웰이 협동조합대회에서 노동력의 고용주로서 협동조합 운동의 나쁜 이력을 맹공격했다. 그는 협동조합 운동으로부터 '착취'의 오점을 없애고, 운동을 위한 선전가이자 열정가로서 협동조합 피고용인과 보다 적극적으로 협력하는 방향으로 정책을 변경할 것을 요구했다. 이 요구는 상당한 효과가 있었고, 연합노조와 여성길드의 열의를 자극했다. 같은 해 여러 협동조합은, 1888년 광부연맹의 조직 이래 탄광 소유자와 광부들 사이의 첫 힘겨루기였던 대규모 파업에 큰 도움을 주었다. 여성길드 지도자들, 특히 에어데일 출신 디킨슨 부인은 이 투쟁에서 광부들을 위해 중요한 역할을 했다. 이 결과, 노동조합과 협동조합 운동의 관계는 더욱 밀접해졌다.

한편, 점원노조는 찰스 딜크 경의 지원을 받아 유통 부문 노동자를 위한 법적 보호를 요구하는 캠페인을 활발히 벌였다. 1896년에 점원노조가 기초하고 딜크 경이 의회에 제출한 매장 법안은 부결되었다. 그러나 딜크 경은 매장 노동자를 1897년의 현물급여급지법 —입주 노동의 남용을 조금이나마 막을 수 있는 것이었다— 적용 범위에 포함시키는데 성공했다. 1899년 런던 직물 창고 사무원들이 벌인 파업으로 점원노조에 가입하는 조합원이 상당히 늘었고, 이는 점원노조의 위신을 세워주었다. 20세기 초 여러 해 동안 유통 부문 노조는 테프 베일 판결 뒤로 전반적인 후퇴 속에 있었다. 그러나 1905년에 새로운 각성이 일어났다. 이해 연합노조와 여성길드는 협동조합 피고용인의 생활 임금을 요구하는 공동 캠페인을 벌이기로 결정했다. 이 캠페인에서 연합노조는 여성길드의 권유로 남자와 마찬가지로 여성들에게도 최저 임금을 줘야 한다는 내용을 포함했고, 실제로는 1907년에 시작되었다. 이러는 동안 점원노조도 활발히 움직였다. 가장 먼저 시작한 것은 1906년 '범위 협약' —피고용인이 이전에 고용된 곳의 일정 범위에서 재취업

하거나 자신의 사업을 시작하지 못하도록 한 사기업의 협약— 반대 운동이었다. 1907년에는 입주 노동 제도 폐지를 위한 운동을 벌였다. 그리고 점원노조는 유통 부문 노동자를 1906년의 노동자보상법 적용 범위에 포함시키는 데 성공했다. 1908년에 점원노조는 최저임금 위원회를 두고, 법 제정과 고용주와 단체교섭으로 유통 부문 노동자의 최저 임금 기준을 승인하도록 하는 캠페인을 시작했다.

협동조합 피고용인의 최저 임금 문제는 1908년 협동조합대회에서 제기되었다. 대회는 원칙을 승인하고, 이듬해 제출할 확실한 기준을 산정하는 위원회를 임명했다. 같은 해 노동조합주의자·협동조합인 공동 위원회는 협동조합 고용에서 노동조합이 정한 임금과 노동 시간을 따르는 데 찬성하고, 모든 분쟁을 중재에 회부해 해결하기로 했다. 1909년 뉴캐슬 협동조합대회는 위원회가 제안한 기준을 받아들이고, 모든 협동조합이 이 기준을 채택하도록 권고했다. 이 기준은, 소년 임금은 14세에 주 6실링에서 시작해 21세에 24실링으로 올리며, 소녀는 5실링에서 시작해 20세에 17실링으로 올리는 내용이다. 협동조합연합회는 이 기준 채택을 권고하는 회람장을 공표했는데, 이것에 만족해서가 아니라 주목할 만한 진전으로 받아들였기 때문이다. 그러나 회람장을 받은 지역 조합은 소극적이었고 CWS도 저항했다. 1910년에 여성길드는 이 기준을 지지하는 CWS 이사들을 전국적인 청원 운동으로 조직했다. 이와 동시에 점원노조는 협동조합과 개인 사업자 양측을 겨냥한 전국 최저 임금 캠페인을 지휘했다.

1911년 CWS 대표자회의는 1909년 협동조합대회가 권고한 최저 임금 기준을 모든 피고용인에게 적용하는 제안을 거부했다. 처음에 CWS는 유통 부문 노동자에 한해서라면 기준을 받아들일 뜻이 있었지만, 이를 생산 부문 노동자에게 적용하는 것은 거절했다. CWS는 경영자에게 개별 사업에 합당한 임금을 적용하는 재량권이 있어야 한다고 주장했다. 그러나 연합노조와 여성길드는 이 문제를 계속 강조했다. 이듬해 CWS 이사들은 태도를 바꾸었고, 대표자들은 연합노조와 여성길드가 제안한 기준을 수용하고 생산과 유통 부문의 모든 여성 노동자들에게 적용했다. 한편 연합노조는 1911년에 정책을 근본적으로 전환해 파업 기금을 만들고, 협동조합대회의 임금 기준 채택을 거부한 지역 조합을 압박하는 캠페인을 시작했다. 곧 분쟁이 뒤따랐다. 연합노조는 기준을 지키지 않는 조합을 파업 대상으로 정하고, 이 조합에 고용된 연합노조 조합원들이 예고 없는 파업을 감행하는 정책을 채택했다. 거의 휴면 상태에 있던 노동조합주의자·협동조합인 공동 위원회는 지역에서 늘어나는 분쟁에 대해 판정을 해달라는 요청을 받고 있었다. 연합노조는 이들이 숙련 노동자들의 주장에만 지나치게 관심을 기울이고 유통 부문 일반 피고용인의 주장은 무시한다며 비난했다. 이 무렵, 연합노조와 다른 노동조합 사이에 험악한 분쟁이 일어났다. 연합노조는 협동조합 피고용인들을 자기 대열에 끌어들이기 시작했고, 이리하여 개인 사업자와 협동조합 양쪽의 피고용인을 회원으로 둔 많은 노동조합과 충돌을 빚었다. 1912년에 노동조합대회 분쟁조정 위원회는, 어떤 직종이든 노동조합대회에 가맹하고 공인된 노동조합이 있는 곳이라면 연합노조는 그들의 회원을 공인된 노동조합에 인계해야 한다는 결정을 내렸다. 이 결정을 만일 엄격하게 시행했다면 연동노조는 완전히 파괴되었을 것이다. 왜냐하면 연합노조는 생산 부문에 고용된 회원 대부분을 여러 직종과 산업의 관련 노동조합에 넘겨야 할 뿐만 아니라, 유통 부문 회원들도 점원노조에 넘겨야 했기 때문이다. 불합리한 결정이었는데 이 결정이 실행에 옮겨지지는 않았다. 그러나 연합노조의 공격적 정책은 협동조합연합회만이 아니라 많은 노동조합의 반감을 샀고, 노동조합들은 이들의 정책이 자기 조합원들을 '밀렵'하는 행위라고 비난했다. 이러한 일은 연합노조의 승인을 거부하면서 임금 문제를 회피해 온 경영 위원회에게는 매우 편리한 구실이 되었다. 이 다툼은 그 뒤로 몇 년을 질질 끌다가 결국 1916년에 연합노조가 노동조합대회를 탈퇴하는 것으로 끝났다. 노동조합대회는 협동조합들에게 연합노조의 승인을 거부하고 대신 연합노조와 대항하는 노동조합과 교섭하라는 회람장을 공표했다. 이러한 조치는 협동조합에 고용된 조합원이 있는 노동조합의 연합을 만들었고 연합노조의 힘을 깨뜨리기 시작했다. 그러나 연합노조는 깨기에는 너무 강력했다. 연합노조는 모든 경쟁 노동조합을 합한 것보다 훨씬 많은 협동조합 피고용인을 자신의 대열에 끌어안고 있었기 때문이다. 이 결과 협동조합 운동은 두 개의 교섭 기구를 개발해야만 했다. 하나는 연합노조와 교섭하기 위한 것이고, 다른 하나는 노동조합대회와 연결된 노동조합 관계를 위한 것이었다. 노동조합주의자 · 협동조합인 공동 위원회는 후자의 영역에서 기능했고, 연합노조의 주장을 다루기 위해 새로운 지방 및 전국 조정 위원회 제도가 시행되었다.

이 무렵 전쟁의 영향으로 유통 부문 피고용자가 남성에서 여성으로 대규모 교체되었다. 연합노조는 남성과 동일한 임금을 대체된 여성에게 지불하라고 요구했고, 점원노조는 남성 임금의 4분의 3을 주는 데 합의했다. 이는 상당한 분쟁을 일으켰다. 또한 연합노조는 생활비 상승을 보충하기 위한 전시 보너스 요구 캠페인을 벌였고, 전쟁 중에도 전투적 정책을 추구했다. 하나의 방어 수단으로서 소매협동조합은 협동조합연합회 대부분의 회의 구역에서 경영 위원회를 대표하는 노동시간 · 임금 위원회를 조직했다. 이들 위원회는 보다 넓은 지역에 걸친 지구 위원회로 연합했다. 또 하나의 조정 정책 수단으로 협동조합연합회는 1918년에 노동 정책 문제를 자문하는 노동부를 두었다. 이는 사실상 소매협동조합이 연합노조에 대항하기 위한 것으로, 한 번에 한 조합에서 파업을 일으키고 그 하나를 굴복시키면 다음 상대와 맞붙는다는 연합노조의 정책을 무너뜨리기 위한 고용주 연합 같은 조직이었다.

이러한 분쟁이 진행되는 동안, 노동조합과 협동조합 운동의 보다 긴밀한 관계를 구축하려는 새로운 시도가 전국 규모에서 이루어졌다. 1912년 협동조합대회에서 윌리엄 맥스웰은 두 운동 사이의 '힘의 융합'을 강력하게 주장했다. 그 뒤 열린 일련의 합동회의 결과, 협동조합과 노동조합 그리고 노동당이 공동 행동을 펼치기로 계획했다. 그런데 여기에 노동당을 끌어들인 것이 1913년 협동조합대회에서 이 계획을 거부하는 결과가 되었다. 협동조합대회는 운동의 정치적 중립을 해칠 수 있는 어떤 조치도 거부했다[1].

1913년 더블린에서 일어난 파업 중에 CWS는 노동조합대회 쪽에서 활동하면서 파업으로 굶주리고 있는 사람들을 지원하기 위해 식량선 한 척을 보낸 일이 있었다. 이 일이 두 운동을 긴밀하게 연결했고, 1912년 광부 파업의 교훈을 되새기도록 했다. 이 당시 협동조합은 탄광 지역 노동조합에 큰 도움을 주었다. 이러한 일들의 결과로 하나의 새로운 연합단체, 노동조합주의자 및 협동조합인 연합자문회의가 1917년에 결성되었다. 그리고 두 운동의 통일을 촉진하기 위한 지역합동회의가 여러 차례 열렸다. 이때까지 일반 주식회사 은행과 거래를 하던 많은 노동조합이 CWS 은행부로 옮겼다. 그리고 1919년 3월에는 노동조합대회와 협동조합연합회가 합동회의를 열어 앞으로의 문제, 특히 전쟁 뒤 부흥에 관련한 문제를 처리하기 위해 더욱 긴밀히 협력하기로 합의했다.

제1차 세계대전 이전과 전쟁 중에 연합노조와 점원노조 모두 회원이 급속히 늘었다. 특히 점원노조는 1911년 국민보험법에 따라 인가 조합이 되면서 더욱 성장했다. 노동조합대회의 연합노조 금지 조치도 그들의 성장을 막을 수는 없었다. 1919년에 두 노조는 새로운 협약을 위해 교섭했는데,

---

1   553쪽 이하를 참조.

특히 전시 보너스의 임금 통합과 노동 시간 단축—노동자는 주 48시간, 사무 직원은 주 40시간— 요구를 중시했다. 1919년과 1920년에는 협동조합과 사 기업 유통 부문 노동자들의 파업이 많이 일어났다. 특히 점원노조는 1918 년 임금위원회법에 따라 임금 규제 적용 범위에 유통 부문을 포함하라고 강력하게 요구했다. 한동안 이런 노력은 성공한 것처럼 보였다. 그리고 식 료잡화 임금 위원회가 1920년 —점원노조가 경쟁 상대인 전국식료잡화점원협 회를 흡수한 해— 에 설립되었다. 그러나 개인 사업자들은 격렬하게 반대했 고, 임금 위원회는 일을 시작하기도 전에 전쟁 뒤의 불경기와 디플레이션 상황에 처했다. 거의 모든 직종의 임금이 크게 깎였다. 그리고 연합노조와 협동조합 사이에 엄청난 투쟁이 시작되었다. 노동부장관은 최저 임금 시 행을 거부했고, 식료잡화 임금 위원회는 폐지되었다. 임금이 심각하게 깎 이고 있는 노동자들로 구성된 협동조합 경영 위원회 및 노동시간·임금 위 원회는 협동조합 고용에서 임금 삭감이 심각하다고 주장했다.

이 지점에서 1921년 초, 연합노조는 창고·일반노조와 합병했다. 이는 리버풀의 부두 창고에서 전개되었고 주로 도매업 노동자들의 대규모 연합 체였다. 합병 단체는 전국유통노동자조합(National Union of Distributive and Allied Workers, NUDAW)으로 이름을 정하고 노동조합대회에 가입을 인정 받았다. —창고노동조합은 노동조합대회와 전부터 관계가 있었다. 이로써 협동 조합 피고용인과 노동조합대회 사이의 분쟁은 해소되었다. 전국유통노동 자조합은 기존의 숙련직 회원은 그대로 두었지만, 노동조합대회에 소속하는 다른 조합 회원이 될 자격이 있는 숙련직은 새로운 회원으로 받아들이지 않기로 했다. 점원노조와는 더욱 우호적인 관계를 만들었다. 다음 여러해 동안 전국유통노동자조합과 점원노조의 합병을 위한 시도가 거듭되었다. 이 시도는 실패했는데, 양측이 1917년 노동조합합병법에 따른 찬성표를 충분히 얻지 못했기 때문이다. 두 노조 회원들은 거듭해서 합병에 찬성하는 투표를 했지만, 효력이 생기는 표결에는 크게 못 미쳤다.

1921년과 그 다음 여러 해의 임금 삭감은 심각한 불만을 일으켰다. 불만의 일부는 노동조합주의자와 협동조합인의 공동 위원회로 향했는데, 이들은 끊임없이 일어나는 분쟁의 조정을 요구받고 있었다. 협동조합 운동과 노동조합 운동의 관계는 제1차 세계대전에 이은 고난의 시기 동안 매우 밀접해졌다. 1919년의 철도 파업, 1920년과 1921년의 광산 파업 그리고 다른 많은 분쟁, 특히 장기화된 1921년 광산 투쟁 동안 도매조합은 노동조합에 거액의 신용을 제공해 파업 참가자들을 지원했다. 그렇지만 1917년에 만들어진 합동자문회의는 1921년 노동조합의 패배에 따른 쇠퇴기에 사라질 상태에 있었다. 그리고 협동조합 고용에서 임금 삭감은, 전국유통노동자조합의 강력한 저항을 받았다. 확실히 임금 삭감은 가혹했다. 특히 심각한 경제불황을 겪고 있던 지역(사우스 웨일즈, 스코틀랜드, 북부)에서 더욱 그러했다. 그러나 협동조합 피고용인들은, 다른 사업의 상태와 비교했을 때 1914년에 그들이 확보했던 것보다 훨씬 높은 지위와 평균 임금을 누리면서 이러한 상태에서 벗어났다. 제1차 세계대전 직전 여러 해 동안 노스웨스트 협동조합 매장 직원의 임금은 ─거의 전국 평균─ 21세 이상 남성이 26 실링에서 33실링 사이고, 여성은 18실링 전후였다. 전쟁 뒤 임금 삭감이 있고 나서 1923년에 남성은 60실링을 웃돌았고, 여성은 34실링에서 35실링이었다. 이는 누가 봐도 좋아진 상황이었다. 임금이 심하게 삭감되고 있는 협동조합 경영 위원회 노동조합원들이 어째서 협동조합 피고용인들이 자신들보다 더 나은 형편인지를 납득할 수 없었음은 쉽게 이해가 된다. 그러나 1920년, 전후 붐의 절정기에서 너무 크게 하락한 임금은 원한을 샀다. 1920년 북서부 지역 점원의 최고 수준은 남성이 80실링, 여성은 50실링까지 뛰어올랐다. 북동부 해안 지역 광산이 번창하고 있을 때 남성은 90실링까지 올랐다. 불황기였던 1931년부터 1933년까지 임금 삭감은 더 심해지리라 예상했지만 실제로는 그렇게 심하지 않았다. 협동조합 운동은 그때까지 이루어져 온 대폭적인 노동 시간 단축을 깨뜨리는 어떤 시도도 없었다는 점에서 체면을 세우고 있었다. 주 48시간 노동은 거의 전국적으로 확립되었고, 불황이 최악이던 지역에서조차 유지되었다.

1925년에는 더 이상 아무도 만족시킬 수 없었던 노동조합주의자와 협동조합인 공동 위원회가 해산되었다. 이는 협동조합 피고용인들이 조합원으로 있는 많은 노동조합의 공격을 받은 결과였는데, 이를 이끈 사람은 전국 유통노동자조합의 유능한 사무국장 조셉 홀스워스였다. 이듬해 양측은 새로운 조정 위원회 제도를 두기로 합의했다. 1926년, 노동조합주의자 6명과 협동조합인 6명으로 구성하고 중립적인 의장을 둔 전국조정 위원회가 만들어졌다. 위원회는 노동조합과 협동조합의 교섭이 결렬되었을 때 열리고, 이러한 분쟁이 위원회에 회부되기까지 파업을 선언해서는 안 되었다. 위원회는 회부된 날로부터 14일 안에 열기로 했다. 위원회는 노동조합과 협동조합연합회 각각이 지명한 패널에서 선출하는데, 분쟁에 연루된 조합이 원한다면 스스로 패널 대표자를 지명해 위원회에 참가할 수 있다. 그러나 양측에서 적어도 2명은 분쟁과 무관한 단체에서 나와야 한다. 만일 위원회의 의견이 일치하지 않을 때에는 의장이 그의 결정을 따르도록 할 권한이 없으며, 당사자가 사전에 동의하지 않으면 다수결로 결정할 권한도 없다. 이러한 동의가 없을 때에는 만장일치의 결정만이 효력을 갖는다. 따라서 위원회는 파업을 완전히 배제시키지는 못했다. 위원회는 어렵사리 기능했고, 최근 협동조합의 파업은 비교적 드물어졌다. 1939년에 전시 조치의 하나로 강제 조정을 인정했다. 그러나 이것이 영속적인가 아닌가는 지켜볼 필요가 있다. 협동조합연합회도 전시 조치의 하나로 전쟁 상태에서 발생하는 일반적인 임금 적용 문제와 같은·이슈에 대해 노동조합과 교섭하기 위해 노동시간·임금 위원회 전국 협의회를 만들었다.

당시 CWS는 이 위원회를 받아들일 수 없었다. CWS 측은, 자신들이 소매조합보다 자본가기업과 더 심한 경쟁 상태에 있고, CWS가 종사하는 여러 제조 산업에서 지배적인 임금을 자신들에게 적용하는데 보다 많은 재량권을 허용해야 한다고 주장했다. 물론 CWS는 법 규정을 따라야 하는 산업에서 임금 위원회가 정한 임금을 지불할 의사가 있었고, 법 규정이 없는 직종과 산업에서도 노동조합과 고용주협회의 단체교섭으로 정해진 임금을 채택할 의향이 있었다. CWS는 여러 임금 위원회에 대표를 파견했고, CWS가 종사하는 저임금 직종의 임금 수준을 개선하기 위해 할 수 있는 모든 일을 다하겠다는 입장을 밝혔다. 그러나 CWS는 공통의 조정 제도에서 소매조합과 똑같이 취급되는 것은 반대했다. 그 뒤로 11년 동안 CWS 고용에서 일어나는 분쟁을 다루는 기구는 없었다. 1937년이 되어서야 CWS는 소매조합에 적용하는 것과는 별개이지만 본질적으로는 유사한 조정 위원회 제도를 두었다. 스코틀랜드CWS도 비슷한 조정 형태를 가졌다.

20세기 초 여러 해 동안 CWS가 '착취 노동'의 고용주라는 불평은 최근 들어 많이 사그라들었다. 이러한 불평은 CWS가 자본제 고용에서 임금이 비정상적으로 낮은 직종에 종사한다는 사실로부터 나오는 것이었다. 이러한 기반은, 임금 위원회의 규제나 노동조합의 성공적인 교섭 결과로서 이들 직종의 많은 부분에서 임금이 상승하고 있는 오늘날에는 거의 소멸하고 있다. 자본주의 산업에서 '착취 노동'의 고용 범위는 줄어들고 있다. 규제도 안 되고 조직도 없는 직업에서 지독한 저임금이 아직 남아있다고는 하지만, CWS의 직종에서는 더 이상 찾아보기 어렵다.

임금과 노동 시간 문제 말고도, 협동조합 피고용인들의 지위에 대해 많은 논의가 이루어졌다. 만일 그들이 자기가 일하는 조합의 조합원이라면 다른 조합원과 똑같은 권리 —경영 위원회 선거 투표권, 여기에 입후보하고 선출되면 일을 할 권리— 를 가져야 하지 않는가? 경영 위원회에는 피고용인의 대표가 들어가야 하고, 피고용인과 조합의 정책 결정을 공유하는 '공동 통제'를 해야 하지 않는가? 조합 매장과 작업장에서 어떤 형태의 '노동자 통제' 또는 피고용인과 유급 경영자 사이에 업무 협의회가 있어야 하지 않는가? 이러한 문제는 1919년에 발표된 협동조합 조사 위원회 보고에서 논의되었다. 그리고 그 뒤로부터 이들 문제에 대한 논의가 진행되어왔다.

조사 위원회는 피고용인에게 경영 위원회 선거권을 주지 않는 관행은 없어져야 하고, 협동조합 조합원과 피고용인은 똑같은 권리를 가져야 한다고 생각했다. 조사 위원회는 경영 위원회 같은 피고용인의 대표권 문제를 검토했는데, 일반적인 권고를 하기보다는 한두 개 조합이 이 권리를 부여하는 실험을 해보는 게 바람직하다고 했다. 조사 위원회는 피고용인이 정상적으로 선출되어 경영 위원회에 적을 두고 있는 사례가 소수 있음을 보고했다. 이런 사례를 일반화하기 위해 모든 자격 박탈을 없애야 하며, 협동조합연합회의 모범 규정도 이 점을 수정해야 한다고 했다. 그러나 위원회가 보고한 사례의 주인공들은 보통 그 조합의 간부 직원이지 피고용인 일반을 대표한다고는 볼 수 없었다. 진정한 노동자 대표를 위해서는 다른 방식의 실험을 해야 할 것이다.

조사 위원회는 이렇게 주저하는 문장에 이어 '노동자 통제'는 "작업장 위원회 형태 또는 경영 위원회와 피고용인의 공동대표자회의 형태로" 실현될 수 있다고 제안했다. 그리고 이런 종류의 위원회 또는 대표자회의를 두어야 한다고 분명히 권고하면서, "경영 위원회에 특별한 대표를 둘 필요는 아마도 없을 것이다."라는 의견을 덧붙였다. 이어서 위원회는 이 목적을 위해 소규모 조합은 협력할 수 있다는 단서를 달고, 각 조합이 고용 관리자나 노동 상담원을 임명하도록 촉구하고 협동조합 운동이 광범위한 '복지 사업' 준비를 확대해야 한다고 제안했다.

위원회의 제안은 이것을 기초할 당시 상황 맥락에서 해석해야만 한다. 길드 사회주의자들의 선전과 군수 산업에서 발전하고 있던 직장 위원회 운동은 1919년에 '노동자 통제' 문제를 노동조합계 전면으로 내세웠다. 그리고 연합노조는 협동조합 '산업'을 망라하는 진보적인 '산업' 노조라고 주장하면서 산업 자치의 이름으로 운동의 통제를 공유할 것을 요구했다. 산업 전반에 걸친 이러한 선전에 대해 정부가 의뢰한 휘틀리 보고서가 1917년에 나왔는데, 이 보고서는 고용주와 피고용인 대표들이 동등하게 참가하는 노사협의회와 공동작업장 위원회 제도를 제안했다. 광부연맹은 석탄 산업을 공공서비스로 관리하기 위해 설립되는 전국협의회 의석의 반을 광부 대표자들에게 주는 조건에서 석탄 산업 국유화를 요구했다. 전국철도원노조와 다른 노동조합도 노동자와 국가가 '공동 통제'하는 국유화를 요구했다. 우편노조는 우편국 관리를 국가 길드로 전환하는 계획을 제안했다. 이미 살펴본 것처럼, 건축 산업과 규모가 작은 다른 산업에서 실제로 길드 —사실상 관련 노동조합과 밀접한 관계로 운영하는 생산자협동조합— 가 활동하고 있었다.

협동조합 운동은 이러한 요구에 영향을 받을 수밖에 없었다. 그러나 조사 위원회의 제안이 실질적인 효과를 갖기도 전에 전쟁 뒤의 불황이 다가오고 있었다. 1921년에는 광부연맹이 석탄 산업 대투쟁에서 패배했고, 정부는 1919년 산키 위원회의 권고에도 불구하고 국유화를 분명히 거부했다. 철도 노동자들은 합의에 이르렀고 그 내용이 1921년 철도법에 구체화되었다. 이 법에 따라 그들은 '노동자 통제' 요구를 포기했고, 사실상 휘틀리 위원회의 변형된 계획을 받아들였다. 전국건축길드는 정부의 '긴축 캠페인'에 따라 주택 건축 보조금이 끊기면서 무너지고 있었다. 실업이 심각해지고 노동조합의 힘이 줄어들면서 노동자 통제를 요구하는 운동 전체가 쇠퇴하고 있었다. 1921년과 그 뒤 여러 해 동안 협동조합은 작업장 위원회나 복지 사업 확대가 바람직하다는 조사 위원회의 온건한 권고조차 수행하려고 하지 않았다. 다른 한편, 연합노조는 임금 삭감 완화에 지나치게 분주한 나머지 노동자 통제를 위한 운동은 펼칠 수 없었다. 그 결과 조사 위원회의 제안은 전반적인 실패로 끝났다. 다만 실제로 피고용인의 투표권을 박탈한 조합들 대부분은 다시 투표권을 돌려주고, 피고용인이 조합에 가입하면 다른 조합원과 똑같은 권리를 인정하고 있는 것으로 보인다. 이를 제외한 다른 많은 제안들은 지금 시점에 이르기까지 거의 아무것도 실행되지 않고 있다.

소비자협동조합 운동에서 '노동자 통제'는 매우 어려운 문제다. 협동조합 운동의 근거에는 조직된 소비자에 의한 통제라는 철학이 깊이 뿌리내려 있다. 협동조합 운동 초기에 제기된 생산자 통제와 소비자 통제 사이의 문제는 도매조합의 성장으로 소비자에게 유리한 방향에서 해결되었다. 그리고 1890년대 부활한 생산자협동 운동은 전반적인 형세에 영향을 미치기에는 규모가 작았다. 생산자와 소비자 대표가 공동 통제한 뛰어난 사례의 생산자조합이 있기는 하다. 그러나 대부분의 협동조합인들은 그것을 협동조합과는 별개 —자신들의 지역 유통조합이나 CWS 업무에서 그다지 모방하려고 하지 않는— 라고 생각했다. '소비자의 민주주의'는 그 서비스에 고용된 노동자가 정책을 결정하는 권리를 인정하지 않는다. 또한 협동조합 피고용인들이 강하게 '통제'를 요구하지도 않았다. 우리는 앞서 도매조합 공장이나 창고에서 미숙련 노동자를 많이 고용하고 있음을 보았다. 그런데 '노동자 통제' 요구는 주로 숙련 직인 단체나 적어도 숙련이 압도적인 역할을 하는 산업에서 나왔다. 매장 노동자들도 노동자 통제를 열렬히 요구할 유형이 아니다. 이런 이유로 특수한 생산자조합을 제외하면 협동조합인들이 피고용인들로부터 엄청난 도전에 맞닥뜨린 일은 없었다. 유통 부문 일은 생산과 같은 방식의 '작업장 통제'는 적합하지 않다. 그리고 이러한 통제를 진정으로 원하지 않는 피고용인의 대표가 경영 위원회에 참가하는 것이 과연 얼마나 유익한 결과를 가져올 수 있는가는 의문이다.

1919년의 협동조합 조사 보고서가 나온 뒤로 이 문제에 대한 협동조합 운동의 공식 태도는 매우 단호해졌다. 1939년 협동조합연합회 집행부가 결정한 내용은 "예외가 있을지 모르지만, 피고용인이 경영 위원회 의석을 점하는 것은 협동조합의 이익이 되지 않는다."는 것이다. 그 이유에 대해서 집행부는 피고용인의 이익은 "일반 조합원의 이익과 충돌"하고, "조합의 훌륭한 통치를 위해서는 경영 위원회 멤버들의 충성심이 분열되어서는 안 된다."고 말한다. 그리고 지방 정부와 대비해 피고용인이 그들을 고용하는 당국의 일원이 되는 것을 허용하지 않으며, 국정과 대비해 공무원이 의회 의석을 가질 수는 없다고 덧붙였다. 그리고 피고용인과 개인적인 관계가 있을지 모르는 문제에 대한 투표에서 그 적법성이 의심스럽다는 점에도 주의해야 한다고 지적한다.

이어서 집행부는 "여전히 피고용인에게 경영 위원회에서 봉사할 기회를 주어야 한다고 생각하는 조합이라면, 그 수는 2명 이하여야 하며 후보자는 일반 조합원이 아니라 피고용인들이 직접 뽑아야 한다."고 말한다. 또한 "이런 이유에서 당연히 피고용인은 다른 후보자의 선거에 투표권을 가져서는 안 될 것이다."라고 덧붙였다.

이러한 정책을 1919년 조사 위원회의 그것과 비교하려면, 제1차 세계대전 이후 길드 사회주의 영향력이 절정에 달했음에 비해 최근에는 실업이 만연하고 노동조합이 다른 문제에 몰두하느라 '노동자 통제' 요구는 크게 퇴색했음을 기억해야 한다. 새로운 전쟁의 압력 아래 '노동자 통제'를 요구하는 몇 가지 새로운 조짐은 있지만, 이것이 확산되리라고 말하기는 아직 어렵다. 만일 그렇게 된다면, 협동조합 측의 완강한 저항에 부딪칠 것이다. 왜냐하면 생산자 독점이 성장한 결과 협동조합 운동의 '소비자 의식'은 의심할 여지없이 강해졌기 때문이다. 모든 면으로 볼 때, '공동 통제' 문제는 협동조합 고용과 관련해 가까운 장래에 다시 제기되는 일은 없을 것 같다.

모든 협동조합이 협동조합연합회 집행부 의견에 동의하지는 않았다. 1939년, 경영 위원회에 피고용인의 의석을 인정하는 조합이 약 80곳이었다. 여기에는 여러 주요 조합이 포함되었다. ―버밍엄, 버슬렘, 코번트리, 크루, 이스트 글래스고, 헐, 케터링, 리버풀, 록허스트 레인, 런던, 맨체스터·샐퍼드, 노샘프턴, 노팅엄, 페이즐리, 리딩, 셰필드, 스윈던, 월솔, 워링턴, 왓퍼드, 우스터, 요크. 이들 가운데 60개 조합에서는 실제로 피고용인이 경영 위원회 멤버로 ―보통 한두 명이었지만, 리버풀은 세 명, 요크는 네 명― 있었다. 피고용인 멤버를 동료 피고용인이 뽑은 일은 아주 소수 사례였고, 대부분 그들은 통상적인 방법으로 입후보했다. 경영 위원회에 피고용인을 인정하는 조합이 랭커셔와 요크셔 여러 도시에 거의 없었다는 사실은 주목할 만하다. 물론 보다 많은 조합이 피고용인을 교육 위원회 멤버로 뽑았다. 경영 위원회 위원 자격에 대해 제기된 이의는 이런 형태의 직무에는 적용되지 않는다. 1939년 뒤의 상황이 어떻게 발전했는지를 보여주는 통계는 거의 없는 것 같다.

피고용인 대표를 대체할 수 있는 기구로 1919년에 조사 위원회가 권고한 '공동 협의회'를 둔 곳은 아주 드물었는데 지금은 그것도 거의 소멸한 것으로 보인다. 공동 협의회를 제안했을 때 아무런 기능도 정해지지 않았고, 조합이나 피고용인 어느 쪽도 열성이 없었다. 피고용인은 일반적으로 노동조합을 활용하는 쪽을 보다 만족스러워했다. '휘틀리 방식'은 사기업과 마찬가지로 협동조합에서도 실패로 끝났다. 그리고 조사 위원회의 이 제안을 실체는 없이 이름뿐인 '노동자' 통제 수단으로 부활시키려는 사람은 아무도 없을 것이다.

피고용인의 경영 위원회 참가를 인정하는 곳에서는 피고용인 자신에게 영향을 주는 보수에 대해 검토할 때 투표권을 가져야 하는가가 문제된다. 이런 경우에는 투표해서는 안 되지만, 개인적으로 영향을 주지 않는 경우에는 어떤 발언이나 투표도 금지해서는 안 된다는 것은 명백하다. 그는 자기 자신의 일은 아니라고 하더라도 동료 피고용인에 대한 사안은 다룰 수 있다. 아마도 지도적인 협동조합인들은 어떤 조건에서든 피고용인을 경영 위원으로 선출하는 것을 바람직하지 않다고 생각할 것이다. 그러나 조합원의 급속한 성장과 함께 피고용인이 경영 위원회나 분기 총회를 지배할 지위에 있을 가능성 ─피고용인 대표를 반대하는 논거로 자주 제시되는 것이다─은 거의 사라졌음을 유념해야 한다.

협동조합 피고용인의 요구를 관장하는 주요 단체는 전국유통노동자조합이지만, 이와 나란히 간부 직원들은 규모는 작지만 자신들의 조직을 발전시켰다. 이는 1908년 협동조합직원협회 창립과 함께 시작되었고, 1912년 협동조합매니저협회가 그 뒤를 이었다. 이 두 단체의 발단은 노동조합이라기보다는 오히려 직업 문제를 다루기 위한 전문 단체였다. 그러나 1917년에 이들은 전국협동조합직원노조로 통합하고 노동조합대회에 가입했다. 직원노조는 그들의 전문 활동을 포기하지 않고 급여 기준이나 회원의 여타 고용 조건 문제를 다루는 전문 노동조합으로 발전했다. 1919년부터 협동조합연합회는 직원을 위한 잡지《코퍼러티브 오피셜(Co-operative Official)》을 발행했는데, 이는《뉴던(New Dawn)》—전국유통노동자조합의 유력지로서 협동조합 고용 노동자들의 입장을 밝히는 주요 기관지—에 대비되는 것이라기보다는 오히려 기술적·전문적 기관지로 봐야 할 것이다.

제21장

국제 협동조합 운동

협동조합 운동은 국제적인 시야와 호소를 긍지로 여긴다. 국제 협동조합 운동은 모든 민중을 위한 이익의 참된 일체성을 추구하며, 이 일체성을 정치와 경제 협력의 시스템 속에서 구체화할 필요를 언제나 확고하게 확인했다. 협동조합인들은 두 차례 세계대전 시기에 국제연맹을 강력하게 지지했다. 또한 1914년부터 1918년 사이 그리고 1939년 이후 여러 해 동안 국제 협동조합 운동의 정신을 잊지 않고 나아가 교전 상대국의 협동조합인들과 관계가 끊어지지 않도록 모든 노력을 다했다. 나중에 살펴보겠지만, 그들의 이러한 노력은 제2차 세계대전 때보다 제1차 세계대전 때 훨씬 성공적이었다. 왜냐하면 1914년부터 1918년까지 협동조합 운동은 자본주의의 이해관계에 봉사하는 정부로부터 부당한 취급을 당하기는 했지만, 안팎에서 협동조합 운동을 무너뜨리려는 명확한 시도는 없었기 때문이다. 반면 1939년에 협동조합 운동은 독일과 이탈리아에서 심각한 탄압과 피해를 입었고 이들 나라의 조합은 전쟁이 시작되기 훨씬 전에 국제협동조합연맹을 탈퇴했다. 그 뒤 나치 침략군에게 짓밟힌 여러 나라에서 탈퇴가 잇따랐고, 제1차 세계대전 때 성사되었던 중립을 통한 관계 유지는 불가능했다. 그럼에도 불구하고 자유를 지킨 나라들의 협동조합인들은 국제적인 이상을 잃지 않았다. 그리고 국제협동조합연맹은 전시의 재난을 구제하기 위해 온 힘을 기울였다. 국제협동조합연맹은 전쟁의 잔재와 억압 아래 있는 나라들의 협동조합 운동을 복구하고, 전쟁이 끝남과 더불어 다가올 새로운 세계 경제 체제에서 확고한 자리를 잡을 수 있는 운동으로서 협동조합을 재건하기 위해 신속한 계획을 세우기 시작했다.

이 새로운 체제 속에서 협동조합인들이 인식한 독점자본주의는 생필품을 인위적으로 부족하게 만들어 민중을 빈곤하게 할 뿐만 아니라, 전쟁에 복무하는 사악한 세력으로 사회주의자와 의견이 일치했다. 그들은 사회주의자와 똑같이 '반 자본주의자'이지만, 세계적인 교환을 조직하는 수단으로 생산자와 소비자협동조합을 조직하는 데 강조점을 두었다. 그리고 그들은 지난날 자본가적 제한의 이익을 위한 것으로 왜곡되었다는 이유에서 국가가 조직하는 계획에는 매우 비판적이었다. 그들은 소비자 공급가를 낮추는 수단으로 자유무역을 지지했고, 어떤 형태의 경제적 민족주의에도 단호히 반대했다. 그들은 '국가 속의 국가'로서 자발적인 협동조합의 독립 기능을 강조했다. 그리고 협동조합이 이룰 수 있는 것과 정치력을 지닌 국가가 해야 하는 일 사이에서 어디에 선을 그을지 분명히 하지 않은 채, '국가 속의 국가'라는 사고를 '협동조합의 세계 국가'로까지 확대하는 경향이 있었다.

국제 협동조합 운동에서 일부 국가의 협동조합인들은 협동조합의 독립성을 지나치게 주장하는 경향이 있다. 국민국가는 실재한다. 개별 국가의 협동조합인은 다른 시민들이 그러하듯 그들이 생활하는 사회와 정치 시스템에 맞춰야 한다. 한 국가의 국민으로서 협동조합인은 현실 정치와 타협하지 않으면 안 된다. —예를 들어 영국에서는 노동당과 소비에트에서는 공산당과 타협해야만 한다. 그러나 국제적으로 협동조합인들은 그러한 타협은 필요하지 않고, 운동에 대한 자신들의 신념을 거침없이 드러낸다. 그들은 각국이 협력을 위한 공통의 경제적인 틀을 현실적으로 마련하기 시작할 때 비로소 실현가능한 것과 타협해야 할 것이다.

협동조합은 세계 규모의 운동이다. 협동조합 운동은 파시스트의 탄압으로 일시적으로 진압된 국가를 제외하고, 거의 모든 국가에 어떤 형태로든 존재한다. 그 형태는 국가마다 크게 다르며, 많은 지역에서 소매 유통업보다는 농업에 훨씬 확고한 뿌리를 내리고 있다. 국제노동사무국 통계에 따르면, 1937년 —이용 가능한 전체 수치 중 가장 최근 정보— 전 세계에 있는 조합은 약 81만 512개이고, 조합원은 1억 4,326만 953명이다. 이 가운데 소비자협동조합은 5만 279개로 조합원이 5,951만 4,157명이고, 농업협동조합은 이를 웃돌아 67만 2,184개, 조합원은 6,393만 5,295명이다. 나머지 조합은 다양한 유형 —신용조합(제일 많다), 생산자협동조합, 주택 및 건축조합, 보험조합 그리고 분류가 어려운 여러 단체— 의 것이다. 대륙별 분포를 보면 소련을 제외한 유럽의 조합이 30만 323개, 조합원 5,247만 589명을 헤아렸다. 소련의 조합은 28만 6,595개, 조합원 6,038만 9,271명, 아시아의 조합은 16만 7,554개, 조합원 1,486만 476명, 남북아메리카의 조합은 5만 1,251개, 조합원 1,467만 4,426명, 아프리카의 조합은 3,598개, 조합원 33만 1,911명, 오스트랄라시아의 조합은 1,191개, 조합원 53만 4,280명이었다. 소련은 전 세계 조합원의 42퍼센트를 차지했고, 다음으로 유럽이 36퍼센트, 아시아와 남북아메리카가 각각 약 10퍼센트였다.

만일 독일에서 나치가 유통 부문의 운동 전체를 억압해 협동조합 활동이 위축되지 않았다면, 소련 정부가 도시의 협동조합을 인수하지 않았다면 전 세계 협동조합의 수는 훨씬 많았을 것이다. 1935년, 소비에트 정부는 대도시의 모든 유통협동조합을 국영으로 이관하고, 7,300만 명이었던 유통조합 조합원 수를 단번에 약 3,000만 명으로 줄였다. 소련 농촌 지역에서는 유통협동조합이 성장하고 있었고, 집단농장도 크게 확대되었다. 농민들은 집단농장에서 일했고, 모든 마을이 협동조합을 기반으로 한 농지를 경작했다. 집단농장은 사실상 국가가 강제 가입으로 조직한 새로운 형태의 농업협동조합이다. 일부 협동조합인은 이러한 강제성 때문에 집단농장을—또는 오늘날 소련에 존재하는 협동 시스템에 대해서도— '진정한 협동조합'이라고 볼 수 없다고 말한다. 필자는 늘 이것을 이해하기 어려웠다. 짐작컨대 협동조합 공화국을 고대하는 사람들이 어째서 국가 시스템의 성격과 무관하게 자발적 조합원 제도만을 진정한 협동조합의 본질로 여길 수 있는가. —그러나 자본주의 시스템에서 성장하는 한 자발성을 기초로 하는 게 필수일 수 있다. 어떻든 필자는 집단농장을 협동조합의 하나로 보는 국제노동사무국의 견해를 받아들일 것을 제안한다. 이 견해에 따르면, 소련은 단연 세계 최대의 협동조합 운동 본거지로 남는다. 국제협동조합연맹에 가입한 소비에트의 협동조합만을 계산하더라도, 1937년에 열린 국제회의에 따르면 국제협동조합연맹 총 조합원의 반을 훨씬 넘는다는 사실은 분명하다.

유럽에서도 1939년 이후의 사태가 협동조합의 활동 범위를 축소시켰고, 명목상 존재하고 있는 곳에서도 운동의 실질적인 자유를 박탈당했다. 국제협동조합연맹은 제2차 세계대전 이전에 독일 협동조합원 300만 명에 더해 오스트리아 30만 명과 주데텐(체코슬로바키아) 25만 명을 잃었다. 이보다 훨씬 전 파시스트 혁명의 결과로 이탈리아에서 125만 명을 잃었다. 그럼에도 불구하고 1938년 국제협동조합연맹의 조합원은 7,100만 명을 넘었고, 이 가운데 소련이 4,100만 명을 차지했다. 다음으로는 영국이 800만 명 가까웠고, 이어서 농업협동조합이 주력인 일본이 600만 명, 인도가 450만 명이었다. 프랑스 조합원은 350만 명을 넘었고, 덴마크와 폴란드가 각각 150만 명, 유고슬라비아가 125만 명, 헝가리가 100만 명을 넘었다. 미국, 핀란드, 스웨덴은 각각 약 60만 명, 스위스와 체코슬로바키아 —지금 나치 정복 아래 있다— 는 50만 명 가깝다. 불가리아는 40만 명을 넘고, 벨기에가 35만 명이었다. 네덜란드는 25만 명, 루마니아 20만 명, 노르웨이와 라트비아 그리고 스페인 —불행하게도 내전으로 감소— 이 각각 15만 명, 리투 아니아가 10만 명이었다. 유대인 정착지에서 빠르게 성장한 팔레스타인 조합원은 9만 명이었고, 캐나다 4만 6,000명, 에스토니아는 4만 명이 넘었다. 끝으로 아르헨티나(1만 2,000명), 아이슬랜드(9,000명), 프랑스령(영국령 제외) 서인도 제도(9,000명) 그리고 남아프리카(1개 조합, 2,000명)는 가입자가 적었다.

이 숫자는 국제협동조합연맹에 가입한 조합원만을 계산한 것이다. 연맹은 1927년 스톡홀름 대회 이후 다른 유형의 조합을 끌어들이는 노력을 했지만, 여전히 유럽 소비자 운동의 연합체가 주를 이룬다. 1937년에 침몰한 유럽의 운동 이외에, 대규모로 성장하고 있는 중국의 협동조합 운동, 남미와 중미 대부분의 발전도상 운동, 미국과 캐나다 그리고 남아프리카 대부분의 농업 운동, 호주와 뉴질랜드의 운동, 소비에트의 집단농장은 여전히 대열 바깥에 있었고, 여러 나라들에 상당히 많은 농업협동조합, 신용조합과 신용은행 그리고 주택 등의 목적을 가진 잡다한 조합도 대열 바깥에 머물렀다. 그럼에도 불구하고 7,100만 명의 조합원을 안고 있는 국제협동조합연맹은 국제적인 큰 세력이다. 전쟁이 끝난 뒤에는 파시스트 지배 아래 있는 국가들에서 잃어버린 운동을 회복할 뿐만 아니라 그 영향력을 더 확대할 것으로 보인다.

국제협동조합연맹은 1895년 런던에서 열린 제1회 국제협동조합 총회에서 불안한 출발을 했지만[1] 창립 이래 점진적으로 발전해왔다. 초기의 발전에는 신용협동조합을 대표하는 지도자 H. W. 울프의 공로가 가장 컸다. 그는 1896년에 회장을 맡아 1907년까지 재임했고, 윌리엄 맥스웰이 뒤를 이었다. 울프는 연맹을 대표하여 대륙의 많은 나라들을 순방하고 수많은 조합을 설득해 연맹에 가입시켰다. 당시 연맹은 전국 단체가 아니라 가맹에 동의한 각 나라의 여러 조합으로 구성되었고, 개인도 회원으로 받아들였다. 개인 회원제는 협동조합 운동이 뒤떨어진 국가를 제외하고 1902년 맨체스터 대회 이후 폐지되었다. 그 뒤로 한동안 국제협동조합연맹은 소비자협동조합과 그 연합체로 발전했다. 연맹의 국제 총회는 1896년(파리), 1897년(델프트), 1900년(파리), 1902년(맨체스터), 1904년(부다페스트), 1907년(크레모나), 1910년(함부르크) 그리고 제1차 세계대전을 앞둔 1913년(글래스고)에 열렸다. 1907년 한스 뮐러 박사가 사무총장에 취임한 그 이듬해 국제협동조합연맹은 《국제협동조합회보》를 영어, 프랑스어, 독일어판으로 발행하기 시작했고, 1910년에는 『국제협동조합연감』을 발행했다. 이 기간 중 전에 연맹에 가입한 많은 농업조합과 신용조합은 회원 자격이 자연 소멸되도록 두었다. 1910년에는 연맹을 전국 연합체의 연합으로 전환하자는—전적으로 소비자 단체로 만드는 것— 제안이 나왔는데, 영국 대표단의 반대로 부결되었다. 1914년까지 국제협동조합연맹은 압도적으로 많

---

1 453~454쪽 참조.

은 소비자협동조합으로 구성되었다.

　1914년 일어난 전쟁은, 지금 전쟁으로 받는 영향에 비하면 훨씬 덜하다고는 하지만 국제협동조합연맹 발전에도 피하기 어려운 영향을 주었다. 1913년에 열린 글래스고 총회는 헨리 J. 메이를 연맹 사무총장으로 하고, 평화 유지를 지지하는 강한 어조의 결의문을 채택했다. 그리고 전쟁이 일어난 직후, 영국인으로 구성된 위원회는 모든 국제 협동조합 운동의 지지를 받아 평화 선언을 발표하는 문제에 대해 각국 협동조합인들의 의견을 타진했다. 많은 국가가 전쟁을 개탄했지만 이 방침에는 반대했고 위원회는 제안을 포기할 수밖에 없었다. 그러나 전쟁 중에도 국제적인 접촉이 가능했다. 독일과 오스트리아 협동조합인들 연락은 네덜란드 운동을 통해 계속되었다.《국제협동조합회보》도 발행을 멈추지 않았고, 영어판을 번역한 독일어판이 함부르크에서 출판되었다. 1916년에는 프랑스 소비자협동조합연합회가 모임을 주도한 연합국 측 협동조합회의를 파리에서 열었다. 국제협동조합연맹은 전쟁 기간 중 견지해 온 중립성을 지키기 위해 이 회의에 참가하지 않았다. 그러나 협동조합연합회는 영국을 대표했다. 이 회의의 목적은 전시 및 전후의 경제 정책과 어려움에 처한 협동조합 지원 대책을 논의하는 것이었다. 그리고 국제도매협동조합을 조직하는 제안도 승인을 얻었다. 1919년 초, 두 번째 연합국 측 협동조합회의도 파리에서 열렸는데 전보다 많은 나라에서 대표를 보냈다. 이때는 전쟁 종결을 앞둔 시점인데 국제협동조합연맹은 자문 자격으로 대표를 보냈다. 이 회의에서는 재난 지역 협동조합의 재건 지원을 조직하고, 국제도매협동조합 설립의 첫 단계로 국제상업정보국에 지지를 선언하고, 여러 나라 소비자 운동 사이의 교역에 기초한 국제 시스템에 지지를 보내면서 전후 국제 경제 정책에 대한 연합국 측 협동조합인의 태도를 명확히 했다.

두 번째 회의에 이어 1919년 6월, 파리에서 연합국과 중립국 측 회의가 열렸다. 이 회의에서는 협동조합인들의 전후 정책을 보다 완전히 규정하고, 국제협동조합연맹을 다시 적극적으로 움직이기 위한 예비 조치를 취했다. 회의의 토론은 주로 국제연맹에 기초하게 될 전후 국제 질서 속에서 협동조합의 지위에 대한 것이었다. 그리고 전후 위기 속에서 식량과 원재료 및 선복(船腹) 통제를 연합국 상호간에 지속하고, "공동으로 수입한 물품과 그 밖의 모든 상품의 공정한 유통과 적절한 가격을 보장하기 위해 각국 공공기관과 협동 조직의 협력" 등을 요구하는 결의를 채택했다. 또한 세입상 필요를 제외한 관세 폐지를 요구하고, 국제연맹에 속한 나라들을 "대등한 지위에 두는" 효과를 가진 "만국통상조약 또는 통상 협정 체결"을 요구했다. 회의는 "공동의 발전을 위한 경제 계획을 각국에서 검토, (…) 이 발전은 이윤을 추구하는 사기업의 지원을 받지 않고 조직된 소비자 대표들의 협력과 그 통제 아래 실현되어야 한다."고 주창했다. 그리고 국제도매협동조합 설립과 국제협동조합연맹의 전면적인 활동도 되도록 빨리 재개하기로 했다.

이 회의의 결과, 국제협동조합연맹 중앙 위원회가 1919년과 1920년에 런던과 제네바, 헤이그에서 열렸고, 이것이 1921년 바젤에서 열린 국제협동조합총회를 이끌었다. 이 총회에서 국제협동조합연맹은 전후 상태를 감안해 정관을 개정했는데, 그 목적은 기존의 자문 성격을 띤 운동과 조합의 느슨한 연합체를 개조하고, 각국 운동의 발전과 국제적인 사회 경제 정책 발전에 영향을 줄만큼 확고하게 조직된 단체를 만드는 것이었다. 지금까지 집행 위원회는 모두 영국인이었고, 드물게 열리는 중앙 위원회 회의와 회의 사이에 연맹 업무를 처리했다. 그러나 1921년에 이르러 집행부를 재편하고 주요국 대표자가 참가했다. 이와 동시에 네덜란드 협동조합 지도자인 G. J. D. C. 괴드하르트가 윌리엄 맥스웰의 뒤를 이어 회장이 되었다. 전쟁 중에 영국 연맹 본부와 중부 유럽 협동조합인의 관계를 연결했던 괴드하르트는 중립국 사람으로 단결을 회복시킬 수 있는 적임자였다. 그러나 사무국은 그대로 영국에 두었고, H. J. 메이가 사무총장이 되었다. 메이는 전쟁이 끝나고 국제 협동조합 운동을 다시 일으키는데 지대한 공헌을 했다.

바젤 총회에 앞서 소련 협동조합 운동의 지위를 둘러싼 문제가 일어났다. 이 문제는 초기에 코뮤니스트 지도자들 사이에서 많은 논쟁이 있었던 사안이다. 그들은 기존 상태에서는 볼셰비키들이 협동조합을 '프티부르주아' 또는 반혁명의 앞잡이로 여기는 만큼, 철저하게 변형해야 한다는 의견에 일치했다. 1919년에 소비에트는 협동조합 매장을 일반 지역 회원제에 기초한 소비자코뮌으로 바꾸고, 이들에게 공업 생산물과 농업 생산물의 지역 간 교환을 조직하도록 했다. 1920년에 있던 모든 조합이 소비자코뮌으로 통합되고, 센트로소유즈 —기존 유통 운동의 중앙 연합체— 산하로 편제되었다. 이로써 센트로소유즈는 소비에트 경제 기구에서 매우 중요한 부분이 되었다. 특히 '전시 공산주의'에 이은 '신 경제 정책'기를 통해 국내외 거래를 광범위하게 수행하고 러시아의 운동과 다른 나라 운동의 무역 기관을 연결하는 고리가 되었다. 그러나 이러한 변화는 협동조합이 본질적으로 국가와 거리를 둔 자발적 운동이라는 사고에 익숙한 협동조합인들에게 성찰의 계기가 되었다. 협동조합인들은 강제적인 사고, 그러니까 자기가 원하는 대로 밀어붙이고, 가입시키며, 감독을 받아야 한다고 일일이 지시하는 국가를 전혀 좋아하지 않았다.

'전시 공산주의' 시기가 아직 이어지던 1921년 열린 국제협동조합연맹 바젤 총회는 개조된 소비에트 협동조합 운동에 어떤 태도를 취할 것인지 결정해야 했다. 러시아 협동조합인의 중앙 조직인 센트로소유즈는 1903년부터 연맹의 회원이었다. 바젤에서 격론이 오고간 문제는, 개조된 센트로소유즈 대표를 협동조합에 맞는 대표로 보아야 하는가 아니면 소비에트 정부의 위장된 대표로 볼 것인가 하는 점이었다. 국제협동조합연맹 위원회는 센트로소유즈 대표단을 승인했다. 그리고 총회도 최종적으로 이 결정을 비준했다. 그러나 협동조합은 자발적 기초에 의거해야 하며 국가로부터 독립 —소련 이외의 대부분 협동조합 지도자들이 협동조합 이상의 참된 실현을 위해 반드시 필요하다고 생각하는— 을 지켜야 한다는 견해를 고수하는 사람들도 있었다. 이런 가운데 1924년에 소비에트 정부는 자발적 조합원 제도와 출자 지분을 부활하고, 구매 매장을 다른 형태의 협동조합에서 다시 분리시켰다. 전체적으로 소비에트 협동조합 운동의 자율성을 회복하는 방향으로 크게 진전한 것처럼 보이자, 서방 여러 나라들의 협동조합인들은 환호했다.

그러나 이것은 나중 일이고 이야기를 다시 되돌리면, 1921년 바젤 총회의 또 한 가지 주요 관심사는 국제도매협동조합 설립 문제였다. 1907년에 열린 크레모나 국제대회는 국제협동조합 무역 위원회를 발족시켰다. 이 위원회는 전쟁 중에 기능이 정지되었는데, 그러나 앞서 살펴본 것처럼, 이 문제는 1916년에 열린 연합국 측 협동조합회의와 그 뒤의 모임에서 검토되었다. 그리고 즉각 이 단체를 국제도매협동조합(ICWS)이라는 이름으로 재건하기로 결정했다. 그러나 열성적인 국제주의자에게는 유감스러운 일이지만, 처음부터 국제도매협동조합이 실질적인 무역 기능을 갖기란 불가능하다고 생각했다. 단지 각 국가의 도매조합이 서로 접촉하기 위한 하나의 수단으로 설립된 것이다. 각국 도매조합의 상호 교역과 공동 활동이 발전한 것은 국제도매협동조합의 작은 성과였다. 그러나 국제도매협동조합이 국제협동조합 무역 기구를 탄생시키고, 수수료 제도를 기반으로 실질적인 교역 활동을 할 수 있는 권한을 갖게 된 것은 1937년 일이었다. 물론 자기 책임 아래 독립 사업을 할 권한은 없었다.

바젤 총회는 또한 국제협동조합연맹 규약을 개정하고 네 가지 유형의 단체 —사업 단체 및 기타 중앙 단체를 포함한 전국 연합회, 지역 연합회, 각종 협동조합, 협동조합 길드 등의 보조 단체— 가 자유롭게 가입할 수 있도록 했다. 국제협동조합연맹은 가입을 신청한 단체가 협동조합으로서 적격한가의 문제는 당연히 유보했다. 소비자조합과 관련해 '로치데일 원칙'—국제협동조합연맹은 나중에서야 이를 명확히 정의할 필요성에 직면했다— 준수를 가맹 조건으로 하는 것만으로 충분하다고 여겼던 것 같다. 그러나 이 심사 조건은 농업조합, 신용조합, 생산조합 그리고 다른 형태의 단체로 구성된 혼합 연합회에는 적용하기 어려웠다. 국제협동조합연맹이 자기 진영으로 끌어들이기를 희망하는 다른 유형의 조합 모두에게 적용할 수 있는 심사 기준을 만들기 전에는, 공식적으로 정해진 것에 훨씬 못 미치는 형식적인 기준을 적용해야 했다. 또한 단지 형식에서가 아니라 본질에서 가입 신청 단체를 협동조합으로 인정할 수 있는지를 물을 수밖에 없었다. 확실히 '로치데일 원칙'은 이 목적에 유용했고, 소비자조합에는 별 어려움 없이 적용할 수 있었다. 하지만 이런 경우에도 소비에트의 협동조합은 완전히 자발적이지도, 정치에서 중립적이지도, 국가로부터 독립적이지도 못하다는 문제가 생겼다. 다른 형태의 조합에서 이 조건은 거의 충족되었지만, 공동 경작이나 생산물 판매가 목적인 농민의 협동조합은 이용 실적 배당을 적용할 수 없었고, 특정 정당과 종파에 속한 운동도 있었다. 1921년 총회는 이 문제들을 온전히 해결하려 하지 않았다. 총회는 대체로 소비자조합이 주도했고, 관심은 주로 러시아 문제에 쏠려있었는데, 볼셰비키 이전 시대의 구 센트로소유즈에 관계했던 러시아 협동조합인이 중앙 위원회 위원으로 있었기 때문에 일이 복잡해졌다. 소비자조합 이외의 다른 형태의 협동조합 운동과 관련해 제기된 보다 광범위한 적격성 문제는 다음 검토로 남겨졌다.

국제협동조합연맹 총회는 헨트(1924년), 스톡홀름(1927년), 비엔나(1930년), 런던(1934년), 파리(1937년)에서 열렸다. 1927년에 국제협동조합연맹은 제네바의 국제연맹이 주최한 국제경제회의에 초청을 받았다. 그 뒤로 국제협동조합연맹은 처음부터 긴밀히 접촉해 온 국제노동사무국 뿐만 아니라 국제연맹 경제 분과와도 밀접한 관계를 유지했다. 1931년에는 국제협동조합연맹과 국제농업연맹이 공동으로 만든 협동조합 상호 관계를 위한 국제 위원회가 협동조합 운동의 유통과 공업, 농업 면에서 보다 밀접한 연계를 발전시키는 역할을 맡았다. 국제노동사무국의 역대 총재 —알버트 토마스, 해롤드 버틀러, J. G. 위난트— 가 이 위원회 의장으로 일했고, 나중에는 국제도매협동조합과 호레이스 플런켓 재단 대표도 참가했다.

국제협동조합연맹은 1927년 이후 전 세계 농업협동조합 운동의 지지를 얻으면서 소비자 조직 연합체라는 성격에서 어느 정도 벗어났다. 1933년 국제협동조합연맹 가입국은 39개로 늘어나고, 조합원은 소련의 7,300만 명을 포함해 1억 700만 명이 되었다. 그 뒤로는 앞서 언급한 이유로 전체 조합원 수가 줄었다. 연맹은 유럽 이외의 새로운 농업 운동의 지지를 얻는 데는 완전히 성공하지 못했지만, 1927년 뒤로부터 활동 영역을 크게 넓혀 갔다. 1928년에는 1921년에 협동조합연합회가 시작한 국제협동조합 여름 학교를 인수했다. 같은 해《국제협동조합회보》를《국제협동조합리뷰》로

바꾸고 협동조합 문제의 심층 정보와 토론을 실었다. 또한 연맹은 1923년에 제정된 '국제 협동조합의 날'을 기념하는 광범위한 행사를 추진했고, 협동조합 운동의 상징으로 '무지개 깃발'을 승인했다. 나아가 연맹은 협동조합 은행업과 보험업의 국제적인 발전과 함께 평화, 건강, 영양, 생활수준, 그리고 경제·사회 정책 일반에 관련된 국제 활동에도 참여했다.

1933년에 국제협동조합연맹은 독일의 나치 출현으로 강한 타격을 받았다. 야당 시절의 나치는 영세 상업자의 벗으로 가장하고 협동조합을 그들의 적으로 공격하면서 기업 합동과 독점을 공격하는 것처럼 포장했다. 그러나 그들이 권력을 잡자 산업을 강제로 카르텔화하고, 협동조합 특임자를 둔 나치 '노동 전선'으로 소비자조합을 편입시키고, 농업협동조합은 나치 '농업단지'로 흡수했다. 기존에 있던 여러 도매협동조합은 강탈되어 협동조합의 성격을 빼앗고 협동조합이건 아니건 구별 없이 거래하는 도매협회로 개조되었다. 1935년부터는 새로운 협동조합을 만들지 못하도록 했고, '불건전한' 조합을 해체한다는 구실로 여러 주요 소비자조합을 폐쇄하거나 자본주의적 통제로 넘겼다. 1937년, 1,000개가 넘었던 조합은 약 500개로 줄었고, 360만 명이던 조합원은 200만 명으로 줄었다. 오스트리아 협동조합 운동도 1938년에 비슷한 취급을 받았다. 1941년, 결국 독일의 모든 소비자협동조합 운동은 폐쇄되었다. 그러나 민주적 통제 요소가 전혀 없는 협동조합 형식은 농업 분야에 광범위하게 보존되었고, 규모는 작지만 수많은 신용협동조합도 남아있었다.

국제협동조합연맹이 받은 두 번째 타격은, 소련이 도시 소비자협동조합을 일반 고객에 기초한 국영 사업체로 전환한 것이었다. 이 전환은 소련의 엄격한 배급제 정지에 따른 것이었고, 농촌 지역에서 협동조합 매장을 성장시키는 조치를 동반했다. 이에 대해 소비에트 당국이 밝힌 이유는 다음과 같다. 첫째, 소비에트 전체의 소매 유통과 이와 관련된 도매 사업을 완전히 통제하는 일은 자발적 조직을 기반으로 하는 운동이 감당하기에는 너무 방대하다는 것이고, 둘째, 도시의 매장을 국영 사업체로 전환한 것은 운동의 에너지를 해방시켜 집단농장의 성장과 관련해 가능성이 크게 열려 있는 농촌에 협동조합의 방법을 개발하기 위한다는 것이다. 사실상 소련은 무역의 완전한 독점을 장악하겠다는 결정을 굳혔고, 기근의 위험이 지나간 지금 도매와 소매 사업을 통제해 국가의 지위를 강화하겠다는 것이다. 국가는 농촌 지역에서 농민의 생산물을 공업 제품과 교환하기 위해 협동조합 매장이 필요하며, 협동조합이 농민의 교육과 경제 향상의 중요한 도구가 된다고 믿었다. 그러나 도시에서는 국가의 손으로 공급품을 계속 통제하려고 했다.

이러한 결정은 당연히 협동조합인들의 많은 비판을 샀다. 국제협동조합연맹 회장인 핀란드인 바노 타너는 나치가 독일 협동조합에 대한 조치에 대해 그가 전에 했던 발언보다 훨씬 강하게 반대했다. 소비에트의 협동조합은 더 이상 '로치데일 원칙'을 따르지 않는다는 이유로 국제협동조합연맹에서 러시아인을 쫓아내자고 하는 사람도 있었다. 그러나 다행히 보다 현명한 충고가 승리를 거두었다.

'로치데일 원칙'은 특별 위원회에 제출된 보고서를 기초로 1937년에 열린 국제협동조합연맹 총회에서 상세히 검토되었다. 위원회는 로치데일 원칙이 각 국가에 어떻게 적용되고 있는지 조사하고, 필요하다면 원칙을 정의할 목적으로 1930년에 만든 것이었다. 훨씬 앞 장에서[2] 필자는 '로치데일 원칙'을 8항목으로 정리했는데, 국제협동조합연맹 위원회는 불순물이 섞이지 않은 순정한 물품 공급을 빼고 7항목으로 보고했다. 아마도 위원회는 보다 발전한 나라들이 보호 입법을 채택하는 상황을 고려해 그 항목은 생략해도 괜찮다고 생각했을 것이다. 위원회는 남은 7항목 가운데 4항목은 의무라고 결정했다. 4항목은 1. 개방적 조합원 제도 2. 민주적 통제, 보다 분명하게는 '1인 1표' 3. 거래액에 비례한 잉여 배분. 4. 자본에 대한 이자 제한이다. 위원회는 이외의 3항목으로 5. 정치적 · 종교적 중립 6. 현금 거래 7. 교육 촉진은 "분명한 로치데일 원칙으로 여러 나라의 협동조합 운동에서 성공적으로 운용되고 있지만 국제협동조합연맹 회원의 조건은 아니다."라고 기술했다.

이 문구로 보면, 앞의 4항목을 지키는 것이 "국제협동조합연맹 회원의 조건"이라고 생각한 것처럼 보일지도 모른다. 그러나 소비자조합의 경우를 제외하면, 실은 전혀 그렇지 않았고 그렇게 될 수도 없었다. 다른 유형

---

2   151쪽 참조.

의 조합에 대해서 위원회는 다음과 같이 보고했다. "규약과 운영으로 보면 순수하게 협동조합적이지만, 관리 면에서 로치데일 원칙이 확립된 소비자 조합의 형태와 필연적으로 다른 유형인 조직에는 특정 원칙을 경직되게 해석해야 한다는 것이 우리 위원회의 견해이다." 바꿔 말하면, 위원회는 로치데일 원칙을 중요하게 생각했지만 소비자 매장과 근본적으로 다른 유형의 조합에는 이를 적용할 수 있는 만족할만한 방법을 찾지 못했다. 위원회가 누누이 '이용 실적 배당'이야말로 본질적 원칙이며 국제협동조합연맹 가입 승인 요건으로 규정했음은 의심할 여지가 없다. 그러나 위원회는 '이용 실적 배당'의 의미를 "잉여금은 조합 운영에 대한 조합원의 공헌 ─구매, 생산물 위탁, 노동─ 에 비례해서 배분하는 원칙"으로 다시 규정해서 선언을 수정했다. 이는 생산물을 판매하고 그 판매액에 따라 배당하는 농민조합과 잉여금의 전부 또는 일부를 노동 배당으로 지불하는 생산자조합을 충분히 포괄했다. 실제로 이 원칙은 배당을 하지 않고 잉여금을 내부에 유보하거나 조합원을 위한 서비스 준비금으로 돌린 조합에까지 확대되었다.

1937년 총회에서 '기본'으로 규정한 그 밖의 로치데일 원칙에 대해서는 별 어려움이 없었다. '개방적 조합원 제도'는 대부분의 협동조합이 실시하고 있다. 물론 생산자조합은 경제 사정이 허락하는 범위 이상으로 노동자 조합원을 고용할 수 없기 때문에 이 제도를 시행할 수 없다. 일부 신용조합은 제한적 조합원 제도를 기초로 하고 있다. 그러나 이들이 원칙을 정면으로 위반한다고 볼 수는 없다. 이 원칙의 가장 기본은 신규 조합원이 기존 조합원과 동등한 권리를 즉시 인정받는다는 데 있다. 그러나 1937년 총회의 선언은 이 원칙을 단순히 '개방적 조합원 제도'가 아니라 '개방적이고 자발적인 조합원 제도'라 부르고, "모든 시민이 그들의 자유의지에 따라 대열 바깥에 머무르거나 참가할 자유를 갖는 권리"라고 단언했다. 이를 엄격하게 해석하면 소비에트 협동조합인을 배제하게 될 것이다. 그러나 국제협동조합연맹은 '개방적 조합원 제도' 이상으로 나아가지는 않는 것으로 보인다.

마찬가지로 '민주적 통제'가 일반 원칙이라고 하더라도, 그것이 반드시 '1인 1표'를 뜻하지는 않는다. 예를 들어, 도매조합 투표권은 회원 조합의 조합원 수가 아니라 구매액에 기초한 것이다. 이것을 원칙에서 벗어난 것으로 보지는 않는다. 그러나 1937년 총회 선언은 원칙을 훨씬 넘어서 '민주적 통제'라는 제목 아래 "국가와 모든 사회의 공통 이익을 도모하는 법적 조항으로만 제한하는, 경제 발전의 자유에 대한 협동조합의 완전한 자율성"을 위한 것이라 선언했다.

네 번째 원칙, '자본에 대한 이자 제한'에 대해 총회 선언은, "잉여를 조합원의 공헌도에 비례해 배분함으로써 개인의 이윤 추구를 배제하는 당연한 귀결이고, 생필품 판매에서 '공정 가격'을 확립하는 시도, 자본 이윤의 제한"이라 기술했다. 이 점에 대해서는 실질적인 어려움이 없었다.

나머지 3개 항목을 국제협동조합연맹 가입 승인 조건으로 해석하는 것은 불가능했다. '정치적 · 종교적 중립'은, 공산당과 아무런 공식 관계가 없지만 정치에서 중립을 부정한 러시아 사람들만이 아니라, 자신들의 정당을 가지고 있는 영국 협동조합인들 그리고 벨기에 노동당과 조직적으로 연계된 벨기에 사람들과 다른 일부 그룹을 배제시킬 것이다. '현금 거래'를 엄격하게 해석하면, 거의 모든 생산자조합과 유통조합을 포함한 운동이 배제될 것이다. 그리고 이 원칙은 은행이나 신용조합에는 적용할 수 없음이 분명하다. 영국의 소비자 운동조차 각종 클럽을 통해 상당한 금액의 신용 거래를 하고 있고, 이 원칙을 회원 자격의 의무로 하는 것을 반대했다. 더구나 '현금 거래'를 명확하게 규정하기란 대단히 어려웠다. 오히려 대부분의 협동조합인들은 소비자 판매에서 '신용 거래'를 최소한으로 억제한다고 해도 개인 상인과 경쟁에서 이를 아예 배제하는 것은 불가능했다. 일곱 번째 원칙인 '교육 촉진'에 대해 위원회는 기본적인 '로치데일 원칙'으로 의문을 갖지 않았지만, 현대의 여러 유형의 조합들이 제공하는 지원금에 편차가 크고 정의가 어렵다는 점을 고려해서 국제협동조합연맹 회원 자격 요건으로 규정해야 한다고 권고하지 않았다.

국제협동조합연맹 회원 자격의 적격성을 '로치데일 원칙'이라는 말로 정의하고서, 이 원칙은 전 세계 협동조합인에게 적용할 수 없는 부분이 있다고 인정하는 것은 논리에 맞지 않는다. 그러나 다양한 형태의 협동조합 전부를 충분히 망라할 수 있는 엄격한 공식을 만들기가 어렵다는 게 분명해졌다. 집단으로 농산물을 생산하고 판매하는 농민조합을 포함해 생산자조합은 로치데일 원칙에 끼워 맞출 수 없다. ─보통 사람들이 받아들이는 것과는 다른 의미를 갖는 것으로 재해석한다면 이야기는 달라지지만 말이다. 공업 생산자조합은 배당을 고객에게 할 수도 있지만, 대부분 국가의 많은 조합이 노동 배당금으로 지불한다. 이것은 영국협동조합생산연합에 가입하고 있는 조합에게는 변하지 않는 원칙이다.

게다가 이들 조합은 늘 자본을 제공하는 사람과 일을 하는 사람이 어떻게 통제를 공유할 것인가를 놓고 '1인 1표'보다 더 복잡한 원칙을 따라 결정해야만 한다. 농민의 판매조합은 배당을 "거래액에 비례해" 지불하면 되고, 이렇게 해서 제3원칙을 지키게 되는 것이다. 그러나 '거래액에 따른 배당'이 로치데일의 '이용 실적 배당'과 정말 어떤 공통점이 있는 것일까? 소비자조합 연합 조직에서조차 1인 1표에 집착하지 않는다. 이들 가운데 일부는 가입 단체의 거래량에 따라 투표를 하고 있다. 또한 신용조합과 주택조합은 '로치데일 원칙'을 있는 그대로 채택할 수 없고, 협동조합 길드 같은 보조 단체는 원칙에 대한 헌신을 고백할 뿐 이를 실천으로 옮길 수 없다.

이러한 어려움은 현실에서 인식되었다. 적법한 형태의 여러 협동조합에게 로치데일이라는 옷을 억지로 입힐 수는 없었다. 경계선은 소비자협동조합 매장과 농업협동조합 사이에 있지 않았다. 왜냐하면 영국의 최대 농업협동조합 그룹의 하나도 구매조합으로 구성되어 있고, 여기서 농자재를 판매하고 소비자협동조합 매장이 하는 것과 똑같은 배당을 각 구매조합에게 주고 있기 때문이다. 실제로 많은 조합이 농자재와 일반 소비재를 다 취급하고 그 구매액에 따라 소비자에게 배당을 하고 있다. 경계선은 농촌과

도시의 협동조합에 있는 것이 아니라, 생산자와 소비자조합 사이에 그어져 있다. 한쪽을 생산자의 제조조합과 농민의 생산·판매조합이라고 하면, 다른 한쪽은 소비자조합 매장과 농자재공급조합이다. 그러나 이런 구분조차도 무용지물이 된다. 조합원에게 필요한 물품을 공급만 하는 것이 아니라 생산과 판매까지 겸하는 조합이 많기 때문이다.

소련의 집단농장에서 캐나다의 곡물 생산자 협동조합까지, 일본의 신용조합에서 아일랜드의 낙농협동조합이나 덴마크의 전문화된 농업조합까지 전 세계 협동조합 운동의 모든 측면을 이 책에서 서술할 여유는 더 이상 없다. 소련의 아르텔(소규모 생산자의 공업협동조합)이나 1930년대 초 대공황 이래 급속하고도 혼란스럽게 발전하고 있는 미국의 협동조합, 최근 확대되고 있는 동유럽과 라틴아메리카 농업협동조합을 다룰 여유도 없다. 이 책은 영국의 협동조합을 다루는 것이고, 다른 나라의 운동에 대해서는 영국의 운동과 만나는 지점에 대해서만 언급한다. 그럼에도 협동조합의 방법을 보급하고 이와 병행한 국제협동조합연맹의 성장에 대해서는 아직 언급할 게 남아있다. 왜냐하면 최근 영국의 협동조합인들이 단지 하나의 국가를 넘어선 국제적인 측면에서 정책을 세워야 할 필요가 있다고 인식하기 때문이다. 이런 인식은 제1차 세계대전 중에 나타났는데, 국제도매협동조합과 국제협동조합 여성길드의 창립을 이끌어 내고, 국제협동조합연맹 활동을 통해 해외 협동조합 운동과 보다 밀접한 관계를 쌓아올리는 임무를 진지하게 생각하도록 만들었다.

협동조합 운동이 이미 폭넓게 자리 잡은 곳에서는 이러한 연계가 쉽게 이루어졌다. 특히 스웨덴의 협동조합 운동과 밀접한 관계가 만들어졌다. 스웨덴은 자체의 중앙 조직을 가진 대규모 농업협동조합 운동도 있지만, 여러 가지 면에서 영국과 유사한 매장 운동을 기초로 하고 있고, '로치데일 원칙'을 깊이 존경했다. 두 차례 대전 사이에 전 세계 수많은 협동조합 찬미자들이 스웨덴으로 몰려들었다. 영국의 협동조합인들도 많이 방문했는데, 이들은 스웨덴의 운동이 이런저런 특징이 있는 스웨덴만의 방법을 채택하고 있음을 강조했다. 이 가운데 가장 특징적인 것은 '콘숨(Konsum)' 마크를 붙인 매장 디자인의 통일일 것이다. 영국과 스웨덴은 지금처럼 밀접하고 실질적인 관계가 지속되었고, 매우 활동적인 도매조합 노르디스크 안델스포르분트(Nordisk Andelsforbund) —1918년에 설립된 도매조합으로 스칸디나비아 나라들의 5개 도매조합과 연계하고 있다— 를 통해 스칸디나비아 반도 전체로 관계를 확대하고 있다. 영국루마협동조합 —자본가 집단에 대항하여 북유럽을 상대로 전구를 만드는 조합— 과 스코틀랜드 사이에도 밀접한 관계가 형성되고 있다. 스웨덴과 스코틀랜드 두 도매조합의 공동 주재 아래 스코틀랜드에서 전구 제조를 위해 만들어진 영국루마협동조합은 제2차 세계대전이 발발한 1939년에 생산을 시작했다.

우리는 영국의 협동조합 운동이 호레이스 플런켓 재단의 격려 속에서 어떻게 농업협동조합 운동과 한층 밀접한 관계를 맺으려고 했는지 살펴보았다. 이 재단은 1919년에 "농업과 공업협동조합 원칙과 방법의 체계적인 연구를 촉진할 목적"으로 설립되었는데, 농업협동조합 분야에서 가장 중요한 국제 협동조합 조사 센터가 되었다. 1928년에 대영제국만을 다루기 위해 창간한『농업협동조합연감』은 1930년부터 대상 국가를 확대하고, 귀중한 정보 제공 및 의견 교환의 장으로 발전했다. 그리고 재단은 국제협동조합연맹이 아직 밀접한 관계를 맺지 못한 여러 경제 후진국에서 협동조합 운동의 성장을 촉진하는데 특히 유익했다.

이외에 국제 협동조합 운동에서 진전을 이룬 분야는 은행과 보험이다. 협동조합의 국제 무역과 관련한 서비스를 위해 각국의 협동조합 은행이 연계한 공동 위원회가 1922년부터 있었다. 국제협동조합보험 위원회도 1922년부터 활동했는데, 주요국의 협동조합 보험 단체가 상호 리스크의 재보험 쪽에서 어느 정도 활동을 해왔다. 이 두 분야의 발전은 지금까지 그리 대단하지는 않지만 현실에서 단초가 만들어진 것이다.

농업국가에서 협동조합의 성장을 촉진하고 이와 더불어 공업국가와 농업국가의 협동조합 운동을 긴밀히 연결하는 계기가 되었던 큰 요소가 1931년의 위기 이래 끊임없는 세계 경제 혼란 상태에 있었음은 의심의 여지가 없다. 농산물 가격 붕괴는 많은 국가의 농민과 농업주로 하여금 협동조합적 판매의 전망을 진지하게 생각하도록 했고, 정부의 농업 보호 대책이 부수적으로 농업협동조합의 성장을 돕기도 했다. 이 운동은 대개 관변 쪽으로부터 더 많은 장려를 받았는데, 특히 미국에서는 대공황 전에 간신히 뿌리를 내리기 시작한 소비자 운동도 혜택을 받았다. 전쟁이라는 상황은 높은 물가와 불공정한 거래 관행에 대한 보호자로서 소비자협동조합에 사람들을 결집함으로써 조합을 더욱 강화시켰다. 전쟁 종결과 함께 협동조합운동이 재난 지역의 긴급한 구제 대책과 공산품과 농산품 생산자들 사이의 새로운 교역 시스템 구축에 큰 역할을 하게 되리라는 점은 명백하다. 이러한 역할을 하는 데 있어서 영국의 협동조합은 세계에서 가장 안정적이고, 소련 이외의 최대 협동조합으로 매우 중요한 지위를 차지하리라는 점 또한 명백하다. 영국의 협동조합인들이 로치데일 선구자들의 100주년을 축하함에 있어서 세계 재건의 임무를 위한 계획을 세우는 일보다 달리 중요한 일은 없을 것이다.

〔표 22-1〕 전전 세계 협동조합 운동

		국가 수	조합 수	조합원 수(천 명)
소비자조합	유럽(소련 제외)	25	20,907	19,251
	소련	1	24,113	39,200
	아메리카	12	4,061	585
	오세아니아	3	169	131
	아프리카	4	46	16
	아시아	9	983	320
생산자조합	유럽	-	4,408	234
	소련	-	14,555	1,882
	아메리카	-	1,178	101
	아시아(부분)	-	204	5
농업판매조합	유럽	-	42,326	5,606
	아메리카	-	9,173	2,463
	오세아니아	-	622	227
	아프리카	-	1,253	128
	아시아	-	17,172	4,828
농업 · 농촌신용조합	유럽	-	65,774	8,883
	아메리카	-	5,933	579
	아프리카	-	465	50
	아시아	-	117,267	7,925
기타 농업조합	유럽	-	79,789	7,838
	아메리카	-	6,785	1,140
	오세아니아	-	123	49
	아프리카	-	1,773	114
	아시아	-	17,563	5,537

* 「Co-operative Organ and Post-war Relief」(국제노동사무국(ILO), 1944년)에서 발췌.

*주택, 보험, 어업조합은 포함되지 않음.

제22장

협동조합의 현재와 미래

1. 협동조합의 성장

소비자협동조합 운동은 영국의 토양에 단단하게 뿌리를 내린 뒤로부터 지금까지 빠르고도 지속적으로 성장했다. 1873년 이전의 정확한 수치는 없지만 그 뒤에 나온 통계는 성장의 속도와 지속성을 충분히 보여준다. 1873년부터 1942년에 이르는 동안 소비자조합의 조합원 수가 줄어든 때는 단 2년뿐이었는데, 1881년 1.3퍼센트 그리고 1922년 0.6퍼센트로 줄어든 정도가 아주 미미했다. 그리고 이 두 해 모두 불황기였다. 소비자협동조합은 경기가 좋을 때는 물론이고 불황일 때도 지지자의 숫자를 늘려왔다. 물론 성장률은 해마다 고르지 않았고 때로는 일시적으로 눈에 띄게 낮아진 때도 있었다. 하지만 전체적으로 주목할 부분은 지속성이었다.

1873년 초의 시점에서 보면, 1860년대 후반과 1870년대 초 경기가 좋았던 시기 —모든 경제 분야에서 활발한 실험으로 가득했던 시기— 의 빠른 성장은 끝났음을 알 수 있다. 1875년 이후 점차 불황으로 빠져들면서 성장은 느려졌다. 그러나 조합원 숫자는 1875년과 1880년 사이에 11만 4,000명, 26퍼센트가 늘었다. 1880년대 초반에는 기복이 심한 산업의 상황에서도 19만 3,000명, 35퍼센트가 늘었다. 그리고 1886년, 심각한 불황의 해에 정체를 겪은 뒤 더 한층 전진했다. 조합원은 1885년과 1890년 사이에 ―여성길드 발흥, 가스와 항만 노동자들의 파업, 미숙련 노동자들의 노동조합 조직 확대 시기― 21만 5,000명, 29퍼센트 늘었다. 케어 하디가 1893년에 독립노동당을 만든 1890년대 초에 조합원은 23만 명 이상, 32.5퍼센트가 늘었다. 이러한 전진은 계속 기록을 갱신했다. 1895년과 1900년 사이에 43만 2,000명, 34퍼센트가 늘었다. 1900년과 1905년 사이 ―노동자대표 위원회 초창기로 노동조합 활동이 태프 베일 판결로 약해졌던 때― 조합원 전체 수는 44만 6,000명으로 여전히 늘었지만, 비율은 26퍼센트로 떨어졌다.

이 시기는 글래드스턴 시대를 이은 보수당의 오랜 지배가 끝날 무렵이었다. 이 뒤로 찾아온 것은 자유당의 압도적 승리와 노동당의 출현이었다.

1906년에 자유당이 승리하고 그 결과로 일어난 사회적 입법의 진전이 협동조합 운동의 발전을 촉진하지 않은 것은 좀 의외다. 1905년과 1910년 사이에 조합원은 38만 9,000명으로 늘었지만, 증가율은 18퍼센트까지 떨어졌다. 가팔랐던 성장이 한계에 이른 것처럼 보이기 시작했다. 그러나 이는 오류임이 곧 입증되었다. 1910년과 1915년 사이에 조합원은 72만 3,000명으로 28.5퍼센트 늘었고, 전쟁의 해인 1915년을 빼면 1914년까지 4년 동안 증가율은 20퍼센트가 넘었다. 협동조합인들은 제1차 세계대전 동안 그들의 운동에 가해진 부당한 처우에 대해 강력히 항의했다. 조합원은 1914년과 1918년 사이에 26퍼센트, 1915년과 1920년 사이에 124만 명으로 38퍼센트 늘었다. 1918년에는 증가율이 가장 낮았는데, 이 해에 식량 배급제가 도입되었고 운동의 어려움은 부분적으로 완화되었다. 증가가 가장 컸던 해는 전쟁 뒤 인플레가 최고조에 이른 1920년이었다.

그 뒤 전후의 디플레 시기였던 1921년부터 1923년에 후퇴기가 찾아왔다. 1920년과 1925년 사이 조합원 수는 40만 6,000명으로 9퍼센트 성장에 그쳤다. 1920년대 후반에는 성장을 회복해서 1915년과 1920년 사이에 늘어난 조합원보다 더 많아졌다. 조합원은 149만 2,000명으로 증가율은 30퍼센트가 넘었다. 그러나 1929년과 1930년에 다가오는 불황으로 성장 속도는 다시 느려졌다. 세계 대공황 시기인 1930년부터 1935년까지 5년 동안 조합원은 108만 1,000명으로 증가율은 17퍼센트밖에 안 되었다. 1935년부터 1940년까지 조합원은 123만 3,000명으로 16.5퍼센트(1939년까지는 15.5퍼센트) 늘었다. 제2차 세계대전은 성장률을 급격히 떨어뜨렸는데, 주로 조합원의 소집과 특정 지역의 대규모 소개 탓이었다. 1939년부터 1942년까지 늘어난 조합원은 겨우 28만 2,000명으로 3퍼센트를 조금 넘었다.

〔표 22-1〕 소비자협동 운동의 성장 (1873~1942)

연	구매조합 수	조합원 수 (천명)	조합원 증가율 (%)	조합원 증가 (5년 단위, 천명)	조합원 증가율 (5년 단위, %)	조합당 평균 조합원 수
1873	-	350	-	-	-	-
1874	-	375	7.2	-	-	-
1875	-	440	17.4	90(2년)	25.8(2년)	-
1876	-	468	6.8	-	-	-
1877	-	483	3.2	-	-	-
1878	-	510	5.6	-	-	-
1879	-	525	3	-	-	-
1880	-	554	5.5	114	25.9	-
1881	971	547	(-1.3)*	-	-	564
1882	1,043	599	9.6	-	-	574
1883	1,051	628	4.9	-	-	597
1884	1,128	696	10.8	-	-	617
1885	1,148	747	7.4	193	34.9	650
1886	1,148	774	3.6	-	-	675
1887	1,153	828	7	-	-	718
1888	1,204	867	4.7	-	-	720
1889	1,297	932	7.5	-	-	719
1890	1,240	962	3.2	215	28.8	775
1891	1,307	1,045	8.6	-	-	799
1892	1,420	1,127	7.9	-	-	794
1893	1,421	1,169	3.7	-	-	823
1894	1,421	1,213	3.8	-	-	854
1895	1,417	1,275	5.1	230	32.5	899
1896	1,428	1,356	6.8	-	-	950
1897	1,442	1,466	8.1	-	-	1,016

1898	1,436	1,536	4.8	-	-	1,069
1899	1,446	1,613	5	-	-	1,116
1900	1,439	1,707	5.9	432	34	1,186
1901	1,438	1,793	5	-	-	1,247
1902	1,454	1,893	5.6	-	-	1,302
1903	1,455	1,987	5	-	-	1,366
1904	1,454	2,078	4.6	-	-	1,429
1905	1,452	2,153	3.6	446	26.2	1,483
1906	1,441	2,222	3.2	-	-	1,542
1907	1,432	2,323	4.6	-	-	1,622
1908	1,418	2,414	4	-	-	1,696
1909	1,430	2,469	2.2	-	-	1,727
1910	1,421	2,542	3	389	18.1	1,789
1911	1,403	2,640	3.9	-	-	1,882
1912	1,392	2,751	4.3	-	-	1,976
1913	1,382	2,878	4.6	-	-	2,083
1914	1,385	3,054	6.1	-	-	2,205
1915	1,375	3,265	6.9	723	28.4	2,374
1916	1,362	3,520	7.8	-	-	2,585
1917	1,366	3,788	7.7	-	-	2,773
1918	1,364	3,847	1.5	-	-	2,820
1919	1,357	4,131	7.4	-	-	3,045
1920	1,379	4,505	9.1	1,240	38	3,267
1921	1,352	4,549	1	-	-	3,364
1922	1,321	4,519	(-0.6)**	-	-	3,421
1923	1,314	4,569	1.1	-	-	3,477
1924	1,314	4,703	3	-	-	3,579
1925	1,289	4,911	4.4	406	9.1	3,810
1926	1,280	5,187	5.6	-	-	4,052

648

1927	1,267	5,579	7.6	-	-	4,403
1928	1,245	5,885	5.5	-	-	4,727
1929	1,234	6,169	4.9	-	-	4,999
1930	1,210	6,408	3.8	1,492	30.4	5,292
1931	1,188	6,590	2.9	-	-	5,547
1932	1,171	6,760	2.6	-	-	5,773
1933	1,150	6,917	2.3	-	-	6,015
1934	1,135	7,203	4.2	-	-	6,346
1935	1,118	7,484	2.9	1,081	16.9	6,694
1936	1,107	7,808	4	-	-	7,053
1937	1,094	8,085	3.6	-	-	7,390
1938	1,085	8,405	4	-	-	7,746
1939	1,077	8,643	2.8	-	-	8,025
1940	1,065	8,717	0.8	1,233	16.5	8,185
1941	1,059	8,773	0.7	-	-	8,284
1942	1,053	8,925	1.7	-	-	8,436

* 이것은 실제 감소가 아닐 수 있다. 협동조합과 다른 종류의 절약조합 사이의 분류상 변화에 기인하는 것인지도 모른다.
** 이 감소는 전후 조합원 명부 정비에 기인한 것이다.

이러한 소비자협동조합의 발달을 보다 기복이 심한 노동조합 운동의 역사와 비교하면 시사적이다. 필자는 이 둘의 상황을 [그림 22-1]에 기록했다. 안타깝게도 1892년 이전의 노동조합 조합원 수치가 없다. 따라서 필자는 초기 연대에 대해서는 노동조합대회에 속한 노동조합의 수치를 써야 했다. 이 수치는 완전하지는 못하다. 따라서 1892년에 이르기까지는 조합원 숫자의 증가보다도 변화율을 기준으로 살펴보는 게 바람직하다.

이 도표의 두 곡선은 노동 계급 두 운동의 역사가 얼마나 다른지 보여준다. 1870년대 후반에 협동조합은 성장하고 있었지만, 노동조합 운동은 심각한 불황의 압력으로 후퇴하고 있었다. 1880년대에도 1889년까지 노동조합 운동은 완만하게, 협동조합은 빠르게 성장했다. 그러고서 노동조합 운동은 급성장하고, 1890년대 초반에 조금 후퇴했다가 다시 급속한 성장을 회복했다. 반면 협동조합의 성장은 시종 견실하고 급속했다. 1900년부터 1905년까지 노동조합 운동은 정체 상태에 있다가 1905년 뒤로 회복하고, 1908년과 1909년의 불황기에 후퇴를 겪은 뒤 제1차 세계대전 직전과 전쟁 중으로 노동이 불안했던 시기 그리고 전쟁 직후의 호경기에 비약했다. 이 기간에 소비자협동조합은 빠른 속도로 계속 발전했다. 전후의 불황이 덮치면서 노동조합 운동은 파국에 빠졌다. 그리고 최초의 노동당 정부가 출범한 1924년에 짧은 회복을 했다가 1929년 두 번째 노동당 정부의 출현이 거의 아무런 영향을 주지 못하고 1930년대 초 총파업과 심각한 불황으로 다시 하락했다. 1934년부터 다시 회복되었는데 제2차 세계대전 중에

650

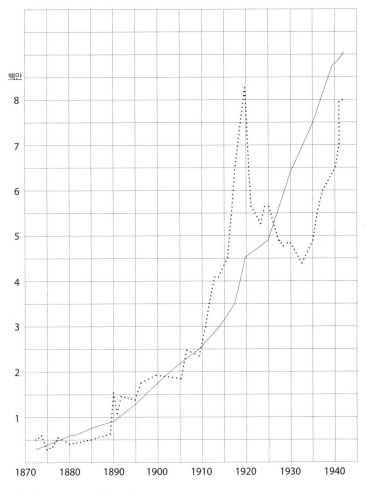

〔그림 22-1〕 1873~1944 소비자협동조합과 노동조합 조합원 성장 비교

백만

소비자협동조합 —— 노동조합 ·····

추진력이 붙었다. 반면 소비자협동조합은 전후 불황기에 잠깐의 후퇴를 경험한 뒤, 1939년까지 급속하고 지속적으로 성장했고 전쟁 발발 이후 성장률은 크게 떨어졌다.

노동조합과 협동조합의 이러한 차이는 당연하다. 노동조합 운동은 경기의 영향을 소비자협동조합보다 훨씬 많이 받았다. 임금이 깎이고 실업이 늘어나면 노동조합 운동에 대한 반작용이 매우 커진다. 하지만 이 반작용은 소비자협동조합 매장에서는 완화된다. 그 이유는 가격 하락과 협동조합 거래의 대부분이 기초 생필품이기 때문이다. 실업과 임금 하락은 노동조합만이 아니라 협동조합 운동에도 불리하다. 실업과 임금 하락은 판매액 감소로 이어지기 때문이다. 그러나 불황이 아주 심각하지 않으면 조합원 수가 줄어들지는 않는다. 그런데 심각한 불황이었던 1931년부터 1933년에 협동조합 조합원 수가 급속히 늘어난 것은 놀라운 일이다. 이것의 주요 원인 가운데 하나는 우유를 비롯한 다른 부문에서 협동조합 사업이 매우 커졌기 때문이다.

2. 협동조합 사업의 발전

우리의 이야기를 조합원 숫자에서 조합원 1인당 거래액으로 돌리면 상황은 만족스럽지 못하다. 1881년부터 1914년까지는 가격 하락과 상승이 대조적으로 있었던 기간이지만, 조합원 1인당 거래액은 안정적이었다. 이 기간 동안 5년마다의 평균 거래액은 아래와 같다.

1881~1885년　28.4 파운드

1886~1890년　27.1 파운드

1891~1895년　27.7 파운드

1896~1900년　27.9 파운드

1901~1905년　28.9 파운드

1906~1910년　28.7 파운드

1910~1914년　28.7 파운드

전쟁으로 오른 물가는 당연히 거래액을 늘렸다. 1916년부터 1920년까지 조합원 1인당 평균 거래액은 43.4파운드였다. 그 뒤 전후 불황기의 5년 평균 거래액은 다음과 같이 떨어졌다.

1921~25년　39.3 파운드

1926~30년　35.2 파운드

1931~35년　29.6 파운드

1936~39년　30.9 파운드

1940~42년　34.8 파운드(3년간)

이 수치는 가격 변동과 분리해서 생각하면 매우 만족스러울 수 있다. 그렇지만 이 수치를 [표 22-2]에 나타난 것처럼, 가격 변동을 고려해서 비교하면 느낌이 사뭇 다르다. 먼저 1 인당 거래액이 1896년에 끝난 소매가격 하락 시기에 오른 것을 알 수 있고, 다음으로 여러 해의 작은 진동을 거쳐 1901년부터 1914년까지 하락세가 뚜렷함을 알 수 있다. 1914년과 1918년 사이에 더 많이 하락한 것은 전쟁 중에 소비자 공급이 많이 줄었기에 놀랄 일이 아니다. 그러나 전쟁 직후 여러 해 동안 아니 그 뒤에도 조합원 1인당 거래액은 1914년 이전 수준 가까이 갈 정도로 회복되지 않았음을 주목해야 한다. 1919년과 1920년에 조금 회복했고, 1921년에는 불황으로 하락했다. 1929년과 1930년까지 완만하게 올랐고, 세계 대공황으로 식료품 가격이 급격히 떨어진 1931년에는 더 크게 올랐다. 그리고 1939년까지는 다시 떨어졌고, 전쟁으로 소비자 공급을 제한하면서 더욱 하락했다. 1942년에 늘어난 거래액은 전쟁으로 인한 높은 수준의 소득과 고용 그리고 엄격해진 배급 제도 때문에 소비자가 정기적으로 매장을 이용한 효과에 기인할 것이다.

앞서 인용한 수치를 식료품 소매가격 변동을 고려한 실질 판매액 평균치로 바꾸면, 상당히 다르게 보인다. 같은 기간의 이 수치는 다음과 같다[1].

---

1   1900년의 가격을 기준으로 한 것.

〔표 22-2〕 식료품 소매 가격 변동을 고려한 조합원 1인당 거래액

연	조합원 1인당 판매액 (파운드)	식료품 소매 가격 변동에 의한 조정		연	조합원 1인당 판매액 (파운드)	식료품 소매 가격 변동에 의한 조정	
		(a)	(b)			(c)	(d)
1881	28.2	20.1	-	1914	28.8	24.7	28.7
1882	29.4	21	-	1915	31.4	20.7	24
1883	29.5	21.1	-	1916	34.6	18.6	21.6
1884	28.1	22	-	1917	37.5	16.3	18.9
1885	26.6	22.9	-	1918	40.3	16.1	18.7
1886	26.3	23.9	-	1919	48.1	18.9	22
1887	25.8	24.6	-	1920	56.4	18.9	22
1888	27.7	26.4	-	1921	48.1	18.1	21
1889	27.8	25.7	-	1922	37.5	18.3	21.3
1890	28	26.4	-	1923	36.2	18.4	21.4
1891	29.3	26.9	-	1924	37.2	18.8	21.9
1892	28.7	26.3	27.6	1925	37.4	18.8	21.9
1893	27.3	26.5	27.5	1926	35.6	18.7	21.7
1894	26.6	26.6	28	1927	35.8	19.3	22.4
1895	26.6	28	28.9	1928	35.6	19.5	22.7
1896	27	29.7	29.4	1929	35.2	19.7	22.9
1897	27.4	28	29.1	1930	33.9	19.7	22.9
1898	27.8	26.7	28	1931	31.5	20.6	24
1899	27.9	28.7	29.2	1932	29.8	20.3	23.6
1900	29.3	29.3	29.3	1933	28.5	20.4	23.7
1901	29.4	-	29.3	1934	28.7	20.2	23.5
1902	29.2	-	28.9	1935	29.4	20.2	23.5
1903	28.9	-	28.1	1936	29.9	19.8	23
1904	28.5	-	27.8	1937	31.1	19.3	22.4

1905	28.4	-	27.6	1938	31.3	19.1	22.2
1906	28.5	-	27.9	1939	31.5	19.2	22.3
1907	29.3	-	27.9	1940	34.3	18	20.9
1908	29	-	27	1941	34.4	17.7	20.5
1909	28.5	-	26.5	1942	35.8	19.1	22.2
1910	28.3	-	25.9				
1911	28.3	-	25.9				
1912	28.7	-	25.1				
1913	29	-	25.2				
1914	28.8	-	24.7				

(a) 상무부 구 식료품 소매지수(1900=100)로 조정.(런던의 9개 품목 가격에 기초)

(b) 상무부 식료품 소매지수(1900=100)로 조정.(런던의 23개 품목 가격에 기초)

(c) 노동부 식료품 소매지수(1914년 8월=100, 1900=100을 기준으로 치환)로 조정.(영국 각지의 가격에 기초)

(d) (c)와 같은 지수로 조정(단, 1914=100). 따라서 (d)의 수치는 (a)와 (b) 그리고 (c)의 수치와 비교할 수 없다.
　그러나 1914년~1942년까지는 이쪽이 신뢰도가 높다.

1881~85년　　21.4 파운드

1886~90년　　25.4 파운드

1891~95년　　27.8 파운드

1896~1900년　29.0 파운드

1901~05년　　28.3 파운드

1906~10년　　27.0 파운드

1911~14년　　25.2 파운드

1915년　　　　20.7 파운드

1916~20년	17.4 파운드	
1921~25년	18.5 파운드	
1926~30년	19.4 파운드	
1931~35년	20.3 파운드	
1936~39년	19.3 파운드	
1940~42년	18.3 파운드(3년간)	

필자는 전체 생계비가 아니라 식료품 소매가격을 기준으로 했다. 협동조합의 거래에서 식료품 비율이 대단히 크기 때문이다. 만일 생계비 지수를 기준으로 계산하면 그 결과는 특히 두 차례 전쟁 사이 기간에 썩 좋지 않게 나타났을 것이다. 1881년부터 1896년까지 그리고 1930년대에는 식료품 가격이 생계비의 다른 항목보다 매우 빠르게 떨어졌다.

물론 이러한 비교가 정확하지는 않다. 하지만 필자는 식료품 소매가격 변동으로 계산한 이 숫자들이 지금까지의 경과를 정확하게 설명한다고 확신한다. 협동조합 조합원 1인당 거래액은 1890년대 후반까지는 늘었고, 그 뒤로는 적어도 3분의 1정도 떨어졌다. 이는 실질 소득이 오르고 매장 공급 물품 종류가 늘어났음에도 일어난 일이었다.

우리는 앞장에서 이 문제를 잠깐 살펴보았다. 1인당 거래액이 줄어든 중요한 이유 가운데 하나는, 한 가정에 두 사람 이상이 조합원으로 가입했기 때문이다. 또한 활동하지 않는 조합원을 제명하는 등 정리를 하지 못하고 조합 장부에 남아있는 '비 구매 조합원' 숫자가 늘고, 두 개 이상 조합에 중복 가입한 조합원이 늘어난 것도 이유였다. 전쟁 동안 조합원 수와 식료품 배급을 받기 위해 등록한 숫자를 비교해 보면 이를 잘 알 수 있다. 배급 등록은 민간인만 신청할 수 있었는데, 군대의 신병 모집으로 민간인이 크게 줄었고, 협동조합 운동도 개인 사업자와 마찬가지로 이 영향을 받았음을 유의해야 한다. 그럼에도 이들 수치는 여전히 중요하다.

[표 22-3]에서 배급 등록이 가장 많은 설탕만 보더라도 조합원 한 명은 배급 등록자 한 명을 조금 넘는다. ―대체로 1.5명보다 작다. 전쟁으로 인한 소집을 감안하더라도, 이는 분명 한 가정에서 여러 명이 조합원으로 가입한 경우가 많았음을 뜻한다. 가구 평균 거래액이 전체 조합원에게 파급됨으로써 조합원 1인당 거래액을 떨어뜨리는 경향이 있음이 틀림없다.

1944년 배급 등록 숫자를 보면, 소비자협동조합 운동이 전체 민간인의 4분의 1을 조금 넘는 사람들의 요구를 충족시켰음을 알 수 있다. 그러나 물론 이것이 총 거래액의 4분의 1에 해당하는 실적을 뜻하지는 않는다. 충성도가 높은 협동조합인들조차 협동조합 매장이 아닌 다른 데서 여러 물품을 사야 했기 때문이다. 전쟁 직전, 협동조합 운동은 영국 전체 우유 공급의 약 25퍼센트, 설탕과 잼류는 27퍼센트, 그 외 식료품 약 18퍼센트, 석탄 약 14퍼센트, 부츠 및 구두 약 9퍼센트, 의류 약 6.5퍼센트 그리고 가구 및 철물 약 3.5퍼센트를 취급했다. 협동조합 거래 비율은 잉글랜드나 웨일즈보다 스코틀랜드가 매우 높았고, 웨일즈는 잉글랜드보다 훨씬 낮았다. 여

〔표 22-3〕 영국과 북아일랜드의 소매협동조합 조합원 수(1940~1944, 단위 천명)

연	조합원 총수	설탕 배급 등록자 총수	버터·마가린 배급 등록자 총수	베이컨·햄 배급 등록자 총수	정육 배급 등록자 총수
1940	8,717	13,781 (1월)	12,170	11,226	6,078
		13,292 (7월)	11,713	10,714	6,040
1941	8,773	13,240 (1월)	11,712	10,863	6,246
		10,753 (7월)	10,359	9,716	5,916
1942~3	8,925	11,126 (7월)	10,807	10,114	6,037
1943~4	9,021	11,628 (1월)	11,382	10,635	6,295

전히 식료품과 잡화 그리고 빵이 압도적인 비중을 차지했는데, 1936년 총 거래액 2억 3,400만 파운드 가운데 1억 3,500만 파운드를 차지했다. 식품류가 1억 7,700만 파운드였고, 기타 대형 품목으로는 직물(1,850만 파운드), 석탄(1,100만 파운드), 유제품(식료품류 1억 7,700만 파운드에 포함)은 1,850만 파운드, 정육(식료품류에 포함)은 2,000만 파운드였다. 소비자협동조합 운동을 사업체로 보면, 이는 사실상 거대한 식료품상, 빵 제조, 유제품 제조 그리고 고기와 석탄 공급 기업이었고, 여기에 상당한 규모의 의류 부문도 가졌다. 그밖에 부문은 큰 사업은 아니다. 전쟁 동안 협동조합 운동은 줄어든 총 민간 거래액 중에서 그들의 점유율을 확실히 늘려나갔다. 고기를 제외한 주요 배급 물품에서 현재 모든 민간인의 약 4분의 1에게 공급하고 있고, 스코틀랜드에서는 이 비율이 거의 40퍼센트가 될 것이다.

　이러한 사실을 통해 조합원 1인당 거래액이 떨어지는 또 다른 이유를 쉽게 찾을 수 있다. 노동 계급 가정은 협동조합 매장에 그들의 소득을 전보다 덜 지출한다. 노동부가 금세기 초의 자료를 기초로 만든 생계비 지수를 보면, 구성 요소 12.5 가운데 별도로 산정한 집세 2를 빼고 의류 1.5, 기타 모든 항목을 포함한 값이 1.5인데 비해 식품류의 값이 7.5이다. 이 지수는 총지출이 아니라 선정된 항목만 다룬 것이다. 그렇다고 하더라도 식품 지수는 오늘날 표준 지출보다 지나치게 높다. 콜린 클라크는 1935년에 개인 총지출에서 식품이 차지하는 비율은 단 27퍼센트에 지나지 않고, 의류는 10퍼센트를 조금 넘는다고 추정했다[2]. 전체의 55.5퍼센트만이 일반 매장 구입에 지출했고, 나머지 44.5퍼센트는 집세 9.5퍼센트를 포함한 각종 서비스에 지출했다. 이 추정은 사회 모든 계급을 대상으로 한 것인데, 이로부터 아무 교훈을 얻지 못하는 것은 아니다. 가난한 사람들은 부자들보다 지출이 적었지만, 집세만큼은 소득에서 꽤 높은 비율을 지출했다. 소득 대비 식품에 대한 지출은 부유층의 상당 부분에서 낮은 경우를 빼면 계급 간 큰 차이가 없었다.

이러한 고찰의 의미는, 협동조합 매장이 제공하는 서비스 영역이 확대되었음에도 국민 총지출 중 감소하고 있는 부분을 취급하고 있다는 것이다. 이는 주로 식품점에 머물러 있는 조합 매장인 경우에 두드러진 경향이

---

2   People's Year Book(1936), 109쪽.

고, 최근 활동 범위를 크게 확대하고 있는 대도시 경우에는 드물다.

그러나 조합원 1인당 최저 거래액이 반드시 소규모 조합만의 현상은 아니다. 일부 소규모 조합은 여러 대규모 조합보다 훨씬 높은 수치를 나타낸다. 1935년 조사에 따르면, 조합원 1인당 거래액이 가장 높은 조합은 조합원 규모가 2,000명에서 3,000명이었고, 가장 낮은 조합은 조합원 규모가 10만 명 이상이었다. 이러한 편차가 일관되지는 않지만, 일반적인 경향임에는 분명하다. 조합원 1인당 거래액은 조합원이 약 3,000명인 조합에서 높았고, 8,000명인 조합에서는 하락, 8,000명에서 1만 명 사이인 조합은 조금 오르는 경향이고, 이를 넘는 조합은 다시 하락한다[3].

이것을 어떻게 설명할 수 있을까? 대규모 조합이 제공하는 서비스 영역이 좁지 않았음은 분명하다. 보다 정확히 말하면, 대도시에 있는 대규모 조합은 장부상 조합원이 부풀려지게 마련이고, 모든 종류의 개인 상인과 체인점 그리고 백화점과 심한 경쟁을 해야 했다. 소도시에 있는 협동조합 매장은 비교적 좁은 영역에서 경쟁 매장을 걱정할 필요 없이 단단하게 자리를 잡고 있었다. 이런 매장은 조합원의 높은 '충성심'을 얻고 있지만, 대도시에서는 비싼 집세를 포함해 다른 지출이 많을 뿐 아니라 고객을 유인하는 비 협동조합 매장도 많다. 이런 지역에서는 매장이 공급하는 모든 물품을 구매하는 것이 아니라 매우 한정된 종류, 심지어는 빵이나 우유, 석탄 같

---

3   Consumers' Co-operation in Great Britain.

은 단 한 가지 상품을 구입하기 위해 매장을 이용한다. 물론 이렇게 행동하는 조합원은 협동조합의 진정한 신봉자가 아니다. 그들은 단지 특정 형태의 구매를 위해 편의상 매장을 이용할 뿐이고, 조합 매장이 이윤 추구를 목적으로 하는 체인점이나 백화점 또는 가까이의 개인 상점과 다르다고 느끼지 않는다. 아마도 그들은 자신들이 실제 구입을 하는 매장 —협동조합 매장이든 이윤 추구 매장이든— 보다는 개인적으로 알고 지내는 상점 주인에게 더 친근감을 느낄지도 모른다. 최근 들어 늘어난 협동조합의 조합원 가운데에는 협동조합에 대한 충성심이 약하거나 협동조합의 원칙을 깊이 이해하지 못하는 사람들이 많다는 것은 너무나 분명하다.

3. 대규모 조합과 소규모 조합

협동조합의 '최적' 규모가 있을까? 공급 지역의 자연이나 인구를 고려하지 않은 하나의 '최적'이란 있을 수 없다. —그렇지 않다면 우리는 J. C. 그레이가 오래전 권고한 것처럼, 1,000개를 넘는 모든 소매조합을 단일한 전국조합으로 합병해야 한다는 결론에 이르게 된다[4].

이 문제를 논의하기 전에, 기존 조합이 어떻게 다른 규모로 분포되어 있

---

4   463쪽 참조.

는지를 살펴보기로 하자. 1942년의 일반적인 분포는 조합원 10만 이상인 조합이 약 5분의 1이고, 5만 명에서 10만 명 사이도 거의 5분의 1을 차지한다. 2만 명에서 5만 명 사이의 조합이 5분의 1을 조금 넘는다. 즉 전체 조합원의 5분의 3 이상이 2만 명 넘는 조합에 속해 있다. 5,000명에서 2만 명의 조합원을 가진 조합은 4분의 1 이상이고, 1,000명에서 5,000명의 소규모 조합은 12퍼센트를 차지한다. 1,000명 미만의 아주 작은 조합은 1.5퍼센트를 차지하는데, 이들은 때로는 대규모 인구 중심지로부터 고립된 지역에 있다. 조합원이 가장 많이 집중된 곳은, 10만 명이 넘는 조합을 하나의 그룹으로 묶지 않는다면, 5만 명에서 10만 명 사이의 조합임을 알 수 있다.

조합 숫자는 당연히 이와는 크게 다르다. 1942년 전체 조합 가운데 조합원 1,000명 미만 조합은 29퍼센트, 2,000명 미만은 47퍼센트이고 5,000명 미만은 69퍼센트였다. 조합원이 2만 명이 넘는 조합은 3퍼센트에 지나지 않았다. 합병에도 불구하고 소규모 조합이 조합 수에서는 압도적으로 많다. 전체 조합의 16퍼센트가 여전히 500명 수준을 밑돌고 있다.

이는 전국 단위의 전체 수치이다. 이들 수치를 쪼개서 보면 아주 흥미롭다. 아일랜드는 별개로 하고, 조합원이 1,000명 미만인 조합은 협동조합연합회의 북동, 북서, 미들랜드 각 지구 —즉 협동조합 운동의 오랜 본거지— 에 제일 많다. 규모가 늘어날수록 상황은 달라진다. 5,000명 미만의 조합은 대도시에는 많지 않고, 고립된 남서 지구나 스코틀랜드 지구에 제일 많다. 2만 명 넘는 조합은 남부 지구에 제일 많다.

이들 전체 숫자를 또 쪼개면 대단히 작은 조합들을 레스터 주변 지역, 북웨일즈, 스코틀랜드 중앙 지구 및 북동 지구, 데번셔에서도 찾아볼 수 있다. 1,000명에서 5,000명을 가진 소규모 조합은 동부 미들랜드, 더럼과 노섬벌랜드, 컴벌랜드, 요크셔, 랭커셔, 스코틀랜드, 켄트, 햄프셔, 동부의 여러 주들과 서부에 많았다. 이보다 규모가 조금 더 큰 조합은 사우스 랭커셔에 많았고 가장 규모가 큰 조합은 런던에 있었다.

우리는 이미 앞 장에서 협동조합 조합원이 소수의 대규모 조합에 집중되었음을 살펴보았다. 1942년 런던조합의 조합원은 79만 2,000명으로 다른 조합보다 2배 이상 많았다. 두 번째도 런던의 협동조합인 왕립병기창조합으로 조합원은 31만 8,000명이다. 버밍엄이 23만 9,000명으로 세 번째로 많고, 그 뒤를 잇는 런던의 대조합인 사우스 서버번이 20만 명이다. 1942년에는 리버풀과 리즈조합만이 조합원 10만 명이 넘었는데, 리즈조합은 그 뒤로 여러 해 동안 전국 최대 조합이었다. 반즐리는 1942년에 10만 명 조금 못 미쳤는데, 1943년에는 이를 넘어섰다. 8만 명이 넘는 조합이 6개, 7만 명이 넘는 조합은 4개, 6만 명이 넘는 조합이 5개였고, 6만 명 조금 못 미치는 조합은 3개 이상이었다. 전체 조합원 900만 명 가운데 이들 25개 조합을 합하면 300만 명을 훌쩍 넘는다.

우리는 여기서 이러한 숫자가 구매조합의 '최적' 규모를 생각하는데 어떤 의미가 있는지의 문제로 돌아갈 수 있다. 먼저 도시권⁵을 살펴보자. 런던 지역은 대규모 조합 3곳이 주요 부분을 서로 보완하면서 공급하고 있다. 런던조합은 템스 강 북부 지구에서 사업을 펼치고 있고, 이를 보완하는 형태로 엔필드(4만 8,000명)와 그레이즈(4만 6,000명)에 본부를 둔 외곽 조합이 있다. 템스 강 남부 지역은 동부에 있는 왕립병기창조합과 서부에 있는 남부교외조합으로 나뉘고, 그 주변부에 스테인스조합(1만 명)이 있다. 런던의 3대 조합은 새로운 지역의 병합과 확장이 혼재된 과정의 산물인데, 합병의 움직임은 없어 보인다. 3대 조합이 런던 지역 전체에 걸친 공동 조직을 필요로 하는 새로운 형태의 사업을 시작하지 않는 한, 규모 확대가 3대 조합의 효율성을 더하게 될 것이라고 추정할 근거는 없다. 만일 3대 조합이 울워스 모델에 따라 체인점을 열거나 대규모 백화점을 런던 중심가에 만들고자 한다면, 3자가 행동을 같이 해야 할 필요가 있을지 모른다. 런던조합은 지금(1944) 옥스퍼드 광장 부근에 본부 건물을 지었는데, 본문에서 시사한 바와 같은 종류의 새로운 발전을 위한 첫 걸음일 수도 있다.

그러나 지금 3대 조합의 사업 방침을 보면 합병으로 실익이 있다고 생각할 이유는 없다. 그들의 지금 규모로는 민주적 통제가 매우 어렵고, 실제 런던조합처럼 엄청나게 넓은 지역에 걸친 조합으로는 거의 불가능한 일이다. 이와 관련해 지역이나 조합원이 더 이상 늘어나더라도 큰 차이가 없을

5　'도시권'은 머시사이드나 대 런던처럼 사실상 단일 도시로 성장한 여러 도시와 구역으로 이루어진 대도시 지역에 대해 지리학자가 붙인 이름이다.

것이라고 주장할 수도 있다. 그러나 이러한 관점은 왕립병기창조합과 남부교외조합 지도자들이 받아들이지 않을 것이다.

[표 22-4]는 런던 이외 '도시권'의 협동조합 운동 상태를 나타낸 것이다. 이 표의 비교는 도시권 설정이 임의적이고 협동조합연합회 지구와 영역이 달라서 아무래도 매끄럽지 못하다. 그럼에도 불구하고 여기에 드러난 상황은 대체로 정확하다. 맨체스터, 리즈—브래드퍼드, 셰필드—반즐리—돈커스터 그리고 타인사이드 구역의 조합원 수는 전체 인구의 약 4분의 1인데, 이에 비해 다른 지역에서는 비율이 대단히 낮다. 각 지역의 개별 협동조합 숫자는 편차가 크다. 타인사이드와 리즈—브래드퍼드는 인구 비율은 최대이지만 평균 규모로는 최소인 반면, 버밍엄과 머시사이드는 런던처럼 소수의 대규모 조합이 지배하고 있다. 런던과 마찬가지로 버밍엄과 리즈—브래드퍼드 지역에서도 총 조합원의 반 이상을 최대 규모 조합이 차지하며, 이에 비해 남부 요크셔와 클라이드사이드, 타인사이드의 최대 규모 조합원은 전체의 4분의 1에 못 미친다. 평균 조합원 수는 런던 이외에 버밍엄과 머시사이드에서 가장 높다. 이들 여러 지역은 합병을 통해 사업의 효율을 높일 것이 분명해 보인다. 남부 요크셔 지역에 있는 셰필드, 돈커스터 그리고 반즐리의 독립 조합들은 존재의 타당한 이유가 있을 수 있다. 그러나 셰필드에 있는 두 개의 대규모 조합(조합원 8만 명인 브라이트사이드·카브룩과 6만 2,500명인 셰필드·에클솔)이 따로 있어야 하는 충분한 근거를 찾기 어렵고, 또한 셰필드로부터 로더럼(조합원 3만 3,000명)을 분리하는 것

〔표 22-4〕 대도시권의 협동조합(1942년 수치)

대도시권	인구 (천명)	인구 대비 조합원 비율 (%)	조합 수 (천명)	조합원 수(천명)	최대 규모 조합 조합원 수(천명)	최대 규모 조합 조합원 비율(%)	조합당 평균 조합원 (천명)
런던	9,100	15	10	1,421	792	56	142
버밍엄	2,100	18	10	377	239	63	38
맨체스터	1,750	17	23	303	90	30	13
리버풀	1,350	25	10	336	136	40	34
리즈-브래드퍼드	1,000	25	33	254	129	51	8
세필드	1,750	25	25	441	100	23	18
타인사이드	1,250	25	40	316	75	24	8
클라이드사이드	1,400	16	22	220	50	23	10

도 의심스러운 편의주의이다. 리즈(조합원 12만 9,000명)와 브래드퍼드(조합원 3만 9,000명)가 합병하기 어렵다는 것은 다 아는 사실이다. 그러나 에어데일 구역의 33개 조합이 따로 존재해야 할 여지가 과연 있는 것일까? 맨체스터가 맨체스터·셸퍼드(조합원 9만 명) 이외에 1만 명을 넘는 3개 이상의 조합은 생략하지만, 에클스(조합원 3만 7,000명), 펜들턴(조합원 3만 2,000명), 베스윅(조합원 3만 1,000명), 페일스위쓰(조합원 2만 4,000명)를 포함한 23개 대규모 조합으로 갈라져 있는 게 과연 적절할까? 클라이드사이드는, 키닝파크(조합원 5만 명)가 세인트조지(조합원 2만 3,000명), 클라이드

뱅크(조합원 2만 2,000명), 그리고 1만 명을 넘는 5개 조합과 공존하는 게 정당할까? 타이드사이드는, 뉴캐슬(조합원 2만 7,000명)이 게이트헤드(조합원 2만 8,000명)와 재로우(조합원 2만 7,000명)로 분리되어 있는데, 설령 이들의 지리적 구역이 다르다 하더라도 이런 분리가 방편일까? 오늘날 모든 영역의 서비스를 제공하고, 협동조합이 전진하고 있다는 상징으로서 적합한 중앙 시설을 만들 수 있는 규모와 힘을 가진 단일 조합이 대도시마다 있어야 함은 확실하다.

물론 필자가 언급한 대부분의 조합은 자신들의 성과를 자랑스러워하며 독립적인 존재임을 완강하게 고집하고 있고, 정책의 차이로 이웃들과 멀어지고 있는 경우도 고려해야 할 것이다. 배당이 높은 조합과 낮은 조합, 교육을 중요하게 생각하는 조합과 그렇지 않은 조합, 협동조합당을 지지하는 조합과 노동당을 지지하는 조합, 부유한 지역에 공급하는 조합과 가난한 지역에 공급하는 조합이 있다. 합병을 강하게 옹호하는 곳에서조차 왜 합병의 진행이 더딘지를 이해하는 것은 어렵지 않다. 그러나 협동조합 운동이 자신의 영향력을 확대하고 변화하는 소비자 시장의 특성에 자신의 영향력을 유지하고자 한다면, 대중들에게 더 다양한 영역의 서비스를 제공하고 선전가로서 더 짙은 호소를 하기 위해 내부 체제를 정비하는 데 더 많은 관심을 기울여야 할 것이다.

이웃 조합들이 연합 활동을 함으로써 분리의 불이익이나 중복의 위험을 줄였음은 분명하다. 유제품 제조, 석탄 공급, 장의용품, 약품 판매, 빵 제조,

세탁업 모두 그러한 연합 활동의 주목할 만한 사례이다. 연합 활동은 특정 사업 분야에서 저항을 최소화하면서 효율을 높이는 방식이다. 그러나 이 것만으로는 현실에 충분히 대응할 수 없다. 개별 조합이 거래하는 각종 물품 판매를 공동의 중앙 매장을 만들어 확대하지 않으면 안 된다. 울워스 모델에 따른 대형 백화점과 정가 매장은 광범위한 공동 행동을 요구한다. 가난한 이웃들에게 협동조합을 효과적으로 확대하는 것도 광역에 걸친 공동 행동 없이는 불가능하다.

잉글랜드에는 대 '도시권' 이외에도 인구 20만이 넘는 중소 '도시권'이 여남은 개 이상은 된다. 이들 지역의 협동조합은 어떤 상태일까? [표 22-5]는 이들 도시 및 대 도시권 각각의 인구와 규모가 가장 큰 협동조합의 조합원 수를 대비한 것이다.

이 표의 (5)열은 대략적이지만 각 지역의 최대 규모 조합이 유효 시장에서 어느 정도 힘을 갖고 있는지를 보여준다. 그 범위는 플리머스 추정 총인구의 35퍼센트에서 사우샘프턴의 겨우 12퍼센트에 이르기까지 아주 다르게 나타난다는 것을 알 수 있다. (7)열의 수치는 협동조합연합회 구역이 여러 도시와 다른 관계를 갖는 지역에 걸쳐있기 때문에 중요한 의미를 부여하기 어렵다. 가장 중요한 수치는 플리머스와 더비 그리고 월솔 구역의 협동조합원이 차지하는 높은 수준과 사우샘프턴, 본머스, 헐, 노팅엄협동조합의 비교적 낮은 수준이다. 레스터의 낮은 수치는 부근에 소규모 조합이 성행하고 있기 때문이다.

〔표 22-5〕영국 중소 도시권의 협동조합운동(1942년 수치)

	(1)	(2)	(3)	(4)	(5)	(6)	(7)
	자치 도시 인구 (천명)	도시권 인구 (천명)	최대 규모 협동조합 조합원 수 (천명)	(1)에 대한 (3)의 비율 (%)	(2)에 대한 (3)의 비율 (%)	협동조합 연합회 조합 수	협동조합 연합회 총 조합원 수(천명)
브리스톨	420	500	85	20	17	21	167
노팅엄	280	480	73	26	15	13	165
헐	320	420	60	19	14	16	123
레스터	260	400	74	28	18	29	137
스톡온 트렌트	270	370	62	23	17	16	206
포츠머스	260	360	60	23	17	11	153
더비	140	260	81	58	31	9	165
코번트리	220	250	57	26	23	8	116
사우샘프턴	180	250	29	16	12	-	
미들즈브러	140	250	49	35	20	12	166
플리머스	225	240	84	37	35	28	160
브라이턴	150	240	53	35	22	6	66
월솔	110	200	65	59	33	7	146
본머스	125	200	27	22	14	-	

　이 도시들이 추정 인구의 적어도 25퍼센트를 대표하는 협동조합을 유지해야 한다는 것은 분명해 보인다. 우리의 시선을 작은 도시로 돌리면 각 지역의 상황이 크게 다르다는 것을 확인할 수 있다. 물론 사업의 경계가 자치도시를 훨씬 넘는 조합도 있지만, 한 도시에 여러 조합이 있기도 하다. 여

러 탄광 마을에서 사업을 하는 반즐리조합은 자치 도시 총인구보다 조합원이 훨씬 많지만, 올덤은 한 도시 안에 대규모 조합이 두 개나 있다. 각 도시가 하나의 중심지로 기능하는 보다 넓은 지역에 걸쳐 총인구와 협동조합 조합원을 비교하는 것은 불가능하다. 왜냐하면 협동조합연합회 지구는 대부분 지나치게 넓어서 하나의 단위로 기능하기 어렵기 때문이다. 그러나 허드즈필드 지역에 모두 8만 2,000명의 조합원을 가진 35개 개별 조합과 볼턴, 촐리, 리 그리고 위간을 포함한 지역에서 28개 조합이 17만 명 조합원을 갖는 것은 소비자협동조합 운동의 오랜 본거지에서 지역 중심주의를 지속시키는 뚜렷한 사례이다. 전체 인구 10만인 산업도시가 주변에 인구 5만의 작은 중심지를 끼고 있다면, 하나의 협동조합이 5만 명의 조합원을 유지할 수 있어야 한다. 반즐리만이 아니라 돈커스터, 프레스턴, 랭커스터, 워링턴에서 이 수준에 이르렀거나 이를 넘어섰다. ―이들 지역 모두 주요 조합이 전체를 장악하고 있다. 소규모 조합이 많은 허드즈필드나 핼리팩스, 번리, 로치데일은 이 수준에 이르기가 어려울 것이다. 거래 범위가 좁은 이러한 조합은 큰 도시에 근거를 둔 조합이 고객을 위해 넓은 지역에 의지해야 하는 (백화점)사업 부문의 발전을 저해할 터이다. 만일 지역감정 때문에 합병이 불가능하다면, 보다 큰 조합이 소규모 조합의 조합원을 위해 넓은 전시장이 필요한 상품이나 다양한 상품의 재고를 취급할 수 있는 대형 상점 역할을 할 수 없을까? 반복하는 말이지만, 연합 활동은 특정 사업에서 일정한 성과를 거두었다. 그러나 소규모 매장이 대규모 매장에 가맹하고,

대규모 매장을 통해 물품을 구매하는 사람들에게 그들이 소속한 조합에서 배당을 하면 안 되는 것일까? 당분간 완전한 합병이 불가능하다면, 이러한 방법만으로 협동조합 운동은 소매 사업의 다른 분야에서 식료품 거래와 우유 및 석탄 공급에서 차지하는 것과 맞먹는 지위를 가질 수 있을까?

4. 민주적 통제

그러나 소비자협동조합의 적절한 규모에 대한 문제는 사업의 효율성 면에서만 답을 찾을 수 없다. 민주적 통제의 문제도 있기 때문이다. 소규모 조합은 대규모 조합에서는 불가능한 민주적 통제가 가능하고, 이것이 기존 조합을 보다 큰 단위 또는 전체를 포괄하는 전국조합으로 통합하려는 데 반대하는 정당한 이유라는 주장이 있었다. 이 주장에는 얼마만큼 설득력이 있는 것일까? 대부분의 조합이 수십 명 또는 기껏 수백 명으로 구성된 운동 초창기에는 직접 민주주의가 매우 높은 수준에서 실현되었음은 분명한 진실이다. 이때는 조합원들이 자발적으로 돌아가면서 점원 일을 하던 시대였고, 조합원 대부분이 경영 위원회 또는 조합 매장 일에 봉사하던 시대였다. 그러나 협동조합 운동이 초창기의 소박한 조직 형태를 넘어 성장하면서 이 단계는 곧 지나갔다. 협동조합은 전문 구매인, 매니저, 판매원, 회계원, 그 밖의 훈련된 직원과 피고용인을 받아들여야만 했다. 조합원이 몇 백 명이 아니라 몇 천 명으로 성장하면서 이제 조합원 대부분은 단지 고객일 뿐, 적극적으로 경영에 참가하지도 않았고 그것을 원하지도 않는 지점에 이르렀다. 민주주의가 여전히 큰 요소였지만, 이는 조합원 전체의 민주주의라기보다는 적극적인 관심을 갖는 소수파의 민주주의였다.

그 다음 단계는, 총회를 위해 모든 조합원이 한 곳에 모일 수 없을 정도의 규모에 이르고 외딴 곳의 조합원들이 총회에 참석하기 어려울 만큼 지리적으로 확대되기 시작했을 때였다. 이와 함께 지부가 성장하면서 특정 지부와 거래하는 조합원이 지부 운영에 참여하는 권한의 문제가 생겼다. 공간의 문제는 그리 심각하지 않았다. 대규모 조합이 총회에 출석하기를 희망하는 모두를 받아들일 수 있는 회의장을 찾거나 자신들이 회의장을 직접 만들 수도 있었기 때문이다. 외딴 곳의 조합원에 대한 어려움은 보다 현실적이었는데, 이는 지부 조합원 총회와 다양한 기능과 권한을 가진 지부 위원회 성장으로 이어졌다. 마침내 대규모 조합인 리즈조합에서는 동시 또는 연속적으로 지역 총회를 여는 방안을 마련했다. 이 방안은 결의안을 제출하면 모든 지역 총회 투표 결과와 중앙 총회의 투표 결과를 합산하여 중앙 총회에서 그 결의안의 가부를 채택하는 방식이다. 투표를 합산하기 위한 지역 총회 방안은 도매협동조합은 물론, 전국 모든 조합의 대표자를 하나의 중심으로 모이는 일의 어려움을 해결했다.

이 방안은 웹 부부가 만든 협동조합의 민주적 대의제 방법으로, 그들의 저서인 『소비자협동운동』에서 이미 소개한 것이다. 이것은 별 무리 없이 운용된 것처럼 보이지만 명확한 한계가 있었다. 이 방안은 토론 과정에서 절충을 위해 이끌어낼 수 있는 다양한 제안들을 배제하는 경직성을 내포한다. 투표자들은 사전에 조정된 양자택일 의제 또는 특별한 제안에 대해 찬성과 반대만을 결정하는데, 이는 '총회의 지향'에 이르기 위해 가능한 토의를 할 수 없음을 의미한다. 그럼에도 불구하고 이 방안은 대규모 조합에서 '1인 1표' 원칙을 유지하는 최선의 방법일 수 있고, 만일 총회에 출석하기를 희망하는 조합원이 대부분이라면 보다 광범위하게 이 방안을 도입해야 할지 모른다.

리즈조합과 여타의 조합은 이 방안 외에 조합의 문제를 검토하기 위해 지역 위원회와 이 위원회에서 선출한 대표단을 활용하고 있다. 이 결과, 경영 위원회와 유급 매니저의 행동을 감시하고 여러 고충을 진정하거나 조합의 사업과 선전의 효과적인 발전을 위한 제안을 내놓기 위해 공식적으로 인정된 '시민 감시단'과 비슷한 성격의 조직을 만들기에 이르렀다. 조합이 광역적으로 확대되는 곳에서는 어디나 정기적인 지부 총회를 열고, 지부의 의견을 중앙이나 다른 지부에 전달하기 위해 지부 대표를 임명하는 것은 충분한 이유가 있다. 민주주의의 이러한 장치들이 지부 총회에 참석하는 수고를 마다하지 않는 소수파에게 지나치게 많은 영향력과 권한을 부여해 조합 업무를 처리하는 사람들에게 폐를 끼치는 결과를 가져온다는 주장도 있었다. 그러나 지부 총회가 넓은 지역에 흩어진 조합원들의 중앙 총회보다 소수파의 제물이 될 가능성은 적다. 여기에 이의를 제기하는 사람들은, 여러 지역의 지역 총회를 여는 것보다 비 대의제의 중앙 총회를 '관리하는' 편이 더 낫다고 말하는 것이다. 물론 사익을 추구하는 소수파가 조합 운영을 좌우해서는 안 된다. 그러나 이것은 반대 그룹에 대해서만큼이나 중앙 파벌에 대해서도 철저히 적용된다. 올바른 개선책은, 보다 많은 조합원이 조합 경영에 적극적인 관심을 갖게 만드는 것이다.

모두가 인정하듯이 이것은 쉬운 일이 아니다. 왜냐하면 협동조합 총회는 특별한 일이 일어나지 않는 한 보통은 별 흥미가 없기 때문이다. 협동조합 총회만 그렇다고 이야기하지만 사실은 그렇지 않다. 노동조합도 총회에 많은 조합원이 참석하지 않아 어려움을 겪고 있고, 모든 대규모 단체들도 기록을 보면 같은 경험을 갖고 있다. 사람들은 대부분 자신에게 흥미로운 주제가 있을 때는 참석해서 투표할 수 있지만, 조합 운영에 대해 매일같이 적극적인 역할을 하지는 않는다. 토론이 진행 중인 특별한 주제가 없다면, 어쩔 수 없이 조합원들에게 가장 흥미 있는 주제는 배당의 크기가 된다. 배당을 줄이겠다는 위협이 총회에 가장 많은 참석자를 불러 모으는 수단으로 알려진지 오래이다. 이는 협동조합 운동에 대한 조롱거리였다. 그렇지만 달리 무엇을 기대할 수 있을까? 대부분의 협동조합인들은 자신을 매장 경영 전문가로 생각하지 않는다. 그래서 배당 이외에 광범위한 관심을 불러일으키는 주제는 흔치 않은 일이다.

대부분의 협동조합 총회 출석률 —총 조합원 수 대비— 은 조합의 규모와 상관없이 낮다. 협동조합 합병을 반대하는 사정은 서로 다른 규모의 조합 총회에 참석하는 사람들의 숫자로 좌우될 수 없다. 이는 오히려 협동조합 매장 조합원이 스스로 소속감을 느끼는 지역 공동체와 얼마만큼 일치하느냐에 달려있다. 뜨거운 애향심과 공동체 의식을 지닌 도시나 시골 마을이 그 자체의 지역 협동조합을 가지려고 하는 것은 자연스러운 일이다. 랭커셔와 요크셔의 도시와 공장 마을 그리고 일부 광산 마을에 있는 지역조합이 극단적으로 고집을 부리는 배후에는 이것이 가로놓여 있다. 이런 지역 사람들은 지역 공동체를 의식하고 있다. 그들은 협동조합이 지역 공동체의 한 부분이 되기를 원하지, 자신들의 것으로 느끼지 않는 중심 단체의 단순한 부분이 되기를 원치 않는다. 이와 똑같은 감정이, 보다 효율적인 서비스 제공이 가능한 더 큰 단위로의 지방 정부 기관 통합을 마주보고 있다. 이 강렬한 지역감정이 전혀 근거 없는 문제라고 묵살하는 것은 어리석은 일이다.

문제는, 그러한 지역의 요구를 광역에 걸친 공동 사업의 유리함을 지키면서 충족할 수 없는가 하는 것이다. 한 가지 중요한 요소는, 설령 지역조합이 보다 큰 하나의 통합체가 되었다 하더라도, 이 지역조합이 자신의 이름을 유지할 수 있게 하는 것이다. 지역조합은, 다른 조합에 철저하게 통합되고서도, 사실상 권한과 기능에 많은 차이가 없지만 자신을 단순한 지부라고 느끼지는 않는다. 물론 이름을 유지한다는 것은 그와 더불어 지역 기구—일종의 지역 위원회나 지역 조합원 총회(독립 총회이든, 정책을 결정하는 별도 총회와 (집합)투표를 하는 지역 총회이든)—와 중앙 또는 연합 경영에 대해 지역의 관점을 대표하는 지역 대표를 선출할 권한을 가질 것을 함축한다. 소비자협동조합 운동은 지역 공동체 속에서 협동조합 조직의 개성을 파괴하지 않으면서 넓은 지역에 걸친 공동 서비스를 효과적으로 제공하기 위해 단순한 연합과 완전한 합병 사이에 놓인 방법을 고안할 필요가 있다. 이와 관련해 최근에 나온 제안은 지역조합을 단지 '임시변통'의 연합으로 보완하기보다는 보다 완벽하게 자치구 조합으로 만들자는 것이다. 이는 지역 협동조합의 구조를 효율적이고 현대적인 조건에 맞게 개조하는 과정으로 나아가는 첫 걸음이 될 것이라 생각한다.

조합원 1만 명인 조합이 10만 명인 조합보다 반드시 민주적이라는 견해는 지지할 수 없다. 협동조합은 단순한 직접 민주주의의 한계를 넘어 성장함에 따라 관료적 통제를 막고 조합원의 적극적인 참여를 끌어낼 수 있는 특별한 방안을 채택해야만 한다. 이 방안은 물론 조합의 규모에 따라 다를 것이다. 그러나 올바른 방법을 갖는다면, 조합이 커질수록 민주적 통제의 현실성이 작아진다고 하는 일은 있을 수 없다. 결의안을 통과시키기 위해 다른 지부의 대표와 부딪쳐야 하는 지부 대표를 선출할 권리를 가진 지부 총회를 장려하고, 지역 총회에서 이루어진 투표 결과를 합산하고, 교육 사업과 길드 사업을 적극적으로 장려함으로써 대규모 조합은 그들보다 작은 일부에 지나지 않는 지역조합에도 존재할 수 있는 민주주의와 똑같은 참된 민주주의를 창조할 수 있다. 그러나 협동조합의 규모가 어떠하든 민주주의는 저절로 이루어지지 않는다는 것을 명심해야 한다. 조합원들의 참여가 거의 없는 상태는 조합을 소수 패거리의 수중에 빠뜨릴 수 있는 영원한 위협이다.

5. 지역적인 편차

영국 인구의 약 5분의 1이 협동조합 매장 조합원이다. 그러나 협동조합 운동의 힘은 지역마다 크게 다르다. 힘이 약하기로 유명한 웨일즈에서 이 비율은 약 10분의 1에 지나지 않고, 이에 비해 스코틀랜드는 영국의 평균 비율을 조금 웃돈다. 필자는 [표 22-6]에서 주요 지역 상태를 나타내기 위해 여러 분류를 시도해 보았는데 쉽지 않았다. 왜냐하면 협동조합연합회 각 지구는 다른 단체들이 분류하는 지역과 일치하지 않기 때문이다. 게다가 지구를 분할한 구역은 지방 정부의 경계선을 가로지를 때가 있다. 필자는 런던 지역과 다른 한둘의 경우, 대 '도시권'이 주 경계선을 가로지르는 곳을 빼고 주 기준으로 수치를 조정하는 작업에 힘썼다. 이 비교는 협동조합이 행정적인 경계에 머무르지 않고 최신 통계가 없어서 각 지역별로 부여된 인구가 대강의 수치이기 때문에 정확하다고 말할 수는 없다.

그러나 이 비교는 우리의 목적에는 충분히 부합한다. 여기에서 우리는 중공업이 집중해 광업 인구가 많은 북부 여러 주의 협동조합이 가장 많은 조합원 —총인구의 약 29퍼센트—을 가졌음을 알 수 있다. 다음으로는 협동

〔표 22-6〕각 구역 조합원 비율(1942년)

		인구 (천명)	협동조합 매장 조합원 (천명)	인구에 대한 조합원 비율(%)	구역 내역
남부	대런던	9,000	1,420	16	대런던, *표가 있는 여러 주의 일부분을 포함
	남동부	4,750	670	14	서리*, 켄트*, 서식스, 햄프셔, 옥스퍼드셔, 버킹엄셔, 하트퍼드셔*, 베드퍼드셔
	동부	1,700	260	15	노퍽, 서퍽, 케임브리지셔, 헌팅던, 에식스*
서부	남서부	2,500	440	18	콘월, 데번, 브리스톨을 포함하는 서머싯, 윌트셔, 도싯,
	서부	520	65	12	글로스터셔, 헤리퍼드
미들랜드	웨스트 미들랜드	3,645	755	21	워릭, 우스터, 슈롭셔, 스태퍼드셔(북 스태퍼드 포함)
	이스트 미들랜드	3,120	765	25	노팅엄셔, 더비, 레스터, 유틀란트, 노샘프턴셔, 링컨
북서부	랭커셔와 체셔	5,900	1,470	25	랭커셔, 체셔
요크셔	요크셔	4,350	1,065	25	요크셔(라이딩 전부)
북부	여러 주	2,200	640	29	노섬벌랜드, 더럼, 컴벌랜드, 웨스트몰랜드
웨일즈	사우스 웨일즈와 몬머스	2,000	205	10	브레콘, 카마던, 글래모간, 몬머스, 펨브로크
	중·북 웨일즈	600	65	11	웨일즈의 나머지 지역
스코틀랜드	스코틀랜드	5,000	105	21	스코틀랜드 전 지역

주: 협동조합 숫자는 협동조합연합회 구역과 완전히 일치하지 않는다. 이 숫자는 주에 따른 구역으로 조정된 것이다.(예를 들면, 북 스태퍼드는 웨스트 미들랜드로 옮겼고, 웨일즈는 서부와 북서부 구역에서 옮긴 것이다.) 인구에 대한 협동조합 매장 조합원 비율은 약 20퍼센트이다.

조합 운동의 오랜 중심지인 랭커셔, 요크셔, 동부 미들랜드 —모두 약 25퍼센트—가 높은 비율을 차지했다. 스코틀랜드와 서부 미들랜드는 전국 평균을 조금 웃돌고, 나머지 지역은 전국 평균에 크게 못 미친다. 남서부는 플리머스와 브리스톨의 대규모 조합 덕분에 비교적 높은 수준이다. 런던을 포함한 남부와 동부는 14퍼센트에서 16퍼센트 사이이다. 글로셔터(브리스톨에서 분리)와 헤리퍼드의 수치는 가장 낮지만, 농촌 마을이 지배적인 중부와 북부의 배후 남쪽으로 산업 지대가 있는 웨일즈를 조금 앞선다. 최대 규모의 조합 매장(카디프, 2만 명)이 CWS에게 인수된 남부 웨일즈는 사실상 영국 최대의 협동조합 '사막'이다. 남부 웨일즈는 카디프를 제외하고 조합원이 1만 명 이상인 조합은 단 2개뿐이고, 그밖에 14개 조합이 5,000명을 넘는다. 이런 현상은 탄광 마을이 고립되어 있기 때문이다. 하지만 이것이 결코 전체 운동의 취약함을 설명하는 이유가 되지는 않는다. 또한 운동의 취약함을 남부 웨일즈가 견뎌온 장기 불황 탓으로 돌릴 수도 없다. 물론 이것이 상태를 악화시키기는 했지만 말이다. 남부 웨일즈의 협동조합은 늦게 시작되었고 지금까지 강해진 적이 없었다. 예배당의 질투는 다른 많은 분야에서 공동체 원리에 기초한 사회적 행동을 저해했던 것과 마찬가지로 협동조합 운동을 취약하게 만든 하나의 요인이었다.

웨일즈를 제외하고 이 표에 나타난 지역은 너무 넓어서 인구가 희박한 농촌 지역이나 교외와 휴양지에 있는 중산 계급의 협동조합 '사막'을 나타내기 어렵다. 오랫동안 '사막'이었던 런던은 템스 강 북쪽의 런던조합, 남쪽의 왕립병기창조합과 남부교외조합이 급속하게 성장한 뒤로 더 이상 사막이 아니다. 그러나 교외의 중산 계급과 상류 계급 그리고 각지의 고객들이 찾아오는 거대한 쇼핑센터인 런던은 협동조합 운동에서 보면 여전히 '사막'이다. 또한 부유층이 사는 교외 지역에서 협동조합 운동의 힘은 매우 약하다.

6. 협동조합 교육

총인구의 5분의 1을 차지하는 협동조합 매장 조합원 900만 명 가운데 거래 이상의 의식을 가진 사람은 얼마나 될까? 협동조합 교육에서 훌륭한 일을 해 온 여성길드에 가입한 주부들이 협동조합 매장에서 물건을 사는 일은 많지 않았다. 1942년 잉글랜드의 여성길드 회원은 5만 627명이었고, 스코틀랜드 여성길드 회원은 2만 4,300명 —전체 인구에 비하면 잉글랜드보다 높다— 이었다. 잉글랜드와 스코틀랜드의 남성길드와 전국협동조합인 길드는 모두 규모가 작았다. 협동조합연합회 아래 조직된 협동조합 학급은 1938년~1939년에 비실무 과목 학급 수 345개에 학생은 6,789명에 그쳤고, 피고용인을 위한 실무 과목 수강자는 2만 3,285명, 학급 수는 1,341개였다. 이마저도 전쟁이 일어난 뒤로 급격히 줄었다. 물론 지역조합은 이외 많은 학급을 노동자교육협회나 전국노동자대학협의회와 공동으로 또는 왕립병기창조합과 다른 여러 조합처럼 지역 교육당국과 공동으로 조직했다. 초심자를 위한 특별 실무 학급과 청년 협동조합인들을 대상으로 하는 사업도 진행했다. 협동조합연합회가 발표한 통계는 그들이 직접 조직한 학급과 강좌만 포함하기 때문에 운동 전체 교육 활동을 과소평가하고 있다. 그러나 전쟁 중에 협동조합의 학급 운영이 다른 형태의 성인 교육만큼 잘 유지되지 못했음은 주목할 만한 사실이다. 협동조합연합회가 주관하는 학급의 수강생이 최근 줄어든 이유 가운데 하나는, 청년 활동이 연합회 교육부에서 청년부로 옮겨갔기 때문이다. 이것이 협동조합의 주니어 학급 수강생이 외견상 5,000명으로 줄어든 이유이다. 1938~1939년에 주니어 학급은 1,280개로 수강생은 3만 9,217명이었다.

그리고 이들 수강생 대부분은 현재 협동조합 청년 조직 아래 있는 개척자 그룹에 등록되어 있다. 그러나 이와 같은 설명은 사회 과목 수강생이 감소하는 현상에는 통하지 않는다. 수강생이 크게 줄어든 이유가 전쟁 때문이기는 하지만, 전쟁이 일어나기 전의 숫자도 전체 조합원 수와 '로치데일 원칙'의 하나로서 교육의 인식과는 대조적으로 매우 저조했다. 이들 숫자가 각 지역조합에서 지원을 받는 모든 학급 수강생을 포함했다면 확실히 늘어났을 것이다. 그러나 소수의 조합이 눈에 띄더라도 기록은 여전히 불만족스럽다.

교육 사업에 얼마를 지출했는지를 보면 협동조합 운동의 교육 활동이 충분하지 않았음을 알 수 있다. 1942년에 구매조합은 총액으로 100만 파운드의 거의 4분의 1을 교육 사업에 할당했다. 그러나 로치데일 선구자들이 잉여의 2.5퍼센트를 교육에 할당했던 것에 비해 지금은 평균 0.5퍼센트를 넘지 않고, 조합원 1인당 연 6.5펜스에 지나지 않는다. 물론 개별 조합은 이 점에서 크게 다르다. 매우 진지하게 교육의 책임을 다하는 조합도 있고 이는 칭찬받을 만하다. 그러나 유감스럽게도 교육 활동의 평균 수준은 낮다. 또한 지역적인 편차도 크다. 1942년 조합원 1인당 지출된 교육 활동 금액은, 아일랜드 지구 9펜스나 북서부 지구 8.5펜스에서 북부 지구 단 3펜스 그리고 서부 지구가 이보다 조금 많은 정도이다. 미들랜드와 스코틀랜드 지구는 평균 7.5펜스, 남서부는 거의 7펜스, 남부는 6.5펜스 그리고 요크셔 지구는 4.5펜스를 밑돌았다. 교육에 들어간 잉여금 비율로 보면 남부 지구만이 1퍼센트를 넘었고, 요크셔와 서부 지구는 평균 1퍼센트의 4분의 1에 지나지 않았다.

게다가 이 할당액은 피고용인의 실무 연수만이 아니라 선전 활동과 사회적 모임에 들어가는 대부분의 경비를 포함했음을 유의해야 한다. 교육 할당액의 대부분을 관리비가 흡수해버린다. 협동조합 운동의 민주적인 교육 기구를 유지하려면 비용이 따른다. 1942~1943년에 협동대학 강좌에 등록한 학생은 모두 33명이었고, 전쟁 중에 개설한 특별 단기 강좌에도 169명이 등록했는데 여기에 따르는 비용은 협동조합연합회가 충당했다. 따라서 지역 자금으로 장학금을 주는 경우를 제외하면, 각 지역조합이 교육을 위해 의결한 금액에서 지출한 것은 없었다. 현재 새로운 협동대학을 만드는 계획에 자본 25만 파운드가 필요한데[6], 이 돈은 7년 동안 조합원 1인당 연간 1펜스의 기부금으로 마련한다고 되어 있다.

7. 생산자협동조합

우리는 이 장에서 모든 형태의 생산자협동조합 운동을 위축시키고 있는 소비자협동조합의 전체상을 다루고 있다. 생산자협동조합은 운동의 산업 면을 대표하는 협동조합생산연합(Co-operative Productive Federation, CPF)에 가맹해 있는데, 전쟁이 일어나기 직전까지 41개 조합에 총 조합원 1만 4,514명과 100만 파운드를 약간 밑도는 출자금과 차입금을 갖고 있었다. 생산자협동조합이 고용한 노동자는 8,000명을 조금 넘었고, 판매 총액은 300만 파운드에 약간 못 미쳤다. 1938년 생산자협동조합의 잉여금은 약 12만 파운드를 기록했다. 최근의 생산자협동조합 운동의 성장은 더뎠다. 피고용인 수는 1923년 5,200명에서 1938년 8,200명으로 점점 늘었지만, 조합원 수는 지금까지 거의 변화가 없었고, 조합 숫자는 1923년 44개에서 1938년 41개로 줄어들었다. 자본금 총액은 늘었지만 몇 개 조합이 사라졌기 때문에 다시 줄었다. 반면 판매 총액은 해마다의 가격 변동에 거의 영향

6　1944년—100주년 기념의 해.

을 받지 않고 착실히 늘었다.

  1939년에 협동조합생산연합에 가맹한 조합 가운데 15개 조합이 부츠와 구두를 제조했고, 각종 의류품 제조 조합이 10개였다. 인쇄와 동종 사업 조합은 12개, 그 밖의 제조업이 4개 조합이었다. 조합원 대부분은 피고용인이나 개인 후원자가 아니라, 크고 작은 생산자협동조합에 자금을 투자한 소매협동조합이었다. 이렇게 해서 41개 생산자협동조합 가운데 37개 조합은 소매 매장 조합원이 3,485명, 피고용인이 5,773명, 퇴직한 피고용인을 포함한 기타 개인과 단체가 4,960명을 차지했다. 또한 소매협동조합은 총 출자금의 약 3분의 1을 보유했는데, 이에 비해 피고용인은 약 29퍼센트, 다른 개인이나 단체가 각각 37퍼센트를 보유했다. 통제권은 조합마다 조합원과 외부 출자자 사이에 다양한 방식으로 공유되었다. 출자 조합원이 아닌 피고용인도 꽤 많았다. 1938년 의류 공장의 피고용인은 (아동)청소년을 포함해 5,019명, 피고용인 출자자는 3,550명이었다. 부츠 공장의 피고용인은 1,881명, 피고용인 출자자는 1,461명이었고, 인쇄 공장의 피고용인은 562명, 피고용인 출자자는 465명 그리고 기타 공장의 피고용인은 522명, 피고용인 출자자는 297명이었다. 부츠와 인쇄조합은 탁월한 실적을 거두었다. 1938년 평균 소득이 110파운드인데, 이 평균치는 여성과 소녀의 고용 비율이 높은 의류 공장 탓에 낮아진 것이다. 부츠조합의 평균 소득은 131파운드, 인쇄조합은 155파운드 10실링이었다. 생산품의 거의 대부분은 소매조합 매장에서 판매되었다. 1938년 의류조합의 매장 판매액은 162

만 4,000파운드였고, 매장 이외 판매액은 3만 7,000파운드뿐이었다. 부츠조합의 이 수치는 61만 7,000파운드와 8만 9,000파운드, 인쇄조합은 10만 4,000파운드와 10만 6,000파운드였다. 부츠조합과 인쇄조합은 주로 노동조합과 여타 노동계급 단체이다. 모두 합하면, 총 판매액의 약 87퍼센트가 협동조합 운동 내부에서 이루어졌다. 생산자협동조합은 외국 협동조합과 수출 거래를 조금 하고 있지만, 통상의 자본주의 시장에 참여하는 것은 거의 무시할만한 수준에 지나지 않는다.

1938년, 협동조합은 총 잉여금 11만 5,000파운드 가운데 '노동 배당'에 3만 4,000파운드, 출자에 대한 이자(대부분 5퍼센트) 5,500파운드, 이용 실적 배당 5만 2,000파운드, 교육비 2,600파운드, 자선 사업비 2,700파운드 —나머지는 주로 적립금— 를 할당했다. 이용 실적 배당이 잉여금의 약 절반으로 '노동 배당'보다 상당히 많은 액수를 차지했다. 이는 생산자협동조합과 소비자협동조합 운동 사이의 밀접한 관계를 보여주는 중요한 징표이다.

영국의 생산자협동조합은 그것이 전적으로 의존하고 있는 소비자 운동의 부속물로 존재한 것에 지나지 않았다. 생산자협동조합의 영역은 협소했고, 그들의 업종은 총 비용 대비 노동비가 높은 —바꿔 말하면 고가의 자본 장비 또는 제조에 의해 부가되는 가치와 관련하여 비싼 원재료를 필요로 하지 않는— 업종이었다. 그들이 생산한 물품은 대개 조합 매장에 언제나 정해진 수요가 있는 종류의 것이었다. 그리고 이들 물품은 도매조합이나 소매조합에서 직접 생산하기도 했기 때문에 이들과 생산자협동조합 사이에 얼마간의 경쟁은 필연적이었다. 1938년에 CWS는 단독으로 부츠와 구두를 생산했는데, 생산자협동조합에서 생산한 것보다 가격이 두 배가 넘었고, 의류는 생산자협동조합과 거의 같은 값으로 생산했다. CWS 인쇄소의 물량은 인쇄생산자협동조합보다 6배나 많았고, 또한 인쇄협동조합은 협동조합생산연합과는 관계가 없는 소비자조합의 연합 조합으로 생산자협동조합 전체 매출액의 거의 절반에 가까운 매출액을 기록했다. 또한 연합체인 신문협동조합은《레이놀드 뉴스》와《코퍼러티브 뉴스》의 대량 발행부수에 힘입어 매출액이 꽤 높았다. 요컨대 생산자협동조합은 모두 소규모였고, 만일 대형으로 성장했다면 아마도 그 성격이 변질되었을 것이다. 왜냐하면 대규모 자본이 그들을 사실상 소비자 운동이 소유하는 연합 조합으로 전환시켰을 터이기 때문이다. 이러한 전환은 이미 일어났었다. 앞서 살펴본 것처럼, 많은 생산자협동조합이 일부 조합 매장의 소유 아래 있는 연합 조합의 과도기를 거친 뒤 도매조합에게 완전히 인수되었다.

그렇다고 해서 생산자협동조합이 소멸할 수 있음을 의미하지는 않는다. 그들 대부분은 제한된 분야에서 소비자의 통제 아래 있는 협동조합 기관과 경쟁에 맞서 매우 안정적이고 효율적인 것으로 보인다. 이는 주로 숙련 노동력이 필요한 물품에 적용된다. 생산자협동조합은 값싼 제품의 대량생산에는 적합하지 않다. 하지만 그들은 장인적인 숙련에 관심을 갖거나 고도로 표준화된 제품을 생산하는 규모 있는 공장의 규율을 싫어하는 노동력을 안고 있다. 이 때문에 생산자협동조합의 확장이 제한되고, 생산자 그룹보다 오히려 도매조합이 점점 늘어나는 협동조합 생산 발전을 촉진하고 있다.

8. 도매협동조합과 생산

필자는 생산자협동조합의 생산량이 전쟁의 영향을 받을 수밖에 없기 때문에 지금까지 전쟁 전의 수치로 이야기를 했다. 이제부터 이야기할 도매협동조합의 생산량에 대해서도 같은 방법을 쓸 것이다. 1938년 잉글랜드 CWS가 운영한 공장과 작업장은 모두 192개로 여기서 생산 또는 가공한 총액은 4,700만 파운드, 고용 노동자는 4만 8,000명이 넘었다. 제분과 그 부대 공정은 총액의 거의 4분의 1을 차지했지만, 고용 노동자는 1,700명뿐이었다. 나머지 분야에서 50만 파운드를 넘거나 이에 가까운 생산량을 갖는 것은 스코틀랜드CWS 수치와 제빵 및 세탁업의 두 주요 연합 조합 그룹이 발표한 1942년 생산량 자료를 참조해서 [표 22-7]로 정리했다.

전체 총액을 놓고 보면, 각 사업 부문의 가공량에 따라 생산 비율이 크게 다르다는 게 선명히 드러난다. 제분에 종사하는 피고용인 2,106명이 1,269만 3,000파운드, 1인당 6,000파운드를 생산한 반면, 부츠와 구두 제조 및 피혁 가공에 고용된 5,745명이 겨우 206만 파운드, 1인당 약 360파운드를 생산했다. 이러한 차이는 제조 과정에서 피혁 노동이 제분 과정의 곡물 노

〔표 22-7〕 도매조합과 연합조합의 협동조합 생산 주요품목

1938년	CWS			스코틀랜드CWS		
	공장 수	노동자 수	생산액 (파운드)	공장 수	노동자 수	생산액 (파운드)
밀가루	8	1,718	9,123	5	410	2,182
버터	3	262	2,929	-	-	-
건축. 엔지니어링	10	4,595	3,305	4	1,154	873
비누, 양초, 전분	3	1,831	2,406	1	312	397
건염 및 포장 상품	5	1,612	2,191	-	-	-
부츠, 구두, 가죽 제품	10	4,851	1,795	1	956	402
여물 및 사료	5	575	1,452	-	-	-
절임, 과피, 피클	5	2,166	1,879	5	712	746
라드	2	90	1,276	-	-	-
담배, 시가, 궐련	1	662	1,405	1	332	870
마가린	1	952	1,267	1	132	344
베이컨	5	420	1,556	1	47	183
의류 및 모피 제품	10	4,670	1,262	7	1,252	241
인쇄, 제본 등	6	3,718	1,318	2	926	499
양피 등	11	322	581	-	-	-
과자, 케이크	2	1,690	828	-	-	-
통조림	1	771	815	-	-	-
도축장	3	65	762	-	-	-
가구	6	2,191	846	-	349	150
셔츠 및 작업복	5	2,204	656	-	316	174
양말 및 스웨터	1	1,744	485	-	280	-
면직물	4	987	440	-	-	-
CWS와 SCWS 홍차	-	-	8,762			
1942년 연합조합	조합	노동자	판매액	조합	노동자	판매액
제빵	12	736	818	4	1,852	1,837
세탁 등	17	9,828	1,120	SCWS	577	80

동보다 훨씬 많다는 것과 제분 기계가 부츠 제조 기계보다 훨씬 고가라는 사실에서 비롯된다. 협동 생산에 들어간 실질적인 협동조합적 요소는 원료 대부분이 조합에서 생산되지 않기 때문에 최종 생산물의 판매 가격보다 훨씬 적다.

1938년 CWS 총 판매액은 1억 2,500만 파운드에 이르렀고, 스코틀랜드 CWS는 2,700만 파운드를 넘었다. 이들 총액은 소매 가격으로 구매조합 거래액의 56.7퍼센트와 53.8퍼센트에 상당한다. CWS의 노동자는 5만 9,400명, 스코틀랜드CWS는 1만 4,200명이었고, 두 단체가 운영하는 합동도매조합은 거의 2,000명을 고용했다. 이렇게 해서 도매협동조합 피고용인은 모두 약 7만 5,000명이고, 이 가운데 생산과 서비스 부문에 6만 3,000명, 유통 부문에 약 1만 2,000명이 종사했다. 같은 해 각 지역조합 매장은 약 24만 명을 고용했고, 이 가운데 약 4만 4,400명이 생산과 서비스 부문에, 나머지가 운송을 포함한 유통 부문에 종사했다. 생산과 서비스 부문에서 지불된 임금은, 도매협동조합이 평균 130파운드 10실링, 소매협동조합은 148파운드 10실링이었다. 유통 부문의 평균 임금은 도매협동조합 173파운드 10실링, 소매협동조합 133파운드 3실링이었다. 도매 판매에서 생산액이 차지하는 비율은 CWS가 37.5퍼센트이고 스코틀랜드CWS는 28.7퍼센트, 둘을 합하면 36퍼센트였다. 이렇게 해서 도매협동조합이 판매하는 물품의 3분의 1이 그들 공장에서 제조의 몇 단계를 거친 것이었다. 유통 서비스 외에 소매협동조합이 만들거나 제공한 생산물과 서비스가 1938년에

4,200만 파운드인 것을 보면, 매우 많은 부분이 도매협동조합의 생산물로 부가되었음을 알 수 있다. 연합 소매조합 생산에서는 이 수치를 일부는 자신의 소매 판매에 부가하고, 또 일부는 그렇지 않은 데도 있어서 개별 수치를 제공하기가 불가능하다.

분명한 사실은, 협동조합이 생산한 물품 총액은 제조업 전체 생산량과 비교하면 대단히 적다는 것이다. 1935년 생산 통계에 따르면, 연속적인 제조 단계에서 물품의 이중계상을 제외한 제조업의 '순' 생산량은 공장도 가격으로 11억 5,100만 파운드였고, 건축이나 광업 같은 비제조업의 순 생산량은 4억 2,500만 파운드였다. 이에 비해 1938년 협동조합 운동의 원재료를 포함한 '총' 생산량은 9,000만 파운드를 밑돌았고, 그것도 아주 작은 산업 그룹에 집중된 것이었다.

협동 생산이 기존 노선을 따라 확장할 가능성은 분명하다. 그러나 소매조합에서 적절한 시장을 찾을 수 없는 분야에는 쉽게 진출할 수 없고, 특허권으로 엄격히 보호되는 생산 부문에도 비집고 들어갈 수가 없다. 이러한 한계는 생각했던 것보다 훨씬 크다. 가령 양모 제품 같은 대규모 협동조합 시장이 있다고 하더라도 이 시장은 획일적이지 않고 다양한 품질과 스타일을 요구하기 때문에 매장 판매 부분을 넘어서 협동조합 생산을 하려고 해도 경제적 이점을 살리기에는 어려울지 모른다. 또한 협동조합 공장에서 어떤 제품을 엮고 짜는 것은 경제적으로 가능할지 모르지만, 방사를 생산하는 것은 불가능하다. 특허나 효율성을 위해 필요한 대규모 생산 때문에라도, 레이온이나 여타 화학제품 제조가 불가능할지 모른다. 자본재 생산 부문에서 협동조합 생산의 가능성은 닫혀 있다. 다른 이유이기는 하지만, 사치품 제조도 마찬가지이다. 협동조합 운동은 내부의 금지 규정으로 증류주나 맥주 생산과 취급을 못했다. 그리고 지금 성장하는 사업인 호텔이나 레스토랑, 엔터테인먼트 부문에는 아주 작은 부분만 관여하고 있다. 필자가 이 글을 쓰고 있는 중에 협동조합 운동은 피플즈엔터테인먼트조합이라는 새로운 조직을 통해 허드즈필드에 최초의 극장을 마련했다. 또한 여남은 개 미만의 조합이 영화 사업에 진출했는데, 협동조합 운동이 어떤 대규모 시도라도 하면 매우 강력한 독점적 반대에 부딪히지 않으면 안 될 것이다. 여러 대형 협동조합 매장이 직접 운영하는 카페나 레스토랑을 갖고 있다. 그러나 영국 전체에서 협동조합 주점은 단 두 개뿐이고, 필자가 아는 한 협동조합 호텔[7]은 하나도 없다. 게다가 이미 살펴본 것처럼, 협동조합 운동은 울워스나 막스앤드스펜스에서 하고 있는 형태의 사업을 시작할 것인지 결정조차 못하고 있고, 매우 한정된 중심지 말고는 제대로 된 백화점도 갖고 있지 않다.

협동조합 운동은 이러한 분야에서 위대한 새 출발을 눈앞에 두고 있을 것이다. 협동조합 운동은 풍부한 자본을 갖고 있고, 원한다면 더 많은 자본을 손에 넣을 수 있을 것이다. 물론 전쟁 이후 출자금이 많이 인출될 가능

---

7 필자가 본문을 교정하는 동안, 옥스퍼드조합이 호텔을 매입했다고 발표했다.

성을 고려해야 한다. 전쟁 뒤에는 소비 물품이 풍부해지고 조합원은 전쟁 동안 저축했던 돈을 가구나 가정용품, 옷을 새로 장만하기 위해 쓴다. 그러나 조합이 이러한 인출을 신속하게 신규 저축으로 보충할 수 없다고는 생각하지 않으며, 또한 이것이 발전을 크게 방해할 것 같지도 않다.

자본 부족은 성장의 장애물이 아니다. 운동의 장애물은, 경쟁이 보다 격렬하고 시장은 훨씬 불안정한 다른 사업 분야로 진출하는 것이 어렵다는 데 있다. 협동조합 운동이 대규모 거래를 구축해 온 식료품이나 다른 대부분 상품에 대한 소비자의 요구는 변화하지만 그 속도가 더디다. 따라서 제품의 다양성을 추구하거나 유행의 변화에 따라 스타일이나 형태를 바꿀 필요도 없다. 협동조합 운동은 대체로 기존 수요에 보수적으로 대응하는 편이었고 혁신자가 아니었다. 그러나 소비자의 요구가 전보다 더욱 다양해지고 변화의 속도가 빨라지면서 제조와 서비스 영역에서 협동조합이 성장하는데 커다란 장애가 되었다. 협동조합은 변화하는 시장 조건에 적응하기 위해 방법을 바꾸어야만 한다. 경영진에게 보수를 더 많이 주고, 외부 전문가를 아낌없이 초빙하고, 과학적인 조사와 산업 디자인에 더 많이 투자해야 한다. 지금의 협동조합 구조는 이 점에서 방해물이 되고 있다. 협동조합의 위원회는 자신들이 대표하는 조합원들의 소득을 훨씬 초과하는 보수를 지불하는 것을 못마땅해 한다. 협동조합의 고용은 다른 형태의 고용과 고립되어 있고, 승진은 주로 협동조합 피고용인의 폐쇄적인 범위에서 이루어진다. 그리고 솔직히 말하면, 협동조합 운동은 과학적 연구와 심미적 자질 면에서 수준이 높지 않다. 그들은 조잡하거나 불순물이 섞인 물품을 믿을 수 있는 물품으로 생산하고 판매함으로써 명성을 얻었지만, 풍부한 상상력을 타고나지는 못했다. 물론 소비자를 대표하는 최대 조직으로서 지금의 자리를 쌓아올리는 데 필요했던 견실한 상식만큼 중요한 자질은 아니지만 말이다.

9. 다음 단계

필자가 이 글을 쓰는 동안, 협동조합 운동은 조직재편 특별 위원회의 보고서를 기다리고 있다. 1942년에 임명된 이 위원회는 협동조합 운동의 방법과 조직을 전후 세계에 적응시키기 위해 필요한 변화를 검토하는 광범위한 권한을 지녔다. 조직재편 특별 위원회는 1943년 대회에 중간 보고서를 제출했다. 그러나 여기에는 아무런 권고도 없었고, 진행 중인 조사를 단순 요약한 것이었다. 그리고 보고서는 소매조합, 도매조합, 생산조합, 협동조합연합회, 협동조합당, 길드를 한 방향으로 결속한 중앙 단체 주도 아래 통합하라고 역설했다. 모든 지역조합을 단일한 전국조합으로 통합하는 제안도 다시 나왔다. 잉글랜드와 스코틀랜드도매조합의 합병은 이 제안의 일부이다. 스코틀랜드CWS 이사들은 이 제안을 지지한다고 이미 선언했다. 다른 한편에서는, 이러한 야심찬 제안이 전혀 실현가능성 없으며, 법적으로 독립적인 지위를 갖는 지역조합이 자신들의 독립성을 포기하지 않을 것이라고 주장했다. 그리고 일부에서는 지금 할 수 있는 최선의 일은 행정구를 기준으로 공동 서비스를 제공하는 지역조합 간의 협력을 강화하는 것이라고 하면서, CWS 소매조합의 활동을 보다 광범위한 분야로 확대하는 방안도 포함할 수 있다고 주장했다. 이러한 문제들은 1944년의 협동조합 대회 —100주년 기념대회— 가 국제적 사건으로 중단되지 않았다면, 이 책이 독자의 손에 닿기 전에 이 대회에서 토론되었을 것이다. 어떻든 지금 협동조합 운동은 지나친 지역주의의 약점을 극복하기 위해 조직을 강화해야 하고, 거래와 생산 정책에 보다 풍부한 상상력과 대담성을 가져야 하지만, 더 이상 말하는 것은 시기상조일 것이다. 협동조합 운동이 이러한 일을 실행하지 않는다면 조합원이 늘어나더라도 운동의 기반이 무너지는 것을 막지 못할 것이다. 왜냐하면 조합원들이 협동조합 매장에서 소비하는 부분은 그 수요가 끊임없이 감소할 것이기 때문이다.

이는 협동조합인들에게 긴급한 문제이다. 그들이 '협동조합 공화국'에 다가가길 원한다면, 협동조합은 스스로 대중의 변화하는 요구에 맞춰 생산과 서비스를 다양화해야 한다는 것을 인식해야만 한다. '협동조합 공화국'의 기반은 식료품이나 석탄, 우유 거래에 있지 않다. 이것들은 그 구성 요소이기는 하지만 이것만으로는 충분하지 않다. 지금 협동조합인들에게 가장 급한 일은, 진정 협동조합 사업으로 요구되는 산업과 서비스가 무엇인지 결정하는 것이다. 이는 국가와 지방자치단체의 통제로 이전되어야 하는 산업과 서비스를 구별하는 것과 연결된다. 일단 이것이 이루어지고 나면, 협동조합인들은 자신들이 떠맡기로 결정한 산업과 서비스를 통제하기 위한 적절한 수단을 만들어 내고, 자신들의 요구를 실현하는데 도움을 주는 호혜 협정을 노동당과 맺을 필요가 있다. 이러한 정책 문제는 조직 문제와 마찬가지로 긴급하다. 원래 조직은 정책에 의거해야 한다. 조직 개혁이 지체되는 이유는 협동조합인들이 자신들의 정책 문제를 분명히 하지 않기 때문이다. 협동조합 운동은 100년에 걸친 민주적 발전을 자랑할 정당한 이유가 있다. 그러나 거대하고 새로운 기술과 사회의 진보로 빠르게 변화하는 세계에서 협동조합 운동은 결코 자기만족에 빠져서도, 정체해서도 안 된다.

옮긴이 정광민

1979년 부마항쟁 시위 주도 이후 두 차례 옥고를 치르고 부산에서 민주화운동, 사회운동을 했다. 1994~1998년까지 교토대학 경제학연구과(석사)에서 이케가미 쥰(池上惇) 선생의 지도로 문화경제학, 재정학을 공부했고, 2001~2005년까지 나고야대학 경제학연구과(박사)에서 히라카와 히토시(平川均) 선생의 지도로 개발경제학을, 야마다 토시오(山田鋭夫) 선생의 세미나에서 시민사회론을 공부했다. 2005년 3월 「北朝鮮飢饉の政治経済学 : 首領経済 · 自力更生 · 飢饉」이라는 논문으로 경제학 박사학위를 받았다.

남북의 체제경쟁을 경제전의 시각에서 다룬 『김일성과 박정희의 경제전쟁』(꼬레아, 2012)을 펴냈고, 진노 나오히코 교수의 『나눔의 경제학이 온다』(푸른지식, 2013)와 홀리요크의 『로치데일공정선구자협동조합-역사와 사람들』(그물코, 2013)을 번역했다. 현재 아이쿱협동조합 연구소 연구위원으로 있다. e-mail vietho@nate.com

영국 협동조합의 한 세기

1판 1쇄 펴낸날 2015년 12월 20일

지은이 G. D. H. 콜
옮긴이 정광민
펴낸이 장은성
만든이 김수진
인쇄와 제본 대덕인쇄
종   이 성진페이퍼

출판등록일 2001.5.29(제10-2156호)
주소 (350-811) 충남 홍성군 홍동면 운월리 368번지
전화 041-631-3914 전송 041-631-3924
전자우편 network7@naver.com 누리집 cafe.naver.com/gmulko

ISBN 978-89-90090-53-9 03300 값 30,000원